本书获国务院侨务办公室委托课题资助

（课题编号：GQBW2012002）

编委会名单

教育部人文社会科学重点研究基地
Key Research Institute of Humanities and Social Sciences at Universities
暨南大学华侨华人研究院
Academy of Overseas Chinese Studies in Jinan University

世界侨情报告 2012—2013

Overseas Chinese Report 2012–2013

《世界侨情报告》编委会　编

暨南大學出版社
JINAN UNIVERSITY PRESS
中国·广州

图书在版编目（CIP）数据

世界侨情报告.2012—2013/《世界侨情报告》编委会编.—广州：暨南大学出版社，2013.5
ISBN 978-7-5668-0611-6

Ⅰ.①世…　Ⅱ.①世…　Ⅲ.①华侨状况—世界—2012—2013—文集 ②华人—概况—世界—2012—2013—文集　Ⅳ.①D634.3-53

中国版本图书馆 CIP 数据核字（2013）第 119498 号

出版发行：暨南大学出版社

地　址：中国广州暨南大学
电　话：总编室（8620）85221601
营销部（8620）85225284　85228291　85228292（邮购）
传　真：（8620）85221583（办公室）　85223774（营销部）
邮　编：510630
网　址：http://www.jnupress.com　http://press.jnu.edu.cn

排　版：广州市天河星辰文化发展部照排中心
印　刷：佛山市浩文彩色印刷有限公司

开　本：787mm×1092mm　1/16
印　张：25.75
字　数：646 千
版　次：2013 年 5 月第 1 版
印　次：2013 年 5 月第 1 次
印　数：1—2000 册

定　价：65.00 元

本书作者及其分工

2012 年世界侨情：特点与趋势	曹云华
全球流动：跨国、寓居与华人认同	段　颖
欧债危机与移民治理：对华侨华人的影响及对策思考	文　峰
美国华人参政的现状与前景：以 2012 年美国大选为例	万晓宏
华侨华人专业社团与广东创新体系建设	潮龙起
阿拉伯联合酋长国	余　彬
爱尔兰	陈奕平、孙　隽、胡志谦
埃及	余　彬
澳大利亚	郭又新
巴西	高伟浓、徐珊珊
波兰	陈才俊
德国	文　峰
东帝汶	刘　鹏
东欧地区	石沧金
法国	文　峰
菲律宾	代　帆
古巴	黄卓才
荷兰	陈奕平、尹蒙蒙
吉尔吉斯斯坦	张小欣
加拿大	吴金平
柬埔寨	许　梅
老挝	张明亮
马来西亚	廖小健
毛里求斯	石沧金
美国	李爱慧、严莉莉
缅甸	王子昌
墨西哥	余惠芬
南非	张振江
日本	鞠玉华
塔吉克斯坦	张小欣
泰国	陈建荣
文莱	曹云华、季　鹏
西班牙	潮龙起

新西兰　李爱慧、严莉莉
意大利　潮龙起、[意] 袁　琴
印度尼西亚　李皖南　胡安琪
英国　庄礼伟
越南　邓应文
2012 年世界侨情大事记　陈奕平、潮龙起等

序

刘泽彭

暨南大学作为华侨最高学府，自1906年在南京创办以来，迄今已逾百年。百年侨校在致力于侨生教育的同时，还一直倡导和大力推动华侨华人问题的深入研究。早在20世纪20年代，暨南大学就成立了南洋文化教育事业部，并创办专业学术刊物《南洋研究》。此举使暨南大学成为国内最早从事华侨华人研究的学术基地，徐中舒、李长傅、周谷城、谭其骧、陈序经等前辈学者均先后供职于此。新中国成立后，学校又相继成立了东南亚研究所、华侨华人研究所等一系列有关华侨华人研究的机构，一批研究人员在著名学者朱杰勤教授等的带领下，埋头奋进，取得了一大批丰硕成果。2000年12月教育部在暨南大学设立了国家级华侨华人重点研究基地，借此进一步推动华侨华人研究的国际化，并力图促进基地学术影响力在海外不断拓展。2011年，学校又通过整合国际关系、华侨华人及其他相关领域研究力量，成立国际关系学院/华侨华人研究院，力争打造华侨华人研究创新平台。

华侨华人是在世界近代化过程中逐渐形成的社会群体。华侨华人在侨居国的生存与发展，受居住国政治、经济、社会、文化、族群关系、对外政策等各方面因素的制约与影响。而国外侨务工作又是中国新世纪和平发展战略的重要组成部分。在这个意义上，华侨华人研究具有国际研究、实证研究、战略研究等多重意义。暨南大学华侨华人研究长期以来就以研究世界各国华侨华人见长，出版过许多有关国别华侨史，如印度尼西亚华侨史、澳大利亚华侨史、美国华侨史等方面的著作，这些研究成果从纵向的角度探讨世界各国华侨华人的发展史，为世人了解世界各国华侨华人的发展演变提供了一个视角。但我们也必须承认，随着全球化时代的到来，在中国迅速和平发展和走向国际舞台的伟大时代，世界各国华侨华人群体在数量上不断增加，其生存状况也变得越来越复杂、越来越多元化，华侨华人在居住国的生存与发展也面临越来越复杂多变的外部环境。为了更好并及时地反映这些变化和发展，研究新情况、新问题，我们决定从2012年起每年出版一本《世界侨情报告》。本报告试图从横向的视角，探讨华侨华人的一些热点问题，跟踪分析世界主要国家和地区华侨华人的发展变化及相关的政治经济形势，为当代华侨华人研究和侨务政策制订提供些许借鉴。

华侨华人研究是一门综合学科和交叉学科，需要相关学科的参与和合作，需要相关学科更多学者的支持与共同努力，政治学、历史学、社会学、新闻与传播学、经济学、管理学等学科的研究方法和研究视角并不是对立的，而是可以相互补充、相互完善的。暨南大学具有综合性大学学科门类齐全的优势，有了其他相关学科研究人员的参与，我校华侨华人研究一定会更加丰富多彩，一定能够更加凸显自己的特色。

经过编撰人员的共同努力，《世界侨情报告2011—2012》于2012年4月顺利出版，得到了国内外学界的肯定。与之相比，即将出版的《世界侨情报告 2012—2013》的容量有了较大幅度的扩展，一是增加了专题部分，二是增加了一些国别。由于编撰人员水平有限，错误和不足在所难免，恳请广大读者批评指正。

2013 年 3 月 28 日

目　录

2012 年世界侨情：特点与趋势

2012 年的世界侨情可以说是喜中有忧，喜的是在主要的华侨华人聚居国，绝大多数华侨华人都能够安居乐业，与住在国的关系也日益融洽；在中国国内，侨务工作越来越受到党和国家的重视，政府和人民都在高度关注华侨与海外中国人的安全及生存发展状况；随着中国的发展，越来越多的中国人走出国门，走向海外，他们在世界各地落地、生根、开花和结果，他们成为沟通中国与世界的重要桥梁，为中国的和平发展和世界的和平发展作出了重要贡献。所谓忧，包括：①在中东、非洲及一些政治经济动荡的发展中国家，广大华侨华人的生命与财产安全仍然受到威胁或者说是没有得到基本的保障；②世界经济危机的深层次影响正在波及各国华侨华人的经济生活，尤其是欧洲华商，近年来的日子不太好过，进入 2013 年后的日子仍然比较暗淡；③随着中国的和平发展，越来越多的中国人走向世界，他们在海外工作、谋生、寻求更多的发展机会的同时，也不可避免地与当地一些民众发生这样或那样的摩擦，甚至出现利益的冲突，包括市场、就业、自然资源、社会福利等方面的竞争，如何正确处理与住在国政府和人民的关系，这是每个海外中国人都必须面对的课题；④在中国和平发展和加速走向世界大国的同时，如何更好地促进与保护中国的海外利益，包括维护广大华侨华人的利益，保护华侨与海外中国人的生命与财产安全，这是中国政府面对的新挑战，如何迎接这些新的挑战，是中国政府作为一个人民的政府和负责任的政府，不能不正视和面对的新课题。

一、是排外排华，还是偶发的事件?

春节刚刚过去，从新加坡传来消息说，新加坡 2 000 多民众于 2013 年 2 月 17 日举行和平集会，以表达对国家长期人口规划的不满。据新加坡《联合早报》报道，新加坡国会在 2 月 8 日通过修正的人口白皮书动议后，人口议题在民间所引发的强烈情绪持续发酵。出席集会的 12 名演讲者批评政府的移民政策“将影响下一代，持续引进外籍人士以增加人口的决定也可能削弱国家身份认同感”，“人口的增加将使基础设施不胜负荷”。从表面上看，这次集会行动的主要目的是批评政府刚刚通过的人口政策，实际上主要是针对中国新移民。新加坡人对最近几年持续增加的中国新移民一直存在各种各样的看法，批评者一般认为，中国新移民抢了新加坡人的饭碗，挤占了他们的福利，还给新加坡带来许多诸如治安不稳、失业率增加等的社会问题。这次集会行动，可以说是一些新加坡人对持续增长的中国新移民的不满情绪的总爆发。新加坡是一个法治国家，民众对中国新移民的不满情绪可以通过正常的集会、游行等合法行动表达出来，但是，如果换成是另一个政局不稳、经济停滞不前、法制不健全的国家，那么这种不满情绪就有可能被一些极端的政治势力所利用，演变成一场大规模的排华事件。因此，类似的事件不能不引起我们高度的关注和警惕。

所谓排华，包括排斥、仇视海外华人的各种思潮、制度和运动。

印尼历史上曾经出现过许多排华事件，1998 年那一次大规模的排华事件所造成的创伤至今还没有完全恢复，人们仍然记忆犹新。近年来，印尼当地民族中又有一些极端的民族主义思潮冒出来，一些极端的民族主义者对印尼华人仍然持一种歧视的态度，把他们列为“另类”，他们对最近 10 多年来重新活跃起来的华人社会表示反感，甚至敌视。一些极端的民族主义者认为，印尼华人积极参与国家的政治生活，积极组织华人自己的社团，努力发展华文教育和华文媒体，努力推进华人社会与当地民族的融合等，这一切都是为了中国的国家利益，与印尼的国家利益背道而驰，因此，他们对印尼华人所作的一切努力，一概持排斥的态度。一些当地媒体也推波助澜，散布一些排斥印尼华人的言论，例如，印尼《时代报》在 2012 年 5 月 15 日就曾经发表过一篇署名为萨斯德拉维纳达的读者来信。来信指责中国官员在印尼访问时发表的言论，“企图影响印尼华人”，重弹华人是颠覆印尼的第五纵队的旧调，要求解散华人社团。“为了我们国家和印尼民族的利益，尤其在民族建设和民族品格的建设上，要防止利用‘华人社团组织’作为第五纵队的工具，我们应该解散并禁止‘华人’排他性组织。对这个问题，群众组织的态度与作用十分重要，因为只有社会各界强烈要求，政府才不致继续放任自流，让我们的改革为外国利益所操控。”① 印尼电视台 METRO 将此读者来信译成中文播放，还发表评论说“印尼华人社团与中国大使馆走得太近，还未真正定位为印尼民族社团”。②

另据一些印尼华人朋友说，当前印尼当地民族中的确存在一股极端民族主义思潮，其中最有代表性的是一个叫“平等伙伴”的组织。这是一个以当地民族知识分子为主体的组织。2012 年 4 月，该组织提出一份《建议书》，该建议书仍然沿袭苏哈托政府时期的传统，把印尼公民分成本土原住民和非本土原住民。所谓本土原住民，“系印度尼西亚公民，原先来自印尼群岛，没有原祖籍国的背景”。很明显，按照这种划分，已经完全融入印尼社会的华人又被打入另册，“而属于印尼华族社群的社会集团，拥有中国大陆的原祖籍国背景，基于这个现实不能指称他们是印尼本土原住民族群或群岛的本土原住民”。该建议书呼吁在 2014 年的大选中，原住民一定要团结一致，选举出一位能够保护原住民利益和印尼国家利益的原住民总统。该建议书重弹苏哈托时期的老调，“华族不是印尼民族”，“自由化制度欺压本土原住民的权利”，“华族剥夺原住民的权利”。该建议书认为，“华族操控印尼经济和资源，其主要途径包括：华族经纪人遍布每个组织机构，中央和地方权力机构需要华族资本家，印尼自由化的企业集团需要华族资本家，而资本家受到海外华侨和中国的支持，华族资本家通过承揽诸如矿业、种植业、林业、建筑业、土地交易、房地产、商业、交通等行业的各个工程项目，得到最大的利益。这种状况不能再持续下去，原住民必须尽快行动起来，在 2014 年的大选中选举出一个能够真正代表原住民利益的原住民政治家来担任总统”。③

如何看待上述建议书中所表现出来的排华思潮？印尼华人社会出现不同的观点：一些人认为，这是一个严重的事件，这些思潮的出现不是偶然的，印尼当地民族中仍然存在排

① ［印尼］叶怡辉译：《关于华人社团组织》，《印尼焦点》2012 年 6 月 30 日号总第 34 期，第 57 页。

② ［印尼］吴侃：《驳斥不负责任的言论》，《印尼焦点》2012 年 6 月 30 日号总第 34 期，第 51 页。

③ 该建议书原文为印尼文，由香港印尼研究学社提供中文翻译文本。

华的深厚土壤，一有合适的条件，就会出现排华反华的运动；另一些人则认为，印尼目前是一个民主国家，民众拥有言论自由，发表各种不同的意见是一件非常正常的事情，不需要大惊小怪；还有一些人则认为，印尼华人社会应该以此为借鉴，反思印尼华人社会的所作所为，居安思危，真正地融入印尼主流社会。

笔者认为，从印尼目前的政治经济发展状况及其与中国的关系来看，目前印尼并不存在大规模排华和反华的条件。印尼当前政治经济发展态势良好，民族关系总的来说是和睦的，华人已经融入当地的主流社会，印尼与中国的关系也处于良性发展的状态，因此，只要印尼继续保持目前良好的发展态势，少数人的排华言论和思潮就不可能演变成大规模的排华运动。但是，印尼华人仍要居安思危，时常保持头脑的清醒，经常反省，自觉地、积极地处理与友族的关系，尽量减少误会和猜疑，增加互信和理解，使一些小的矛盾和积怨消弭在萌芽状态。

根据历史和 10 多年来一些国家出现反华排华事件的经验教训，笔者认为，海外华侨华人必须密切关注住在国的政治、经济和社会发展状况。一般而言，在华侨华人居住比较密集的国家，如果出现下列情况，就有可能出现反华和排华事件：

（1）出现严重的政治动荡或政治危机，政府失去控制局面的能力，包括政府被解散、政府领导人被暗杀、政府内部出现严重的对立，甚至出现内战等。如当前的中东和北非地区的一些国家。

（2）文官政府失去控制能力，发生军事政变，军人上台执政。这类情况经常发生在一些比较落后的发展中国家。

（3）出现严重的经济危机，人民群众的生活水平严重下降，贫富差距日益突出，阶级矛盾日益尖锐。例如 1998 年在印尼出现的大规模反华和排华事件。

（4）民族矛盾尖锐。在失业率高涨、市场机会不均等因素的刺激下，华侨华人与当地民族之间的矛盾被一些别有用心的政治家利用，把华侨华人当作替罪羊以转移国内人民的视线。

（5）大规模的宗教冲突。在一些国家，存在许多不同的宗教或教派，受一些因素的刺激，各宗教之间出现严重的对立甚至相互攻击，华侨华人就可能会在宗教冲突事件中受到连累。

（6）国家间的关系发生急剧变化，如果中国与华侨华人住在国关系恶化，甚至发生战争，就会导致华侨华人受到住在国的歧视甚至驱逐。

在东南亚地区，当前华侨华人与当地民族的关系总的来说是比较好的，只要不出现上述假设的六种情况，就不太可能出现大规模的排华和反华事件。此外，尽管中国与一些东南亚国家存在南海主权的纠纷，但这些仍然处在可以控制的范围内，还不至于发生大规模的武装冲突，因此，我们可以肯定地说，在东南亚地区，目前不存在排华的气候和条件。目前存在于一些东南亚国家的，有些只是一些排华的思潮，如上文提到过的印尼的一些极端民族主义者对华人的批评和歧视性的看法；有些只是一种偶发的排外事件，例如，上文提到过的新加坡少数民众反对政府移民政策的示威游行活动；今明两年，一些东南亚国家还面临大选，一些极端的政治势力也可能会拿华侨华人来说事、做文章，挑动民众的情绪，这些都应该引起我们的警惕，切不可掉以轻心。

二、领事保护要想侨民所想、急侨民所急

2012年8月下旬，笔者与同事一起赴南非参加了一个关于非洲华侨华人的国际研讨会，会议期间有幸拜会了中国驻约翰内斯堡总领事馆负责领事保护的官员涂先生（音译）。涂先生在与笔者的交谈中，介绍了他从事领事保护工作的一些亲身经历。与涂先生的一席谈话，让笔者深受教益和启发，现将谈话内容整理如下：

问：请涂先生介绍一下当前南非华侨华人的基本情况。

涂：目前南非约有35万华侨华人，也有人说有60多万，但在多数正式的场合一般都说30多万，其中约1/3是已经加入了当地国籍的华人。全国华侨华人约有30%居住在约翰内斯堡及其周边地区（也有人说是60%，估计是老华侨华人中可能有60%以上都住在首都），但是，新来的华侨华人则比较多地居住在首都以外的地区，包括中小城市甚至一些乡村。近年来，非法移民到南非的人比较多，大多数是福建人，也有一部分是浙江人（温州一带）。他们大多数是文化水平较低的农民，听说这里条件好就不顾一切地往这里跑，虽然他们有些是上当受骗才来的，但大多数是为了改变命运，为了追求更美好的生活。他们一般都是往外省，往中小城市甚至是农村迁徙，先是一个人来，站稳脚跟之后就把老婆孩子一家人接来。许多人在农村地区定居，办一个小商店，就能养活一家人，甚至还有不少剩余，积蓄下来就往老家寄钱，在家乡盖楼房、投资等。有许多人最初并不是来南非，而是曲线移民，先去比较容易进去的其他非洲国家，尤其是南非的邻国，然后再通过各种途径来到南非。南非与其邻国有漫长的边境线，很长的一部分是高山，很多移民不怕艰难险阻，越过这些崇山峻岭，来到南非，可以说是经历了重重生死难关。这些中国农村的农民，为了美好的前程，为了追求更好的生活，什么苦都能吃，什么累都能受，只为一个目标，那就是摆脱贫穷。①

问：你是从事领事保护工作第一线的外交官员，你在具体工作实践中有哪些经验和启示？

涂：我在这里工作的时间虽然只有短短的几年，但可以说是百感交集。南非的领事保护工作难度比较大，任务也重，表现在以下几个方面。

一是来这里的华人移民中有许多是非法移民，他们平时没有事不会找你，一旦找你，

---

① 在南非，最多的外国移民是印度人，有100多万，华人是高居第二位的移民群体，有35万~60万人。根据历史资料记载，早在郑和七下西洋时，最远曾经到达南非，郑和船队的人有一些就留在这里，繁衍后代，但他们仍然知道自己的华人身份。近代大批来到这里的是华工。19世纪中期之后，西方殖民者需要大量的劳工进行开发，主要是开采钻石和金矿等活动，于是，许多华人劳工被卖到这里当苦力，主要是来自广东五邑地区的人。还有一部分是19世纪末20世纪初来这里的广东人和福建人，他们往往是在国内无法谋生而远渡重洋到达这里谋求出路的，我们把这些人的后裔叫做老华侨华人。现在这些人的后裔一般都经历了3~4代人，他们一般都不会讲华语，也不懂华文，基本上被同化了，他们多集中住在约翰内斯堡及周边地区。我国台湾地区大批移民到南非是在20世纪70年代中期到90年代中期，当时有许多台商前来投资设厂，引来不少台湾人在这里定居。1980年代末期与1990年代初期，南非陷入经济困境，期待借由台湾、香港等地区的企业前往投资，以刺激经济发展，故自1980年代后期开始，华人移民急剧增加，尤其是台湾移民。到了1990年代前期，台湾平均每年约有1 500人移民南非；此波移民潮自1994年即开始趋缓，1997年后，台湾移民每年仅有100余人。2005年台湾移民南非人口又增至406人。据台湾方面的统计，目前台湾移民及其后裔有1万多人。

就是出了大事，有些人住在离首都几百公里的偏僻乡村，他们遇到困难求助于领事馆，你是不能不管的，不管就是失职，但真的管起来吧，还真是难度很大。例如，几个月前，有一个住在离首都 300 多公里的乡村的华人打电话来求助，原来那里有一对福建来的华人夫妇，在当地开了一家商店，恰逢下雨，丈夫爬到屋顶去修补漏雨的地方，正好碰上电线，触电身亡。其妻子与当地人语言不通，虽然报了警，但还是无法应对突如其来的灾难，于是就打电话求助于领事馆。领事馆接到电话后感到左右为难，最后还是通过附近的华人团体——福建同乡会馆出面相助才将问题解决。

二是南非的社会治安不好是全世界闻名的。这几年，华人有钱，成为南非不法分子，包括黑社会、流氓团伙、犯罪集团等的目标，抢劫华人财物，甚至危害华人人身安全的事件层出不穷，领事馆疲于应对。

三是这里的华人不善于运用法律武器来保护自己的正当权益，一遇到问题，就只是花钱应对，把风气搞坏了，也纵容了一些犯罪分子、贪污受贿的官员及敲诈勒索的警察，让他们觉得华人是一座取之不尽的金山，不断向华人索取。以前白人种族主义政权一般还讲法律，现在新政权的某些官员，一般都没有法治的习惯，加上华人的一些坏习惯，领事保护工作的难度更大了。

问：你如何看南非华侨华人与住在国的关系？

涂：南非的华人有许多好传统和风气。这里的华社比较团结，华人社会发生了什么事情，大家都会出手相助。华人社团比较热心于举办弘扬中华文化、促进华人社会团结的活动，每逢华人传统节日，华社都会自发地组织起来，举办各种庆祝活动。热心华社、热心助人、热心华人文化的成功华人不少，一般而言，他们有较高的文化水平，在南非打拼了几年、十多年之后，都取得了成功，有较强的经济实力，再加上受过良好的教育，对本民族和中华文化有一种发自内心的热爱，因此，他们为华社做事是不计报酬、不讲条件的。我们的领事保护工作，在很大程度上是依靠这些热心人士无私的、热情的支持的。

大批新华侨华人移民的到来，是在 1978 年中国实行改革开放之后。这其中又可以分成两部分人：一部分是有文化、有知识、受教育程度较高的人，包括留学生、大中型国有企业的管理者，他们在这里经过几年、十几年的艰苦奋斗之后，一般都获得成功，这部分人人数不多，但他们是新华侨华人移民的精英和中坚力量；另一部分是福建、浙江青田人，他们人数较多，居住比较分散，还不能形成一股集中的力量，这些人文化程度不高，起点比较低，往往从最底层干起，但早期来到这里的，也有不少人取得成功，越是后面来的人，面临的困难就越多，他们面对更多的竞争，也面对住在国不断恶化的环境。

由于许多华人来到这里都是白手起家，而且不少人最后都取得了成功，有些还发了大财，所以引起当地政府和当地人的嫉妒和不满，他们觉得华人是利用当地丰富的资源、廉价的劳动力以及法律的空子发了财。有许多当地人提出，对华人从事的行业和职业作出一些控制，例如，只允许华人从事商业批发业务，至于商业零售业务，应该留给当地人，华人不应该利用自己的强大财力垄断一些行业。当地人的这种看法显然是不公平的，是有偏差的，他们只看到了问题的消极一面而忽视了积极的一面。华人为住在国、为当地的经济社会发展作出了很大的贡献。以居住在南非小城镇甚至是乡村地区的华商为例，这些华人开设的小商店，极大地活跃了当地的市场，成为沟通城乡、保障乡村边远地区的商品供应、发展地方商品经济的一支不可或缺的重要力量。华人在广大乡村不发达地区经营商品零售业，他们建立的商业网点，活跃了落后农村的商品经济，保障了供给，这些农村地区的华人移民在自己发财致富的同时，也为南非广大农村地区的经济发展和商业繁荣贡献了一份力量。但是，华人社会也应该引起注意和警惕，华侨华人在自己努力创造财富的同时，也应该为当地经济社会的发展作出更多的贡献，包括提供更多的就业机会、更多地照顾当地的穷人等。

以下是笔者对南非华侨华人社会的几点观察：

1. 新华侨华人已经成为南非华侨华人的主要力量

近年来，南非平均每年增加中国大陆新移民约1万人，新移民占南非华侨华人总数的80%，总数已经超过20万人。他们大都集中居住在约翰内斯堡、比勒陀利亚、开普敦、布隆方丹、德班、伊丽莎白港等地，其中又以商业中心约翰内斯堡为最多。南非老华侨多采取传统方式经营杂货店或开设中餐馆。中餐馆散布各地，数目繁多，水平参差不齐。而新华侨华人从事的行业则比较多元化，包括房地产、金融业、服务业等。华侨华人的商业活动一般从小生意做起，范围遍布南非的边远地区以及所有农村地区和移民聚居区，经营手段灵活，实物交易普遍，各种货物基本能满足顾客的日常需要。相比而言，来自中国台湾、香港地区的新移民主要是投资和技术型移民，其经济活动超出了原来华侨华人经营的范围，以纺织、电子、电脑、电器等行业为主。

2. 华侨华人要正确处理与两大种族的关系

如果华侨华人想长期在南非立足，就必须对当地的种族关系有更多的了解，华侨华人可以说是在南非白人和黑人两大种族的夹缝中求生存和发展的，如何处理与当地这两大种族之间的关系，是华侨华人想要在当地长期生存和发展下去不能不正视的一个问题。南非历史上曾经存在臭名昭著的白人种族主义统治，经过长达半个多世纪的斗争，直到20世纪90年代才得以废除。虽然种族主义的政权和法律废除了，但是，传统观念、思想和种族间的隔阂却还根深蒂固，远远没有消除。因此，在南非真正实现种族平等还是一项很长远且艰巨的任务。据观察，白人仍然从心中看不起黑人，对黑人的轻视和偏见仍然很深。白人仍然住在白人区，黑人仍然住在黑人区，有色人种也住在自己的小区里，相互不往来。南非的失业率高达20%，而失业的大部分是黑人。据笔者观察，笔者在约翰内斯堡开会期间住的旅馆里，从事各种粗活的都是黑人，包括搞卫生、修剪草地、做饭等，而白人大都从事管理工作。其他场所也大致如此，在办公室里文员和管理人员大部分都是白人，看门的、开车的、搞卫生的、当家庭佣人的，基本上都是黑人。

3. 南非华侨华人的前途和命运与南非的发展紧密联系在一起

南非的华侨华人有多少，是一个极具争议性的话题，无论目前数量有多少，这几年人数急剧增加却是一个不争的事实。南非是一个好地方，来过这里的人都会喜欢上这里。南非冬天无严寒，夏天无酷暑，气候宜人，风景秀丽，自然资源丰富，土地肥沃，阳光充足，物产丰富，相对于中国而言，这里真是一块充满诱惑的土地。勤劳、有计划、有储蓄观念的中国人来到这里很容易走上致富的道路，只要不偷懒，勤快一点，无论干什么，都能够发财，但是发大财还是发小财，这就要看个人的机遇和聪明才智了。对中国人而言，在这里立足和谋生是一件比较容易的事情，难怪那么多的中国人一批批地来到这里，不仅有南方的中国人，还有许多北方的，包括河北、山东、辽宁、黑龙江和吉林等省的人。从目前的估计看，大部分中国人都聚居在约翰内斯堡及其附近，至于在其他省份和中小城市，中国人仍然不算多。南非是一个真正地广人稀的地方，自然资源是如此丰富，土地是如此肥沃，气候又是如此适宜，希望有更多的中国人来这里谋生，来这里立足，来这里开发，来这里创造财富，来这里定居和繁衍后代，来这里与当地人民一起，共同促进南非经济社会的发展与进步。

总体而言，南非是一块“福地”，华侨华人在这里是可以大有作为的。

三、全球化和区域化下的新一波华侨华人海外移民浪潮

最近一段时间以来，关于中国富人和中产阶级大量移民海外的报道成为新闻热点和人们茶余饭后讨论的主要话题，“根据胡润研究院（Hurun Research Institute）与中国银行（Bank of China）联合发布的一份研究报告，中国有 14% 的高净值人群希望移民，将资产转移至国外。在他们看来，相比美国、加拿大和澳大利亚等传统安全港，新加坡正迅速成为热门的移民目的地”。① 北京因私出境中介机构协会统计数据显示，2009 年美国投资移民的 EB—5 类签证（美国为吸引各国有钱人入籍，规定最低投资 50 万美元，即有资格申请美国绿卡）的中国申报人数已经翻了一番，从 2008 年的 500 人上升到超过 1 000 人。2008 年 10 月至 2009 年 9 月美国批准的 EB－5 类签证移民总数，已从 2008 年的 1 443 人升至4 218人，其中七成左右来自中国。在 2009 年，加拿大投资移民全球目标人数为2 055人，中国大陆的名额占了 1 000 名左右。北京因私出境中介机构协会会长齐立新指出，以投资起步价 40 万加元（约 235 万人民币）计算，仅 2009 年，即使只按“门槛标准”计算，从中国流向加拿大的财富至少有 23.5 亿元人民币。在相对少数的投资移民之外，技术移民是一个更为庞大的群体。近 10 年申请各国技术移民的数量与投资移民相比，大约为20∶1。过去 10 年，随着各移民接收国政策的放开，中国越来越多的知识精英与财富精英入籍澳大利亚、新加坡、美国。“如今，对于几乎所有一线城市的中产阶级而言，一个集体感受是，每个人身边都起码有一个朋友正在或已经办理了移民。”②

中国自 1978 年改革开放以来，出现了大量的海外移民，为了与以前的华侨华人相区别，人们习惯上把 1978 年之后移民海外的中国人及其后裔叫做“新华侨华人”。到目前为止，这部分人有多少，一直是个见仁见智的问题，一般估计是有 500 万～600 万人。据笔者的观察，可以把 1978 年之后中国出现的新海外移民浪潮分成两个阶段。第一个阶段，是以海外留学和劳工移民为主而形成的海外移民浪潮，时间大概是 1978 年改革开放至 20 世纪 90 年代中期；第二阶段，海外留学的热潮仍然持续，但又出现了新的现象，那就是中国海外移民大军中投资移民和技术移民逐年增加，这股新的海外移民浪潮，可以从 20 世纪 90 年代末算起，直到现在乃至今后相当长的一段时间。笔者不赞成关于最近的移民浪潮主要是富人和中产阶级等“精英移民”的说法，因为，虽然富人和中产阶级在新的移

① ［英］尤里·本德尔：《通往新加坡的新丝绸之路》，《金融时报》，2012 年 4 月 6 日。

② 潘晓凌、阎靖等：《中国精英移民海外进行时》，《南方周末》，转引自百度文库，http：//wenku. baidu. com/view/fbc9b2848762caaedd33d441. html。

民浪潮中逐渐增加，但并没有成为中国海外移民的主体，从总体趋势看，留学移民和工作移民仍然是中国海外移民浪潮的主体。①

如何看待近年来一浪高过一浪的中国人海外移民浪潮？笔者认为，应该把这个现象放到当前国际社会的大背景中去考察。最近 10 多年来，经济全球化和区域化的趋势正在加速，在全球化和区域化的推动下，全球性的跨国性人口移动正在加速。国际移民组织出版的《世界移民报告 2011 年》指出，尽管出现了全球经济危机，但近年来的全球移民浪潮并没有衰退。虽然向发达国家移民的浪潮有所减缓，例如，进入美国的移民从 2009 年的 1 130 818人减少至 2010 年的 1 042 625 人；进入英国的移民从 2008 年的 505 000 人，减少至 2009 年的 470 000 人；在西班牙，流入的移民从 2008 年的 692 228 人减少至 2009 年的 469 342 人；在瑞典，移民从 2008 年的 692 228 人减少至 2009 年的 469 342 人；在新西兰，移民从 2008 年的 63 910 人减少至 2010 年的 57 618 人。然而，从全球范围看，移民浪潮并没有降温，反而不断高涨。全球国际移民人口在 2000 年为 1.5 亿，2005 年为 1.91 亿，2010 年达到 2.14 亿，换句话说，在 2000 年时，全球每 35 个人中就有 1 个移民，而到了今日则提高至每 33 人中就有 1 个移民。在过去 10 年，移民占全球人口的比例从 2.9% 提升到 3.1% 。② 经济全球化和区域化促进了人口、资本和货物在全球范围内的自由流动，因此，我们可以说国际移民浪潮是经济全球化和区域化的必然产物，是不以某一国领导人的意志为转移的必然规律，作为一个正在快速发展和加速走向世界的大国，中国应该以积极的态度看待这新一轮的国际移民浪潮。

有人惊呼，近年来出现的“精英移民”，尤其是一大批富人和中产阶级移民海外，将会导致中国的精英流失和资本流失，进而使中国的经济社会发展受到严重影响。笔者认为，这种担心其实是不必要的。中产阶级喜欢移民，不是只在中国出现的一个孤立现象，它是全球性的现象。例如，在英国也同样出现中产阶级移民海外的现象。“英国内政部（Home Office）称，在移居海外的英国公民中，中产专业人士所占比例很高，且这个比例呈不断升高的趋势，这一局面可能会导致英国本土专业技术人才的短缺。在 2010 年移居海外的英国公民中，将近一半的人之前担任专业技术或者管理职位，大多数人已明确了在移民之后 4 年或更长时间里将要从事的工作。具体来说，专业人士在 2010 年英国对外移民中所占的比例约为 48% ，而 1991 年这一比例只有 37% 。”③ 必须承认，从短期看，富人和专业技术人士向海外移民的确会造成一些人所说的移出国的资本流失和人才流失，但是，从长远看，积极的意义大于消极的意义。在全球化和区域化的条件下，人才和资本都是自由流动的，哪里有机会，它们就往哪里流动，中国自改革开放以来，引进了大量的海外资本，西方许多跨国公司在中国投资的同时，也把大量的海外技术人才和管理人才带到中国，这些海外资本和海外人才的移入，成为中国经济社会高速发展的重要动力。今后，

---

① 《南方周末》记者潘晓凌、特约撰稿人阎靖等人在《中国精英移民海外进行时》一文中认为，自 1978 年以来，中国海外移民出现了三次浪潮。“自上世纪 70 年代末、90 年代初期的两拨移民潮以来，中国改革开放之后的第三拨移民高潮在进入新世纪的 10 年中已成愈发汹涌之势。不同于第一拨混杂偷渡客的底层劳工和第二拨国门初启之时的‘洋插队’，新世纪移民潮的主力由新富阶层和知识精英组成。高端群体、庞大数量和趋势化发展构成了不容忽视和必须面对的问题：中国是否正在经历社会中坚阶层的集体流失？”中国与全球化研究中心主任王辉耀也持上述观点，他在最近出版的《中国国际移民报告 2012》的蓝皮书中指出，“中国改革开放以来可以说经历了三次移民高潮”。

② IOM, *World Migration Report* 2011, COMMUNICATING EFFECTIVELY ABOUT MIGRATION 8.

③ 《金融时报》（中文网络版），http://www.ftchinese.com，2012 年 11 月 8 日。

中国将继续改善投资环境和经济社会环境，我们也一定能够继续吸引大量的海外资本和人才服务于中国的现代化建设。

撇开新移民浪潮产生的原因及其对中国国内的影响不谈，作为华侨华人研究工作者，我们看到的更多是其积极意义和世界影响。中国的海外新移民浪潮将为海外华侨华人社会补充新鲜血液，提升海外华侨华人社会的品质；它有利于中华文化走向世界，为中华文化在全世界的传播提供更多的渠道；它将会对今后中国与世界的关系产生重大而深远的影响，为正在和平发展的中国更好地融入世界发挥桥梁作用，引导世界更好地了解和认识中国。正如北京大学光华管理学院客座教授贾尔斯·钱斯所说："事实上，经济学家认为，放宽劳动力迁移限制，是经济增长的关键因素之一。在多种经济机会出现后，经济增长需要多种不同的劳动力，而这只能来自国外。从 1990 年代初开始，无数中国劳工前往东南沿海地区，他们的纪律性和辛勤工作，为中国制造业和出口的奇迹的出现创造了前提条件。与此类似，一波波涌向美国的说英语的、教育水平高的印度移民，为加利福尼亚州软件业的成功作出了至关重要的贡献。谁能说中国的对外移民不好呢？移民能促进中国经济的多元化，也能促进中国文化的全球化。随着中国的继续发展、经济增长、对世界开放，中国对外移民是不可避免的趋势，正像越来越多的外国人，在中国提供的经济机会的吸引下前往中国一样。而且，随着他们学会说汉语，学会欣赏中国自身丰富的文化和'生活质量'，他们也会选择留在中国生活。而且，随着中国的环境逐步改善，外国对华移民的趋势可能上升。移民是不可避免的趋势，而且对于一个全球化世界的经济与文化繁荣来说，正在变得越来越重要。"①

四、美国华人社会："成长的烦恼"

美国《侨报》总编辑刘晓东博士把近年来美国华人社会的快速发展及存在的问题形容为"成长的烦恼"。美国华人社会是一个正在迅速发展壮大的少数族群，是除了东南亚之外，华人人口最多也最为集中的海外华人社区。据统计，目前美国华人人口有 364 万，②美国华人社会的一举一动都会引起海内外华人的广泛关注。在刚刚过去的 2012 年，美国华人经历了许多重大事件，以下是美国《侨报》评出的美国华人十大新闻事件：

（1）赵美心推动《排华法案》致歉案获得国会通过。

（2）孟昭文成为美东首位华裔国会众议员。

（3）"林书豪风"席卷华社，全美刮起"林氏旋风"。

（4）两名南加大中国留学生遭枪击身亡。

（5）飓风"桑迪"重创纽约，华埠断油断电。

（6）南加华人月子中心被告上法庭。

（7）FBI 调查纽约政治庇护造假律师楼，震动华人社区。

（8）在美华人联合保钓。

（9）轻信驱霉运，华裔老妇被"祈福党"骗走万元现金。

① 《金融时报》（中文网络版），http：//www. ftchinese. com，2012 年 9 月 7 日。

② 美国华人全国委员会和马里兰大学美籍亚裔中心联合发布：《2011 年全美华人人口动态研究报告》，2011 年 2 月。

（10）章曙彤涉贪自杀。

前3个事件彰显了美国华人的政治、经济和社会地位的日益提升，他们为美国经济社会发展作出的贡献得到了美国主流社会的认可，尤其是美国华人积极参与国家的政治生活，应该引起我们更多的关注。作为一个少数民族，华人正在改变以往政治冷漠的习惯，以主人翁的姿态，努力融入主流社会，极大地提升了华人的形象。在美国居住了45年之久的美籍华人陈灿培先生长期关注美国华人的参政动态，他认为："近年华裔参政成风，是可喜可贺的现象，值得鼓励。"陈先生总结美国华人参政取得成功的要诀是：首先，要有良好的教育背景，如果大学毕业于名校，肯定加分，深造获硕士、博士或法律学位则更具潜力。现任的两位华裔政界人士，朱棣文在加州大学伯克利分校取得博士学位，骆加辉在耶鲁大学毕业，并在波士顿大学取得法律学位。其次，"在美当官，口才一定要好，并兼急才，选民当众提出尖锐问题，或者与竞选对手辩论，这是你发挥才学和领导才能的好时机，显出你的雄才伟略，胸有成竹，出口成章，口若悬河，对答如流，肯定一鸣惊人，获选民信任，赢得选举。"另外，还要有好的记忆力和健康的身体。"健康尤其可贵，竞选要走访区内选民，举办茶会、座谈会、演讲会或辩论会，可以说是马不停蹄，不能有丝毫松懈。尤其是选举前的一两个星期，更忙得不可开交，竞选成功后，谢票、上任、开会等更是忙得要命。"①

第八个事件从一个侧面反映出，美国华人高度关注中国的发展和中国的对外关系，钓鱼岛事件牵动了全球华人社会的敏感神经，美国华人，无论是从美国人的角度还是从华人的角度，关注该事件的进展和影响，这也是常理之中的事情。

至于其他几个事件（共有6个），都是反映华人社会消极面的，尤其是第七个重大事件，即FBI调查纽约政治庇护造假律师楼，② 震动华人社区，应该引起美国华人社会的深思和反省，一些犯罪分子利用华人急于获得在美合法身份的心理，干一些违法犯罪的勾当，因此，华人社会一定要提高警惕，谨防受骗上当。

如何看待美国华人社会近年来的发展变化，华人与主流社会的关系及华人的生存与发展状况？如下两人的观点很有代表性：

曾经担任过美国劳工部长的美籍华人赵小兰认为，包括华人在内的亚裔，在与美国主流社会的关系方面，存在"过度代表"和"代表不足"的现象。所谓"过度代表"，亚裔是美国三大少数族群中最小的族群，但在教育、科技等领域却占尽优势，比如，亚裔只占美国人口的5.8%，但在哈佛大学亚裔学生却占了12%，在加州大学伯克利分校，亚裔学生更是占了50%。另外，亚裔也是各个族群中收入最高的一个族群，据有关资料，亚裔家庭平均年收入为6.6万元，华裔6.5万元，美国白人为4.98万元。所谓"代表不足"，就是说相对亚裔在教育科研等方面的优势而言，包括华裔在内的亚裔族群在政治方面的代表

① ［美］陈灿培编写：《全美华裔参选官员名录：2012年》，洛杉矶：美国洛杉矶华埠中心2012年版，第7页。

② 2012年12月18日，联邦FBI和纽约警察联手到纽约华埠大举查抄涉嫌在政治庇护申请上帮客户造假的多家移民律师楼。当天在曼哈顿、皇后区和布碌仑总共有21人被逮捕，26人被起诉，包括6名移民律师。至少有10家律师楼涉嫌帮数百华人造假。检方指出，这些律师楼帮客户在政治庇护申请上造假，帮客户编造故事，教他们在移民官面试时怎么撒谎。有媒体认为，政治庇护造假案在华人社区其实由来已久，政治庇护造假案业者，很多根本不具备律师资格，却以移民中介、顾问公司等名义作业。他们往往抓住偷渡者急于取得身份的心情，索取高额费用，然后帮助偷渡者编写假材料，已经形成暴利产业。

太少，影响力太弱，如在众议院、参议院，亚裔的比例相对较小。

美国《侨报》总编辑刘晓东博士认为，近年来，美国华人虽然在参政方面取得了较大收获，但是，并不是说华人在这方面真的取得了很大进步，而是在很大程度上归功于选区的重新划分，新的选区对少数族裔比较有利。近年来美国华人参政的成就表明，美国华人社会正在从“边缘崛起，但距离主流尚远”。在美国，熔炉现象与种族歧视同时存在，对各方面表现优异的亚裔是热情拥抱还是歧视排斥，美国主流社会各个阶层的态度截然不同。刘晓东博士指出，作为少数族裔，美国华人的确是比较优秀的，尤其是在教育、科技等领域都有杰出的表现，同时这也给他们带来了许多烦恼。如何看美国华裔，他们是模范族群，是妒忌的对象，还是新犹太人，美国主流社会各个阶层存在迥然相异的看法。“近年来，美国族裔结构、社会文化及选举方式都出现了较大的变化，这些变化为华裔改变现状提供了绝好的机会，但是，华人真正融入美国主流社会的阻力仍然很大，道路仍然漫长。与此同时，华裔在自身素质的提升、参与意识的加强等方面也仍需努力。”①

五、欧洲华商：“帝王”行动的启示

2012 年，欧洲华商经历了两方面的严峻考验，一方面是不断加剧的欧债危机，使华商的发展空间不断萎缩，甚至面临生存的危机；另一方面，是一些欧洲国家加强执法行动。长期以来，许多处在法律边缘的华商企业，一直在合法与非法之间徘徊，面对政府的严格管理和法律的指控，许多华商无法继续在灰色地带生存与发展。西班牙警方于 2012 年发动的“帝王”行动，就是一个最为明显的例证。

2012 年 10 月 16 日，西班牙警方采取代号为“帝王”的行动，在多个城市逮捕了一些犯罪嫌疑人，其中华商占多数。西班牙警方宣布：被抓捕的高平等华商涉嫌 13 宗罪状，包括组织犯罪、走私、洗钱、偷税漏税、恐吓、侵犯公民权利以及贩卖军火、毒品和组织卖淫等。西班牙著名反贪腐检察官萨立纳斯称，这个由华人领导的犯罪组织，通过逃税、贿赂官员和伪造文书等手段，每年洗钱 2 亿至 3 亿欧元，涉及洗钱的银行户头达 230 多个，4 年内“洗黑钱”达 12 亿欧元。西班牙警察总署在事后举行的新闻发布会上说，这次行动是一次具有历史意义的逮捕行动，对打击经济犯罪非常重要，并评论说“这一行动对西班牙经济体系的正常运转有很大帮助”。西班牙内政部长 Jorge Fernandez Diaz 表示，“西班牙政府全力支持警方所展开的‘帝王’行动”，“此次被捕的团伙所从事的生意，对西班牙的企业来说一直都存在巨大的冲击，而被转移走的资金对西班牙的税收也造成了巨大的损失”，“未来可能还有更多的涉案人员落网”。

无独有偶，2009 年 6 月 16 日，西班牙加泰罗尼亚自治区警察总局也曾发起一场代号为“WEI”的行动。那天早上 9 点，共有 750 名武装警察包围了马达隆（Mataro）华人集中居住区，搜查了 86 家华人服装加工厂，其中 72 家被查封，有 76 名华人老板被逮捕，数千工人流落街头。“WEI”行动在西班牙华人历史上是罕见的，在 2009 年被评选为“世界华人十大新闻”之一。

---

① 刘晓东在暨南大学国际关系学院/华侨华人研究院的演讲，题为“边缘崛起：美国华裔成长的烦恼”，2012 年 11 月 22 日。

一位西班牙华人对上述两次事件进行比较、分析，得出结论说："2009 年 6 月 16 日的'WEI'行动与 2012 年 10 月 16 日的'帝王'行动都是西班牙历史上最大规模的针对华人的'行动'，但是，无论从起因、过程还是结果来看，两者都不可同日而语。2009 年'WEI'行动的结果让人们看到了西班牙华人生活艰辛和无奈的一面，老板和工人吃喝拉撒都在一起，工作和生活环境极其恶劣。他们给人们的印象是勤劳吃苦，虽'不守法'，但'可怜'不'可恨'。而 2012 年'帝王'行动的结果则让西班牙人大吃一惊，高档别墅，高级轿车，大把大把的黄金、钻石，数千万的欧元现金。这是西班牙人几辈子都无法实现的梦想，他们给人们的印象是极尽奢华，他们犯法，是'可恨'但不'可怜'。'帝王行动'或将彻底颠覆西班牙人对华人的传统看法。"①

对于"帝王"行动，各界人士有许多不同的反应与看法。西班牙媒体称，这"是欧洲最大的华人黑社会有组织的洗黑钱活动"。而一些侨领们则表示，"这是西班牙为了转移群众视线，将焦点从经济危机上转移开而策划的，目的就是把责任推卸到华商身上来，嫁祸华商"。中国驻西班牙大使馆领事部表示，将继续密切关注此案，"这次行动是针对有组织犯罪的打击行动，行动不会扩大化，到此已经基本结束"。

继"帝王"行动之后，西班牙警方还针对西班牙华商采取了一系列的执法行动。2013 年新年伊始，加泰罗尼亚自治区税务局称，地区税务部门及警方对 43 家华商企业作出巨额罚款，最高罚金达 1 400 万欧元，最少的也要 300 万到 400 万欧元。据《环球时报》援引西班牙报道称，对这些华商的税务检查始于 2012 年。税务部门发现最普遍的逃税情况是：首先，有关华商在中国开金额远低于实际货物价格的假发票，然后用这些发票在西班牙海关报税。其次，这些人在西班牙出售货物的报税也采取了欺骗手段。以一家商行一天售出 1 万欧元营业额为例，他们只报税 20%，最多 25%，其余的都不开发票，以达到逃税目的。除作出巨额罚款外，警方还对逃税华商的 84 处物业以及 240 个账户发出禁止使用和冻结的命令。警方称，华商的逃税行为给西班牙政府带来的财政损失可能达数十亿欧元。据悉，在 43 名被罚款的华商中，还有与之前的"帝王"行动有关联的人物。目前警方还在进一步调查中。这次加泰罗尼亚政府的行动给华商带来了巨大影响，不少华商人心惶惶。一些接到罚单的华商称无法支付罚款，有的聘请律师进行交涉，有的则已着手进行破产申请。

"帝王"行动及后来的一系列执法行动对西班牙华商而言可谓是"祸不单行"、"屋漏偏逢连夜雨"，本来就处在经济危机的重压下，现在又要面对政府与警察的各种严厉的执法行动，极大地压缩了华商的生存空间。西班牙华侨华人协会主席叶玉兰女士坦承，2012 年是极不容易的一年："对西班牙华商来说真是一个多事之秋。欧债危机对西班牙的影响这么大，给在西班牙做生意的华商也带来了很大的损失。在 2012 年前 10 个月，30% 的华商能赢利，30% 的华商维持现状，30% 的华商生意亏本。特别是 10 月 16 日，西班牙的'帝王'行动对全体华商和侨民的损害是很大的，当时华商的生意就下降了 70%，整个中国人的批发市场就很萧条、很冷清。"西班牙华侨华人协会常务副主席毛峰说："我作为一位华商也深刻体会到了'帝王'行动的影响。我自己经营的小商品生意，营业额下降了 50% 左右。另外，我经营的亚洲贸易中心，有 60 家店面、十几家办公室，是出租给商铺

---

① ［西班牙］麻卓民：《关于西班牙"帝王"行动的思考》，《欧洲时报周刊》，2012 年 11 月 5 日。

的，收入主要依靠向商户们收房租。2012年，我在收租金上受到了不小的影响。从2008年经济危机开始，我们已经减过一次房租了。就那一次来说，收房租还比较顺利。自从‘帝王’行动之后，我发现商户付房租的速度已经减慢下来了，商户觉得生意受到很大影响，所以我们收房租的力度就减弱了不少。”毛峰在谈到西班牙华商经营的特点时，特别提到了华商“家庭式”经营的优点和弊端：“因为中国人在这里的历史不长，很多公司其实都还是家庭式的。家庭式的公司成立速度很快，运作速度也很快，但是它的缺点是管理水平跟不上，从自律的角度来说，可能没有西班牙人的公司那么有力度。所以华商要加强自身建设，遵守西班牙当地的法律法规。”①

西班牙华商当前面对的困难与挑战是整个欧洲的华商面临困境的一个缩影。最近一段时间，关于欧洲其他国家的华商受到当地政府的严厉盘查、在各种执法行动中受到严重打击的新闻报道接二连三，各种坏消息接踵而至，为什么？是政府为了转嫁经济危机，转移人民的视线，把华商作为其政策失败的“替罪羊”，还是华商中的确有一些人违规、违法，触犯了当地的法律？笔者认为，上述两方面的原因都是存在的。在欧债危机的严重冲击下，欧洲各国的日子都不太好过，各个阶层的人民都受到严重打击，而华商作为一个少数族裔的商人群体，在欧洲特别引人注目。总体而言，与当地人相比，欧洲华商的日子过得比较优裕和从容，这当然会引起当地人的攀比和嫉妒。当地人可能没有看到华商吃苦耐劳、艰难困苦的一面，看到的只是一些华人出手阔绰、一掷千金、快速积累财富的一面。一些极端的政治势力和政治人物，拿华商作为攻击的对象，借以提高其形象，赢得选民的好评。作为民选政府，理所当然地要“顺应民意”，采取各种打击措施。至于华商自身，也要从类似的事件中深刻反思，认真总结经验和吸取教训。我们认为，对于欧洲华商而言，当年那种“钻法律空子”、“无序竞争”、“乱中取胜”的时代已经过去，今后要进入一个新的时代，那就是守法经营、有序竞争和自觉融入当地社会。

也有人从东西方文化差别的角度进行解读，认为“帝王”行动等一系列针对欧洲华商的行动，是东西方两种文化的差别造成的矛盾和冲突。文化背景的不同和对法律理解的不同，造成了许多难以避免的误解和矛盾。例如，中国人传统的经营理念是“薄利多销”，在外国人看来则是倾销行为，是不公平竞争；中国人传统的理财观念是“积少成多”、“积谷防饥”，而在外国人看来则是不消费，是吝啬；中国人把勤奋工作看作是一种美德，不分节假日，一周工作七天，而在外国人看来则是不懂得享受，是大逆不道。欧洲华侨华人联合会主席王寿松指出：“在欧洲的中国人，大部分来自温州。青田因为紧邻温州，在国外青田人也称温州人。温州人在欧洲，大多数是做餐馆生意、开小百货店的，做的是小本买卖，习惯面对面的现金交易，赚的都是辛苦钱、血汗钱。有时为了避税，也为了进出货等买卖方便，他们习惯把钱存放在家中，积累到一定数额后再想办法带回国内。说他们偷漏税，有可能；说他们洗黑钱，可能性不大。这是中西文化差异造成的误解。”②

“帝王”行动及其一系列官方行动，对欧洲华商的打击是非常沉重的，欧洲华商正在经历凤凰涅槃、浴火重生的过程，欧洲华商渡过这个难关和获得新生的关键，是必须从这次事件中进行深刻反思，进行彻底的转变，在经营方式、经营策略、法律意识与法治观

① 《西班牙帝王行动重创华商　侨领建议华人集体维权》，国际在线网，2013年1月8日。

② 《中华工商时报》，2012年11月23日。

念、与本地人的关系等方面都要转变。这个转变是一个痛苦的过程，但又是不能不经历的过程，如果欧洲华商能够经受得起当前的严峻考验，努力地转变经营方式和实现本土化，那么就一定会有一个更加美好灿烂的明天。从这个意义上说，“帝王”行动对欧洲华商而言不是坏事，而是好事，它促使欧洲华商深刻反省，也促进了欧洲华商的转型。

六、海外华文教育热的冷思考

近年来，在各种因素的推动下，海外华文教育呈现一片大好形势，各类华文学校如雨后春笋般涌现，海外华人和外国人学习华文的热潮一浪高过一浪，新的华文媒体也不断诞生。华文作为一种重要的国际语言，正在受到世界各国政府和各阶层人民的重视。最近10年，笔者四访印尼，去过爪哇岛和外岛各地，包括雅加达、梭罗、泗水、日惹、巴厘、苏门答腊岛的苏北省、加里曼丹岛的西加里曼丹省。虽然是走马观花，但是每次访问，笔者都把当地的华文教育作为重点考察的对象。现以西加里曼丹省的华文教育为例，谈谈笔者的一些体会。

西加里曼丹省位于印尼加里曼丹岛，是印尼华人聚居最为集中的一个地区，华人占全省人口的10%左右。在该省省会城市——坤甸市，华人约占全市人口的15%～20%，在离坤甸100多公里的另一个城市——山口洋市，华人约占全市人口的一半。西加里曼丹省的华文教育起步早，又有一批热心华文教育的华社人士，加上华人人口也相对比较集中，因此，该地区的华文教育在全印尼也算是比较好的。仅在山口洋市，就有20多家颇具规模的华文补习学校。在20世纪90年代后期至几年前，主要由20世纪50—60年代上过华校的老一辈华人担任老师，也从中国请来一批志愿者担任老师。近年来，一批本地的青年老师已经成长起来，西加里曼丹省的华文教育就像滚雪球般地发展起来。

发展华文教育，除了怀有热情之外，还需要经济实力，而西加里曼丹省基本上还是农业社会，大部分华人都比较贫穷，依靠自身的力量发展华文教育存在较大的困难。当年从这个地区再移民到海内外的华人发挥了关键的作用。与所有国家的城市化和工业化过程中出现的现象一样，这里华人社会的流动性很大。该省华人移民到印尼其他大城市的人口为70万左右。这些再移民到海内外的华人对西加里曼丹省存有一份深厚的感情，也有一定的经济实力，他们以各种方式支持家乡的华文教育，其中赤道基金会发挥了最重要的作用。“1997年，来自赤道线上的（该省位于赤道线附近）乡亲，成立了赤道基金会。90位创始人集资购买了会所，制定了章程。为了追求理想，实现抱负，‘赤道魂’把大家凝聚在一起，因为异地重逢，大家倍感珍惜乡谊的可贵，更由于乡缘的牵引，对家乡的现状尤其关怀。”① 该会主席丘一凡说：“基金会成立后积极推动家乡的扶贫助学教育工程，仅在2005—2006年两年时间内，已经发放资金资助该省十几所华文补习学校的240多位贫困学生就学，并资助扩建校舍与培训重点师资。”② 赤道基金会成立之后，把发动乡亲们捐献扶贫教育经费作为一项重要工作，这项工作也得到了广大旅居海内外的西加里曼丹省乡亲的热烈响应，他们踊跃捐献，真正做到了有钱出钱、有力出力。

---

① 刘乃文：《继往开来，与时俱进》，《赤道基金会九周年纪念特刊》，雅加达：赤道基金会2006年版，第7页。

② 刘乃文：《继往开来，与时俱进》，《赤道基金会九周年纪念特刊》，雅加达：赤道基金会2006年版，第6页。

据统计，在 2004 年，赤道基金会一共收到 35 笔捐款，共 165 900 000 印尼盾（约合人民币 12 万元）；2005 年收到 59 笔捐款，共 347 000 000 印尼盾（约合人民币 28 万元）；2006 年收到 169 笔捐款，共 1 718 000 000 印尼盾（约合人民币 136 万元）。[①] 从每笔捐款的数目看，少的几万印尼盾，多的几十万、上百万印尼盾，钱不在乎多少，贵在参与，贵在每个华人都有一份支持华文教育的心。我们从山口洋市福律华文补习学校校舍建设的捐献名单中看到，有的人捐献了几车泥土，有的人捐献了几根木头，有的人做了几天的工，真正体现了当地华人为了支持华文教育有钱出钱、有力出力的积极参与精神，也正是这种精神，使西加里曼丹省的华文教育从无到有，从小到大，不断发展，闻名印尼全国。

2012 年 2 月，笔者一行 4 人访问了印尼西加里曼丹省山口洋市，参观了两所华文学校。一所是新光明华文实习学校，有 100 多名学生，校舍原来设在济公庙，因为太嘈杂，迁移到现在的地方。校舍还算可以，占地 10 多亩，有 5 间大课室，课室的摆设很简陋，就是一些桌椅，没有任何现代化教学设备。该校的董事李先生告诉我们，学校的学费是每人每月 45 000 印尼盾，约 40 元人民币，虽然收费不算高，但仍有不少学生因为家里太贫穷，交不起学费。学校经费除了依靠收取学费之外，主要还是依靠华人捐资办学，这几年捐款最多的是新加坡的一家基金会和雅加达的华人。

另一所是福律华文补习学校，在山口洋市附近的一个小镇。这是一所比较完善的学校，学生从小学一年级到初中都有，根据学生的华文程度来分班。听说这所补习学校有 200 多名学生，学生都是附近村庄的农家子弟，有的来自比较远的地方，家距离学校有 10 多公里，老师基本都是本地人，有几位还是暨南大学华文学院的学生。学费也差不多，都是每月 4 万印尼盾左右。

听陪同参观的黄锦陵老师（长期在当地从事华文教育）说，目前全山口洋市的 20 家华文补习学校，都在很艰难地生存和运作，基本上都处于亏损经营状态，幸亏有热心华文教育的华人社团和企业主的支持。黄老师说，目前这些华人企业和个人的办学热情还很高涨，但是，这种热情能够维持多久，能否一直延续下去，黄老师对此表示极大的担忧。

黄锦陵老师是 20 世纪 50 年代在山口洋市著名的华文学校——南华中学毕业的，毕业后从事过华文教育，在 20 世纪 60 年代当局关闭华文学校后转行从事其他工作。21 世纪初，华文教育在印尼重新获得合法地位，黄老师又重操旧业，重新回到华文学校任教，目前主要是做各地华文学校的协调工作。他把当前的华文教育热潮与 20 世纪五六十年代印尼各地的华文教育进行了比较，深有体会地说，两个不同的时代，都是学习华文，但是差别太大了。当时，他们学习华文，是为了掌握和学习中华文化，虽然身在中国以外的地方，却非常向往中华文化，以作为华人而自豪，努力学习华文，那时有一种自豪感和责任感。他们那时学习都是自觉的、争先恐后的。而现在学华文，学生和家长学习的功利性比较强。他总结现在学习华文的人有如下 5 种类型：

一是工具型，即把华文当作是一门外语来学习，学好外语以便找一份好工作。的确，现在中国正在发展成一个世界大国，中国需要与全世界打交道，在印尼各地投资设厂的中国企业越来越多，学好华文，可以在印尼的中资企业找一份工作。

---

① 刘乃文：《继往开来，与时俱进》，《赤道基金会九周年纪念特刊》，雅加达：赤道基金会 2006 年版，第 72 ~ 76 页。

二是交友型，现在上华文学校是很时髦的事情，少男少女都去上华文学校，一些人为了找朋友，便去上华文学校。

三是被迫型，学生本身不愿意上华文学校，在家长逼迫下不得不到华文学校读书。当地的学生都是在业余时间学习华文，即每天在国民学校的课程结束之后，才到华文补习学校来学习。与印尼文相比，华文的结构、发音和笔画都复杂得多，因此许多学生都有畏难情绪。

四是职业取向型，山口洋市是一个以农业为主的社会，工商业不发达，找一份稳定且收入比较高的工作不容易，而华文老师是一个有吸引力的职业，因此，很多人，尤其是农村的孩子愿意选择读华文补习学校，希望以后从事华文教学的工作。

五是自觉型，即认为自己是一个华人，要学习华文、掌握中华文化，把学好华文、掌握中华文化看作一种使命。这种人当然是有的，但是极少。

印尼西加里曼丹省的华文教育是海外华文教育的一个缩影。我们认为，海外华文教育的发展是一个长期的、循序渐进的过程，我们需要有积极的态度与扶持政策，但也不可急于求成、拔苗助长。在这方面，我们可以借鉴美国、法国等发达国家在向海外推广本国文化上的成功经验。笔者认为，海外华文教育的发展可以分为两步走：第一步，以推广识字和传授一般的知识为主，这是海外华文教育的初级阶段，重点在量的扩张，兴建各种基础设施，包括华文学校，大学的中文系、中文专业等；第二步，以弘扬中华文化和价值观为主，这是海外华文教育的高级阶段，重点在于通过各种教育手段，把中华文化在全世界发扬光大。全世界各国的情况千差万别，海外华文教育的发展水平也参差不齐，总体而言，只有马来西亚的华文教育进入了高级阶段，这是马来西亚华人努力奋斗半个多世纪的结果。至于除了马来西亚以外的其他地方，我们不能不承认，绝大多数国家的华文教育在目前乃至今后相当长的一段时间内，都还只是停留在初级阶段。

全球流动：跨国、寓居与华人认同[①]

20世纪90年代后，随着全球化进程的逐步深入，世界范围内的人口迁徙，信息、商品与资本的流动也随之进入一个前所未有的阶段。跨越疆界的行为日趋频繁，并逐渐走进人们的日常生活，跨国网络的建立与强化将更大范围内的人们连接在一起。全球流动让人们在去地域化与再地域化的情景中经历着文化与经济的断裂和延续，同时也开始重新思考全球时代下的国家、社会与人群之间的相互关系以及原先固着于民族国家边界内的文化与认同。日渐显著的全球流动与跨国现象也引起学界的反思，从跨越疆域的视角重新思考全球时代的文化认同。由此，本文即以Diaspora[②]及其概念体系引入，展开相关的理论分析，并结合当今东南亚华人的跨国迁徙、流动、寓居及其与民族国家的动态关系，探讨全球时代之下东南亚华人的政治身份及其多重认同的建构。

一、Diaspora：全球时代的文化认同

一般而言，关于某族群的国家认同、族群认同与文化认同的探讨基本上都以现代民族国家为叙述背景与分析框架。然而，随着全球化进程的深入，世界范围内的人口流动加速，跨国现象逐渐成为常态，一种世界主义的文化价值观逐渐显现出来，并对传统的地方关联、民族国家乃至意识形态构成极大挑战。[③]去地域化现象的产生，全球化语境下的移民、流动与文化适应同样冲击和影响着人们的认同、跨国行为及对民族国家的忠诚。[④]在此背景下，原先用于指离散四处而又心系故乡之族群的Diaspora一词，因其流动特质重新受到了学界重视。对于认同研究而言，一些学者主张重新界定Diaspora，并赋予其多元、流动、灵活、离散、超越地域等意义和内涵，以阐述全球结构中Diaspora社群的文化认同、世界主义特征及其在全球文化、经济行为中的能动性与创造力。[⑤]对此，本文将结合海外华人经验，从Diaspora概念出发，重新审视全球化时代的东南亚华人认同。

Diaspora的语义有一个逐渐拓展的过程，由原先富有宗教意涵的神学观念，转而被用于指称犹太人和非洲人这两个特殊的移民群体，其间也形成了Diaspora的传统内涵：其一，被放逐；其二，散布；其三，边缘化；其四，生活在社会与文化的夹缝之中。随后，

---

① 本文为2010年教育部人文社会科学青年基金项目“全球化—地方法：跨国网络中的云南华人”（10YJC840019）的研究成果。

② Diaspora中文翻译很多，如离散群体、流散群体、寓居群体等，但均不能完全反映其英文原意，因此，在本文相关论述中，直接用Diaspora称之。

③ Hannerz, Ulf, *Transnational Connections*, London: Routledge, 1996, pp. 49 – 65.

④ Appadurai, Arjun, *Modernity at Large: Cultural Dimensions of Globalization*, Minneapolis: University of Minnesota Press, 1996, pp. 49 – 65.

⑤ Clifford, James, “Diasporas”, *Cultural Anthropology*, 1995, 9 (3): pp. 302 – 338; Cohen, Robin, *Global Diasporas: An Introduction*, Seattle: University of Washington Press, 2008.

在此基础上，Diaspora 逐渐被用于指称具有上述特征的国际移民群体，所指更加广泛，包括穆斯林、华人、海地人、印度人等各种类型的移民，涉及的社会现象也越来越复杂，涵盖了地缘政治、殖民主义、世界体系、族群互动、宗教信仰、文明冲突等。

20 世纪 50 年代后，随着新兴民族国家建立、苏联解体、东欧剧变、冷战结束、全球化时代的到来等一系列国际局势的转变，移民与全球流动逐渐成为社会科学领域关注的重要问题。在此背景之下，Diaspora 日益受到关注，并以一个新的面目进入人们的视野，该词的概念化亦日趋成熟，并逐渐成为社会科学中的分析工具。Diaspora 从特定的词语逐渐成为一般性的概念，经历了一个词义从具体到抽象、从特殊到一般的发展与转变过程。

总体上，Diaspora 一词基本没有离开原意，一般指离开家园，分散到世界各地的人或族群，或指生活在某一国家中的异域群体（alien）。就概念及其内涵而言，一个被称为 Diaspora 的移民群体，应具备以下特征：①族群意识以及对过去的集体记忆；②活跃的社群生活；③与起源地（祖国）有不同形式的联系，无论现实或想象；④与分布在世界各地的其他同源族群保持联系。[①]

尽管在全球化进程中，Diaspora 被赋予了许多新的意义和内涵，其积极面，如流动性、适应性、超越国家疆界等特征也得到充分展现。但世界的多极化发展、阶级差异、非均衡特质以及 Diaspora 的无产化倾向并没有抵消 Diaspora 的无根、无家、漂泊及其所蕴含的凄凉、悲伤、无望之原意。传统意义的 Diaspora 依然存在，它与新的意涵所指的 Diaspora 群体共同存在于当下，甚至 Diaspora 的积极与消极因素同时存在于一个群体中，体现出现实当中 Diaspora 群体的复杂性、双关性与矛盾性特质，这也推动了我们对其进行多维度的综合研究。

二、灵活公民：全球化、华人身份与文化实践

若将 Diaspora 的概念形成与理论演变置入经验世界，它便为我们审视华人移民的历史与现状提供新的路径。20 世纪初华人移民的境遇正好符合 Diaspora 的原有意涵。华人因为中国社会动荡、政治纷争及经济穷困而远走他乡，但是他们出生于中国，在故乡已经经历了早期的社会化过程，因此他们对中国仍怀有民族情感与国家认同，[②] 并且心系故乡，期盼有生之年能叶落归根，衣锦还乡。而随着时间的推移以及本土化进程，对于第二代、第三代，尤其是在当地出生的华人而言，他们的生活经验大多与本地的政治、社会和文化相关，新的认同亦随之形成。他们视居住国为自己的祖国，而中国只是祖先生活过的地方，并逐渐成为异域及“想象的家园”（或许他们从未去过）。

但是，东南亚华人融入当地，也经历了颇多曲折。在国内，族群民族主义之下的国家建设仍然使华人在政治经济生活中面临许多歧视与偏见，并可能由此引发族群间的紧张关系。在国外，为形成所谓的制衡，西方社会仍有一部分人视华人为华侨，并以“Chinese in diaspora”称之，意欲暗示华人之离散，“华侨”则会服务于中国的利益，成为中国发展

① Sahoo, Ajaya Kumar and Brij Maharaj eds, *Sociology of Diaspora: A Reader*, Jaipur: Rawat Publications, 2007, pp. 28 – 40.

② 王赓武:《南洋华人简史》，台北：水牛出版社 2002 年版，第 207 页。

的海外动力。[①] 这并不符合华人的利益，带有种族主义和意识形态的倾向，也是地方化的华人不愿被视为华侨或“Chinese in diaspora”的主要原因。特别是在东南亚，尽管 Diaspora 在学理上已被赋予新的意义，但大部分华人仍反对使用 Diaspora 一词，因为他们“担心（自己）被理解为没有归属的离散社群，哪怕术语使用者出于好意”。[②]

无疑，如今我们生活在全球化时代，世界范围内的流动与跨国网络的建构将人们带入了一个跨越国家疆界的时空中，为个人自主性的发挥提供了广阔空间。同时，经济一体化、复杂联结、蝴蝶效应与社会风险促使人们在考虑自身国家认同的同时，也在超越民族国家而思考个人与全球世界（global world）的关联。原先与民族国家密切相关的认同也体现出由国家层面转向文化层面的趋势。[③] 一位菲律宾华人移民美国后，可能仍然保持菲律宾认同和华人认同，入籍对他而言，或许只是方便自身发展的理性选择。而全球化背景下公民归属（cultural citizenship）的提出，更使人们逐渐接受以居住权为归依的公民身份，而非原先的以民族或国籍为基础的成员资格，从而在一定程度上避免了族群民族主义之文化霸权的影响。[④]

因此，对于在各自国家作为少数族群的东南亚华人而言，全球化下的跨国实践为他们创造了一个契机，使他们能够借助外力（国际社会、跨国网络、非政府组织等）争取其在居住国的合法权益，并通过参与公共生活，促进社会变革。另一方面，面对所在国族群民族主义所引发的歧视与排外，通过跨国流动“逃离”国家的规训与控制，则不失为东南亚华人族群应对社会不公与边缘化境遇的有效策略。在此，Diaspora 便从最初的历史语境中抽离出来，并被赋予新的内涵，这就有助于我们进一步思考：在华人的全球迁徙与流动中，作为一种实践策略与文化逻辑，Diaspora 如何根植于变化的全球结构之中？其自我意识与文化认同又如何呈现出来？[⑤]

以笔者研究的泰国北部的云南华人为例。20 世纪 50 年代，他们随国民党军队从云南边境撤退至缅甸，几经辗转，最终定居泰国北部的清迈、清莱等地，至今已发展到第三代、第四代。如今，他们主要以种植荔枝、芒果、柑橘、生姜以及经营水果加工为生。[⑥] 对于在当地出生的华人而言，他们从小接受泰式教育，不少人信仰佛教，对泰国文化也非常熟悉。但当他们走出生活的华人社区，却在生存与发展中碰到不少屏障，如被泰族称为“钦霍”（Chin - ho）[⑦]，其身份也因其居住历史、父母身份等因素而被划分为不同等级，

① 陈志明、丁毓玲：《泉州城郊“巴厘华人村”——华侨农场归侨重建的家园》，《华人研究国际学报》2010 年第 2 卷第 1 期，第 3 ~ 19 页。

② Tan，Chee Beng，“Comments”，*Leo Suryadinata ed. in Ethnic Chinese as Southeast Asians*，Singapore：Institute of Southeast Asian Studies，pp. 25 – 32.

③ Wang Gungwu，“Chinese Ethnicity in New Southeast Asian Nations”，In Leo Suryadinata ed.，*Ethnic Relations and Nation-Building in Southeast Asia*. *The Case of the Ethnic Chinese*，*Singapore*：Institute of Southeast Asian Studies，2004，pp. 1 – 19.

④ Ong，Aihwa，“Cultural Citizenship as Subject-Making”，*Current Anthropology*，1996，37（5）：pp. 737 – 762.

⑤ Clifford，James，“Diasporas”，*Cultural Anthropology*，1995，9（3）；Mckeown，Adam，*Chinese Migrant Network and Cultural Change*：*Peru*，*Chicago*，*Hawaii*，1900 – 1936，Chicago：Chicago University Press，2001；Ong，Aihwa and Nonini，Donald. *Ungrounded Empires*：*The Cultural Politics of Modern Chinese Transnationalism*，New York and London：Routledge，1997.

⑥ 关于该族群的认同建构与变迁，详见本文第四部分论述。

⑦ 泰语，指生活于山地的野蛮华人。

其中大多数身份不能参军、不能在政府中出任高级官员等。2003 年 7—8 月，笔者曾在泰国清迈省差巴干县新村进行关于云南华人族群认同与历史变迁的人类学田野调查。在调查期间，地方政府以工厂涉嫌毒品交易为由，查封了村中自治会万会长经营的水果加工厂，三个月后查无实据，又将工厂归还，却没有给予任何赔偿。这使得工厂错过了当年收购、加工水果的旺季，损失不小。

事实上，对于泰国华人而言，施坚雅所说的同化[①]主要体现在文化层面，而以族群为特征的社会阶层（hierarchy）仍然存在。泰国精英一方面促使华人融入泰国社会，因为他们对泰国经济发展作出极大贡献；另一方面，他们又不希望华人完全同化，因为使华人边缘化将有利于他们的控制。与此相似，英国政府也是根据国家利益及全球资本流动来处理来自中国香港的华人移民，甚至将其视为二等公民。[②] 因此，文化距离的缩小并不一定意味着社会地位的提升，华人与主流族群之间的区别和差异乃源于 Diaspora 族群与主流社会之间的不平衡关系及支配意识形态的控制和暴力。

当然，作为能动主体，泰国北部的华人并没有“逆来顺受”，他们积极借助全球化与跨国联结，拓展自身的社会关系网络，积累社会资本，应对民族国家内部的歧视与不公。这批云南华人大部分是原国民党军队的后代，一直与台湾保持密切联系。早在二十几年前，村中就有不少学生通过侨生考试，赴台湾读书，之后一部分人便因工作、婚姻等关系留在台湾。定居后，他们不断鼓励村中的亲友通过升学或亲属移民等方式移居台湾，这就为村民摆脱边缘化的生存境遇提供了一种选择。20 世纪 80 年代后，不断有华人返回中国故乡，重新和当地亲戚取得联系。90 年代末，随着中国经济的腾飞，不少大陆企业到泰国投资，急需大量双语人才，为年轻一代的云南华人提供了很好的就业机会，也使得他们能够接触到更多不同层面的华人，并以此建立自己的关系网络，谋求更好的发展。

频繁的接触，网络的叠加，使得华人在泰国、中国大陆和台湾以及其他国家与地区之间的跨国网络逐渐形成，而不断拓展的关系网络，在华人商业活动（如农产品贸易）中扮演了重要角色，也为当地居民带来更多机会。村民依靠族群性的华人商业网络，建立了水果生产、销售的国际链接，使村中早晨采摘的水果，下午就可运送到中国香港、台湾地区及日本各地。而万会长则不断加强与外界的联系，经常邀请外商参观工厂，也宴请政府官员以及合作商，借以体现其经济实力与社会影响力。同时，他也将自己的小孩送到国外上学，之后，他的大女儿嫁给了一位美国华裔，并准备在美国开设公司，将泰国的农产品销售到美国。可见，培养以血缘、地缘、业缘为基础的社会关系，并以此建立中国大陆和台湾、泰国及其他东南亚国家与地区之间的跨国网络，以从全球市场获取资本与信息，成为当地华人摆脱民族国家束缚，并在更大的社会经济领域获利的极佳策略。

此外，与 Diaspora 密切相关的“灵活公民身份”（flexible citizenship）也逐渐为学界所关注，用于分析全球化之下华人社群的身份认同与跨国实践。[③] 该词意指“跨国公司经理、技术员及专业人士的策略，他们通过选择不同地方投资、工作与定居，以从不同的民

① Skinner, G. William, “Change and Persistence in Chinese Culture Overseas”, *Journal of the South Seas Society*, 1960, 16 (1 & 2): pp. 86 - 100.

② Ong, Aihwa, “The Pacific Shuttle: Family, Citizenship, and Capital Circuits”, In *The Anthropology of Globalization, Inda, Jonathan Xavier and Rosaldo, Renato eds.*, Malden, MA: Blackwell, 2002, pp. 172 - 197.

③ Ong, Aihwa, *Flexible Citizenship: The Cultural Logics of Transnationality*, Durham: Duke University Press, 1999.

族国家制度中获益”[①]。毋庸置疑，这是一种机智、成熟的策略，既有利于自我发展，又从政治、经济上摆脱了民族国家的监控。这在香港体现得尤为明显。在回归以后，许多香港人仍在本地工作，但家庭却已移民海外，生活方式也由地方转向世界。他们可能持有多个国家的护照，以在变化的环境中力求主动。跨国或跨境生存，不仅反映出行为主体对民族国家建设、公民身份的认知与回应，同时也体现出来自底层的全球文化实践。下面就以中缅边境的缅甸华人为例进行分析。[②]

1988 年，缅甸军政府推行经济改革，中缅边境贸易得以恢复。近年来，随着两国经济的发展以及跨国贸易的增长，边境贸易日渐繁荣，不少缅甸华人加入边境贸易的行列。中缅边境地区的民间贸易主要为中国向缅甸出口豌豆、蚕豆、大蒜等，而从缅甸进口玉米、大米、食用油等。边贸一般都以合作形式展开，合作者一方长期生活在中国边境地区，负责观察两地市场行情，并及时通知缅甸一方的合作者，由他向缅甸农民或中介商收购土产。在全球化的信息时代，边境贸易商经常上网查询农贸产品的供求信息、股市行情，并利用网上银行转账、交易，方便快捷。由于缅甸国内经济不稳定，币值浮动较大，有时汇率的变动造成的差价甚至超过边贸的利润，因此，大家多倾向在中国境内交易，以人民币结算。

为避免日益增加的贸易风险及应对缅甸国内不稳定的时局，同时也为开辟新的市场，缅甸华人开始选择多元、灵活、跨国的投资方式。如今，云南边境地区大力发展边贸，鼓励海外华人（多为缅甸及东南亚华人）回国投资，为此，地方政府出台了许多吸引外资的政策，同时简化外商在中国边境地区的出入手续。如，缅甸公民用身份证在边境口岸登记后即可在德宏州境内暂住半年；持边民通行证即可在德宏州境内自由活动；持缅甸身份证可在中国银行开户，除不能贷款以外，其他各项银行业务都可办理；外商可在中国边境地区买房置地等。由此，很多缅甸华人将投资转向逐渐成熟、相对稳定的中国市场，他们在边境城市设立办事处，或者直接以外资形式在中国建立公司，投资酒店、旅游业，与地方政府合资兴建电站，或在中国境内购买四荒地[③]，经改造之后种植果树及经济林木等。

由此，不少缅甸华人选择跨境而居，视商贸需要往来于中、缅两地。最近几年在瑞丽发展起来的华侨社区即是一例。该社区始建于 20 世纪 90 年代，如今已有近 70 户缅甸华人入住其中，他们大多从事边境贸易。社区房屋多为别墅，大多是屋主买地自建，有的耗资上百万人民币，当地民众称这个华人社区为“富人区”。地方政府对华人社区特别关照，委托侨办协助社区华商处理日常生活等事宜。与历史上的缅甸归侨不同，这些缅甸华人持缅甸护照，或以边民身份居住于此，因而，他们不是“归国”，而是“侨居”中国，身份与认同亦全然不同。无疑，跨境而居充分体现了缅甸华人“灵活的公民身份”，在跨境或跨国往来中，灵活的身份与情景性的选择使缅甸华人获得了较大的自主性与自由度——既逃离了缅甸军政国家的威权控制，又以外商的身份享受中国的优惠政策与待遇，资本运

① Ong, Aihwa, “The Pacific Shuttle: Family, Citizenship, and Capital Circuits”, in Inda, Jonathan Xavier and Rosaldo, Renato eds., *The Anthropology of Globalization*, Malden, MA: Blackwell, 2002, p. 174.

② 个案基于笔者于 2006 年 12 月在中缅边境地区进行的田野调查。

③ 即荒山、荒地、荒坡、荒滩。

作、流动也比缅甸国内更灵活、便捷。①

诚然，多元的投资策略大多以利益为取向，是一种趋利避害的选择，但这同时也是结合缅甸时局、中国社会发展以及世界经济格局等内外因素综合衡量的结果。缅甸局势不稳定，族群性民族主义依然存在，很多华人对排华事件心有余悸，故借机转移资产②，而中国又是他们的祖籍国，文化上有一定亲和性，加之政策开放，因此跨境生活使他们可进退自如。进，可放眼中国市场，投资发展；退，则至少可以保住自身财产，不至重蹈收归国有之覆辙。在跨国或跨境交往、活动中，缅甸华人十分清楚他们的“根”之所在，尽管缅甸公民身份使他们在缅甸国内处于边缘化的地位，受到不公正待遇，但走出缅甸，这样的身份反而使他们获得了更为广阔的发展空间。换言之，在跨国语境中，华人的缅甸公民身份对其保持、发展边境贸易中的优势至关重要，这也从侧面强化了他们非同一般的国家认同——一种用于摆脱缅甸军政控制的国家认同。

由上可知，全球化与跨国实践的确为东南亚华人完成资本弹性积累，并在一定程度上摆脱民族国家的限制与束缚提供了契机，流动、寓居（Diaspora）与跨国或跨境的资本主义使得华人能够跨越疆界，而不再成为地方世界中受民族国家规训所制约的主体。当然，跨国实践与灵活之公民身份，并非完全脱域（displacement），我们看到的，是社会个体凭借自身的能动性、积累策略与去地域化经验和国家现代计划、资本建构的互动及博弈。换言之，恰恰是民族国家疆界与既定的权力格局，为其跨国流动的想象与实践提供了必要的前提。

三、多元的家：跨国、流动与新移民

全球化进程、资本流动、网络世界与信息社会使世界各地的华人能够跨越时空，通过各种复杂性联结相互联系起来。③ 跨国现象逐渐成为常态，改变着人们对现实世界的观念、认知与想象，并创造出跨国的新社会结构。在跨国的场域中，华人体验着个人与世界的关联，感受着去地域化情景中资本与领土的脱节。现代性、消费主义等全球性的价值观念与生活态度，影响着跨国流动中的人们的判断与抉择。④ 跨国实践一方面催生出文化的杂糅与多重的认同，创造出新的族群景观，⑤ 另一方面又因全球化—地方化进程使人们再次回到地方世界⑥。

我们所指的跨国网络，不单指华人因移民而形成的跨国关系，更指“移民建立的联系

① 当然，少数缅甸华人走得更远，将公司拓展到中国港澳地区及欧美，建立越洋的跨国关系，有的甚至通过投资获得当地的居留权。

② 一些华人在中国边境地区盖了房子，但根本没有居住，而是请人看守，其目的就是为了转移资产，以备不时之需。

③ ［英］约翰·厄里著，李冠福译：《全球复杂性》，北京：北京师范大学出版社 2009 年版。

④ Tomlinson, John, *Globalization and Culture*, Chicago: University of Chicago Press, 1999.

⑤ Appadurai, Arjun, *Modernity at Large: Cultural Dimensions of Globalization*, Minneapolis: University of Minnesota Press, 1996.

⑥ ［美］弗里德曼著，郭建如译：《文化认同与全球性过程》，北京：商务印书馆 2003 年版。

他们祖国和移居国家的社会领域的过程"[1]，作为一个历史过程，跨国网络同时影响着网络各个节点上的社会与文化再生产，而关系的社会实践则使全球范围的华人移民在不同的社会环境中得以适应、发展。事实上，华人移民海外，关系网络也随之建构，因此，世界范围内的华人网络并非新鲜事物。但需强调的是，华人网络虽早已存在，但其性质、运作及意义却随时代发生着显著的变化。早期华人网络以亲属、乡邻为纽带，其范围也仅限于居住地与中国，联系方式多为书信、侨汇及以水客为中介的来往，具有一定时空局限。而现代意义上的跨国网络，除去亲属纽带依然存在外，其联结方式更加多元化，涉及经济、文化、教育等诸多方面，范围也随之拓展到世界各地。随着网络世界的发展，各地华人的联系更加方便、快捷，人们可以通过 Facebook、MSN 以及视讯通话等方式在第一时间知道彼此的动向，甚至开展即时多方对话。而华人网站的建立，则将华人网络引入更为开放的社会空间，通过网络之网络（network of networks）将全球更多的华人联系起来。

当然，全球华人联系的增强，也和全球资本主义兴起，中国改革开放与崛起，并逐步被卷入全球化世界不无关联。随着海外华人的返乡以及回国投资，跨国的社会与商业网络逐步形成并得到进一步扩展，这也促进了华人社团的全球化。[2] 目前，全球性华人社团已超过 100 个，这些社团以族群（如世界客属恳亲大会）、宗亲（如世界伍氏宗亲总会、世界许氏宗亲总会等）、地缘（世界缅华同侨联谊大会、世界福建同乡恳亲大会、世界云南同乡大会等）、业缘（如世界华商大会、世界海外华人研究学会等）、学缘（如北京大学北美校友会、香港中文大学澳洲校友会等）等关系为纽带，使得世界各地的华人联系、交往与合作更为密切。[3] 其中，宗亲、同乡、同侨情结以及相近的华人文化传统，是全球化华人社团发展的主要动力。

2000 年世界缅华同侨联谊大会成立，截至 2012 年已举办六届，大会以"团结、互助、开拓、进取"为主旨，加强了世界各地缅甸华侨华人的联系和沟通，而其联结的纽带则是华人特性与曾经生活于缅甸的经历与记忆，这使得各地缅甸华侨华人借此在全球时空下再叙"胞波情谊"，构建多重之文化认同。而 1992 年成立的世界海外华人研究学会，是一个非政府、非盈利的国际学术组织，学会每两年举办一次大型国际会议，探讨海外华人的历史、社会、文化与当今的发展，并创办国际性学术刊物《海外华人学刊》（*Journal of Chinese Overseas*），为世界各地的海外华人研究者提供了一个增强联系，共享知识、信息，促进学习交流的平台。[4] 当然，跨国的流动与网络的建构不仅出现于社会与文化精英层面，在笔者的田野研究地点，泰国北部 A 村，在年轻村民不断外迁至城市地区，寻找更好的发展机会的同时，来自缅甸的华人依靠跨国关系网络，以正式或非正式的途径，跨越国家疆界，源源不断地迁至 A 村，使之得以在流动中保持社区人口的平衡。

全球华人跨国网络的扩展，也使各地华人在相互交流时获得了重新审视自我的契机，

---

① Schiller, Nina Glick, Linda Basch and Cristina Blanc-Szanton, Transnationalism: A New Analytic Framework for Understanding Migration, In Nina Click Schiller, Linda Basch and Cristina Blanc-Szanton eds., *Towards a Transnational Perspective on Migration*, New York: The New York Academy of Sciences, 1992, p. 2.

② Liu, Hong, "Old Linkages, New Networks: The Globalization of Overseas Chinese Voluntary Associations and Its Implications", *The China Quarterly*, 1998 (155): pp. 582 – 609.

③ 王望波、庄国土：《2008 年海外华侨华人概述》，北京：世界知识出版社 2010 年版，第 115 ~ 117 页。

④ http://issco.info/index.html.

思考跨国空间中所呈现出的复杂自我，虽然各地华人见面时都以“我们都是华人”相称，但大家都明白彼此各不相同。无疑，国家、文化、族群、性别、宗教以及各自的地方生活经验都对华人的认同产生了不同程度的影响，但是，这些因素并没有因跨国交往的日渐平常而逐渐减弱，其地方化的认同反而有所强化，并成为跨国空间中华人文化的多样性表达。这就涉及一个老生常谈，但却依旧敏感的话题：在全球华人的社会、经济互动日益增多，与中国的联系逐渐增强的背景下，是否会形成一个全球华人共同体（global Chinese community）？对于生存于世界各地的华人群体而言，答案是否定的。其一，无论跨国现象如何普遍，对于大多数华人而言，他们依然生活在民族国家的疆界之内；其二，全球性的联系大多是暂时性的且以兴趣、利益为导向的，网络组织结构较为松散，较难形成长久的归属感与凝聚力；其三，即便具有了全球流动的可能性，华人自身在地方社会的本土化经验与成长经历，也会导致其形成与其他地区的华人不同的观念与认同。

此外，全球化与跨国流动，使得人们较易跨越国家疆界，寻求更好的机会与生活，他们可能持有多国的护照，保持多重的认同。因此，华人在全球时代的流动与寓居，促成了他们对“家”的复杂想象与建构。笔者在缅甸仰光调查时曾碰到几位持美国护照，却又“侨居”缅甸的华人。他们也曾经在美国生活过，但语言障碍及陌生的环境让他们无法在那里长久生活。所以他们入籍美国后又返回缅甸，经常与朋友聚会，讲缅语，穿纱笼，在他们看来缅甸才是真正的家园，而美国护照只是应对缅甸动荡时局的一种策略。而移居中国台湾的缅甸华人，集中居住在中和街一带，整个街区的景观与缅甸街区极其相似，街上店面的招牌用中缅两种语言写就，出售的是缅甸饮食以及与缅甸相关的各种商品。每逢泼水节，大家还会在街区举办缅甸文化展演，并相互泼水庆祝，在跨国的空间中塑造着多重的认同。

跨国家庭的出现，也重新塑造着华人对家的观念。1997 年前后，不少香港人因担忧香港回归后的未来而选择移民澳洲或其他国家。2002 年后，香港经济逐渐好转，不少香港男人又回到香港工作，妻子和子女则留在澳洲生活。丈夫一般半个月或更长时间才回澳洲一次。由于男人成为“太空人”，“缺席”日常生活，所以这些移居澳洲的香港女人便需要担负起所有的家庭责任，以家庭为中心，甚至放弃自己的职业。面对澳洲社会的性别、种族、族群的歧视以及新环境中的诸多情感与现实问题，她们经常利用家长会、辅导班以及饮茶等机会聚到一起，彼此倾诉并互相宽慰，她们也时常通过网络与香港的亲友联系，这一系列的活动反而使她们在澳洲的香港认同得到加强。①

家的想象同历史记忆和现实生活也息息相关。印尼巴厘岛华侨于 20 世纪 60 年代回国后被安置在泉州双阳的华侨农场，政府的安置政策与他们的期望相差甚远，加之生活习惯又和当地居民不同，使得他们生活在一个相对独立的社会环境中。回到祖国遇到的诸多困境，增添了他们的“思乡”之情，由此，归侨们开始在中国重建家园。他们在农场“再造”了印尼的生活方式、饮食习惯，并形成了充满印尼文化特色的社区，被当地人称为“小南洋”。对他们而言，印尼是他们出生和成长的地方，是他们的文化家乡，而在居住地

① Tam，Siumi，Maria，“Empowering Mobility：‘Astronaut’ Women in Australia”，in Eliza W. Y. Lee ed.，*Gender and Change In Hong Kong：Globalization，Postcolonialism，and Chinese Patriarchy*，Vancouver：UBC Press，2003，pp. 177 – 199.

重建家乡生活，事实上也是一次文化的再地域化过程。在此过程中，归侨们创造出了泉州的“巴厘华人村”。改革开放后，随着经济改革与农场解体，归侨再次陷入“家”的迷思，何处为家的心情进一步强化了他们对文化家乡的怀念。①

全球流动改变着人们对家的想象与认同，对于具有流动资本与能力的华人而言，他们可能将全球社会看作“文化的超级市场”，② 根据自身经验，建构自我意识与文化认同，具体表现为“华人特性（Chineseness）+资本主义”、“华人特性+世界主义”等，意图借助全球流动摆脱民族国家的束缚，四海为家。但过于强调个体的自主性也会忽略本土化以及政治经济结构对其认同建构的影响。陈玉华讨论了生活在中越边境的越侨，③ 他们是20世纪80年代越南实行经济改革后返回越南的侨民，这些人大多是70年代起越南排华时离开越南的华人，多为中越混血儿，其家庭与中国和越南都存在着诸多紧密联系。这使得他们的身份比较敏感，70年代时受制于当时的政治环境，90年代又受益于跨境经济的发展。越侨家庭在不同历史时期的戏剧性遭遇，使得他们不愿过于强调自己的双重身份，尽管他们会说双语，了解中越文化，并颇为享受中越文化杂糅的生活方式。他们甚至认为，认同抉择是一个政治问题，他们不愿用国家话语中的越侨或华人来定义自己，而称自己为越人后裔（goc Viet），以规避以国家定义其身份所带来的风险。换言之，虽然中越边境的越人后裔时常生活于跨国与流动之中，但这并没有为其带来多重、模糊的身份。

全球时代的华人新移民同样值得关注。中国改革开放后，越来越多的中国公民出国留学、工作，并最终定居海外。20世纪80年代后中国移民总体趋向欧美等发达国家，东南亚华人近年来也出现再移民的现象，其移入国多为欧洲、澳洲、美国、加拿大等地。但作为华人移民的传统区域，东南亚地区仍然吸引了不少华人新移民。2002年，中国与东盟签署了自由贸易区协议，双边贸易获得新的发展，这导致不少华商再度进入东南亚地区。此外，中国和东南亚国家关系的良性发展以及中国对东南亚地区的投资与援助，也成为华人向东南亚移民的一大推力，而交通与签证条件的改善，则成为华人移民的有利前提。在中国国内，国有企业改革、农村经济的集约化发展等一系列社会转型，导致就业压力剧增。而东南亚地区比邻中国，来往方便，移民成本低廉，这就促成了华人移民东南亚的又一次高潮。

华人重新涌向东南亚地区，最初源于20世纪80年代，移民主要来自闽南与潮汕地区，目的地主要是菲律宾和泰国。移民原因则在于，泰国、菲律宾对华人的政策相对宽松，且当时中国经济落后，不如泰、菲两国。第二波新移民潮发生于20世纪90年代，目的地主要为新加坡、马来西亚和印度尼西亚。新加坡当时劳动力短缺，族群人口发展不均衡，急需引入华人移民；马来西亚1994年首次向中国公民开放，并开始输入中国劳务人员；1990年，印尼与中国恢复外交关系，导致大批亲属移民。第三波新移民潮则源自21世纪初，目的地为缅甸、柬埔寨、老挝和泰国。主要是因为中国与这些国家的经济合作进

① 陈志明、丁毓玲：《泉州城郊“巴厘华人村”——华侨农场归侨重建的家园》，《华人研究国际学报》2010年第2卷第1期。

② Mathews，Gordon，*Global Culture/Individual Identity*：*Searching for Home in the Cultural Supermarket*，London：Routledge，2000.

③ 陈玉华：《中越边境的越侨——中国人还是越南人》，《世界华侨华人研究》第2辑，广州：暨南大学出版社2009年版，第73~83页。

一步深入，中国援助项目以及华资企业的进入吸引了大批华人移民，他们可能以项目和商业为目的，短暂居留，但其中也不乏就地寻找生存、发展机会，转而长久定居者。30 多年来，中国新移民进入东南亚，已有 250 万以上，占中国新移民总量的 30%，其中以商人、管理与技术人员、劳工居多。①

在新形势下，移往东南亚地区的华人新移民也显现出多元复杂的特征。其一，移民动机多从以往的被动转为主动，具体表现为改善个人生存状况、实现自我价值和追求美好生活。其二，移民动向复杂。从长远的移民趋势来看，东南亚并非华人移民的终点，很多新移民仅将该地区视为迁徙的中转站，伺机再度移民。其三，新移民出生成长在中国，形成了对中国的情感认同，移入居住国后也会面临新的认同抉择。其四，新移民掌握一定的技术、信息与资本，这使他们能够用更加灵活、主动的方式应对全球流动与跨国境遇。其五，新移民的涌入，他们与当地华人及其他族群的关系成为居住国社会亟须面对的新问题，融合、矛盾与冲突同时存在，且更加复杂。最后，东南亚地区的非常规华人移民仍然占很大比重，他们处于更加边缘化的社会环境中，如何争取自身权益，最终获得合法身份，值得进一步关注。

结　语

迁徙是一个长时间的过程，一批华人移民从叶落归根逐渐转为落地生根，其后代随之经历着本土化过程，成为地方化的华人，但也有可能再度迁徙到其他国家，重新开始寓居与文化适应。在我们谈论华人本土化问题时，新一轮的迁徙与寓居可能又将开始。“在现今的全球化的世界里，迁徙与海外寓居更是持续的现象”②，因此，在这样的新环境中成长起来的华人新移民（无论他们持有何种护照），其价值观念、意识形态、生活方式、移民动机均与早期华人截然不同。那么，下列问题值得我们进一步思考：对于这些新移民而言，怎样建构自我意识与文化认同？其所表现的华人特性又是如何？他们的文化与族群特征之间的关系如何？在全球化时代，他们的家在何处？他们又将面临怎样的机遇和挑战？

---

① 庄国土、刘文正：《东亚华人社会的形成和发展：华商网络、移民与一体化趋势》，厦门：厦门大学出版社 2009 年版，第 373 ~ 408 页。

② 陈志明：《迁移、本土化与交流：从全球化的视角看海外华人》，廖建裕、梁秉赋主编：《华人移民与全球化：迁移、本土化与交流》，新加坡：华裔馆 2011 年版，第 3 ~ 26 页。

欧债危机与移民治理：对华侨华人的影响及对策思考①

欧盟移民治理是欧盟治理的重要组成部分，也是欧洲华侨华人生存与发展的宏观大环境。欧洲经济的欠“生产性”根源引发了主权债务危机。欧债危机对欧盟移民治理政策及华侨华人都产生了重要影响。移民政治方面，移民控制政策收紧，针对外来移民的打击力度进一步加强；移民经济方面，出于对本土产业的保护，一定程度上可能会压制部分华侨华人经济；移民文化方面，多国出现多元文化困境，强调“新同化政策”，推动移民融入当地的力度进一步增强；移民安全方面，右翼力量崛起，社会动荡，针对外来移民的人身财产侵犯时有发生。但与此同时，欧债危机也可能给华侨华人的发展带来一定机遇。在欧华侨华人应该更多地认识和了解欧盟、居住国与自身，趋利避害，扬长避短，回馈当地社会，实现互利共赢发展。

一、欧盟移民治理与欧洲华侨华人社会的发展

移民问题与欧洲一体化发展密不可分。欧共体/欧盟及其各成员国的移民政策历程其实就是一个移民治理的过程，它是指欧盟地区内各行为体为控制移民，通过各种正式或非正式的机构，逐步形成公共权威、制定管理规则，以维持地区秩序，满足和增进共同利益的活动和及其过程。

欧盟移民治理是欧盟治理的重要组成部分，也是欧洲华侨华人生存与发展的宏观大环境。英国著名移民政策专家托马斯·哈马尔早在20世纪80年代就对移民治理政策的内容范畴提出了二分法，并将移民政策分为两部分：一是移民的控制政策，也就是管理外国公民的选择和入境的规章和程序，包括移民的准入、定居等外部和内部控制政策；二是移民的融合政策，这部分政策包括针对已经常驻的移民的若干规定和条件，还有旨在推动移民社会经济一体化的直接、间接政策。②

纵观欧洲移民的治理历程，虽然欧盟各国在移民政策上存在不同程度的差异，但是在欧洲一体化进程中的共同移民政策框架内，主要国家对移民政策中的基本原则也达成了一致。一是以欧洲意识为主导，希望在欧盟成员国内部实现人员的自由流动，对外来移民则严格限制，不再从非欧洲国家引入劳动力；二是以人道主义为原则，对“家庭团聚”、“政治难民”的入境网开一面；三是从各国的利益与发展的需要出发，对“本国无法提供

① 本文为2010年教育部重大攻关项目“华侨华人在国家软实力建设中的作用研究”（10JZD0049）、2012年国家社科基金项目“全球化下的侨民战略与发展研究”（12BM068）、2011年暨南大学华侨华人研究优势学科创新平台项目“区域、国家、族群：多维视野下的欧洲华侨华人与当地关系研究”的阶段性成果。

② Tomas Hammar, *European Immigration Policy: A Comparative Study*, New York: Cambridge University Press, 1985, p. 7.

的特殊人才”，准予有限的入境许可；四是对于业已居住在各国的外来移民群体，各所在国必须采取措施促进其积极地融入当地国社会。[①] 欧盟一贯的移民治理原则也对华侨华人社会产生了深刻影响。

（一）欧盟的移民控制治理对华侨华人的影响

1. 欧洲一体化早期宽松的移民政策为华侨华人提供了重要机遇

“二战”结束后，在美国马歇尔计划的支持下，西欧经济快速复苏。经济的高速发展急需大量劳动力，各国想方设法吸引外来劳动力。这期间西欧的移民达到 1 000 万。[②] 移民的流入促进了各国的发展，因此移民问题并未成为当时社会关注的问题，也基本上没有合法与非法移民的明确界定。在此背景下，移入欧洲的华人主要是香港新界人，少数是马来西亚和新加坡华人。20 世纪 50—60 年代在英国“联邦理想”的影响下，大批香港新界人移居英国，成为英国华侨最重要的组成部分，并形成以中餐业为支柱的英国华侨经济模式。香港移民成为欧盟各国快速发展起来的餐饮业的劳动力主要提供者，人数最多的是英国，其次是荷兰、比利时、德国和北欧诸国，在法国和南欧也有相当的数量。至 60 年代中期，欧洲华侨华人群体已增加到大约 6 万人。[③] 移民问题从 1960 年代中期开始相继在各国引起重视。

2. 欧洲的难民政策促进了印支华侨华人移民潮的形成

“难民”是基于 1951 年的《日内瓦难民国际公约》和 1967 年《关于难民地位的议定书》产生的，泛指因自然灾害、战争、大规模内乱和各种政治迫害等原因被迫逃离本国或经常居住国而流亡到其他国家的人员。[④] 受特定国际政治背景和冷战格局的影响，西方阵营以收容来自社会主义阵营国家的难民为“荣”，因此某些欧洲国家的难民政策采取双重标准，尤其是在 1989 年“六·四”风波之后，纷纷以“政治原因”给予中国人各种特别居留权。

20 世纪 70 年代，东南亚国家在摆脱了殖民统治之后的新体制下出现的经济、政治动乱以及印度支那的政治事变，使数十万印支难民涌入西欧，其中华裔移民有 12 万 ~ 15 万人。[⑤] 虽然进入欧洲的时间较晚，但是他们人数众多，来自所在国的殖民地，会多种语言，因此他们在香港人经营的中餐馆受雇佣的机会较大，发展较快，[⑥] 形成一波华人移民潮。

3. 欧洲日趋严厉的移民治理政策导致大量中国非正规移民的产生

20 世纪 90 年代以来，受全球化和新地缘政治秩序的双重影响，发展中国家作出经济融合与政治压迫的战略回应，表现为大量移民的出现。[⑦] 随着难民压力的增长，欧盟各国

---

① 傅义强：《欧盟移民政策与中国大陆新移民》，暨南大学博士学位论文，2006 年。

② Peter Stalker, *The Work of Strangers: A Survey of International Labour Migration*, Geneva: International Labour Organization, 1994.

③ 李明欢：《欧洲华侨华人研究述评》，《厦门大学学报》（哲社版），2002 年第 4 期。

④ 周洪均：《国际法》，北京：中国政法大学出版社 1999 年版，第 113 页。

⑤ 李明欢：《欧洲华侨华人史》，北京：中国华侨出版社 2002 年版，第 500 页。

⑥ 傅义强：《欧盟移民政策与中国大陆新移民》，暨南大学博士学位论文，2006 年。

⑦ Bill Jordan and Franck Düvell, *Irregular Migration: The Dilemmas of Transnational Mobility*, Northampton: Edward Elgar Publishing, 2002, p. 37.

相继采取了更为严格的难民申请条件，由此也导致了更多非法移民的出现。[①] 同时，《申根协定》的实施与扩大，使欧盟外部边界控制变得更加困难，而工会对移民采取不同立场，反对历届政府的反移民政策，更使得政府无法完全控制移民流入。[②]

中国自1971年在联合国恢复合法席位后，与西方国家的关系也逐步得到改善，中欧关系迅速发展。1985年，中国颁布了《中华人民共和国公民出境入境管理法》，以法律的形式确定了申请出国是公民的一项基本权利。很多国人的观念也一下子从全盘贬斥西方反转为盲目崇洋，进一步刺激了他们去国外淘金的欲望。同时，在欧亲戚、朋友的帮助和大量中介蛇头的存在等都极大地推动了中国大陆新移民赴欧发展的进程。但各国日趋严厉的移民政策却给新移民带来了巨大阻力，尤其是那些文化素质较低者，许多只能以非法方式在欧洲潜藏下来。据不完全统计，中国在欧非正规移民在高峰期时达数十万人。

4. 欧洲频繁的大赦行动推动了大陆新移民潮的发展

欧盟各国对非法移民的态度非常复杂。一方面，各国控制打击非法移民，但另一方面各国又存在不同程度的劳动力短缺问题，需要外来移民。因此，不间断的合法化（大赦）行动也是许多国家不得不采取的移民政策。[③] 各国的非法移民合法化在形式与内容上也大相径庭，可以是一直进行的，也可以限制在一定时间内；可以是单独申请，也可以是集体申请。法国社会党1981年大选获胜上台后，就对非法移民实行大赦。1998年，社会党再次上台，推出“舍维内芒法”，允许符合规定条件的无证件者申请“身份合法化”。[④] 意大利是欧盟成员国中大赦行动最频繁的国家之一，几乎每过几年就要进行一次大赦。其中，2003年大赦了63万名偷渡移民，创下了欧洲国家历史上大赦人数最多、时间最快、手续最简捷的纪录。[⑤] 合法化行动在一定时期内可能达到减少非法移民的效果，但频繁的合法化行动，也在一定程度上助长了非法移民的发展。毫无疑问，在欧许多中国非正规移民也是欧洲各国大赦的受益者。因此，这在一定程度上又促使更大一部分中国大陆移民通过非正规渠道在欧洲滞留以等待时机。

5. 欧盟区域内人口自由流动政策促进了欧洲华侨华人社会的形成

欧洲一体化的发展需要从制度上推动商品、资本、服务和人口的自由流动，这在一定程度上也为移民在区域内的渗透与扩散提供了便利。1951年的《欧洲煤钢共同体条约》、1957年的《罗马条约》、1987年的《单一欧洲文件》等文件都强调共同体内部商品、人员、服务与资金的自由流通。1995年3月26日，《申根协定》首先在德国、法国、西班牙、葡萄牙、荷兰、比利时、卢森堡生效。之后的《马斯特里赫特条约》、《阿姆斯特丹条约》、《尼斯条约》、《里斯本条约》等多次重申了为人员自由流动提供方便的目标。欧盟推动无边境控制的人员自由流动，大大促进了华侨华人在整个欧盟范围内的迁移，华侨华人由起初以法国、英国、荷兰等为主要居住国快速扩散至欧洲各国，从而也加速了欧洲

---

① Salt, J., J. Clarke, and S. Smith, *Patterns and Trends in International Migration in Western Europe*, Eurostat, 2000.

② Haus, L., “Labour Unions and Immigration Policy in France”, *International Migration Review*, 1999, 33 (3): pp. 683 – 716.

③ Graziano Battistella, “International Migration”, *World Migration*, 2008, p. 225.

④ 《欧洲时报》，1998年5月31日—6月3日，1999年1月24—26日。

⑤ 《意大利内政部长表态：不会集体驱逐无证非法移民》，中新网，2008年1月10日。

华侨华人社会的形成与发展。欧洲华侨华人数量由战后的数万人扩大至现在的约 300 万人，华侨华人的经济实力、社会地位等都有较大提升。目前，在欧洲各国都成立了各种各样的华人团体，而跨国界的欧洲华侨华人社团联合会也成为全球第一个区域性华人社团。

（二）欧盟的移民融合治理对华侨华人的影响

从 20 世纪 60 年代开始，欧洲各国领导人就逐渐认识到移民问题是一个不可回避的现实。各国政府不仅要控制移民，更要处理好已有外来移民的问题。成功的融合政策成为各国移民政策关注的焦点。总体而言，欧洲各国对移民的态度大致经历了几个阶段。一是基本接纳期，主要是在 20 世纪 50—60 年代，当时各国对外来移民的态度基本上是比较欢迎的；二是接纳与排斥并存期，主要是在 20 世纪 70—80 年代，虽然移民问题开始出现，但冷战时代对来自社会主义阵营及殖民地的难民还是存在同情之心的；三是有选择地接纳移民、排斥感增强期，这一阶段从 90 年代开始延续至今，主要是因为巨大的移民浪潮给欧洲带来多方面问题，同时多元文化政策的日渐失败，使多国领导人公开强调要加强移民的国家认同教育。

1. 欧盟移民治理与华人政治参与

移民问题欧洲化的核心是欧盟逐渐实行共同的移民政策的过程，其本质是欧盟移民政策的一体化。① 欧盟的成立对国家主权来说是一个挑战，它剥夺或者至少削弱了主权国家在移民事务上的控制权和话语权。《马斯特里赫特条约》的第八条规定，欧盟各国所有公民享有“在欧盟成员国领土上自由迁移和居住并参加当地选举和欧盟议会选举”的权利。1996 年欧盟劳动与社会事务部长会议提出，移民“在所有的社会指标上”都应享有与欧盟国家公民同样的待遇。2002 年 6 月欧盟国家首脑会议确认了此原则，并要求从 2003 年开始实施。②

欧盟移民政治权利的扩展为华侨华人的政治发展提供了宏观条件。“二战”后早期的华人移民多为手工业体力劳动者，文化素质较低，政治意识薄弱。直至第三波华人移民，即中国大陆新移民，仍然存在着这一特征。但到 20 世纪 90 年代中期以后，华侨华人结构有所改变，华人参政基础也随之出现新的变化。一是大陆新移民中留学生、专业人士等高素质人士的比例上升，素质较高；二是华裔新生代已经成长起来，政治意识逐步增强；三是很多新移民已经站稳脚跟，他们有更多精力关注政治发展；四是整个欧盟的少数族裔参政环境的发展取得了进展。从欧洲华侨华人历史来看，过去华人参政程度很低，现在也不高。但在英国、法国、德国等一些华人移民较多、历史较长的国家，随着英国的“华人参政计划”团体、法国的“法国人多元化全国委员会”、“法国华人团结联盟”等一系列旨在提高华人政治地位、推动华人参政、维护华人权益的政治团体的成立，相信今后必将成为世界华人参政的热点。

2. 欧盟移民治理与华侨华人经济发展

在欧盟移民治理中，影响华侨华人经济发展的首先是移民居留政策。华侨华人只有取

① 陈菲：《欧盟的移民政策一体化进程》，《国际资料信息》2005 年第 9 期。

② 陈志强：《欧盟移民政治研究》，华东师范大学博士学位论文，2007 年。

得合法身份以后才可能考虑未来发展。相对而言，欧盟各国对华人精英移民或是来自前殖民地的东南亚华人再移民较为欢迎，因而他们能够较好地融入当地社会，其经济活动也能够较快进入主流经济；但是对非精英移民则较为排斥，这使他们相对处于欧盟各国的经济体系的边缘地带。对非正规移民而言，他们更多只能从事一些脏、乱、累的“3D 行业”，但又必不可少，这也是很多时候欧盟默许部分非法移民存在的原因。在欧盟国家，很多大陆新移民就是在这样的边缘地带首先获得生存与发展的机会的，再从个体的经济活动渐渐发展成为具有一定规模、相对独立的经济体系。其经济活动基本上在族群内部进行，相对封闭，许多华侨华人不去为学习当地语言、理解公民和劳动权方面的立法作任何努力。因而这一族群的经济不能也不想进入欧洲主流经济体系，这在一定程度上也不利于新移民融入当地社会。

影响欧洲华侨华人经济发展的另一个移民治理政策是欧盟的区域内人口自由流动政策。这一政策不仅适用于欧盟成员国公民，同样适用于欧盟区域内的非成员国移民。这样就为华侨华人在《申根协定》成员国内的自由流动提供了便利，也大大扩展了他们的生存发展空间。华侨华人还利用欧盟各国在移民政策、移民制度和税收政策等方面存在的差异，通过家族关系发展跨国经营。[①] 他们往往利用欧盟经济的内部一体化政策采取这样的发展策略：把亲朋好友分散到欧盟各个国家去，利用各国不同的优惠政策和资源优势，在不同国家做生意，而不是集中在一个国家。虽然欧盟移民治理对华侨华人经济发展带来一定限制，但更多的是促进了华侨华人经济在欧盟区域的快速扩展。整体而言，尽管华侨华人经济仍然处于欧洲经济体系的边缘，对欧洲经济的影响并不大，但对一些欧盟国家的相同行业却带来了一定的冲击和挑战。

3. 欧盟移民治理与华侨华人文化融入

以多元主义文化解决多民族相处之道，是“二战”后西方国家基于“二战”惨痛经验、人权革命以及对种族主义批判反思的产物。相对一元文化主义的“大熔炉”，多元文化主义强调社会是一个“沙拉碗”——各民族文化之间交流的同时，注重保持各文化的独立性，反对政府对强势文化的确立和扶持。[②] 20 世纪 70 年代以来欧洲各国的政策各有不同。英国采取“容忍”姿态，即给予文化差异相对自由的空间，却一直没有一致和明确的国家政策支持或鼓励文化差异。而荷兰和瑞典则实行鼓励族裔文化的“多元文化”政策，政府承担责任帮助少数族裔群体保留和发展自己的文化认同，对移民保留本族语言和学习当地语言给予支持。[③] 法国一开始采取放任自流的态度，认为社会、经济和文化整合不需要政府参与便能自动发生，后来则实行积极鼓励移民同化的政策，70—80 年代，认识到文化多样性的现实，又转而实行更自由的政策，以缓和族裔关系。尽管欧盟各国对移民的整合政策存在差异，但总的趋势是更加重视移民与主流社会的和谐关系。各国首先注重提供本国语言教育和基础性职业训练，也不同程度地鼓励和开展了移民母语和多元文化教育，扩大移民的社会和政治权利，尊重族裔文化传统，促进移民与主流社会的整合，同时制定

---

① 傅义强：《欧盟移民政策与中国大陆新移民》，暨南大学博士学位论文，2006 年。

② 《西方民族政策与多元文化检讨》，http：//www. chinainnovations. org/Item. aspx？ id =35746。

③ 高鉴国：《欧盟的国际移民和社会整合政策》，《欧洲》2000 年第 5 期。

法律反对族裔关系中的排外主义和种族歧视。① 欧盟绝大多数成员国都是多语种的国家，根据“欧洲少数语言中心”2006 年提供的资料显示，欧盟境内有 60 多种区域性及少数民族语言。一项成功的多语言政策可以增加公民的生存机会，加强就业能力，推进人们的义务和权利以及通过文化间的对话和社会内聚使人民更加团结。②

欧洲的多元文化主义环境为华侨华人保留本族文化提供了空间，这也是很多老一代移民始终未能掌握当地语言、难以融入当地主流的客观原因之一。尤其是在 20 世纪 70—80 年代多元文化主义盛行时，欧洲国家基本上都鼓励华侨华人学汉语，办华校，举办各类民族传统文化活动等，并且给予政策和经费支持。2008 年 9 月欧华联会第十五届年会就指出，欧洲华侨华人总数约 250 万，华文报社及杂志社 101 家，华文学校 340 所。③ 近年来，华文网络媒体开始崛起，影响力也日益扩大。但近年来多起移民事件使一些欧洲国家开始反思自己的民族政策。德国总理默克尔、英国首相卡梅伦以及前法国总统萨科齐近年来先后宣布多元文化主义政策在本国的实施彻底失败，并着手开始（实际上早就开始了）他们的一元文化政策。从欧洲国家文化政策的发展趋势看，欧洲各国将进一步强调少数族裔对主流文化的了解与认同。这在一定程度上，有助于华侨华人了解和融入当地社会，构建和谐关系，推动他们在当地社会的生存与发展。但另一方面，中华传统文化对其影响也可能逐渐淡化，尤其是华裔新生代将进一步认同居住国文化，进而不利于中华文化在海外的传播。

4. 欧盟移民治理与华侨华人社交拓展

全球化、区域化加速了移民治理的出现。与此同时，一个日益全球化的世界带来的是文明的、社会的、种族的、地区的和个人自我意识的升温。④ 非政府行为体广泛而积极地参与解决全球经济和社会发展问题，被认为是可持续发展的代言人和捍卫者，在实施全球可持续发展战略方面发挥了不可或缺的建设性作用。⑤ 20 世纪 80 年代以后，欧共体为了更好地制定和实施共同体政策，抗衡成员国政府对超国家治理的反对，积极鼓励各行业组织、利益集团、社会团体、民间机构、地区和地方政府在欧洲治理中发挥更大的作用，⑥ 并在《马斯特里赫特条约》生效后成立了地区委员会，为次国家行为体专门开辟了参与欧盟治理的路径。同时，该条约还确立了辅助性原则，以扩大次国家行为体的参与范围和程度。⑦ 欧盟的多元文化主义和多层级治理环境为欧洲华侨华人社交的拓展提供了宏观条件与路径。2008 年欧华联会数据显示，欧洲华侨华人总数约 250 万，侨团组织 800 多个。⑧ 目前这一数字应该又有一定增长。融合的前提是相互了解，而只有相互交流才能达到相互

① 高鉴国：《欧盟的国际移民和社会整合政策》，《欧洲》2000 年第 5 期。

② 周晓梅：《欧盟语言多元化战略对中国少数民族语言教育的启示》，《贵州民族研究》2012 年第 1 期。

③ 《欧华联会第十五届大会柏林召开》，《欧洲时报》，2008 年 9 月 11 日。

④ Roland Robertson，*Globalization*：*Social Theory and Global Culture*，London：Sage，1992，p. 27.

⑤ ［美］莱斯特·萨拉蒙：《非营利部门的兴起》，何增科：《公民社会与第三部门》，北京：社会科学文献出版社 2000 年版，第 243 页，转引自杨文兵，王晓双：《全球治理语境下非政府组织角色定位新探》，《学术论坛》，2008 年第 4 期。

⑥ 朱贵昌：《多层治理理论与欧洲一体化》，济南：山东大学出版社 2009 年版，第 65 页。

⑦ European Commission，*European Governance*：*A White Paper*，Luxembourg：Office for Official Publications of the European Communities，2001，p. 20.

⑧ 《欧华联会第十五届大会柏林召开》，《欧洲时报》，2008 年 9 月 11 日。

了解，因此侨团组织经常在当地组织“春节大游行”、“中国文化周”等活动，以加深当地民众对中国文化的认识，侨团组织还积极配合和协助当地政府调查华人犯罪情况，同时，一些侨领也开始参与当地政府、社会各界的交往活动。

在欧洲华侨华人社团群体中，特别值得一提的是欧洲华侨华人社团联合会。欧华联会于1992年5月8日成立，成员已由初时来自11个国家的22个华人社团发展至来自24个国家的200多个华人社团，成为中国海外最大的，也是全球唯一的一个跨国洲际华人社团组织。它是欧洲华人社团中第一个试图以“欧洲华人代表”身份与欧盟进行对话并获得成功的组织，对促进欧洲华侨华人社会的发展产生了积极影响（见表1）。正如英国学者费立民（Remming）所指出的：“这些社团促进了移民的融入，在解决他们的内外矛盾冲突方面发挥着至关重要的作用。它们在巨大的移民浪潮引起的不断变化的欧洲华人社会结构中调适自己，并帮助居住国调整其移民政策。”①

表1　2008年以来欧华联会与欧盟对话主要情况

时间	接待官员	对话主题	成果与发展思路
2008年7月15日	欧盟委员会对外关系委员瓦尔德纳等官员	帮助华侨华人融入当地社会；欧华面临的新问题和新挑战。	肯定了华人社团是成功融入当地社会的典范；强调由于欧盟行政结构的特殊性，华侨华人今后可加强与所在国政府的沟通。
2009年5月18日	欧盟对外关系总干事麦克雷斯·罗克斯先生	中欧关系；提出了关于华侨华人的六点建议（见附注）。	欧盟欢迎华人参政议政；关于华人合法权益保护，希望多通过中国驻所在国使领馆等路径与欧盟联系。
2010年6月1日	欧盟委员会外事总务司中国处处长杰森先生	华侨华人权益保护问题；反对国际势力制造矛盾、破坏中国和平统一。	肯定了华人社团与欧盟对话机制的意义；希望华侨华人能够学习借鉴其他族裔融入当地社会的成功经验或失败教训。
2011年6月13日	中欧友好小组副主席 Derek Vaughan 等官员	中国的和平统一事业等问题。	进一步肯定了欧华联会与欧盟对话机制的重要意义，为开展中欧多领域交流作出了应有的贡献。
2012年5月15日	欧洲议会欧中友好小组主席尼吉·德瓦等官员	提出了双方加强合作的建议；解释了华侨华人“热爱祖（籍）国、贡献欧洲”的理念和融入当地社会的愿望。	欧盟委员会表示愿意推动成员国政府与华人社区积极互动。

附注：六点建议包括将欧洲华人列为少数民族、吸纳欧洲华人参政议政、欧洲华侨在西藏问题上的立场和态度、加大保护华商权益力度、欧盟与欧华联会建立定期会晤机制、听取欧盟对欧洲华侨华人的意见和期待。

资料来源：根据欧华联会秘书处提供资料整理。

① ［英］费立民著，张铭译：《欧洲的华人社团与劳力和技能市场（1980—2000）》，《华侨华人历史研究》2002年第4期。

（三）欧洲华侨华人社会发展现状

欧洲华侨华人社会在经历了数百年历史和数十年快速发展后，目前在人口规模、经济实力、社会地位等方面都发生了重大变化，与此同时，欧洲华侨华人发展还呈现出一些新特点。

1. 华侨华人数量增多，规模壮大

欧洲华侨华人数量由20世纪50年代的1万、60年代的5万、70年代的50万，增长到目前的250万~300万。在国家分布上，第一层次是法国和英国，有60万左右的规模。第二层次是荷兰、德国、意大利、西班牙，分别在15万~30万之间。其中，德国、荷兰的华侨华人人数基本上处于稳步增长的趋势，在15万左右；而意大利、西班牙则因为多次大赦非法移民，人数呈现突兀性增长，据当地侨团估计，西班牙约有20万，意大利可能已达到35万。第三层次是一大批华侨华人人口总数在3万人以下的国家。比利时、瑞典、奥地利等国的华侨华人人数分别在3万人左右，而华侨华人人数较少的国家，如东欧的捷克仅有约6 000人。①

2. 华侨华人经济实力增强，部分行业间竞争激烈

20世纪90年代以来，欧洲华人社会经济取得飞跃式发展。欧洲华商抓住了全球化时代“中国国内经济的国际化和国际经济的国内化”这个重要历史机遇，借助“中国制造”的强劲竞争力，纷纷投身于进出口和批发、零售等行业。从整体上看，中餐业、制衣和皮革加工业等劳动密集型产业依然是华侨华人经济的主要行业，但随着新移民人数不断增加，经济行业门类不断开拓，发展逐步专业化、多元化，包括保险、金融、房地产、电脑、旅行社、会计、律师等。② 另一方面，经过数十年发展，欧洲中餐业已趋于饱和，同业恶性竞争日趋严重。服装加工和皮革制品等行业的经营模式大致雷同，即由欧洲当地进行设计，送至中国国内进行制造、加工，最后返回欧洲销售。这样的模式使得华侨华人经营的服装和皮革既具有欧洲时尚、流行的设计元素，又很好地利用了中国国内劳动力廉价且丰富的优势。但他们日益面临来自本土、外国（包括中国）以及行业内部的多重竞争压力。随着经济全球化的发展，欧洲众多制衣和皮革加工企业也逐渐开始将制造、加工等劳动密集型工种向拥有丰富廉价劳动力的东南亚国家、印度等国转移，华侨华人企业的生存发展将面临困境。③

3. 华侨华人社会地位提升，参政意识有所增强

欧洲华人在自身经济地位提高、社会交往增加，突破了经济能力和语言文化能力两大局限后，参政意识有不同程度的提升，其成效也已开始显现。越来越多的华人从切身经历中认识到，以参政议政的形式反映诉求是争取自身权益的最有效途径。20多年来，英国各地先后有约20位华人担任过地方议员。近年来法国华人参政的情况也有明显进展。2008年初进行的法国市镇选举中，华人陈文雄成功当选巴黎十三区副区长。2006年，来

① 参见李明欢：《欧洲华人社会剖析：人口、经济、地位与分化》，《世界民族》2009年第5期。
② 《浅析欧洲华侨华人经济现状、发展趋势》，http：//fass. net. cn/index. php/page－32－2748. html。
③ 《浅析欧洲华侨华人经济现状、发展趋势》，http：//fass. net. cn/index. php/page－32－2748. html。

自温州、年仅21岁的刘成当选为意大利安科纳市议员。2007年，西班牙华人谷维纯当选托雷莫里诺斯市议员。华人积极参政对进一步维护华人族群权益具有重要意义。

4. 华人社会内部参差不齐，呈现多元化发展趋势

横向层面上，欧洲华人的身份、新移民的来源地以及由此延伸的社会网络均出现了多元分化。近年来赴欧中国新移民主要有以下群体：利用祖（籍）国的政治、经济优势，运用由亲缘关系造就的特殊社会资本来拓展事业、提高地位的企业家和工商业者；专业移民以及完成学业后留居当地的原留学生；通过“正式合同”在一定期限内进入欧洲某一国家特定企业的“短期”务工者；为数众多的草根阶层移民等。同时，欧洲华人社会的多元构成还反映在新移民的来源地的拓展上。另外，社团之间、社团成员与非社团成员之间也存在着一定的分化。许多社团之间相互隔离，部分草根移民更是对社团一无所知，被“边缘化”。纵向层面上，主要表现在：一是不同年代移民群体之间的分化，这跟年龄、事业、价值观等有关系；二是老一代移民与其子女之间的代沟，这主要跟不同年代的人所受教育、自身的文化价值观等有关。

5. 部分华人生存方式的跨国化发展趋势

这主要表现在部分商界、学界等精英分子，还有部分想叶落归根、退休回国居住者和非法移民回国者频繁来往于祖（籍）国、居住国或第三国之间。首先，这是中国自身国力大幅度提高的直接反映，中国经济实力增强，国际地位提高，形成了吸引海外华人回归的强劲拉力；其次，许多“回归者”出于对自身实际的考量，作出了“追求利益相对更大化”的理性选择，不少海外华侨华人都争取享有事实上的“双重国籍”。这是全球化时代下跨国移民社会业已存在的一个倾向，即“跨国化策略”（transnational strategy）或“跨国社会空间”（transnational social space）在欧洲华人社会中的具体表现。①

二、欧洲主权债务危机对欧盟移民治理及华侨华人的影响

（一）欧洲主权债务危机的演变及其影响

1. 欧洲主权债务危机的发展及其治理

2009年10月，希腊政府宣布财政赤字和公共债务严重超标，分别占国内生产总值的12.7%和113%，远超欧盟规定的3%和60%的上限，引起外界一片哗然。同年12月，全球三大评级机构下调希腊主权债务评级，希腊债务链全线崩溃，相关银行及有类似弱点的国家主权债务均受到影响，希腊债务危机引爆欧元危机。之后，意大利、西班牙、葡萄牙等国也不同程度爆发了危机，整个欧元区的主权债务危机全面升级。2010年11月21日，爱尔兰政府正式请求欧盟和国际货币基金组织提供援助，欧债危机掀起第二波高潮。之后，希腊、葡萄牙、塞浦路斯、爱尔兰、意大利、西班牙、斯洛伐克、马耳他、比利时、斯洛文尼亚、法国等国先后被三大评级机构下调级别。跨入2012年，欧债危机更波及其他国家（详见表2）。

① 李明欢：《欧洲华人社会剖析：人口、经济、地位与分化》，《世界民族》2009年第5期。

表 2　三大国际评级机构 2009—2012 年对欧盟各国调级过程

时间	经　过
2009 年 12 月 8 日	惠誉将希腊信贷评级由“A－”降为“BBB＋”，前景展望为负面
2009 年 12 月 15 日	标普将希腊长期主权信用评级由“A－”降为“BBB＋”
2009 年 12 月 22 日	穆迪将希腊长期主权从“A1”降为“A2”，评级展望为负面
2010 年 1 月 11 日	穆迪警告葡萄牙若不采取有效措施控制赤字，将下调其债信评级
2010 年 4 月 10 日	惠誉下调希腊政府债务信用评级至“BBB－”
2010 年 4 月 23 日	穆迪将希腊长期主权下调至“A3”，希腊正式向欧盟与 IMF 求助
2010 年 4 月 27 日	标普下调希腊评级至“BB＋”（垃圾级）
2010 年 11 月 24 日	标普宣布将爱尔兰长期主权债务评级从“AA－”下调至“A”，短期评级由“A－1＋”降至“A－1”，并将其短期和长期债信评级纳入负面观察名单
2011 年 1 月 14 日	惠誉将希腊主权信贷评级由“BBB－”下调至“BB＋”，评级展望为负面
2011 年 3 月 7 日	穆迪将希腊国债评级由“Ba1”下调至“B1”，评级前景为负面
2011 年 3 月 16 日	穆迪下调葡萄牙主权债信评级下调两个级别至“A3”
2011 年 3 月 24 日	惠誉宣布将葡萄牙的主权信用评级下调 2 级，由“A＋”降至“A－”
2011 年 7 月 4 日	标普将希腊长期评级下调至“CCC”
2011 年 7 月 27 日	标普下调希腊评级至“CC”，展望为负面
2011 年 9 月 19 日	标普近五年来首次下调意大利主权信用评级，由“A＋”调至“A”
2011 年 10 月 4 日	穆迪近 20 年来首次下调意大利评级，由“Aa2”下调至“A2”

（续上表）

时间	经　过
2011 年 10 月 7 日	惠誉评级下调西班牙评级至“AA -”，下调意大利评级至“A +”
2011 年 11 月 24 日	惠誉将葡萄牙主权信用评级降至垃圾级
2011 年 11 月 25 日	穆迪将匈牙利债券评级下调一个级别至“Ba1”，为垃圾级别最高级，前景展望为负面
2012 年 1 月	标普公司下调了欧元区九国的主权信用评级，并将法国、奥地利等国信用评级分别向下调低一档，“欧洲金融稳定机制”（EFSF）的信用评级亦降至“AA +”
2012 年 2 月	标普下调了 34 家意大利银行信用评级，并向下调低了斯洛文尼亚、斯洛伐克等国的评级，奥地利等国前景展望为“负面”
2012 年 3 月	穆迪宣布将希腊债券评级由“CA”级降至最低级“C”
2012 年 11 月 20 日	穆迪将法国主权信用评级下调至“Aa1”级

资料来源：根据各网站报道整理。

希腊危机爆发后，欧盟及其成员国立即商讨应对措施。2010 年 2 月 11 日，原计划讨论欧盟未来十年经济发展战略的欧盟特别峰会转向讨论希腊债务危机，这标志着欧盟协调行动治理债务危机的开始。之后，欧盟在首脑峰会上达成了一系列协议：设立一个由欧洲理事会主席范龙佩领导的专门小组，提出改革建议；设立一项总额高达 7 500 亿欧元的稳定机制；强化财政纪律；新建宏观经济风险监测机制；加强经济政策协调；建立永久性的危机应对机制；完善配套机构建设；以杠杆化将欧洲金融稳定机制（EFSF）规模扩大 4 ~ 5 倍（约 1 万亿欧元）等。2012 年 2 月 13 日，希腊议会投票通过了欧盟与国际货币基金组织的第二轮救助草案。这意味着希腊政府将进一步实施紧缩措施，以换取欧盟与国际货币基金组织提供的 1 300 亿欧元救助贷款。否则，希腊将面临债务违约和被淘汰出欧元区的危险。2012 年 2 月 20 日，欧盟委员会又通过了此项新的救助方案，以保证希腊在欧元区的安全。①

欧盟的集体应对危机措施取得了一定成效。危机在经历了两年多的发酵期后，于 2012 年底初现转机。欧元区永久救助机制欧洲稳定机制（ESM）生效，希腊成功实施了债务重组与回购，援助西班牙银行业协议达成，援助爱尔兰和葡萄牙项目稳步推进，加之欧洲央行暗示将扮演“最终贷款人”角色，自 2012 年下半年以来，投资者对此次危机的紧张情绪渐渐缓解，对欧元区崩溃的预期降温。② 据法国统计及经济研究所（Insee）发布的 In-

① “Agreement on a New Programme to Secure Greece's Future in the Eurozone”，http：//www. consilium. europa. eu/homepage/showfocus？lang = en&focusID = 80910.

② 《欧债危机初现转机　欧元区经济前景依旧黯淡》，http：//news. hexun. com/2013 - 01 - 03/149721627. html。

see、IFO 和 Istat 三家欧洲经济研究所的联合报告称，2012 年第三季度欧元区国内生产总值下降0.1%，9—10 月份经济环境调查结果和工业生产下降，均预示着 2012 年第四季度经济活动将进一步下降（-0.4%）。2013 年初，欧元区将开始缓慢复苏，第一季度止跌回稳（0.0%），第二季度将略有增长（+0.2%）。报告认为，随着新兴国家经济增长的加速以及美国“财政悬崖”协议限制了其对美国经济复苏的负面影响，欧元区外部需求将进一步增强；主权债务市场紧张局势的缓解将有利于投资的稳定；私人消费仍受到劳动力市场恶化及家庭购买力下降等因素的负面影响，但由于通胀率下降和政府财政整顿的努力，2013 年将止跌企稳。报告同时显示，由于在一些国家仍存在劳动力市场进一步恶化和主权债务市场紧张局势回升等的可能性，所以欧元区经济增长未来依然存在诸多不确定性。① 产生危机的主要根源并未消除，各国高福利引发的庞大财政开支、分散的财政政策与统一的货币制度缺陷、区域内各国经济发展的不平衡及结构性失衡等因素依然存在。欧元奠基人、前欧洲共同体委员会主席雅克·德洛尔表示，当前的欧元区主权债务危机早已注定，这场危机不在于单一货币本身，而是欧元发起国领导人“执行有误”，完全忽视了成员国经济的脆弱和不平衡的问题，并且欧元创建后缺乏统一机构对各国财政和经济政策予以监督。② 欧元区将面临促进经济增长与缩减财政赤字的两难处境，在较长时期处于低增长、高失业、高债务的风险状态。正如欧央行执行委员会委员、首席经济学家彼得·普雷特所言，尽管当前欧债危机局势较过去两年有很大改观，但这并不意味着危机最糟糕的时期已经过去。欧元区救助高负债国的过程仍充满风险，各方面的改革仍远远不够，整体经济处于停滞甚至衰退中。③

2. 欧洲主权债务危机的延伸影响

欧洲此次危机以主权债务危机的形式出现——起源于国家信用，即政府的资产负债表出现问题。欧洲国家的主权债务危机有外在的、内部的、历史的、体制的等多方原因，但最根本的原因是这些国家的经济失去了“生产性”。美国著名的经济史学家查尔斯·P. 金德尔伯格在其名著《世界经济霸权 1500—1990》中曾说，一个国家的经济最重要的就是要有“生产性”，历史上的经济霸权大多经历了从“生产性”到“非生产性”的转变，这使得霸权国家有了生命周期性质，从而无法逃脱由盛到衰的宿命。④

伴随危机的不断深化，其对地区及世界发展的影响逐步凸显。首先，危机迫使欧洲各国推动自身政策的变革，包括政府财政紧缩、削减工资福利、调整产业结构、改变移民政策、加强安全治理等，这对各个领域的发展将产生深刻影响；其次，欧债危机已经对欧盟的内外贸易产生显著影响，进而通过贸易途径影响其主要贸易伙伴的经济增长；再次，欧元区主权债务和银行风险相互交织的复合型金融危机，已成为国际金融稳定的重大威胁；⑤ 复次，欧元区经济陷入温和衰退，减债困难增大，拖累世界经济复苏；最后，欧债危机导致社会矛盾进一步激化，由此引发的政治更迭、族群冲突、社会动荡等问题进一步加剧。

---

① 《法国统经所预测欧元区经济将于 2013 年中期缓慢复苏》，http://fr.mofcom.gov.cn/article/ddfg/zwjingji/201301/20130108519087.shtml。

② 《欧元奠基人称欧债危机早已注定》，http://money.163.com/11/1205/11/7KGO4P0F00253B0H.html。

③ 《欧元奠基人称欧债危机早已注定》，http://money.163.com/11/1205/11/7KGO4P0F00253B0H.html。

④ 《欧洲主权债务危机》，http://baike.baidu.com/view/3837702.htm#7。

⑤ 《欧债危机深刻影响世界经济》，http://www.chinanews.com/cj/2011/12-06/3510782.shtml。

（二）欧洲主权债务危机对移民治理政策以及华侨华人的影响

欧洲主权债务危机自2009年希腊债务危机引爆以来，一波三折，目前仍未得到实质性解决。2013年的欧洲形势依然严峻，因为许多救灾协议措施要进一步实施，其执行进程与效果都需观望。欧债危机的影响不仅是地区性的，也是全球性的；欧债危机的表现不是单一层面的，而是全方位的。它由经济领域引发，逐步延伸至政治、文化、社会等各个层面。欧洲是中国新移民的重要聚集地之一，欧债危机引发的社会环境和移民治理变革也必然给在欧华侨华人带来深远影响。

1. 移民政治方面，右翼势力的抬头，移民控制严厉，针对外来移民的打击力度进一步加强

欧债危机助长了欧洲极右翼势力的抬头。在欧洲议会选举中，一些极右翼政党在选举活动中表现出的反对欧洲一体化、排斥外来移民的极端民族主义、种族主义和新纳粹主义倾向，令人关注。特别是东欧国家的经济持续恶化、经济衰退和失业率上升成为极右翼势力谋求政治利益的利器。东欧国家的极右势力多以“抵制外来移民”、“反对泛欧主义”为口号。在匈牙利、捷克，极右势力将危机归罪于吉普赛人。保加利亚的“阿塔卡”联盟在本次竞选中公开呼吁“禁止土耳其加入欧盟”。除了东欧国家，英国、德国、奥地利、意大利、芬兰等国的极右政党也在此次欧洲议会选举中表现活跃，取得突破性进展。匈牙利的极右翼政党“为了更好的匈牙利”、匈牙利自由党、英国国家党、保加利亚的“阿塔卡”联盟、罗马尼亚的大罗马尼亚人民党、芬兰的真实芬兰人党等极右翼政党都将有议员进入欧洲议会。英国国家党提出“英国的工作归于英国人”的口号，党主席尼克·格里芬强烈反对土耳其加入欧盟，他称“让8 000信仰伊斯兰教的土耳其人自由进入英国是危险的”。奥地利自由党宣扬“西方是基督徒的西方”，充满宗教极端主义色彩。①

右翼势力的抬头使得执政党在制定、执行移民政策时加以考量，移民控制更加收紧。2009年7月2日，意大利通过一项严苛的打击非法移民法案，将非法移民视为刑事犯，触犯者可被判处5 000～10 000欧元的罚款，并被立即驱逐出境；接待非法移民住宿的人也可能要吃官司。父母为新生儿申报户口时，需出示父母的护照或居留证，如果父母是非法移民，新生儿将成为“黑户”。② 法国近来加大对非法移民的打击力度，2011年驱逐了3.3万名非法移民，2012年计划驱逐3.5万名非法移民。2012年2月3日，法国宪法委员会对一起非法移民案件的“合宪性优先问题”作出裁决，判定在法国无证停留仍为犯罪行为。根据法国法律，认定在法国无证停留为非法行为，将处一年监禁、370欧元罚款、三年内不得入境等处罚。③ 2012年大选后，虽然一贯拉拢基层百姓、支持大赦政策的法国左翼政党上台，但它们在移民控制问题上却没有丝毫松口。奥朗德总统公开宣布，法国将继续执行严厉打击非法移民的政策，新移民政策不会为所有移民敞开大门。另一方面，欧债危机导致欧盟多数国家在一定时期内处于财政紧缩、市场萎靡的状态，而由此导致的高失业率也必然挤压外来劳工市场。外控内挤的移民政策必将给在欧中国非正规移民的就业以

---

① http：//www.stnn.cc/euro_asia/200905/t20090526_1035287.html.

② 《意大利通过新法案，对非法移民穷追猛打》，http：//www.chinanews.com/gj/gj－oz/news/2009/07－03/1760613.shtml。

③ 《法国加大力度打击非法移民》，http：//www.bjd.com.cn/10jsxw/201202/03/t20120203_1382851.html。

及雇佣非法劳工的华商企业带来巨大压力。这也是历次经济危机出现的必然现象。

2. 移民经济方面，政策结构调整，容忍度缩小，一定程度上可能会挤压部分华人经济

首先，财政紧缩与结构调整给华商企业带来冲击。欧洲当前处于财政紧缩与促进经济增长的两难困境。一方面，当前欧盟基本上采取“勒紧裤腰带过日子”的办法来化解债务危机。欧盟及其成员国紧缩财政，主要举措就是降工资、减福利、增税收，国民消费水平降低，对华侨华人经济相对集中的餐饮、服装、旅游等消费型市场带来较大冲击。据统计，债务危机加剧后，希腊民众整体购买力同比下降50%以上。与此同时，公司增值税则从原来的19%增加到了23%。[①] 希腊华商表示，目前华商客户锐减2/3，已从之前的担忧转入艰难生存阶段。在希腊雅典，以往每日销售额近万欧元的服装商铺，现在每日销售额只有3 000欧元，甚至更差。[②] 西班牙卡斯特隆商业协会表示，受经济萧条的影响，当地华人百元店的生意至少下降了30%，与2007年相比较，2008年平均每天减少了200～300欧元的销售额。[③] 另一方面，危机促使欧盟调整经济结构与贸易战略，扩大产品出口，强化贸易调查，提高进口标准，对华商的进出口贸易行业形成较大压力。欧盟作为中国第一大贸易伙伴，主要从中国进口电机、电气、音像设备及其零附件，服装及衣着附件、纺织纱线、织物及制品、鞋类等商品。这其中很大一部分是欧洲华商在经营。2009年欧盟自中国进口机电产品、纺织品及原料、家具玩具的金额分别为1 350.4亿美元、428.3亿美元、317.8亿美元，比2008年分别减少17.3%、15.4%、6.2%。[④] 同时，欧盟加强了贸易反倾销调查。2010年1月11日，欧盟反倾销基本法规理事会384/96号规定被理事会1225/2009号规定取代。新法规将严查产品成本构成，加大对国有企业的出口限制，调整重返欧盟市场审查时间，实施更严密的新型非关税措施，严格限制第三国转口等。[⑤] 随着“欧盟2020战略”的推进，作为欧盟反倾销的特色制度设计，反吸收和反规避正在成为影响中国企业出口的重大阻碍。

其次，本土产业保护在一定程度上挤压了外来移民经济。当前各国经济不景气导致失业率攀升，国内民族主义情绪高昂，本土保护主义倾向严重。华人经济多元化程度不够，产业集中在劳动密集型行业；华人经济是以家庭为单位的经济体，具备较原始的经营管理模式，这导致了粗放经营、内耗竞争的延续，也影响了华人移民与所在国、城市政府、公众的交流及和谐共处。此外，由于华企的多元化发展不足，产业转型意识不强，欧洲各国本土商家与资本联手，正在不断挤压欧洲华人移民及其经济载体的生存空间。[⑥] 欧债危机促使各国进行产业结构调整。尽管华侨华人经济能在当地发展必有一定优势，但在某些同类竞争行业，由于政治或其他需要，当地政府可能会采取相关措施限制异族经济，以保护本土产业发展。例如，英国、德国、法国等就提高了中餐馆厨师的执业资格标准，导致厨师荒，影响中餐行业的发展。加之少数华商由于之前所处的国内外经济环境的原因，存在

① 《希腊2万华人30%另谋出路　约600华人零售店关门》，http：//www. gqb. gov. cn/hwqq/index. shtml。

② 《希腊主权债务危机愈演愈烈，华商客户锐减三分之二》，http：//news. cntv. cn/20110705/100871. shtml。

③ 《2008年世界华商发展报告》，http：//www. chinaqw. com/news/200902/02/148827. shtml。

④ 郑宝银、林发勤：《欧洲主权债务危机及其对我国出口贸易的影响》，《国际贸易问题》2010年第7期。

⑤ “Council Regulation（EC）No. 1225/2009 of 30 November 2009 on Protection against Dumped Imports from Countries Not Members of the European Community”，http：//europa. eu/legislation_summaries/external_trade/r11005_en. htm.

⑥ 《欧洲华侨华人的融合发展困境》，http：//blog. tianya. cn/blogger/post_read. asp？BlogID = 1119083&PostID = 37092361。

“灰色经济”嫌疑，缺乏规范经营意识，其生存也更加艰难。

再次，各国容忍度缩小，打压华人经济力度加大。随着经济的持续低迷与“欧洲新兴的民粹主义力量”的崛起，各国对移民经济的宽容度不断缩小，华商的生存环境可能再度恶化，居住国在经济衰退过程中暴露出的许多社会矛盾都被转移至华侨华人身上。法国、意大利、德国等对华商频繁展开大规模检查。自 2009 年下半年以来，法国华商普遍感到查税的频率越来越高，查税的项目也越来越多，大有不查出问题不罢休之势。那些被查出有问题的华商，少则被罚几万、十几万欧元，多则被罚上百万欧元，叫苦不迭。① 2011 年 6 月 21 日，意大利警方在佛罗伦萨周边的华人纺织和皮革工业聚集区突查了 70 多家华商企业，扣押了超过2 500万欧元的资产，指控这些企业偷税漏税、非法转移资金。② 2012 年 10 月，西班牙“帝王”行动更是以国家大法官牵头，查封了马德里、巴塞罗那等地多处华人大型仓库，扣押了大量货物资产，并且逮捕了多名华商。之后的各种查税行动依然没有间断。意大利侨网董事长、意大利华商总会秘书长戴小璋指出：意大利主权债务危机跟欧洲其他主权债务危机的本质是一样的，看上去是经济问题，实际上是政治问题，是西方国家民主选举的政治体制受到的新挑战。③

表 3　欧债危机以来欧洲部分国家检查华人经济主要情况

国别	时间	地点	内容	结果
西班牙	2009 年 5 月	Mataro 市	清查制衣厂。	72 家制衣厂被封存 4 个月。
	2011 年 8 月	各大城市	劳工部、税务局、警察局和卫生部门检查各种合法文件，检查用工情况。	部分店铺被责令整改违法用工或其他违法现象，被处6 000欧元至 6 万欧元处罚。
	2012 年 3 月 14 日	巴塞罗那 Urgell 和 Rocafort 地区	消协专门对华人理发店进行检查。	消协无处罚权，但可能会引起其他部门注意而导致大面积检查。
	2012 年 10 月	马德里、巴塞罗那等地区	由国家大法官 Fernando Andreu、海关总署、清廉公署、内政部、税务部、检察院等七个部门共同指挥。	打击华商洗黑钱，没收1 150万欧元现金，扣押多辆车，逮捕 53 个华人，许多华商遭受重创。
匈牙利	2009 年 6 月	四虎市场	金融及税务检查 400 多次。	罚款数额达 2 500 万福林（约合 14 万美元），多家商铺被限制定期营业。

① 《法国多家华商违规受罚，媒体列出四大注意事项》，http：//news. sohu. com/20100111/n269484645. shtml。

② 《意大利警方突查 70 多家华商企业，指控企业偷漏税》，http：//news. 163. com/11/0623/09/777KRHE00001121M. html。

③ 《意华商戴小璋：谈意大利债务危机对华人影响》，http：//www. italyqw. com/index. php? m = content&c = index&a = lists&catid = 29。

（续上表）

国别	时间	地点	内容	结果
罗马尼亚	2009年11月24日	尼罗市场	税务、海关等多个警察部门的检查。	300多家华商店铺受到查封，华人生意大受影响。
	2011年6月	布加勒斯特	海关总署与经济卫队郊区警局对华商展开相关检查。	仓库被封达900多家，每家仓库罚款金额从1 000欧元至数万欧元不等。
意大利	2011年6月21日	佛罗伦萨周边的华人纺织和皮革工业聚集区	指控企业偷税漏税、非法转移资金。	70多家华商企业被查，被扣押了超过2 500万欧元的资产。
	2012年2月13日	米兰、那不勒斯、罗马、普拉托等地	500多名税警、宪兵、警察对华人商业区进行税务检查。	个别企业由于用工、产品等问题遭查封，大量商品和生产设备被查没。
法国	2010年下半年开始	巴黎第十三区等华人企业主要聚集区	税务检查、清关检查。	很多华商被处罚，少则几万、十几万欧元，多则上百万欧元。
英国	2008年4月	全国范围	打击黑工现象。	导致中餐业萧条，相关华人行业，如华人装修、厨具、地产、信贷公司等也受牵连，受损严重。
德国	2009年6月17日	下萨克森州、巴伐利亚州、巴登—符滕堡州和北莱茵—威斯特法伦州	1 000余名警察检查大约180所中餐馆和华人公寓，寻找人口走私证据。	遭到暴力执法，部分非正规移民被扣押，中餐馆老板被罚款。
葡萄牙	2011年11月	葡萄牙北部、中部、南部地区	对涉及营业额、税务、发票、用工、商品质量等相关环节进行稽查。	部分华商店铺被罚款，没写发票时间就被罚款100欧元。

资料来源：根据各大网站信息报道整理。

3. 移民文化方面，多元文化面临困境，“新同化政策”出台，推动移民融入的力度进一步增强

从20世纪六七十年代开始，西方部分发达国家政府推行不同文化之间要相互尊重与宽容的政策，即“多元文化政策”，被认为是欧洲融合的典型体现。但近年来随着移民群体壮大以及权利意识增强等因素的发展，移民问题日益凸显。欧债危机引发的民族问题更加复杂化，民族冲突也时有发生。近两年，英国、法国、德国等国领导人公开发表言论，认为多元文化主义政策已经失败，必须强化移民的国家认同。

多元文化主义政策的衰退始于德国总理默克尔对基民盟青年团的讲话。2010年10月17日，德国总理默克尔在其所属政党基民盟下辖的青年团的集会上发表演说时称，德国构建多元文化社会、让拥有不同文化背景的人一起生活的努力“彻底失败”，德国人和外

国劳工能“快乐地并肩生活在一起”是一种不切实际的幻想。德国欢迎外国移民，但他们必须学习德语，接受德国文化，以便能够在学校正常生活学习，获得更多的工作机会。“不说德语，就不能融入德国社会。”① 德国《移民法》第一篇第一章第九条第（1）款规定了获得“落户许可”的8个前提，其中第七个前提是掌握足够的德语知识，第八个前提是掌握关于德国法律、社会规定和生活状态的基本知识。另外，延长居留许可，获得无限期的落户许可和加入德国国籍，都要建立在融合的基础上，参加新出现的“融合班”。

英国首相卡梅伦在2011年的慕尼黑国际安全会议上宣布，英国的“国家多元文化主义”已寿终正寝，现在应该强调建设以英国公民社会价值观为基础的主流意识形态。他认为英国多元文化政策的失败有一半归咎于国内伊斯兰极端主义思潮的发展。在卡梅伦看来，现有的国家多元文化主义理念认为，不同的文化应该受到尊重，允许甚至鼓励大家各自生活，彼此泾渭分明，甚至背离主流。在多元文化政策的指导下，政府鼓励少数族群文化独立发展，这样会导致一些年轻的英国穆斯林走向个人极端主义。他认为这种国家多元文化主义是错误的信条，它加深了不同族群之间的分歧，阻止人们加强认同感，事实上还在刻意地弱化它。因此，不能一味消极地强调相互容忍，必须大力推广共同价值观。

此外，2011年2月10日，法国前总统萨科齐在接受电视台访谈时也宣布法国的多元文化政策已经失败。萨科齐表示，法国尊重差异，但是来到法国的新移民必须认可法国所崇尚的价值。“法兰西的国民不能接受部分新移民所提出的诸如男女不平等、让小女孩失去上学自由等生活方式的改变。”②

即使是在最推崇多元文化的荷兰，2011年2月14日其副首相马克西姆·费尔巴哈在接受采访时也表示，多元文化政策在荷兰失败，希望荷兰人像美国人首先说自己是美国人那样，首先说自己是荷兰人，之后才说自己先前居住的国家。他强调，移民必须接受荷兰的价值观，荷兰政府将重新推广以荷兰本土社会价值观为核心的社会文化政策。政府拟采取的移民政策改革措施包括：新移民将自行负担学习荷兰语言和获取荷兰社会知识的课程的费用，政府将不再为移民负担这笔费用；终止对特殊移民群体的津贴补助等。③

多元文化主义政策的衰退是一种遍布全欧洲的现象，外来民族文化自由发展的政策可能会受到限制。这种影响对在欧华侨华人也不例外，今后的社会适应难度可能增大，华侨及非正规移民要取得居留权或入籍资格的门槛更高，付出的各项成本也将更大。

4. 移民安全方面，排外情绪高涨，社会治安恶化，针对外来移民的人身财产侵犯可能增加

移民安全问题是由移民政治、移民经济和移民文化等问题延伸出来的问题。欧债危机导致的高失业率问题必然产生连锁反应，欧洲大量失业者将攻击矛头对准外来移民。在希腊，对外来移民的攻击升级为暴力事件，自2011年开始就引起人权团体和移民组织的注意，只是一直难以收集数据。联合国难民组织和18个当地非政府组织在2011年成立“种族暴力记录网络”，根据该网络2011年10月1日到12月31日期间的统计，在三个月内希腊发生了63起攻击性事件，其中51起的攻击者超过1人，大部分受害者是男性，主要是

① 蒋素琼：《德国多元文化政策的失败和穆斯林融合政策分析》，《科技信息》2011年第5期。

② 《欧洲遭遇多元文化主义困境》，http：//www. europe1china. com/observe/renwen/20110624154557207. htm。

③ 《荷兰政府称将放弃多元文化社会政策》，http：//news. xinhuanet. com/world/2011－06/18/c_121551233. htm。

来自阿富汗、巴基斯坦等寻求政治庇护者或非法移民。[①]

令移民堪忧的社会环境也影响到在欧华侨华人。据法国犯罪和刑事惩罚观察所统计，从2010年9月到2011年8月入室盗窃案达191万宗，同比增长17.8%。而华人旅游团体成为抢劫重点，频频遭殃。2011年7月21日，两名中国游客乘坐的车辆在法兰西体育场附近等红灯时，被一名骑摩托车的歹徒砸破车窗，抢走护照及部分财物；同年10月23日，国内一重要因公团组在巴黎北郊塞纳·圣·德尼省一中餐馆门口被两名歹徒抢劫。[②]圣诞节临近，很多华人感到街头抢劫及跟踪至住宅入室抢劫的案件不断增多。一位年仅16岁的华裔少年陈韶说，虽然他在法国出生并生活多年，但一直未真正融入当地社会，常常遭遇到各种歧视。一直以来，其他族裔发生的例如恐吓、殴打等多种暴力事件让他对这个生活多年的国家感到恐惧。[③] 移民始终是不少法国人的心腹大患，民众有排斥移民的心理。而在意大利，华侨华人被盗被抢甚至被杀的事件更是层出不穷。2012年1月4日，在罗马街头发生的一起暴力抢劫华人的血腥命案中，受害人周某一家三口在下班途中遭遇两名年轻疑犯抢劫，疑犯掏枪向3人射击。周某及其小女儿不治身亡，其妻受伤。

在欧华侨华人屡遭侵害，欧债危机只是导火索，其深层次根源还是长期以来华侨华人在政治上的弱势地位、经济上的“破坏性”以及文化上的“自我封闭”，这不仅疏远了政府，也加剧了华侨华人与当地民众的隔阂和错误认知的产生。这样，即使华侨华人出现困难或权益受损，当地政府也消极对待，没有有力的应对政策措施，进而不利于对华侨华人正当权益的维护。

三、结论与对策思考

欧洲华侨华人社会的形成与发展和欧洲的发展密不可分。近几十年，欧洲华侨华人紧紧抓住欧洲一体化和中国改革开放带来的历史机遇，充分利用各种资源，发挥自身优势，取得了长足发展。在欧华侨华人人口规模进一步扩大，经济实力进一步增强，社会地位进一步提高。随着中欧关系的友好发展，欧洲华侨华人与当地社会的相互依存与认同程度也有较大提升。但与此同时，欧洲华侨华人内部也出现一些问题，引起当地社会的关注，尤其是在经济层面，甚至招致了一定的排斥。2008年开始的欧洲主权债务危机在一定程度上进一步引发了欧洲社会关系的变革。欧洲长期以来的移民问题进一步凸显。移民治理与移民政策也进一步被提上重要议程。身处其中的欧洲华侨华人在移民政治、移民经济、移民文化、移民安全等方面将面临新的冲击与挑战。但与此同时，欧债危机也可能给华侨华人的发展带来更多的动力与机遇，尤其是在新的产业整合、资源分配和市场拓展方面，华商企业也许可以充分发挥优势，取得实质性成功。在欧华侨华人应该更多地认识和了解欧盟、各成员国与自身，趋利避害，扬长避短，回馈当地社会，实现互利共赢与和谐发展。

（1）充分利用欧盟的多层级治理模式，加强与欧盟、成员国及地方政府和非政府组织之间的多层次移民政策互动协调，拓展合法移民渠道。

---

① 《欧洲政治极化隐忧》，http://magazine.caijing.com.cn/2012-07-15/111949054.html。

② 《圣诞节临近针对法国华人抢劫案再度疯狂上升》，http://fr.ozxw.com/article/2011/1128/article_821.html。

③ 《旅法华侨华人为“安全、权利”再抗争，提升安全级别》，http://www.chinanews.com/hr/2011/06-24/3134484.shtml。

欧盟的多层治理模式与欧洲发展现状是相互适应的，也是独一无二的，但目前多数国家的移民政策协调依然主要停留在国家层面上，而忽略了超国家和次国家层面的作用，这不利于移民问题的有效治理。在利用欧盟移民多层治理模式时，特别要强调一下华人社团的角色与功能。欧盟及其成员国一般会尊重民意，所以非政府行为体在国家治理中的作用不可小觑。华人社团应该充分利用这一特征，加强自身建设，提升能力。这里要特别提及欧华联会近年来参与欧盟治理所取得的积极效果，其多次与欧盟对话，反映了欧洲华侨华人的诉求，是一个非常好的参与欧盟移民治理的方式，但欧华联会自身的组织与功能建设还有待进一步加强。同时，华侨华人还要有意识地加强与当地其他相关非政府组织以及国际移民组织等 NGO 的联系与合作，有时可以通过他们进一步推动移民权益的保护。

在非正规移民治理上，移民系统理论认为，移民活动一般都有赖于输出国和输入国之间事先就存在的纽带联系。移民活动就其长期影响而言，有可能形成和加强国际联系网络，从而影响到相关各国之间的经济关系、社会和政治体制以及文化和民族认同，移民输入国和输出国之间需要加强移民政策协调。在居住国恶劣的背景下，移民的非法性质将在许多方面限制侨乡联系的发展：如果移民生活在非法状态下，家庭联系、汇款、投资项目等将无从方便地获得发展。[①] 因此，中国政府有关部门应该加强与欧盟及其成员国移民当局的政策协调，在各方面给移民提供更多便利，并协助海外华人多领域、多层次发展与居住国的关系。政府相关部门可以在宣传、信息、程序、责任、保障等方面努力，为移民与劳工输出提供更多便利，降低成本，缩短时间。同时，还应该加强与移民目的国、中转国之间的合作，进一步治理非法移民与非法雇佣现象，推动合法移民。另外，移民本身不可助长非法移民的歪风，而应该增强合法移民意识。

（2）努力提高政治参与度，加强华人社团团结，争取各种平台，维护合法权益。

欧盟移民治理经过多年实践，已基本上形成了其独特的超国家、国家、次国家多层治理模式。公民参与欧盟治理的渠道很多，尤其是通过一些次国家的治理平台，它们可以直接越过国家层面参与欧盟治理，利用各种平台推动与欧盟及其成员国的对话，反映华裔族群的权益呼声。欧债危机进一步强化了部分华人的参政意识与动力，使得他们更加相信手中选票的力量。因此，在欧华侨华人应进一步加强社团建设，增进社团之间的团结与合作，积极参与政治，充分利用选民权利，推动华人参政，增强话语权，从而影响政策制定。另外，华侨华人应该进一步了解欧盟及其成员国的治理规则，加强与各界的沟通，协同其他族裔参与组织相关团体，共同增强话语权。

推动华人参政，要从基层社区做起，强化华人政治团体的制度化程度，加强华人社会之间的沟通与合作。各华人社团应通过各种渠道和方式，协助解决好社团矛盾，促进华人社会的团结，这才有利于华人社会的健康发展。2008 年 3 月 16 日，法籍华人陈文雄先生当选为巴黎十三区历史上首位华人区议员兼副区长，成为 300 年来第一位成功登上巴黎政治舞台的华裔。2011 年 3 月，法籍华人吴振华就任法国执政党——法国人民运动联盟政治局委员，成为法国历史上第一位登上如此重要职位的华人。这些成功的背后就有各大华人社团的巨大功劳。2010 年，德国有史以来第一次有华人入选黑森州议会外国人参事会——

① ［法］卡琳·杰拉西莫芙著，陈欣译：《法国移民政策与近五年华人移民》，《华侨华人历史研究》2000 年第 1 期。

杨明、顾玉华赢得席位，组建和主持一个由 8 人组成的中国事务小组出席议会参事会的议政、议事活动，参与以德国华侨华人为主的政策决策过程，使德国政界乃至全社会都能直接听到在德华人的主张和声音。① 2012 年的法国大选中，各大华人社团组织积极配合竞选阵营，加大在华人圈中的宣传力度，鼓励华人参加投票，取得良好成效。

同时，华侨华人要加强与公权力机构的合作，通过正当途径维护合法权益。2006 年 5 月 5 日，西班牙 16 个华人社团侨领以及华商代表在巴塞罗那与当地最大在野党领导人举行见面会，就华商店铺近来连遭突击检查、华人与当地居民的关系、华人融入主流社会等问题进行坦诚对话。这次活动受到欧华社会的广泛关注，认为这是旅西华人面对现实，积极化解矛盾，向当地主流社会表示融入诚意的又一有益行动。对此，西班牙一些当地政要表示欢迎，希望华人移民在发展经贸的同时，能更好地了解当地法律法规，更好地融入西班牙社会。2011 年 11 月 19 日，以“团结自强、倡导融入、服务社会”为目标的“法国华人团结联盟”在巴黎北郊欧拜赫维利耶市宣布正式成立，该联盟将进一步加强同地方政府和职能部门的对话沟通，开展“公民义务与权益”宣传活动，加强和华人同胞的联系沟通，了解华人社群的诉求。② 这些行动无疑促进了当地政府对移民政策的调整，也有利于中国移民的融合。

（3）依法自律经营，加强融入与合作，适应产业结构调整，推进华人经济专业化、多元化发展。

首先，华商在观念上要明确定位：华人经济是居住国国民经济的重要组成部分。在居住国从商，华商要依法自律，不要破坏当地的商业生态平衡，注意融入与发展的关系。只有融入到居住国的社会里，融入到居住国的经济当中，才能生存与发展，这应该成为欧洲全体华商的共识。其次，各界应加强对欧洲各国的国情调查和针对移民、华侨华人经济的相关政策研究，及时有效地帮助欧洲华侨华人解决其所面临的发展困境以及遭遇摩擦、报复或行业限制等问题，更有针对性地制定政策，为华侨华人经济在当地的发展创造良好环境。③ 再次，欧洲华侨华人企业不仅应该相互合作，减少同行业的恶性竞争，还要加强与本土企业和国内相关行业的合作，强化品牌意识，积极拓宽产业链，推动产业多元化与专业化，扩大生存发展空间。复次，各方力量还要组织建设好世界性的华侨华人经济网络，使欧洲华侨华人能与世界其他地方的华侨华人进行对接，充分发挥世界华侨华人的经济、经贸网络对市场反应的灵敏性和经营选择的多元性优势。④ 最后，欧洲华侨华人经济还要搭建好“三个平台”：第一个是通过资源整合，创造价值，搭建企业构成的操作平台；第二个是源于制度与职业道德的公正、客观的第三方，主要是新闻媒体构成的理性平台；第三个是由大学、研究机构、咨询公司为企业发展提供方向与手段的思维平台。⑤ 调结构、促出口可能是当前部分欧洲国家摆脱困境的重要出路。这对欧洲华侨华人经济中的贸易、

---

① 《德国华人首次入选州议会参事会　社会地位日渐提高》，http：//www. chinanews. com/hr/2010/12 - 31/2759103. shtml。

② 《关注华人族群利益，“法国华人团结联盟”成立》，http：//www. gqb. gov. cn/index. shtml。

③ 《浅析欧洲华侨华人经济现状、发展趋势》，http：//fass. net. cn/index. php/page - 32 - 2748. html。

④ 《欧洲华人经济行业概况》，http：//hi. baidu. com/amold369/blog/item/df92badf092eea1b622798ee. html/cmtid/21c99212e76f3c5df919b824。

⑤ 《欧洲华人经济的基本情况》，http：//www. franceqw. com/thread - 25132 - 1 - 1. html。

服务等支柱行业而言既有冲击，又有机遇。欧洲很多资产大幅缩水贬值，这对实力雄厚的华商企业而言是重新布局、开拓新领域的有利时机。华侨华人应该在稳定已有市场的基础上，关注所在国经济结构调整的趋势，将优势资本引入政府重点发展的领域，拓宽和延伸产业链，推动华人经济的多元化发展。

(4) 增强国家公民意识，积极拓展社交，注重与当地社会文化的和谐共处。

与美国相比，欧洲社会阶层的流动性较差，阶层与阶层之间的连通性不是很好，上升、迁跃的通道窄小，因此就会产生明显的阶层断裂与隔绝，从而导致阶层的分化与固化。① 由于历史、社会条件所限，欧洲华人多以餐饮、服装、皮革、零售等小规模商业起家，客户很多集中在华裔圈子之内，形成与欧洲社会相对隔绝的"内循环"小环境。华人要进一步融入居住国社会，就个人而言，一是要努力学习，以掌握当地语言这个交流工具，了解居住国的历史与文化，突破与当地人交流的语言与文化障碍；二是要勇于走出华人圈子，积极参与居住国主流社会的活动。在集体层面上，华人社团要积极展开民间交流活动，并对当地社会开放，让当地人有机会了解和信任华人社会，同时也为其成员创造与外部社会接触的机会。② 2005 年的法国巴黎骚乱让许多人认识到问题的实质并不是文明的冲突，而是社会融合、文化融合的偏颇。种族融合需要通过政治努力来完成，不仅要在教育、就业和福利等方面下工夫，还要建立平等对话机制，消除歧视性政策，使移民真正享有平等的权利，能被主流社会接纳。

长期以来，欧洲多国在移民问题上实现多元文化主义政策，鼓励各民族文化发展。其带来的负面因素是部分外来民族过于重视族群文化认同，而忽略了国家认同，进而引发不同程度的种族与社会矛盾。近年来，英、法、德等国家的重要领导人公开表示本国多元文化主义的失败，政府将加强移民的国民意识教育。欧洲华人也存在类似问题，在推动政府实行多元文化主义、保留中华民族文化的同时，更要适应、接纳当地的文化习俗，不宜过度强调自身的民族差异性，以致喧宾夺主。2013 年，西班牙社团就取消了由马德里和巴塞罗那华人社团连续三年共同举办的万人庆新春庙会和彩妆游行。一些华人社团正在积极筹划慈善活动，比如筹办一场慈善晚宴、去当地老人院慰问、组织领养中国儿童的西班牙家庭与华人一起庆祝春节等。同时，社团鼓励华商参与"一公斤奉献"活动，每位听讲座的中国商人都带上一公斤的食品（大米、面粉、油、豆子等，只要一公斤），把它捐献给西班牙贫穷的人们。这些活动在弘扬中华传统文化、庆祝中国传统节日之际，还体现了华人融入社会的积极意愿，改善并重塑了旅西华人与华商的整体形象。③ 另外，已入籍的华人更应增强自己的公民责任意识。在国家认同、政治倾向、民族关系、国际关系等方面应顾全大局，要有正确的立场和适当的取舍，不要授人以柄，以致引发更大的民族矛盾和政策歧视。

(5) 加强自助互助防范，增进与当地政府及使领馆的联系，提高集体抱团和法律救助意识。

华侨华人在异国他乡属于少数族裔、弱势群体，常常会遭到各种意外侵害。虽然事实

① 《华裔在美欧俄境遇全景图》，http：//www. rmlt. com. cn/News/201108/20110805104209 2279_3. html。
② 《从法国华侨华人游行看华裔族群海外生存》，http：//news. 163. com/10/0705/13/6AR4H4EM000146BC. html。
③ 《今年春节怎么过?》，欧华网，http：//chinatown. ouhua. info/news/2013/01/18/1888614. html。

证明，移民遵纪守法、严格自律，有利于得到当地社会的接纳，但在复杂的国内外环境下，“中国威胁论”的甚嚣尘上、“中国制造”的被妖魔化、“黄色间谍”的捏骗、中国食品安全事件的被放大聚焦、种族歧视的死而不僵、排外情绪随经济形势恶化的加剧等，都会使海外华侨华人的生存与发展环境受到负面影响。① 面对这些侵权，华侨华人保护自己的手段有时十分有限。因此，华侨华人必须进一步学习了解当地法律法规，诉诸所在国法律维权。2008 年，德国华人将《明镜周刊》以诽谤罪告到德国最高法院的事件，在海外华人社会引起极大反响。尽管三次被“驳回”，但诉讼本身具有威慑作用，对防止类似侵权事件的再次发生具有重要意义。2012 年 8 月 23 日，法国著名时事周刊《观点》刊登了一篇题为“在法华人的狡猾成功”的文章，再次引起华人社会的愤慨，12 月 10 日，在法华人通过法国反种族歧视团体“SOS Racisme”正式提出起诉。另外，华侨华人还应该强化华文媒体的独特作用，建立华文媒体协调机制，利用“多元化”，打出“族裔牌”，把华侨华人的信息传达出去，并以此引导和影响主流社会，维护华侨华人的合法权益。

近年来，欧洲华侨华人频遭人身与财产侵犯，这一方面与客观治安环境的恶化有关，另一方面与华人自身因素也有联系。法国华侨华人会主席分析华侨华人在法屡遭侵袭的原因时认为主要有两方面的原因：一是法国的警力和惩罚的力度还不够；二是中国人习惯将现钞随身携带，特别是出来旅行的国人，带现钞的也比较多……中国人很少互相帮助。② 携带现金实物、防范意识薄弱、缺乏集体互助、质疑法律救助是华侨华人自身的主要问题。华侨华人外出时应提高警惕，少带现金，尽量集体行动并相互照应。在各大旅游景点、火车站和地铁站等一些案件高发地区，应格外加强防范。每到节假日，都是案发高峰期，更要时时注意，提高警惕。一旦遭盗抢，应及时向警方报警并与中国驻当地使领馆联系求助。使领馆可以利用网站和其他媒体渠道及时发布驻在国的安全状况以及旅游、经商、劳务等信息，跟踪、分析和研判有关海外中国公民和企业安全的信息，对安全状况进行动态评估，并及时在网站上发布预警信息。同时，使领馆及华侨华人也应该通过多种渠道加强与当地警方及政府的沟通，推动其加强治理。

① 《欧洲时报：华人维权　任重道远》，http：//news. 163. com/08/1017/17/4OFL6IK3000120GU. html。

② 《法国华侨华人会主席：华人易遭抢劫有两大原因》，http：//news. sina. com. cn/c/2010 - 06 - 23/115420530275. shtml。

美国华人参政的现状与前景：以2012年美国大选为例

在2012年美国大选中，华人参政取得重大进展。华人精英积极参加竞选和辅选活动，其中有三位华裔女性当选联邦国会众议员，突破历史纪录，还有多位华人精英成功当选地方各级政府公职。华人普通民众踊跃参加选举登记、投票和助选活动，在摇摆州和华人聚居的选区发挥了关键作用。华人社团长期从事选民教育和动员活动，努力为华裔候选人筹款拉票，对华人参政意识的提升发挥重要助推作用。华文媒体的大力宣传与报道对美国华人的政治社会化进程产生了积极影响。但展望未来，美国华人参政前景喜忧参半。

2012年11月6日，美国大选尘埃落定，现任总统巴拉克·奥巴马以微弱优势成功取得连任。国会两院换届结果也同时出炉，其中参议院继续由民主党掌控，众议院继续由共和党保持多数。未来两年美国联邦政府仍然是由两党分掌政府，政治僵局将不可避免。由于有总统选举，这次美国大选争夺格外激烈，少数族裔的选票特别受重视。黑人、拉美裔及亚裔的投票率都有显著提升，在摇摆州和族裔聚居选区的选举中发挥了重要作用。本文仅以2012年美国大选为例，介绍美国华人社区的概况，分析他们在这次大选中的表现、特点和经验教训。

一、美国华人社区概况

据2010年美国人口普查结果显示，美国华人总人口（包括台湾裔美国人）为402.5万，是最大的亚裔族群，其中自报血统为“中国人”的有379.5万人，自报为“台湾人”的有23万。[①] 他们主要分布在加利福尼亚州、纽约州、德克萨斯州、新泽西州、马萨诸塞州和伊利诺伊州等12个州（参见表1）。在这些州当中，华人人口最集中的大都会地区有大纽约地区（68万）、圣荷塞—旧金山—奥克兰地区（59万）和大洛杉矶地区（47万）。现在华人人口超过当地人口1%的美国城市有20个，它们是旧金山、檀香山、奥克兰、圣荷塞、纽约、沙加缅度、西雅图、波士顿、圣迭戈、费城、洛杉矶、芝加哥和休斯敦等（参见表2）。

① “Race Reporting for the Asian Population by Selected Categories: 2010”, http://factfinder2.census.gov/faces/tableservices/jsf/pages/productview.xhtml?pid=DEC_10_SF1_QTP8&prodType=table.

表1　2010年美国华人人口最多的12个州及其所占该州人口的比例分布表

州名	华人人口	占该州人口比例（%）	州名	华人人口	占该州人口比例（%）
加利福尼亚州	1 253 100	3.4	华盛顿州	94 200	1.4
纽约州	577 000	3.0	宾夕法尼亚州	85 000	0.7
德克萨斯州	157 000	0.6	马里兰州	69 400	1.2
新泽西州	134 500	1.5	弗吉尼亚州	59 800	0.7
马萨诸塞州	123 000	1.9	俄亥俄州	51 033	0.5
伊利诺伊州	104 200	0.8	夏威夷州	55 000	4.0

资料来源：*Chinese American*，http：//en. wikipedia. org/wiki/Chinese_American.

表2　2010年美国华人人口超过该城市人口1%的美国城市分布表

排名	城市	州	华人人口	比例（%）	排名	城市	州	华人人口	比例（%）
1	旧金山	加州	172 181	21.4	11	费城	宾州	30 069	2.0
2	檀香山	夏威夷	38 330	10.2	12	斯托克顿	加州	5 188	1.8
3	奥克兰	加州	34 083	8.7	13	洛杉矶	加州	66 782	1.8
4	圣荷塞	加州	63 434	6.7	14	波特兰	俄勒冈州	9 113	1.7
5	纽约	纽约州	486 463	6.0	15	芝加哥	伊州	43 228	1.6
6	普莱诺	德州	13 592	5.2	16	安那罕	加州	4 738	1.4
7	沙加缅度	加州	20 307	4.4	17	休斯敦	德州	29 429	1.3
8	西雅图	华盛顿州	27 216	4.1	18	奥斯汀	德州	8 886	1.2
9	波士顿	麻州	24 910	4.0	19	匹兹堡	宾州	3 402	1.1
10	圣迭戈	加州	35 661	2.7	20	河边	加州	2 985	1.0

资料来源：*Chinese American*，http：//en. wikipedia. org/wiki/Chinese_ American。

据美国亚裔权益团体联盟2011年发布的最新报告显示，美国400多万华人中在外国出生的比例超过61%。在外国出生的华人中，60%以上已加入美国国籍，比例高于全美亚裔的57%和旅美外国移民总体入籍比例的43%。① 另据调查显示，早在2007年美国华人人口就有354万人，其中在美国本土出生的有131万，在外国出生的为223万。外国出生的华人中已有132万入籍。这意味着，2007年，有美国国籍的华人有263万，结合人口年龄构成比例，可推算出有投票权的华人至少有210万，是亚裔中最大的选举力量，约占全美2.2亿选民总数的1%。

2007年，全美华人中等家庭年收入为6.6万美元，高于全美平均5.7万美元的水平，但在亚裔中处于中游，比印度裔和菲律宾裔低，比日裔、韩裔和越南裔高。华人家庭年收入与亚裔平均水平相当，但明显超过其他族裔和人种，如拉美裔家庭的3.9万美元、白人

① ［美］余东晖：《美国华人人口突破400万　全美会讲中文华人238万》，《侨报》，2011年10月26日。

家庭的5.9万美元和黑人家庭的3.3万美元。美国华人人均年收入为2.9万美元，比全美平均水平高3 000美元。如果以直系关系为标准计算家庭收入，华人中等家庭年收入为7.8万美元，其中双职工家庭最高，近8.6万美元。

华裔人口的受教育程度明显高于美国平均水平。据统计，美国在校大学生注册比例中男生为23%，女生为29%。华裔大学生男女注册比例分别为43%和41%，比全国比例分别高出一倍和1/3。亚裔在校大学生男女注册比例仅为19%和23%，也明显低于华裔的比例。在25岁以上的人群中，华裔获得本科学历的占25.9%，获得硕士或以上学历占25.7%，接受过高等教育的人口比例超过50%。而全美人口中具有本科学历的只有17.4%，具有硕士以上学历的仅有10.1%，接受过高等教育的人口比例不到总人口的1/3。

华裔16岁以上劳动人口比例为64.4%，与全国的64.8%相近。但华裔人口就业率为61.1%，比全国的60.3%高。华裔人口失业率仅为3.1%，比全国的4.1%和亚裔的5.1%都低。这说明华裔就业能力强。从职业类别看，华裔从事专业领域、管理及相关领域的占52.2%，而全美专业管理人员的平均比例为31.6%，不到总人口的1/3。华裔从事农林渔业的人口比例仅为0.1%，明显低于全国0.7%的平均水平。此外，从事建筑、修理、制造和交通等基础行业的华人人口比例为11%，不到全国平均水平的一半。

美国华人自己拥有住房的占62.2%，比亚裔的55.8%高，比全美的67.2%略低。华人租赁房屋的占37.8%，比亚裔的44.2%低，比全美的32.8%略高。拥有住房的华人家庭平均占有住房3.2间，高于亚裔3间的平均水平，也高于全美的2.7间。拥有5间住房以上的华人家庭占30.1%，高于亚裔的26.5%，也高于全国的16.6%。华裔购房者月供比例小于收入1/3的占65%，大于1/3的占35.1%。但华人家庭拥有房车、游艇、箱式货车的比例仅为全国的1/10，占0.6%，也低于亚裔的2.7%。①

从上述统计数据可以发现：当代美国华人社区人口增长速度快，在外国出生的比例高；华人家庭和个人的年平均收入都高于全美平均水平；华人就业能力强，从事管理和专业工作的比例高；华人住房拥有率快速提升，但不重视娱乐。在西方国家，族裔人口的数量与分布、受教育程度、家庭收入、就业状况和住房拥有率通常与他们的参政水平成正比。由于人口快速增长、受教育程度不断提高、经济实力显著增强以及中国的国际政治经济地位的提升，华人在美国的社会政治地位不断提高。随着融入主流社会程度的加深，他们的参政意识逐渐增强，参政能力开始展现。

二、华人在2012年美国大选中的表现和特点

近年来，随着华人人口及其经济实力的持续增长，美国华人选票早已成为两大主流政党和各级政治人物争取的对象，在大选中摇摆州的华人选民更受重视。然而，除了提供政治献金和投票外，由于华裔候选人少，华人整体的选举参与度不高。这种情况在2012年美国大选中有了重大改变，当年有多位华人精英参选联邦国会议员、州议员、市长、市议员和学区教育委员等公职。虽然背景各不相同，但他们都希望通过自己的参选来维护美国

① ［美］余东晖、李珍玉：《美国华人生存状态大扫描》，《侨报》，2008年9月23日。

华人的权益，从而鼓励更多华人新生代积极参政。

（一）华人精英的表现和特点

在这次美国大选中，华人精英积极参政，不仅参选人数多，成绩显著，而且他们还敢于公开宣称代表华人利益，对未来华人新生代积极参政影响深远。具体来看，华人精英在这次大选中积极参选各级政府公职，其中有36人竞选联邦国会众议员，最终有3位华裔女性在华人聚居的三大都会区当选，无论是参选人数还是当选人数都突破历史纪录。她们分别是成功取得连任的加利福尼亚州国会众议员赵美心、纽约州第6选区国会众议员孟昭文和具有一半华人血统的伊利诺伊州国会众议员谭美·达克沃斯。另据笔者初步统计，还有9位华人精英在加利福尼亚州和马萨诸塞州当选州议员，8位在加州当选市议员、市长和副市长，12位在加州当选各学区教育委员和水务委员等公职（参见表3）。

赵美心是心理学博士，曾在大学任教近20年。2001年她当选为加州众议员，并两次连任。2009年，她代表民主党在加州当选国会众议员，成为美国历史上首位华裔女性国会议员。在2010年美国的中期选举中，她以71%的支持率成功连任。2011年5月，她起草了要求美国政府就1882年《排华法案》表示道歉的提案。2012年6月18日，美国众议院全票表决通过，就130年前美国国会通过的歧视华人的《排华法案》正式道歉。这次赵美心在选区重划后的第27选区国会众议员选战中依然势如破竹，以超过两位数的差距战胜共和党对手，顺利连任，成为加州历史上首位获得连任的华裔国会众议员，创造华裔参政历史。①

纽约州华裔众议员孟昭文在这次纽约州国会第6选区众议员普选中，以绝对优势战胜共和党竞争对手，成为美东地区第一位亚裔及华裔国会众议员，创造了美东地区华人参政的历史。据统计，孟昭文获得66%的选票，她的共和党对手仅获得32%的选票。孟昭文也是继赵美心之后全美第二位华裔女性国会众议员。孟昭文的成功是皇后区多元文化、多元族裔成功融合的典范，相信她未来会继续以各族裔沟通者的角色在国会发挥重要作用，努力服务选区选民。孟昭文的当选反映出纽约市亚裔参政实力的突飞猛进，也是纽约华人参政“天时地利人和”的必然结果，尤其是法拉盛华裔选民团结一心取得的胜利。②

拥有一半华人血统的谭美·达克沃斯，这次当选伊利诺伊州国会众议员，成为伊州首位亚裔国会众议员。谭美的父亲是美国军人，母亲是泰国华裔。她曾在2006年参选联邦众议员，以微弱差距落败，此次她再战伊州第8选区联邦众议员，与共和党对手经历被称为国会选举历史上最昂贵的选战之一，终于胜出。出生于泰国的谭美，其父亲曾为联合国工作，她本人也从小随父亲游走东南亚各国。她在取得硕士学位后投入军旅，成为首批战斗直升机的女性驾驶员。她在2004年参加伊拉克战争时，因驾机被击中而失去双腿，从此以轮椅和假肢代步。但她从未自弃，曾以三轮车跑完芝加哥马拉松大赛。2006—2009年她担任伊利诺伊州退伍军人部门主任，2009—2011年被奥巴马委任为联邦退伍军人部公共

① 杨青：《大胜对手连任国会议员　赵美心缔造加州华裔参政史》，中新网，http：//www. chinanews. com/hr/2012/11 -08/4312096. shtml，2012年11月8日。

② 邹斌：《华裔孟昭文当选为美东地区首位亚裔国会众议员》，中新网，http：//www. chinanews. com/hr/2012/11 -07/4309356. shtml，2012年11月7日。

及内务助理部长。①

表3　在2012年11月6日美国大选中当选国会众议员、州议员、市议员和教育委员等公职的华人精英统计表

姓名	地区	选区	职位	党派
赵美心（女）（Judy Chu）	加州	第27选区	国会众议员（连任）	民主党
孟昭文（女）（Grace Meng）	纽约州	第6选区	国会众议员	民主党
谭美·达克沃斯（女）（Tammy Duckworth）	伊利诺伊州	第8选区	国会众议员	民主党
周本立（Ed Chau）	加州	第49选区	州众议员	民主党
丁右立（Phil Ting）	加州旧金山	第19选区	州众议员	民主党
方文忠（Paul Fong）	加州旧金山	第28选区	州众议员（连任）	民主党
余胤良（Leland Yee）	北加州	第8选区	州参议员	民主党
潘君达（Richard Pan）	北加州	第9选区	州众议员	民主党
刘璇卿（Carol Liu）	南加州	第25选区	州参议员	民主党
刘云平（Ted Liu）	南加州	第28选区	州参议员	民主党
陈德基（Tackey Chan）	马萨诸塞州	昆西诺福克郡（Norfolk）第2选区	州众议员（连任）	民主党
黄子安（Donald Wong）	马萨诸塞州	艾塞克斯（Essex）第9选区	州众议员（连任）	共和党
陈翟苏妮(1/4华人血统)（Sonia Chang - Diaz）	马萨诸塞州	沙福克郡（Suffolk）第2选区	州参议员（连任）	民主党
马兆光（Eric Mar）	旧金山市	第1选区	市议员（连任）	民主党
邱信福（David Chiu）	旧金山市	第3选区	市议员（连任）	民主党
余鼎昂（Norman Yee）	旧金山市	第7选区	市议员	民主党
陈李素英（女）（Suzanne Lee Chan）	东湾佛利蒙市	佛利蒙市	市议员	民主党
李国斌（Benny Lee）	圣利安德鲁市	第4选区	市议员	民主党
罗达伦（Evan Low）	坎贝尔市	/	市长（连任）	民主党

① 陈嘉倩：《华裔谭美伊州胜选美国会众议员　伊战中曾痛失双腿》，中新网，http://www.chinanews.com/hr/2012/11-7/4309432.shtml，2012年11月7日。

（续上表）

姓名	地区	选区	职位	党派
黄少雄（Gilbert Wong）	库柏蒂诺市	/	副市长	民主党
艾和谐（1/4 华裔血统）（Jose Esteves）	苗必达市	/	市长（连任）	民主党
李丽嫦（女）（Sandra Lee Fewer）	旧金山市	旧金山学区	教育委员（连任）	民主党
薛乃庄（女）（Nai Hsueh）	圣塔克拉拉县	圣塔克拉拉水利局第 5 区	董事	民主党
马慧娟（女）（Grace Mah）	圣塔克拉拉县	圣塔克拉拉县学区	教育委员（连任）	民主党
蒋康德（Christopher Chiang）	山景城市	山景城威斯曼学区	教育委员	民主党
刘远耀（Danny Lau）	苗必达市	苗必达学区	教育委员	民主党
曾景琳（女）（Katherine Tseng）	洛斯阿图市和萨拉托加市	洛斯阿图—萨拉托加联合高中学区	教育委员	民主党
赵天华（Dennis Chiu）	圣塔克拉拉县	EI Camino 医院理事会	理事	民主党
高叙加（女）（Lily Mei）	佛利蒙市	佛利蒙联合学区	教育委员	民主党
谭国材（Niel Tam）	阿拉米达市	阿拉米达市学区	教育委员	民主党
刘慧芳（Patricia Low）	奥尔巴尼市	奥尔巴尼学区	教育委员	民主党
雷仁石	莫拉卡市	莫拉卡学区	教育委员	民主党
Chan Mei Sen	圣巴布洛市	圣巴布洛学区	教育委员	民主党

资料来源：笔者根据美国《侨报》、《世界日报》、中国新闻网和中国侨网的报道统计编写，并通过相关英文网站核实。

2012 年，南加州共有 8 位华裔候选人参选各级政府公职，其中联邦层面的华裔候选人有赵美心和陈介飞。年仅 34 岁的陈介飞虽然挑战共和党对手最终失败，但他赢得了选民，积累了政治资本。第 25 选区现任参议员刘璇卿此次成功连任。橙县的尔湾市有两位华裔参选，即市议员候选人黄秉刚和学区教委候选人余凯泽，他们虽败犹荣。圣盖博水区理事候选人黄泰平也在此次竞选中展现了自己的政治抱负。[①] 第 49 选区众议员候选人周本立和林元清的选票一直以微弱差别你追我赶，直到大选当晚 11 点，周本立才以 2 000 多票的优势夺取选战的最后胜利。周本立是香港移民，在美国获得法学博士学位，1994 年成为执业律师，现任蒙地贝娄学区教委会主席。他认为积极参政和从政是在美华人的生存之道。[②]

① ［美］邱晨：《南加 8 名华人酣战　胜负关键或为拉丁裔和华裔》，《侨报》，2012 年 11 月 6 日。
② ［美］高睿：《险胜林元清　周本立获选加州第 49 选区众议员》，《侨报》，2012 年 11 月 7 日。

在 2012 年的总统大选年中，旧金山湾区华裔踊跃参政，他们既有竞选连任的，也有首次参选的，竞选公职上至联邦和州众议员，下至当地学区委员等。由于参选人数众多，选战特别激烈，各华裔候选人都把握选举日前的最后时刻，为赢得选战胜利四处拉票。旧金山华人精英参政稳中有进。在市议员选举方面，投票前被认为不分伯仲的第 1 选区现任议员马兆光和挑战者李志威之间，点票不久就拉开距离，马兆光成功连任。第 3 选区的邱信福更是在对手无力挑战的情况下，高票胜出，顺利连任。第 7 选区的华裔余鼎昂也顺利当选，市议会内历史性地同时出现 4 名华裔和 1 名韩裔市议员，包括此次无须竞选的第 4 选区朱嘉文和第 6 选区韩裔金贞妍，市议会亚裔市议员从原有的 4 席增加到 5 席。在旧金山学区教育委员选举中，华裔现任委员李丽嫦顺利连任；另一名华裔何雅云排名第九，但她表示两年后将再次参选。市立大学校董选举方面，初次参选的华裔律师梁中明不敌对手，但她表示此次选举收获良多，也看到华裔参与民选公职选举方面的日趋成熟。

南湾各华裔候选人在大选中同样表现亮丽，在州和地方的选举中均有斩获，显示出硅谷华裔参政之路已取得相当辉煌的成果。竞选州第 28 选区众议员连任的方文忠，不负众望，成功连任。有 1/4 华裔血统、竞选苗必达市长的艾和谐在激烈的选战中，以较高得票率顺利当选，连任该市市长。首度参选圣塔克拉拉水利局第 5 区董事的薛乃庄，在 3 名候选人中脱颖而出，一举赢得选战胜利；她的对手华裔郭树培则竞选连任失利。竞选连任的圣塔克拉拉县教育委员马慧娟，以超过对手一半以上的票数轻松连任。在各地的学区委员竞选中，竞选山景城威斯曼学区委员的蒋康德在 5 名候选人中得票第二，5 选 3 顺利出线。竞选苗必达学区委员的刘远耀以压倒性的票数，获得选战的胜利。在洛斯阿图—萨拉托加联合高中学区委员的竞选中，华裔候选人曾景琳表现出色，在 3 名候选人中率先胜出。同时，在 El Camino 医院理事的竞选中，5 名候选人票数接近，但华裔候选人赵天华凭借得票第三，在 5 选 3 的情况下惊险过关；另外两名华裔候选人出师不利，没能获胜，他们分别是竞选国会第 22 选区众议员的李晓洲和竞选州第 24 选区众议员的杨承志。

在华裔选民聚集的东湾佛利蒙市的选战中，角逐市长的选战最为激烈。华裔候选人曹业云挑战现任市议员哈瑞森失败。现任市议员陈李素英在 6 位候选人中得票第二，在 6 选 2 的情况下轻松赢得连任。竞选佛利蒙联合学区委员的高叙加，在 6 名候选人中得票第三，在 6 选 3 的竞选中幸运出线。她的两位华裔对手邵阳和伍晓文落选。另外，竞选国会第 17 选区众议员的李伊云挑战强劲对手——现任国会众议员本田落败。① 在马萨诸塞州，寻求连任的两位华人州众议员陈德基和黄子安都轻松当选，加上具有 1/4 华裔血统的州众议员陈翟苏妮，马萨诸塞州华裔州议员保持有 3 人。

除了积极参选之外，受两党总统候选人及其竞选团队的邀请，华人精英们还同时参与了大选的辅选活动。赵美心与美国前华裔劳工部长赵小兰，分别应邀出任“奥巴马竞选委员会”全国共同主席和“全国亚太裔辅选罗姆尼委员会”主席，领衔两党的亚裔辅选团队。此外，还有 4 名华裔青年在两党竞选团队中出任要职。② 赵美心在其选区已耕耘多年，又在国会推动政府就《排华法案》向华人致歉案过关，连任压力不大。为此，她将更多时

---

① ［美］吴卓明、陆杰夫：《旧金山政治版图无大变化　11 名市议员中有 4 亚裔》，《侨报》，2012 年 11 月 7 日。

② 陆春艳：《盘点 2012 大选年海外华人参政　热度背后仍需冷思考》，中新网，http：//www.chinanews.com/hr/2012/11－30/4371384.shtml，2012 年 11 月 30 日。

间花在为奥巴马辅选的工作上。此外，为加州第49选区民主党候选人周本立站台也是她的重要任务。她认为只有奥巴马的政策真正对教育、经济和医疗有大帮助。在大选前夕，赵美心以《侨报》为平台，致信全美华人选民，鼓励他们在选举日积极参与投票，发挥政治影响力。① 奥巴马的重要幕僚、白宫内阁秘书长和白宫亚太计划共同主席华裔卢沛宁出席在费城华埠举行的宾州亚裔挺奥巴马竞选连任大会并发表演讲，呼吁亚裔投票支持奥巴马连任。②

还有其他许多华人精英为两党候选人进行辅选活动，如美国华人全国委员会主席薛海培在10月中旬加入奥巴马竞选团队，为发动弗吉尼亚州和内华达州的亚裔参与投票的最后冲刺作准备。他采取的主要拉选票办法就是打电话和登门拜访，争取在大选前和团队一起给2 200名亚裔打电话。他还准备了主要华人社团倡导华裔民众投票的呼吁书，并与赵美心发给他的呼吁信一起发布。他强调，弗州的亚裔占7%，内华达州的亚裔占8%，已经成为不可忽视的政治力量，民主党非常重视他们的选票。他认为这次华裔尤其应该投票，因为6月国会通过《排华法案》道歉案，华人为慰藉先人被剥夺的公民权，投票是展现华人力量的最佳方式。③

三位曾在美国总统任内政府部门任职的华裔共和党官员，包括老布什任内的白宫助理邝朝贤、前副助理教育部长及劳工部第9区代表张曼君和前副助理商务部长吴旭淳在选前联合投书媒体，呼吁华裔选民支持罗姆尼，让他用卓越的商业管理才能给美国带来真正的希望和改变。④ 马里兰州蒙哥马利县长办公室特别项目经理齐丽丽在竞选期间一直忙着为奥巴马助选，为民主党候选人竞选国会议员拉票，身体力行地鼓励华裔积极投票，指导他们选择自己中意的候选人。⑤ 谢美琳是共和党法拉盛地区的党代表，坚定支持罗姆尼，并为华裔共和党人任柏年竞选纽约州众议员辅选。她不仅为任柏年站台造势，还通过打电话和登门拜访这两种最有效的方式为他争取选票。⑥

（二）普通华人的表现和特点

在这次大选中，普通华人选民的参政意识明显提高：他们积极参加选举登记、投票和助选活动；华人选票受到两党各级候选人的重视，影响力显著增强，在竞争激烈的摇摆州和华人聚居的选区发挥了关键作用。具体看有以下三个特点：

第一，普通华人选民的参政意识明显提高，他们更加关注华人社区利益，也积极投票支持与自身相关的地方议案。在加州，除了总统选举和州及地方各级民选官员的选举外，州一级还有11项提案需要表决，这些提案直接涉及百姓的切身利益，成为选民关注的焦点。据洛杉矶选务处统计，2012年全县共有467万选民登记，比4年前大选的选民登记人

① 《国会众议员赵美心给华人的呼吁信》，美国侨报网，http：//special. usqiaobao. com/topic/2012－11/04/content_1676630. htm，2012年11月4日。

② 《盘点奥巴马连任背后的“福将”》，参考消息网，http：//column. cankaoxiaoxi. com/2012/1113/118726. shtml，2012年11月13日。

③ ［美］枫渔、邬杰：《薛海培：投票是最好的表达华人力量行为》，《侨报》，2012年11月4日。

④ 《谁当总统华人看法两极　奥巴马罗姆尼各有粉丝力挺》，中新网，http：//www. chinanews. com/hr/2012/11－07/4308098. shtml，2012年11月7日。

⑤ ［美］枫渔、邬杰、朱珊：《齐丽丽：华人参政体现主人心理》，《侨报》，2012年月11月5日。

⑥ ［美］邹斌、枫渔、邬杰：《谢美琳：华裔选民足以左右总统大选选情》，《侨报》，2012年月10月29日。

数高出8.7%。这些也激发了华人选民的投票热情。据洛杉矶地区华人聚居城市的一些投票站工作人员的估算，一些投票站6日投票的华人人数超过该投票站投票总人数的1/3。[①]在华裔聚居城市阿罕布拉、蒙特利公园等城市的各投票站都有众多华人前往投票，下午5时之后出现高潮。据统计，前往蒙市联合卫理公会投票站投票的选民总共有400多人，其中80%以上是亚裔，华人超过60%。虽然6日人们都在上班，但许多华人选民仍坚持利用午休时间去为自己关切的议案和支持的候选人投下神圣的一票，把投票站内的十几个投票台几乎全占满了。[②]

第二，除了用选票表达对有关议案的关切外，华人选民投票多为选举总统和华裔候选人。大选日，纽约华人的投票目标主要是总统候选人和华裔候选人，华裔与韩裔以及其他族裔之间暗中较劲。在皇后区的几个主要投票站，华人投票踊跃度胜过韩裔，许多第一次投票的新选民，几乎都是为了选总统而来，多数人来投票时心中已有定见，只投总统、国会众议员和州众议员。尤其在该区的法拉盛，因为有孟昭文参选纽约州国会第6选区众议员、任柏年参选纽约州第40选区众议员，华人投票热情之高，前所未有。很多华裔选民互相询问投票情况，并相约前往投票站，投孟昭文和任柏年一票。在法拉盛公立第20小学投票站一度出现韩裔投票人数大幅领先的情形，但华人选民陆续涌现，至傍晚5时，这个华人传统票仓有3 000多人投票，其中华人占一成，很多华人选民都是冲着孟昭文和任柏年去的。185初中至傍晚已投2 300余票，其中华人有450票。214小学至下午3时约有1 700人投票，其中华裔有465票，绝大多数投给了民主党。[③] 在184小学投票站，截至下午3时有1 900名选民投票，其中有近500名是华人选民，有的选民多次询问自己能否投票给孟昭文，还有的选民拿着孟昭文的宣传简报来投票。在189初中投票站，每个投票台前都排着长队，到中午12点，该投票站大约有500多名华裔选民投票。[④]

在曼哈顿华埠的多个投票站，投票人数超出以往，孔子大厦投票站全天有1 000多人投票，拥有8个选区的130小学有近5 000人投票，连平时投票人数仅有数百甚至数十的中央街法院投票站都有近1 000人投票。在靠近东百老汇的第1小学投票站，到下午1时已有超过350人投票，70%是华人选民。许多来投票的华人选民都表示，总统一票投给了奥巴马，华埠州众议员一票则投给现任的萧华。在布鲁克林区的华埠，一位投票站工作人员表示，平常选举每个投票站的华人最多时也就30多人，这次到下午5时左右，在105小学、310小学、176小学、97小学等投票站，华人投票者都超过300人。在第8大道附近的105小学投票站共有580名华人投票，创历史纪录。[⑤]

第三，两党各级候选人都十分重视华人选票，但华人选民大多数支持民主党，支持共和党的比较少，与以往华人支持民主党、共和党和无党派三分天下的局面相比有重大改变。在此次大选中，随着华裔选民的增多和对政治生活参与度的提高，民主、共和两党候选人越来

---

① ［美］邱晨：《选战激烈　提案多　吸引南加华裔选民投票》，《侨报》，2012年11月7日。

② ［美］高睿：《政治意识提高　华裔选民投票比率增》，《侨报》，2012年11月7日。

③ 吕贤修、李牧谦、刘爽、孟芳、刘大琪、徐妍妍、曲怡文、何小舟：《纽约华人投票率增多为选总统　桑迪抬高奥巴马人气》，中新网，http：//www. chinanews. com/hr/2012/11－08/4311806. shtml，2012年11月8日。

④ ［美］叶永康、邹斌：《纽约华人投票热情高涨　法拉盛华裔相约投票》，《侨报》，2012年11月7日。

⑤ 吕贤修、李牧谦、刘爽、孟芳、刘大琪、徐妍妍、曲怡文、何小舟：《纽约华人投票率增多为选总统　桑迪抬高奥巴马人气》，中新网，http：//www. chinanews. com/hr/2012/11－08/4311806. shtml，2012年11月8日。

越看重华裔的选票。奥巴马到旧金山和洛杉矶等地筹款期间，曾专门去当地华埠中餐馆点中餐外卖以拉取华人选票。奥巴马和罗姆尼在竞选中还分别邀请了国会众议员赵美心和前劳工部长赵小兰在华裔选民中造势拉票。在两党竞选的文件宣传材料中，中文也成了主要语言之一，这在过去未曾有过。虽然目前尚未有华裔投票的权威数据，但可以肯定，华裔和其他亚裔的选票对奥巴马胜选起到了至关重要的作用。首先，近20年的数据显示，有60% ~65%的亚裔选民支持民主党，其中对民主党支持率最高的三个亚裔是印度裔、日裔和华裔。其次，虽然目前还没有亚裔选票的权威数据，但从大选日各华人聚居选区的投票情况可以肯定，这次华人投票人数已打破历史纪录。再次，在决定奥巴马获胜的7个摇摆州，华人及其他亚裔的支持更为重要。以弗吉尼亚州为例，奥巴马普选票仅领先罗姆尼3个百分点，而支持奥巴马的华人及其他亚裔的选票占该州总票数的4% ~5%。①

（三）华人社团的表现和特点

在这次美国大选中，华人和其他亚裔选民表现突出，华人社团和其他亚裔的社团在其中起到了重要的助推作用，尤其是华人社团长期从事选民教育，鼓励和动员华人选民通过投票、捐款和助选等各种方式积极参与选举政治，成就显著，功不可没。纽约华裔选民联盟自成立以来，就一直致力于加强对选民的宣传教育，呼吁选民参与选举，提高华人的参政意识。2012年2月19日，该团体在中华公所中山纪念堂举办新春联欢活动，有300多位侨胞出席。会中，多位民选官员肯定该联盟的工作，并相信在联盟的继续努力下，将有更多华人参加选民登记和投票。这是华裔选民联盟第二次举办新春庆祝活动，目的是让侨胞了解并接近该团体。联盟理事长黄绮云希望有更多华人参加选民登记，彰显华人参政的力量。联盟董事长伍权硕也希望有越来越多的华人参与投票，以增强华人在主流社会的影响力。联盟的发起人陈玉驹指出，在联盟未成立之前，华裔投票率低，常成为政客取笑的对象。但在联盟诞生后，在他们的努力下，华人选民数量飙升，投票率翻倍再翻倍，现已成为政客们争相拉拢的对象。因此要锲而不舍，继续推广。布碌仑区区长马考维兹也大力赞扬华裔选民联盟大力推动选民教育的工作。②

2012年是大选年，华人社区的各种聚会都有公职候选人的身影、声音和传单，当然也有社团为自己所支持的党派慷慨捐款。10月14日，休斯敦历史最悠久的以华人为主的休斯敦"80—20政治行动委员会"在中国城举行政治背书大会，哈里斯县的选举办公室主管和参选国会议员、州议员、法官、学区委员等职位的候选人也出席，侨界政治经验丰富的侨领白先慎、黄登陆和朱群燕等也出席。哈里斯县书记官呼吁选民尽早投票，避免后期投票拥挤甚至失去投票机会，他建议选择周日这种时段最好，因为周日人少。哈里斯县有37个投票点，民众上网就能查到距离自己家或公司最近的投票场所。③

在大选的前一周，赵美心联袂美国华人全国委员会等11个全美和摇摆州的主要华人团体分别发出呼吁信，敦促全体美国华人不分党派和政治取向，在11月6日的大选中积极投票。除美国华人全国委员会之外，参与联袂呼吁的华人社团还有全美中文学校协会、

---

① 《亚裔选民助奥巴马连任　美对华政策将保持连续性》，《中国青年报》，2012年11月8日。

② ［美］叶永康：《华裔选民联盟鼓励华人参政受表彰》，《侨报》，2012年2月20日。

③ ［美］郑直：《投票有因　华人自重手中选票　参政意识增强》，《侨报》，2012年10月21日。

美国华人联合总会、大费城侨学界社团联席会议、北卡华人联谊会、华盛顿华人社区联盟、美国华人专业团体联合会、俄亥俄中国文化中心、华人社团联合总会新泽西分会、科罗拉多美中交流协会、爱荷华州华人协会。[①] 为了使伊州选出首位亚裔联邦众议员，亚裔团体组建“支持谭美·达克沃斯亚美委员会”、“亚美行动基金”等多个组织，积极为她拉票。[②]

大选前夕，以华人为主的美国亚裔民权组织“80—20政治行动委员会”号召亚裔为奥巴马竞选阵营捐款，投票支持奥巴马，目的是集中票数，扩大声势，选出对亚裔（包括华裔）相对有利的总统候选人。虽然不是所有的亚裔都把票投给奥巴马，但是亚裔能出来投票、发出声音就是进步。在地方选举中，华人应该积极参与，首先尽量把票投给华人候选人，其次是投给亚裔，最后才考虑党派。这对仍处边缘化地位的少数族裔来说极其重要。[③]

在大选临近的10月29日，旧金山侨界联合举办晚宴，感谢赵美心促成美国政府对排华法案道歉，同时为赵美心竞选连任募款。中华总会馆总董伍璇灿、主席周达昌、余铨针、马金权，冈州总会馆理事陈振民、杨明信等，龙冈亲义公所和伍胥山总公所首领以及多个侨团首领和社区贤达400多人出席了庆祝会。旧金山市议会主席邱信福也到场致贺，中华总会馆、冈州总会馆、冈州福庆堂等社团纷纷向赵美心赠贺牌，预祝她竞选连任成功。伍璇灿指出，赵美心为华人从政创下辉煌纪录，并为华裔小区争取福利。赵美心感谢旧金山华人的长期支持，并呼吁华裔继续团结。[④] 旧金山华人协会在旧金山中国城新亚洲举行周年庆的晚会上，呼吁华裔选民一定要参加投票选举，不仅要投票支持自己心目中的华裔候选人，也要对关系到每个人生活和工作的各项提案投票表达自己的立场。旧金山华裔市长李孟贤、市议会主席邱信福和市议员马兆光等到场致贺并向该协会颁发贺状，呼吁大家踊跃投票。[⑤]

（四）华文媒体的表现和特点

华文媒体是华裔候选人展示自身形象、表达各自政见和主张、进行议题辩论的平台，也是沟通各级候选人和普通华人选民之间的桥梁。华文媒体的大力宣传与报道有助于增进华人选民对美国选举文化的理解和对选举进程的及时跟进，提高他们对参政必要性的认识，进而对美国华人的政治社会化进程产生积极影响。

美国的华文媒体非常发达，主要包括报纸、广播、电视和网络等。华文报纸主要有《世界日报》、《星岛日报》、《中国日报》、《明报》和《侨报》等全国性报纸，在各个华人聚居的地区还有当地发行的免费报纸，如波士顿有《舢板双周刊》和《侨报周末波士

① 《美华裔国会众议员联袂华人团体呼吁华人积极投票》，中新网，http：//www.chinanews.com/hr/2012/11-03/4299155.shtml，2012年11月3日。

② 陈嘉倩：《华裔谭美伊州胜选美国会众议员　伊战中曾痛失双腿》，中新网，http：//www.chinanews.com/hr/2012/11-07/4309432.shtml，2012年11月7日。

③ ［美］一娴：《美大选中的华人选举文化：须防恶性竞争损族裔形象》，《侨报》，2012年11月6日。

④ 蔡明容：《旧金山侨界为华裔国会议员赵美心竞选连任募款》，中新网，http：//www.chinanews.com/hr/2012/10-31/4291443.shtml，2012年10月31日；［美］吴卓明：《侨界力挺赵美心竞选连任　赵：感谢侨社支持》，《侨报》，2012年11月1日。

⑤ ［美］吴卓明：《旧金山华人协会举行庆生联欢　获华裔市长颁贺状》，中新网，http：//www.chinanews.com/hr/2012/11-07/4309335.shtml，2012年11月7日。

顿版》，圣路易华人社区有著名的《圣路易时报》等。华文广播电台主要有“洛杉矶中英双语广播电台”和“旧金山中文广播电台”等10多家。全美华语电视台有40多家，其中播出时间最长、影响最大的是美国中文电视台，其次是香港凤凰卫视美洲台和台湾东森美洲电视台等。华文新媒体如华文网络更是发达。据笔者初步统计，有较大影响的美国中文网站至少有上百个，几乎每个华人社区都有反映当地华人社会生活的网站，如美国中文网、洛杉矶华人网、旧金山湾区华人网、波士顿华人资讯网等。每当有选举事务，这些华文媒体都会及时跟踪报道。

华文媒体的大力宣传和报道在这次大选中发挥了重要的作用。据笔者观察，各大华文媒体都在主要版面和网站主页上设立美国大选专题，对大选中各级候选人的背景和政纲进行详细介绍，尤其对华裔候选人的背景和政纲进行了密集报道，并对美国的选举制度和选举文化进行普及宣传。这有助于美国选举政治文化在华人社会中传播，尤其是在华人新移民和不懂英语的老移民中传播，加速了美国华人的政治社会化进程，在大选中发挥重要作用。例如，美国主要华文报纸《世界日报》、《星岛日报》、《中国日报》、《明报》、《侨报》和《国际日报》等都对华人参政进行了报道，各个华人聚居区的华文报纸对当地华人参政的报道更加详细。据笔者初步统计，在这次大选中，《世界日报》关于美国华人参政的报道最多，而且都被中国新闻网及时转载；《侨报》关于华人参政的报道的数量排第二位，也有多篇。美国中文网和侨报网上的网络视频还对各位华裔候选人的政见、辩论和大选投票实况进行了直播或转播，加深了华人社会对这次大选的理解，提升了他们的参政意识，同时也为华裔新生代未来参政打下了良好基础。

其他华文广告媒体如海报、传单和宣传册等在这次选举中的作用更加显著。例如，在这次选举之前，纽约法拉盛的大小商家、街道都能看到孟昭文的竞选海报和传单。在11月6日的投票中，法拉盛地区华人的投票率再创新高，华文媒体在孟昭文的胜选中发挥了关键作用。① 孟昭文也十分重视华文媒体的作用，她希望透过《世界日报》扩大她在华人社区中的影响力。她在繁忙的拜票行程中，仍于10月24日上午接受《世界日报》专访，向华人社区详细说明她竞选的进展情况和未来计划。② 可见，孟昭文的胜选离不开华文媒体的大力支持和持续报道。这次大选中，加州第49选区的华裔候选人周本立最终战胜另一位华裔对手林元清，广告在其中发挥了关键作用。决选前他连续在《侨报》上刊登广告，大造声势，得到大陆选民的支持，而林元清却从未在这家被外界认为是大陆选民的报纸上刊登过一天的竞选广告。③

总体而言，近年来美国华人参政，尤其是在参与选举政治方面确实取得了重大进步。华人精英积极参选政府各级公职和辅选已成为普遍现象；普通华人选民踊跃参加选举登记、投票和助选活动正在逐步走向常态化；华人社团在选民教育和社区动员过程中做了大量工作，起到了关键的助推作用；华文媒体在大选期间的大力宣传和报道，增进了华人民众对美国选举制度和选举文化的理解，提高了他们参政的意识和能力，加快了他们的政治社会化进程。

---

① 《华裔孟昭文当选为美东地区首位亚裔国会众议员》，中新网，http://www.chinanews.com/hr/2012/11-07/4309356.shtml，2012年11月7日。

② 徐佳：《孟昭文谈进军美国会冲刺心情　忧华人参政后继乏人》，中新网，http://www.chinanews.com/hr/2012/10-26/4278701.shtml，2012年10月26日。

③ ［美］高睿：《周本立宣誓就职加州众议员　决选中以微弱优势险胜》，《侨报》，2012年12月4日。

三、美国华人参政的不足与建议

从2012年美国大选看，美国华人参政取得了重大进步，但在参与选举政治过程中尚存在很多不足，未来应从以下几个方面改进：

（1）华人精英参政型人才缺乏，后继无人，在联邦层级上更是让人忧虑，未来应鼓励更多华人新生代学习政治、法律和社会工作等专业的知识，从服务社区做起，培养亲和力，为未来参政奠定坚实基础。同时应加强华人精英之间的沟通与协调，尽量避免相互间恶性竞争的情况发生。

美国各领域的华人精英不可谓不多，如在大学、科研机构和高科技公司的华人教育精英和经济精英特别多，但像吴仙标那样主动转型参政的华人精英却很少。华人精英们大多满足于富足的生活现状，对政治不感兴趣，认为政治选举与自己无关，缺少为社区服务的热情。而参政需要付出巨大代价，如公开自身的隐私、牺牲陪伴家庭成员的时间，甚至要放弃自己所热爱的专业。孟昭文表示对纽约华裔民主党参政现状非常担忧。她指出，2012年选区重划，纽约划出了四个以亚裔为主的国会选区，对华人参政非常有利，但展望未来，除了她这个位置外，其他位置都看不到华人的身影，这就好比别人送了你一个礼物，却不得不退回去。她表示在此次竞选中学到很多其他族裔培养下一代的方法，像犹太裔社团，他们都会坐下来谈如何互相帮助和参与小区事务，但华人社团的活动大部分还是注重于吃饭开派对。她建议如果华人社区中有人有心要参政，应该长期参与社区事务，而不是等到竞选时才露脸。①

另一个现象是部分年轻ABC（在美国出生的华人）候选人，竞选时都有父母在背后帮助，或动用人脉关系帮助筹款，或帮助写中文宣传文件，或者做义工帮忙上门拉票等。在美国出生的华裔年轻人，参选的优势是既能融入主流社会，又与华人社会保持紧密联系，但不足之处是中文书面表达能力不够，对华人社会互动沟通的方式了解不够，所以华人父母的帮助对他们来说不可或缺。但美国主流社会很看重年轻人的独立，所以父母即使要帮忙，也不能做得太明显，否则可能会因有人质疑他们是否能独当一面而失分，尤其是当对手不是少数族裔的时候。从这一现象也可看出，年轻的华人候选人不仅要融入主流社会，而且要对华人社会有足够的了解。有志于进入政坛的年轻人，应根据自身的条件加以改进，以利于进入政坛并努力上位。还有一个现象是竞选双方互相攻击。在选举中互相竞争是正常现象，但是竞争应该是良性竞争。恶性竞争的后果，往往既令选民对当事人产生负面看法，当事人本身也易受伤害，还会给主流社会造成不好的观感，影响华人的整体形象。②

虽然在这次大选中，有3位华裔女性同时当选为国会众议员，在旧金山市历史性出现4位华人市议员，华人精英在各个层级的选举中都有所斩获，但华人融入主流社会的进程仍任重道远，需要更多年轻一代参政，才可增强华人在美国政坛的影响力。华人精英应像孟昭文那样长期为社区服务，培养亲和力，为未来参选打基础。未来应鼓励更多华人青年

---

① 徐佳：《孟昭文谈进军美国会冲刺心情　忧华人参政后继乏人》，中新网，http：//www.chinanews.com/hr/2012/10－26/4278701.shtml，2012年10月26日。

② ［美］一娴：《美大选中的华人选举文化：须防恶性竞争损族裔形象》，《侨报》，2012年11月6日。

精英进行关于政治、法律和社会工作专业知识的学习，了解美国的选举制度和选举文化，并深入华人社区，为他们提供服务，培养亲和力，为未来参政取得更好成绩作准备。同时，也应加强华人精英之间的沟通与协调，尽量避免相互之间恶性竞争的情况发生。

（2）华人选民对选举政治的总体冷漠感急需改变，应鼓励华人选民积极参加投票和助选活动，增强拥有意识和主人翁心理，因此选民教育需进一步加强。

虽然在这次美国大选中华人选民比以前表现得更加积极，但由于语言限制及日常生活范围的局限，美国华人的总体参与水平仍然比较低。大多数华人普通民众，尤其是新移民，忙于工作和生活，对选举漠不关心，甚至觉得自己的一票无关紧要，去和不去没有什么区别。在华裔居民过半的洛杉矶圣盖博谷等多个城市，华人选民的投票率依然不高，一些地区甚至不到10%。[①] 另外，据记者在投票站的实地观察和采访，参加大选投票的华人大多是老人和妇女，而且大多是被动参与，而非主动参与。大多数年轻人对参加投票的重要性认识不足，对选举不感兴趣，不参加投票。主动加入候选人竞选团队担任志愿者的华裔年轻人更少。据《侨报》在11月5日探访奥巴马竞选总部大厅时发现，从事志愿者服务的大多是白人和黑人，华人志愿者非常少。据一名余姓华裔志愿者介绍，在奥巴马竞选总部工作的华裔志愿者确实不多，总共不到10人。余女士表示，她不明白为什么华裔志愿者这么少，她认为今后应该有更多的华裔志愿者参加到这样的竞选活动中来。[②]

马里兰州蒙哥马利县长办公室特别项目经理齐丽丽认为，华人参政体现的是一种拥有意识和主人翁心理。确实，许多华人在美国早已实现有房有车的美国梦，在经济、学术等领域也取得了不俗的成绩，只是在参政方面的意识还很薄弱，有比较漫长的道路需要走。以蒙哥马利县为例，现在的华裔群体人数已达到5万人，这是不容忽视的力量，但大家的投票意识并不强烈，其实这反映的还是一种作客心理，没有感觉自己是国家的主人，和所有其他族裔一样拥有这个国家。她认为所有的政治都是地区性的。在地区选举之中，不要说有5万人的力量，有时几百张选票就会决定成败。因此，要唤醒广大华人尤其是年轻华人选民的参政意识，选民教育和动员需进一步加强。

（3）华人社团的助推力度还不够，应把选民教育和社区动员作为社团的重要活动之一，还应进一步加强华人社团之间的沟通与协调，团结参政，争取发挥“集团”影响力。

虽然华人社团在华人参政过程中发挥了关键的助推作用，但也无须讳言，华人社团在参政过程中尚存在许多问题，如专门从事参政活动的华人参政团体数量有限，即使同为参政团体，但由于各自理念不同，政治立场各异，很难协调行动，这无疑降低了华人参政的有效性。除了参政团体积极参与选举事务之外，其他社团虽然也开始把鼓励参政作为自身工作的一部分和未来发展方向之一，但真正长期从事选民教育和选举动员的华人社团并不多。目前领导华人参政活动的主要还只是其中一些参政团体，不够普遍。例如，鼓励华人采取集团投票方式的华人参政团体只有“80—20促进会”，该团体一直在呼吁广大华人把80%的选票投给华裔候选人或支持华人利益诉求的其他族裔候选人，但效果一直不佳，争议反而不少。许多其他华人社团只是在选举期间鼓励华人选民积极参加投票和助选活动，

---

① ［美］蔚宇：《华裔积极参政　选票影响选举结果》，《侨报》，2012年12月28日。

② 《谁当总统华人看法两极　奥巴马罗姆尼各有粉丝力挺》，中新网，http://www.chinanews.com/hr/2012/11-07/4308098.shtml，2012年11月7日。

显示华人力量，并没有进一步为华人普通民众作出投票方面的指导。另外，华人社团之间的沟通与协调能力比较差，甚至彼此互不往来，更不用说团结动员和集团投票，这些都无形中分散了华人的选票力量和影响力。

在参政方面的能力和能量，华人社团与犹太人、黑人团体及拉美裔和印度裔团体相比，都有很大的差距。犹太人团体最善于将社区的财富集中起来力推代表他们利益的人选进入政治领域，为他们发声，维护他们的权益。黑人参政团体最善于运用集团投票的方式支持代表本族裔利益的候选人进入决策层，实现他们的利益和诉求。在最近的两次大选中黑人都集中了超过90%的选票支持奥巴马和其他民主党候选人，在选举中发挥了重要作用。拉美裔和印度裔的做法也都是如此，在这次美国大选中发挥了重要作用。未来华人社团除了组织文艺活动、社团活动等之外，应再迈进一步，集中力量推出代表自己利益的参政人选，为华裔发声，争取在选举中发挥关键少数作用。

（4）华文媒体应进一步加大对华人参政的宣传和报道力度，力争让全美各地的华人都能即时了解美国大选的进程和各地华人的参政情况，并在选后及时进行分析和总结，为未来美国华人参政提出对策和建议；同时与主流英文媒体建立联系，向它们供稿，扩大华人参政的影响力；各级华裔候选人应充分认识华文媒体对选举成败的重要性，充分利用各种华文媒体与华人选民沟通，因为争取他们的支持是成功当选的基础。

华文媒体在大选中的宣传和报道确实扩大了华裔候选人在选区的知名度和影响力，极大提升了华人民众的参政意识，加速了华人社区的政治社会化进程。但华文媒体的相关报道还不够多、不够及时。以美国《侨报》为例，该报在全美15个华人聚居的城市都有报道组，但主要关注的都是华人社区的文艺活动和社团活动，只有在洛杉矶、旧金山、纽约、华盛顿、芝加哥和波士顿的报道组有关于美国大选和当地华人参政的报道，在其他近10个城市中，关于华人参政的报道几乎没有，这让人觉得非常遗憾。虽然可能有财力的问题和记者个人偏好的因素，但未来应更重视各地关于华人参政的报道，笔墨不需要多，只要随时反映事实即可。这样既宣传了当地华人参政情况，又便于研究者收集相关资料和信息。

目前关于美国华人参政的报道常见于华文媒体，而鲜见于主流媒体，这种情况需要转变。当前主流媒体对族群角色的反映，也展现了大选政治和社会的微妙。例如，所有与族裔有关的问题在这次大选中都显得格外重要，但调查显示，美国主流媒体几乎都由白人记者占领，缺乏少数族裔的声音。撰写美国主流报纸头版新闻和突发事件头条新闻的记者几乎都是白人。头版关于大选的文章，93%由白人记者撰写，而亚裔记者所写新闻比例为3.3%，黑人记者占3%，拉美裔记者仅占0.7%。相比之下，美国总人口中白人仅占56.1%，黑人占12.6%，亚裔约占5%，拉美裔占16.3%。在经济、社会、外交和移民四个领域的新闻中，与少数族裔关系最密切的移民新闻，也是白人记者撰写的报道所占比例最高，为98.2%，亚裔记者的报道仅占1%，黑人记者的占0.7%，拉美裔记者的仅有0.2%。这种普遍现象导致少数族裔的声音被湮没，少数族裔因此很少被代表，也因此被误认为最无足轻重。这在某种程度上势必影响并且弱化相当一部分华人和其他亚裔选民的投票意愿。[①] 所以未来华文媒体在增加相关报道的同时，应与主流英文媒体建立联系，向它们供稿，扩大华人参政的影响力。

---

① ［美］沙蒙：《微妙的美国大选　微妙的“关键少数”》，《侨报》，2012年11月1日。

华侨华人专业社团与广东创新体系建设①

近几十年来，海外华人人口结构的一个重要变化就是专业人士的比重不断增加，华侨华人专业社团发展势头迅猛。通观华侨华人专业社团，它具有以下不同于传统社团的新特点：成员学历高，专业性较强；大多集中在欧美发达国家；其活动以举办学术论坛、学术讲座、学术交流和合作为主；非常重视与国内建立联系。华侨华人专业社团是广东对外招才引智的重要平台，是广东开展国际经济、科技、文化交流合作的有效桥梁，是广东引进先进技术的重要渠道。笔者认为，为加快建设广东创新体系，引进海外华侨华人人才，需动态地掌握华侨华人专业社团和专业人才情况；树立"大侨务"观念，解决侨务工作中的条块分割、部门利益等问题；重点扶持一批海外专业社团，建立海外人才猎头机制，使之成为广东的海外人才联络站。

一、导论

改革开放以来，我国社会经济取得了令人瞩目的成绩，人民生活水平显著提高，综合国力明显提升，但经济飞速发展和社会繁荣的同时也带来了严重的环境污染和资源匮乏、能源短缺等一系列问题。为此，树立和落实科学发展观，加快经济发展方式的转变，加快建设创新型国家，是事关我国社会主义现代化建设的重大战略决策，也是关系到我国长远发展与和平崛起的重要问题。

创新是国家竞争力的源泉，国家创新体系建设是提高我国新一轮竞争力的基石。创新人才是建设创新型国家的核心要素。实际上，党中央、国务院近年颁布和实施的科教兴国和人才强国"两大战略"，科技、教育、人才"三大纲要"，都把人才放在突出的位置，视之为保证我国经济长期发展和综合国力稳步提升的关键要素。在广东，省委、省政府作出了"加快经济转型升级、建设幸福广东"的战略部署，要求全面提升自主创新能力，加快建设创新型广东，先后制定和颁布《广东省建设创新型广东行动纲领》和《广东省自主创新促进条例》，并制定了《广东省中长期人才发展规划纲要（2010—2020 年)》，把人才工作摆在更加突出的重要位置。

在国家创新体系中，来自外部的人才流动和知识、技术转移是其有机的组成部分。华侨华人素有"人才库"的美誉。海外华侨华人人才不仅数量多、层次高，而且分布广，遍布经贸、科技、金融、教育和法律等各个领域。相对于国内人才而言，海外华侨华人高层次人才站在当代高科技的前沿，具有更高的创新意识与活力，深具国际化视野，掌握西方国家先进的管理理念，既熟悉自己领域的研究状况，又熟悉国内外科学家的思维特点。因

① 本文为2012 年度教育部人文社会科学重点研究基地重大项目"海外华人人才与中国国家创新体系建设"（12JJD810001）的阶段性成果。

此，利用他们的这些优势和特点，不仅能够帮助中国提高核心竞争力和自主创新能力，而且能够帮助中国提升现代化的经营管理水平，对我国建设创新型国家具有不可替代的作用。改革开放30多年来，国家主要领导人都认识到海外华人中蕴藏的巨大资源，包括人才资源，并从推进我国现代化建设的角度，提出要重视和利用这些宝贵资源。实际上，在我国政府的积极推动下，海外华侨华人专家积极投身我国重大科研项目的攻关和重点工程项目建设，积极参与国防尖端技术的开发和关系国计民生重大问题的应用研究，积极开拓高新技术产业等，已经取得了很多具有国际影响力的科技成果，为我国科技自主创新事业作出了重大贡献。

我国作为一个发展中国家，在当前转变经济增长方式，从资源依赖向创新驱动，从招商引资向招才引智转变的背景下，利用海外华侨华人的人才和技术优势，加快建设国家和区域创新体系，提升综合国力，具有十分重要的意义。实际上，近年我国各级政府和有关部门都在大力开展海外引智工作。近年中组部启动了国家最高级别的引智计划——“海外高层次人才引进计划”，即“千人计划”，国务院也于2011年制定并颁布了《国家侨务工作发展纲要（2011—2015年）》，强调按照国家中长期科技、人才发展规划纲要部署，做好海外侨胞高层次人才的联谊、服务和引进工作，实施“海外人才为国服务计划”。广东作为侨务大省，侨务资源十分丰富。改革开放以来，广东经济社会发展取得的成就，就得益于广大海外侨胞的积极参与。为加强引进侨智侨资，促进广东经济转型升级，广东省委、省政府于2012年3月与国侨办签订《关于发挥侨务优势促进广东加快转型升级合作备忘录》。广东省侨办实施“海外人才为粤服务计划”，并成功举办了“智汇广东”海外人才为国服务博士团广东行活动。

目前，学术界对海外华侨华人在华投资和捐赠及其作用已有相当研究，而对海外华侨华人对我国创新体系建设的作用的研究则相对薄弱。笔者在此以当代海外华侨华人（包括留学生）专业社团为重点，以其所办网站的资料、相关报告和侨务部门引智工作总结为主要依据，综合运用国际移民、全球化和跨国主义、族群社会学等社会科学理论，根据近几十年全球政治经济变化的新特点来论述华侨华人专业人士阶层的形成及其社团的创建，分析海外华侨华人专业社团在广东创新体系建设中的作用，并提出做好海外华侨华人专业社团的工作、加快建设广东创新体系的几点建议。

二、华人留学移民和技术移民的增长及其社团的创建

近几十年来，随着西方国家移民政策的放宽，中国改革开放的不断深入及随后的向市场经济的转轨，中国大陆的留学潮持续高涨，海外华侨华人的人口数量和结构也都发生了巨大变化。海外华侨华人人口结构的一个重要变化就是专业人士的比重在不断增加，在美、英、德、法、日、澳等发达国家尤其如此。如在海外华侨华人专业人士最为集中的美国，20世纪70年代至今，中国留美学生人数一直保持占全球中国留学生规模的20%～30%的比例。[①] 2010财政年度美国共向国际学生签发签证715 000个，其中中国大陆学生

① 李其荣、谭天星、邵元洲主编：《华侨华人与湖北经济发展——华创会研究集成》，武汉：崇文书局2012年版，第92页。

就超过11万个，是2005年的5.85倍。[①] 随着中国具有技术和管理等专长的新移民的不断注入，大批留学生毕业后选择留在美国发展以及美国华侨华人后裔受教育程度的不断提高等原因，在美华人专业知识分子阶层已经形成。

至于全球华侨华人专业人才的数量，目前尚未见到可靠的数据。而据2000年8月有关部门的不完全统计，旅居国外的华侨华人专业人士约有60万，其中相当一部分是中国改革开放后通过各种途径出国留学，学成后留居当地的新一代华侨华人。他们当中90%以上有硕士以上学历，有10万名是博士。[②] 随着21世纪我国公民出国留学热情的空前高涨，留学生总数已突破两百万人。[③] 其中大部分人在学有所成后，定居在美、英、德、法、日、澳等发达国家，这使得海外华侨华人专业人士数量增幅较大。

一般来说，目前5 000万海外华侨华人中，海外华侨华人人才规模约有100万。这上百万的专业人才大致可分为三类：

一是尖子人才。这类人才在专业和学术上有所建树或掌握关键技术并有所创新，有较高的学术知名度，能带领一支团队，有较大的社会影响力。就美国而言，这些人才主要分布在政府部门、大学、科研机构以及世界著名的高科技公司实验室。迄今为止，美国有8名获得自然科学领域诺贝尔奖的华人，还有超过60名的国家科学院与工程院华裔院士，在美国航天及太空总署（NASA）工作的华裔顶尖科学家就有300多名。同时在硅谷高科技公司的技术主管和实验室主任有35%是华人。另外，在欧洲、日本、加拿大和澳大利亚等发达国家和地区的数百所一流大学当中，起码也有上千名华裔终身教授，至少有1万名高精尖人才。在其他机构，也有许多华裔高端人才。例如，2001年，在日本筑波科学城有外国科学家3 352人，其中有943人在中国出生。世界500强公司的研发机构以及许多著名高科技公司当中也有很多华裔科学家。海外华裔高精尖人才仅在中国出生者，总数就应在1万以上，最多可能达到3万。[④]

二是优秀人才。这部分人才主要指那些在国外尚未取得永久性职位，处于向永久性职位发展（Tenure Track）阶段的人才。其中包括在国外较高水平的大学被聘任为助理教授（或相当）以上职务者、在科研单位获得高级以上职务以及在政府和非政府机构中任一定职务者。特别需要指出的是，优秀人才还包括一部分成果出色、产出颇丰的博士后研究人员。据美国方面估计，中国各类专才中在美国的政府、大学、研究院和企业任职的科学家和工程师有几十万人，其中在美国太空、军事等敏感部门工作的中国专家有两万多人。[⑤] 笔者根据相关资料推算，分布在世界各地的华裔优秀人才可能超过25万人。

三是特殊人才，即指中国发展所急需的专才。这类人才不完全以学术、学历、职位划分，更多地强调实际技能。这些人可能是专家、教授等专业型人才，可能是工商管理类、金融法律类以及经营型的人才，也可能是学历不高但富有商业才华的创业型人才。在加拿

---

① 《中国公民2010年赴美签证率85%　留学生数猛涨》，《新快报》，2011年5月3日。

② 华生：《华侨华人专业人士交流创业经验》，《神州学人》2000年第10期。

③ 根据教育部留学事务管理机构统计的数据，我国改革开放后出国的留学生规模达两百万人。1978年至2007年间，我国内地留学生约有121.17万人，其中约85万人，即约70%是在2000年以后的8年间出国留学的。我国留学生大部分以自费途径出国，但回归率较低。在2000年时，总回归比例还能达到38%，而在2008年，则只有28%。参见王辉耀主编：《中国留学人才发展报告》，北京：机械工业出版社2009年版，《前言》第6页，第46页。

④ 王辉耀等：《海外华侨华人专业社团发展报告》，国务院侨办委托研究课题（2010），第37页。

⑤ 《美国各界赞扬中国人才贡献大》，《文汇报》，2008年7月26日。

大、澳大利亚的技术移民以及美国HIB工作签证当中，我国移民人数一直在总额当中占到10% ~20%的比例。在美国，截至2002年，华侨华人在美国一共创建了大约28.6万家企业，其中华裔占51%以上，再加上其他国家的华侨华人企业主以及活跃于跨国公司的职业经理人，仅仅华裔企业经营型人才就在10万人以上。① 笔者估计，海外华裔特殊人才的总量应不少于60万。

近二三十年，随着海外华侨华人社会的演变和技术移民的增加，华侨华人的科技、经济、文化水平不断提高，特别是很多新移民专业人士为了能在生活和事业上相互支持，以更好地在居住国立足发展，组成了众多专业社团。从全球范围来看，华侨华人专业社团的分布与全球各国经济发展的程度、产业结构的状况以及海外华侨华人专业人士的分布息息相关。如美国华侨华人专业人士主要集中在美国西部加州的硅谷地区、美国东部的大华府地区、纽约地区及美国南部的休斯敦地区。作为美国信息科技产业中心的硅谷，主要是信息科技产业发达，同时有大量华侨华人在此创业或担任技术管理人员，因此与IT、电子科技有关的华侨华人专业社团大多集中于此，如硅谷的中国工程师协会、华源科技协会等。中国大陆、香港、台湾留学生和专业人士在海外组织的诸多校友会是另一类华侨华人专业社团。有人指出，美国硅谷的中国大陆留学生社团数量最多的是各种校友会。其发达程度令人吃惊，几乎每个中国大陆重点高校在硅谷都有校友会，其会员规模多则数千，少则几百，成为串联硅谷中国大陆留学生的重要纽带。② 在大华盛顿地区，据美国华盛顿华人社团联盟主席刘平中博士介绍，大专院校校友会联合会就有50多个。③ 目前波士顿中国校友会联合总会已有南京大学、武汉大学等21所校友会加盟。除大陆专业人士外，港台地区的专业人士也在发达国家建立诸多校友会组织。

目前尚未见到关于海外华侨华人专业社团数量的可靠统计。笔者在此试图以美国华侨华人专业社团的情况来推估之。有资料指出，截至1998年，美国华侨华人各类社团总数为2 000多个，其中华人科技、经济管理团体近600个。④ 那么十几年后的今天，美国华侨华人专业社团又有多少呢？笔者在此试图根据相关数据进行推算。成立于1998年的美国华人专业团体联合会（以下简称“华专联”）是华盛顿地区多个专业领域中华侨华人专业团体的代表和协调组织。经过10多年的发展，华专联成员已由组建时的16个团体成员发展到目前的33个团体成员。可见，其规模在短短的10多年间就增长了一倍。美南地区中国旅美专家协会联合会于1996年8月底在休斯敦成立。成立时有美南地区12个团体会员，目前已有27个华侨华人专业协会为其成员单位，增长了一倍多。可见近年来随着中国大陆留学生人数的快速增长，华侨华人专业社团发展势头迅猛。中国留学生及其学成后归化的专业人士的数量在美国各地及各专业、各行业的持续增长，也致使其组建的专业社团在地域、学科、行业等方面覆盖更广。笔者估计，目前全美华侨华人专业社团总量应相应翻了一番，达1 200个。

这是美国华侨华人专业社团的数量。那么全球华侨华人专业社团的数量又有多少呢？

---

① 王辉耀等：《海外华侨华人专业社团发展报告》，国务院侨办委托研究课题（2010），第39页。

② 王德禄、赵慕兰、张浩：《硅谷中关村人脉网络》，北京：清华大学出版社2012年版，第139页。

③ ［美］刘平中：《发挥海外华人智库作用，促进广东提高自主创新能力》，http://www.gdoverseaschn.com.cn/qw2index/2006zxzt/2008ggkflt/yjg/200809030065.htm。

④ 刘云：《海外中国留学人员和华人学者的分布状况及其特点》，《科技导报》2001年第11期。

国务院侨办为开展侨务引智工作，建立了全球华侨华人专业协会协作网。该网所刊出的华侨华人专业协会名单仅是其为引智而关注的重点对象，但远未包括全部的华侨华人专业社团。笔者根据该网所刊布的资料统计，其共刊布221个华侨华人专业协会。其中美国海外专业协会有信息技术方面的6个、环保卫生方面的6个、生物医药方面的10个、其他领域的54个，校友会26个、学联会2个，共计104个，占了47%。若以此比例推算，全球华侨华人专业社团的数量约为2 553个。

三、华侨华人专业社团的特点

海外华侨华人专业社团是近半个世纪在发达国家异军突起的新型团体，是全球化时代知识经济飞速发展、全球专业分工协作细化与深入的产物，也是华侨华人寻求发展、专业人士群体日益扩大的产物。通观华侨华人专业社团，它具有以下不同于传统华侨华人社团地缘性、血缘性、神缘性等新特点：

第一，从成员构成来看，华侨华人专业社团成员的学历高、专业性较强，具有“人才储备库”的特点。华侨华人专业社团是由专业人士组成的团体，其成员都受过西方国家的高等教育，从事专业性较强的工作。如2002年成立于圣迭戈的美国生物医学与制药协会（原名为美中生物技术与制药协会），现有成员1 500多人。他们大多是生物技术和制药行业的科技人员及创业者、研究所和高等学府的专家学者和学生。成立于1988年的全英中国学生学者联谊会，目前拥有以中国学生学者群体为主的成员10万余人，其教育背景包括本科、硕士、博士、博士后。1986年12月在德国卡尔斯鲁厄市成立的中国留德学者计算机学会，是中国计算机学会的团体会员，有200多名会员。他们绝大多数是在德获得博士或硕士学位，从事IT管理、研究或生产方面的专家，活跃于信息、金融、机械、电子、汽车、化工和航空等行业。

第二，从华侨华人专业社团的分布来看，华侨华人专业社团大多集中在欧美以及日本、澳大利亚、新加坡等发达国家和地区，这与所在国法制环境、产业分布、科技发展状况等息息相关。这些发达国家有着世界领先的教育水平和发达的高科技产业，能够培养、吸聚、使用这些专业人才，提供很好的工作平台和个人待遇。从出席五届海外华侨华人专业协会会长联席会代表的名单来看，这些会长所代表的专业社团全都在发达国家。以笔者参加的第五届海外华侨华人专业协会会长联席会的代表的名单为例，共计海外华侨华人专业协会79个，其中美国25个、澳大利亚9个、日本8个、加拿大7个、意大利7个、新加坡6个、英国4个，其他13个也全在西方发达国家。

第三，从华侨华人专业社团开展的活动来看，其以举办学术论坛、学术讲座、学术交流和合作为主。如在硅谷地区，华侨华人和留学生组织有70多个，但大部分属于专业协会，经常举办技术讲座、风险投资介绍等活动。美南中国专家协会联合会的宗旨是促进美南地区中国旅美专业团体之间的深入联系与合作，加强美南地区中国旅美专家和学者之间的专业学术交流，为中国旅美专业人士在美国社会中的事业发展提供环境和机会。美国华裔医学科学家协会副会长王筠在2009年广州第三届海外华侨华人专业协会会长联席会上介绍，该协会的主要活动是进行人才交流、提供医药快讯、举办专家论坛。2007—2009年，该会出版了36期《人才交流》、36期《医药快讯》，举办了28场专家论坛。

第四，华侨华人专业社团非常重视与国内建立联系，帮助推动相关会员回国发展，积极开展与中国相关部门的交流与合作，重视推动所在国与中国进行科技、教育和文化等各类交流。华侨华人专业社团以团体的形式直接与国内联系，尤其是与国内招商引资、招才引智等工作进行对口联系，很容易取得共赢：一是通过其“集群效应”，为国内招商引资、招才引智等事业作出贡献；二是可以为有意愿回国创业的专业人士提供信息交流、项目沟通的平台和事业发展的机遇。位于美国加州硅谷的中创协会成立于 2002 年 2 月，是全球最为重要的专门从事科技创新创业交流活动的海外学人高科技社团。多年来，中创协会一直与国内各地方政府和相关机构保持良好的合作关系，共同开展科技交流活动，协办大型人才项目交流活动，为海外学人提供回国发展和为国服务的平台。成立于 1995 年、总部设在马里兰州的美国华人生物医药协会在过去的十几年中，与美国及中国有关管理机构、生物医药研发机构和企业建立了密切联系，接待了众多来自中国大陆的医药管理部门和企业界的访美代表团，并为此组织有关生物医药的研究开发、旅美科技人员成功经验的讲座以及企业管理和政府条例系列讲座等。①

四、华侨华人专业社团在广东创新体系建设中的作用

众多华侨华人专业社团对团结华侨华人专业人士，凝聚侨智侨力，促进广东与外部世界的科技、经济和文化交流发挥了重要作用，同时，也为广东在海外发现和引进人才提供了重要的渠道。因此，华侨华人专业社团不仅成为广东联系华侨华人专业人士的重要桥梁，充当广东与发达国家间交流合作的平台，且对于广东招才引智、经济转型、产业结构的优化升级和广东创新体系的建设，具有特别重要的意义，发挥着海外“人才资源库”、“联络站”的独特作用。主要有以下几点：

第一，广东对外招才引智的重要平台。

由于华侨华人专业人士大多加入了华侨华人的专业社团，因此可以说这些组织是华侨华人（包括留学生）联系的重要枢纽，是广东乃至全国招才引智的重要平台。华侨华人专业人士是少数族裔，分布在世界各国，如以分散的个体形式与国内保持密切联系，这对国内相关部门以及专业人士自身来说成本都很高；如选择回国创业或发展，尤其是高新产业，往往需要覆盖产业链各环节的人才组成一个团队，还需要得到政府机构适当的政策扶持与项目支持。与之相比，华侨华人专业社团往往有着明显的专业群体“聚集效应”，与国内有关部门保持着更紧密的联系，成员覆盖产业的各个环节，更方便组织成员回国团队创业。② 正由于华侨华人专业社团具有“人才储备库”的特点，当前，国内包括珠海、无锡、苏州、天津等地以分布在世界各地的华侨华人专业社团为载体，纷纷设置了“海外人才工作站”，目的在于建立一种持续性的海外引智工作机制，以引进更多的海外人才。这些工作站发挥了华侨华人专业社团的组织优势，一方面很方便地与所在国的海外华侨华人人才联系和沟通，及时向各种人才引进计划的“潜在候选人”提供国内最新政策、信息等

① 《珠江国际生物医药产业发展论坛暨美国华人生物医药科技协会第 14 届年会在广州召开》，http：//www. gdstc. gov. cn/HTML/zwgk/zwyw/ 1245745181814580677402349946 7841. html。

② 王辉耀等：《海外华侨华人专业社团发展报告》，国务院侨办委托研究课题（2010），第 50 页。

资源；另一方面充分利用和发挥了自身了解、熟悉海外高层次人才的优势，主动和国内用人单位以及政府引智部门建立联系，发挥铺路搭桥和桥梁纽带的积极作用，为他们提供、推荐有意向回国服务的海外人才。

第二，广东开展海外经济、科技、文化交流合作的有效桥梁。

海外华侨华人专业人士多年来一直关心和支持广东科技、经济和社会的发展，表现出对科学的执着和对祖（籍）国的热爱。他们运用在海外学到的先进技术和管理经验，以多种形式参与到广东现代化建设的各项事业中来，在促进广东改革开放和现代化建设，扩大广东同其他国家在科技、教育、文化、经贸等领域的交流和合作，增进广东人民同各国人民的了解和友谊等方面，发挥了不可替代的桥梁作用。而华侨华人专业社团在协调、动员和组织其成员在各自的专业领域与广东相关部门开展交流和合作上，则具有独特的优势，也发挥了重要作用。如前几年广东海外交流协会理事范群博士率领美国硅谷科技经济考察团对广东进行商务考察，带来了合作的项目。美国理事李大西博士促成了纽约科技大学张钟浚校长访问广东，他们还专门就如何充分发挥海外科技界华侨华人人才的桥梁作用，加强广东与世界尖端领域的科技交流与合作等问题向省领导提出了建设性意见。2004 年，回国创业的黄镰博士在广东海外交流协会举办的“留学人员创业与民营企业共同发展论坛”中做了大量的工作。[①]

第三，广东引进先进技术的重要渠道。

由具有高科技专业背景的华侨华人专业社团成员创建的企业，其突出贡献体现在填补广东空白行业，完善广东经济结构，推动广东在新经济、新技术、新能源、互联网、IT、通讯、传媒等诸多领域的发展。值得一提的是，广东省政府自 2009 年起实施了三批创新团队和领军人才引进计划，共 56 个创新团队和 50 名领军人才入选。其中创新团队的负责人有 47 人为海外华人，领军人才有 39 人为海外华人，分别占 84% 和 78%。从美国留学归来的刘若鹏选择在深圳创业，率领自己的核心团队在深圳成立光启高等理工研究院，成为广东省首批引进的 12 个创新科研团队之一。两年多来，该院从最开始的 5 位创始人发展到现在数百位同事，他们来自全球 40 多个国家。两年中，光启已经成为中国超材料技术的领军企业，拥有众多的国家、省、市级重点实验室，逐步实现对超材料领域源头知识产权的覆盖，不断确立了该团队在超材料领域的全球领先地位。[②] 广东引进的创新科研团队适应了广东省战略性新兴产业发展格局，以第二批引进的团队为例，20 个团队涵盖高端新型电子信息、LED、生物医药、新材料、先进制造业、新能源、节能环保等多个关键技术领域。这些科研团队的创新效应助推了广东产业转型升级，实现大跨越，主要表现在：广东专利申请翻两番；参与制定国家标准 3 项、国际标准 1 项、行业标准 1 项；新增研发新产品 9 个，累计研发新产品 49 个。第二批引进的 11 个团队在核心技术上都实现了突破。[③] 实际上，广东省众多高新区、留学生创业园、科技园区内华侨华人专业人士和留学人员创办或者管理的企业，目前已经成为广东新经济和高科技的主流力量。

---

① 吕伟雄：《海外理事工作回顾与展望》，http：//gocn. southcn. com/ztbd/zt _ 2005hwls/ zt _ 2005hwls _ zl/200603150007. htm。

② 刘若鹏：《将光启打造成中国的苹果》，《南方日报》，2012 年 4 月 24 日。

③ 《广东“团队式”引才助推产业转型升级实现大跨越》，http：//news. xinhuanet. com/ fortune/ 2012 －03/12/ c_111640244. htm。

五、做好海外华侨华人专业社团工作的建议

华侨华人专业人才是人才、技术资源相对薄弱的广东加快转型升级的重要智力资源。2012 年，广东省委、省政府对广东侨务提出了围绕加快转型升级大局、增创侨务工作新优势的期望，要求侨务等部门构筑高端引智平台，牢固联络一批华侨华人高端人士，为广东加快转型发展搭建高端人才体系。为发挥海外华侨华人专业人士的智力优势，围绕“加快转型升级，建设幸福广东”的核心，促进广东创新发展，广东省侨办于 2011 年创办“海外华人高层次人才智汇广东”系列活动，邀请专业人士来粤考察交流，进行项目对接。2011 年，广东省侨办先后邀请了中国旅美科技协会、美国硅谷科技协会、新加坡中国高校校友会等科技社团的近百名精英人士来粤访问，与广州、佛山、东莞等市企业对接交流，洽谈合作，为广东创新发展出谋献策，并促成多项合作意向。目前，华侨华人专业人才纷纷来粤进行各类专业交流与合作，创办高新技术企业，为广东高新科技的发展提供了有力的人才和技术支撑。广大华侨华人的科技实力，将是广东加快转型升级的重要优势。笔者认为，加快建设广东创新体系，需要针对华侨华人专业社团（包括留学生）做好以下工作：

第一，必须动态地掌握华侨华人专业社团和专业人才情况，包括海外华人人才（包括留学生）的规模、现状和特点，海外华人人才的地域分布、职业分布和学科分布，海外华侨华人人才的本源结构、年龄结构和学历结构，居住国的工作环境以及他们的生存发展路径和可能的去留选择。要了解华侨华人专业人士的这些情况，一个最佳的途径是全面掌握其社团的情况，包括全球华侨华人专业社团的数量、类别、性质、地域和行业或学科分布、特点等，重点解决侨务引智“引什么、去哪引、怎么引”这几个问题。只有掌握了华侨华人专业社团和专业人才的基本情况，才能做到心中有数地去解决问题。为此，需集中人力和财力，建设华侨华人专业人才及其专业社团数据库，并进行及时更新。

第二，树立“大侨务”的观念，解决侨务工作中的条块分割、部门利益等问题。做好华侨华人专业社团和专业人士的侨务工作，加大侨务引智力度，不仅仅是侨务部门的事情，还需要工商税务、教育、科技、财政、公安等部门的全力合作。我国的很多部门分工太细，如侨务部门只负责华侨华人的联谊和引荐工作，但华侨华人专业人才或技术的引进牵涉的方方面面太多，他们在出入境、医疗、社保、子女教育、购房、驾照以及知识产权、技术引进、项目对接等方面的问题，侨务部门解决不了，而需要很多职能部门去解决落实。我们还要发挥大学、科研院所、国有企业、科技园区等在侨务方面的作用，积极搭建招才引智平台，加强海外专业社团与我国科技园、创业园、科研教育机构的对口交流合作。

第三，重点扶持一批海外专业社团，建立海外人才猎头机制，使之成为广东的海外人才联络站。政府有关部门、机构可考虑在一些较有影响力的华侨华人专业社团中，重点扶持一批社团，使之成为广东的海外人才联络站，形成广东的海外猎头机制，并依托这些海外专业社团开展有关人才引进、招聘的工作。有关部门可以与华侨华人专业社团签署合作协议，设立“广东省引进华侨华人专业人士海外联络处”。广东省侨办定期向联络处提供广东引进人才政策、人才需求、活动动态等资讯，为担任“联络处”的专业社团开展活动提供各种支持，通过他们做好当地华侨华人专业人士的联络和引进工作。

阿拉伯联合酋长国

2012年阿联酋经济多样化政策取得成效，经济改革问题取得一些进展。阿联酋面对的地区形势："阿拉伯之春"的影响逐渐削弱，欧盟制裁伊朗的后果逐渐凸显，海合会经济体提供稳定发展保障。阿联酋与中国的关系：确立战略合作伙伴关系，龙城模式在阿拉伯世界发挥窗口示范效应，拓展、深化和扩大民间交流领域。阿联酋华侨华人社会特点：阿联酋是中东地区最大的华人新移民侨居国，阿拉伯世界存在着真正意义上的新华侨社会和一种纯粹的新移民经济形态，阿联酋新华商企业发展速度提高和规模扩大，阿联酋华侨社团的作用上升。2013年阿联酋侨情发展预测：阿联酋新移民经济形态的新华侨经济进入快速发展轨道；以阿联酋新华侨贸易社区作为中东地区中国商品的配置中心，中国—阿拉伯新贸易圈进入良性循环的可持续发展轨道；阿联酋龙城模式的窗口效应在阿联酋国内和阿拉伯地区两个层面上取得进一步发展；阿联酋新华侨贸易社区发展面临的不稳定因素：投资风险和安全问题，来自地区层面的叙利亚局势失控和伊朗局势恶化。

一、阿拉伯联合酋长国基本国情

阿联酋概况

国家全名	阿拉伯联合酋长国（The United Arab Emirates）	地理位置	阿拉伯半岛东南端，北濒波斯湾	领土面积	83 600平方公里①
首都	阿布扎比	官方语言	阿拉伯语	主要民族	阿拉伯人
政体	酋长联邦共和制（君主立宪制和总统负责制）	执政党/主要反对党	无	现任国家元首/政府首脑	哈利法·本·扎耶德·阿勒纳哈扬/穆罕默德·本·拉希德·阿勒马克图姆
人口数量	820万（2012）②	华侨华人人口数量	19 007（2010）③	华侨华人占总人口比例	0.4%（2010）④

---

① 《阿联酋可耕地占国土面积的12%》，中国驻阿联酋大使馆经商参处网站，http：//ae. mofcom. gov. cn/article/ztdy/201301/20130108508905. shtml。

② http：//www. zawya. com/story/UAE_3rd_richest_Arab_state_in_2012 – ZAWYA20130314031211/.

③ Overseas Compatriot Affairs Commission，R. O. C. （Taiwan），*Overseas Compatriot Economy Yearbook*，2010，pp. 250 – 255.

④ Overseas Compatriot Affairs Commission，R. O. C. （Taiwan），*Overseas Compatriot Economy Yearbook*，2010，pp. 250 – 255.

（续上表）

GDP/人均 GDP	3 750 亿（2012）[①] / 45 731（2012）[②]	CPI	0.64%（2012）[③]	失业率	4.60%（2011）[④]

资料来源：http://www.zawya.com/story/UAE _ 3rd _ richest _ Arab _ state _ in _ 2012 - ZAWYA20130314031211/；http://ae.mofcom.gov.cn；Overseas Compatriot Affairs Commission，R.O.C.（Taiwan），*Overseas Compatriot Economy Yearbook*，2010.

阿联酋全称阿拉伯联合酋长国（The United Arab Emirates），位于阿拉伯半岛东南端，北濒波斯湾（阿拉伯湾内部），东临阿曼，西接卡塔尔，南、西南、西北与沙特为邻，领土总面积为8.36万平方公里，其中国土面积为7.77万平方公里，岛屿面积为5 900平方公里。境内由7个酋长国组成：阿布扎比酋长国3 900平方公里，沙迦酋长国2 600平方公里，阿治曼酋长国260平方公里，乌姆盖万酋长国、哈伊马角酋长国和富查伊拉酋长国的面积总和不到2 600平方公里。据阿联酋环境与水部、环境署联合进行的国土测量结果显示，阿联酋全国可耕地面积达34.1万公顷，占国土面积的12%。[⑤] 据世界银行数据，阿联酋人口2011年为460万，1960年为10万，在过去50年中增长4 978%。[⑥] 据2010年华侨经济年鉴数据，阿联酋人口为5 055 000（2010年），华人人口为19 007，占0.4%，其中中国台湾地区华侨307人。[⑦] 阿联酋居民人口中外籍人口占88.6%，主要来自印度、巴基斯坦和周边国家。阿联酋政体是酋长联邦共和制（酋长国君主立宪制和联邦总统负责制），联邦总统同时也是宗教领袖，各个酋长国拥有自主行政权，联邦政府只保留外交权和国防权。联邦最高机构包括联邦最高委员会（由7个酋长国的酋长组成）、联邦政府（也称部长委员会或内阁）、联邦国民议会、联邦最高法院。阿联酋首都为阿布扎比（Abu Dhabi），官方语言为阿拉伯语，通用语言为英语。现任总统为哈利法·本·扎耶德·阿勒纳哈扬（2004年至今），现任总理为迪拜酋长穆罕默德·本·拉希德·阿勒马克图姆。阿联酋主要民族为阿拉伯人，阿联酋以伊斯兰教为国教，在阿布扎比逊尼派占多数，在迪拜什叶派占多数。

据总部设于华盛顿的国际金融机构（IIF，Institute of International Finance）报告显示，2012年阿联酋GDP增长到3 750亿美元（当前汇率）[⑧]，增长率为4.90%[⑨]。据阿联酋国家统计局数据，从2000—2011年，阿联酋GDP年均增长率为4.6%，最高点在2006年12月，达9.8%；最低点在2009年12月，为-4.8%。阿联酋的石油天然气生产和石油化工

---

① http://www.zawya.com/story/UAE_ 3rd_ richest_ Arab_ state_ in_ 2012 - ZAWYA20130314031211/.

② http://www.constructionweekonline.com/article - 21327 - uae - gdp - grew - by - 23bn - in - 2012 - says - report/.

③ http://www.tradingeconomics.com/united - arab - emirates/consumer - price - index - cpi.

④ United Arab Emirates Unemployment Rate，http://www.tradingeconomics.com/united - arab - emirates/unemployment - rate.

⑤《阿联酋可耕地占国土面积的12%》，中国驻阿联酋大使馆经商参处网站，http://ae.mofcom.gov.cn/article/ztdy/201301/20130108508905.shtml。

⑥ United Arab Emirates Population，http://www.tradingeconomics.com/united - arab - emirates/population.

⑦ Overseas Compatriot Affairs Commission，R.O.C.（Taiwan），*Overseas Compatriot Economy Yearbook*，2010，pp.250 - 255.

⑧ "UAE GDP grew by ξ23 bn in 2012"，says report. Mar.11，2013，http://www.construction weekonline.com/article - 21327 - uae - gdp - grew - by - 23bn - in - 2012 - says - report.

⑨ http://www.tradingeconomics.com/united - emirates/gdp - growth.

产业占 GDP 的 30%，是最重要的经济部门。阿联酋也致力于发展多样化经济，旅游业是阿联酋的另一支柱产业，另有每年 3 月举办的迪拜国际购物节和每年春秋两届的国际博览会等大型商业活动。阿联酋是北非、南欧、西亚、南亚以及中东地区的商品集散地和转口贸易中心，辐射人口 14 亿 ~20 亿。阿联酋迪拜酋长国购物中心（Mall of the Emirates）和迪拜购物中心（Dubai Mall）位于迪拜免税区，是欧亚非"购物中心"。阿联酋服务业占 GDP 的 46%，其中批发零售贸易和售后服务占 GDP 的 13.3%，房地产和商业占 GDP 的 13.3%，金融业占 7.6%。阿联酋的基础建设占 GDP 的 12%。① 据阿联酋中央银行报告，2011 年阿联酋的失业率为 4.6%。1985—2011 年，阿联酋平均失业率为 3.0%，最高点是 2011 年的 4.6%，最低点是 1985 年的 1.2%。② 阿联酋国家统计局公布的数据显示，2012 年上半年该国 CPI 同比增长 0.64% 至指数点（Index Point）116.48，其中主因是食品大类价格同比增长了 18.5%。③ 阿联酋的蔬菜粮食几乎全部依赖进口。2012 年 CPI 指数点从 10 月的 117.29 下降到 11 月的 117.24，12 月略微上升到 117.26。与 2012 年 6 月 CPI 指数点 116.51 相比较，2012 年 12 月阿联酋 CPI 同比增长 0.64%。2008—2012 年，阿联酋 CPI 平均指数点为 114.83，最高点是 2012 年 9 月的 117.39，最低点是 2008 年的 107.75。④ 2011 年阿联酋各类酒店共接待 1 450 万游客，人均在阿联酋停留 3 天。2011 年阿联酋接待游客数量比 2010 年提高了 15%，酒店入住率接近 70%。2011 年，欧洲客人在阿联酋停留天数排名第一，其次是亚洲客人和海湾六国客人。2011 年旅游业对迪拜 GDP 的贡献达到 31%。⑤ 阿联酋出口项为石油、石化制品、天然气、铝及基本金属、矿产品、橡胶及塑料制品等；进口项为粮食和蔬菜、制造业产品、机械和运输设备；进口对象国为中国、印度、美国、德国、日本、意大利等。

二、2012 年阿拉伯联合酋长国国内形势和国际形势

2012 年阿联酋国内形势有两个特点：第一，阿联酋是少数几个在财政上不依赖石油出口的产油国之一，2012 年实行经济多样化政策取得进一步成效。阿联酋的石油和天然气储存量均为世界第五位。在过去的 30 多年，阿联酋人均 GDP 与西方发达国家共同处于世界第一层次之内，石油贸易顺差和全球金融推动阿联酋经济发展，高石油收益和温和外交政策使其在地区事务中发挥重大作用。然而，在 2008—2009 年，国际油价下跌、房地产崩盘和国际银行业务危机对阿联酋的影响尤为明显。阿联酋经济部长苏尔坦·赛义德·曼苏里在 2012 年 6 月 4 日说，受欧债危机和全球经济增速放缓等影响，阿联酋 2012 年经济增

① "United Arab Emirates GDP Annual Growth Rate", http://www.tradingeconomics.com/united-arab-emirates/gdp-growth-annual.

② "United Arab Emirates Unemployment Rate", http://www.tradingeconomics.com/united-arab-emirates/unemployment-rate.

③《上半年阿联酋 CPI 为 0.64%》，中国驻阿联酋大使馆经商参处网站，http://ae.mofcom.gov.cn/article/jmxw/201208/20120808296243.shtml。

④ "United Arab Emirates Consumer Price Index (CPI)", http://www.tradingeconomics.com/united-arab-emirates/consumer-price-index-cpi.

⑤《商务部：2011 年阿联酋旅游业收入达 60 亿美元》，http://www.cgbchina.com.cn/bondscontent.gsp?kind=bond!getNews.action?news_id=&bondNewId=2471151。

速预计将放缓至3%。曼苏里在新闻发布会上表示，得益于油价高企以及非石油领域的发展，2011年阿联酋经济强劲复苏，实际国内生产总值增长4.2%。随着阿联酋经济多元化政策的有效实施，2009—2011年，非石油行业已占到阿联酋经济总量的69%。[①] 阿联酋经济部长苏尔坦·赛义德·曼苏里于2012年12月30日发表新闻公报，宣布2012年阿联酋国内生产总值实现3%的增长。2010年和2011年，阿联酋经济实际增长率分别为1.3%和4.2%。2012年，在发达国家特别是欧元区国家经济复苏放缓的背景下，阿联酋经济实现3%的增长主要归功于其促进收入来源多样化和减少对石油的依赖的努力。阿联酋经济部正按照联邦政府2021年远景规划，制定阿联酋工业战略，鼓励中小企业和个人投资，使阿联酋经济以知识为基础实现多元、可持续发展，在更高水平上融入世界经济。[②] 第二，阿联酋经济改革问题有待取得进一步发展。据埃及《金字塔报》2012年5月9日的报道，阿联酋旨在开放经济的立法提案可能一再延迟。2011年10月，阿联酋的内阁通过一项新的公司法草案，以取代在1984年制定实行的旧立法。阿联酋国民只占总人口的1/10，约为80万，庞大的人口主体却是外籍工人。因此，阿联酋对外籍工人和外企的控制非常严格，每个外国人都必须有本地居民或公司为其担保。虽然对外称为"自由区"，实际上外国企业只能以和当地企业合作的形式运营，且不得持有多数股份。通过放宽政策来吸引更多的海外投资，能够使阿联酋的经济更多元化、更有弹性，同时也能为当地人创造更多就业机会。2012年4月结束了对阿联酋贸易政策的审查后，世界贸易组织已催促其加快这一项立法。分析人士认为，新的法律意味着阿联酋将提供更广阔的自由裁量权和更快的决策。立法的关键是要有关于豁免申请的透明标准和清晰过程，使外国企业能够理解及进行预算。[③]

2012年阿联酋面对的地区形势有三个方面：第一，"阿拉伯之春"影响逐渐削弱。2012年4月，利比亚央行旗下的Libyan Foreign Bank（LFB）秘书长Mohammed bin Yousuf估测，2011年伊始爆发的"阿拉伯之春"造成的损失达750亿美元，损失尤以利比亚、埃及和突尼斯三国为甚。2008年爆发的国际金融危机使阿拉伯世界的银行损失超过4 000亿美元。[④] 2011年3月，阿联酋在网络上广泛流传着政治活动家和知识分子签署的一份请愿书，要求在治理方面获得更大的公共参与权。为了根除潜在的进一步动荡，阿联酋政府宣布了对相对贫困的北方酋长国的一项长达数年的16亿美元的基础设施投资，并及时调整民生政策，提高就业率和国民生活水平。阿联酋经济多样化政策使得石油收入对GDP的贡献率降至25%。2012年阿联酋基本避免了在中东北非地区随处可见的"阿拉伯之春"动荡的影响。[⑤] 第二，欧盟制裁伊朗的后果逐渐凸显。迪拜为中东、中亚和非洲商业枢纽，为世界第十大货柜港、世界第三大转口贸易中心、世界第三大转口贸易城市。据相关研究报告显示，迪拜有310亿美元债务于2011—2012年间到期，其中至少50亿美元投资于房

---

① 李志晖：《阿联酋经济增速今年可能降至3%》，新华网，http：//news. xinhuanet. com/fortune/2012 -06/04/c_112115251. htm。

② 《2012年阿联酋多措并举，实现经济增长》，中国驻阿联酋大使馆经商参处网站，http：//ae. mofcom. gov. cn/aarticle/ztdy/201301/20130108511957. html。

③ 郝凌燕：《阿联酋经济开放改革阻碍重重》，中国经济网，http：//www. aabtv. com/html/3 -2/2562. htm。

④ 《LFB：阿拉伯之春损失750亿美元》，中国驻阿联酋大使馆经商参处网站，http：//ae. mofcom. gov. cn/article/jmxw/201204/20120408078562. shtml。

⑤ UAE Report，https：//www. cia. gov/library/publications/the -world -factbook/geos/ae. html.

地产，迪拜银行需要消化比阿布扎比银行多出两倍的不良贷款。伊朗是阿联酋的最大贸易伙伴，又是迪拜房地产的最大投资商，国际上对伊朗的经济制裁制约了迪拜的经济复苏。国际货币基金组织指出，若阿联酋向伊朗的出口商品减少 30%，其 GDP 将相应减少 0.3%。[①] 此外，阿联酋的一条绕行霍尔木兹海峡的输油管道在 2012 年 7 月 15 日开通。该管道长 350 公里，从 2008 年开始建设，可将阿联酋东部油田生产的原油输送到阿曼湾，从而避开了伊朗控制的霍尔木兹海峡。该管道投入使用后运送的原油计划从每天 150 万桶增加到 180 万桶，占阿联酋每天 250 万桶原油产量的 72%。[②] 2012 年 7 月 1 日，欧盟禁止为运输伊朗原油的货轮提供保险的法令将生效，由于全球超过 90% 的油轮都依赖欧盟境内的保险，相关油轮的石油泄漏和船体损伤将无人承保，船东和进口商无法承担意外可能导致的数十亿美元的赔偿风险，伊朗原油出口将因此受阻。亚洲原油进口国正寻求应对措施，该禁令也将对国际原油供应和油价走势产生影响。此前，美国的金融制裁使进口商无法以美元支付原油货款，导致亚洲进口国削减了超过 1/10 的原油进口。保险禁令将全面威胁到伊朗的原油出口，甚至会使其面临完全中断。伊朗核问题谈判前景暗淡、叙利亚局势不稳定等因素对油价的影响被低估，巴克莱分析师 Helima 称：“市场远比预想的不稳定。”[③] 第三，海合会经济体提供稳定发展保障。2012 年 11 月，卡塔尔国民银行（QNB）发布研究报告称，鉴于海湾国家坐拥巨额主权财富基金和掌握庞大外储，虽然欧美及中国经济增速放缓导致世界经济不振，但六国经济仍与世界经济形势总体“绝缘”。报告称，欧美中等世界主要经济体的石油和天然气消耗量分别占全球的 44% 和 35%，同时，石油消耗也占海湾六国石油出口总量的 1/5。因此，欧美中等经济体经济增速放缓或将导致国际油价下行，进而会影响海湾六国经济增长。但报告同时指出，六国外储总额高达 6 940 亿美元，比 2009 年底的 4 730 亿美元增长了 47%。此外，当前六国主权财富基金总额高达 1 万亿美元之巨（援引 IMF 数据）。主权财富基金和外储两者之和为六国 GDP 总量的 120%。因此，六国经济虽会受到影响，但总体与世界经济形势“绝缘”。[④]

三、2012 年啊拉伯联合酋长国—中国关系

2012 年阿联酋与中国关系的特点包括三个层面：

（1）在政府层面上，确立战略合作伙伴关系。2012 年 1 月 14 日至 19 日，是中国与阿联酋建交 27 年以来，时任中国国务院总理温家宝对阿联酋进行的首次正式访问，双方签署建立战略伙伴关系的联合声明，并开放人民币与迪拉姆两国货币之间的本金结算。阿联酋是中国在中东地区的第二大贸易伙伴，中国是阿联酋在全球的第二大非石油贸易伙伴。2012 年，中国与阿联酋双边贸易继续保持增长。据中国海关统计，2012 年前三季度，中

---

① 宗晨：《贸易与旅游业推动迪拜经济发展》，中国经济网，http：//intl. ce. cn/specials/zxgjzh/201205/31/t20120531_ 23369458. shtml。

② 吉达经商室：《阿联酋绕行霍尔木兹海峡输油管道即将开通》，中国商务部网站，http：//www. mofcom. gov. cn/aarticle/i/jyjl/k/201206/20120608160987. html。

③ 《即将生效的伊朗原油运输保险禁令对原油供应和油价的影响》，中国驻阿联酋大使馆经商参处网站，http：//ae. mofcom. gov. cn/article/ztdy/201206/20120608194883. shtml。

④ 《QNB：海湾六国经济与世界经济形势“绝缘”》，中国商务部网站，http：//www. mofcom. gov. cn/aarticle/i/jyjl/k/201211/20121108446005. html。

国与阿联酋双边贸易额约298亿美元，同比增长16.5%。其中，中国自阿联酋进口78亿美元，同比增长24.9%；中国对阿联酋出口近220亿美元，同比增长13.8%。2012年，阿联酋对中国投资增长较快，前三季度投资项目28个，同比增长12%；实际投资1亿美元，同比增长56%。近年来，中国企业不断探索在阿联酋经济多元化进程中的合作机会。截至2011年底，中国对阿联酋全行业投资存量为11.7亿美元。2012年1—10月，中国对阿联酋非金融类直接投资额为1.4亿美元。目前，中国对阿联酋投资主要领域为钢铁、建材、建筑机械、五金、化工等行业。2012年，中国金融机构进入阿联酋市场步伐加快。目前，中国工商银行、中国银行、中国农业银行、国家开发银行均在阿联酋设立了分行或办事机构，提供包括项目融资、贸易融资、资产管理、投融资咨询与安排等多种公司金融服务。同时，中资金融机构利用资金优势，与驻阿联酋中资企业携手开拓市场，形成相互支持、互惠共赢的良好局面。① 据沙特媒体报道，阿联酋央行行长苏卫迪于2012年3月23日称，阿联酋作出将人民币纳入外汇储备的决定是长期积累的结果。2012年1月，为了有效规避双边投资与贸易结算中的汇率风险，中国与阿联酋两国央行签署了55亿美元的货币互换协议。2012年3月，汇丰银行通过阿联酋国家银行首次在中东地区发行了总值10亿的三年期离岸人民币债券。阿联酋此举同时也是逐渐弱化紧盯美元政策的开始。②

（2）在企业层面上，龙城模式在阿拉伯世界产生窗口示范效应。中国本土品牌基地迪拜龙城，是中国之外最大的中国贸易区，是中东地区最大的中国企业海外销售平台。龙城，中国商品迪拜分拨中心，有2 000多家中国企业进驻，日均客流量1万人以上，周末可达几万人，年贸易额超过数百亿美元。阿联酋副总统兼总理、迪拜酋长穆罕默德多次在讲话中把龙城称作中国与阿联酋经贸合作的典范。他说，龙城是中国企业面向中东地区市场的窗口，应大力发展。龙城投资方棕榈岛集团已启动“龙城”二期工程的招商和建设。龙城模式也对周边国家产生了示范效应。周边海湾国家以及摩洛哥、坦桑尼亚、肯尼亚、埃及等国家，都有意效仿龙城模式，建设中国商品城。一些国家的政府机构也纷纷前来取经，学习仓储、物流等方面的经验。③ 目前，中国在阿联酋的各类企业为3 800余家，主体为数十家大中型工程承包类企业，另外在当地住房、道路、桥梁、石化领域的投资均有所进展。

（3）在社会文化层面上，拓展、深化和扩大民间交流领域。2012年1月29日晚，由中国文化部主办的“欢乐春节”中外名曲音乐会在阿联酋迪拜上演。中国文化部外联局亚非处处长史瑞琳说，这是文化部连续第三年与阿联酋迪拜阿维斯基金会共同举办“欢乐春节”音乐会，也是中国古典室内乐团首次在阿联酋演出，“中国与阿联酋文化交流有很好的基础。根据两国文化合作协定框架，双方在文化、艺术、广播、新闻出版等领域开展了富有成效的合作”。阿联酋社会学会主席穆罕默德·穆塔瓦教授说，这场精彩的演出充分体现了中国文化的博大、多样性和包容性，希望今后中国与阿联酋以及其他海湾国家进一

---

① 《2012年中阿经贸关系持续稳定发展》，中国驻阿联酋大使馆经商参处网站，http：//ae. mofcom. gov. cn/article/ztdy/201301/20130100005657. shtml。

② 《阿联酋将人民币纳入外汇储备》，http：//www. mofcom. gov. cn/aarticle/i/jyjl/k/201204/20120408056455. html。

③ 李志晖、宋宇：《财经随笔：“龙”舞迪拜　中阿双赢》，新华网，http：//news. xinhuanet. com/world/2012－11/02/c_113592361. htm。

步加强文化交流。[①] 据沙特《阿拉伯新闻报》2012 年 4 月 9 日的报道，迪拜计划在 5 月底组织一场有关中国文化、社会和经济的介绍交流会，以让国人更全面地了解中国游客的习俗和习惯。自 2009 年阿联酋对中国开放旅游至今，据万事达卡国际组织的一项研究表明，2010 年中国到阿联酋的游客数量为 15.2 万人，2011 年则达到了 30 万。该介绍交流会定于 2012 年 5 月 23—24 日举行，由迪拜中文学习中心主办。届时，会议将讨论中国人的语言、信仰、风俗和文化价值观，中国游客的行为和需求，包括饮食、娱乐、招待和引导方面以及如何与中国顾客进行协商，同时介绍中国目前的社会经济环境与商务往来情况。会议还将引用具有中国文化特色的主题、形式、颜色象征，和中国式的商讨形式。[②]

四、2012 年阿拉伯联合酋长国侨情

据 1995 年资料显示：在阿联酋的华侨华人不到 100 人；华人贸易公司 10 多家，规模小；华人餐馆数家。自 20 世纪 90 年代起，台湾厂商开始投资阿联酋，1992 年宏碁电脑公司在迪拜阿里山自由贸易区（Jebel Ali Free Zone）建立装配厂和发货中心，1994 年其营业额超过 3 500 万美元。宏碁个人电脑在阿联酋、科威特、巴林、阿曼、卡塔尔市场占有率均居各种品牌电脑之首。1995 年，台湾神脑无线电公司在迪拜成立分公司。另外，中国产品展销中心（Chinese Products Trade Centre，UAE）是华商贸易机构，由浙江人张为志于 1999 年创建，中心占地 1.6 万平方米，它将贸易、餐饮业结合起来，设有 100 多个展位，1999 年已经举办了 7 次中国产品展销会，近 100 家中国企业参展。[③] 1971 年 7 月 18 日，阿联酋临时宪法由联邦最高委员会通过，于同年 12 月 2 日生效。其中第四十条是关于对在该国居住的外侨的规定：联邦外籍人员享有有效的国际宪章以及联邦共同鉴定条约、协议所规定的权利和自由，亦应尽相同义务；但外籍人不能与阿联酋国民享有同等待遇。[④]

2012 年阿联酋华侨华人社会特点：①从华侨规模上看，阿联酋是中东地区最大的华人侨居国，约有 30 万华侨、3 800 多家华侨华人企业在阿联酋从事经贸、基建、能源、旅游和金融等经济活动。这些华侨几乎都是最近 10 多年来前往阿联酋经商的中国新移民群体。②从入籍条件看，阿联酋对外国人准入条件限制严格，极少有华侨能够入籍。因此，目前在阿拉伯世界存在着真正意义上的新华侨社会。③从华侨政治看，在阿联酋华侨没有参政权，只有社会团体，没有合法政党。一名外国人可能会在迪拜拥有大量财富和很高的社会知名度，但其政治权利却受到限制，既没有投票权，也不被允许集会结社或进行党派活动。[⑤] 因此，阿拉伯世界的华侨经济是一种纯粹的新移民经济形态。④从华侨企业看，据 2004 年数据，阿联酋主要中资企业有阿联酋中国商会、沙迦中国机电产品展览中心、中国机械设备贸易公司、贸促会驻海湾地区代表处、中国远洋运输总公司、中国土木工程集团

---

① 李志晖：《“欢乐春节”中外名曲音乐会在阿联酋为华人演出》，新华网，http://www.chinanews.com/hr/2012/01-30/3630219.shtml，2012 年 1 月 30 日。

② 《迪拜将办中国文化交流会 以更好地接待中国游客》，http://blog.sina.com.cn/s/blog_70ddb1490100yzse.html。

③ 梁英明：《阿联酋华侨华人》，周南京：《华侨华人百科全书》（经济卷），北京：中国华侨出版社 2000 年版，第 576 页。

④ 启雄：《阿联酋临时宪法有关外侨的规定》，周南京：《华侨华人百科全书》（法律政治卷），北京：中国华侨出版社 2000 年版，第 3 页。

⑤ 李志晖：《阿联酋管理外来移民：严格实行担保制度》，http://blog.sina.com.cn/s/blog_70ddb14901010g05.html。

公司、中国南方航空公司驻阿联酋代表处、中东—中国工程贸易公司、富田国际贸易公司、中国港湾建设总公司、中航技国际工程阿联酋公司、北方公司阿联酋代表处、中国化工进出口总公司、中国石油天然气集团公司、徐州重工、华为技术有限公司、华海贸易有限公司、中国贸易有限公司、华威贸易有限公司、中国贸易公司（鞋城）、中国贸易城、远东管理咨询公司（御花园）、Chinamex。① 2007 年新增有中远西亚公司、中国商品（迪拜）分拨中心、美丽建材有限公司、中国国际航空公司、东方投资顾问及展览公司、中建总公司中东代表处、上海实业（中东）有限公司、东方之星贸易有限公司、彗星贸易公司、捷迪贸易公司等。② 2012 年 4 月，世界华商投资促进会与中国社会经济决策咨询中心发布一号公告，在阿联酋投资的全球 500 强华商企业包括宁波英特赛电子安全设备有限公司、汕头市澄海区艳阳春贸易有限公司、山东山工机械有限公司、浙江兴泰绗缝工艺有限公司、太原燃料石化实业有限公司、天津四建建筑工程有限公司、深圳市亚洲德科供应链有限公司、中兴通讯股份有限公司、中国建材装备有限公司、重庆城建控股（集团）有限责任公司、绍兴木林森纺织品有限公司、嘉兴市鹏翔植绒有限公司、嘉善永大螺丝有限公司、奉化市乔威服饰有限公司、宁波市江北成达色母粒有限公司、宁波雅诺丹电气有限公司、宁波市北仑华力机械制造有限公司、宁波康楠服饰有限公司。③ ⑤从华侨社团看，2012 年，阿联酋华侨华人社团主要有阿联酋华侨华人联合会、阿联酋中国商会、阿联酋广东商会、阿联酋温州商会、阿联酋福建商会、阿联酋台州商会、阿联酋江西商会、阿联酋湖南商会、阿联酋安徽商会、阿联酋龙城华人商会、阿联酋河南商会暨同乡会、阿联酋湖北商会、阿联酋中国江苏商会暨同乡会、阿联酋山东商会暨齐鲁同乡会、阿联酋中国西北五省总商会、阿联酋河北商会、阿联酋东北同乡会、阿联酋瑞安商会。⑥从华文媒体看，2012 年阿联酋华文媒体有十余家，如福建商会创办的《闽商报》、《999》侨报，阿联酋华人王德君开办的华人网站和教育电视台，阿布扎比旅游文化局中文版官方网站，阿联酋中华煦风文化传播有限公司等。⑦从华文教育看，2012 年阿联酋华文教育机构有迪拜大学孔子学院，迪拜中加学校（高中阶段课程）。⑧从华侨领袖看，2012 年阿联酋华社领袖有阿联酋中国商会会长万军，阿联酋华侨华人联合会主席万长青，阿联酋华侨华人联合会副主席宋弘、包有增、唐振钢、陈志远，山东商会会长曲岩，阿联酋河南商会暨同乡会会长李松涛，阿联酋华侨华人联合会副主席兼秘书长、阿联酋中国商会副会长徐小平，阿联酋华侨华人联合会妇女工作委员会主任陈爽，阿联酋温州同乡会会长林时永、秘书长徐启建，阿联酋温州同乡会名誉会长、首届龙城华人商会会长金国中，阿联酋福建商会会长杨福建，阿联酋齐鲁同乡会会长、阿联酋山东商会常务副会长王增伟，阿联酋广东商会会长张钦伟，迪拜安徽新华文化城创办人潘尚旭，温州人叶鑫，阿联酋河北商会会长王立良，勉金龙（迪拜警察总局现任专职中阿翻译，检察院、法院兼职中阿司法翻译）等。

---

① 林腾斌：《阿联酋主要中资企业》，中国驻阿联酋大使馆经商参处网站，http：//ae. mofcom. gov. cn/article/catalog/zgqy/200408/20040800268422. shtml。

② 《第三届阿联酋中国商会会长、副会长和理事名单》，中国驻阿联酋大使馆经商参处网站，http：//ae. mofcom. gov. cn/article/zxhz/zzjg/200702/20070204350330. shtml。

③ 世界华商投资促进会与中国社会经济决策咨询中心：《世界华人企业全球投资 500 强》，http：//gz. ifeng. com/shangyezixun/detail_2012_04/16/183714_0. shtml。

五、2013 年阿拉伯联合酋长国侨情发展预测

基于 2012 年侨情状况，可以对 2013 年阿联酋侨情发展作出预测：①阿联酋新移民经济形态的新华侨经济将进入快速发展轨道。2012 年上半年中国与阿联酋双边贸易额已达 93.3 亿美元（非石油贸易额），是增速最快的时期，阿联酋已成为中国在中东地区最主要的贸易伙伴。未来两年中国与阿拉伯世界的贸易额有望达到 3 000 亿美元。[①] ②以阿联酋新华侨贸易社区作为中东地区的中国商品配置中心，在中国—阿拉伯国家战略合作框架下，中国—阿拉伯新贸易圈进入良性循环的可持续发展轨道。2001 年中国与阿拉伯国家的贸易额只有 203 亿美元，2011 年这一数字已激增到 1 800 亿美元，阿拉伯国家也成为中国第七大贸易伙伴。国际咨询公司麦肯锡甚至预测，到 2020 年，中国与阿拉伯国家的贸易额将达到 3 500 亿 ~5 000 亿美元。除了传统的贸易合作和投资，中国与阿拉伯国家在金融、航空、旅游、农业和人力资源等领域的合作也在蓬勃发展。2012 年初，中国就与阿联酋政府签署了 350 亿元人民币的本币互换协议。海外媒体评论，中国与阿拉伯国家正在创造一个良性循环的新贸易圈。据悉，目前中国商务部已选取约 30 个发展中国家，作为今年及未来若干年外贸多元化战略突破市场，其中经济基础较好的阿拉伯国家无疑是中国海外拓展的重点。[②] ③阿联酋“龙城”模式的窗口效应在阿联酋国内和阿拉伯地区两个层面上取得进一步发展。例如，2012 年已经正式启动的“中国凤城”项目，由宁波凤凰世纪广场投资有限公司在作为地区交通枢纽和经济金融中心的迪拜投资建设。该项目预计总投资 4 亿美元，占地面积 57 万平方米，总建筑面积 70 万平方米，其中商业面积 40 万平方米，仓储物流区 20 万平方米，总停车位 7 000 多个，酒店及公寓等商业配套 2 万余平方米。该项目定位为“海外中国商品全球展贸中心”，商业规划有 8 大主题馆，包括服装饰品鞋帽、皮具箱包、精品日化、工艺礼品玩具、数码家电、家居家纺、灯饰家具、建材卫浴，涵盖 30 个行业、20 万类商品。辐射北非、南亚、南欧、中东及阿拉伯地区等 100 多个国家、1 亿采购商和 20 亿消费群体。项目计划引进4 000 ~6 000 家中国品牌企业，建成后将成为集品牌展示、交易、仓储、物流、资讯、电子商务及餐饮、酒店、公寓、停车场等于一体的中国商品综合市场与交易平台。项目目的是建设“中国创造”品牌展示窗口，通过大型中国商品专业市场在国外的运营，为增强国外消费者对中国商品的品牌认知度提供窗口，进而为“中国创造”全面走向世界提供通道。“中国凤城”的建设是一个具有巨大的经济和社会效益的项目，中国凤城也是中国和阿联酋两国友好合作与交流的又一体现。它将成为中国企业目前在海外投资最大、规模巨大、品质最优、品种最多、功能最齐、配套最全、服务最佳的中国商品全球采购中心与交易平台。[③] ④2013 年阿联酋新华侨经济社区发展面临不稳定因素，包括投资风险和安全问题以及来自地区层面上的叙利亚局

---

① 迪拜 MIE 展览集团：《2012 上半年中阿非石油贸易额 93.3 亿美元》，http://blog.sina.com.cn/s/blog_70ddb149010156jz.html。

② 《中阿贸易今年有望再突破》，《解放日报》，http://www.mofcom.gov.cn/aarticle/i/jyjl/k/201204/20120408056453.html，2012 年 4 月 8 日。

③ 《中国凤城——中国和阿拉伯联合酋长国经贸合作重大成果》，浙江在线，http://zjnews.zjol.com.cn/05zjnews/system/2012/02/07/018181851.shtml。

势失控和伊朗局势恶化。2013 年中东北非地区形势，如同 2011 年发生“阿拉伯之春”以来的地区形势一样，仍然由动荡板块、过渡板块和稳定板块 3 部分组成。叙利亚、伊朗处于动荡板块，埃及等国家处于过渡板块，海合会经济体六国处于稳定板块。海合会经济体（包括阿联酋）处于动荡板块和过渡板块的包围之中，稳定板块的经济发展将会受到动荡板块、不稳定的过渡板块形势变化的影响。

东帝汶[1]

东帝汶是世界上最年轻的国家，2002年取得独立。中国是第一个与东帝汶建立正式外交关系的国家。根据不同的统计数据，东帝汶有华侨华人1万~2万余名，占该国人口的2%，其中2002年以后到达东帝汶的新侨约为6 000人。2002年东帝汶独立后，新侨民和中国公民开始大量在东帝汶经商。2012年东帝汶举行了第三次全国大选，联合国驻东帝汶综合特派团和国际稳定部队撤离了东帝汶。受2012年东帝汶政治经济形势变化的影响，预计今后中国商人赴东帝汶经商将受到限制，但华人资本和中国资本到东帝汶投资将受到欢迎。

一、东帝汶基本国情

东帝汶地处东南亚，是世界上最年轻的国家，其发展历程非常曲折，先后经历了葡萄牙殖民、1975年短暂独立、印尼入侵、1998年再次独立和2002年建国。基本国情见表1。

表1　东帝汶概况

国家全名	东帝汶民主共和国 （简称东帝汶）	人口数量	1 143 667。年增长率达2.41%，人口密度为71.5人/平方公里。(2012年预测值)
地理位置	东帝汶位于东南亚努沙登加拉群岛最东端，包括帝汶岛东部和西部北海岸的欧库西地区以及附近的阿陶罗岛和东端的雅库岛。西部与印尼西帝汶相接，南隔帝汶海与澳大利亚相望。经纬度：南纬8°50′，东经125°55′	华侨华人数量	1万~2.1万②
领土面积	14 609平方公里	华人所占比例	2%
政体	多党制议会制共和制	主要民族	78%为土著人（巴布亚族与马来族或波利尼西亚族的混血人种），20%为印尼人，2%为华人

① 本文的写作得到了中国驻东帝汶大使馆领事部赵守圣随员和东帝汶在华留学生苏雷（Gustavo Soares）的热心帮助，为笔者提供了一些东帝汶华侨华人的最新情况，在此一并致谢。

② 亚洲开发银行和美国CIA的数据显示东帝汶华侨华人数量为2万余人，我国驻东帝汶大使馆的数据显示目前东帝汶的华侨华人约为1万人，其中6 000多人为2002年以后到达东帝汶的新侨。

（续上表）

执政党	2012 年 8 月议会大选后，大会党获 30 席成为议会第一大党，与获 8 席的民主党和获 2 席的革新阵线联合组阁执政	国内生产总值 GDP	44.66 亿美元（官方汇率计算，2011 年），95.07 亿美元（PPP 衡量，2011 年）
国家元首	现任总统陶尔·马坦·鲁阿克（Taur Matan Ruak，2012 年 5 月 20 日当选，每届 5 年）	GDP 经济增长率	10.6%（2011 年）
政府首脑	现任总理凯·拉拉·夏纳纳·古斯芒（Kay Rala Xanana Gusmao，2007 年 8 月 8 日任总理，2012 年 8 月 8 日连任）	通货膨胀率	13.5%（2011 年）
官方语言	德顿语（Tetum）和葡萄牙语为官方语言，印尼语和英语为工作语言	失业率	18.4%（2010 年）
首都	帝力（Dili），位于帝汶岛东北海岸，人口约 23.4 万，是全国政治、经济和文化中心。据估计，东帝汶 80% 以上的经济活动在此进行	人均国内生产总值	4 086 美元（官方汇率计算，2011 年），8 700 美元（PPP 衡量，2011 年）

资料来源：编译整理自亚洲开发银行数据库，https://sdbs.adb.org/sdbs/index.jsp；CIA，*The World Factbook*，https://www.cia.gov/library/publications/the-world-factbook/index.html。

二、东帝汶与中国的关系

（一）官方往来

中国是 2002 年 5 月东帝汶独立后第一个与东帝汶建立正式外交关系的国家。在此之前，中国已与东帝汶建立了正式往来渠道。1999 年 8 月东帝汶全民公决宣布东帝汶独立后，联合国安理会同年 9 月通过决议向东帝汶派驻维和部队，中国政府宣布将派遣维和警察参与东帝汶维和。2001 年 1 月中国向东帝汶派出 15 位维和警察；同年 9 月中国任命前驻莫桑比克大使邵关福为中国驻东帝汶代表处代表（大使衔）。

建交后，双方往来频繁。东帝汶总统、总理、副总理、各部部长、各主要政党负责人都先后一次或多次访华。中方先后访问东帝汶的有政协副主席，外交部长、副部长，中联部副部长及国防部官员等。① 双方还先后签署了经济技术合作协定、援助协定、医疗农业

① 2002 年 5 月 20 日中、东两国建交，唐家璇外长率中国政府代表团出席东帝汶独立庆典，并与奥尔塔外长签署两国建交联合公报。建交以来，两国关系发展顺利，各领域友好合作不断加强。2003 年 9 月，阿尔卡蒂里总理应邀正式访华。2004—2008 年，外交部副部长吕新华、武大伟，中联部副部长蔡武等先后访东。2005 年 11 月，夏纳纳总统赴北京出席“2005 年全球工商领导人论坛”，曾庆红副主席会见。2009 年 5 月，东外长科斯塔正式访华，习近平副主席会见，杨洁篪外长与科会谈；10 月，夏纳纳总理应邀出席第 10 届中国西部博览会并顺访中国，温家宝总理会见。2010 年 4 月，副总理古特雷斯出席博鳌亚洲论坛，习近平副主席会见；7 月，中方宣布从 2010 年 7 月起逐步对东输华产品实施零关税待遇；10 月，夏纳纳总理应邀出席上海世博会高峰论坛开幕式和上海世博会闭幕式，温家宝总理会见；11 月，奥尔塔总统出席中国—葡语国家经贸合作论坛第三届部长级会议开幕式，温家宝总理会见；11 月，古特雷斯副总理出席广州亚运会开幕式。2011 年 6 月，全国政协副主席、前澳门特区行政长官何厚铧和商务部副部长蒋耀平先后率团访东；9 月，全国政协副主席李金华应邀访东；9 月，奥尔塔总统赴南宁出席亚洲政党专题会议，周永康同志会见；10 月，国防部外办主任钱利华访东。2012 年 5 月 17—20 日，胡锦涛主席特别代表、全国政协副主席王志珍抵东访问，期间出席了新总统就职仪式和东恢复独立 10 周年庆典以及中、东建交 10 周年招待会。中国集邮总公司还发行了纪念中、东建交 10 周年纪念封。

教育合作等方面的协定。2012 年双方还举行了庆祝建交 10 周年的系列纪念活动。

（二）经贸关系

1. 贸易

中国与东帝汶建交以来，双边贸易快速发展。双边贸易额从 2002 年建交之初的 100 万美元增长至 2011 年的 7 200 万美元，增长了 70 多倍（见表 2）。2011 年东帝汶全年的进出口总额为 3.2 亿美元[①]，中国—东帝汶双边贸易占东帝汶全年进出口总额的 22.5%。

表 2　中国—东帝汶双边贸易额　　（单位：万美元）

年份	2003	2004	2005	2006	2007	2008	2009	2010	2011
进出口总额	107	171	127	1 675.8	950.7	200	2 328	4 533	7 200
中国出口	107	171	127	579.4	945.8	200	2 326	4 283	/
中国进口	0	0	0.1	1 096.4	4.9	0	2	250	/

资料来源：商务部国际贸易经济合作研究院，商务部投资促进事务局，中国驻东帝汶大使馆经济商务参赞处：《对外投资合作国别（地区）指南——东帝汶》，2011 年版。

为进一步促进两国经贸合作，中国从 2010 年 7 月起对东帝汶输华产品逐步实施零关税待遇。2012 年 10 月，中国对原产自东帝汶的 95% 的产品给予零关税待遇。[②] 预计随着东帝汶国内经济的复苏和发展，双边的贸易，特别是工业制成品的贸易额还会进一步增长。

2. 投资

1999 年以来，东帝汶先后发生了两次大规模骚乱，国内安全环境也一直欠佳，再加上东帝汶经济基础薄弱，东帝汶的外国直接投资也一直较少。2002—2006 年，外商直接投资为零，此后外商直接投资才渐趋增多，2009 年达到最高峰 4 993 万美元，2010 年为 2 695 万美元，东帝汶进行的外商直接投资无论从绝对额还是其占 GDP 的比例来看都较小（见表 3）。

表 3　东帝汶外商直接投资（FDI）情况

年份	FDI 净流入（百万美元）	FDI 净流入占 GDP 百分比（%）
2006 年	8.48	0.31
2007 年	8.7	0.3
2008 年	39.7	0.9
2009 年	49.93	1.52
2010 年	26.95	0.65

数据来源：亚洲开发银行数据库，http://www.adb.org/data/statistics。

① 《国研网统计数据库》，http://data.drcnet.com.cn/web/OLAPQuery.aspx?databasename=WorldEconomy&cubeName=IMF_Country&channel=51。

② 2012 年 10 月 25 日，中、东双方签署了《中国关于给予原产东帝汶 95% 产品零关税待遇的换文》。参见中国驻东帝汶大使馆：《中国驻东帝汶大使田广凤与东外长古特雷斯签署两国政府间经济技术合作协议》，http://www.fmprc.gov.cn/chn/gxh/tyb/zwbd/t982428.htm。

中国对东帝汶的投资也较少。据中国商务部统计，截至2009年底，中国对东帝汶的实际投资额为45万美元，2010年中国对东帝汶无直接投资。[①] 据中国前驻文莱大使刘新生估计，目前中国对东帝汶的投资总额约为2 000 万美元，主要是国内个体商人和私营企业在东帝汶进行投资兴业，并集中在酒店、加油站、超市、渔业、餐饮、酒吧、砖厂、建材五金等领域。[②] 中国对东帝汶较大的投资是2002年中石油在东帝汶进行陆上油气资源非地震勘探，实际投资额约为150万美元，目前此项目并没有取得实质性进展。

3. 工程承包

中国对东帝汶的大量援建和东帝汶基础设施落后为中国公司在东帝汶的工程承包创造了条件。目前中国核工业第二二建设有限公司中标的东帝汶国家电网是东帝汶建国以来最大的基建项目。该项目合同总金额为3.6亿美元，包括建设3座重油发电站。[③] 目前在东帝汶注册的中国工程承包公司有山东对外经济技术合作集团公司、中国核工业第二二建设有限公司和重庆对外建设总公司。

此外，电信领域的合作也在逐步开展，目前中国中兴通讯和华为通信都在东帝汶开展业务。中国中兴通讯目前正与东帝汶电信合作在东帝汶全国各地推出第三代（3G）手机，中兴通讯将为东帝汶电信扩展已有的GSM网络，完成全国范围内的覆盖，并同时提供基于WCDMA技术的数据接入服务。[④]

（三）援建与援助

援建与援助是中国与东帝汶关系的亮点和支柱之一。整体而言，东帝汶建国以来，葡萄牙、澳大利亚、日本是对东帝汶援助金额最大的三个国家，但中国对东帝汶的援助也有其自身的特点。

1. 援建成套项目

东帝汶建国以来，截至2012年底，中国共向东帝汶援建了7项大型成套项目（见表4），解决了东帝汶建国初期基础设施亟待改善的问题，其中很多项目已经成为东帝汶的地标性建筑。中国援建的7套项目包括东帝汶外交部、总统府、国防部、外交学习中心等标志意义强的大型建筑，7个项目的援建金额合计约2.5亿元人民币。

---

① 商务部国际贸易经济合作研究院、商务部投资促进事务局、中国驻东帝汶大使馆经济商务参赞处：《对外投资合作国别（地区）指南——东帝汶》（2011年版）。

② 刘新生：《平等相待　真诚友好——中国与东帝汶建立外交关系10周年回顾与展望》，《东南亚纵横》2012年第5期。

③ Antonio Freitas, Joao Evangelista, "China's Foreign Aid and Constructive Engagement Policy in Timor-Leste", Dili Institute of Strategic and International Studies Working Paper.

④ 澳门投资促进局：《中国中兴通讯为东帝汶引入3G手机》，http://www.ipim.gov.mo/worldwide_partner_detail.php?tid=11390&type_id=1287。

表 4　中国援建东帝汶成套项目

签约时间	项目	造价
2001 年	外交部办公楼	约 700 万美元
2003 年	总统府办公楼	约 600 万美元
2005 年	国防部和国防军司令部办公楼项目	约 5 500 万人民币
2006 年	100 套军人住宅	约 900 万美元
2007 年	军人住宅防洪工程	
2008 年	中国—东帝汶友谊小学	——
2010 年	外交学习中心	2000 万人民币

资料来源：中国驻东帝汶大使馆网站；中国对外开放 30 周年回顾展筹备工作办公室编：《中国对外开放 30 周年回顾展：双边经贸合作大事记》，2008 年版。

2. 无偿援助以物资援助为主

东帝汶独立后，中国向东帝汶提供了大量的无偿援助，根据公开资料整理，1999—2012 年，中国共向东帝汶提供无偿援助 25 次（见表 5）。中国对东帝汶的援助以物资援助为主，在 25 次援助中，资金援助 1 次，即 2009 年 10 月援助东帝汶 3 000 万人民币，其他的 24 次援助皆为物资援助。

3. 中方对东帝汶的援助关注民生和提高其自我发展能力

通过对历年来中国对东帝汶援助的分析，我们可以发现，中国对东帝汶的援助集中在民生领域。在所有援助中，中国对东帝汶的援助仅大米一项就达 13 160 吨。此外中国的援助还包括食用油、抗疟疾药物、蚊帐、毛毯等直接改善东帝汶民生的物资（见表 5）。

中国对东帝汶援助的另一个特点是力图通过援助来提高东帝汶的自主发展能力。在中国援助东帝汶的物资中，农机、农具、渔具、警用设备等占有相当大的比重（见表 5）。这些设备将直接有利于提高东帝汶的农业和渔业的发展水平，解决东帝汶面临的粮食短缺问题。其中警用设备则将有利于提高东帝汶警察维护社会稳定的能力，保证东帝汶的安全和稳定。

4. 中国对东帝汶援助的主体多元化

近年来，中国对东帝汶的援助除了由中国中央政府提供之外，中国驻东帝汶大使馆、中国驻东帝汶维和警队、东帝汶中资公司、东帝汶华侨和中国地方政府都为东帝汶提供了不同数量的援助。援助的对象不仅包括东帝汶政府也包括东帝汶的慈善组织等。援助主体和对象的多元化有助于提高援助的效率。

表 5　中国向东帝汶提供的援助物资一览表

时间	援助物品	备注
1999 年 12 月	160 吨大米、31.5 吨食用油	
2001 年 2 月	150 台手扶拖拉机、30 台中型拖拉机、3 台挖掘机、100 台各种小农机	
2001 年 7 月	渔具一批	
2001 年 12 月	农具农药类物资一批	
2003 年 12 月	价值 50 万元人民币的大米和食用油	
2005 年 9 月	价值 300 万元的警服和通讯器材	
2006 年 3 月	4 500 吨大米和 50 吨食用油	
2006 年 9 月	500 吨大米	
2007 年 6 月	3 000 吨大米	
2007 年 6 月	轮椅一批	
2008 年 1 月	向东帝汶外交部大楼提供部分家具	
2008 年 6 月	价值 50 万元的抗疟疾药品	
2009 年 8 月	电视机	中国大使馆捐赠
2009 年 10 月	中方将向东提供 3 000 万元人民币无偿援助	
2009 年 12 月	3 000 美元、电视机、百余套儿童学习用品以及若干书籍	驻东帝汶大使夫人向东总理夫人、东慈善机构阿罗拉基金会主席捐赠
2009 年 12 月	5 千千瓦发电机	中国核工业第二二建设有限公司捐赠
2010 年 4 月	缝纫机一批	东帝汶总理夫人领导的慈善机构 ALOLA 基金会执行主任 Alita 女士
2010 年 4 月	10 台农用汽车和 30 台手扶拖拉机	四川省赠送
2011 年 4 月	5 000 吨大米	
2011 年 5 月	1 辆救护车	东帝汶侨胞黎秀鹏（中华商会会长）以个人名义向东帝汶捐赠
2011 年 6 月	5 万条毛毯	
2011 年 7 月	打稻机、喷雾器、镰刀、锄头等农业器械	中国隆平高科赠送
2011 年 7 月	2 000 顶蚊帐	驻东帝汶大使夫人代表驻东帝汶大使馆向东帝汶阿罗拉（Alola）慈善基金会捐赠
2012 年 3 月	9 套安检设备	
2012 年 7 月	向东帝汶 Alma 修道院残障儿童康复中心捐建教室	建设费用近 1 万美元，由第十六批维和警队队员从个人工资中捐出

资料来源：中国驻东帝汶大使馆网站；中国对外开放 30 周年回顾展筹备工作办公室 编：《中国对外开放 30 周年回顾展：双边经贸合作大事记》，2008 年版。

（四）军事合作与维和

东帝汶是中国首个也是首次派出维和警察参与联合国维和行动的国家。2000 年 1 月，中国第一次派遣 15 名维和警察参与联合国的东帝汶维和行动。2000 年 8 月，中国公安部成立中国维和警察培训中心。2000—2012 年，我国共向东帝汶派遣维和警察 17 批，共计 319 人[①]，中国派驻东帝汶的维和警察人数在中国维和警察派驻的 7 个任务区中居第二位，仅次于中国驻海地维和警察的人数[②]。

中国与东帝汶双方的军事合作目前主要包括军事人员培训和武器交易。2007 年东帝汶从中国购买了 8 辆军用吉普车，随后又向中国购买了价值 2 500 万美元的两艘“上海级”巡逻艇[③]，两项共计约 3 000 万美元。目前双方也开展了军事人员培训方面的交流。

（五）教育培训

在教育培训方面，中国主要以两种形式向东帝汶提供支持。第一种方式是为东帝汶的公务员和其他专业技术人员提供赴华研修和培训的机会，支持东帝汶政府的能力建设。截至 2012 年，已有 800 余名东帝汶公务员和技术人员赴华接受培训，培训内容涉及管理、旅游、城市规划、贸易投资、热带病防治、基础设施建设、减贫、渔业、小水电等领域。[④]第二种方式是为东帝汶学生提供中国政府奖学金，以支持其赴华进行全日制学习。目前，中国每年为东帝汶提供 6 个政府奖学金名额，截至 2012 年，已有 30 名东帝汶学生通过中国政府奖学金赴华深造，其中 7 人已毕业回国。

（六）医疗农业合作

在医疗合作方面，中国从 2004 年开始派出医疗队赴东帝汶进行医疗援助。截至 2012 年，派出了 4 批中国医疗队共 50 余名医生，为 15 万余名东帝汶患者提供医疗救治服务。[⑤] 2012 年第五批医疗队也已到达东帝汶。

在农业合作方面，中国从 2008 年开始派遣农业专家来东帝汶进行杂交水稻示范种植。据中国驻东帝汶大使馆介绍，中国援助的东帝汶杂交水稻项目实施 4 年以来，种植面积不断扩大，已逾 800 公顷，单产均在 7 吨以上，接受种植技术培训的农民达到 1 200 人次。[⑥]

农业和医疗方面的合作与援助除了能够使东帝汶人民直接受益、提高东帝汶的自主发展能力外，还为两国的友好关系打下坚实的民意基础。

---

① 根据中国驻东帝汶大使馆和中国维和警察网的数据整理，详情参见中国维和警察网，http：//www.mps.gov.cn/n16/n983040/n1372264/index.html 。

② 目前中国共在 7 个国家派驻维和警察参与联合国维和，按照时间顺序分别是：东帝汶、波黑、利比里亚、海地、科索沃、苏丹、阿富汗，其中中国派驻海地的维和警察人数最多，截至 2010 年 1 月，人数已达到 1 057 人次。

③ Antonio Freitas，Joao Evangelista，“China's Foreign Aid and Constructive Engagement Policy in Timor-Leste”，Dili Institute of Strategic and International Studies Working Paper.

④ 田广凤：《睦邻友好树典范，中、东关系谱新篇》，中国驻东帝汶大使馆网站，http：//tl.chineseembassy.org/chn/3/t931855.htm。

⑤ 田广凤：《睦邻友好树典范，中、东关系谱新篇》，中国驻东帝汶大使馆网站，http：//tl.chineseembassy.org/chn/3/t931855.htm。

⑥ 《田广凤大使出席我援东杂交水稻技术观摩会暨收割仪式》，中国驻东帝汶大使馆经商参处网站，http：//easttimor.mofcom.gov.cn/aarticle/jmxw/201207/20120708233689.html。

三、东帝汶侨情

（一）东帝汶华侨华人简史

早在 14 世纪，中国就已从东帝汶输入檀香木，善于经营的华人成为有史可稽的最早赴帝汶岛进行贸易的商人。① 近代以来，随着“下南洋”而来的一部分华人也开始在东帝汶生活。19 世纪以后，大量中国移民涌入东帝汶。许多人把中文普通话作为文明用语，把客家话作为日常用语，把帝汶岛的语言作为商业用语。② 20 世纪 70 年代以前，葡萄牙统治东帝汶时期，在东帝汶生活着 3 万多华人。③ 随着 70 年代印尼对东帝汶的占领，大部分华人陆续离开，主要迁往澳大利亚的悉尼、墨尔本、达尔文、凯恩斯等地居住，逐步形成澳大利亚的东帝汶华人群体，并建立起帝汶华人联谊会等侨社组织。1974 年以前，东帝汶的华人主要受台湾地区的影响，在当地从事零售业和咖啡出口。④ 1974 年之后，东帝汶地区的华人与中国大陆的联系逐步增多。

“二战”以来，在东帝汶追求民族独立的过程中，东帝汶华侨华人与当地人民并肩战斗，也作出了巨大的贡献。2012 年 9 月，东帝汶中华商会在帝力华人公墓树立的“东帝汶争取民族独立运动中遇难华人同胞纪念碑”中就记载了第二次世界大战以来包括印尼入侵时期殒殁的有名可查的 121 位华人及众多无名氏碑铭。⑤

2002 年东帝汶独立以来，逐步有部分来自中国福建和河南的新华侨赴东帝汶谋生。2006 年，东帝汶发生骚乱，中国政府组织 243 名旅居东帝汶的侨胞撤离。目前，东帝汶局势已基本稳定。2012 年 10 月 31 日，主要由维和警察组成的联合国综合特派团向东帝汶警察局移交权力，由澳大利亚领导的国际稳定部队（ISF）也在 2012 年底撤离东帝汶。自此，联合国在东帝汶长达 10 余年的维和与临时行政支持任务已全部完成，国际武装力量完全撤离东帝汶。

（二）华侨华人与当地民族关系

东帝汶的民族构成中 78% 为土著人（巴布亚族与马来族或波利尼西亚族的混血人种），20% 为印尼人，2% 为华人。华侨华人总数为 2 万余人，其中 2002 年以后到达东帝

---

① 刘新生：《平等相待　真诚友好——中国与东帝汶建立外交关系 10 周年回顾与展望》，《东南亚纵横》2012 年第 5 期。

② 东帝汶驻中国大使馆：《走进东帝汶》，北京：世界画报出版社 2008 年版，第 38 页。

③ 《旅东华人隆重举行“东帝汶争取民族独立运动中遇难华人同胞纪念碑”揭幕仪式》，中国驻东帝汶大使馆网站，http：//tl. chineseembassy. org/chn/xwdt/t971931. htm。

④ Nuno Canas Mendes，“The Dragon and the Crocodile：Chinese Interests in East Timor”，*Portuguese Journal of International Affairs*，Spring 2009.

⑤ 《旅东华人隆重举行“东帝汶争取民族独立运动中遇难华人同胞纪念碑”揭幕仪式》，中国驻东帝汶大使馆网站，http：//tl. chineseembassy. org/chn/xwdt/t971931. htm。

汶的新侨和中国海外公民共 6 000 余人。[①]

华人在当地属于少数民族，与当地主体民族的关系较为融洽。现任东帝汶驻华大使张芬霞就有华裔血统，此外，当地华侨华人也对当地社会多有贡献。2011 年澳大利亚维多利亚州帝汶华人联谊会向东帝汶国立医院捐赠车辆，2012 年东帝汶中华商会会长黎秀鹏以个人名义向东帝汶捐赠救护车一辆。东帝汶对华实行落地签证政策，因此近年来赴东帝汶的中国公民不断增多且多从事经商活动。由此带来了两个问题：第一，东帝汶移民当局对持普通护照入境的中国公民严格审查，经常有中国公民因有移民倾向、从事不正当行业的工作或随身携带现金不足而被拒绝入境；第二，东帝汶当局为保护本地商业，2011 年要求帝力传统市场的华人商铺限时搬走。

（三）华侨华人经济

目前，在东帝汶的华侨华人多以经营超市、餐饮、建材、汽车销售、加油站等服务行业为主。东帝汶的私营经济充溢着华人的味道。[②] 目前在东帝汶的中国公民人数在逐年增长，大部分来自福建、河南等地，主体是来自福建福清和平潭。他们往往是以家族或同乡关系来东帝汶经商或者打工。

近年来，东帝汶政府一直在对传统市场进行整顿，加强了对小商贩的管控力度，因此华人以零售业为主的经济预计将会受到一定的影响。此外，在 1975—1998 年印尼占领东帝汶期间，部分东帝汶华侨华人移民澳大利亚等其他国家，随着东帝汶形势的稳定和经济的发展，这部分华侨华人可能再赴东帝汶投资。

（四）华侨华人社团

目前在东帝汶得到政府认可的华侨华人社团组织有两个，分别是东帝汶中华商会和东帝汶华商联合会。

东帝汶中华商会始建于 1912 年，以弘扬中华传统文化、维护会员合法权益、增进民间交往与友谊、促进当地经济发展为宗旨。中华商会在印尼占领时期被迫关闭，于 2003 年恢复活动。目前，华商会有会员约 500 人。东帝汶中华商会每年年底前都举行慈善活动，由侨领和华商自愿募捐，资助当地贫困华人。

东帝汶华商联合会是 2012 年 12 月新成立的华人社团，东帝汶议会第一副议长、社会救济部长、旅游和文化部长等东帝汶政要都参加了成立仪式。其宗旨是维护侨界团结和侨胞合法权益，引导侨胞遵纪守法、诚信经营，积极融入当地社会，促进中、东经贸往来和双边友好。

除中华商会外，东帝汶还有一个佛教协会，主管一个华人庙宇——关帝庙，并经常举

---

① 关于东帝汶的华侨和中国海外公民人数没有确切的统计数据。2004 年国务院侨办网站公布的资料称东帝汶的华侨华人约为 1 500 人；2006 年东帝汶撤侨时，当时中国驻东帝汶大使馆统计的中国在东帝汶公民和华侨为 500 余人；东帝汶留学生马提丝在其硕士学位论文《中国对外援助及其对东南亚发展的影响：中国—东帝汶关系的案例分析（2002—）》中认为中国在东帝汶的华侨和海外公民为 1 000 ~ 3 000 人；中国第十六支赴东帝汶维和警队队长陈枫在 2012 年接受记者采访时称，东帝汶“新侨”为 2 000 ~ 3 000 名。笔者在写作本文的过程中曾向中国驻东帝汶大使馆领事部赵守圣随员咨询华侨华人数量，据他介绍当前东帝汶华人规模约 500 户 3 000 人。新侨自 2002 年后陆续来东，现规模为 6 000 人左右。

② 东帝汶驻中国大使馆：《走进东帝汶》，北京：世界画报出版社 2008 年版，第 40 页。

办一些宗教活动。

（五）华文教育、媒体和宗教信仰

1974 年，在印尼占领东帝汶之前，东帝汶境内有 14 所华文小学，在帝力有 1 所华文中学。大多数的课程是由台湾教师用汉语普通话授课。① 当时全东帝汶 13 个县每个县都有华文学校。华文教育较为普遍，甚至在东帝汶的货币上都有华文。据东帝汶中华商会前会长符孝勤介绍，帝力中华学校 1974 年有学生 1 200 名，全是华人子弟。② 1975 年印尼占领东帝汶后，华文学校均被当局关闭，华人子弟失去了系统学习中华文化的机会。东帝汶建国后，一些华人有识之士倡议恢复过去的帝力中华学校。以中华商会为首，华人已向政府递交了申请，希望能将原来的校址交还华人，重开华文学校。③ 目前东帝汶开办了一些华文补习班。

目前东帝汶没有华文媒体。华人宗教的标志——关帝庙在东帝汶也有存在，东帝汶首都帝力市的关帝庙始建于 1936 年，由当地华人捐资修建，目前华人和当地人都时有参拜。

（六）新华侨华人移民

东帝汶的老华人大多在当地出生，属于第二代或第三代，很多是华人与当地人混血的后代。东帝汶的新华侨华人主要是指改革开放之后，特别是 2002 年东帝汶建国之后移民东帝汶的华侨华人，目前关于该群体的数量没有确切的数据，大致数量在 6 000 人左右。与“新侨”相比，“老侨”在东帝汶生活时间较久，很多已经是第二代或者第三代华人。他们熟知东帝汶国情民情，很多人已经与当地人通婚，已基本融入了当地社会。“老侨”普遍比当地人生活水平高，受到当地人的尊重。④

在东帝汶的中国海外公民和东帝汶新华侨主要来自中国的福建和河南等地，从事零售业。他们来东帝汶的时间大都不到 10 年，不太会说当地通用的葡萄牙语和德顿语，与当地人沟通交流不畅。他们也不太懂得东帝汶的风俗习惯，融入当地主流社会面临较大困难。

目前，在东帝汶的中国公民和新华侨存在的主要问题包括：落地签证收紧，中国公民被拒绝入境人数增多；非法务工和移民倾向；东帝汶政府为保护本国中小商人，开始限制中国商人在东帝汶经商。

（七）华社领袖

东帝汶有两个主要社团：东帝汶中华商会和东帝汶华商联合会。华社领袖主要有中华商会前会长叶钢书。叶钢书系澳大利亚太平绅士、梅州市荣誉市民、澳洲松叶集团董事长，20 世纪 20 年代出生于梅县松口。14 岁（1939 年）时离开家乡远赴东帝汶经商，在

---

① 东帝汶驻中国大使馆：《走进东帝汶》，北京：世界画报出版社 2008 年版，第 38 页。

② 《东帝汶见闻：随东帝汶历史命运起伏的华人》，中新社，http：//news. xinhuanet. com/overseas/2005 – 07/05/content_3176504. htm。

③ 《东帝汶见闻：随东帝汶历史命运起伏的华人》，中新社，http：//news. xinhuanet. com/overseas/2005 – 07/05/content_3176504. htm。

④ 《中国“新华侨”勇闯东帝汶》，参考消息网，http：//www. overseasreview. com/timor – lorosae. html。

东帝汶经商期间，曾从事酒厂、布料、咖啡等小生意，因印尼占领东帝汶，1975 年移民澳大利亚。①

中华商会荣誉会长符孝勤在东帝汶算是第二代华商，当年其父由新加坡移民东帝汶，祖籍地是海南博鳌，主要从事超市、建材及汽车代理方面的生意。

中华商会现任会长为黎秀鹏。东帝汶著名的中央饭店负责人谢灼贤也是华商。此外，20 世纪 70 年代移居澳大利亚的部分华商目前也在东帝汶开始重新投资经商。

东帝汶华商联合会为最近成立的一个以新侨为服务对象的社团组织，会长为何义（爱尔兰籍华人，长期居住在新加坡），副会长为陈振光。

四、东帝汶政治经济形势变化对华侨华人的影响

2012 年东帝汶政治经济发生了巨大的变化，具有重大影响的事件有两件：一件是 2012 年东帝汶举行的第三轮全国大选顺利平稳地实现了总统的变更和政府的连任。原总统、诺贝尔和平奖得主霍达（Jose Ramos-Horta）竞选连任失败，东帝汶原国防军司令陶尔・马坦・鲁阿克（Taur Matan Ruak）当选总统。现任总理凯・拉拉・夏纳纳・古斯芒（Kay Rala Xanana Gusmao）领导的大会党再次击败第一大在野党革命阵线党，联合其他政党组阁实现连任。新任总统的竞选纲领主要包括减贫、创造就业和权力下放。而另一件对东帝汶政治经济形势产生重大影响的事件是负责维和的联合国东帝汶综合特派团和澳大利亚领导的国际稳定部队，完成了 6 年多的预定任务，撤离东帝汶。东帝汶的安全和国防完全由自己负责。

这两个事件对东帝汶华侨华人的影响主要体现在以下几个方面：第一，以零售和其他小商业为主的新华侨和中国在东帝汶的公民的经济将受到负面影响。新华侨和东帝汶独立后赴东帝汶的中国公民大多在东帝汶从事以商业为主的服务业，而且主要集中在首都帝力。由于东帝汶整体消费水平偏低，而联合国工作人员和国际维和部队人员是维持商业繁荣的主要高端客户群。所以当他们撤离后，不仅直接流失了这一高端客户群，而且之前依靠为这一人群提供辅助服务而获得收入的东帝汶人的收入也直接受到影响，进而影响到其消费水平。正是在这一背景下，东帝汶政府开始限制外国人在本国从事零售业。第二，东帝汶失业率高企和贫困问题严重将会使东帝汶政府进一步限制中国公民赴东帝汶经商和务工，并有可能出台较为严厉的制裁措施。第三，2012 年大选的结果是总统变更、总理连任，这表明今后 5 年东帝汶的内外政策将是稳中有变。身为诺贝尔和平奖得主的前总统寻求连任失败，说明经历独立 10 年后，东帝汶选民更为关注生活的改善问题。外国投资将是尽快改善民生所必需的。预计东帝汶将更欢迎来自中国的投资，华人资本可以寻求在东帝汶投资的机会。

五、东帝汶侨情发展预测

2002 年以前东帝汶的“老侨”有一部分已经移民他国，另一部分已经在当地同化。

---

① 《搏击风浪的移民企业家——记澳洲太平绅士、澳洲松叶集团董事长叶钢书先生》，客家文化数据库，http://sglyj.meizhou.gov.cn/modules/data/article.php?storyid=245。

2002 年东帝汶独立以来，来自中国的新华侨和海外公民开始赴东帝汶经商，目前他们主要是通过族亲和同乡关系来东帝汶经商。随着东帝汶对华落地签政策的收紧和保护本国商贩政策的出台，预计未来到东帝汶经商的新华侨和中国公民将受到限制。目前在东帝汶的6 000多个新华侨和中国公民将面临转型的压力，要么发展壮大，要么可能不得不退出东帝汶市场。

东帝汶当前经济发展落后，贫困和失业是当前东帝汶政府面临的主要挑战，而国家发展畸形，依赖石油收入将是东帝汶政府面临的长期挑战。在这样的背景下，预计东帝汶将欢迎华侨华人和中国公民来东帝汶投资，发展本国的加工业、旅游业和进口替代工业，华人资本在东帝汶将受到欢迎。此外，东帝汶当前正在与澳大利亚就油气资源加工进行谈判，如果双方同意将部分海上油气资源通过管道运往东帝汶本土进行加工，油气资源加工利用也将是中国企业在东帝汶的“可为之地”。

菲律宾

2012年菲律宾经济发展态势良好，政治形势基本稳定。因为南海问题和黄岩岛冲突，中菲双边关系降到低谷，菲律宾对华政策继续调整，尽管不会危及华人在菲律宾社会的生存，但对华人社会造成了一定的压力。2012年菲律宾的社会治安不稳定，绑架和枪杀案较过去有回升迹象，部分华人和中国公民也成为受害者。在华社的努力以及中国的支持下，菲律宾华文教育处于缓慢但持续发展的阶段中。中国人是菲律宾最大的外国人团体，中国新移民社会仍在持续成长。

一、2012年菲律宾政治经济形势

（一）菲律宾基本国情

表1　菲律宾概况

国家全名	菲律宾共和国	地理位置	亚洲东南部	领土面积	30万平方公里
首都	马尼拉	官方语言	英语、他加禄语	主要民族	他加禄人、宿雾人、伊洛戈人等
政体	总统制	执政党/主要反对党	自由党/民族主义人民联盟	现任国家元首/政府首脑	贝尼尼奥·西米恩·阿基诺三世
人口数量	9 775万	华侨华人人口数量	145万左右	华侨华人占总人口比例	1.5%左右
GDP	2 396亿美元	CPI	3.9%	失业率	6.8%

主要数据来源：菲律宾 National Statistical Coordination Board。

（二）人口与社会

菲律宾人口庞大，增长迅速。根据菲律宾人口委员会2012年的估计，菲律宾人口在2012年达到9 775万。① 另据美国中央情报局2012年6月的估计，其人口已达103 775 002，

① 引自菲律宾人口委员会（Commission on Population）网站，http：//www.popcom.gov.ph/。

为世界第十二大人口大国。[①] 2002 年菲律宾的人口为 7 649 万,[②] 10 年间增加了 2 100 万，按照这一增长速度，菲律宾的人口规模极有可能在数年之内超过墨西哥和日本。

菲律宾是一个无论在种族、语言还是宗教上都非常多样化的国家，菲律宾前总统马科斯的夫人伊梅尔达如此形容菲律宾：“菲律宾处于战略位置——它既是西方的又是东方的，既是左派又是右派，既富有又贫穷……我们既不在这又不在那。”[③] 菲律宾人以马来人种为主（85% 以上），又可进一步细分为他加禄人（Tagalog）、宿雾人（Cebuano）、伊洛戈人（Ilocano）、米沙鄢人（Bisaya/Binisaya）、希利盖农人（Hiligaynon Ilonggo）等少数族群。天主教和伊斯兰教是菲律宾人的主要宗教信仰，两者的教徒分别占总人口的 82.9% 和 5%，另外还有为数不少的基督教徒。[④]

（三）经济形势

2012 年菲律宾的经济表现抢眼，全年 GDP 增长 6.6%，国民收入增长 5.8%，其中服务部门，如交通、储藏、通讯、金融仲裁、房地产、租赁等取得连续五个季度的增长。按当前物价计算，和 2011 年第三季度相比，菲律宾服务业增长了 11.1%，工业增长 8.7%，农业、渔业、森林业和捕猎增长 4.1%[⑤]，而服务外包业（BPO）更是取得了飞速发展[⑥]。受惠于经济增长，菲律宾的股市表现出色，比索币值坚挺，阿基诺本人的执政成绩也在国内得到了较高的认可。[⑦] 根据菲律宾 NGO 组织社会气象站于 2012 年 12 月的调查，阿基诺三世的执政满意度为 72%。[⑧]

在 2012 年的前 9 个月，菲律宾的前三位投资国依次是日本、荷兰和美国，其中日本对菲投资高达 300 亿比索，占菲律宾接收 FDI 比例的 35%。上述三国同样也是 2011 年度菲律宾最大的投资国。这些投资主要集中在制造业（591 亿比索）、行政与支持服务活动（55 亿比索），以及房地产业（51 亿比索）。[⑨]

在旅游业方面，2012 年到访菲律宾的游客达到创纪录的 420 万，比 2011 年增长 9.07%。排在前三位的分别是韩国游客（1 031 155 人）、美国游客（652 626 人）和日本游客（412 474 人）。来自中国台湾的游客为 216 511 人，比 2011 年增长 10.46%，来自中国大陆的游客为 250 883 人，比 2011 年增长 3.19%。[⑩] 基本而言，中国大陆和香港的游客增长缓慢（图 1），显然 2010 年的马尼拉香港游客遭劫持事件以及中菲关系的紧张，对来自两地的游客有一定的影响。

---

① 参见美国 CIA 网站，https://www.cia.gov/library/publications/the-world-factbook/geos/rp.html。

② *Philippines Foreign Service Institute*, Philippines Fact Book, 2002, p. 12.

③ 转引自 David G. Timberman, *A Changelss Land: Continuity and Change in Philippines Studies*, M. E. Sharpe Inc., 199, p. 3.

④ 参见美国 CIA 网站，https://www.cia.gov/library/publications/the-world-factbook/geos/rp.html。

⑤ 数据参见菲律宾 National Statistical Coordination Board 网站，http://www.nscb.gov.ph。

⑥ Paolo G. Montecillo, BPO Sector Jacks up Revenue Goal to $26B by 15, *Philippine Daily Inquirer*, June 22nd, 2012.

⑦ Nick Legasipi, "Aquino earns high approval ratings with good performance", *Biz News Asia*, 2012, 10 (12): pp. 12-15; Benigno Simeon Aquino II, "What was once impossible is now possible", *Biz News Asia*, 2012, 10 (12): pp. 2-30.

⑧ Social Weather Stations, http://www.sws.org.ph/pr20130102.htm.

⑨ 数据参见菲律宾 National Statistical Coordination Board 网站，http://www.nscb.gov.ph。

⑩ 参见菲律宾旅游部网站，http://www.tourism.gov.ph/Pages/IndustryPerformance.aspx。

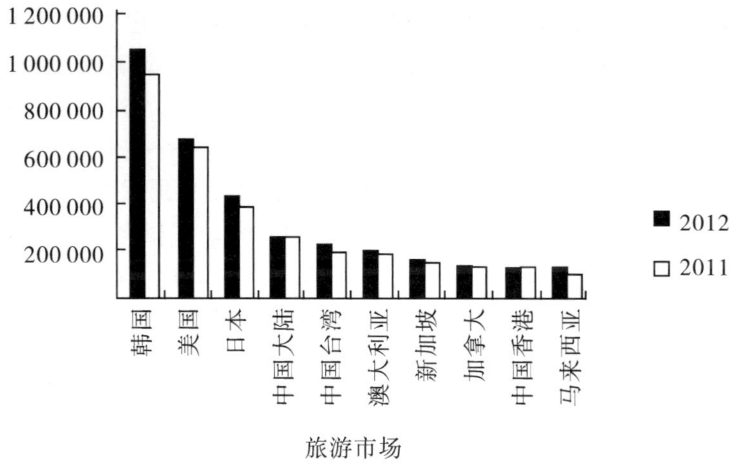

2011—2012 年菲律宾十大旅游市场

数据来源：菲律宾旅游部（The Department of Tourism）。

（四）政治与外交

2012 年菲律宾的国内政治焦点主要表现在如下几个方面：

第一，经过长达多年的国内辩论和争吵，计划生育法案（Reproductive Health Bill）在被国会搁置 13 年之后，于 2012 年 12 月 17 日在菲律宾参众两院被通过，并于 12 月 21 日由阿基诺总统签署通过（Republic Act 10354）。该法律旨在平衡人口数量增长，同时降低贫困率和居高不下的孕妇死亡率。①

第二，2012 年 10 月 15 日，菲律宾与最大的反政府武装“摩洛伊斯兰解放阵线”正式签署和平框架协议。该协议承诺给予穆斯林少数民族更多的自治权，以结束双方在菲南部棉兰老地区持续近 40 年的武装冲突。② 不过，该和平框架还不是一项正式的协议。

第三，菲律宾共产党及其领导的“新人民军”继续在军事上挑战菲律宾中央政府。2011 年 2 月，菲政府曾在挪威首都奥斯陆与菲共旗下的政治组织“全国民主阵线”重启和谈，双方原计划于 2012 年 10 月在奥斯陆再度和谈，但由于“全国民主阵线”要求菲政府先释放其关押的 18 名菲共及“新人民军”人员作为复谈条件，而政府方面予以拒绝，所以双方之间的和谈再度陷入僵局。11 月，菲政府追剿残余的“新人民军”武装分子，双方于 17 日在北部伊莎贝拉省发生激烈交火，造成 7 名政府军士兵和 5 名反政府武装分子死亡，另有 16 人受伤。③ 12 月 25 日，政府第六号通缉要犯、“新人民军”首要分子之一的门德瑞兹（Filemon Mendrez）在东黑人省被俘。④

第四，起因于政治斗争的土地改革风云再起。2011 年 11 月菲律宾最高法院判决把阿

① Karen Boncocan，“RH Bill Finally Signed into Law”，*Philippine Daily Inquirer*，Dec. 28，2012.

② “Moro Rebels Jubilant over Peace Framework Pact”，*Philippines ABS－CBN news*，Oct. 15，2012.

③ “7 Soldiers，5 Rebels Killed in Lsabela Clash”，*Philippine Daily Inquirer*，Nov. 17，2012.

④ “Army，Police Nab 6th Most Wanted Man”，http：//www. rappler. com/nation/18554－army，－police－nab－npa－leader.

基诺·许寰戈家族拥有的路易西塔庄园（Hacienda Luisita）的 4 300 公顷土地分给农民，围绕这一土地的重新分配，国内爆发了多次游行示威。菲律宾农业部长 Virgilio de los Reyes 表示对庄园土地的估价将不会停止对土地进行重新分配。[①]

第五，菲律宾重启军事现代化。2012 年 12 月 11 日，阿基诺三世签署了武装部队现代化法案，以法律形式确定将实现菲武装部队现代化计划延续 15 年。根据此法，菲律宾政府将在头 5 年内投入 750 亿比索（约合 18.3 亿美元）用于落实军事现代化项目，[②] 菲律宾武装部队的发展方向正式从国内安全转向对外防御。在中国与菲律宾及部分东南亚国家的双边关系因为南海问题而波澜起伏之际，菲律宾此举无疑很大程度上了刺激了世人的神经。

相对于菲律宾国内的政治斗争，菲律宾面临的最大挑战来自对外政策领域，主要表现为与中国在南中国海的领海争端。为了强化其在南海主权声索上的立场，菲律宾的对外政策与安全政策正在持续转变。

2012 年 4 月 11 日，菲律宾海军闯入中国黄岩岛海域，对我国停靠在黄岩岛的 12 艘渔船进行袭扰，并企图抓扣中国渔民，被及时赶到的中国海监船制止，双方随后发生对峙，此后事件不断升级，也由此将双方的领海争端推向高潮。7 月 23 日，阿基诺三世在国情咨文中再度强调，菲律宾不会放弃黄岩岛主权声索。[③] 为了挑战中国的立场，菲律宾不断在地区和国际层面挑起南海话题，希望将南海问题国际化，并借助外力制衡中国，由此对中国外交造成了极大的困扰，无论是政治、经贸还是文化领域，中菲关系都深受影响。

二、菲律宾华侨华人社会

（一）人口与社会

根据台湾“侨委会”2011 年 7 月的估算，截至 2010 年底，华人人口约有 145.9 万，占菲律宾总人口（9 400 万）的 1.55%。[④] 以 2012 年的人口基数计算，则华人的人口比例已经下降到 1.5% 左右，鉴于菲律宾人口的高增长率以及华人相对较低的人口增长率，可以预见菲律宾华人占总人口的比例将会持续下降。而根据台湾“侨委会”的数据，1984 年到 2010 年间菲律宾华人的人口比例整体呈上升趋势，[⑤] 可能与现实不符。

华菲跨族群婚姻在某种程度上造成了族群人口统计的难度，据说至少 20% 的菲律宾人拥有华人血统。[⑥] 不过，华人男性和菲人女性缔结婚姻关系的绝大多数限于外省的华人小社区，或在村镇从事经营的华人或穷苦华人，像马尼拉这样华人人口密集并且有自己族群

① Jeannette I. Andrade, “Valuation Issues Will Not Derail Hacienda Luisita Land Distribution — DAR”, *Philippine Daily Inquirer*, Sept. 10, 2012.

② Christina Mendez & Delon Porcalla, “Congress Allots P75 B for Extension of AFP Modernization Act”, *The Philippine Star*, Dec. 12, 2012; “The New Armed Forces of the Philippines Modernization Act Signed”, *Manila Bulletin*, Dec. 25, 2012.

③ “Aquino: We can't give up Philippine territories”, July 23, 2012, http://www.sunstar.com.ph/breaking-news/2012/07/23/aquino-we-cant-give-philippine-territories-233539.

④ 台湾“侨委会统计室”：《菲律宾 2010 年华人人口统计推估》，2011 年 7 月。

⑤ 台湾“侨委会统计室”：《菲律宾 2010 年华人人口统计推估》，2011 年 7 月。

⑥ Solita Collas-Monsod, “Ethnic Chinese Dominate PH Economy”, *Philippine Daily Inquirer*, June 22nd, 2012.

社区的地方，而经济较为优裕的华人很少会选择跨族群通婚。[①] 在谈到华人的认同时，已故菲律宾华人学者施振民教授认为，出生于菲律宾并且生活在乡村（province）的华人，与出生于中国且生活在马尼拉进行的华人在维系华人身份和认同上呈现两极化，前者更易被当地社会同化，而后者往往选择维系自身的华人身份和认同。[②] 既然今天绝大多数华人已经是在当地出生的第二代或第二代以上的华人，那么在探讨地理因素与华人认同关系的时候，就应该考虑新的变量，即经济因素。笔者发现，生活在马尼拉地区且比较富裕的华人，他们更可能保留华人的身份与认同，而那些经济条件差、生活在农村地区的华人，往往更容易被同化。因为马尼拉地区的华人更加集中，人口基数庞大，社团与华文学校众多，富裕的华人后代往往会选择上华文学校，并且有机会建立、保持与华人社会和中国的关系，而农村地区的贫困华人——即便是生活在马尼拉进行的经济窘迫的华人，他们更可能娶菲律宾女性为妻，其后让孩子从小接受菲律宾学校教育，从而迅速被同化。

据说菲律宾华人主要信仰佛教，信仰天主教的人也不在少数。根据笔者在马尼拉华人义山的考察，这种推论是有道理的。[③] 但时过境迁，华人的宗教信仰正在发生巨大的变化。根据笔者 2012 年 8 月在马尼拉进行的问卷调查，15.22% 的菲律宾华人信仰佛教，22.56% 信仰基督教，63.28% 信仰天主教，另外极少数的人信仰其他派系。此外，有 4.5% 同时信仰佛教和天主教/基督教。[④] 另据 20 世纪 60 年代末期麦克贝思（Gerald A. McBeath）对2 490名华人学生进行的问卷调查，发现86% 的人信仰天主教和基督教，其中马尼拉地区华人学生信仰天主教和基督教的比例为 80%，外省华人学生则高达 92 %。[⑤] 可见麦克贝思与笔者的统计结果非常接近。

（二）华人经济

根据《福布斯》杂志公布的 2012 年菲律宾富豪排行榜，前 10 名当中至少有 5 名华人，分别是排第一、二名的施至成（Henry Sy）和陈永栽（Lucio Tan）、第四名的吴奕辉（John Gokongwei，Jr.）、第六名的吴聪满（Andrew Tan）、第八名的郑少坚（George Ty），排在第十一至第二十位的富豪中，可能还包括 5 位华人富豪，如 Robert Coyiuto，Jr.、陈觉中（Tony Tan Caktiong）、许炳记夫妇（Lucio and Susan Co）、叶应禄（Emilio Yap）和吴天恩（Andrew Gotianun）。[⑥] 而排第五、第九、第十名的 David Consunji、罗伯托·王彬（Roberto Ongpin）和爱德华多·许寰戈（Eduardo Cojuanco）有可能是华菲混血儿（Mesti-

---

① 黄滋生：《菲律宾华人的同化和融合进程》，《东南亚研究》1998 年第 6 期。

② Chinben See，"Chinese Organizations and Ethnic Identity in the Philippines"，In Jennifer Cushman and Wang Gungwu eds.，*Changing Identities of the Southeast Asian Chinese Since World War II*，Hong Kong：Hong Kong University Press，1988，pp. 326 – 330.

③ 马尼拉华人义山是全菲律宾最大的华人墓园，这些墓地的建筑大部分呈现中国传统风格，只有极少数是天主教和基督教风格。

④ 本研究选取了 753 个研究对象，分别来自菲律宾侨中学院、崇德学校、雅典耀大学孔子学院以及菲律宾华裔青年联合会，93% 以上的受访者年龄在 35 岁以下，80% 的受访者是学生。在 4.5% 同时信仰佛教和基督教/天主教的人中，包括少数中国新移民的后代，即依然拥有中国国籍的学生，这一群体样本数为 90 个，不包括在上述 753 人中。

⑤ Gerald A. McBeath，*Political Integration of the Philippines Chinese*，Berkley：University of California Press，1973，p. 79.

⑥ 见 Forbs 网站，http：//www. forbes. com/philippines – billionaires/。

zo)。[①] 受惠于菲律宾的经济增长，菲律宾华商市值大幅增长三成，[②] 如施至成及其家族的财富由2011年的58亿美元增加到91亿美元，陈永栽及其家族的财富则由23亿美元上升到45亿美元。以上15位华人富豪的财富，占菲律宾前40位顶级富豪全部财富的68%。不过，菲律宾华人经济早已是菲律宾国民经济中不可分割的一部分，因此从族群角度探讨华人财富的比例意义不大。

另据《亚洲周刊》于2012年9月公布的全球华商1 000排行榜，菲律宾有10家华商企业上榜，总市值达510.3亿美元，菲律宾长途电话公司、SM投资集团名列前50位（见表2）。

表2　2012年全球华商1 000排行榜菲律宾上榜公司

名次	公司名称	市值（百万美元）	总资产（百万美元）	全球华商排行	所有人或大股东
1	菲律宾长途电话公司（PLDT）	13 990.1	9 134.6	60	印尼林绍良家族
2	SM Investment Corp.	10 438.1	10 367.8	95	施至成家族
3	鞋庄控股（SM Prime）	5 748.1	2 968.1	173	施至成家族
4	巅峰控股（JG Summit）	5 333.0	7 268.2	183	吴奕辉家族
5	首都银行（Metro Bank）	4 543.1	22 126.9	224	郑少坚家族
6	环球罗宾娜（Universal Robina）	3 139.6	1 578.6	313	吴奕辉家族
7	快乐峰食品（Jollibee）	2 466.1	898.3	398	陈觉中家族
8	Metro Pacific Investments Corp.	2 424.4	3 698.0	408	印尼林绍良家族
9	美加世界（Megaworld）	1 480.5	2 978.2	656	吴聪满家族
10	中兴银行（China Bank）	1 462.4	6 053.9	663	施至成家族

数据来源：根据《亚洲周刊》第26卷第50期资料整理。

（三）社会治安

2012年菲律宾的社会治安仍不稳定，绑架和枪杀案时有发生，在过去两年还有回升的迹象。根据洪玉华女士领导的菲律宾恢复和平与治安运动组织（Movement for the Restoration of Peace and Order）统计的数据，2012年1—6月发生了11起绑架案件，但官方只认定其中的7起为绑架勒索案件。[③] 华人和在菲中国公民也成为上述绑架和枪杀案件的受害者。2012年1月12日，刚被任命为伊莎贝拉省San Mateo镇描笼涯（Barangay）联盟主席的华人约翰·邱（John Cu），在回家途中被枪手开枪打死。[④] 2月16日，一名华人妇女在奎松市遇劫，因与劫匪进行抵抗而被枪杀身亡。11月24日，马尼拉地区马拉汶市一对华商夫妇携带员工薪金时，在自家工厂门口惨遭两名持枪歹徒抢劫杀害。

① Solita Collas - Monsod, Ethnic Chinese Dominate PH Economy, *Philippine Daily Inquirer*, June 22, 2012.

② 黄栋星：《亚太经济新小虎菲律宾》，《亚洲周刊》第26卷第50期，第26页。

③ PNP rebuffs Ang-See on Spate of Chinese Kidnappings, *Philippine Daily Inquirer*, August 16, 2012.

④ Barangay Chief Shot Dead in Isabela, *ABS - CBN News*, Jan. 13, 2012.

中国公民也成为菲律宾绑架、勒索案的受害者。2012 年 5 月 25 日，一名来自中国香港的中国公民在拉允隆省被枪杀；6 月 4 日，两名来自中国广东的矿石商人，在南部城市三宝颜附近被绑架；7 月 7 日，在甲美地地区，一名中国女子被绑架，后在交赎金之后被释。

类似的枪杀和绑架案件屡见不鲜，由于大量非法枪支流落民间，菲律宾也成为世界上枪支犯罪率最高的国家之一。不过，尽管菲律宾针对华人和华商的绑架和抢劫案件一直以来都存在，尤其是在菲律宾南部，且做生意的华人经常成为绑架或者抢劫的目标，但这些案件背后并没有族群冲突的背景，只能反映菲律宾治安环境的恶化。鉴于针对华侨华人的犯罪活动有上升的趋势，2012 年 7 月 3 日，中国驻菲律宾大使馆参赞沈自成以及侨领李荣郇先生专程拜访菲律宾国警总部，希望菲律宾警方多派警员到处巡逻，保护华人区和华校学生的安全，避免不法事件的发生。①

（四）华文教育

菲律宾目前有华文学校 170 多所，在校学生 8 万多人，其中很多学校由华人社团和企业家捐资创建。由于菲律宾华人新生代的本土化、中华文化观念淡薄等原因，很多华校的生存发展正遭遇危机，一些学校因师资和管理层短缺，正面临停办的风险。菲律宾华教中心副主席黄端铭认为，菲律宾华校遇到的最大问题是师资短缺和教师非专业化，随着老一辈华文教师的退休，到 2015 年华文教师的缺口将为 1 000 多名。此外，因近 90% 的在职老师毕业于非师范类专业，课堂教学质量也难以保证。由于现在从事华教工作的青年人不多，所以华文教师数量短缺的情况还会持续很长一段时间。②

针对这一困境，黄端铭认为，菲律宾的华文学校应主动和中国联系，利用祖籍国的资源和优势促进发展，使中华文化在菲律宾华裔青少年中得到更好的传承。为此，目前菲律宾华教中心正通过“输血计划”和“造血计划”缓解师资荒问题。“输血计划”即从中国引进师资，2012 年，该中心从中国引进了 196 名外派教师和 358 名汉语志愿者；“造血计划”即培养菲律宾本土的华文教育师资，从 2004 年起，中心已输送 125 名来自大马尼拉、吕宋、米沙鄢、棉兰老等 30 余所华校的 125 名学生（包括 2012 年即将入学的 22 名新生）到中国的大学学习汉语言文学专业，现已有 48 名学生回国教书。③ 为促进课堂教学质量的提升，华教中心还与中国国务院侨办合作实施“教师专业化方案”和“课堂督导方案”，目前有 100 名菲律宾在职华文教师在暨南大学接受函授，并将于 2013 年回国续教。④

菲律宾华社还举行各种和华文教育有关的活动，这些活动都将促进菲律宾华文教育的发展。如 2012 年 8 月底，菲律宾雅典耀大学孔子学院和世界海外华人研究学会共同举办了东南亚汉语教学和华文教育研讨会，会议围绕历史与政治、文化与社会、战略推动与市

---

① 《中国驻菲使馆要求菲警方增员巡逻华人区》，《菲律宾商报》，2012 年 7 月 6 日。

② 《菲律宾华教中心副主席：应借祖籍国促华教发展》，中新网，http：//www. chinanews. com/hwjy/2012/11 - 02/4297862. shtml，2012 年 11 月 2 日。

③ 《菲律宾造血计划 77 名留学生将赴华攻读华教本科》，中国华文教育网，http：//www. hwjyw. com/info/content/2012/09/07/25914. shtml，2012 年 9 月 7 日。

④ 《菲律宾华教中心副主席：应借祖籍国促华教发展》，中新网，http：//www. chinanews. com/hwjy/2012/11 - 02/4297862. shtml，2012 年 11 月 2 日。

场营销、方法论与政策等多个主题讨论东南亚的汉语教育和教学。① 12 月，菲律宾棉兰老华教协会举办了第七届“华语情”系列比赛，内容包括中小学生硬笔书法、中小学生中文歌曲独唱、中学生华语朗诵、幼儿园中国民族舞蹈、幼儿园华语童谣以及课堂剧等项目。这些活动有利于加强棉兰老地区各华校的交流与合作，培养学生华语交际的能力，提高华校学生对华语的兴趣。②

此外，还有为数众多的菲律宾华裔青少年来华学习中文和参加文化活动。如 2012 年 4 月，为期 50 天的 2012 年“中国寻根之旅”菲律宾华裔学生学中文夏令营活动开展，925 名菲律宾华裔学生来华学习武术、绘画、书法等多种中华传统文化。该活动由菲律宾著名华社领袖陈永栽先生资助，迄今已连续举办了 12 年，先后组织 8 500 多名菲籍华裔学生到福建学习和交流。③ 5 月，菲律宾华裔青少年“中国寻根之旅”春令营广西营在南宁开营，由菲律宾菲华新联公会组织的 30 名华裔青少年来华学习和交流。④ 10 月底，87 名来自菲律宾光启学校的学生到北京开展 6 个星期的游学之旅。菲律宾光启学校自 2004 年便开始组织学生赴华游学，至今已有 9 年历史。其中北京团从 2007 年启动，受到学生及家长的高度认可，参团人数也由第一年的 45 人增加到 2012 年的 87 人。⑤

中国方面也给予菲律宾华文教育积极的支持，官方的机构和大学相继派出多名汉语教师到菲律宾支教，并为菲律宾培养华文教师。2012 年，国务院侨办邀请 3 400 多名华文教师来华培训，“走出去”培训华文教师 7 000 余人，向海外选派教师 730 多人，外派国家由东南亚延伸至亚洲、非洲、欧洲、南美洲和大洋洲。⑥ 2012 年 1—11 月，国务院侨办共选派近 200 名教师赴菲律宾任教，在全菲各华校开展教学管理工作。⑦ 若加上国家汉办的外派人员，全菲可能有近 600 名来自中国的汉语志愿者和外派教师。⑧ 如 2012 年 5 月，湖南师范大学派出 8 名汉语教师赴印尼和菲律宾任教⑨，甘肃省外事侨务办公室选拔 11 名汉语教师赴菲律宾从事一年的对外汉语教学⑩；6 月，江苏省镇江市派出 2 名中文教师赴菲

---

① 《东南亚汉语教学和华文教育研讨会在菲律宾举行》，中新网，http：//www. chinanews. com/hwjy/2012/08 - 30/4145508. shtml，2012 年 8 月 30 日。

② 《菲律宾棉兰老华教协会举办“华语情”系列比赛》，中国华文教育网，http：//www. hwjyw. com/info/content/2012/12/10/26488. shtml，2012 年 12 月 10 日。

③ 《福建扩大海外华裔青少年交流　寻根之旅显成果》，中国华文教育网，http：//www. hwjyw. com/info/content/2012/04/24/24527. shtml，2012 年 4 月 24 日。

④ 《菲律宾华裔青少年“寻根之旅”春令营广西营开营》，中国华文教育网，http：//www. hwjyw. com/info/content/2012/05/07/24645. shtml，2012 年 5 月 7 日。

⑤ 《2012 年菲律宾光启学校北京游学班开班》，http：//www. hwjyw. com/info/content/2012/10/30/26239. shtml，2012 年 10 月 30 日。

⑥ 《国侨办拓展海外华文教育　年培训师资超万人次》，中国华文教育网，http：//www. hwjyw. com/info/content/2012/12/20/26563. shtml，2012 年 12 月 20 日。

⑦ 《国侨办考察团抵菲律宾　慰问在菲支教外派教师》，中国华文教育网，http：//www. hwjyw. com/content/2012/11/09/26298. shtml，2012 年 11 月 9 日。

⑧ 《中国驻菲律宾使馆举办庆祝外派教师节联欢活动》，中国华文教育网，http：//www. hwjyw. com/info/content/2012/09/12/25933. shtml，2012 年 9 月 12 日。

⑨ 《湖南师大遴选出今年赴印度尼西亚、菲律宾外派教师》，中国华文教育网，http：//www. hwjyw. com/info/content/2012/05/14/24725. shtml，2012 年 5 月 14 日。

⑩ 《发展华文教育　甘肃选派 11 名教师赴菲律宾教授汉语》，中新网，http：//www. gs. chinanews. com/news/2012/05 - 28/183073. shtml，2012 年 5 月 28 日。

支教；[①] 8 月，福建省三明市派出 6 名小学教师、幼儿教师，到菲律宾侨中学院、菲律宾佛教乘愿学院、宝宝乐园 3 所学校教授中国语言和文化。[②]

菲律宾公立小学于 2009 年开始实施"特别外语方案"，政府先后把西班牙语、法语、日语和德语列入方案。2012 年 5 月，菲律宾政府正式把中文作为教育部规范使用的语言列入中学课程方案的一部分，以鼓励学生学习更多的外语。以此为契机，华文学习和教育有可能在菲律宾获得快速发展。

（五）中国新移民

根据菲律宾移民局 2011 年 1—7 月的数据，目前中国大陆公民是持有菲律宾移民局发出的有效身份证（即外侨卡 ACR – ICard）最多的外籍人士。在 189 448 名在移民局登记的外籍人士中，有 61 689 万是中国籍，接下来依次是韩国人（27 543）和美国人（24 639），印度人（23 170）和日本人（8 997）。数据还显示，在菲律宾本地出生的外籍人士有 31 656 人，外籍学生有 19 685 人。[③] 鉴于韩国人和中国人是两大在菲外侨团体，估计在菲本地出生的中国公民也为数不少，留学生数量也在稳定增长。在 2011 年来菲的外籍人士中，中国公民以 271 703 人排在韩国（882 804）、美国（707 160）和日本（373 335）之后，中国台湾以 135 696 人居第六位。[④]

尽管菲律宾的经济比中国落后，但其简单省事的移民手续、低廉的移民费用和要求以及其英语环境和宽松自由的社会，对一些经济实力不太雄厚、语言能力有限的中国公民有着较大的吸引力，故而最近几年办理菲律宾投资移民和退休移民的中国公民呈现缓慢增长的趋势。[⑤]

此外，菲律宾总检察官办公室属下的归化特别委员会于 2012 年 6 月授权菲华商联总会，根据菲律宾共和国第 9139 号法令，对土生土长的华人的申请入籍文件进行审阅，尽管该法令对土生华人的入籍条件有严格的规定，但上述授权行为有可能为中国新移民的后代加入菲籍提供更多的机会，除非政府对此规定有明确的配额。

2011 年全年，菲律宾共逮捕 153 名非法外侨，其中韩国 44 人、美国 24 人、印度 21 人、中国大陆 13 人、日本 11 人、德国 6 人、中国台湾 5 人，[⑥] 而 2012 年菲律宾移民局共遣送或驱逐不法外侨 635 名，较 2011 年高出 4 倍多。其中中国台湾 390 人、中国大陆 137 人、韩国 32 人、美国 25 人。2012 年是菲律宾开始年度遣送统计以来，首度由中国台湾地

---

① 《江苏镇江两名教师赴菲律宾华校任教　为期一年》，中国华文教育网，http：//www.hwjyw.com/info/content/2012/06/12/24999.shtml，2012 年 6 月 12 日。

② 《福建三明市六名教师赴菲律宾华校任教》，中国华文教育网，http：//www.hwjyw.com/info/content/2012/08/01/25532.shtml，2012 年 8 月 1 日。

③ "8 Sino Miners Nabbed in E. Samar for Working in RP Sans Permits"，http：//immigration.gov.ph/index.php? option = com_ content&task = view&id = 1430&Itemid = 78，Feb. 14，2012.

④ "3.5 M – foreigners Entered Phi in 2011"，http：//immigration.gov.ph/index.php? option = com_ content&task = view&id = 1227&Itemid = 78，December 28，2011.

⑤ 见笔者 2012 年 12 月对菲律宾移民中介的采访。

⑥ "153 illegal aliens nabbed in 2011 – BI"，Jan. 17，2012，http：//immigration.gov.ph/index.php? option = com_ content&task = view&id = 1253&Itemid = 78.

区排名人数首位。[①] 菲律宾移民局长 Ricardo David Jr. 表示，2012 年外侨被遣送的原因包括逾期居留、非法入境、伪造证件、地下赌博、诈欺或贩毒等。如 2 月 4 日，3 名企图利用马尼拉作为移民中转站非法进入加拿大的中国人在马尼拉国际机场被捕；[②] 3 月 12 日，两名中国人因走私而被菲律宾警方逮捕，而且被怀疑以非正规方式进入菲律宾，因为菲律宾移民局没有关于他们的任何出入境记录；[③] 4 月 18 日，6 名中国大陆公民和 72 名中国台湾人因电话诈骗和勒索，在南部的达沃市（Davao）被捕；[④] 影响最大的则是菲律宾国调局、国警和总统府反组织犯罪委员会与海峡两岸的对口单位合作，于 8 月 23 日破获的该国史上最大的电信诈骗案，逮捕中国大陆嫌疑犯 87 人、中国台湾嫌疑犯 291 人。[⑤]

最大的不稳定因素来自菲律宾对外侨非法工作的监督和检查。2012 年 2 月 15 日，8 名中国人因非法在菲律宾境内的矿业公司工作，而在东三描省（Eastern Samar）被移民局探员逮捕。菲律宾移民局对此表示，今后将更彻底地取缔非法工作的外侨，尤其是在外省的外侨。[⑥] 12 月 7 日，菲律宾移民局再次重申，外侨不允许从事零售业，否则会被逮捕并驱逐出境。而引发这些担忧的正是在马尼拉中国城、巴克拉兰（Baclaran）从事零售业的大量中国新移民。[⑦]

在菲律宾从事零售业的中国新移民数量巨大，[⑧] 且不少人不具备合法的工作证件或签证，因此极易受菲律宾政策的影响，由此存在较大的不确定性和风险。

三、华侨华人与中菲关系

（一）中菲海洋争端的影响

2012 年 4 月以来，中菲关系因为黄岩岛冲突而日趋紧张。由于中国企业在菲投资众多，其中不少是上市公司，如葛洲坝、新希望、中兴通讯等，外界普遍担心中菲领海争端会波及投资于菲律宾的中国企业。尽管没有明确的迹象说明中资企业的运行受到了政治生

---

① “BI Nabbed 635 Illegal Aliens in 2012”，http：//immigration. gov. ph/index. php？option = com_ content&task = view&id = 1920&Itemid = 78，December 26，2012.

② “3 Sino with Fake Canadian Visas Nabbed at NAIA”，http：//immigration. gov. ph/index. php？option = com_ content&task = view&id = 1421&Itemid = 78，Feb. 10，2012.

③ “BI Deports 2 Sino Smuggles”，http：//immigration. gov. ph/index. php？option = com_ content&task = view&id = 1511&Itemid = 78，March 20，2012.

④ “BI Expels 6 Sinos Nabbed for Phone Fraud，Extortion”，http：//immigration. gov. ph/index. php？option = com_ content&task = view&id = 1612&Itemid = 78，May 6，2012.

⑤ “BI Deports 27 Cyber Crime Suspects”，http：//immigration. gov. ph/index. php？option = com_ content&task = view&id = 1872&Itemid = 78，Sept. 28，2012.

⑥ “8 Sino Miners Nabbed in E. Samar for Working in RP Sans Permits”，http：//immigration. gov. ph/index. php？option = com_ content&task = view&id = 1430&Itemid = 78，Feb. 14，2012.

⑦ “BI Warns Alien：Don't Sell Retail Goods”，http：//immigration. gov. ph/index. php？option = com_ content&task = view&id = 1910&Itemid = 78，December 7，2012.

⑧ 菲律宾法律对外侨从事零售业有非常严厉的限制，大多数中国新移民并不具备在菲律宾合法从事零售业的资格。如违反零售业自由化法案，可被处以 2—8 年的监禁以及 100 万 ~2000 万比索的罚款。

态的影响,[①] 但无疑中资企业面临的风险与不确定性在增加。

2012 年 10 月，菲律宾劳动和就业部通知中国国家电网公司的 28 名中国雇员，称他们已被取消下一年的集体工作许可。一名菲律宾官员表示，这是因为他们收到反对为这些人发放许可的请求，以及对其中 1 名中国雇员不利的信息。根据菲律宾劳动法，如果外国人有不良记录，或者菲律宾公民有能力也愿意从事外国人所做的工作，那么集体工作许可就可以取消。中国国家电网在 2007 年以 39.5 亿美元投标赢得菲律宾电网未来 25 年的经营权，并以 40% 的股份成为菲律宾国家电网公司最大的单一股东。尽管该公司的实际控制权仍然在菲方，但是出于国家安全方面的考虑，尤其是在双边关系恶化的背景下，这种担忧就会占据上风。菲律宾政府肯定希望加强对国家电网的监管，以确保电力输送的主导权掌握在菲律宾人手中。[②] 基于这种考虑，上述菲律宾就业部对中国国家电网公司员工签证的限制，就很可能别有用心。

菲律宾参议院在 2011 年底通过 3323 号决议，将中国的春节列为非工作公共假日，以此展示菲律宾为改善中菲关系作出的努力，这也是对华裔在菲律宾社会中的地位的肯定。但是 2012 年以来中菲关系的恶化似乎改变了菲律宾政府的态度，菲律宾无意继续把春节列为非工作公共假日，只是顾及菲律宾国内数量庞大的华人，而在 11 月通过决议将中国农历新年降格为仅具象征意义的特别工作假日。[③]

此外，自 2012 年 5 月以来，中国对菲律宾在南海问题上的立场采取了一系列反制措施，菲律宾对华出口、旅游、投资都受到一系列影响，原本发展势头良好的中菲经贸关系一下子降温。香蕉是菲律宾第二大出口农产品，仅次于椰子，而中国是菲律宾的第二大香蕉进口国，2011 年菲律宾对华香蕉出口达 6 000 万美元，而中国的政策在 5 月份给菲律宾香蕉业带来的损失可能高达 3 400 万美元。[④] 在旅游业方面，尽管中国只是菲律宾的第四大旅游市场，但菲律宾旅游市场依然深受影响，全年访菲中国游客增长缓慢，未能达到菲律宾的预期。[⑤] 因为华人在菲律宾经济中的重要地位，菲律宾的诸多经济领域都有华商的身影，故中国的政策最终极有可能波及菲律宾华商。[⑥]

---

① 《中兴通讯等上市公司称目前在菲项目运作正常》，人民网，http：//js. people. com. cn/html/2012/05/18/109598. html。

② Roel Landingin， “Manila Cancels Visas for Chinese Staff Amid Concern over Control of Power Grid”， http：//blogs. ft. com/beyond – brics/2012/11/06/manila – cancels – visas – for – chinese – technicians – amid – concerns – about – control – of – power – grid/， Nov. 6， 2012.

③ Norman Bordadora，“Chinese Moves Turn off PH Senators”，*Philippine Daily Inquirer*， December 28th， 2012.

④ Dennis Jay Santos， “Banana Industry Fears Loss of China Trade over Scarborough Row”， *Philippine Daily Inquirer*， May 7， 2012；Andrew Higgins， “In Philippines， Banana Growers Feel Effect of South China Sea Dispute”， *The Washington Post*， June 10， 2012.

⑤ Carlyle A. Thayer， “Scarborough Shoal Standoff Reveals Blunt Edge of China’s Peaceful Rise”， Yale Global Online， June 12， 2012；Nestor P. Burgos Jr. ，“Boracay Resorts Hit by Cancellations from Chinese Tourists”， *Philippine Daily Inquirer*， May 13， 2012.

⑥ 中菲政治关系的紧张也影响到了菲律宾对华投资项目，而华人是对华投资的主体，因而也在被影响之列。见笔者 2012 年 10 月对中国某外商协会的访谈。

（二）华侨华人与中菲关系

1. 菲律宾人的观点

中菲关系的紧张无疑让菲律宾华人陷入尴尬之中。菲律宾华裔青年联合会的前秘书长曾星桦表示，华人在南海问题上不能轻易表态，否则可能会被菲律宾国内的政治势力利用。他认为，尽管菲律宾本地人对华人整体比较友善，但自从2011年中菲关系因南海问题而动荡以来，华人的处境已经显得非常微妙，南海事态的发展已经影响了菲律宾社会对华人的态度。因为菲律宾人认为华人已经控制了菲律宾的经济，而现在南海事态的发展让部分菲律宾人担心中国要把菲律宾变成中国的一个省。①

实际上，中菲关系恶化之际，在菲律宾民间不断有声音希望华人能够更加明确地表达他们在黄岩岛问题上的立场，他们希望菲律宾华社的领导人以及人权活动家洪玉华（Teresita Ang See）公开支持菲律宾。有菲律宾读者在给报社的公开信中谈道："国家期望洪玉华支持菲律宾在黄岩岛问题上的立场，毕竟她是菲律宾公民，并且她的一生大部分时间都生活在这里——也许她甚至出生在这里。""为什么洪玉华保持沉默?"还有菲律宾人要求所有的菲律宾华人"和我们一起要求他们的祖国（mother country）一劳永逸地解决这一问题"，因为"我们爱护和尊重我们的华人同胞，他们已经是我们文化和生活的一部分，回溯到过去，他们也是我们的联系和根"。②

有华人对上述观点进行反驳，指出华人社会内部存在巨大的差异，如老一辈和新生代、长期定居者和新移民之间，很多即便被他人认为是华人的人，自身也不认同他们的华人身份。另外，把中国视为华人的"祖国"也是不恰当的。③

2012年12月，菲律宾GMA电视台对洪玉华女士进行采访，洪玉华在节目中明确表示菲律宾华人在中菲海洋争端问题上支持菲律宾——只要菲律宾没有主动挑起事端。洪玉华指出，华人习惯在类似问题上保持沉默，因为他们担心被这类问题"绑架"，她希望菲律宾人不要再质疑华人对菲律宾的忠诚。④ 而在电视节目播出后，很多菲律宾网民在网上质疑洪玉华和华人对菲律宾的效忠，认为洪玉华背叛了菲律宾。⑤

2. 华人的观点和立场

菲律宾华人从来都是一个多元化的群体，其政治立场、文化认同和对中国的认知等都存在较大的区别。对华人而言，中菲关系不仅仅涉及政治认同，同时还关乎族群情感与文化认同，甚至还可能涉及现实利益，因此非常复杂。对于黄岩岛的主权归属，有华人站在支持菲方的立场，认为黄岩岛海域附近可能蕴含丰富的油气资源，有利于菲律宾的经济发展。但更多的人宁可保持中立，他们认为中国是祖籍国，而菲律宾是家乡，无论黄岩岛属

---

① 参见笔者2012年5月在菲律宾的访谈。另据笔者2013年1月初的访谈，中国对菲律宾的经济反制措施可能并没有达到预期的效果。

② Jhoanna Paola Ballaran，"Ghio Angelo Ong，Scarborough in the Eyes of Filipino-Chinese"，Dec. 5，2012.

③ Jhoanna Paola Ballaran，"Ghio Angelo Ong，Scarborough in the Eyes of Filipino-Chinese"，Dec. 5，2012.

④ Monsod，"Ang See Urge Tsinoys to Take Stand on West PHL Sea Issue"，GMA News Online，Dec. 12，2012.

⑤ 相关网民的回应和评论可参见：http：//ph. news. yahoo. com/monsod – ang – see – urge – tsinoys – stand – west – phl – 190617379. html。

于中国还是菲律宾，他们都乐见其成，只要双方通过和平外交谈判解决争端。[①] 还有一部分人认为，海洋争端是唯一能影响中菲两国友谊的问题，或许中国可以适当让步，这样既可维系与菲律宾的密切关系，不给美国以可乘之机，也会让菲律宾华人从中受益。[②]

总的来说，菲律宾华人在南海问题上的立场呈现如下几个特点：

第一，菲律宾华人在南海问题上的立场呈现多元化态势。很多年纪偏大的华人，其立场可能更偏向中国；青年一代的华人，其立场更接近中立，甚至贴近菲律宾。部分年轻一代的华侨，即使并不具备菲律宾国籍，但因其从小接受菲律宾教育，在黄岩岛问题上的立场更倾向菲律宾。不过很多人对中菲南海争端的实质不一定了解，其观点更多是一种情感表达。

第二，华人普遍希望中菲双方能够避免战争，以和平的方式解决争端。2012 年 5 月，在中菲关系最紧张的时候，华人社团中一些接近阿基诺三世的华裔，向阿基诺政府表达了和平解决黄岩岛争端的愿望。在很多菲律宾华人看来，中国是“母亲”，菲律宾是“妻子”，两者之间的矛盾属于内部矛盾，华人不易公开表态，也不容外部势力干预。因此很多华人反感美国等外部国家对中菲海洋之争的介入，认为美国的地缘政治游戏只会让南海事态更加复杂。[③]

第三，来自菲律宾官方、民间和媒体的声音和压力，让菲律宾华人左右为难。菲华联谊总会会长李荣美指出：“在多数菲律宾人眼中，华人永远是异族，是外来的族类，而南海争端使得夹在中间的华人社会左右为难。”在南海问题上，华人要保持沉默，不能公开表态，华社不公开讨论南海问题。[④] 有华人在华文报刊上撰文指出：“……菲律宾是华侨与华裔的第二故乡，届时我们何去何从，将是个困难的大问题。且美国必然和从前对付中国的手法一样，利用本国华侨与主流国的关系，以华侨与华裔对主流国的忠贞问题，乘机再煽动排华事件。很多华裔忘却自己的身份，常利用与祖国来访高官搞关系，大肆巴结，整日在华文报图文并茂大出风头，殊不知这种做法是替自己种下祸根。如果真的有一天，中国用武力对付菲国，引起美国煽动菲政府排华，一有风吹草动，这些每日在媒体上出风头的侨领，必先受其害，大家不要忘记 20 世纪 60 年代，菲军警的反共情报处，缉捕亲共分子，其数据都是来自华文报和各团体的纪念特刊。”[⑤]

基于此，尽管华人可以在中菲关系中发挥积极的作用，但是期望华人在中菲领海争端中明确支持中国却是不现实的。因为一旦菲律宾华人身陷困境，中国所能做的其实非常有限。相反，为了华人在当地社会的生存与发展，中国政府最好不要要求华人在此问题上公开表态。

---

① Jhoanna Paola Ballaran, Ghio Angelo Ong, “Scarborough in the Eyes of Filipino-Chinese”, http://www.rappler.com/nation/5277 – scarborough – in – the – eyes – of – chinese – filipinos, Dec. 5, 2012.

② 见笔者 2012 年 4—5 月在菲律宾的访谈。

③ 见笔者 2012 年 4 月在菲律宾的访谈。

④ 转引自龙武：《黄岩岛事件中菲律宾华人的尴尬处境》，《阳光半月刊》2012 年第 125 期。

⑤ 王文汉：《华社应居安思危》，《菲律宾商报》，2012 年 4 月 2 日。

吉尔吉斯斯坦

冷战结束以来，“三股势力”的猖獗活动使得中吉两国面临着共同的地区反恐压力，双方均将实现地区稳定化和加强双边经贸关系作为着重点。2011 年中国已成为吉尔吉斯斯坦第二大贸易伙伴国和第二大进口来源国，同时中方自吉尔吉斯斯坦进口额排名上升两位，成为吉第七大出口目的国。目前吉尔吉斯斯坦有各族华侨华人同胞等约 15 万人；其中，维吾尔族约 5 万人，回族（含东干人）约 8 万人，汉族、哈萨克族、乌孜别克族、柯尔克孜族约 2 万人；其中从商人数约 4 万人。近年来，吉尔吉斯斯坦侨情变化的特点主要体现在三个方面：中国在吉经贸投资快速增长，与吉国侨胞的联谊工作得到加强，吉国华文教育和华文传媒获得较快发展。

一、吉尔吉斯斯坦基本国情

吉尔吉斯斯坦共和国是中亚五国之一，与中国、哈萨克斯坦、乌兹别克斯坦、塔吉克斯坦接壤，具有重要的国际战略地位，同时也是国际反恐前沿阵地之一。2012 年适逢中吉建交 20 周年，12 月 4 日温家宝总理在比什凯克会见吉尔吉斯斯坦总统阿坦巴耶夫时就谈到，中吉双方要共同努力，加强执法安全合作，严厉打击“三股势力”，密切加强在上海合作组织框架下的协调配合。①

吉尔吉斯斯坦概况

国家全名	吉尔吉斯斯坦共和国	地理位置	地处中亚，与中国接壤	领土面积	19.99 万平方公里
首都	比什凯克	国语/官方语言	吉尔吉斯语（国语）/俄语（官方语言）	主要民族	吉尔吉斯族
政体	议会民主制	执政党/主要反对党	社会民主党、尊严党、祖国党组成执政联盟/共和国党和故乡党为议会反对党	现任国家元首/政府首脑	阿坦巴耶夫（总统）/萨特巴尔季耶夫（总理）

① 《温家宝会见吉尔吉斯斯坦总统阿坦巴耶夫》，中国驻吉尔吉斯大使馆网站，http：//kg.chineseembassy.org/chn/xw/t996688.htm，2012 年 12 月 10 日。

（续上表）

人口数量	562.6 万人（截至 2012 年 8 月 31 日）	华侨华人人口数量	约 15 万	华侨华人占总人口比例	约 2.7%（2012 年）
GDP/人均 GDP	约 64.2 亿美元/1 148 美元（2012 年）	通胀率	5.7%（2012 年）	失业率	2.5%（2012 年）

数据来源：主要参考中国外交部网站《吉尔吉斯斯坦国家概况》（最近更新时间 2012 年 12 月），http://www.fmprc.gov.cn/mfa_chn/gjhdq_603914/gj_603916/yz_603918/1206_604258/。

事实上自冷战结束以来，"三股势力"的猖獗活动使中吉两国面临着共同的地区反恐压力，建交以来双方在联合反恐问题上加强沟通与协作，共同逐步实现地区稳定化。与此同时，双方也积极推进两国经贸、文化交流关系的发展。尽管吉尔吉斯斯坦在 2010 年出现"4·7 事件"，国内出现短期动荡波折，但中吉两国人员往来和经贸交流的总体发展趋势没有改变。据统计，2011 年中吉贸易额为 49.76 亿美元，同比增长 18.5%，其中中方出口 48.78 亿美元，增长 18.2%，进口 9 800 万美元，增长 36.0%。吉方有关数据显示，中国已成为吉第二大贸易伙伴国和第二大进口来源国，同时中方自吉进口额的排名上升两位，成为吉第七大出口目的国。2012 年中吉贸易额为 51.62 亿美元，同比增长 3.7%。①

随着国际形势的发展及两国经贸往来、文化交流的频繁，中国赴吉尔吉斯斯坦的人数也在增多。目前吉尔吉斯斯坦有各族华侨华人同胞等约 15 万人；其中，维吾尔族约 5 万人，回族（含东干人）约 8 万人，汉族、哈萨克族、乌孜别克族、柯尔克孜族约 2 万人；② 其中从商人数约 4 万人。③ 众多在吉的华侨华人成为沟通中吉两国友好关系的使者和桥梁。

二、中国在吉尔吉斯斯坦经贸投资快速增长

2012 年 7 月 31 日，"2012 年吉尔吉斯斯坦—中国新疆出口商品展洽会"开幕式在比什凯克举行。8 月 1 日，由中国新疆特变电工集团承建的"达特卡—克明"输变电线路开工仪式在吉楚河州克明市举行。近年来新疆对吉贸易一直十分活跃，2011 年新疆与吉尔吉斯斯坦之间的贸易额达 380 556 万美元，对吉尔吉斯斯坦出口的企业近 40 家，进口企业达 20 家。截至 2012 年 6 月，新疆对吉尔吉斯斯坦贸易额达 1 681.18 万美元，同比增长 6.1%。④ "达特卡—克明" 500 千伏输变电工程项目是继吉尔吉斯斯坦南部电网改善项目

---

① 《中吉经贸合作》，中国驻吉尔吉斯斯坦大使馆网站，http://kg.chineseembassy.org/chn/jmwl/，2013 年 2 月 9 日。

② 庄国土：《华侨华人分布状况和发展趋势》，《侨务政策研究》2010 年第 4 期；刘宏宇、王静、张全生：《吉尔吉斯斯坦维吾尔华侨华人社会探究》，梁超主编：《中亚局势新动向》，北京：社会科学文献出版社 2012 年版。

③ 《〈大陆桥〉杂志和〈吉尔吉斯华侨报〉开辟对中亚外宣工作的新途径》，亚心网，2008 年 7 月 9 日。

④ 《2012 新疆出口商品展在吉尔吉斯斯坦开幕》，天山网，2012 年 8 月 1 日。

之后，特变电工承建的又一上合组织框架内利用中国政府优惠买方信贷的重要工程项目，合同金额为3.89亿美元，建设工期为36个月。项目建成后，将极大提升吉尔吉斯斯坦南部电网的自主供电能力，实现南北电网的全线贯通、电力互补，有利于促进吉尔吉斯斯坦电网安全、经济发展和人民生活的改善。① 同年9月4日，第二届中国—亚欧博览会吉尔吉斯斯坦主宾国日在乌鲁木齐举行，会上集中展示了吉商贸、旅游等各领域的最新情况和发展前景。②

除商贸外，在投资领域，中国商业界计划近期在吉尔吉斯斯坦境内投资约1.2亿美元（约合人民币7.5亿元）以建设多家现代化企业。目前中国商界已达成在吉尔吉斯斯坦北部建设年产120万吨的水泥厂的协议，该项目价值约5 000万美元。与此同时，中国还将在吉尔吉斯斯坦境内建设一瓷砖生产厂，该厂年产量将达300万平方米成品瓷砖。对于中国商界加大对吉尔吉斯斯坦的投资，吉尔吉斯斯坦副总理萨尔帕舍夫表示，这些项目将有助于降低吉尔吉斯斯坦北部地区复建住宅的成本。此外他还提到，中国企业还准备考虑在吉尔吉斯斯坦境内建设8家奶制品加工厂，同时中国还打算把3架用于国内航线的MA—60飞机拨给吉尔吉斯斯坦。一架飞机是赠予形式，另外两架则是中方以20年租期租给吉方使用。③ 中吉经贸关系的发展呈现蒸蒸日上的势头。

三、与吉尔吉斯斯坦侨胞的联谊工作得到加强

中亚地区生活着约12万在晚清时期由中国西北地区迁居而来的穆斯林，一般统称他们为东干人，其中吉尔吉斯斯坦国内约有6万。他们目前仍保存着传统的方言和生活风俗、习惯，在居住国中多从事农业、商业工作，是推动中国与居住国友好关系发展的桥梁。而促进东干人群体对母语文化的保持及其对中国文化的热爱，则是使其保有海外亲情和乡谊的重要条件。为此，近年来国务院侨办在西北地区高校，如陕西师范大学、西北师范大学、新疆师范大学等设立华文教育基地，招收包括东干人子女在内的中亚地区的留学生。据统计，仅地处兰州的西北师范大学，截至2012年9月已招收培养了包括吉尔吉斯斯坦的东干学生在内的34个国家的1 100多名留学生，并与国外高校合作建立了两所孔子学院，在华文教育领域积累了丰富的经验。④

此外，中国海外交流协会近年也邀请了51名来自吉尔吉斯斯坦、哈萨克斯坦等国的东干族华侨华人到故乡参观考察，在考察中，东干乡亲与故乡的干部群众也结下了深厚友情。为促进双方关系进一步发展，东干故乡的相关人士还远赴吉尔吉斯斯坦探望当地乡亲。比如，2012年甘肃省基层部门就派代表走访了部分吉尔吉斯斯坦的东干海外乡亲，旨在增进彼此的情感交流和联系。在走访中，广大海外的东干乡亲纷纷表达了对甘肃的思念之情。吉尔吉斯斯坦中亚华侨华人友好协会有包括东干老侨和近几年移居吉国的新侨在内的近百名会员，协会在当地华侨华人中具有一定的影响力，多年来他们开展了不少有利于

① 《特变电工吉尔吉斯斯坦500千伏输变电工程开工》，天山网，2012年8月2日。

② 《中吉经贸合作》，中国驻吉尔吉斯斯坦大使馆网站，http://kg.chineseembassy.org/chn/jmwl/，2013年2月9日。

③ 《吉尔吉斯副总理称中国商界将在吉境内增资建厂》，环球网，2013年2月18日。

④ 《西北师大华教基地：“留根”中亚“东干”华裔子弟》，中新网，2012年9月23日。

中吉友谊和服务当地侨众的活动，特别是促进当地华文学校的建设，满足了侨众及其子弟学习汉语，了解中华文化的迫切需求。在与甘肃代表的交流中，双方共同就支持吉尔吉斯斯坦比什凯克爱侨（李白）华文小学的建设，以及与东干人历史、文化、艺术、教育相关的工作等问题达成合作意向。①

除东干人外，中国政府推动、辐射吉尔吉斯斯坦侨众的文化宣传活动还有不少。在中国国务院侨务办公室和新疆外事侨务办公室的联合组织下，2013 年 1 月 1 日中国新疆木卡姆艺术团在吉尔吉斯斯坦首都比什凯克市国家歌剧舞剧院奉献了“文化中国·魅力新疆”慰侨演出，演出中包括了极富民族特色的“十二木卡姆”大曲、《那孜库姆》等歌舞表演。中国驻吉大使王开文与吉华侨华人共 800 余人观看了演出。王开文大使在致辞中说，新年到来之际，木卡姆艺术团的慰侨演出不仅奉献了精彩的文化艺术大餐，也带来了祖国和人民对吉尔吉斯斯坦华侨华人的关爱和温暖。② 该演出获得当地侨众的热烈欢迎。

四、吉尔吉斯斯坦华文教育和华文传媒获得较快发展

1. 爱侨中文教育中心落成

由中国驻吉尔吉斯斯坦大使馆、国务院侨务办公室、新疆外事侨务办公室及各界热心人士和当地华侨华人社团合办的公益性中文教育机构——“爱侨中文教育中心”，于 2012 年 6 月 2 日在吉尔吉斯斯坦首都比什凯克举行开学典礼。该中心的建立，旨在帮助广大吉尔吉斯斯坦侨众解决子女的汉语教育问题，增进侨胞子女对祖籍国的深入了解和感情，同时也使他们认识到中吉文化交流的积极意义，推动双方友好关系的发展。中心成立之初已有 40 余名侨胞子女在此接受中文教育，孩子们的学习积极性很高，效果也很好。中国驻吉大使馆政务参赞邓浩为中文教育中心剪彩并致辞时说，值此“六一”国际儿童节到来之际，“爱侨中文教育中心”的成立为旅吉华侨华人子女献上了一份节日厚礼。今后广大侨胞子女可以在此接受汉语教育，感受中国文化氛围，这将加深他们对中国的了解与感情，同时促进中华文化在海外的传承。中国政府历来重视海外侨胞子女的教育工作，希望孩子们珍惜机会，努力学习汉语，同时积极融入当地社会，向当地青少年展示中国灿烂悠久的文化，成为中吉友谊的小使者。③

2. 创办中文《中亚侨报》

由于中吉经贸合作日趋紧密，在吉尔吉斯斯坦经商的华人不断增多，目前已有 4 万多人。这一群体中很多人由于语言不通，难以掌握当地政策法规和了解国内发展情况，所以创办一份华文报纸对当地侨众来说非常重要。为此吉尔吉斯斯坦华侨华人社团、中国驻吉大使馆就曾与新疆经济报社联系，请其办理一份面向吉尔吉斯斯坦华侨华人的报纸，并在当地注册刊号，以中文形式出版。④ 在多方努力下，2007 年 9 月，由国务院新闻办主管，自治区党委外宣办、新疆经济报社、新疆维吾尔自治区版权保护协会共同主办的俄文《大

---

① 《甘肃支持中亚两国华侨华文教育》，天山网，2012 年 11 月 20 日。

② 《新疆艺术团走进吉尔吉斯斯坦举行慰侨演出》，人民网，2013 年 1 月 4 日。

③ 《吉尔吉斯斯坦成立“爱侨中文教育中心”》，新华网，2012 年 6 月 3 日。

④ 《〈大陆桥〉杂志和〈吉尔吉斯华侨报〉开辟对中亚外宣工作的新途径》，亚心网，2008 年 7 月 9 日。

陆桥》杂志正式在吉尔吉斯斯坦落地发行。目前，每期俄文《大陆桥》杂志在该国的发行量已达1万份，它也成为了在吉侨众了解中国的一扇重要窗口。2012年5月28日，吉尔吉斯斯坦中亚华侨华人友好协会又成功申请了吉尔吉斯斯坦司法部注册的《中亚侨报》刊号，希望集合新疆经济报的强大媒体资源合作创办《中亚侨报》，更好地服务于吉尔吉斯斯坦华侨华人。6月21日，新疆经济报社与吉尔吉斯斯坦中亚华侨华人友好协会联合创办《中亚侨报》的签约仪式，在比什凯克友谊宾馆会议厅隆重举行。新疆经济报社代表说，吉尔吉斯斯坦中亚华侨华人友好协会和新疆经济报一直是重要的战略合作伙伴。而出席签约仪式的中国驻吉尔吉斯斯坦大使馆政务参赞邓浩说："新疆经济报为吉尔吉斯斯坦的华侨华人做了一件大好事，双方的合作非常成功，大使馆会全力支持。"吉尔吉斯斯坦新闻办新闻处处长马梅尔卡诺夫先生宣读了司法部批准《中亚侨报》创刊的文件。① 这为吉尔吉斯斯坦华文传媒的发展创造了更为良好的条件。

3. 华文教育

由国家民委和国侨办共同主办、中央民族大学国际教育学院承办的海外留学生教育项目"新疆籍少数民族华侨华人子女中国语言文化进修班"，自2007年至2012年6月已经成功举办了4期，共有来自吉尔吉斯斯坦、哈萨克斯坦、塔吉克斯坦、乌兹别克斯坦、土库曼斯坦、巴基斯坦和土耳其等7个国家的75位学生来华学习。该班的举办旨在为加强中国与中亚等地区的友好交流与经济合作培养优秀的跨文化人才。进修班为学生们提供了优越的学习生活条件，同时，在语言学习之外，进修班还为大家安排了书画、武术等文化课程，并选派对外汉语专业的高年级学生为其进行汉语辅导。此外，进修班还为学员安排了"中国发展之旅"，除了利用周末时间参观游览北京的名胜古迹外，还组织大家到广州、深圳、上海、苏州、杭州等经济发达的城市进行考察，以加深他们对中国历史、文化和经济发展等情况的了解。②

在华文教育方面，吉尔吉斯斯坦最早开设中文系的是国立民族大学。1991年该大学成立了中文系，同年吉尔吉斯斯坦女子师范大学也开设了汉语课程。1992年吉尔吉斯斯坦比什凯克人文大学也成立了中文系。2006年秋季在中国国家汉办和比什凯克人文大学的共同努力下，人文大学成立了中亚地区第一个汉语水平考试中心，截至2010年共承办了6次不同级别的HSK考试，有1 200多人次参加了考试。2008年6月15日在中国大使馆和中国汉办的大力支持下，新疆大学和比什凯克人文大学合作成立了在吉的第一所孔子学院。先后开展了包括汉语教师技能大赛、演讲比赛、图书及摄影展览等在内的中国文化周活动。吉尔吉斯斯坦另外一所孔子学院设在比什凯克国立民族大学，他们的合作方是新疆师范大学。据不完全统计，截至2010年，在吉尔吉斯斯坦境内有13所大学和7所中学开设了汉语课程，在校学生超过4 000人，比4年前增长了近7倍。目前，吉尔吉斯斯坦在华文教育中使用着20多种教材，打破了一套教材一统天下的局面。每种课程都有多种教材可供教师选择，如北京语言大学出版的《汉语新目标》、《汉语速成》、《中级汉语教程》

① 《走向中亚——新疆经济报社考察团赴中亚考察纪行》，亚心网，2012年7月13日。

② 中央民族大学国际合作处、港澳台事务办公室：《国家民委"海外新疆籍少数民族华侨华人考察团"来我校访问》，2012年6月1日。

等就较受欢迎。①

就孔子学院而言，吉尔吉斯斯坦当地孔子学院的活动繁多且精彩。2012 年 5 月 12 日由国家汉办和中国驻吉使馆主办、吉尔吉斯斯坦立民族大学孔子学院承办的第五届“汉语桥”世界中学生中文比赛吉尔吉斯斯坦赛区比赛，在吉尔吉斯斯坦首都比什凯克市国立民族大学成功举行。中国驻吉尔吉斯斯坦大使和吉尔吉斯斯坦国立民族大学校长出席并分别致辞，来自吉尔吉斯斯坦全国的各地中学的师生代表、汉语爱好者和选手亲友团参加了活动。本届比赛主题为“快乐汉语，成就希望”，共分中文演讲、知识问答和才艺表演三个环节。经过先前的预赛选拔，来自吉尔吉斯斯坦全国的 32 名选手参加了最后的角逐。最终比什凯克第二中学的选手贾玛尔获得第一名，比赛冠亚军将代表吉尔吉斯斯坦赛区赴华参加总决赛。②

2012 年 5 月 19 日，由新疆师范大学主办、吉尔吉斯斯坦国立民族大学孔子学院协办的“新疆师范大学留学生艺术团访吉巡演活动”，在比什凯克市国家青少年文化活动中心举行，吉尔吉斯斯坦教育部长、吉妇女大会主席等参加了该活动。此次艺术团由来自吉尔吉斯斯坦、哈萨克斯坦、塔吉克斯坦、乌兹别克斯坦 4 个国家的 30 名在疆留学生组成，其中有吉留学生 14 人，巡演主题为“丝路传友情”。艺术团先后在比什凯克市 4 所高校和青少年文化活动中心、南部城市奥什等地进行了多场演出。③

五、应注意的问题

中吉两国关系发展良好，但这并不意味着处处皆无问题，例如中国在吉侨民、公民的安全问题就曾多次引起关注。2010 年吉尔吉斯斯坦内发生骚乱时，中国政府就进行过撤侨工作。而 2013 年 1 月在奥什发生的中国工人与当地民众的冲突再次引起中方关注。

2013 年 1 月 8 日晚 6 时许，新疆特变电工集团在吉尔吉斯斯坦南部奥什项目部一处工地的工人与当地民众发生冲突。事件起因是一名当地窃贼在实施偷盗时被中方工人当场抓获，后来当地 100 多个村民持棍棒闯入工地与中国工人发生群殴事件。随后奥什警方和特警赶到，控制了局势。当地警方随后根据吉尔吉斯斯坦刑法（非法监禁、流氓行为、大规模骚乱和对警方使用暴力）进行刑事立案。在此次事件中，中方 16 名工人受伤，其中两名伤势较重；吉方数名当地居民和 5 名警员也受了伤。事件发生后，中国驻奥什总领馆吴颖钦总领事立即会见吉尔吉斯斯坦外交部驻南方代表，表达中方对此事的关切，要求吉方切实保障中国公民在吉尔吉斯斯坦的合法权益。吉方则表示将公正、公平处理此事。1 月 10 日上午，奥什市警察局长召集奥什市中资企业及华商代表开会，通报了有关情况，并表示吉方高度重视吉中友谊，这次事件不会影响两国关系，更不会影响当地政府对中资企业和商人的一贯支持。华商为奥什市发展、居民生活水平的提高作出了很大贡献，吉方表示感谢，希望华商与当地居民友好相处，警方将全力保护中资企业及华商的合法权益。此

① 古丽尼沙·加玛力：《吉尔吉斯斯坦汉语教育现状及发展前景展望》，《世界汉语教学学会通讯》2010 年第 1 期。

② 《第五届“汉语桥”世界中学生中文比赛吉尔吉斯斯坦赛区比赛成功举行》，中国外交部网站，http：//www. fmprc. gov. cn/chn//pds/wjdt/zwbd/t931590. htm，2012 年 5 月 14 日。

③ 《驻吉尔吉斯斯坦大使王开文出席新疆师范大学留学生艺术团访吉巡演活动》，中国外交部网站，http：//www. fmprc. gov. cn/chn//pds/wjdt/zwbd/t933924. htm，2012 年 5 月 22 日。

案已按程序逐步处理。①

虽然事件暂告一段落，但事件背后却显示，随着世界经济全球化发展和中国“走出去”战略的实施，大量中国公民不断涌出国门，这就要求他们既要学会尊重对方和互谅互让的基本交际原则，同时也要学会使用法律武器保护自己的合法、合理诉求，必要时求助于当地中国使领馆和当地警方。同时，中国驻外国使领馆在维护海外中国公民合法权益的同时，应进一步在社团建设、法律援助、政策咨询等方面提供必要的支持，促进海外公民的团结和协作。

另外，在华文教育方面，有关方面应推动华文教育从主要集中于比什凯克扩大到吉尔吉斯斯坦华侨华人聚集地区。华文教育的教材也应注意语种的多元化，特别是增加吉尔吉斯语、维语、俄语、哈语等不同语种，供有不同需求的侨众子女使用，这同时也有利于推动少数民族华侨华人子女接受华文教育。在师资结构上，要注重培养年富力强、教学成果显著的华文教师，在教学形式上采取更为灵活多样的教学方式和方法，增强学生的学习兴趣，如此才能进一步推动华文教育在吉尔吉斯斯坦获得更大的发展。

① 《吉尔吉斯斯坦发生大规模群殴事件 18 名华人受伤》，环球网，2013 年 1 月 10 日；《新疆特变电工集团在吉员工与当地民众冲突事件初步得到解决》，中国驻吉尔吉斯斯坦大使馆网站，http：//kg. chineseembassy. org/chn/xw/t1004230. htm，2013 年 1 月 10 日。

柬埔寨

柬埔寨华人约占柬埔寨总人口的5%，但其在柬埔寨经济政治领域所发挥的作用和影响力却是举足轻重的。尤其是近几年来，柬埔寨政局稳定，经济持续发展，中柬关系基础牢固、稳定友好，柬埔寨政府奉行宽松、宽容的华侨华人政策，这些都为华人提供了前所未有的良好生存环境与发展机遇。2012 年，在首相洪森的领导下，柬埔寨继续朝着稳定、有序的方向发展，华侨华人安居乐业，积极为柬埔寨的建设与发展出力献策，为中柬友好关系的持续与深化牵线搭桥，发挥着独特而有益的作用。

一、柬埔寨基本国情及 2012 年政治经济形势

柬埔寨王国是位于中南半岛南部的具有悠久历史的国家，国土面积在东南亚国家中排第八位，据 2011 年的统计，人口数量为 14 805 358，[①] 主体民族为高棉族，佛教为国教，全国有 93% 以上的人口信仰佛教，华人则是多神信仰。柬埔寨是君主立宪制国家，现任国王为西哈莫尼，首相是洪森。高棉语是柬埔寨的通用语言，英语和法语也被列入官方语言（基本国情见下表）。

柬埔寨概况

国家全名	柬埔寨王国	地理位置	东南亚中南半岛南部	领土面积	18.1 万平方公里
首都	金边	官方语言	高棉语	主要民族	高棉族
政体	君主立宪制	执政党/主要反对党	人民党/桑兰西党	现任国家元首/政府首脑	诺罗敦·西哈莫尼/洪森
人口数量	14 805 358（2011 年）	华侨华人人口数量	约 70 万	华侨华人占总人口比例	约 5%
GDP/人均 GDP	130 亿美元/909 美元（2011 年）	CPI	5.5%（2011 年）	失业率	1.68%（2008 年）

资料来源：根据以下资料概括统计。1. 百度百科柬埔寨词条，http://baike.baidu.com/view/7501.htm；2. 庄国土：《东南亚华侨华人数量的新估算》，《厦门大学学报》2009 年第 3 期；3.《柬埔寨经济发展迅速，预计 2012 年人均 GDP 将增至 988 美元》，《柬华日报》，2012 年 7 月 13 日；4.《2012 年柬埔寨经济增速将保持 7%》，中国驻柬埔寨大使馆经商参处网站，http://cb.mofcom.gov.cn/aarticle/jmxw/xmpx/201209/20120908339857.html。

① 百度百科柬埔寨词条，http://baike.baidu.com/view/7501.htm。

2012 年柬埔寨政治稳定，经济发展态势整体较好。据柬埔寨财经部预测，2012 年柬埔寨经济将保持 7% 的增速。① 2012 年 5 月 23 日世界银行发布的《东亚及太平洋地区半年度经济评估报告》，将柬埔寨列为 10 年来全球经济增长最为迅速的国家之一，② 并指出该国经济增长的推动力主要来自建筑业、银行业、农业和工业制造业，这些也都是柬埔寨的支柱产业。近几年来，其第三产业的发展速度也比较快。总体而言，2012 年柬埔寨经济发展持续稳定：通货膨胀基本得到有效控制，预计将由 2011 年的 5.5% 下降至 3.6%；国内货币相对稳定；外汇储备预计将达到 34 亿美元，比上一年增加了 4 亿美元；人均 GDP 预计也从 2011 年的 909 美元上升到 2012 年的 988 美元；③ 对外经济合作的发展势头良好，由于政府奉行自由开放的经济政策，积极引进境内外各种资金用于经济建设与发展，外资成为柬埔寨经济发展的重要资金来源。目前柬埔寨存在的主要问题还是经济结构比较单一、基础设施落后、经济对外依存度太高。

2012 年，柬埔寨政坛继续保持原有的格局并呈现出长期稳定的发展态势。已顺利交接王位并远离政坛的西哈努克太皇的去世，对柬埔寨政局的影响并不大。目前，西哈努克的长子、原奉辛比克党主席拉那烈已选择暂时离开政坛，现担任国王最高顾问委员会主席，奉党也改名为“民族主义党”，力量远不如从前。虽然反对党桑兰西党和金速卡党正在加快联合的步伐，但短期内仍难以改变人民党一统天下的政治格局。

二、柬埔寨侨情概况

（一）华侨华人与当地民族关系

柬埔寨华人与当地人民的关系十分友好和睦，长期以来柬埔寨几乎没有发生过专门针对华人的恶性犯罪案件。华人之所以能够在当地安居乐业并受到普遍尊重的主要原因，除了中柬关系友好，柬埔寨政局稳定、社会安定、政府推行对各民族一视同仁的政策外，主要还是华人能够积极主动地融入当地社会，并真正把柬埔寨视作自己的国家去效忠。作为华裔内阁成员之一的柬埔寨前新闻部长吕来盛就曾表示：不否认有一些华人在心态上或许还有“中国仍是祖国”的观念，但若把他们送回中国他们肯定不愿意，因为“这里就是家乡，中国只是祖籍国”。④ 有柬埔寨侨领曾深有体会地表示：华人若想在异国他乡立足，“就必须融入当地社会，遵守当地法律法规，尊重当地人民风俗习惯，还要怀有一颗感恩的心，懂得回馈社会，多行善事”。⑤ 与老一辈华人相比，柬埔寨的青年华人更认同自己的柬埔寨公民身份，因此与当地的融合度更高，与当地人的关系更为密切。

---

① 《2012 年柬埔寨经济增速将保持 7%》，中国驻柬埔寨大使馆经商参处网站，http://cb.mofcom.gov.cn/aarticle/jmxw/xmpx/201209/20120908339857.html。

② 《世界银行预计 2012 年柬埔寨经济增长 6.6%》，中国商务部网站，2012 年 6 月 1 日。

③ 《柬埔寨经济发展迅速　预计 2012 年人均 GDP 将增至 988 美元》，转引自《柬华日报》，http://service.asean-china-centre.org/contents/ftanews/2012/7/13/13124.html，2012 年 7 月 13 日。

④ 《柬埔寨华人系列》，东方论坛网，http://bbs.eastday.com/forum.php?mod=viewthread&tid=697876。

⑤ 雷柏松、张瑞玲：《柬埔寨华侨华人居安思危》，新华网，2010 年 7 月 5 日。

（二）华侨华人经济

“二战”后很长一段时期，柬埔寨华人一直在当地经济发展中拥有十分显著的地位和作用。但“朗诺政变”以后，尤其是民主柬埔寨时期，柬埔寨华人的所有财产被剥夺，被迫流离失所，经济一落千丈。1993 年柬埔寨王国新政府成立以来，对华人实行宽松、宽容的政策，鼓励华人积极参与柬埔寨的经济重建工作，并赋予其重任，让其担当主力军的重要角色。随着柬埔寨政局的稳定，华人经济逐渐恢复并发展起来。今天，柬埔寨华人经济已成为柬埔寨民族经济的重要组成部分，并起着不可或缺的作用。关于柬埔寨华人经济的发展状况有一个普遍的说法，即占总人口 5% 的柬埔寨华人几乎控制了该国 80% 的经济，因为国家税收的绝大部分都来自华人开办的企业，包括工厂和银行。[①] 虽然没有确切的统计数据可以证实，但柬埔寨华商在柬埔寨经济发展中举足轻重的地位是不容置疑的，这从柬埔寨华人大部分经商以及掌控着柬埔寨重要经济部门和领域的大都是华人企业家中可见一斑。

柬埔寨皇家集团主席兼首席执行官陈丰明，祖籍广东潮州，被认为是柬埔寨最富有的企业家，目前其旗下拥有 CTN 电视台、移动通信运营商 Mobitel 公司、Camlot 彩票公司等，还创立了 Infinity 保险公司。此外，他还拥有所有跨国公司在柬埔寨境内的独家分销权，其中包括佳能、西门子、摩托罗拉以及餐饮连锁必胜客和肯德基等，有人曾将其比作泰国电信大亨及前首相他信。陈丰明率领他的皇家集团，为柬埔寨的经济发展和国家建设作出了十分突出的贡献。2010 年 4 月，柬埔寨邮电部与皇家集团签署了一份协议，计划在 2013 年第一季度发射柬埔寨的第一颗人造通信卫星，皇家集团将筹资 2.5 亿 ~3.5 亿美元用于该项目的建设。[②] 目前，作为首相洪森的私人顾问、柬埔寨商会会长，陈丰明正积极致力于加强与国外商会的交流合作，对外宣传、推广柬埔寨的良好形象，为柬埔寨招商引资、推动对外经贸往来、主动融入全球经济献计献策，并日渐承担起政府事实上的对外发言人角色。

柬埔寨银行公会主席方侨生，是祖籍广东、出生在柬埔寨的华人，他创建了柬埔寨最大的商业银行——加华银行，他同时也是首相洪森的高级经济顾问。作为实力雄厚的银行家，他的财富足以支撑加华银行 28 个分行网点的日常运作，其对柬埔寨经济的影响力也是显而易见的。

许锐腾也是祖籍潮汕的柬埔寨华裔，曾享有东南亚著名企业家、柬埔寨最具影响力的华商和柬埔寨商业巨子等多个称号。他最早从事制衣业，后来又投身金融业，创办了湄江银行，之后又从事服务业、海运、酒店、旅游等业务。其属下集团曾多次与中国合作，先后出资 2 650 万美元和 3 500 万美元，[③] 引进中国的设备与技术修建水泥厂和糖厂，有效推动了中柬两国的经贸往来，也促进了柬埔寨经济的发展。

柬埔寨徐氏太平洋集团有限公司执行总经理徐光发，祖籍海南，是柬埔寨著名的华裔

① 刘昊：《华人在柬埔寨几度沉浮》，《南方周末》，2008 年 4 月 16 日。

② 《陈丰明——雄心勃勃的商业扩张之路》，柬埔寨中文社区网，http：//www.7jpz.com/thread - 5289 - 1 - 2.html，2011 年 10 月 7 日。

③ 《许锐腾——柬埔寨商业巨子》，柬埔寨中文社区网，http：//www.7jpz.com/thread - 5294 - 1 - 2.html，2011 年 10 月 8 日。

企业家，也是柬埔寨参议院主席谢辛的顾问。除努力经营自己的企业，为柬埔寨经济建设出谋划策外，他还热衷于国际经济研究。为了让外来投资者更好地了解柬埔寨的投资环境和投资政策，促进柬埔寨与世界各国经贸关系的发展，徐光发于2000年编撰出版了专著《柬埔寨经济评论》，并于2007年重新编写了该书的第二版。该书中英文对照，全面系统地介绍了柬埔寨的经济发展状况和投资环境。谈到撰写该书的宗旨时，他指出：以自己融入柬埔寨主流社会多年的经验，深刻感觉到自己责任的重大，因此，不但要为华人企业，也要为所有柬埔寨企业尽自己的能力，推动柬埔寨经济平稳迅速地发展，促进柬埔寨与国际社会的交流与合作，作为一名华人应该为所在国尽一点绵薄之力。①

柬埔寨第一位华裔参议员刘明勤也是一位企业家，他创建了 PHEAPIMEX GROUP 集团公司，下属公司有长源船务贸易公司、富产木业公司、中柬海晶食盐厂、柬埔寨农业发展公司等，并在首相洪森的支持下建立了合喜万兴有限公司，从事基础设施建设。近几年来，他积极参加公益事业，先后为学校、医院、寺庙等捐献了数百万美元，并且坚持每年都资助困难的华校办学。

目前，柬埔寨华人无论在政治上还是经济上都拥有较高的地位，并成为柬埔寨社会、经济发展中不可忽视的重要力量。

（三）华侨华人的政治参与

柬埔寨华人不仅在柬埔寨的经济发展中起着举足轻重的作用，其政治地位也呈直线上升的趋势。柬埔寨王国政府成立后，柬埔寨华人与其他民族一样在法律上具有同等的地位，享有同等的权利和义务，再加上柬埔寨现政府实行宽松、宽容的华人政策，许多柬埔寨华人开始积极参与到柬埔寨的政治生活中。除积极参加选举投票外，不少有经济实力和影响力的华人通过多种途径参政议政，这从政府内阁中有超过一半的内阁部长都拥有华裔血统的比例中，可见华人的政治参与度与政治地位之提升。

柬埔寨前新闻部长吕来盛就是柬埔寨华裔内阁成员之一。他出生在柬埔寨，父母来自中国，他本人在中国接受了中学教育，在美国完成大学学业，14岁开始进入政坛，他曾经作为奉辛比克党的代表与人民党洽谈组成联合政府的事宜。据吕来盛介绍，在柬埔寨有超过半数的内阁成员和众多在政府行政机构担任高级官员的人，属于第二代和第三代华人。②

柬埔寨 PHEAPIMEX GROUP 集团公司董事长刘明勤，1996年就被柬埔寨国王授予勋爵爵位（这是柬埔寨授予有突出贡献者的一种荣誉爵位）。1999年被首相洪森委任为外商投资经济顾问。2006年当选为柬埔寨第二届国会参议员，成为柬埔寨第一个华人参议员。2012年4月，他再次获选柬埔寨王国第三届参议员。

著名的华人企业家曹云德，是从中国走出去的柬埔寨勋爵，他于2009年获得柬埔寨国家级荣誉勋章，2010年5月出任参议院主席谢辛的特别助理，8月开始担任谢辛的顾问。鉴于其在柬埔寨能源、矿产、农业、教育、传媒等领域所作出的巨大贡献，2011年8

---

① 《柬埔寨著名资深华人经济学者徐光发先生》，柬埔寨中文社区网，http：//www.7jpz.com/thread－1251－1－3.html，2010年月10月2日。

② 《柬埔寨华人系列》，东方论坛网，http：//bbs.eastday.com/forum.php？mod＝viewthread&tid＝697876，2003年10月20日。

月被授予柬埔寨勋爵爵位，接着出任柬埔寨国际合作机构主席。他积极投入柬埔寨的招商引资工作，每年都会协调、安排众多中国企业到柬埔寨投资、发展，为中国企业到柬埔寨投资开辟了广阔的合作空间，也促进了柬埔寨对外经贸合作的开展，得到了柬埔寨政府和民众的广泛认可和好评。

拥有 13 家企业、拥资亿万的华人实业家和华人参议员徐光秀，在接受记者专访时表示："作为一名华人参议员，我要积极参政、议政，为政府改革和发展献计献策，还要为华人服务，给华人争光，积极推动中柬经贸往来，不断增进两国传统友谊。"① 这可以说表达了柬埔寨华人参政的基本宗旨和目标。

其实，同时在商政两界担任要职并作出突出贡献的柬埔寨华人不在少数，他们中有很多人既是著名的企业家，又是参议员。他们在柬埔寨政治、经济、文化等各个领域中的地位与作用日渐突出。

（四）华侨华人社团

与东南亚其他国家相比，柬埔寨的华人社团组织结构较为独特。柬埔寨华人理事总会是柬埔寨华人社会的最高领导机构，自 1990 年 12 月 26 日成立之日起就担负着领导柬埔寨华人社会的责任，同时协助政府管理与华人有关的事务。经过 20 多年的发展，已逐步建立起完整的组织体系，目前拥有 5 大会馆、13 家宗亲会，并在全国各省市县建立了基层分会，形成了包括龙狮团、锣鼓班、庵庙善堂以及 60 多所华文学校、160 多个文艺体育团体在内的社团组织。② 5 大会馆的馆长和 13 家宗亲会的负责人都是柬华理事总会的骨干成员。这种呈金字塔形的组织架构，强化了柬华理事总会的领导地位和权威性，有利于其对全柬华人社团的各项事务进行统筹协调、统一管理，也有助于加强柬埔寨华人社会的凝聚力。柬华理事总会还是柬埔寨华人与政府之间沟通联系的纽带，并一直与政府保持着融洽而密切的关系。柬埔寨政府也十分信任和重视理事总会及其所发挥的作用，首届柬华理事总会的 10 名成员全部都是由官方任命的。

柬埔寨华人理事总会现任会长杨启秋，是柬埔寨最大的华人会馆——潮州会馆的馆长，1994 年被授予勋爵爵位。柬华理事总会不仅率领柬埔寨华人积极投身于柬埔寨的经济建设与社会发展事业，主动融入主流社会，还为中柬友好关系的发展发挥着重要的桥梁和纽带作用。他们带领华人弘扬乐善好施、扶贫济困的传统美德，长期向柬埔寨红十字会捐款捐物、赈灾济贫、报效社会。同时，在中国大陆和台湾遭遇地震、台风、洪水等自然灾害时也慷慨解囊。"5·12" 四川大地震后，中国驻柬大使馆共收到柬华社会各界的捐款 148 万多美元，其中柬官方捐款 16 万美元，驻柬埔寨华侨华人及社会各界捐款达 1 320 386.5 美元。③ 柬华理事总会还与世界各地的华社团体保持着密切的联系与合作，并于 2009 年成功举办了世界越柬寮华人团体联合会第四届会员代表大会，有 70 多个国家的2 000多名华界名流参加了会议。④

---

① 刘路：《华人在柬埔寨广受信任和尊重》，新华网，2007 年 7 月 13 日。

② 朱正敏等：《侨领聚会成都研讨海外侨情——华人社团功能如何转型?》，《人民日报》（海外版），2012 年 7 月 9 日。

③ 《柬华社会各界向四川地震灾区捐献善款为历次之最》，中国驻柬埔寨大使馆经商参处网站，2008 年 6 月 3 日。

④ 孙广勇：《辉煌的过去　远大的未来——访柬华理事总会会长杨启秋》，人民网，2011 年 9 月 5 日。

在柬埔寨华人中，潮州人占76%，广肇人占10%，海南人约占8%，客家人约占3%，福建人约占2%。[①] 因此，根据籍贯的不同，柬埔寨华人分别设立了潮州会馆、广肇会馆、海南同乡会、福建会馆和客属会馆。其中1993年建立的潮州会馆不仅规模较大，地位和影响力也比较突出。潮州会馆大力兴办华文学校，积极弘扬中华文化，并把潮剧艺术带到柬埔寨，不仅丰富了华人的文化生活，也深深影响着柬埔寨艺术文化事业的发展。柬埔寨唯一的地方戏剧——“洛空戏”中的不少元素就借鉴了潮剧，并深受柬埔寨当地民众的喜爱。

（五）华文教育

柬埔寨的华文教育规模较大，分布也较广，其蓬勃的发展态势在东南亚国家中较为突出。柬埔寨的华人社团十分注重华文教育，柬华理事总会和各会馆都分别设立文教处、文教组，对华文教育加以统筹管理。柬华理事总会分会的领导往往就是华校董事会负责人，分会从人力、物力尤其是财力方面给予支持。在柬华理事总会的领导下，已形成了一套完整的管理和教学体系，基本实现了学制统一、教材统一、师资调配统一。目前柬埔寨有60多所华文学校，虽然跟以前的学校数量相比有所下降，但质量相应得到提升。

最大的华文学校——端华学校是由潮州会馆创办的。端华学校最初是私塾，“二战”后迅速发展起来，20世纪70年代被迫停课。90年代以来，随着柬华理事总会的成立，端华学校在其领导下于1992年得以复课。端华学校现有学生14 000多人，华裔子女占了80%。[②] 2011年，端华学校被中国国侨办授予“华文教育示范学校”称号；柬埔寨共有3所华校入选，另外两所是客属会馆的崇正学校和福建会馆的民生中学。2012年9月28日，端华学校举办了复课20周年庆祝活动，端华学校师生、校友、柬埔寨社会贤达及华人社团代表近千人出席了庆祝活动。端华学校校长李辉明、柬华理事总会会长兼柬埔寨潮州会馆馆长杨启秋、柬埔寨金边市教育局官员陈章贵，以及柬埔寨社会知名人士、端华校友刘明勤、方侨生等先后致辞。

柬埔寨华文教育之所以蓬勃发展，除了柬华社团的推动和柬埔寨政府的支持外，中柬关系的深化与发展，尤其是随着中国企业在柬埔寨投资的不断增长，学习和掌握华语更有助于就业谋生，这一现实因素越来越成为柬埔寨华人以及柬埔寨当地人学习华文的一大动力。

目前柬埔寨华文学校的发展仍面临着资金短缺和师资不足等问题，柬华理事总会正在努力寻求解决途径。近年来，柬华理事会已先后派出40多名年轻教师到中国接受培训。另外，如何进行改革，将华文教育融入到柬埔寨国家教育体系中，使华文教育得以在柬埔寨长期、稳定、健康地发展，也是柬华社会必须面对和思考的课题。

（六）华文媒体

柬埔寨的华文报纸是1999年开始复办的，复办以来一直秉持着弘扬中华传统文化、促进民族融合、推动柬中友好、营造社会正气等宗旨。目前影响较大的中文报纸有《华商

---

① 《柬埔寨华人》，北部湾东盟经济网，http：//www. bbwdm. cn/show_ info. asp? id =362949，2011年5月27日。

② 《柬埔寨最大华文学校端华学校庆祝复课20周年》，新华网，2012年9月28日。

日报》、《柬华日报》和《星洲日报》等。除华文报刊外，柬埔寨华人还尝试创办了柬文报纸。2012 年 7 月 6 日，由柬埔寨华人创办的第一家柬文日报——《高棉日报》正式出版发行。柬埔寨新闻部长乔卡那里出席新闻发布会。《高棉日报》社长曹云德表示，办报的宗旨是及时传递信息，促进经济、文化、体育等领域的交流，促进中柬各行业交流。该报中文版于 2013 年 3 月 1 日正式发行。[①]

（七）华侨华人习俗与宗教信仰

今天，不少中国传统节日和风俗都在柬埔寨华人社会中得以保存，如春节、清明节、端午节等。在柬埔寨的潮州人还把潮汕地方节日习俗带到柬埔寨，对当地人也有深刻影响，比如供奉“神明”的习俗，华人的商店中大都供有“财神爷”，如今柬埔寨当地人的商店中也普遍仿效。柬埔寨有 5 大会馆和 13 个宗亲会，每到中国传统节日，华人都会以会馆和宗亲会为单位开展活动，柬埔寨华人在宗教信仰和文化习俗方面大都保留了中国传统的方式。

（八）新华侨华人移民

有报道指出，自中国改革开放后，来到柬埔寨生活与发展的新华侨有 10 万人。[②] 其实，华人新移民最早是来自港澳台的商人，他们前来开厂主要是看重柬埔寨的廉价劳动力和低廉的成本，有的是将原先设在中国大陆东南沿海的工厂迁移到柬埔寨，因此，随之而来的就有一些来自这些地区的合法或非法移民，他们一般都在华人工厂和餐馆打工。随着柬埔寨政治经济局势的日趋稳定以及中柬经贸关系的迅速发展，不少来自中国大陆的企业也开始进驻柬埔寨，因此，从基础设施建设、能源开发、制造业到酒店服务行业等，都有不少来自中国的新移民。英国《金融时报》中文网的特约撰稿人周文翰经实地考察后认为，最近 10 年来，柬埔寨的华人新移民很多是投资移民，他们主要在柬埔寨经营酒店、诊所和店铺等，有不少人选择了加入柬埔寨国籍，主要是因为这样既可以方便在当地投资，又可以以外商的名义回中国经商获取优惠。[③]

三、2012 年中柬关系及其对华侨华人的影响

2012 年，中柬关系仍保持着持续稳定的发展态势，高层互访频繁、政治关系密切。在许多国际政治议题上，柬埔寨对中国的主张和立场大都持理解和支持的态度。尤其是在 2012 年 7 月召开的东盟外长会议上，担任东盟轮值主席国的柬埔寨，对菲律宾和越南坚持要将中菲黄岩岛对峙事件写入联合声明的主张进行了抵制，因此也被外界视作是对中国相关战略和立场的配合与支持。会后，柬埔寨外交大臣贺南洪在答记者问时表示：“作为东盟轮值主席国，柬埔寨一直努力在东盟个别国家与中国之间进行协调，但个别东盟国家以南海问题相要挟，这是柬埔寨所不能接受的，导致本次东盟外长会议未能达成联合声明，

---

① 《柬埔寨最大华文学校端华学校庆祝复课 20 周年》，新华网，2012 年 9 月 28 日。

② 朱正敏等：《侨领聚会成都研讨海外侨情——华人社团功能如何转型?》，《人民日报》（海外版），2012 年 7 月 9 日。

③ 周文翰：《柬埔寨的中国商人》，FT 中文网，http：//www. fichinese. com/story/001039456，2011 年 7 月 8 日。

我对此表示遗憾。”①

2012 年，中柬两国间的经贸合作也在不断扩展与深化，在各个领域均保持着良好的发展势头。近年来，中国公司承建了柬埔寨的许多大的工程项目，如修路、修桥、建水电站等，这不仅体现了柬埔寨政府对中国公司的信任，更说明了中柬友好关系拥有稳固的基础。目前，中国是柬埔寨最大的投资国。据柬埔寨发展理事会的统计数据显示，从 1994—2011 年，中国对柬埔寨的投资总额已达到 88 亿美元，名列外来投资第一位，其中有 90% 的投资是在 2000 年之后批准的。② 2012 年上半年，中柬双边贸易额已达到 13.22 亿美元，其中中国对柬埔寨出口 12.32 亿美元，同比增长 24.9%；③ 中国企业在柬埔寨新签承包合同 28 个，总额为 4.74 亿美元，增长 97.3% ④。中国也是柬埔寨最重要的援助国，1992—2011 年中国向柬埔寨提供了将近 21 亿美元的援助，其中包括各种无偿援助、无息贷款和优惠贷款等。2012 年，时任中国国家主席胡锦涛对柬埔寨进行了国事访问，双方就共同推动两国的全面战略合作伙伴关系进一步向前发展达成一致，并提出到 2017 年两国贸易额实现翻一番的目标，即在 2011 年 25 亿美元的基础上，达到 2017 年 50 亿美元。⑤ 也就是说要实现这一目标，中柬贸易额必须以每年 20% 的速度增长。这无疑为中柬两国企业创造了更加良好的合作机遇。

实际上，中柬关系的友好发展与不断深化，与广大华侨华人的倾力支持、积极推动是密不可分的。反之，良好、稳定的中柬关系无疑也对柬埔寨政府与华人的关系以及华人在柬埔寨的地位和生存发展环境产生着积极的影响。尤其是中柬经贸关系的发展，对大部分都是从事经济活动的华人而言，提供了更多的机遇与助力。

---

① 郭翔青等：《柬埔寨外交大臣：望相关国家自行解决南海问题》，国际在线，http://gb.cri.cn/，2012 年 7 月 13 日。

② 曹云德：《柬埔寨王国经济发展版图》，中新网，http://news.163.com/12/0509/15/812TV8MV00014AED.html，2012 年 5 月 9 日。

③ 《2012 年上半年中柬双边贸易情况》，中国驻柬埔寨大使馆经商参处网站，http://cb.mofcom.gov.cn/aarticle/zxhz/hzjj/201208/20120808267301.html。

④ 《中国与柬埔寨经济合作持续深化》，《经济日报》，2012 年 8 月 21 日。

⑤ 《中柬两国领导人确定 2017 年贸易目标》，中国驻柬埔寨大使馆经商参处网站，http://cb.mofcom.gov.cn/aarticle/jmxw/xmpx/201202/20120207962138.html。

老 挝

老挝（Laos）是东南亚国家中华侨华人数量较少的国家。与大多数其他国家一样，老挝的华侨华人大多从事商业与手工业，生活水准略高于当地其他族群。老挝是“社会主义国家中同中国关系最好的”，而老挝政府对待华侨华人的政策则深受老挝对华关系的影响。随着老挝同中国之间各方面往来的增多，到老挝从事经贸活动的中国新侨成为在老华侨华人的新生力量，他们有望与传统的华社一起成为推动老挝和中国的关系健康发展的积极力量。老挝的华文教育虽然经受过波折，但近些年发展迅速，并有望继续扩大发展。

一、老挝国情与当前华侨华人数量

老挝是老挝人民民主共和国（Lao People's Democratic Republic）的简称，位于亚洲的中南半岛北部，北邻中国，与中国云南省接界，西邻缅甸，南邻泰国，东邻越南，领土面积为23.68万平方公里。老挝首都为万象（Vientiane），海外华人又称万象为永珍。2008年11月，老挝第六届国会审议确定：老挝只有一个民族——老挝族，一个老挝族之下又有49个少数民族。老挝的官方语言是老挝语。

2011年，老挝人口总数为628万多（6 288 037），GDP总量为82.9亿多美元（8 297 664 741），经济增长率为8%，通货膨胀率为7.5%。[①]

老挝概况

国家全称	老挝人民民主共和国（Lao People's Democratic Republic）
位置	中南半岛北部
气候	热带、亚热带季风气候
领土面积	23.68万平方公里
执政党	人民革命党（Lao People's Revolutionary Party，LPRP）
总理	通辛·坦马冯（Thongsing Thammavong）
官方语言	老挝语（Lao）
首都	万象（永珍）（Vientiane）
国际机场	瓦岱机场（ Wattay International Airport ）
人口数量	628万多
华人数量	3万多

① 上述数据源自世界银行发布的关于老挝的报告，是老挝2011年的数据，www. worldbank. org/en/country/lao。

（续上表）

华侨华人所占比例	不到 1%
主要民族	老挝族（Lao People）
经济增长率	8%
通货膨胀率	7.5%
国内生产总值	82.9 亿多美元
人均国内生产总值	1 130 美元

东南亚是华侨华人的主要聚集区，但老挝却是东南亚国家中华侨华人数量较少的国家，并且关于老挝华侨华人的数量也是众说纷纭。"3 万多人"应该是目前较为准确的数据，也是中国官方提供的数据。依据中国外交部网站于 2012 年 8 月更新的最新数据，目前在老挝的华侨华人有 3 万余人。[①] 前中国驻老挝大使李家忠 2007 年访问老挝时，当地华社"中华理事会"提供的华侨华人数据也是 3 万多。[②] 另一权威数据是来自台湾"侨务部门"的统计——"老挝有 18 万多华人"，与上述中国大陆官方提供的数据差异较大。据"中华民国侨委会"2005 年的数据：在老挝的华人（Ethnic Chinese）有 185 765 人（2004 年有 181 571 人），华人人口增长率为 2.31%，[③] 占老挝人口总数的 0.4%[④]。

上述"18 万多"与"3 万多"这两个较为权威的关于老挝华侨华人的数据有不小的距离，可能是统计的对象、时间等不一所致。大陆的数据（3 万多）可能指的是土生的华侨华人，不包括近 20 多年到老挝从事经贸活动的中国侨民。台湾的数据（18 万多）可能不仅包括上述土生华人，还包括了后来从台湾到老挝从事经贸活动的华侨华人。

近些年，随着老挝与中国关系的发展，到老挝从事经济、文化活动的中国人越来越多，他们在老挝生活的时间已较长，构成了侨居老挝的新华侨。[⑤] 这些新华侨大多是在 2000 年之后到老挝的[⑥]，目前"约有四五十万的中国人在老挝经商"[⑦]。来自中国湖南的邵东人在老挝的新华侨中占有较大比例。"（2011 年）在老挝投资创业的湖南人，有 10 万人之多。"[⑧]

二、华人移居老挝的历程

因地缘之便，历史上移居老挝的华侨华人以云南省居多。云南边民从宋代末期就开始

① 《老挝国家概况》，中国外交部网站。

② 李家忠：《印支外交亲历》，上海：上海辞书出版社 2010 年版，第 208 页。李家忠于 1994 年到 1995 年担任中国驻老挝大使，他提供的老挝华侨华人数据应该是最有参考价值的。

③ "The Ranking of Ethnic Chinese Population"，http：//www. ocac. gov. tw/english/public/public. asp? selno = 1163&level = B.

④ 《海外华人人数》，http：//www. ocac. gov. tw/public/public. asp? selno = 9429&no = 9429&level = C。

⑤ 目前在老挝的中国新侨民虽然数量较多，可能也有社团，但目前还没有这方面的消息。

⑥ 罗华：《稳固的边缘：老挝华人社会的认同研究》，广西民族大学硕士学位论文，2008 年。

⑦ 朱芳华：《老挝汉语推广的对策初探》，《海外华文教育》2010 年第 1 期。

⑧ 《十万湘商闯老挝：会说湖南话就不会在万象迷路》，中新网，2011 年 9 月 23 日。

移居如今叫作老挝的这块土地。现在，老挝北部仍是来自云南省的企业与员工较为集中的地方。[①]

清末，来自广东、福建等地的农民经越南、泰国、柬埔寨等地移居老挝。法国殖民老挝之后，华人移居老挝的数量逐渐减少。20 世纪 70 年代，包括老挝在内的印支半岛政局动荡，华人生活深受影响，也波及老挝的华人。20 世纪 70 年代中期，老挝政权变迁后，不少华人离开了老挝。

历史上老挝华侨华人的数量也缺乏准确统一的数据。1927 年，法国殖民政府的统计显示，在老挝的华侨华人有 2 000 人[②]；到 1959 年，有 4 万人[③]。老挝当地华人告诉西方学者，老挝华侨华人数量最高峰大概有 10 万人，但西方的相关统计数据则更多地采用了"4 万多"这个数据，学者们也多采信该数据[④]，国内的相关研究中也有采用"4 万多"这个数据的[⑤]。台湾 1988 年出版的《寮国华侨概况》称老挝有华侨华人 15 万人之多，该书作者蔡天是根据老挝各个主要市镇的华侨华人人数推算出来的，[⑥] 被认为是"资料较为详细"的统计[⑦]。中国大陆官方估计，20 世纪 90 年代中期，在老挝的华侨华人有 1 万多人，其中首都万象有华人 8 000 余人（2007 年数据）。[⑧] 一些相关研究也仍采用"1 万多人"这个数据，并以此推断老挝华侨华人占老挝全国人口的 0.2%。[⑨] 总之，关于老挝华侨华人的数据仍有待澄清。

老挝的华侨华人祖籍地很大一部分为广东省潮汕地区。据 2005 年调查数据，来自福建省的老挝华侨华人仅 250 人。[⑩] 据调查，"华人在老挝，被统称为'秦'（音 Jin），意为中国人"，但本地人对来自中国不同省份的老挝华侨华人的称呼不同，如称呼来自两广（广东和广西）的华人为"杰"（音 Jeg），称呼来自云南的华人为"和"（音 Hor）——"和族"是来自云南的华人的别称。[⑪]

三、华人在老挝的地域分布与从业状况

老挝华侨华人主要集中在老挝的中南部。首都万象与沙湾拿吉（Savannakhet）、巴色（Pakse）、琅勃拉邦（Luang Phrabang）等省会城市最为集中。"他们（老挝华侨华人）多

① Florence Rossetti, "The Chinese in Laos: Rebirth of the Laotian Chinese Community as the Peace Returns to Indonesia", *China Perspectives*, 1997, September - October.

② Centre des Archives d'Outre-Mer in Aix-en-Provence, France. Division of Economic Affairs, Indochina General Government, Courrier 1927. 转引自：Florence Rossetti, "The Chinese in Laos: Rebirth of the Laotian Chinese Community as the Peace Returns to Indonesia", *China Perspectives*, 1997, September-October.

③ Joel Martin Halpern, "The Role of the Chinese in Lao Society", *The Journal of Siam Society*, 1961, Vol. 99.

④ Florence Rossetti, "The Chinese in Laos: Rebirth of the Laotian Chinese Community as the Peace Returns to Indonesia", *China Perspectives*, 1997, September-October.

⑤ 朱芳华：《老挝汉语推广的对策初探》，《海外华文教育》2010 年第 1 期。

⑥ 蔡天：《寮国华侨概况》，台北：中正书局 1988 年版，第 57 ~ 59 页。

⑦ 罗华：《稳固的边缘：老挝华人社会的认同研究》，广西民族大学硕士学位论文，2008 年。

⑧ 李家忠：《印支外交亲历》，上海：上海辞书出版社 2010 年版，第 193 页。

⑨ 朱芳华：《老挝汉语推广的对策初探》，《海外华文教育》2010 年第 1 期。

⑩ 《柬埔寨和老挝的闽籍华侨华人》，《福建侨务》2011 年第 3 期。

⑪ 罗华：《稳固的边缘：老挝华人社会的认同研究》，广西民族大学硕士学位论文，2008 年。

以经商为主，总的说来，生活水平略高于当地非华裔族群。"[①] 餐饮、旅馆、服装贸易、食品加工、日用百货等行业，多为土生华人从事，近些年到老挝的新华侨华人多从事矿产、交通、银行、酒店、网络、手机、摩托车等行业。

老挝华侨华人在身份认同上呈现两个特点：一是土生华人更倾向于老挝的国家身份认同，在习俗上也较少保留华人文化习俗；二是2000年之后到老挝经商的中国人，也就是新侨，持有中国护照，认同中国，与本土族群融入较少。有研究者甚至不认为这些新侨属于老挝华侨华人。[②]

来自中国湖南的商人在老挝的经贸领域发挥着越来越大的作用。据当地官方的数据显示：湖南人经营的摩托车生意占据了当地市场份额的90%；此外，老挝手机生意的60%、服装和箱包生意的50%份额也是湖南邵东人的天下；老挝首都万象的宏格亚星商业街被称为"邵东街"，因为湖南邵东人在这条街上开设的门店达100多家，占了整条街门店总数的70%之多；老挝中国商会湖南分会会长经营农业机械，在老挝市场上已占到了75%的份额；来自湖南的医生还在万象开设了医院。[③] 来自中国的援助与投资在老挝的份额在逐渐增长，对中国经济与中国人在老挝的负面影响的猜测与报道也出现了。[④]

华人的经济条件相对较好，但政治与社会地位并不高。[⑤] 虽然华人参与政治活动者较少，但也不乏位居高位的。2006年3月，在老挝革命党第八次代表大会上，凌绪光成为老挝首位华裔政治局委员。凌绪光祖籍中国海南，是老挝功勋人物、前老挝革命党总书记凯山的义子、机要秘书，曾担任过总理府部长、驻保加利亚大使等职务，1993年担任老挝外交部长，也曾被推荐为政治局委员，但其祖籍问题却妨碍了他于2006年之前进入政治局。

四、老挝华人社团：万象中华理事会

老挝最大、历史久远的华人社团是"万象中华理事会"（Vientiane Chinese Association），前身为万象华侨公所（潮州和客帮公所），成立于1934年。1948年9月28日，中国政府要求法国殖民政府取消公所名称，代之以"永珍中华理事会"。1959年，老挝政府要求取消永珍中华理事会，代之以"中华会馆"。"中华会馆"致力于推进老挝同"中华民国"之间的关系，受"中华民国"驻万象的"领事机构"指导。

万象中华理事会目前的会址位于093/2，Chao Anou Road，委员会由15位经过选举的人员组成，现任理事长是林泽民，原理事长林振湖荣任终身名誉理事长。理事会下属机构包括万象寮都公学、永珍善堂、福德庙、伏波庙、寮都教育基金会、寮都修校委员会、中华妇女会、中华少狮团、寮都校友总会。"目前拥有会员1 000多人，多数为粤籍潮汕地

① 李家忠：《印支外交亲历》，上海：上海辞书出版社2010年版，第208页。

② 罗华：《稳固的边缘：老挝华人社会的认同研究》，广西民族大学硕士学位论文，2008年。

③ 《十万湘商闯老挝：会说湖南话就不会在万象迷路》，中新网，2011年9月23日。

④ Ian Storey，"China and Vietnam's Tug of War over Laos"，*China Brief*，2005，Vol.5，Issue 13；Tom Fawthrop，"Laos's Chinese Gamble"，*The Diplomat*，December 24，2010，http：//www.thediplomat.com/2010/12/24/laos's－chinese－gamble/；"Conor Woodman in Boten of Laos，Fears over growing Chinese industry in Laos"，May 28，2011，http：//www.news.bbc.co.uk.

⑤ 朱芳华：《老挝汉语推广的对策初探》，《海外华文教育》2010年第1期。

区的乡亲。"①

永珍善堂成立于1966年，是老挝万象中华理事会管理下的华人慈善机构，每年在盂兰节等节日举行慈善捐助活动，还收养一些孤寡老人，帮助安葬贫困华人与其他族裔人士。2010年9月4日，永珍善堂举办成立44周年暨盂兰盛会庆典仪式，老挝党中央政治局委员、建国阵线中央主席西沙瓦与副主席董叶陶出席。中国驻老挝大使也出席了盛会，并向永珍善堂捐款。②

该理事会与中国驻老挝大使馆之间的互动较多。2010年4月20日，老挝万象中华理事会为新到任的中国驻老挝大使布建国举办了欢迎晚宴，不仅有首都万象的侨领参加，来自沙湾拿吉、巴色等地的侨领也专程赶来参加。理事长林泽民致辞。③ 2011年1月28日，中国驻老挝大使布建国在农历新年到来之际，到访万象中华理事会。2月11日，布建国走访永珍善堂，看望侨社孤寡老人。2012年2月9日，中国驻老挝大使出席万象中华理事会庆祝春节元宵节宴会。④ 2012年10月31日，中国驻老挝大使馆向万象中华理事会捐赠医疗设备。⑤

该理事会也举办了具有全球影响力的联谊活动。2011年11月9日，世界越柬寮华人团体联合会在老挝首都万象举办第五届会员代表大会。老挝副总理兼外长通伦出席了该大会，老挝政府办公厅主任、老中友协主席、万象市长等人均有出席，而中国驻老挝大使也有出席。世界越柬寮华人团体联合会是旅居世界各地的越柬寮老华人的社团组织，每两年举办一次会员代表大会。在老挝举办的会议是由包括万象中华理事会在内的老挝六省华人社团联合主办的。⑥

五、其他相关社团

20世纪70年代中期，老挝政局变化后，不少老挝的华人流散至世界其他地方，并在当地建立了社团。这些社团不仅源自老挝，而且与老挝仍有联系。这类社团也不少，以下仅举若干。

（一）"中华民国"寮国归侨协会

成立于1999年12月4日，位于中国台北南港区重阳路166巷7号4楼，前身为"（中华民国）侨委会寮国顾问小组"。1975年老挝政局变迁后，因为有不少来自老挝的华人来到台湾，所以成立了该"顾问小组"。该社团成为到台的老挝华侨华人与政府之间沟通的桥梁，负责认证来台的华侨华人的相关申请和文件，如定居、就学、住宅分配等。⑦

---

① 《广东省海外交流协会访问团探望老挝侨界》，广东侨网，2011年8月10日。

② 《驻老挝大使布建国出席华人"永珍善堂"成立44周年活动》，中国驻老挝大使馆网站，2010年9月7日。

③ 《驻老挝大使布建国出席老侨界欢迎晚宴》，中国驻老挝大使馆网站，2010年4月23日。

④ 《驻老挝大使布建国出席万象中华理事会庆祝春节元宵节宴会》，中国驻老挝大使馆网站，2012年2月10日。

⑤ 《中国驻老挝大使馆向老挝万象中华理事会及永珍善堂捐赠医疗物资》，新华网，2012年10月13日。

⑥ 《驻老挝大使布建国出席世界越柬寮华人团体联合会第五届会员代表大会开幕式》，中国驻老挝大使馆网站，2011年11月10日。

⑦ 世界越柬寮华人团体联合会网站，http：//www. vclchinese. org。

（二）在大陆的相关社团

在北京、天津、珠海、厦门、云南等地，也有老挝华侨的社团，如“北京越老柬归侨联谊会”、“天津老柬归侨联谊会”、“厦门市老柬归侨联谊会”、“珠海市老柬归侨联谊会”、“云南省老柬归侨联谊会”。①

（三）在美国的相关社团

不少原来居住在老挝的华侨华人在20世纪70年代中期离开老挝后，到了美国。如今在美国也有不少原来居住在老挝的华侨华人组织的社团，如美国洛杉矶的“越柬寮华人政治联盟”，现任会长是蔡安利；② 再如“世界越柬寮华人团体联合会”，该会秘书长郭金顺还是中国海外交流协会第四届理事会理事。③

六、老挝侨领：林振潮与张贵龙

林振潮是老挝万象中华理事会的前会长、终身荣誉会长。张贵龙是老挝华人企业家，被称为老挝华人首富。两人都是中国海外交流协会第四届理事会理事，也是该协会仅有的两位来自老挝的华人。④ “不少（老挝）华侨华人同老挝高层领导人关系甚笃，华侨华人每逢嫁娶等喜庆活动，经常邀请老挝的部长、副部长等高级官员到场，中国驻老挝大使馆的官员也在被邀之列。”⑤ 老挝主要的华人社团——万象中华理事会的主席都是老挝侨领，现任主席是林泽民。

“华人企业家张贵龙先生同老挝高层领导人的交往更为密切，以致有的老挝领导人出访，也让张贵龙先生参加。每逢春节，张贵龙先生都在家里摆上数十桌宴席，邀请包括中央委员和部长在内的多位老挝官员参加。”⑥ 这是中国前驻老挝大使对张贵龙的评价。关于张贵龙的报道也都会提到他与老挝政府的良好关系。⑦

张贵龙祖籍广东普宁，1946年生于老挝。如今的张贵龙是一位成功的企业家，早年随父亲经商，后来将其经营范围扩大到进出口贸易，并从事木材贸易。⑧ 此后还把业务拓展至其他领域，如旅游，老挝首都万象的第一家五星级酒店——Lao Hotel Plaza，就是张贵龙企业集团旗下的产业。2012年，中国驻老挝大使馆举办的庆祝中国人民解放军建军85周年的仪式就是在这个酒店举行的。⑨

---

① 世界越柬寮华人团体联合会网站，http：//www. vclchinese. org。

② 世界越柬寮华人团体联合会网站，http：//www. vclchinese. org。

③ 中国国务院侨务办公室网站，http：//www. gqb. gov. cn/news/2008/0306/1/8260. shtml。

④ 中国国务院侨务办公室网站，http：//www. gqb. gov. cn/news/2008/0306/1/8260. shtml。

⑤ 李家忠：《印支外交亲历》，上海：上海辞书出版社2010年版，第194页。

⑥ 李家忠：《印支外交亲历》，上海：上海辞书出版社2010年版，第194页。

⑦ 伍建青、黄信：《倾力促进老中友好合作——访老挝华商张贵龙》，《广西日报》，2005年6月29日；辛秀玲：《张贵龙：力促中老友好合作的华人首富》，《民营经济报》2011年9月29日；陈玩穗：《 张贵龙：老挝华人首富》，《民营经济报》，2012年9月29日。

⑧ 辛秀玲：《张贵龙：力促中老友好合作的华人首富》，《民营经济报》，2011年9月29日。

⑨ 陈玩穗：《 张贵龙：老挝华人首富》，《民营经济报》，2012年9月29日。

1997 年，张贵龙作为老挝华侨华人代表参加香港回归仪式。1999 年到北京参加中华人民共和国成立 50 周年庆典。[①] 除了经营企业外，张贵龙还积极投身于公益事业，担任了数个民间社团的职务，如老挝素旺省崇德学校名誉董事长、万象寮都公学副董事长、万象中华理事会监事、老挝潮州乡亲会会长等。[②]

七、华文教育

老挝的华文教育在东南亚独具特色。“老挝华侨创办的学校虽然没有像印度尼西亚、菲律宾的华文学校那样直接冠名华文学校，但却是名副其实的华文学校”，“老挝的华文教育办学条件相对比较好，师资力量较强，教学水平较高，在老挝有点像‘贵族学校’的感觉，不仅华人子女到华文学校就读，家庭条件较好的其他族裔也会把子女送到华文学校”。[③] “老挝党和国家领导人及政府官员子弟都喜欢到寮都公学，寮都公学在老挝教育界具有较高的影响力和实力。”

（一）寮都公学

中华理事会下属的 5 所华文学校——万象的寮都公学、沙湾拿吉崇德学校、琅勃拉邦新华公学、巴色华侨公学、甘蒙省他曲华侨学校，都是全日制学校，双语授课。“理事会派专人负责华校工作，从筹集办学经费，争取政府对华校的支持，到解决师资、教材等方面的困难，改进教学方法、提高教学质量等，全过程参与、全方位负责。”[④]

在万象，万象中华理事会属下的寮都公学于 1937 年创办，也是老挝最大的华文学校，2001 年开设了高中部。据校方于 2011 年的介绍，“寮都公学在校生 1 000 多人，超过 60% 是非华裔学生，30% 是华裔学生”。[⑤] 寮都公学每年都有毕业生到暨南大学和华侨大学接受高等教育。[⑥] 2011 年 3 月 23 日，老挝万象中华理事会理事长林泽民、寮都公学董事长及公学副校长访问暨南大学。

（二）崇德学校

崇德学校建于 1931 年，位于老挝沙湾拿吉省。2009 年 10 月，崇德学校被中国侨办、中国海外交流协会评为“华文教育示范学校”，此外还荣获老挝沙湾拿吉省素旺市政府颁发的“模范学校建设奖”。2011 年 1 月，崇德学校举办了建校 80 周年庆典，中国驻老挝大使出席了庆典。[⑦]

（三）老挝大学中文系

“随着中国与老挝各方面的交往越来越多，汉语人才非常紧俏。”2003 年，老挝国立

① 辛秀玲：《张贵龙：力促中老友好合作的华人首富》，《民营经济报》，2011 年 9 月 29 日。
② 陈玩穗：《 张贵龙：老挝华人首富》，《民营经济报》，2012 年 9 月 29 日。
③ 朱芳华：《老挝汉语推广的对策初探》，《海外华文教育》2010 年第 1 期。
④ 朱芳华：《老挝汉语推广的对策初探》，《海外华文教育》2010 年第 1 期。
⑤ 《广东省海外交流协会访问团探望老挝侨界》，广东侨网，2011 年 8 月 10 日。
⑥ 朱芳华：《老挝汉语推广的对策初探》，《海外华文教育》2010 年第 1 期。
⑦ 《驻老挝大使布建国出席崇德学校校庆活动》，中国驻老挝大使馆网站，2011 年 1 月 13 日。

大学在中国驻老挝大使馆的帮助下设立中文系，学制原为 5 年，于 2008 年改为 4 年。老师由中国汉办委派，课程由中国老师在老挝国立大学语言学校规范下设置，使用的是从中国进口的教材。[①]

（四）孔子学院

孔子学院是中国与国外大学等合作在海外开展汉语教育和推广中国文化的主要机构，在老挝也是如此。2010 年 3 月 23 日，老挝国立大学孔子学院成立，由中国广西民族大学对口支援。[②] 老挝孔子学院的建立对老挝的华文教育应该会起到重要的推动作用。

（五）其他形式的华文教育

举办短期培训班是老挝开展华文教育的另一种方式。培训班有政府办的和私人办的两种形式，政府办的主要是由共青团中央、部队和学校办的一些临时的华文培训班；私人办的华文培训班，规模大小和收费都很灵活。

八、华文报纸与华文书店

目前，老挝没有华文报纸。过去，老挝曾经有几份华文报纸，但存在时间都不长，而且销量不大。1959 年创办的第一份华文报纸《寮华日报》每天出版一大张，因销路有限而停办。随后由华侨创办的《自然报》和《虎报》不到半年就都停刊了。1965 年创办的《华侨新闻》和 1967 年创办的《永珍日报》发行量都不超过 1 000 份。20 世纪 70 年代创办的《老华日报》于 1978 年 2 月被老挝政府查封。[③]厦门大学南洋研究院图书馆藏有 1959 年 9—10 月的《寮华日报》和 1976 年 3 月的《老华日报》。

华文书店可被视作老挝华文教育的晴雨表之一。2012 年 3 月 31 日，华文书局在老挝首都万象开张，位于万象的昆布伦大街。这不仅是老挝最大的华文书店，同时也是老挝最大的书店。[④] 老挝的华文书店是老挝华文作品市场发展到一定阶段的产物，体现了近些年来华文文化产品在老挝的需求量不断扩大，同时也有可能进一步推动老挝华文教育的发展。

九、中老关系的影响

“在剩下的几个坚持社会主义的国家中，老挝同我们（中国）的关系最好。”这是中国前总理李鹏的说法。[⑤] 中国与老挝山水相连，有着深厚的传统友谊。两国自 1961 年 4 月建交以来，双边关系稳步发展，政治互信不断增强。

---

① 朱芳华：《老挝汉语推广的对策初探》，《海外华文教育》2010 年第 1 期。

② 《驻老挝大使布建国出席老国立大学孔子学院揭牌仪式》，中国驻老挝大使馆网站，2010 年 3 月 23 日。

③ 傅曦、张愈：《老挝华侨华人的过去与现状》，《八桂侨刊》2001 年 1 期；朱芳华：《老挝汉语推广的对策初探》，《海外华文教育》2010 年第 1 期。

④ 《新知集团老挝万象再开华文书局》，《中国新闻出版报》，2012 年 4 月 5 日。

⑤ 李家忠：《印支外交亲历》，上海：上海辞书出版社 2010 年版，第 193 页。

老挝华侨华人深受中老关系变化的影响。当中国同老挝的关系健康发展时，不少中国人就会到老挝从事经济、文化活动，近 20 年来的情况就是如此。当中国同老挝的关系不佳时，不少老挝的华侨华人就被迫离开老挝，而留在老挝的华侨华人的文化活动也会受到限制，如 20 世纪 70 年代中期开始的情况——当时老挝与越南结盟，老挝对待华侨华人的政策也受到越南的影响。越南在 20 世纪 70 年代中后期开始实行排华政策是众所周知的。20 世纪 70 年代中期到 80 年代中期，老挝政府大肆打压华人经济活动，并限制华人的文化活动，1978 年 2 月老挝政府查封华文报纸。

目前中老关系的状态越来越有利于华侨华人在老挝生活、发展。如今，老挝政府对待华侨华人的政策较为宽松，基本不存在歧视华侨华人的现象。老挝的华侨华人也积极地通过自身的努力为中老关系的健康发展作贡献。

马来西亚

马来西亚有600多万华人，占马来西亚全国人口的1/4左右，通过婚姻关系入境的中国籍配偶、中国留学生、中国劳工以及旅游滞留者也日益增多。马来西亚华人是世界上最完整地保留华族传统特色的族群之一。马来西亚的华人政治、华人经济、华文教育、华人社团、华文媒体、华人宗教等各个领域，都得到较全面的发展。华人与当地其他民族和睦相处，政治、经济和文化等领域的交流融合与日俱增，中马两国在各领域的友好合作也不断深化。由于马来西亚国内朝野政治斗争异常激烈，2013年举行的第十三届全国大选，对马来西亚以及马来西亚华人社会都将产生重要的影响。

马来西亚概况

国家全名	马来西亚联邦	地理位置	东南亚	领土面积	330 257平方公里
首都	吉隆坡	官方语言	马来语	主要民族	马来族、华族、印度族
政体	君主立宪联邦制	执政党/主要反对党	巫统、马华公会/伊斯兰教党、人民公正党、民主行动党	现任国家元首/政府首脑	阿布杜勒·哈利姆/纳吉布
人口数量(2010年)①	2 825万人（拥有马来西亚国籍者为2 593万）	华侨华人人口数量	638万人	华侨华人占总人口比例	24.6%
GDP/人均GDP（2012年)②	1 866.8亿美元/9 974美元	CPI	3.2%	失业率	3.3%

① http://www.statistics.gov.my/，2011年11月22日。

② http://my.mofcom.gov.cn/article/ddgk/shtml，GDP以2005年不变价格计算。

一、马来西亚侨情

（一）华侨华人移民历史

华人移居马来西亚的历史悠久。中马两国早有贸易往来，长期往返通商中，一些中国人偶尔留在马来群岛的通商口岸生活，并逐渐移入内地定居。16 世纪起，马来亚先后被葡萄牙人、荷兰人、英国人占领，由于殖民者开发马来亚需要大量的劳动力，所以中国移民开始源源不断地移入该国。中国人移民南来，最早是到马六甲、槟榔屿等地，19 世纪初英国殖民者占领新加坡，招徕华侨发展自由港，新华侨急剧增加。19 世纪中叶马来半岛发现丰富的锡藏后，中国移民更是源源不断大批南来涌入马来半岛的锡产地。20 世纪初，马来亚兴起橡胶种植后，中国人再陆续进入柔佛等橡胶种植大州，并慢慢扩散移居到马来亚各地。此后华侨人数与日俱增，所占人口比例一直很高。1941 年日本南侵进入新马后，中国人基本停止移民。"二战"后，特别是马来亚独立后，大多数华侨加入当地国籍成为华人。由于马来西亚限制甚至禁止普通中国人移民，马来西亚独立后，当地华人人数主要通过自然繁衍增长。

（二）华侨华人与当地民族的关系

马来西亚是一个以马来人、华人和印度人三大族群为主的多元族群国家。据 2010 年马来西亚人口普查统计，当年全国人口为 2 825 万人，其中拥有马来西亚国籍的人有 2 593 万，占 91.8%。在马来西亚本国人口中，占人口比例最大的是以马来人为主的当地土著族群，占 67.4%，约 1 748 万。土著族群中除了马来人外，还有西马的尼格列多族、先努伊族和东马的伊班族、雅克族和卡达山族等 30 多个族群。华族是该国的第二大族群，占总人口的 24.6%，约 638 万人。第三大族群是印度族，占 7.3%，约 189 万人。其余的是来自欧亚等地的族群。①

马来西亚华人与当地其他民族的关系比较友好，彼此和睦相处，政治、经济和文化等领域的交流融合与日俱增，华人子弟与其他民族子弟同校读书的情景比比皆是，华人与各族人民共同欢庆彼此的佳节已成惯例，标示各自不同宗教文化特征的教堂寺庙遍及城镇乡村。华人与其他民族在经济方面的合作不断发展，并逐渐从国内共同经营发展到携手走出国门。由于马来西亚宪法规定马来人享有特权，政府实施的多项政策，不能公平对待各族公民，所以华人对马来人政党主导的政府颇为不满，抗争维权一直不断，多次大选，华人选民都投票支持反对党，以表示对执政党的不满。2008 年大选，华人选民更是一边倒地支持反对党，成为导致"308 政治海啸"的重要原因之一。

（三）华侨华人的政治参与

马来西亚华人很早就开始参政。"二战"前，除了少数海峡殖民地的土生华人拥有英国国籍，绝大多数华侨被视为外国人。客居心理很强的华侨，当时关心中国多于马来亚。

① http://www.statistics.gov.my/，2011 年 11 月 22 日。

华人的政治运动主要围绕中国政治运动展开，当时也有些华人议员在立法会议争取华侨的政治经济权益，但人数少，力量弱，影响不大。

“二战”后，随着马来亚的宪政改革，特别是英国殖民政府推行的《马来亚联邦计划》，成立马来亚联合邦，及其引发的种族权益辩论和政治形势的急剧变化，广大华侨华人被迅速地卷入了马来西亚本地政治发展的大潮。他们成立了各种政党政团，1949 年还成立了单一族群的华人政党马华公会。1952 年 2 月举行的吉隆坡市议会选举，马华公会与马来人政党巫统结盟，获得选举胜利。不久马华公会、巫统和印度人国大党正式组建马华印联盟，并领导马来亚于 1957 年赢得独立。作为联盟党的主要成员，马华公会为马来亚独立建国作出了重要的贡献，并一直是马来亚/马来西亚的主要执政党之一。

马来亚独立后，于 1959 年举行大选，马来西亚 1963 年成立后，于 1964 年、1969 年、1974 年、1978 年、1982 年、1986 年、1990 年、1995 年、1999 年、2004 年和 2008 年，分别举行了 12 届大选。华人政党积极参加历届大选，主要华人政党的选举成绩，在马来西亚社会、经济、政治乃至外交的不同形势下起落不定。华人执政党在 1964 年、1974 年、1982 年、1995 年以及 2004 年大选中获得比较理想的战绩，华人反对党则在 1959 年、1969 年、1990 年、1999 年和 2008 年取得较好的选举成绩。

华人朝野政党在马来西亚华人的政治发展，乃至马来西亚政治发展中，一直扮演着重要的角色。目前，马来西亚有华人执政党，如马华公会、民政党；有华人反对党，如民主行动党；有华人部长、众议员、州议员以及地方官员。

（四）华侨华人经济

马来亚独立前，华人主要经营橡胶业、商业和锡业；独立后，随着马来西亚经济工业化和多元化的发展，华人经济明显转向多元化，华人活跃在马来西亚的各个经济领域。

商业是华人经营的传统行业，华人经营的零售店以及大大小小的超市，遍布马来西亚的城镇乡村，出售日用品、食品油料、服装百货等。餐饮业也是华人传统经营的重要行业，华人经营的酒楼、中餐馆以及无数的小食店，在马来西亚大小城镇比比皆是。由于政府对投资制造业的限制较少，制造业遂成为马来西亚华人经济中最活跃的经济部门之一。在马来西亚的制造业企业中，80% 以上为华人企业，除了原来的日用消费品、原材料加工外，华人还投资电子电器、化学产品、石油产品、非金属产品、机械工业、食品工业、纺织产品等。随着马来西亚经济的升级换代，不少华人开始投资化学、电子、网络资讯等资本技术更集中的行业。华人对建筑业和房地产的投资也不少，几乎所有的华人企业集团都参与房地产开发，参与马来西亚大部分政府大型基建工程及有名的住宅区、商业区和大厦的建设。林梧桐家族的云顶集团、杨忠礼集团、陈伯勤集团等，都是马来西亚建筑业的著名华人集团，企业规模都相当人，业绩彪炳，为人称道。华人在金融业也非常活跃，华资控制或以华资为主要股东的银行主要有大众银行、丰隆银行、马化银行、南方银行、兴业银行等。华人对各种服务业，如旅游业、保险业、法律服务、专业服务等行业的经营和参与都在不断增加。

随着华人经济的发展，华人经济实力不断增强，资金雄厚的华人企业集团有数十个。2012 年《南洋商报》推出“2012 南洋富豪榜”，马来西亚 40 名超级富豪中，华人企业家就占了32位。历年的首富郭鹤年，以302.8亿令吉的身家，再度稳坐冠军宝座。①

（五）华侨华人社团

马来西亚华人早在19世纪前已成立义山、庙宇、公司和会馆等社团组织，并逐渐扩展建立了各种亲、地、神、业和文等多缘联系的社团。马来亚独立后，随着时局的变化，各地华人社团纷纷组织全州、全马的总机构。目前，较有影响的全国性组织主要有马来西亚中华大会堂总会（简称华总）、马来西亚中华总商会（简称总商会）、马来西亚华校董事会联合总会（简称董总）、马来西亚华校教师会总会（简称教总），“两总”合并又称董教总；其他全国性社团还有马来西亚华人文化协会（ 简称文化协会）、马来西亚留台校友会联合总会（简称留台联总）、马来西亚南洋大学校友会（简称南大校友会）、马来西亚青年运动（简称马青运）、马来西亚佛教青年总会（简称马佛青总）、马来西亚乡团青年总会（简称乡联青）、马来西亚华校校友会联合会（校友联）、马来西亚留华同学会、七大乡团联合会等。

马来西亚华人社团的地方性组织也很活跃，历史悠久的雪兰莪中华大会堂（简称雪华堂）和槟城中华大会堂（简称槟华堂）的会务有声有色，很有影响力。各州的中华大会堂、中华总商会、华校董事会联合会、华教教师公会、宗教组织、文化团体、青年会、校友会、乡团会馆及宗亲会都是各州的主要华人社团。

（六）华文媒体

华文报刊是马来西亚最重要的华文媒体，其他涉及华文的媒体还有马来西亚广播电台第五台和丽的商台等。

华人从20世纪初就开始创办各种华文报刊，经营时好时坏。20世纪60年代初，销量最大的《南洋商报》和《星洲日报》，日销售量也不过3万~4万份。后来，随着华人政治意识的加强，华文教育的勃发、港台商人的增加、中马关系的密切，人们对获取华文资讯的需求日益迫切，华文报刊销量逐渐增加。华文报刊出版如今已成为经营额年均数亿元的重要行业。

目前出版的华文报刊共14份，其中西马6份，分别为《南洋商报》、《星洲日报》、《中国报》、《光华日报》、《光明日报》、《东方日报》；东马8份，分别为《联合日报》、《华侨日报》、《亚洲时报》、《晨报》、《自由日报》、《凤凰日报》、《诗华日报》、《自由日报》；这些报纸大部分都创设了新闻网站。这些华文报刊以华文为载体，报道华人社会以及马来西亚的各种新闻和信息，并迎合不同阶层的读者的需求，兼顾工商、学术、体育、文艺及娱乐等各个领域的信息，内容丰富多彩，不少还设有文学副刊或地方专辑，定期彩印及推出电子报刊，十分吸引人，读者人数与日俱增。大型的华文日报如《星洲日报》、《南洋商报》等，在马来西亚乃至世界华人领域，都有很大的影响力。

（七）华文教育

马来西亚华文教育，经过20世纪五六十年代的小学改制、中学改制，六七十年代华

① 《大马超级富豪：NO.1郭鹤年逐步撤出大马　海外业务占财富90%》，《南洋商报》，2012年2月2日。

文独立中学的衰退与逐渐复兴以及60年代以来长期不懈地申办高等院校等，目前已建成了从小学到大学的完整的华文教育体系。这不仅在马华文化教育中，而且在马来西亚教育中，均占有不容忽视的地位。

2011年，马来西亚共有1 291间华小，学生约60万，96%的华裔家长送儿女读华小。[①] 华小是纳入国家教育体系的正规公办小学，日常经费由政府负责，部分建设发展经费也由政府拨款，华小毕业生可直接升到政府办的国民中学，也可以到华文独立中学就读。马来西亚长期拥有华文独立中学60所，2011年在校学生将近7万人。[②] 随着关丹独中于2012年7月获准开办，华文独中增加到61所。独中办学经费由马来西亚华人社会自筹。为了加强管理，董教总于1973年成立董教总全国华文独中工委会，专理独中事务。华社创办的华文高等学府，分别有南方学院、新纪元学院、韩江学院等。其中，南方学院由宽柔中学董事会发起，于1990年创立，1991年招生开学，是马来西亚华人社会创立的第一所华文高等学府。南方学院设有中文系、商学系、英文系、电脑系、电子工程系、马来文学系等科系，另设华人族群与文化研究所、马华文学馆及建教合作暨推广教育中心等机构。2012年11月，南方学院正式升格为南方大学学院（简称“南大”），可以和一般大学一样，开设学士、硕士和博士课程。南方大学学院目前有1 500名学生，总共提供24门课程和4门双联的学士学位课程。校方计划在2013年设立10个学院和开办11门学士学位课程，在2015—2016年开硕士班以及在2016—2017年开博士班。[③] “南大”将是继泰南勿洞中文大学后，东南亚地区另一所以华语为主要教学媒介语的大专学府。“南大”的正式成立，是马来西亚华文教育发展的重要里程碑。

（八）华侨华人宗教信仰

马来西亚是一个穆斯林占人口多数的国家，伊斯兰教为国教，2001年“9·11事件”发生后，马来西亚政府曾宣布马来西亚是一个伊斯兰教国。但和中东地区严格的伊斯兰教国不一样，马来西亚宪法规定宗教信仰自由，人们可以自由信奉不同的宗教，可以公开举行各种宗教仪式。

华人主要信奉华族传统宗教，如佛教、儒教、道教等，有些中青年白领也信仰基督教，或皈依马来人信奉的伊斯兰教。一般来说，华人的宗教信仰比较多元和模糊，没有严格的界线、教规或宗教组织，是否有信仰，或信仰什么，往往模棱两可，随心所欲。许多人可以同时信奉两三个不同的教派，可以时不时请道士超度亡灵，到神庙求签，在家拜观音，较少受宗教约束。

（九）新华侨华人移民

由于种族因素的影响，马来西亚的非公民人口以印尼人为主，在马来西亚居住的中国移民，主要是通过婚姻关系入境定居的中国籍配偶、中国留学生、中国劳工以及旅游滞留

---

① 吴汉钧：《华教命运牵动华人选票》，联合早报网，http：//www. zaobao. com/yx/yx121203_ 010. shtml，2012年12月3日。

② 《马独中生人数破7万创新高》，联合早报网，http：//www. zaobao. com/yx/yx120118_002. shtml。

③ 《南方学院升格为“南大” 明年设10学院办11学士课程》，联合早报网，http：//www. zaobao. com/yx/yx120620_002. shtml，2012年6月20日。

者，其中中国留学生有1万多人。

近年来，通过马来西亚“第二家园计划”定居马来西亚的中国公民逐渐增多。“马来西亚：我的第二家园”计划是马来西亚政府推广的官方计划，申请者只需在马来西亚境内有不少于30万元人民币的存款或提供收入证明，即可获得马来西亚十年居留权（包括配偶以及未成年子女）。持“第二家园”长期签证的外国公民，可以在马来西亚居住、工作、开办公司、就学和享受退休生活，还可以在马来西亚购买两处房产。马来西亚“第二家园计划”自2002年推出以来，到2012年，已有19 488人获批，他们分别来自120个国家，其中来自中国的最多，为3 332人。① 申请者主要居住在吉隆坡，其他居住地依序为雪州、槟城、柔佛及霹雳。

（十）华社重要人物

马华公会现任总会长蔡细历、民政党现任主席许子根、反对党国会领袖林吉祥、民主行动党现任总秘书林冠英、董总现任主席叶新田、中华大会堂总会现任总会长方天兴、马来西亚中华总商会现任总会长林国璋等。

二、马来西亚政治经济形势变化对华侨华人的影响

（一）2012年马来西亚的经济发展

2012年马来西亚的经济发展，延续了过去两年经济增长率都超过5%的发展趋势，总体比较稳定。由于欧美经济持续低迷，马来西亚出口受到一定影响，2012年第一季度GDP增长4.7%，比2011年第四季度下滑了0.5%。随着政府推出多项转型计划，第二季增长提升到5.6%。第三季增长为5.2%。第三季的增长虽然逊于第二季，但比市场预测的4.6%至4.8%好。② 国内需求，特别是政府推出的各项大型转型计划，是促进经济增长的主要动力。

不过，马来西亚的许多华商，特别是中小型企业及微型企业并没有从政府的大型转型计划中受惠，加上外部经济低迷引致的海外订单减少、营运成本增加、原料价格上涨以及政府要求2013年落实最低薪金制等各种因素的影响，不少人对2013年的经济前景不太乐观，对2014年的经济前景持谨慎的态度。根据马华总商会的调查资料，中小型企业这两年主要靠内销支撑业绩，由于政府在经济上的努力还没有让商家感受到具体的帮助，商家可说是在挣扎求存，七成华商不满当前的经济情况。③

（二）2012年马来西亚的政治形势

根据马来西亚宪法规定，马来西亚新一届大选应在2013年上半年举行，从2011年到

---

① 《3 332名中国人参与马来西亚“第二家园计划”》，中新网，http：//www.chinanews.com/hr/2012/11－09/4315448.shtml，2012年11月9日。

② 《央行总裁：马全年料可获至少5%经济增长》，联合早报网，http：//www.zaobao.com/yx/yx121118_002.shtml，2012年11月18日。

③ 《七成华商不满马国经济现况》，联合早报网，http：//www.zaobao\com/yx121118_002.Shtml。

2012年初，朝野政党便采取各种措施，四处竭力争取选民，人们也不断猜测大选日期，坊间传言的大选日期从3月、6月、9月到11月不等，几乎随时都有可能举行大选，人人精神紧绷。随着大选即将来临，2012年马来西亚的政治形势相当动荡，大大小小的集会游行示威、签名抗议运动连绵不断。其中声势最浩大的是2012年4月28日举行的“428黄绿大集会”，该集会由马来西亚干净与公平选举联盟和绿色盛会委员会发起，目的是要求政府落实干净选举和终止莱纳斯稀土厂计划。2012年4月28日，在马来西亚的吉隆坡、槟城等11个城镇以及全球30多个国家数十个地点同步举办“黄绿大集会”。据报道，全马各地出席集会有25万人，其中吉隆坡出席集会者有10多万。各地集会和平进行，在吉隆坡独立广场外围举行的集会，开始时也很和平，但在集会宣布解散后，却发生了警民对峙与冲突，警方逮捕数百人。集会后朝野双方纷纷上传公布集会现场的照片录像，互相指责，遂演变为一场引起马来西亚国内外高度关注的政治事件。华文媒体称之为“国内有史以来最为波澜壮阔的‘428黄绿大集会’”，[①] 台湾中文传媒则认为这是“‘茉莉花革命’大马延烧板”（原文如此）。[②] 在马来西亚大选前，估计类似的集会抗议仍有可能轮番上演。

和马来西亚抗争运动不断高涨的形势相适应，2012年华人投入各种抗议活动的积极性也明显提高，先后主导或参与了2月的“绿色盛会大集会”，3月的“华小师资严重短缺抗议大会”，5月的“货柜车司机罢工”、“黑衣抗议行动”、“争取关丹申办独中和平请愿大集会”以及11月的“和平请愿大会”等，并发起签名运动反对拆吉隆坡唐人街。在“428黄绿大集会”中，华人也是主要的参加者之一。据统计，当天吉隆坡各族集会的人数有10多万，华人占三至四成或约5万人，如果加上参加吉隆坡之外其他城镇同步举行的集会的华人，参与“428黄绿大集会”的华人人数将更多。[③]

马来西亚政局走势对马来西亚华人社会有什么影响？笔者认为，积极影响是主要的，华社可以通过相关活动争取更多的权利。因为，此起彼伏的集会抗议活动，会给政府造成越来越大的压力，迫使政府作出各种让步。事实上，自2009年以来，对于纳吉布政府对华人政策的不断调整，如南方学院升格为“南大”，关丹获准设立独中，华人的集会抗议功不可没。随着马来西亚各族抗议活动的不断升级，华人完全可以适时向政府施加压力，争取本族的各种合法权利。

但同时我们也要警惕局势动荡或失控对华社可能造成的负面影响，包括集会抗议以及罢工示威对华人中小企业的正常经营活动的冲击以及局势失控很可能会激发种族情绪和族群矛盾。特别是后者，在一些极端分子的挑拨煽动下，华人对政府的抗议很可能被描述为族群之间的抗争对峙，进而影响民族关系。一位马来西亚学者曾指出，大马族群关系的脆弱，实在不容有半毫的闪失，如果有人蓄意达到某种目的，只需星星之火，就可以摧毁数十年的独立果实。[④]

2013年即将举行的第十三届大选，将决定马来西亚的政治发展以及华人政策的未来走向，马来西亚华人如能更好地把握有利的政治形势，将可争取更多的族群公平。

---

① 《报道一面倒谴责警暴力行为，国际媒体指影响纳吉形象》，《光明日报》，2012年4月29日。

② 《428集会无关“茉莉花革命”，旅台生联署促华视道歉》，《星洲日报》，2012年5月3日。

③ 明项：《赴集会华族翻倍》，《光明日报》，2012年5月2日。

④ 郑良树：《马来西亚华文教育发展史》（第四分册），吉隆坡：马来西亚华校教师会总会2003年版，第349页。

三、马来西亚与中国的关系

马来西亚与中国于1974年5月31日建立外交关系，中马两国人员的交流不断增多，高层往来频繁，政治关系密切。2012年4月，马来西亚首相纳吉布来华出席中马钦州产业园区的开园仪式；5月，马来西亚前首相巴达维来华出席国际行动理事会第三十届年会，温家宝总理分别会见了他们；同年4月，我国全国政协主席贾庆林过境马来西亚。

两国在各领域的友好合作不断深化。据统计，2011年双边贸易额为900亿美元，同比增长21.3%，其中中国出口279亿美元，同比增长17.2%，进口621亿美元，同比增长23.2%。截至2012年4月底，马实际对华投资62.3亿美元，中国在马投资5.26亿美元。2011年马来华人数124.5万人，中国公民赴马人数173.8万人。① 两国在2011年4月签署了《两国政府关于扩大和深化经济贸易合作的协定》等重要文件。目前中国是马来西亚的最大贸易伙伴和第二大出口国，马来西亚则是中国与东盟国家的贸易中最大的贸易伙伴。中马在教育、旅游、金融、国防、相互投资等各方面的合作都在不断地开展，如双方教育合作，使到对方国留学的人数逐年增加。另外，2012年马来西亚教育部派遣赴华接受汉语教师培训的共有234人，是赴华培训人数最多的一年。②

由于马来西亚对南海的弹丸礁宣称主权，中马两国在南海存在领土纠纷。在美国高调重返亚洲和南海纷争持续升温的情况下，还应特别注意防止两国的南海领土纠纷对两国关系造成的负面影响。

---

① 《马来西亚国家概况》，中国外交部网站，http：//www. fmprc. gov. cn/chn/pds/gjhdq/gj/yz/1206_20/，2012年11月3日。

② 《2012大马汉语教师赴华培训人数增加　为历年最多》，中新网，http：//chinese. uschinapress. com/2012－12/06/content_1748449. htm，2012年12月6日。

缅 甸

缅甸是东南亚面积第二大的国家，资源丰富，但也是东南亚最不发达国家之一。作为与中国第一个建交的非社会主义国家，缅甸自建国以来，就和中国基本上保持着稳定和友好的关系。由于和中国接壤，很早之前，就有中国人进入缅甸经商和居住。1960 年代缅甸的国有化政策和中国文化大革命时期在外交上的极左做法曾经给缅甸的华侨华人造成巨大的伤害。1988 年中缅边贸投资协定的签订，刺激了华人移民缅甸，但 2012 年的莱比塘铜矿事件提醒我们，缅甸的华侨华人仍然面临一些因政治势力角力造成的不确定性因素。

一、缅甸基本国情

从国土面积角度讲，缅甸是东南亚的第二大国（仅次于印度尼西亚），有丰富的矿产资源和水力资源。但从经济发展程度讲，缅甸可以说是东南亚经济发展最落后的国家之一，① 1987 年被联合国列为最不发达国家，到现在还一直戴着最不发达国家这顶帽子。

缅甸概况

国家全名	缅甸联邦共和国(Republic of the Union of Myanmar)	地理位置	地处中南半岛西部，位于东经 92°10′ ~ 101°11′，北纬 9°32′ ~ 28°31′之间	领土面积	676 581 平方公里
首都	内比都(Nay Pyi Taw)	官方语言	缅语	主要民族	缅族、克伦族、掸族、克钦族、钦族、克耶族、孟族和若开族等，缅族约占总人口的 65%。
政体	总统制(根据缅甸 2008 年宪法第 16 条，总统既是国家元首也是政府首脑)	执政党/主要反对党	巩固与发展党(The Union Solidarity and Development Party)/全国民主联盟(National League for Democracy)	现任总统	登盛(Thein Sein)

---

① 东南亚国家中，有 4 个最不发达国家，他们是老挝、缅甸、柬埔寨和东帝汶。根据东盟秘书处提供的数字，2011 年老挝、缅甸、柬埔寨的人均 GDP 分别为 910.5 美元、692.6 美元、419.5 美元。具体参见：http://www.asean.org/archive/stat/Table1.pdf。

（续上表）

人口数量	约6 038万(2010年)	华侨华人人口数量	约250万(2010年)	华侨华人占总人口比例	4%(2010年)
GDP/人均GDP	529亿美元/877美元(2011年)	CPI	6.2%①	失业率	28%②

资料来源：以上表格数据，除未特别说明外，均引自中国外交部网站“缅甸国家概况”，http://www.fmprc.gov.cn/chn/pds/gjhdq/gj/yz/1206_23/。

二、缅甸历史和中缅关系简述

缅甸是一个历史相对悠久的国家。缅甸作为一个独立的政治实体最早出现于11世纪，即1044年建立的蒲甘王朝（Pagan Dynasty）。当时的政治实体是一个强大的缅人佛教王国。该王国位于今天缅甸的中部，它第一次取得了对今天缅甸南部孟人（Mon）和东部掸族（Shan）的控制权。13世纪时（1287年）该王国被中国元朝的军队摧毁。16世纪时（1531年），缅甸王国再一次复兴，建立了一个统一的王朝——东吁王朝（Toungoo Dynasty）。1752年建立的贡榜王朝（Konbaung Dynasty）是缅甸历史上第三个统一的王朝，该王朝一直持续到1885年。

从1824年起，英国对缅甸发动了3次战争，最终于1885年使缅甸沦为英国的殖民地。在1938年之前，缅甸作为英国的殖民地，由英国驻印度总督管理。1938年之后，缅甸从印度分离出来，成为英国一个独立的殖民地。“二战”期间，日本占领缅甸，缅甸又成为日本的殖民地。“二战”结束后，英国企图重新恢复对缅甸的殖民统治，但遭到缅甸人民的反对。1948年，缅甸摆脱英国的殖民统治，获得了独立。

独立以后，缅甸基本上与中国保持着比较平稳和友好的关系。1950年6月8日，缅甸和中国正式建立外交关系，是第一个与中国建立外交关系的非社会主义国家。1954年两国总理的互访使两国关系迅速升温。在1954年中国总理周恩来访问缅甸期间，两国不仅发表了联合声明支持著名的和平共处五项基本原则，签订了经济和贸易协定，还互派了文化代表团。1950—1966年，中缅两国保持了相对密切的关系。在这期间，中国总理9次访问缅甸，缅甸领导人也多次访问中国。③ 需要指出的是，这一时期，中缅关系的主要动力是两国的政治考虑。中国希望通过发展中缅关系，在资本主义的封锁中打开一个缺口，为中国与其他国家间的关系发展树立一个样板。而缅甸则希望通过发展中缅关系，消除中国成为威胁的可能性。

---

① 中华人民共和国驻缅甸曼德勒总领事馆经济商务室转引自联合国亚太经济与社会委员会(UNESCAP)的分析报告，http://mandalay.mofcom.gov.cn/aarticle/jmxw/201205/20120508141498.html。

② 中华人民共和国驻缅甸曼德勒总领事馆经济商务室转引自《商务周刊》的预测数据，http://mandalay.mofcom.gov.cn/aarticle/jmxw/201207/20120708252239.html，缅甸的财政年度从当年自然年度的4月开始，到次年的4月结束，因此这里给出的缅甸CPI(物价指数)只能是相关机构的分析和预测。

③ 范宏伟：《和平共处与中立主义》，北京：世界知识出版社2012年版，前言第7页。

1967 年 6 月到 1971 年 3 月，可谓是中缅关系的低潮时期。1967 年 6 月，在缅甸发生了针对华侨华人的暴乱事件，中国和缅甸为此先后撤回了各自驻对方的大使，将两国的关系降为代办级水平。1971 年 3 月，即在缅甸向中国派驻大使 4 个月以后，中国也向缅甸派驻大使，两国才恢复正常。自此以后，两国关系保持着稳定和友好的关系。1988 年以后，这种关系出现了一个较大的发展，这主要是因为缅甸从 1988 年 9 月以后，实行了以市场经济为导向的经济改革，制定了一系列法律，宣布边境贸易合法化，这极大地影响了中缅关系的发展。其中一个最主要的表现是经贸互动和合作成为中缅关系的一个强大推动力。

三、缅甸的华侨华人简述

据考证，公元前就有中国人从云南一带进入缅甸，经商谋生。英缅战争期间英国占领缅甸以后，开拓殖民地的需要极大地刺激了华人移民缅甸，促进了福建和广东移民向缅甸的流动，刺激了华人移民的经济活动、华人社会的形成以及缅甸南北华人社会的沟通。

战争期间，“英国人迫切需要后勤、运输、营房建造和城市基建的技术工人，广东的木工闻名于世，因此，英国人从广东四邑和海峡殖民地招用了许多广东木工、泥瓦匠、刻石工及其他工匠”。[①] 据当时的数据，到 1891 年时，在缅甸的华人移民总数已达 37 000 人，其中一半以上来自海上通道。1911 年时，在缅甸的华人为 122 000 人，到 1931 年时，华人已达 194 000 人，占当时缅甸总人口的 1.3%，其中一半以上（103 518 人）为出生在缅甸的华裔。[②] 众多华人移民的到来，大大丰富了华人移民的经济活动，使华人移民的活动领域从单纯的商业领域快速地向其他经济领域扩展。大量华人移民的到来和华人移民经济的扩展，促进了缅南华人社会的形成和发展。据考证，19 世纪中期以后，以仰光为中心的缅南海口地区已经出现规模较大的华侨社会，[③] 这就是所谓的缅南华人社会；和这一社会相对的，是 17 世纪就开始形成的以矿业为核心的缅北华人社会。在殖民统治时期，英国修筑了沟通缅甸南北的铁路，疏浚了河道，沟通了南北贸易，也沟通了缅甸南北的华人社会。

从缅甸独立到 1962 年，可以说是缅甸华人经济发展比较好的一个时期。这一时期，缅甸政府对一些经济活动实行了国家化经营，但对暂时无法自己管理的项目，允许企业自己经营或与国家合营，国营范围以外的企业，开放给私人企业经营。这为擅长经营商业和制造业的华人提供了一定的生存空间。在这一时期，华人经济取得了较大发展。“据 1962 年公布的材料，当时华人经营的工业占缅甸私营工业的 75%，有些新兴的工业项目几乎被华人垄断。”[④]

1962 年缅甸政府实行大规模的国有化政策，国有化的对象不仅包括华人经营的各种企业，还包括华人开办的华文学校。国有化政策迫使大量的华人移民离开缅甸。据估计，受缅甸军政府国有化政策的影响，约 10 000 华人移民被迫离开缅甸。[⑤] 同时，华人经济受到

---

① 林锡星：《中缅友好关系研究》，广州：暨南大学出版社 2000 年版，第 94 页。

② Chee Kiong Tong, *Identity and Ethnic Relations in Southeast Asia*, New York: Springer, 2010, p. 149.

③ 庄国土、刘文正：《东南亚华人社会的形成和发展》，厦门：厦门大学出版社 2009 年版，第 120 页。

④ 林锡星：《中缅友好关系研究》，广州：暨南大学出版社 2000 年版，第 143 页。

⑤ Chee Kiong Tong, *Identity and Ethnic Relations in Southeast Asia*, New York: Springer, 2010, p. 151.

严重摧残，基本上全军覆没。

1967 年 6 月发生的排华事件进一步压缩了华人的生存空间。缅甸将私立学校收归国有以后，禁止华语教育，遭到了华人移民强烈抵制，华人移民的学生以胸前佩戴中国毛泽东主席的像章来显示自己的立场和态度。学生的做法得到了华人移民的支持，但也遭到了缅甸一些极端分子的攻击。1967 年 6 月 26 日，在仰光的一些暴徒先是围攻仰光九文台华侨中学和仰光高级南洋中学，被军队驱散以后，傍晚时这些暴徒向仰光市中心的华人社区进发，沿途洗劫、焚烧华侨的商店和住宅。随之，在缅甸其他很多地方也发生了暴徒袭击华人人身和抢劫华人财产事件。直到 27 日晚，军政府实施戒严令，才使得局势平稳下来。[①] 这次排华事件对缅甸的华人移民产生了重要影响。一是几十个华人移民被杀害，1 000 多人被拘捕，无数的华人财物被劫；二是数以万计的华侨被迫逃离缅甸；三是在缅甸的华人的生存环境进一步恶化。排华事件以后缅甸政府换发身份证，“华人只能拿到绿色的居民证，与红色国民证相比，在从业、购买不动产、外出等诸多领域均受到限制，成为名副其实的‘二等公民’”，不仅如此，“华文教育也受到了更严厉的政策限制：缅甸国内一律取消汉语和汉字，更不允许教授汉文。彼时，缅甸华人几乎不敢公开说华语，见面不敢互打招呼”。[②] 虽然事后，缅甸的奈温将军派特使到北京向中国政府进行解释，允诺给暴乱中每一个被害的华人赔偿 5 000 缅元，修复被毁的观音庙，但伤害已经造成，华人移民将会永远铭记这段历史。

1988 年以后，中缅边贸协定的签订，再一次激发了华人移民缅甸的热情。1988 年 8 月 5 日，缅甸军政府与中国政府签订《边境贸易协定》。该协定不仅对中缅之间的边境贸易予以法律上的承认，而且为开展边境贸易规定了一系列便利措施，如取消所有国内关卡、就近设置海关、下放商品进出口关税调节处置权、为一些进出口企业提供资金等，这一系列措施大大方便和刺激了云南边境地区的中国人移民缅甸。随着缅甸华人移民投资政策的改善，越来越多的中国人开始移民缅甸，“据英国《经济学人》杂志的统计，目前缅甸北部有 100 万 ~200 万中国人，他们大多为打工一族”[③]。随着华人在缅投资和贸易的发展，华人在缅甸的地位开始重新得以确立。“据缅甸贸易部统计，1988 年 11 月到 1993 年 4 月，全缅出口公司和代理商共 5 875 家，华商约有 800 家，占 14 %。其中，经营木材出口的华商有 60 多家，年出口量约占缅甸私人木材出口量的 15 %；经营豆类出口的有 40 余家，年出口量占私商出口总量的 70 %；此外，在橡胶、农林及水产品出口方面，华商均占主导地位。因此，从事进出口贸易的华商数量虽然不多，但实力、经营规模在缅甸进出口贸易中具有相当的地位，缅甸最大的 20 家私营进出口公司，华商占 50 %。”[④]

需要指出的是，到现在为止，缅甸的华文教育还处于非法状态，只能以补习的形式存在。华文学校只能利用政府学校的课余时间授课。华人现在所持的还是备受歧视的绿色身

---

① 本文关于 1967 年 6 月缅甸排华事件的叙述参见林锡星：《中缅友好关系研究》，广州：暨南大学出版社 2000 年版，第 276 ~ 277 页。

② 冉金：《缅甸华文教育与缅甸华人的命运纠葛》，http：//news. qq. com/a/20111021/001019. htm，2011 年 10 月 21 日。

③ 马欢：《在缅中国人：缅甸开放　挡也挡不住》，http：//dsd. cnfol. com/1278/111013/10893740，00. php，2011 年 10 月 13 日。

④ 范宏伟：《东南亚金融危机后的缅甸经济政策与华商》，《华人华侨历史研究》2007 年第 3 期。

份证，持这种证件的华人移民不能从事律师或法官职业。[①]

四、缅甸投资法的修改和莱比塘铜矿事件对华人移民缅甸的影响

从华侨华人的角度讲，2012 年的缅甸有两件大事值得特别关注：一是修改后的《缅甸联邦外国投资法》，二是莱比塘铜矿（Latpaduang mine）事件。

2012 年 11 月 2 日，缅甸总统登盛签署了经过修改的《缅甸联邦外国投资法》。据该法案，缅甸允许外资投资电力、石油和天然气、矿业、制造业、饭店和旅游业、房地产、交通运输、通信、建筑和其他服务业。新法取消了缅外合资企业外资比例至少要占 35% 的规定，还取消了在一些限制领域缅外合资的外资比例不得超过 50% 的规定。按照新法，农业、畜牧水产业被确定为限制领域，但可按照相关法律规定组成缅外合资企业进行投资。此外，新法还规定了一些优惠政策，比如缅外合资企业从正式运营起可享受 5 年免税待遇，比原有政策延长两年。[②] 这一新的投资法的颁布，无疑将会给中国企业投资缅甸带来很大的推动力，刺激中国企业加大对缅甸的投资，从而带动更多的华人进入和移民缅甸。

与外国投资法相反，莱比塘铜矿事件可能给华侨华人带来消极的影响。2012 年 11 月 19 日，在缅甸第二大城市曼德勒以北约 180 公里的蒙育瓦镇莱比塘铜矿外发生了群众抗议事件，约 200 名僧人和 500 名民众堵住营地大门，要求停止开采铜矿，增加对搬迁民众的补偿，甚至有人提出了要参与铜矿开采的中国企业撤出缅甸等一些反华口号。[③] 事件发生以后，缅甸总统登盛任命了以昂山素季为首的调查委员会，调查事情的真相，根据总统的命令，提交调查结论的最后日期为 2013 年 1 月 31 日。

这一事件首先可以看作是美国暗中角力中国的一个体现。2012 年 11 月 19 日，美国总统奥巴马访问缅甸，而就在这一天发生了莱比塘铜矿民众抗议事件。这种巧合不能不让人联想两者之间可能存在的关系：美国企图以支持民主和环保为借口，排挤中国资本在缅甸的影响，挤压在缅中资企业的空间。美国已经计划将缅甸作为新的盟友，在政治上围住中国；美国财政上支持缅甸的非政府民主运动和环保组织；2012 年 7 月 13 日美国国务卿希拉里带着堪称历史上最大规模的代表团参加东盟—美国商务论坛，向美国企业家隆重推介缅甸市场；2012 年 12 月 5 日美国国务院东南亚专员艾克·里德（Ike Reed）、领事道格拉斯·桑乃（Douglas Sonnek）在缅甸曼德勒的玛索英寺院（Masoeyein Monastery）会见有影响力的高僧维拉督和莱比塘铜矿抗议领导人诶纳（Aye Nat）、兑兑温（Thwe Thwe Win），并召开约 3 小时的闭门会议。[④] 这些都在某种程度上支持了我们这方面的联想：这一事件

① 冉金：《缅甸华文教育与缅甸华人的命运纠葛》，http：//news. qq. com/a/20111021/001019. htm，2011 年 10 月 21 日。

② 《缅甸议会通过新外国投资法》，中国商务部网站，http：//www. mofcom. gov. cn/aarticle/i/jyjl/j/201211/20121108415098. html。

③ 关于缅甸莱比铜矿事件的详细报道可以参见中国环球时报的分析文章《民主转型伤及中国投资　缅甸中资铜矿争议真相调查》，http：//opinion. huanqiu. com/1152/2012 - 11/3324893. html。

④ “US officials meet monks，protesters behind monastery’s closed doors”，http：//blog. sina. com. cn/s/blog_ 63ec24f50102eh0j. html.

是美国角力中国的一次短兵相接。

其次，可以把这次事件看作是缅甸国内政治势力角力的具体体现。昂山素季长期以来被视为缅甸民主运动的一个象征，虽然缅甸新政府在上台以后实行了一系列的改革举措，特别是修改了宪法，以使其能够通过补选在 2012 年 4 月的选举中当选国会议员，但昂山素季并没有停止其民主运动的脚步，而是找到了新的斗争目标，那就是要求政府财政透明和公开。在 2012 年 6 月召开的第 101 次国际劳工会议上，昂山素季提出，到缅甸投资的企业必须遵守国际货币基金组织关于财政透明的行为准则，呼吁各国政府，如果其企业不践行这些准则，就不批准其与缅甸政府企业的合资。昂山素季的诉求很明确，外国企业与缅甸政府的金钱往来必须公开。昂山素季和政府之间的角力势必影响在缅外国企业的生存空间。莱比塘铜矿中资受挤压只不过是这一政治角力的冰山一角。在 19 日的抗议事件中，多名组织者戴着印有 NLD（昂山素季领导的全国民主联盟的英文缩写）字样的帽子，也说明铜矿民众抗议事件确实是昂山素季领导的民主运动的一部分。可以预想，如果斗争继续，会有更多的合资企业遭遇类似事件。

展望该事件的发展前景，笔者认为，解铃还需系铃人。从中国媒体的报道中，我们知道，莱比塘铜矿开采可能造成的环境影响已经由外国权威的环保机构作过评估，从事莱比塘铜矿开发的万宝矿业已经在征地、拆迁过程中作了尽可能多的补偿，并且尽可能地公开。到底真相如何，还需进一步调查。但笔者认为，无论调查结果能否证明中国的报道属实，都不可能直接决定这一事件的最终解决。决定这一事件最终结果的是各方的角力和一种可能的斗争平衡：缅甸政府是否允许其财政公开。具体到这一事件，就是公开公司对政府收入的贡献，以及公开到什么程度。在这一事件中，美国与中国的暗中角力起的只是一种辅助作用。美国的暗中支持将加重昂山素季一方的砝码，推动事件朝昂山素季希望的方向发展，同时增加美国对缅甸的影响。从华侨华人的角度讲，对中资企业生存空间的挤压，在某种程度上，也会挤压在缅华侨华人的生存空间，影响华人向缅甸移民。

日　本

2012 年日本政坛急剧向“右转”，在钓鱼岛问题上频频滋事，以至发展成“911 购岛”事件，使中日关系陷入前所未有的危险境地，令在日华侨华人忧心忡忡。日本长时间的政治混乱、经济持续低迷，致使在日外国人对生活前景感到迷茫和困惑。中日关系骤然降温，日本社会对中国持不友好态度的言论随处可见，因此，可以说“安倍 2.0 时代”中日关系改善的前景不容乐观。这种状况会直接影响 81 万多在日华侨华侨华人的生活环境和生活质量，因为良好的中日关系是在日华侨华人经济发展、生活安定的基石。

表 1　日本概况

国家全名	日本	地理位置	太平洋西岸	领土面积	约 37.79 万平方公里
首都	东京	官方语言	日语	主要民族	大和民族
政体	天皇为国家象征。以立法、行政、司法三权分立为基础的议会内阁制	执政党/主要反对党	执政党是自民党与公明党联合执政。在野党是民主党、维新会、大家党等	现任国家元首/政府首脑	明仁天皇/安倍晋三
人口数量	1 亿 2 755 万人（日本厚生省 2012 年 7 月 1 日公布）	华侨华人人口数量	华侨华人、留学生、在日中国人约 81 万（2012 年）	华侨华人占总人口比例	0.63%
GDP/人均 GDP	4 684 250 亿日元/45 947 美元（2011 年）	CPI	在 2012—2013 财年将上升 0.1%，2012 年 9 月 CPI 综合指数是 99.8	失业率	2012 年 11 月失业率为 4.1%

中国人移居日本历史悠久，尤其是在日本实行“安政开国”政策后（1858 年），大批中国人相继来到开放的港口城市——长崎、神户、横滨、大阪、新潟、函館等地从事商贸等活动，并在人数较多的聚居地逐步形成了稳定的华侨社会。但是，因战争及各种因素的制约，长期以来都未形成大规模的华侨华人群体，直至 1972 年中日邦交正常化以前，老华侨华人的总数仅 49 280 人。[①] 1978 年以后，随着中国改革开放政策的实施和中日两国国

① 陈正雄：《在日中国人人口动态》，《華僑学校教育の国際比較の研究（上）》，东京：トヨタ財団助成研究報告書 1988 年版，第 77 页。

情的变化，在日华人的数量急速增加，现已成为日本社会中的第一大外国人族群。2012年，在日华侨华人、留学生等总数为 81 万多人，比上一年略有减少。

一、日本华侨华人社会状况

日本的华侨华人社会，大体上可分为“老华侨华人”和“新华侨华人”两部分。老华侨华人是由 1972 年中日邦交正常化以前（以“二战”前赴日的中国大陆、台湾人为主体）在日本定居生活的中国人、加入日本国籍的华人及其子孙构成；新华侨华人是由中国改革开放以来，在日本就职并取得永久居住权或者加入日本国籍的原留学生（原留学生占新华侨华人总数的 2/3 左右）、日本人配偶、战后残留孤儿眷属等构成。由于形成的历史年代、受教育程度等不同，新、老华侨华人在经济、社团、华文媒体、华文教育等方面既有相同点，又有不同之处。

（一）华侨华人经济

日本新、老华侨华人从事的职业差别很大。以前，老华侨华人就业受到日本政府对外国侨民颁布的一系列政策的严格限制和严重歧视，他们根本无法涉足日本的轻工业和重工业，也无法进入较重要的经济部门。因此，大多数华侨华人只能集中在服务业和贸易业（小商业）等极其有限的行业中求生存。几十年过去了，多数老华侨华人及其后代仍集中在餐饮、贸易行业，[①] 但也有一部分人经过长期的资本积累，有了较雄厚的经济实力，从事不动产租赁等其他行业。

总体来看，老华侨华人由于企业发展规模受到政策限制以及自身文化水平的局限，整体经济力量在日本经济体系中微不足道，也没有出现像东南亚国家那样的超级华人富豪。但由于他们在各个不同历史时期努力拼搏，长期的资本积累打下了一定的经济基础，虽非大富大贵，倒也生活稳定。

改革开放后赴日的新华侨华人中，除了一部分人从事贸易和餐饮业外，绝大多数在公司就职或从事教学与科研领域的工作，也有人独立创办公司。他们依靠顽强拼搏的精神和聪明才智，事业稳步发展，涌现出一批业绩好的企业和个人。近年来，随着中日经济关系的发展，华侨华人及在日中国人的职业类别有了显著变化，他们逐渐跻身于 IT、金融、学术研究等新锐领域，在大企业和名牌大学崭露头角。据日本法务省在 2012 年 6 月 13 日发布的 2011 年在留外国人登陆统计（见表 2）显示，在日中国人从事技术、技能、知识行业者已经占有相当高的比例。

---

① 鞠玉华：《近代日本华侨华人的同化现象论析》，《云南民族大学学报》（哲学社会科学版）2003 年第 5 期，第 64 页。

表 2　2011 年在日中国人占在日外国人总数比例的统计表

名称	外国人总数	中国人	比率	名称	外国人总数	中国人	比率
教授	7 859	2 294	29.2%	美术	461	97	21.0%
宗教	4 106	129	3.1%	报导	227	21	9.3%
投资经营	11 778	3 974	33.7%	法律会计	169	6	3.6%
医疗	322	246	76.4%	研究	2 103	790	37.6%
教育	10 106	103	1.0%	技术	42 634	22 486	52.7%
人文知识国际业务	67 854	34 446	50.8%	企业内转勤	14 636	5 518	37.7%
兴行	6 265	389	6.2%	技能	31 751	17 657	55.6%
文化活动	2 209	749	33.9%	短期访问	23 978	5 179	21.6%
留学	188 605	127 435	67.6%	就学	46 759	32 408	69.3%
研修	3 388	1 275	37.6%	家族滞在	119 359	61 481	51.5%
特别活动	22 751	5 374	23.6%	技能实习	141 993	107 601	75.8%

资料来源：根据日本法务省的在留外国人登陆统计制作，http：//www. e－stat. go. jp/SG1/estat/List. do？lid＝000001089591。

从表 2 中可以看出，2011 年在日本居住、具有“教授”签证的外国人为 7 859 人，其中中国人为 2 294 人，占整体的 29.2%。如果将归化日本国籍的华人教授统计在内，可能突破 3 000 人，如果将担任中国语讲师的华侨华人统计在内，数量将更加庞大。

在日本的文化、科学技术、医疗等领域也活跃着很多的华侨华人。正像表 2 中所显示的那样，日本在留外国人中，从事人文知识、国际业务的外国人总数为 67 854 人，其中中国人为 34 446 人，占 50.8%，达到总人数的一半；外国人从事医疗的人数为 322 人，其中，中国人为 246 人，占 76.4%，达总人数的 7 成以上；从事技能工作的外国人为 31 751 人，其中，中国人为 17 657 人，占总数的 55.6%；研究机构中的外国人学者为 2 103 人，其中，中国人研究者为 790 人，占总数的 37.6%；从事技术、技能、教授、研究、国际业务工作的共计 77 673 人，占总数 152 201 人的 51.0%。

总之，新华侨华人大部分是改革开放后赴日的留学人员，他们学有所成之后，活跃在日本的经济、科技、文化、教育等多个领域，并取得了令人瞩目的成就。

（二）华侨华人社团

中国人素有爱国爱乡、顾亲重友的传统，尤其是在他们远离故国、移居异邦之后，这种传统体现得更加突出，其重要标志便是在异国他乡建立各种华侨华人社团。这些社团在继承民族传统、团结互助等方面发挥了重要的作用，也在日本华侨华人社会的变迁中扮演着重要角色。

1. 老华侨华人社团

早在 17 世纪初，中国人移居长崎之后，以地缘同乡关系为基础，自发地修筑了南京寺（1623 年南京和三江帮所建）、福济寺（1628 年泉州和漳州帮所建）、崇福寺（1629 年福建帮所建）、圣福寺（1678年广州帮所建）。“四大唐寺”的修建，意味着长崎中国移民自治“团体”的成立，也是早期日本华侨社会形成的标志。[①] 随着中国商人被允许在日本各开放港口城市进行自由贸易，跨区域的人员、贸易往来增多，华侨之间的联系也逐渐超越了以往的“帮乡”界限，因此，在日本各地相继成立了“公所”、“会馆”等区域性的华侨自治组织。此后，长崎和横滨、神户、大阪等地又分别设立了更具全国性的“中华总商会”,[②] 这标志着日本华侨团体由地方性向全国性又迈进了一大步。在此期间，长崎、神户、横滨华侨也建了自己的聚居地，逐渐形成了具有浓郁中华民俗、文化的中华街，即长崎新地中华街、神户“南京町”中华街、横滨中华街。“华侨总会”、“华侨妇女会”、“华侨青年会”等各种组织活跃在各地的中华街。在华侨社团的组织下，各地不断重新修缮体现民族特征的“五彩牌楼”、“关帝庙”、“妈祖庙”、“中华义莊”（墓地）、“中华学校”等建筑，将独特的中华文化继承下来，并发扬光大。1972年以后，无论是哪个中华街的华侨社团都会在春节、元宵、中秋、关帝诞辰日等中国传统节日组织耍龙灯、舞狮子、祭奠关帝及表演歌唱、舞蹈、武术等各种活动，吸引了大批游客。

与欧美城市的唐人街不同，日本的中华街富丽堂皇，寺庙香火繁盛，治安良好，一直是日本社会的异文化橱窗。现任横滨市市长的林文子说：“横滨市城市文化的形成，华侨华人的功绩非常大。中华街就是横滨市开放化、多样化和国际化的象征。目前，横滨市内居住着31 000多名在日华侨，他们对横滨市的重要性可想而知。”[③]

目前，日本的老华侨华人社团也和世界各地的侨团一样，具有强烈民族意识的老一代华侨华人日渐高龄，第二代、第三代华人已成为华人社会的主力，而在和平、友好、国际化时代中生长起来的第三代、第四代、第五代华人意识淡薄，华侨社团也存在着“后继乏人”等问题。

2. 新华侨华人社团

自20世纪80年代以来，伴随着来日中国人的不断增多，华侨华人队伍日益壮大，以业缘、学缘、地缘等为背景建立的新华侨华人社团不断涌现。例如，职业性团体有“日本中华总商会”、“日本华人教授会议”、“全日本中国人博士协会”、“在日中国科学技术者联盟”、“在日中国律师联合会”等；日本地域性的团体有“西日本新华侨华人联合会”、“北海道华侨华人总会”等；中国地域性的社团有“湖南同乡会”、“上海同乡会”、“温州同乡会”等；另外，中国的一些重点大学在日本几乎都有校友会，如“北京大学日本校友会”、“中国科技大学日本校友会”、“浙江大学日本校友会”、“厦门大学日本校友会”、“暨南大学日本校友会”等。这些新华侨华人社团的发展具有以下特点：

（1）横向联合日益加强。例如，“日本新华侨华人会”（2003年9月21日）是由23家华人团体联合成立的机构，也是目前在日本规模和影响最大的华人团体之一。研究在日华侨华人生存发展历史的“日本华侨华人学会”（2003年3月29日），是以长崎、神户、横滨各地的华侨华人研究会为基础，整合了全日本有关华侨华人研究的主要力量，形成了

---

① 朱慧玲：《中日关系正常化以来日本华侨华人社会的变迁》，厦门：厦门大学出版社2003年版，第20页。

② 陈来幸：《通过中华总商会网络论日本大正时期的阪神华侨与中日关系》，《华侨华人历史研究》2000年第4期，第56~65页。

③ 蒋丰：《横滨市市长林文子》，《日本新华侨报》，2012年10月1日。

组织更健全、规模更宏大的专业学术研究社团。“日本华人教授会议”（2003 年 1 月）的成立，将日本各大学、研究机构的高层次专家学者联系在一起，除了开展会员间的学术交流外，还与日本政治、经济等各界积极对话和交流，多次被即将访华的日本首相邀请到首相官邸，听取他们对于发展日中两国关系的意见和建议，也曾多次参与中国领导人访问日本期间的接待工作，社会影响力日趋扩大。“311 大地震”重灾区新潟和福岛两地的华侨总会尽管建立时间不长，但在灾害发生后和其他地区社团联合，在救灾赈灾过程中，作出了巨大的努力。

（2）新华侨华人社团的发展日益规范化、规模化。例如，2012 年 4 月，“日本中华总商会”得到日本法务部门批准，正式变更为社团法人组织。日本爱媛县华侨华人联合会也在该会成立 4 周年之际，于 2012 年 4 月 26 日获得当地法务部门的认可批准，成立了“一般社团法人爱媛县华侨华人联合会”。[①] 另外，“神户中华总商会”、“广东同乡会”、“福建同乡会”、“宁波同乡会”等都很早就具有法人化资格。

“东华教育文化交流财团”于 2010 年 9 月 28 日获得了“公益财团法人”资格认定，并于 10 月 1 日完成了公益财团法人的登记，[②] 成为在日华侨华人社会首个公益财团法人组织。东华教育文化交流财团长期从事中日留学生交流和人才培养事业，为两国的教育、学术、文化交流事业提供了巨大资助、作出了重要贡献。获得“公益财团法人”资格认定，将能保证财团拥有的巨大侨资平稳运营和持续发展。

（3）社会影响力日趋扩大。例如，“全日本中国人博士协会”（1996 年 7 月成立，2011 年分裂）自成立以来，以“务实、创新、架桥、贡献”为宗旨，通过研讨会、国际会议、编辑发行学术杂志和学术书籍等形式，帮助会员提高学术水平，在促进科技创新的同时，也为中日两国共同的学术研究架起桥梁，为中国的科学技术发展作出贡献，实现了超越中日两国国界的跨文化、跨专业的创新。

“日本中华总商会”（1999 年 9 月 9 日成立）是由新、老华侨华人，以及有中资背景的在日企业法人组成的经济团体，[③] 该商会一直致力于与日本、中国经济界以及海外华商团体的交流，由于商会除华人经营者为主体的正会员以外，还有 70 多家由日本企业和跨国公司构成的赞助会员，因此社会影响力更是不断增大。该商会在 2012 年 3 月年度大会中又提出未来发展方向，即进一步扎根日本，充分发挥与中国联系的“管道作用”，成为

---

① 侨团具有社团法人资格后，更加方便融入日本主流社会，开展能够承担社会责任、分享法人权益，包括公益活动在内的活动，也更容易促进当地的华侨华人与日本社会各界的交流；促进华侨华人的相互交流相互帮助相互团结；促进华侨华人爱国爱乡，推进中日友好；为华侨华人和日本民众提供经济、文化、学术、艺术交流服务等。

② “东华教育文化交流财团”成立于 1988 年 8 月 24 日，在第一代理事长陈焜旺的领导下，发起资金 3 亿日元，后增至 27 亿日元，成为在日华侨华人社会的一笔巨大财产。成立 22 年来，“东华教育文化交流财团”已经资助中日学生超过 1 200 人，其中中国来日私费留学生 600 多人，日本赴中留学生 500 多人，在中日之间发挥了积极作用。“东华教育文化交流财团”本来具有法人资格，但要成为“公益财团法人”需向专门机构提出申请，经过审查后可转型为公益财团法人。新的公益财团法人，一方面可继续享有财税上的优惠，另一方面将与原来管辖的总务省厅脱离关系，成为完全自主的民间财团。

③ 截至 2011 年末，“日本中华总商会”有企业会员近 300 家，其中华侨华人经营者为主体的正会员 230 家（2012 年 4 月）当中，有 5 家在东京证券交易所上市。正会员企业注册资本总额超过 300 亿日元，员工 14 000 余人，最近的年商总额超过 2 200 亿日元，属下子公司达到 230 余家。

日本经济界及世界华人经济界具有一定影响力的经济团体。[①] 其在《2012 年度事业计划》报告中更具体地提出：未来四年会员企业将扩大至 500 家、"强化组织体系"、"品牌构建和对外活动"的发展目标。[②]

长期以来，日本新、老华侨华人社团在维护华侨华人权益、促进祖（籍）国统一大业、增进中日两国人民友好交往，援助中国地震灾区等活动中作出很多努力，并取得了积极的成效。

尽管在日新华侨华人社团得到了较快的发展，但也存在着社团组织在广大华侨华人心目中的"认知度"有待提高，还需要一大批具有默默奉献精神的新侨领来保障社团的可持续发展等一些问题。

（三）华文教育

1. 老华侨学校

目前，老一代华侨依靠自己的力量创办的全日制华侨学校有 5 所，即神户中华同文学校、横滨山手中华学校、横滨中华学院、东京中华学校、大阪中华学校。这些学校的体制基本属于初等、中等教育的中、小学校，其中横滨中华学校、东京中华学校设有高中部。在 5 所中华学校中，学生人数最多的有 2 所，一所是被誉为"世界上第一所近代华侨学校"的横滨山手中华学校，创办于 1898 年；另一所是神户中华同文学校，于 1899 年创办。这两所学校都已经有 100 多年的历史。

100 多年来，日本华侨学校经历了地震（1923 年关东大地震、1995 年阪神大地震），战争（日本侵华战争、1945 年美军空袭学校被烧毁），侨团及侨校内部的分裂、组合等重重困苦，但老一代华侨始终坚持"华侨子女的教育由华侨办"的宗旨和"以侨助教，以教兴侨"的办学原则，几代人前赴后继，始终为在日华人子女传播中华文化、培养适应社会发展需要的人才而努力，取得了辉煌成就。

然而，随着时代的发展，日本华侨社会的构成发生了巨大的变化。老华侨华人落地生根不断地融入日本社会，以及新华侨华人的日益增多等给华侨学校教育带来了新的挑战。"以华侨为主要教育对象，以确立中国人之自觉、传授中华文化为教育宗旨"的侨校显然已不能完全适应形势的发展。针对这些状况，华侨学校进行了大胆的教育改革，对教学进行创新设计，得到了显著的成果。

目前，5 所华侨学校在教学内容上虽有些细微的差别，但总体上有着共同的特点：

（1）重视德才兼备教育。华侨学校坚持教书育人的大方向，不但设立学习优秀奖，还设立劳动服务奖，要求学生清扫校园、教室、厕所，修理桌椅，鼓励学生养成爱劳动的品格，培养学生的独立生活能力和面对挫折时的积极心态，以及为集体、社会服务的精神。

（2）不分国籍、出身，面向所有阶层开放。在保证华侨华人子女都能够入学的前提下，各校都采取了不分国籍、出身，向社会各阶层开放的政策。

---

① 日本中华总商会的会员，除华侨华人经营者为主体的正会员以外，还有 70 家由日本企业和跨国公司构成的赞助会员，这其中有近半数是上市大型企业。据不完全统计，赞助会员企业注册资本总额超过 3 兆日元，员工 12 万余人，最近的年商总额超过 9 兆日元，属下子公司 1 000 余家。

② 孙辉：《日本中华总商会召开会员大会　将实现社团法人化》，《中文导报》，2012 年 3 月 19 日。

表 3　2011 年日本 5 所华侨学校的在校生人数、国籍的比例表

学校 类别	神户中华同文学校	横滨山手中华学校	横滨中华学院	东京中华学校	大阪中华学校
在校学生总数	676	516	381	338	247
日本人（日本人子女）	11%	5.3%	23%	不详	19%
日本国籍（华人子女）	72%	67.6%	73.3%	57.4%	63%

资料来源：笔者根据日本兵库县立大学华人学者陈来幸教授在暨南大学华侨华人研究院讲演时的数字整理。

如表 3 所示，这 5 所学校的在籍学生中，除了老华侨华人的子孙、新华侨的子女以外，日本人子女也占有一定比例，还有美国、韩国及其他国籍的学生，学校呈现出多样化的局面。

（3）保持传统的教学理念。21 世纪初，日本学校曾在相当长的时间里提倡“宽松教育”，使教科书越改越薄，教学内容越来越少，学生学习欲望减退，“学级崩解”等现象越来越严重。然而，与日本学校的教育现状相反，华侨学校人气大增。其主要原因是华侨学校不跟“宽松教育”之风，严格要求学生，坚守自己的教育传统、育人方式，保持侨校特色，重视品格的培养，得到了社会的好评和认可。

（4）教学内容与日本的普通学校接轨。5 所华侨学校在重视中国语言、中国文化、历史教育的同时，也讲授日本语言文化、风俗习惯等，把日本同级学校的基础教育科目融入华侨学校的课程中，培养学生具备日本普通学校学生所应具备的知识和学力，为他们初中或高中毕业后进入日本的教育体系继续深造打下基础。

（5）开展三语教学，培育日本—中国—世界通用的人才。华侨学校在教授中国语和日本语的同时，也从小学高年级开始教授英语，实施 3 种语言教学，得到了华人及日本社会的认可和赞同。正是由于华侨学校的这些特点，增强了侨校的竞争力和吸引力，华侨学校的学生人数不断增长。

老华侨学校在发展中也面临着诸多的问题：

（1）经费问题。根据日本现行的学校教育法，华侨学校属于自主经营、自主管理的法人学校，得不到日本政府及地方自治县市应有的援助。侨校的财政经费除了学生的学费以外，主要靠华侨社会的捐款来补充。可是华侨社会的援助非常容易受到社会经济状况的影响，因此这项财源非常不稳定。目前日本经济衰退，华人深受影响，捐献资金不足所带来的财政困难，是各个华侨学校面临的主要问题。

（2）规模问题。近年来，希望入侨校就读的学生与日俱增，超出了校舍的容纳极限，目前除横滨山手中华学校建成新校舍外①，其他学校还是沿用已经建成六七十年、不断修修补补的老校舍，教育设备陈旧、老化，学校的发展受到了极大限制。

（3）师资队伍问题。教师人数不足，更新换代困难。目前学校的师生比为 1∶13，现有的教师全部都是“超负荷运转”。因为需要而外聘教师，也常常因工资太低而难以聘到

① 横滨山手中华学校从 2003 年开始，提出择址扩建新校舍的议题，经过 7 年的选择、协商、交涉、建筑，在爱国侨胞的支持及日本友好人士的帮助下，2010 年 4 月新校舍落成启用。新建成的校舍，可容纳 800 名学生学习，大大地改善了学校的教学条件。

优秀人才。[1]

2. 新华侨学校

新华侨华人创办的周末中文学校已经有近 20 年的历史。在日本各地都有很多规模不等的周末中文学校，规模较大的有七八百人，较小的中文教室，学生人数多的有 30 多人，少的不足 10 人。周末中文学校的教学目的，是使华人子女在接受日本系统教育的同时，接受相对系统的中华语言和文化教育，其快速发展有以下几个原因：

（1）地域性优势。周末中文学校注重地域性，在新华侨华人相对集中的地方开办，便于家长接送子女上学放学。

（2）经费优势。由于学校只在周末租用日本的公共福利设施作为教室，费用相对较低，每名学生每月只收取 5 000 ~ 6 000 日元的学费，不会对华人家庭造成太重的负担。正如一位家长所说："周末中文学校的办学精神、办学方向、办学手段，与我们的要求相吻合。低廉的收费，也让人感到这个学习的机会唾手可得。"[2]

（3）教学质量较好。学校招聘的每位教师都要经过严格的面试、试讲，而且几乎所有教师都曾是国内的小学、中学老师，其中不乏在国内获过"优秀教师"称号者，因此，他们具有丰富的教学经验，教学效果良好。

在众多的周末中文学校中，最具代表性的是东京"同源中文学校"，该校于 1995 年成立，现有在校生 700 多人，60 多个班级，具有丰富的小学教学经验的教师 20 多人。该校在名古屋、福冈等地也有分校，目前已经从这个学校走出了 4 000 多名学生。[3] 15 年来，在校长杨林的带领下，经过全体师生、家长的共同努力，2008 年秋季该校终于在东京池袋地区设立了学校本部，有了固定的校舍。

多年来，周末中文学校得到了国务院侨办、中国大使馆的大力支持，新华侨也捐赠多媒体教室，为学校购置投影仪、电视及相关设备，改善了教学条件。2012 年 3 月 10 日，该校又在东京丰岛公会堂内成功举办了第一届中文朗诵比赛，向日本社会展现了在日华人儿童语言学习的成果。

20 多年来，周末中文学校尽管有了很大的发展，但也有需要改进的地方，例如华文教育理念、教材、知识结构、教学法的更新，还需在学术上研究教学的理论和实际论据，教学大纲的制定，学校规模化的发展等问题。

二、日本政局、中日关系与华侨华人社会

众所周知，近年来日本的政治、经济形势非常不稳定。政坛混乱，走马灯似的换人，为世界创下"七年七相"的荒诞纪录。朝野各党在参众两院各占上风的"扭曲国会"角力，导致政治停滞，各项经济政策流产，政府调控能力不断下降。

中日恢复邦交正常化以来，两国的各项交流有了长足的发展，经济关系也日趋成熟和

---

① 侨校的每个老师每周上 21 ~ 22 节课，还担当班主任等，侨校教师的年收入只有日本教师的 80% 左右。见鞠玉华：《对当前日本华侨学校发展状况的思考》，《暨南大学华文学院学报》2008 年第 1 期，第 7 页。

② 2010 年笔者在日本进行调研时的访谈所得。

③ 日本"同源中文学校"网站，http://www.dougen.jp/one_page.php?id=1。

稳定。2012 年正值中日邦交正常化 40 周年之际，这本应是一个值得共同庆祝的重要年份，也应是规划、展望未来，使双边关系更上一层楼的机会，但由于日本在钓鱼岛问题上频频滋事，以至发展成“911 购岛”事件，使两国关系陷入十分危险的境地，更令在日华侨华人担忧。

（一）日本政治右倾化对中日关系的影响

近年来，日本朝野不断变换，保守势力膨胀，右翼邪气打压正义，对外强硬者受宠，石原这样的右翼政客持续走红。目前日本对华关系的策略表现如下：

（1）在国际上：美国的东亚战略调整让日本看到了机会，日本寄希望于通过日美同盟在此轮变动中获益，实现“主导亚洲事务”的愿望。日本强行推进“911 购岛”进程，出台了一系列加强对钓鱼岛巡逻的措施，通过进一步提升争端的力度，让美国总统奥巴马改变之前“应该维持钓鱼岛现状”的态度，从而形成他们军事同盟的共同诉求，拉动美国的军事力量来制衡中国。

与此同时，日本有意图地在中国周边制造紧张局势，高调介入南海，从承诺向菲律宾赠送 12 艘巡逻舰艇到承诺帮助越南培养海岸警备人员，并加速与东盟诸国的相互提携。新首相安倍晋三刚上任就明确提出了日本外交战略，即以日美同盟为轴心，强化与美国、韩国、印度、澳大利亚等国在安全保障领域的合作；与越南、缅甸、俄罗斯[①]等国家构筑起信赖关系，在中国周围拉帮结伙，制造遏制中国的包围圈，妄图阻止中国的成长和对外交往。

（2）在日本国内：经济的持续低迷使民族主义、军国主义情绪抬头，保守势力膨胀，政坛急剧向“右转”。2012 年 12 月，日本众议院大选期间，右翼分子打出“对中国强硬牌”，用反华议题捞取政治资本，转移日本国民对政局动荡的迷茫和厌倦感，以期获得一种情绪化的“积极民意”支持，达到耕耘“票田”之目的。日本右倾化导致的选举结果是自民党单独获得众议院半数席位（294 个议席），轻松夺回政权，鹰派政客安倍晋三第二次当选首相，而自民党内亲中或主张和平主义的议员越来越少。

日本社会中，以“日中如果开战”、“领土领海”为话题出版和再版的杂志与书籍[②]随处可见。这些书籍煽动狭隘民族主义情绪，对日本国民产生了一定影响。

（3）干涉中国内政：日本在涉疆、涉藏、涉台等问题上小动作不断。2012 年 5 月 14 日，为期 4 天的所谓“世界维吾尔人权会议”在东京召开，日本自民党内已经成立“日本维吾尔国会议员联盟”；2012 年 11 月 4 日，日本又邀请达赖喇嘛来日本进行为期 10 天的

---

① 日本计划 2013 年 2 月，派遣与普京有亲密交往的原日本首相森喜朗将作为安倍政权的特使出访俄罗斯，向普京传递安倍政权对于北方领土问题的根本认识。此后，安倍晋三将亲自访俄，与普京进行首脑会谈，并就领土纷争进行实质性谈判及缔结《日俄和平条约》。此外，安倍政权目前在支援俄罗斯生产液化天然气，提供成套生产设备方面也表现积极，并努力使日俄间在鄂霍次克海域的海洋资源保护条约尽快生效。安倍晋三如此重视日俄关系，是希望能借“拉拢”俄罗斯来对抗中国。

② 原防卫大学教授孙崎享《日本的国境问题——尖阁・竹岛・北方领土》（筑摩书房出版）、东海大学教授山田吉彦《日本的国境》（新潮社出版）、《日本是世界上第四位海洋大国》（讲谈社出版）、《日本国境的新事实——从北方四岛到尖阁列岛》（实业之日本社出版）、评论家保阪正康和京都产业大学教授联合撰写的《日本领土问题——北方四岛、竹岛、尖阁诸岛》（角川书店出版）、评论家保阪正康《探索历史上领土问题的真实》（朝日新闻出版社）、电气通信大学名誉教授西尾干二和记者青木直人联合撰写的《尖阁战争》等。

活动，[①] 同日本部分政治人物接触，在日本参议院议员会馆发表反华演讲，公然将中国钓鱼岛称作“尖阁列岛”。日本右翼公然支持达赖反华分裂活动，并成立了跨党派的“支援西藏议员联盟”。

长期以来，日本政府处心积虑地打着“自由、民主、人权、法制”的幌子，干涉中国内政，触犯中国国家核心利益，使中日关系陷入自邦交正常化以来最为严重的危机。

（二）日本政治右倾化引发在日华侨华人的反应

日本政府的“911购岛”行为遭到了全世界华人的强烈反对。美国、希腊、澳大利亚、捷克、泰国等地华人高举中国国旗和“钓鱼岛是中国的”等标语到日本驻各国大使馆前示威游行。荷兰、菲律宾等国的华人团体也发表声明，抗议日本的非法图谋行为。

在日的华人侨团也立即行动起来。9月24日，中国光彩事业日本促进会会长姜维向《日本新华侨报》转交了该会就钓鱼岛问题发表的声明，谴责日本蓄意挑起钓鱼岛争端，损害中国领土主权，号召日本各个侨团积极行动起来，通过不同渠道向日本有关方面表明立场，言明道理，晓以利害，呼吁日本政府悬崖勒马，正确认识形势，早日回到发展中日关系的正确道路上来。[②] 日本《中日新报》、《中文导报》等多家华文媒体也加入了海外华文传媒协会发表的“谴责日本侵犯中国钓鱼岛主权”的声明。2012年10月30日，全日本中国留学人员友好联谊会发表公开信，呼吁日本政府重拾老一辈政治家的勇气和智慧，尽早纠正“购岛”错误。

在日的华人学者也纷纷发表文章，分析“购岛”闹剧的起因、影响、恶果。日本国立新潟大学副教授张云发表《日本促美压华打错了算盘　将自身置于孤立境地》的文章，分析“日本为了应对所谓中国崛起带来的挑战，在过去十年里主要采取了强化日美同盟，建立自由国家联盟，构筑欧亚‘自由繁荣之弧’等，这些外交行为说到底着眼点都是中国，促美压华追求短期利益的战术”。[③] 张云副教授还指出，“美国必须清醒看到：利用日本国内民族主义达到自身战略目的，最终将祸及自身。因为日本右翼今天可以利用民族主义反华，明天就很有可能反美，而且反华可能是最终反美的跳板”。[④] 华人作家莫邦富指出，“石原慎太郎在钓鱼岛问题上挑起事端，把中日关系拖入40年来的最低谷，完全是有备而来的。石原慎太郎和桥下彻率领的日本维新会想把日本引向何方，值得世人高度关注”。[⑤]《日本新华侨报》主编蒋丰在文章中告诫：“日本现在使用不断与邻国挑起领土争端的办法逼迫美国表态，试图以此绑架美国，并试图借美国加大对亚洲战略投入来提升自身地位。中日两国在争议地区的摩擦冲突有可能常态化，要有‘持久战’准备。”[⑥]

---

① 从1967年到2000年这30多年中达赖到日本仅8次（包括两次“过境”），而2000年以来则有16次，几乎每年必去，仅2010年就3次。

② 简言之：《日本侨团发表声明　敦促日本政府悬崖勒马》，《日本新华侨报》，2012年9月24日。

③ 张云：《日本促美压华打错了算盘 将自身置于孤立境地》，《人民日报》（海外版），2012年10月18日。

④ 张云：《美纵容日本终将祸及自身》，《人民日报》（海外版），2012年10月27日。

⑤ 莫邦富：《自民党想“夺回”一个什么样的日本?》，《日本新华侨报》，2012年12月3日。

⑥ 蒋丰：《钓鱼岛，要有“持久战”准备》，《日本新华侨报》，2012年9月18日。

三、日本政治经济形势及中日关系对华侨华人的影响

目前，日本在外交和军事战略方面，正在采取比“二战”结束以来任何时期都更具有对抗性的政策，国内政治更呈现出“逐渐地、实质性地向右转”的态势。在经济方面，自20世纪泡沫经济崩溃以后，经历了“失去的二十年”的低谷期，从2008年开始至今，日本经济又在走下坡路。其原因有受全球经济大环境影响而导致生产状况与经济整体形势不佳的因素，更有大地震、海啸和悬而未决的核辐射带来的不利影响。

中日邦交正常化以来的40年间，中日关系快速发展，两国贸易额增长340多倍，人员往来增长520多倍，[①] 中国成为日本最大贸易伙伴，两国都从双边关系发展中获得了双赢。然而，日本“911购岛”事件引发的中日关系恶化，使很多以40周年为契机的美好设想都被日方的错误行径破坏，双方此前筹划的纪念活动等被推迟或取消，两国总理在东盟峰会和亚欧首脑会议期间行如路人，两国民间敌对情绪高涨，经贸合作大受影响。

（一）中日关系的急速恶化使华侨华人忧心忡忡

目前，日本社会对中国持不友好态度的言论随处可见，在日华侨华人的生存环境变得更加错综复杂。

中日邦交正常化以来，在两国的各项交往中，尽管右翼分子不断发出一些荒谬言行，但由于没有足够的市场空间和氛围，还是有所顾忌。而如今他们在公开场合的露骨言论不仅未受谴责，而且友善言论竟无人呼应，甚至受到攻击。受其直接影响，日本国民的心态和情绪发生了变化。20世纪80年代初，日本有70%以上的人对中国抱有亲切感，[②] 而2012年11月24日的民意调查下降至18.0%，创下自1978年开始进行此项调查以来的新低。[③]

日本“911购岛”风波期间，福冈等地发生了多起中华料理店等被砸、神户市中央区的“神户中华同文学校”遭人放火等事件。一位在日就职的华侨说，以前办公室中午吃饭时关于国内外大事的讨论非常热烈，但在最近中日两国关系的特殊时期，办公室里的气氛有些变化。大家的话题不再是政治，也没人问他对中日两国关系的看法了。虽然日本上司、同事们很“默契”地闭口不谈“购岛”之事，但这件事在社会上闹得沸沸扬扬，办公室里却安安静静，这种异样的沉默和氛围的变化，让他心里很别扭。[④] 在日华侨华人中有过这种心情和遭遇的人不在少数。

中日关系的骤然降温，使在日华侨华人的多项计划发生了改变，越来越多的人担心如果问题长期化，日本社会的政治环境、氛围会影响到他们的生活质量和人生规划。

（二）中日关系恶化导致华侨华人的桥梁作用难以发挥

中日邦交正常化的40年来，尽管两国政治关系、外交关系经历了风风雨雨，但经贸

① 《外交部回应中日军事冲突问题：不惹事但也不怕事》，中新网，2012年10月27日。
② 李亚平：《日本，可怕的邻居与镜子》，http://news.sohu.com/01/54/news207035401.shtml，2003年3月14日。
③ 王鹏：《日本民众对华好感度创历史新低对美国好感度创历史新高》，《日本新华侨报》，2012年11月25日。
④ 邢熠：《在日华人白领爱国观：特殊时期办公室里不谈政治》，《日本新华侨报》，2012年9月25日。

关系基本保持了平稳健康发展。2004年，中日两国的贸易总额达到2 050亿美元，中国首次取代美国成为日本最大的贸易伙伴。2011年，中日贸易总额达到3 400多亿美元，占日本贸易总额的20.6%。[①]

在两国经贸合作取得了双赢的同时，也给在日华人提供了在中日两国经济上大显身手的舞台。由于在日华人对两国国情比较了解，以及拥有跨国学历及具备双语优势，因此，他们在职业选择上，大多数都选择现在或者未来将要与中国有关系的日本企业。日本的一些企业也同样，要想去中国发展事业，首先要大量招收华人就业者，例如，经营便利店的日本罗森株式会社（世界500强）、从事服装行业的日本著名休闲品牌优衣库（UNIQLO）公司、从事百货商店业务的日本永旺株式会社等，每年都会吸收大批的中国留学生、华侨华人加入。2011年，松下电器、优衣库等大企业均招收了1 000名以上的外国人（包含在外国当地招的人），占该企业当年新人的80%，这其中中国人占有的比例最大。[②] 然而，近期中日关系的恶化，致使经贸往来减少，营业额下降，导致这些企业招收华人员工的计划缩减，华人在中日经贸交流中发挥桥梁作用的机会减少。

在旅游业方面，近年来，日本政府一直以"观光立国"为国策，并将日益崛起的中国定为其最大市场。2011年度外国游客在日总支出额的1/4都是由消费欲旺盛的中国游客贡献的。日本观光厅公布"访日外国人消费动向调查"显示：2011财年7—9月份，访日中国游客在日消费总额最高，达491亿日元，占外国人在日消费的24.77%。中国游客人均消费最高，达162 242日元，同比增加13.6%。[③] 然而，受日本政府"911购岛"事件、中日关系恶化的影响，两国的旅游团都相继取消旅行计划，赴日中国人人数，在8月还创下19.38万人次的纪录，而在10月跌落到了7.1万人次，仅两个月时间就跌落到1/3。[④] 这一情况迫使以经营中国游为主的日本中小旅行社纷纷倒闭，在这些公司工作的华人失业，更直接影响到华人经营的主要面向中国人服务的旅行社、旅馆、饭店、翻译公司的营业额，严重打击了这些华人经营的行业。

（三）经济不景气使华侨华人、留学生就职机遇减少，生活水平下降

近年来，日本产业、企业老化，投资萎缩，个人消费下降，出口下降，企业设备投资下降，政府债务恶化等问题日益突出。

1. 破产公司增多

日本帝国数据库发表的最新统计显示，2012年1—12月间，日本全国共有11 129家公司倒闭，连续6年超过1万家，总负债额为377 429 400万日元。另外，由于今后日本谷类价格上调和燃料上涨等因素，预计倒产公司还会有所增加。[⑤]。

2. 领取低保人数增加

日本总务省统计局公布，2012年7月1日（截至2012年6月末）日本人口总数是

---

① 张红：《面对外交困局：安倍搞得定吗》，《人民日报》（海外版），2012年12月27日。

② 邢熠：《中国留学生广受日企青睐　本科生比MBA更有市场》，《日本新华侨报》，2012年12月5日。

③ 日本政府观光局网站，http://www.jnto.go.jp/jpn/reference/tourism_data/visitor_trends/index.html。

④ 孙辉：《中日关系趋冷中国游客减少　日本旅游业大受影响》，《中文导报》，2012年12月20日。

⑤ 日本帝国データバンク，http://www.tdb.co.jp/report/tosan/syukei/12nen.html。

127 550 000万人，领取低保的总人数是2 115 477 人，占日本人口总数的6%；低保户总数高达1 542 784户，比2012 年5 月增加了4 688 户，双双再创历史新高。日本厚生劳动省预测，由于日本的就业市场形势严峻，今后申请低保的日本人还将继续增加。①

3. 少子高龄化，社会负担加重

日本已进入少子高龄化社会，人口逐年减少。人口老龄化使日本支付养老金、医疗费、护理保健费、社会福利费、社会保障费等费用不断增加，给社会带来了沉重的负担，也使日本的财政改革雪上加霜。根据日本总务省公布的国情调查结果显示，从2007 年开始，人口出生率便一直在减少，② 这不仅给社会带来严重的劳动力短缺，也导致学校生源减少，难以为继，造成教育事业的萎缩。

少子高龄化、劳动力短缺，让日本认识到必须扩大留学生在日本的就业和用不同方式接受外国劳动力和移民。2011 年12 月，日本法务省出台了一个有关外国人在日本就业的新制度，③ 从2012 年起，仿效英国、加拿大、韩国等国的移民制度，实施"打分制"，以促进拥有优秀技能和实际经验的外国人来日本就业并定居，希望以此来提高日本的国际竞争力。④

2012 年10 月1 日，日本文部科学省就2013 年度国费外国人留学生的招生工作发出通知，为了提高自费外国留学生的学习热情，进一步推进留学生交流的发展，2013 年将从自费外国留学生中选拔成绩特别优秀者，录取为公费外国留学生，各大学（本科生除外）如有满足条件者，可以根据要求进行推荐。⑤

尽管日本政府努力调整对外国人的政策，但从当前日本社会的政治、经济、就业等情况来看，短期内很难取得成果。目前日本大学和研究生院的留学生约14 万人，就职者仅约6 600 人，与2007 年相比减少了3 成。⑥ 日本就业形势十分严峻，在日的外国人能够找到稳定工作十分困难，即使找到工作，在工资待遇问题上几乎没有和资方讨价还价的余地。而在公司和商社就职的人，薪酬也有所降低。

日本出生率下降引起的生源不足，也迫使一些大学依靠招收外国留学生来维持学校的经营。2011 年在日本大学里学习的中国留学生为127 435 人（占外国人留学生的67.6%），其中，绝大多数依靠打工支付高昂的学费，并维持最低的生活需要。但经济低

---

① 日本厚生劳动省网站，http://www.mhlw.go.jp/seisakunitsuite/bunya/hukushi_ kaigo/seikatsuhogo/。

② 日本总务省统计局网站，http://www.stat.go.jp/data/jinsui/2.htm#02。

③ 《高度人材に対するポイント制による出入国管理上の優遇制度」の検討結果について》，日本法务省入国管理局网站，http://www.moj.go.jp/nyuukokukanri/kouhou/nyuukokukanri06_ 00020.html，2012 年1 月5 日。

④ 外国人在日本就业的新制度，其具体做法是对属于"学术研究"（如大学教授等）、"高度专门·技术"（如医生等）、"经营·管理"（如企业干部等）这3 个签证类别的人才予以打分评价。希望来日本就业的外国人或其所属企业可以向日本各地的入国管理局（相当于移民局）提交认定申请。分数超过70 分的外国人则被认定为"高度人才"。获得这个认定的外国人在办理入境签证和居留资格时予以优先处理，并且只要在日本生活5 年就可以申请永住，而一般情况下需要居住10 年才有资格申请。最大的优惠条件是其配偶打工可以不受时间限制，还可以带父母和保姆来日本同居。日本推出这个新制度的用意是为了引进日本难以确保的优秀人才，提高日本国内劳动市场的效率。

⑤ 若自费留学成功转为公费留学后，留学生的学费将全部由文部科学省负担，并可享受到奖学金等多项补助。其中，硕士奖学金每月144 000 日元，博士则为145 000 日元。此外，在学习结束后回国的留学生还可以申请从日本回国的经济舱机票。

⑥ 文佳：《日本积极吸引留学生 同志社大学被评"最国际"》，《中文导报》，2012 年10 月12 日。

迷使打工者需求量减少，以餐饮业为例，几年前，1 小时薪酬为 1 000 日元以上，[①] 现在下降到 800 日元。压力和孤独使很多留学生感到失落和不适应，中断学业或以留学名义而实际单纯打工者增多。2012 年山口福祉文化学大学就发生了由于部分留学生拿到签证后不来上课而去大城市打工，学校不得不对 127 名中国留学生作出开除学籍处分的事件。[②]

（四）政治经济形势不稳致使归国人员增多，赴日人员减少

政治混乱、经济低迷致使在日外国人对生活前景感到迷茫和困惑，这种状况也不可避免地波及到日本的华侨华人社会。

表 4　在日中国人占在日外国人总数比例的统计表（2009—2011 年）

年份 类别	2009 年			2010 年			2011 年		
	外国人	中国人	比例	外国人	中国人	比例	外国人	中国人	比例
教授	8 295	2 440	29.4%	8 050	2 339	29.1%	7 859	2 294	29.2%
医疗	220	134	60.9%	265	187	70.6%	322	246	76.4%
技术、技能	79 523	42 761	53.8%	79 704	41 455	52.0%	74 385	40 143	54.0%
研究	2 372	936	39.5%	2 266	894	39.5%	2 103	790	37.6%
人文知识 国际业务	69 395	34 210	49.3%	68 467	34 433	50.3%	67 854	34 446	50.8%

资料来源：根据日本法务省的历年在留外国人登陆统计制作，http：//www. e－stat. go. jp。

从表 4 中可以看出，在日外国人的人数逐年减少明显，2011 年与 2009 年相比，仅两年就减少 107 613 人。由于在日外国人减少速度较快，所以表 4 显示，华侨及在日中国人占外国人总数的比例略有增加。但实际上，除医疗和人文知识、国际业务略有增长外，其他职业都比上一年人数减少，2011 年比 2010 年总数减少 12 227 人。教授由 2006 年的 2 507 人下降到 2011 年的 2 294 人，研究人员也由 2006 年的 951 人逐年减少，至 2011 年下降到 790 人。日本人配偶从 2010 年的 53 697 人下降到 2011 年的 51 184 人，减少 2 513 人。特别永居者的在留资格持有者也由 2006 年 3 086 人减少至 2011 年 2 597 人。

尽管日本政府一再放宽接受留学生政策，但中国留学生总数从 2010 年的 134 483 减少到 2011 年的 127 435 人。在日本兴业的减幅最大，由 2006 年的 2 153 人逐年减少，至 2011 年仅有 389 人。[③]

---

① 在东京等大城市打工的工时费较高，而中小城市较低，总之，地域不同薪酬的标准也不同。

② 山口福祉文化大学成立于 2007 年，其前身是 1999 年开设的萩国际大学，是山口县内日本海一侧唯一的一所 4 年制私立大学。现在在校的中国留学生有 600 多名。大学成立当初，由于生源紧缺，从 2001 年起接收中国留学生就读，并开设了陶艺文化学科、高尔夫文化学科等极具特色的专业学科。然而，2012 年出现了部分留学生拿到签证后不来上课，到大城市去打工的现象。各种原因使得学校不得不对 127 名中国留学生作出开除学籍的处分，入国管理局也因此作出了对这些留学生不出具在留资格证明的处罚，并对该校作出敦促这些被开除学籍的留学生尽快回国的指示。此事被报道出来后，在日本社会上引起了轩然大波。

③ 日本法务省入国管理局：《外国人登录统计》，http：//www. e－stat. go. jp。

受中日关系的影响，东京的华侨华人人数减少最为明显。截至 2012 年 7 月 1 日，在东京的华侨及中国人为 165 778 人。受日本政府“911 购岛”事件影响，10 月 1 日统计降为159 465人，仅 3 个月就骤减了 6 313 人。①

表 5　在日中国人获准入籍情况表

年份	人数	年份	人数
2001 年	4 377	2007 年	4 740
2002 年	4 442	2008 年	4 322
2003 年	4 722	2009 年	5 391
2004 年	4 122	2010 年	4 816
2005 年	4 427	2011 年	3 259
2006 年	4 347		

资料来源：根据日本法务省民事局资料统计制作，http：//www. moj. go. jp/MINJI/toukei_ t_ minj03. html。

从表 5 中可以看出，近 10 年来加入日本国籍的新华人以每年 4 000 ~ 5 000 人的速度增长。但是，自 2011 年起出现了下降，入籍人数比 2010 年减少了 1 557 人，今后可能会更进一步减少。

一直以来，中日两国之间的关系及政策在很大程度上左右着日本华侨华人社会的成长。2012 年日本政府在钓鱼岛问题上寻衅滋事、挑衅中国，不仅损害中日关系大局，更伤害了中国民众的感情。在 2012 年广州留学教育展会上，一位留学中介的负责人说，日本留学的咨询几乎降至冰点状态。记者采访时，多数受访的学生表示不会考虑赴日本留学。②

结　语

改革开放 30 多年来，在日华侨华人群体表现出惊人的“量”的增长和“质”的变化。从 2007 年起，华侨华人及在日中国人首次超过在日韩国人和朝鲜人数量，至今已经连续 6 年跃居在日外国人榜首，成为在日外国人中数量最多的“第一大族群”。很多学者都推测，在不久的将来，日本华侨华人群体即可突破 100 万人。然而，受 2011 年的“311 大地震”、核污染及 2012 年的“911 购岛”事件等天灾人祸的影响，“华人 100 万”的良好愿望不但没有实现，反而出现了人员减少的萎缩现象。

中日关系的复杂性和特殊性，对在日华侨华人的生存状况产生了极其重要的影响。2012 年 12 月，日本华侨众议院大选中，在日华侨华人最关心的话题莫过于改善中日关系。中文导报网调查显示，12% 的人回答期盼中日关系在大选后能恢复到钓鱼岛“国有化”之前的水平，40% 认为中日关系在大选后会有所改善却难以达到以前的水平，28% 认为目前中日关系的对立冷战将长期化，更有 20% 认为中日关系只会越来越糟。③ 这一调查结果反

① 文佳：《日本东京都中国人骤减　过万华人社区减少至四个》，《中文导报》，2012 年 10 月 29 日。

② 于冬雪：《广州留学教育展：美国留学最热　日本院校缺席》，《南方日报》，2012 年 10 月 17 日。

③ 杨文凯：《日本大选选战打响　民生及中日话题成华人关注焦点》，《中文导报》，2012 年 12 月 10 日。

映出，在日华侨华人从现实出发，对中日关系前景的看法谨慎。但在日华侨华人大都期盼中日关系尽早获得改善，因为他们的切身利益都取决于中日关系大环境。然而，读卖新闻社在日本全国的舆论调查显示，认为安倍政权诞生后，日中关系会得到改善的人的比例仅为29%，认为“不可能改善”的比例高达59%。[①]

当前，受欧美经济衰退以及“购岛”等事件影响，日本经济发展面临重重困难：外贸出口下滑，贸易逆差不断增加，消费、投资、出口三驾马车失速，经济难寻增长动力。2013 年 1 月 10 日中国海关总署发布：2012 年中日双边贸易总值为 3 294.5 亿美元，下降了 3.9%，日本由“第一”下降为我国的第五大贸易伙伴。[②] 虽然日本经济仍旧可以用“瘦死的骆驼比马大”来形容，但如果中日外交摩擦延续，日本经济将不可避免进入萧条期，进而引发全面衰退。当今日本右翼势力在日本政坛逐步扩充壮大，而左翼及对华友好的势力则渐渐式微。这种状况会直接影响到 81 万多在日华侨华人的生活环境和生活质量，因为良好的中日关系是在日华侨华人经济发展、生活安定的基石。

---

① 侯金亮:《中日关系修复的民意基础正在丧失》,《日本新华侨报》, 2013 年 1 月 4 日。

② 据中新网财经频道网络文字直播整理:《海关总署: 2012 年日本下降为我国第五大贸易伙伴》, http://finance.chinanews.com/cj/2013/01-10/4476603.shtml, 2013 年 1 月 10 日。

塔吉克斯坦

内战结束后，塔吉克斯坦社会经济获得逐步发展。在与周边国家关系方面，塔国除继续巩固与俄罗斯的传统经贸、军事、外交等合作关系外，还不断加强与中国、伊朗、土耳其和美国的关系。其中在中塔关系领域，两国在和平解决边境领土划分后，在上海合作组织框架内有效实行了联合反恐、禁毒等工作。在经贸领域，中国对塔投资、援助、合作、贸易往来项目大幅度增长，与此相伴随的是中国向塔人员流动呈加速趋势。据估算，目前在塔华侨华人及中国务工人员数量约为1.5万。塔吉克斯坦华人华侨联合会于2011年1月正式成立，这是塔国内经官方注册的最大华侨华人团体。在新疆经济报社等的支持下，塔吉克斯坦华人华侨联合会拟议的《塔吉克斯坦华侨报》也在筹办出版，而塔吉克斯坦民族大学孔子学院作为塔国内唯一一所孔子学院，积极开展各类中华文化传播的教学和宣传工作，与此同时，塔国家图书馆中国厅也正式落成并对外开放，中塔文化交流合作的前景日益广阔。

一、塔吉克斯坦基本国情

塔吉克斯坦共和国位于中亚地区东南部，周边与阿富汗、乌兹别克斯坦、吉尔吉斯斯坦、中国接壤，是一个典型的内陆多山型国家，在中亚五国中地理面积最小。苏联解体后，塔吉克斯坦经历了严重的内战和经济危机，21世纪以来才逐步实现稳定，社会经济状况日渐好转。塔国内矿产资源非常丰富，其经济开发具有先天优势，在诸多矿资源中铀矿储量最为丰富，居原苏联各加盟共和国首位，铅、锌储量占中亚第一位，锑、钼、钨、铜、银、金、煤、铁、岩盐、萤石、石油、天然气等储藏亦十分丰富。塔国水力资源在原苏联各加盟共和国中占第二位（仅次于俄罗斯），达3 200万千瓦。①

塔吉克斯坦概况

国家全名	塔吉克斯坦共和国	地理位置	中亚东南部的内陆国家	领土面积	14.31万平方公里
首都	杜尚别	官方语言	塔吉克语	主要民族	塔吉克族
政体	总统制	执政党	人民民主党	现任总统/总理	拉赫蒙/阿基洛夫

① 《塔吉克斯坦概况》，塔吉克斯坦共和国驻华大使馆网站，http://www.tajikembassychina.com/Ru_04_01_ch.asp，2013年2月20日。

（续上表）

人口数量	780.05万人（截至2012年1月）	华侨华人人口数量	约1.5万人（含劳工，2012年）	华侨华人占总人口比例	约0.192%（2012年）
GDP/人均GDP	65.23亿美元/844.1美元（2012年）	通胀率	9.3%（2012年）	失业率	2.6%（2012年）

资料来源：主要参考中国外交部网站“塔吉克斯坦国家概况”，http://www.fmprc.gov.cn/mfa_chn/gjhdq_603914/gj_603916/yz_603918/1206_604618/，2012年12月更新。

近两年，随着中塔经贸和人员往来增加，两国经济合作不断增强。据海关统计数字，仅2011年中塔贸易额已达20.68亿美元，同比增长44.5%，其中中方出口19.97亿美元，同比增长45.2%，进口0.71亿美元，同比增长26.79%。① 2012年上半年中塔双边贸易总额达7.83亿美元，同比增长24.84%，其中中国对塔出口7.24亿美元，同比增长21.93%，中国自塔进口5 890万美元，同比增长76.62%，中国对塔贸易顺差6.65亿美元。按塔方统计，2012年上半年中国已成为塔第二大贸易伙伴。② 另外，2012年中国已成为塔吉克斯坦第三大援助国，援助额占其当年援助总额7 510万美元的10.2%，仅次于美国和俄罗斯。③

在两国经济关系顺利开展的前提下，中国企业赴塔合作、投资、援建等活动不断增多，赴塔经商、劳务等人口也相应增长。截至2012年11月，中国赴塔公民已超过1万人次。④ 此外，塔国在苏联时期就有维吾尔族人口数千人。⑤ 如果考虑到其他中国在塔少数民族人口并加上近年来人口自然增长，那么在塔华侨华人及中国务工人员总数估计为1.5万人。

塔吉克斯坦侨情随着这两年中国人数量的不断增加而逐步凸显出重要性，加强与塔吉克斯坦侨界为代表的中亚侨界的广泛接触和联系，将为进一步密切中国与中亚国家的友好往来奠定坚实基础。现阶段，塔吉克斯坦侨情的最大特点体现在：因中资机构、企业大量进入塔吉克斯坦，中国赴塔劳工数量不断增多，从事两国边贸者亦不断增多，当地侨团建设因此获得一定发展，华文文化获得推广。

① 《中国同塔吉克斯坦的关系》，中国外交部网站，http://www.fmprc.gov.cn/mfa_chn/gjhdq_603914/gj_603916/yz_603918/1206_604618/sbgx_604622/，2013年3月1日。

② 《上半年中塔双边贸易保持较快增长，我为塔第二大贸易伙伴》，中国驻塔吉克斯坦共和国大使馆经济商务参赞处网站，http://tj.mofcom.gov.cn/article/jmxw/201208/20120808265350.shtml，2012年8月1日。

③ 《塔吉克斯坦2012年接受外国援助7510万美元，中国成塔第三大援助国》，中国驻塔吉克斯坦共和国大使馆经济商务参赞处网站，http://tj.mofcom.gov.cn/article/jmxw/201301/20130100004515.shtml，2013年1月15日。

④ 《年关将至，使馆召集在塔中资企业召开安全防范座谈会》，塔吉克斯坦华人论坛，http://www.mytjk.com/forum.php? mod=viewthread&tid=657&extra=page%3D1，2012年12月2日。

⑤ 《塔吉克斯坦的维吾尔族》，中华网，http://club.china.com/data/thread/1011/127/88/22/6_1.html，2008年1月6日。

二、中国在塔吉克斯坦的企业合作、投资与援建

早在 1992 年 1 月，塔吉克斯坦共和国就与中国政府正式建交。塔国不仅是上海合作组织成员国，积极参与、履行上合组织有关协议，而且与中国在边界领土划分、联合反恐、禁毒等工作上合作顺利。2013 年 2 月 25 日在北京举行的“庆祝中国和塔吉克斯坦首次高级会晤 20 周年研讨会”上，中国外交部副部长程国平评价中塔关系时赞扬道，中塔关系经过 20 年的发展，目前正处于历史最高水平，发展前景广阔。① 在两国政治关系顺利发展的前提下，以紫金矿业②、特变电工③、中国路桥公司、中石油、中国有色集团、中国水电股份公司等为代表的中国大型企业集团不断赴塔开展合作、投资、援建等工作，在经济领域有力地推进了中塔关系向前发展。

紫金矿业自 2007 年就开始进入塔吉克斯坦，并与对方合作成立了中塔合资股份制企业——泽拉夫尚有限责任公司，紫金矿业拥有 75% 的股权，塔吉克斯坦政府拥有 25% 的股权，该公司运行至今经济效益显著。据统计，2012 年上半年，塔吉克斯坦共生产黄金 930 公斤，比 2011 年同期增加 7 公斤，其中泽拉夫尚有限责任公司生产黄金 621 公斤，占塔国黄金总产量的 67% 。该公司已成为塔国黄金生产的中坚企业，受到塔政府高度重视。④ 2013 年 1 月，在塔吉克斯坦国家税务委员会召开的 2012 年全国税务系统年度总结表彰大会上，泽拉夫尚有限责任公司被授予“2012 年度塔吉克斯坦共和国优秀纳税企业”奖。该公司 2012 年所缴税费占所在地彭吉肯特区全年财政收入的 80% ，已成为塔国上缴利税大户。⑤ 尽管企业效益有所增加，但公司并未忘记回馈社会。2007—2010 年泽拉夫尚有限责任公司共向其参与资助建设的彭吉肯特市第 69 小学捐助 48. 2 万元人民币，为维修当地社区桥梁、道路、校舍以及抢险救灾等捐款 185. 6 万元人民币，为地方贫困家庭援助 39. 8 万元人民币。为此，公司在当地赢得了良好口碑，为中塔经济合作树立了优秀榜样。⑥

而新疆特变电工股份有限公司在塔开展的各项合作项目也获得良好声誉。2011 年 9 月

---

① 《中国副外长程国平：中塔关系处于历史最高水平》，中新网，2013 年 2 月 26 日。

② 紫金矿业是福建省上杭县一家以黄金和有色金属及其他矿产资源勘探与开发为主的综合性大型矿业集团。上海、香港两地（A + H 股）上市公司，市值超过 1 000 亿元，位居美国《福布斯》2012 年全球 2 000 强第 1198 位、中国 500 强企业第 241 位。参见紫金矿业集团网站，http：//test. zjky. cn/About. asp？ id = 9，2013 年 3 月 1 日。

③ 新疆特变电工股份有限公司是我国输变电行业的龙头企业、最大的电子铝箔新材料基地、大型太阳能光伏系统集成商。现建有新疆、辽宁、山东、天津、上海、湖南、陕西、四川全国八大生产基地，正在建设印度海外基地。产品销售遍布全国 31 个省、自治区、直辖市和美国、印度、俄罗斯、巴西等 60 余个国家和地区。综合实力位居世界机械 500 强第 429 位、中国企业 500 强第 366 位、中国机械 100 强第 11 位、新疆装备制造业第 1 位，品牌价值 275 亿元，名列中国装备制造业第 14 位。《特变电工股份有限公司简介》，新疆特变电工股份有限公司网站，http：//www. tbea. com. cn/Modules/AboutTBEA/Default. aspx，2013 年 3 月 1 日。

④ 《2012 年上半年我国紫金矿业公司在塔吉克合资企业生产黄金 621 公斤，占塔黄金总产量的 67%》，中国驻塔吉克斯坦共和国大使馆经济商务参赞处网站，http：//tj. mofcom. gov. cn/article/jmxw/201207/20120708249729. shtml。

⑤ 《ZGC 成塔国的重要的财政支柱》，紫金矿业网站，http：//test. zjky. cn/Newslist. asp？ id = 4757，2013 年 2 月 16 日。

⑥ 《泽拉夫尚爱心资助　塔吉克小学新校舍启用》，紫金矿业网站，http：//test. zjky. cn/Social2. asp？ id = 825，2010 年 11 月 1 日。

26 日，由新疆特变电工股份有限公司承建的塔吉克斯坦“胡占德—艾尼”220 千伏输变电工程提前 5 个月顺利投产运行成功。该项目是继 2009 年特变电工承建的塔 500 千伏南北主电网工程后的又一重大工程。“胡占德—艾尼”220 千伏输变电工程建成后，彻底结束了塔国艾尼市和彭吉肯特地区长期缺电及孤网运行的历史，使该地区近 30 万人口享受到稳定可靠的电力供应，显著改善了该区域人民的生活质量。“胡占德—艾尼”220 千伏输变电工程是 2010 年 6 月 17 日新疆维吾尔自治区党委书记张春贤同志会见塔国总统拉赫蒙时，签署的一项利用中国政府优惠买方信贷及少量塔国自筹资金的能源合作项目，目的在于增进中塔两国能源领域合作发展。该项目同时还被列为塔吉克斯坦共和国国庆 20 周年的献礼工程。①

目前中国在塔企业超过 150 家，发展势头良好，显著推动了中国西北沿边省份对外经济合作。比如在中塔两国关系发展的大背景下，新疆维吾尔自治区与塔吉克斯坦之间的经贸关系就获得提升。据统计，截至 2011 年底，新疆在塔吉克斯坦设立的投资企业有 18 家，总投资额达 2.6 亿美元，其中投资规模在 100 万元以上的有 7 家。为在制度上进一步推动双方合作，2012 年 9 月 18—21 日“2012 塔吉克斯坦—中国新疆出口商品展洽会”在塔吉克斯坦科黑巴尔巴德展览中心举行，吸引了上万塔吉克斯坦民众参观、考察、洽商，这为促进塔吉克斯坦和新疆企业界的有效交流与合作搭建了平台。② 2013 年 3 月 2 日塔吉克斯坦正式成为世界贸易组织成员国，相信未来中塔两国经济发展的空间将会更大。

三、塔吉克斯坦侨团的建立与运行

除大型企业外，小商品贸易是旅塔中国人最早从事的工作之一。2006 年第一个中塔市场在塔国哈特隆州库尔干秋别市正式开放，吸引了不少中国人到此经商。③ 原苏联时期在当地生活的维吾尔族人士主要从事科技、商贸等工作。随着新疆与塔国经贸往来的增多，不少新疆维吾尔族、塔吉克族、回族等人士也来到塔国经商。④

此外，随着中国企业大量进入塔国以及中国在塔华侨华人、务工人员数量快速增多，2011 年 1 月 1 日第一届塔吉克斯坦华人华侨联合会在杜尚别正式成立，可以说这是在塔吉克斯坦国家司法部正式注册成立的塔国最大的华侨华人民间社团组织。联合会的宗旨是：“团结在塔华人华侨，热爱祖国；发挥侨力，维护在塔侨民权益；关爱在塔侨民，凝聚侨心；汇集侨民智慧，共创未来。”联合会根据塔国华侨、华人、华商、华企的实际情况，下设钢铁协会、砖业协会、市场协会、其他待定协会、监察委员会、常务理事会、秘书

---

① 《特变电工承建塔吉克斯坦“胡占德—艾尼”220kV 输变电工程一次投运成功》，新疆特变电工股份有限公司网站，http://www.tbea.com.cn/Modules/News/TextNews/ShowNews.aspx? SortID = 1&ID = 8406C201 - 778C - 418A - 95F4 - 6B6E973439B9，2011 年 9 月 30 日。

② 《中塔两国企业家携手共商深化经贸》，中国网，http://news.china.com.cn/live/2012 - 09/19/content_16290791.htm，2012 年 9 月 19 日。

③ 《首个中—塔市场在塔开放》，新疆天山网，http://www.ts.cn/news/content/2006 - 09/25/content_1201635.htm，2006 年 9 月 25 日。

④ 《塔吉克斯坦的维吾尔族》，中华网，http://club.china.com/data/thread/1011/127/88/22/6_1.html，2008 年 1 月 6 日；《2012 年 12 月 27 日丁建伟领事、杨韬副领事与塔吉克斯坦华人华侨主席商登美一行慰问华人华侨》，塔吉克斯坦华人论坛，http://www.mytjk.com/forum.php? mod = viewthread&tid = 680，2012 年 12 月 28 日。

处、外联部、财务等。其中外联部、秘书处为常设机构，负责处理联合会日常事务。常务理事会根据需要不定期召开会议，讨论联合会重大事宜等。各协会等机构根据所在行业，经自荐、提名、表决等方式选举出各协会领导，并分管各机构工作。①

联合会自成立后一直与中国驻塔吉克斯坦大使馆保持紧密的沟通与合作。如2012年6月在得知上海合作组织“和平使命—2012”联合反恐军事演习中将有中方将士参加时，驻塔中国使领馆、当地中资企业、华人华侨联合会等共同组成军演慰问活动筹备组，一起发起劳军活动。中国路桥、新疆特变电工、中水电、塔中矿业、紫金矿业、新疆三建、中国重型机械总公司、喀什阿克诺尔实业、华新水泥亚湾公司、凯顺能源、海浪投资等企业及广大华侨华人，均鼎力支持，短时间内就募集到50万元人民币，充分体现了在塔侨界人士的团结一心和对祖国亲人的一片深情。如喀什阿克诺尔实业维吾尔族负责人艾尼瓦尔就表示，能够看到来自祖国的强大人民军队参加军演感到非常振奋，强大的祖国是企业的坚强后盾。② 在解决当地中国劳工纠纷方面，华人华侨联合会也与中国驻塔使领馆紧密协作。如2012年4月14名中国四川籍劳工被中介机构招募至塔国杜尚别一钢厂务工，工厂曾承诺每人每月给予工资5 000元人民币，而事实上工人们除第一个月领取到全额工资外，之后厂方就没有兑现工资承诺。此外，工人们赴塔时只有一个月的劳务签证，工厂方面亦未办好工人们的劳务续签手续，致使14人成为在塔非法滞留状态。后经中方使领馆和华人华侨联合会协助，帮助工人与厂方达成初步解决办法，后有部分劳工还在联合会帮助下选择离境，这样就避免了工人们在塔生活进一步陷入困顿。③

可以说，华人华侨联合会的成立在组织制度建设上促进了在塔华侨华人的相互联系与协助，为侨界不断壮大且进一步谋求发展奠定了必要基础。2012年12月第二届塔吉克斯坦华人华侨联合会举行新一届会长竞选，本届联合会的参选人条件为对塔社会生活熟悉，在塔吉克斯坦工作或生活两年以上；本人必须长期在塔工作，本人为法人的，须在塔吉克斯坦合法注册，且要求公司或企业有员工10人以上；保证联合会每年6万美元（不含会费）的基本开支等条件。经最终选举，中建集团新疆三建驻塔吉克斯坦代表处经理商登美当选为第二届会长。④ 从第二届联合会会长的参选条件可以看出，联合会对会长人选的要求有着较高标准，不仅强调个人能力，而且强调对联合会的责任能力，其最终着眼点在于进一步提高联合会的为侨服务能力。

四、塔吉克斯坦华文文化的传播与发展

加强华文文化传播力度也是近两年塔吉克斯坦侨社呈现的新趋势。

---

① 《关于海选第二届塔吉克斯坦华人华侨联合会会长（主席）的公告》（附联合会简介），塔吉克斯坦华人论坛，http：//www. mytjk. com/forum. php？ mod = viewthread&tid = 660&extra = page%3D7，2012年12月4日。

② 《中资企业华人华侨慰问我军上合组织胡盏德军演官兵准备工作就绪》，塔吉克斯坦华人论坛，http：//www. mytjk. com/forum. php？ mod = viewthread&tid = 534&extra = page%3D4，2012年6月9日。

③ 《成功协调处置一起拖欠华工工资事件》，塔吉克斯坦华人论坛，http：//www. mytjk. com/forum. php？ mod = viewthread&tid = 549&extra = page%3D4，2012年7月6日；《再次护送遇到困难的同胞出境》，塔吉克斯坦华人论坛，http：//www. mytjk. com/forum. php？ mod = viewthread&tid = 560&extra = page%3D4，2012年7月23日。

④ 《关于海选第二届塔吉克斯坦华人华侨联合会会长（主席）的公告》（附联合会简介），塔吉克斯坦华人论坛，http：//www. mytjk. com/forum. php？ mod = viewthread&tid = 660&extra = page%3D7，2012年12月4日。

2012年6月，新疆经济报社社长率考察团访问了塔吉克斯坦、吉尔吉斯斯坦等国。在塔期间，考察团与塔方政府人士以及塔当地华侨华人会面，共商在塔创办《大陆桥》杂志、《塔吉克斯坦华侨报》等工作，加强中亚地区华文媒体的合作、传播与发展，着眼于促进当地民众和华侨华人群体之间的相互理解，加深对中国改革开放政策和发展成就的宣传，促进中国与中亚国家的经贸文化互动。这些都体现了中国与中亚国家文化交流的重要意义。新疆经济报社利用自身的地缘、语言优势，通过走出国门办报纸、刊物等方式，积极实践了推动华文媒体发展的必要性，有利于促进中国与包括塔吉克斯坦在内的中亚国家的文化交流与合作。①

华文教育方面，2009年塔吉克斯坦国立民族大学与新疆师范大学在塔合办的孔子学院开始招生。该院主要工作在于开展多类型的汉语教育活动，并在塔逐步建立汉语教学网络。截至2011年全院注册学员近2 000人，可谓受到塔国内年轻学子的欢迎。显然，孔子学院对中华文化在当地的传播发挥了积极作用。自2012年12月以来，塔吉克斯坦多家电视台先后多次邀请孔子学院师生录制多项节目，包括展示中国音乐、厨艺、民俗等内容，不断加深塔吉克斯坦老百姓对中国文化的了解和喜爱，节目一经播出就受到观众好评。此外，2013年已有153名当地学生报名参与角逐赴华留学奖学金考试，此项考试得到了塔吉克斯坦国家教育部和中国驻塔大使馆的高度认可。②

2013年1月24日，塔吉克斯坦国家图书馆中国厅启用仪式在该图书馆二层隆重举行。中国驻塔大使与塔国家教育部长、外交部副部长、国家图书馆馆长、塔教育界代表以及在塔中资企业代表等均到会表示祝贺。中国厅总体面积200余平方米，各类书刊报纸和影音资料有8 000余册（件）。中国厅的建成，将成为推动中华文化发展传播、展示中国悠久历史文化传统、体现中外友好交流的平台，同时也为中塔知识界进行科学研讨和举行相关会议提供了重要场地，并为塔吉克斯坦读者深入了解中国文化提供了资讯窗口。中国厅的日常运营已交由中塔合办的塔吉克斯坦国立民族大学孔子学院管理。③

五、应注意的问题

综上可见，随着中塔双边关系的深入发展，塔国侨情有新的变化，侨团建设虽然得到初步发展，但是随着大量中资企业进入塔国，伴随而来的是大量中国劳工与塔当地企业、当地民众的纠纷，这日益成为中方领事保护工作中面对的突出问题。

据中国驻塔大使馆数据显示，2012年发生各类领事保护案件130多起，其中营救和解救中国公民200余人，帮助中国劳工追讨工资等400余万元等等。对出现的相关问题加以分类比较分析的话，可以看出部分中资企业和个人存在的共同问题有很多，诸如未能了解塔国家和地方出台的与企业自身经营活动相关的各项法律法规，特别是海关、移民、税务、外贸、劳动、环保等方面法律规定，未能做到守法经营和依法保护自身权益；对当地

① 《走向中亚——新疆经济报社考察团赴中亚考察纪行》，亚心网，2012年7月13日。

② 《塔吉克斯坦国立民族大学孔子学院》，第六届孔子学院大会网站，2011年12月12日；《塔吉克斯坦民族大学孔子学院举行学期总结活动》，中新网，2012年7月11日。

③ 《塔吉克斯坦国家图书馆中国厅1月24日启用》，塔吉克斯坦华人论坛，http：//www.mytjk.com/forum.php?mod = viewthread&tid = 744&extra = page%3D1，2013年1月25日。

市场供求、资源状况、项目背景、塔方合作伙伴等并未作深入调查了解，造成受骗上当；并未遵照中国商务部境外投资、工程承包和劳务输出有关规定，也未严格履行相关报批和境外报到备案手续，不注意加强对带出劳工的相关管理和保护，未依照合同和有关规定保障劳工在境外工作期间的薪酬、工作、生活、卫生等方面权益，以致造成劳资纠纷；塔吉克斯坦是穆斯林国家，风俗与中国多有不同，中资企业部分人员未对当地风俗有所了解，在对外交往中又未完全遵照对方的国情、民情等，以致造成不必要的纠纷。可见，中国在塔领事保护工作需要进一步加强。①

在面对日益增多的中国赴塔人员数量和纠纷时，除了加强领事保护工作外，还要进一步推动华侨华人社团自身壮大发展，扩大华文教育事业队伍及提高其传播能力，加强对外劳务人员的外语、法律知识、个人素质培训和监管，加大对国内中介劳务机构的认证、监督和管理等等，确保中国赴塔人员安全和较顺利地参加塔国经济社会建设。

① 《年关将至，使馆召集在塔中资企业召开安全防范座谈会》，塔吉克斯坦华人论坛，http：//www. mytjk. com/forum. php? mod = viewthread&tid = 657&extra = page%3D1，2012 年 12 月 2 日；《与中国驻塔吉克斯坦共和国大使馆经商参外李越经济商务参赞访谈记录》，中国商务部网站，2010 年 12 月 11 日。

泰　国

在世界各国华侨华人群体中，泰国华侨华人是一个特殊的群体，他们在居住国的社会地位、对居住国的认同以及与居住国其他族群的融合，与其他国家相比都是比较好的。这其中的原因是多方面的，而中泰关系提供的良好环境以及泰国政府成功的温和同化政策功不可没。2012 年，中泰两国决定建立全面战略合作伙伴关系，使两国关系站在一个新的历史起点上，令泰国华侨华人为之振奋，也将为他们在泰国新的发展奠定更为厚实的基础。另外，泰国东北部新设中国领事馆，也将改变泰国华侨华人事业的格局。

一、泰国基本国情

泰国概况

国家全名	泰王国	地理位置	中南半岛中南部	领土面积	513 115 平方公里
首都	曼谷	官方语言	泰语	主要民族	泰族、老挝族、华族、马来族、高棉族
政体	君主立宪制	执政党/主要反对党	泰党/民主党	现任国家元首/政府首脑	普密蓬·阿杜德/英拉·西那瓦
人口数量	6 740 万	华侨华人人口数量	1 000 万	华侨华人占总人口比例	15%
GDP	3 456 亿美元	CPI	3.81%	失业率	0.7%

资料来源：中国外交部网站，http：//www. fmprc. gor. cn/mfra_ ch/，2012 年 8 月更新。

二、泰国与中国的关系

中泰自古就是友好邻邦，两国人民有着密切交往和深厚友谊，“中泰一家亲”是两国关系的最好写照。1975 年 7 月 1 日中泰建交后，两国关系保持健康稳定发展，在周边国家中，泰国成为与中国建立最亲密的双边关系之一的国家，2012 年中泰关系更上一层楼。

首先，两国高层继续保持密切交往。2012 年 1 月，泰国公主朱拉蓬非正式访华。4 月，时任全国政协主席贾庆林访泰，泰国公主诗琳通、总理英拉、国防部长素坤蓬分别访华，泰国副总理兼财政部长吉迪拉来华出席博鳌亚洲论坛 2012 年年会。5 月，朱拉蓬公主再次非正式访华。7月，泰国外交部长素拉蓬访华，国务委员、时任公安部长孟建柱访泰。9月，外交部部长助理乐玉成访泰。11月，时任国务院总理温家宝访泰。

其次，中泰关系得到全面提升。2012年4月泰国总理英拉访华期间，中泰两国国家领导人就提升中泰关系达成共识，两国确立了全面战略合作伙伴关系的新定位，制定了面向未来5年的中泰战略性合作共同行动计划，使两国关系站在一个新的历史起点上，为双方关系发展开辟了更加广阔的空间。中泰决定建立全面战略合作伙伴关系，对两国和东亚的和平发展也具有重要意义。

再次，中泰合作领域不断扩大。中泰两国扩大合作有着许多有利条件和广阔前景，中泰两国正在积极落实两国签署的经贸合作5年发展规划，重点加强对交通、水利等基础设施的建设，农业以及相互投资方面的合作，继续开展在大湄公河次区域的合作，以及两国文化教育交流、青年交流和旅游方面的合作。在司法合作方面，泰国在中国船员湄公河遇害案侦破和审理过程给予了中方很大的支持与配合，稳定推进了中泰老缅四国司法合作，共同维护了湄公河流域安全。另外两国还进行了“蓝色突击2012”中泰海军陆战队联合演习，增进两国海军陆战队的相互学习和了解，共同提高应对多种安全威胁的能力。在地区合作方面，泰国作为中国—东盟协调国，也加强了与中方的协调与配合，为中国—东盟关系发展作出努力。

三、泰国侨情概况

由于地理位置的缘故，泰国成为中国人早期移民的主要目的国之一。早在13世纪末，中国商人已定居在暹罗湾沿岸的市场和港口。[①] 到16世纪初期，在大城市已经形成华人区[②]，而曼谷地区的华人移居区则在17世纪上半期开始形成[③]。

中国移民泰国有三个高潮：第一个高潮是1767—1782年的吞武里郑信王朝时期。郑信是华侨的后裔，他率领泰中人民奋起抗击入侵的缅军，恢复国家的独立和统一之后，从中国招入大批的侨民，于吞武里重建新都和恢复被破坏了的经济。当时泰国华人约有23万，约占总人口的4.8%。[④] 郑信的同乡们是在其大力鼓励下才这么大批地被吸引到泰国来定居的，华人人口的这一异常扩张，是该王国数百年中发生的重大变化。[⑤] 第二个高潮是1882—1910年的曼谷王朝拉玛五世王时期。拉玛五世所实行的社会改革，促进了商品货币关系的发展，需要自由劳动力。由于国王及其大臣们希望增加国家生产，华人受到了史无前例的欢迎，[⑥] 这一时期到泰国来的中国人，从每年1万多人增至6万多人。第三个时期为1918—1931年第一次世界大战后的景气时期和第二次世界大战刚刚结束后的1946—1949年。由于泰国经济的繁荣和华南遭受自然灾害以及中国的内战，移民人数达到

---

① 施坚雅著，许华等译，《泰国华人社会：历史的分析》，厦门：厦门大学出版社2010年版，第1页。
② 施坚雅著，许华等译，《泰国华人社会：历史的分析》，厦门：厦门大学出版社2010年版，第4页。
③ 施坚雅著，许华等译，《泰国华人社会：历史的分析》，厦门：厦门大学出版社2010年版，第26页。
④ 转引自陈健民：《泰国对华人的政策和战后华人社会的变化》，《华侨华人历史研究》1989年第4期。
⑤ 施坚雅著，许华等译，《泰国华人社会：历史的分析》，厦门：厦门大学出版社2010年版，第26页。
⑥ 转引自施坚雅著，许华等译：《泰国华人社会：历史的分析》，厦门：厦门大学出版社2010年版，第29页。

历史上的最高水平。①

但现时的泰国华侨华人人数则一直存在很大争议。据查尔斯·艾夫·凯斯估计，现在居住在泰国的华人与华侨估计有 600 余万人（包括华侨 21 万余人），在泰国 6 000 余万人口中，约占 1/10。又据潮州会馆报道："一般估计，如果将有中国血统的华裔也算在内，那么在泰国的华人、华侨、华裔要占其人口的 20% 左右，约有 1 000 万。"② 实际上，无论是 600 余万还是 1 000 万的估计数都值得怀疑。如果将凡有中国血统的人都算为华人华裔的话，泰国政府根本无法进行统计。原因有三：第一，关于中国移民的人口档案不健全，20 世纪初泰国政府才有华侨人口的统计和出入境人口记录。第二，原泰国国籍法规定，取得泰国国籍的华侨是泰籍华人，泰籍华人的子女即为泰籍泰人。现泰国政府采用政治民族理念，不再以血统、文化、宗教等为标准细分国内的种族或民族，规定凡加入泰国国籍者就是泰籍泰人。由此，从严格的政治法律角度看，泰国社会实际上已不存在所谓的华人或"华族"，只有中国血统的泰籍泰人。第三，至于中国血统的泰籍泰人的认定，由于泰国政府 10 多年前取消了血统记录，泰籍泰人原有血统的记录已无从查阅。所以，从政府的人口档案资料中根本无法得到准确的华人华裔人口数字，甚至无法获得估计数字的依据。对泰国居民进行社会调查也难以进行，融合于泰国社会年代久远的不少有中国血统的人已不知其家谱。因此，与东南亚其他国家不同，泰国的华人华裔人口无精确统计数字。③

尽管人数无法精确统计，但泰国华人的地区分布相对比较明晰。泰国华人若以方言区分，可分为潮州、客属、广府、海南、福建五个方言群，此外，还有小部分浙江、云南等省籍的华人。各方言群，由于各自有其乡土背景和移居经历，目前人数多寡、居住地点和经济力量有差别。祖籍为广东潮汕地区的约占华侨华人总人口的 56%；祖籍为广东客家地区的约占 16%；祖籍为广东广州、肇庆地区的约占 7%；祖籍为海南的约有 12%；祖籍属福建的约有 7%；祖籍为江苏、浙江、台湾、云南、广西等地的约有 2%。大多数华人都居住在泰国中部富裕地带，仅曼谷就有约 200 万人，这里的华人以潮州人、客家人为主。泰南各府有部分华人聚居，其中闽籍华人占 1/3，潮州人、客家人各占 1/5。滇籍华人聚居于泰北清迈府一带，桂籍华人则多居于泰南也拉府。潮州人的经济实力最强，主要从事金融业、进出口业、碾米业、纺织业、土产业、珠宝首饰业等；客家人多从事皮革业、百货业、制鞋业、裁缝业；广府人多经营机修业、建筑业、饮食业；海南人多经营饮食业、旅馆业、理发业及药房。

中国人移居泰国历史久远，在长期民族融合的过程中也形成了自己鲜明的特色。首先是政治参与程度高。早在大城王朝时，泰国王室就为一些对泰国社会作出重要贡献的华人封官赐爵，华人很早便参与泰国的政治活动。后来虽然出现过短时期的排华，但不久泰国政府便取消了对华人的政治歧视，使他们获得与泰人同样的选举权和被选举权，并且由于"二战"后泰国政府官员和公务员主要通过普选、任命和公开招考的竞争方式进行招聘，所以一些受过高等教育和有才干的华人也有机会担任政府职务。随着归化泰籍、文化水平和政治意识的提高，泰国华人很早就意识到参政的重要性。④ 不少泰国华人通过选举步入

① 转引自陈健民：《泰国对华人的政策和战后华人社会的变化》，《华侨华人历史研究》1989 年第 4 期。

② 转引自吴群、李有江：《二战后泰国华侨华人社会的变化》，《云南师范大学学报》2004 年第 36 卷第 5 期。

③ 吴群、李有江：《二战后泰国华侨华人社会的变化》，《云南师范大学学报》2004 年第 36 卷第 5 期。

④ 陈健民：《泰国对华人的政策和战后华人社会的变化》，《华侨华人历史研究》1989 年第 4 期。

政坛，成为政府要人，泰国前总理川·立派、他信都是典型的例子，2011年刚刚上任的现任总理英拉在接受中文媒体采访时也承认自己的华人身份。其次是经济融合程度高。在泰国根本不存在所谓华侨华人控制泰国经济和“华人经济”的现象，在泰国并没有出现其他东南亚国家所谓的经济上从外侨经济转变为民族经济，因为华人经济事实上与泰国经济完全融为一体，不可分离。华人经济已成为泰国经济中重要的组成部分，彼此间水乳交融的关系诚如经济学博士李国卿所言：“泰国经济如不能有现代化的发展，就不会有泰华经济之现代化，相反的，没有泰华经济之快速成长，也就不会有泰国经济的快速发展。”①再次，泰国的华文教育环境较为宽松。早在1972年泰国最著名的朱拉隆功大学就率先开始教授中文课程，20世纪80年代后泰国政府逐渐放宽对华文教育的限制，1992年宣布全面开放华文教育。20世纪90年代以来，泰国教授中文课程的学院、学校、补习班如雨后春笋般出现。社会上学习中文的人数亦日渐增加。②

华人融合于泰国社会，是一个漫长的渐进演变过程，它既是一种自然的融合，又有政府的倡导和制约，是和泰国对华关系与华人政策密不可分的。早在700多年前的素可泰时代，中泰就有着堪称东南亚表率的外交关系，而民间的交往和友谊更是源远流长，亲如兄弟。更为重要的是，除了在一个短时期之外，泰国政府对已经归化的华人向来采取“一视同仁，不加歧视”，甚至特别优待和重用的政策。

在中泰关系友好的大背景下，泰国对华人采取了温和的同化政策，并取得巨大成功。在东南亚诸国中，泰国华人被同化的程度最深，泰国对华侨华人的政策也最为成功，其对华人的经济政策与其在政治上的同化政策是相辅相成的。历届政府认可华人在王国的经济事务中发挥的重要作用，使其成为泰国经济富有活力的一个组成部分。“这个富有朝气的华人企业家阶层在银行、制造业、进出口、工业化、货币政策、外国投资等各行各业担任领导职务，只有当社会狭隘民族主义情绪偶尔膨胀时，政府才会谨慎地对华人施加压力”，使其社会影响力下降。③ 也正因为如此，泰国政府的融合政策取得成效，华人与泰人的关系十分融洽，正如泰国前总理察猜·春哈旺少将所说的那样：“中泰两国人民的关系已亲密到了水乳交融一样密不可分的程度。”④

四、孔敬府设领对泰国华侨华人的影响

2012年中泰关系的进一步健康发展为泰国华侨华人提供了宽松的环境，而10月中国在孔敬府设立总领事馆将进一步促进泰国全区域华侨华人事务的开展。由于历史的原因，在泰国的华侨华人绝大部分居于泰国中部（以曼谷为中心）、北部（以清迈为中心）和南部（以宋卡为中心），华人称泰国东北部为“山巴”，大都不愿意到那里工作和居住。然而，随着中泰经济联系的加强和推进，在泰国东北的华侨华人人口有逐年增加的趋势，在此背景下，中国在孔敬府设立总领事馆将更好地服务于中泰外交大局和华侨华人的需要。

孔敬是泰国东北部金融、工商、文化教育和交通运输中心，发展潜力巨大，与中国在

① 转引自王望波：《泰国华人政策及其影响》，《八桂侨史》1996年第1期。
② 吴群、李有江：《二战后泰国华侨华人社会的变化》，《云南师范大学学报》2004年第36卷第5期。
③ 王望波：《泰国华人政策及其影响》，《八桂侨史》1996年第1期。
④ 陈健民：《泰国对华人的政策和战后华人社会的变化》，《华侨华人历史研究》1989年第4期。

经贸、教育和文化等领域的交流合作日益增多。中国驻孔敬总领事馆是继北部清迈、南部宋卡之后，中国在泰国开设的第三个总领事馆。总领事馆领区包括泰国东北部 20 府，面积和人口约占全泰国的 1/3。中国驻孔敬总领事馆的设立必将进一步推动中国同泰国东北部各府的友好交流与合作，为中泰关系注入新的活力。

孔敬总领事馆的设立对泰国华侨华人来说是一大幸事，可以预见的是当地华侨华人能很好利用这一新的平台为促进中泰关系作出新的贡献。在总领事馆成立不久，国务院侨办派出“文化中国　四海同春”艺术团亮相泰国东北部的孔敬，这对于孔敬及周边地区的侨胞和泰国民众来说是一个难得的机会。与此同时，孔敬也掀起了学习中文的热潮。

文　莱

文莱是一个非常特殊的国家。从政治体制看，文莱是世界上为数不多的仍然实行君主制的国家；从经济层面看，文莱是一个石油输出国，石油对国内生产总值的贡献率高达70%左右，其人均国内生产总值达50 500美元（2012年）；从宗教与文化的角度看，国内居民绝大部分为马来人，多信仰伊斯兰教。这些特征深刻地影响了该国华侨华人的政治经济和社会生活。

一、文莱基本国情

文莱概况

国家全名	文莱达鲁萨兰国	地理位置	亚洲东南部，濒临南中国海和马来西亚
领土面积	5 765平方公里	首都	斯里巴加湾市
官方语言	马来语	主要民族	马来族、华族
政体	君主立宪制	执政党	文莱国家团结党
现任国家元首/政府首脑	苏丹·哈吉·哈桑纳尔·博尔基亚	人口数量	408 786（2012年）①
华侨华人人口数量	50 035人②	华侨华人占总人口比例	12.24%（2011年）③
GDP/人均GDP	219.4亿美/50 500美元（2012年）④	CPI	2.02%（2011年）⑤
失业率	2.7%（2010年）⑥		

注：1. ①④⑥数据来自CIA——The World Factbook，https：//www. cia. gov/library/publications/the – world – factbook/geos/bx. html。

2. ③数据来自国立中正大学编：《2010华侨经济年鉴》，台北："中华民国侨务委员会"2011年版，第125页。

3. ②数据来自①和③的运算。

4. ⑤数据来自新浪财经——全球宏观经济数据，http：//finance. sina. com. cn/worldmac/nation_ BN. shtml。

5. 2012年GDP增长率为2.7%，https：//www. cia. gov/library/publications/the – world – factbook/geos/bx. html。

二、文莱华侨华人历史简述

根据史书记载，早在公元6世纪文莱就与中国有贸易往来，华商在那时就陆续往来于文莱。在《明史·渤泥》中记载：永乐六年（公元1408年），文莱国王麻那惹加乃曾率妻子、弟妹、陪臣等150多人，渡海抵达中国，受到明王朝隆重的欢迎。17世纪，清朝解除海禁后，许多华人移居到婆罗洲北岸（当时文莱所属的砂拉越和沙巴一带），从事胡椒和水稻的种植以及淘金和商业贸易。

20世纪30年代初，由于国内遭受日本侵略，再加之文莱发现石油，需要大量劳工，以致华人大量移民并定居文莱。在移民并定居于文莱的华人里，来自砂拉越、新加坡与香港的华人技工，主要从事石油工业，而从其他地方来的华人则主要从事耕种劳作。

文莱第一次人口调查显示：在1911年，文莱的华人有736人。到1960年，华人在文莱的人口总数高达21 795人，占文莱人口的26%，这是华人人口占文莱总人口比例最高的时期。由于华人人口占文莱人口总数比例不断增加，1961年文莱通过新的国籍法，对华人入籍实行严格的限制。

该国籍法规定：在文莱一直居住20年以上，能操持流利马来语，并通过一般性知识考试，才能够成为文莱的公民。根据新的国籍法，华人之中只有10%的人可以成为文莱当地的公民。有些华侨因为不能入籍，于是向其他国家迁移，致使文莱华侨华人人口呈下降的趋势。

在1991年，华人人口在文莱已达40 621人，但其中一半是持有1—3年短期工作准证的临时居民。而且，在52%的华人永久居民中，只有23%是公民，剩下的29%尚未取得公民权。

据刘新生、潘正秀2005年编著的《列国志·文莱》一书记载：文莱现有华人近5万人，约占文莱总人口的11.2%，其中取得文莱国籍的不到1万人，约2万人为永久居民，其余无国籍。①

另据台湾学者的统计：到2010年，文莱的华侨华人约有50 035人，约占文莱总人口的12.24%，台侨有3万人，其中绝大多数来自金门。②

文莱华人中，80%祖籍为我国福建省大、小金门岛，其余来自福建省的其他县市、广东省以及海南省等地。③

在文莱，华人早期主要分布在白拉奕区，其中多数就职于油田，或务农经商。随着首都斯里巴加湾市所在的文莱—穆阿拉区的经济发展，华人逐渐向城市地区转移。白拉奕至斯里巴加湾市之间高速公路的通车和穆阿拉港口与文莱国际机场的建成，更加速了文莱华人大量移居首都附近。华人的聚居地变迁是和文莱经济的发展联系在一起的，华人在文莱的主要贡献和作用是在经济领域。

三、华侨华人与当地民族关系

文莱的主体民族是马来族，约占全国人口的2/3；华族是文莱的第二大民族，约占12.24%。当地土著民族之间的语言相互比较接近，与马来族同属南岛语系的印度尼西亚语族；同时与马来族同属蒙古人种的马来类型，为原始马来人的后裔。当地土著民族随着

① 刘新生、潘正秀编著：《列国志·文莱》，北京：社会科学文献出版社2005年版，第247页。
② “中正大学”编：《2010华侨经济年鉴》，台北：“中华民国侨务委员会”2011年版，第125页。
③ 刘新生、潘正秀编著：《列国志·文莱》，北京：社会科学文献出版社2005年版，第247页。

与马来人日益融合，在文莱所占的比重越来越小。[1]

文莱独特的政治制度是马来伊斯兰君主制，“马来”这一概念严格规定了文莱国家人民的基本社会生活方式，即文莱国家应始终维护和沿袭传统的马来文化与习俗，文莱的马来族享有不可置疑的特权；整个国家是单一的马来民族国家，而不像马来西亚那样承认社会的多元民族性。[2]

因此，文莱政府的民族政策重点是保护和促进马来人的地位与利益，对华人等外来人种进行严格限制。这一政策首先体现在公民权问题上，只有获得公民权才能在文莱购置房产和土地，才能享受种种特权。[3] 文莱华人中多数还没有获得当地国籍。因此，作为非公民的华人不能享受免费医疗保健、免费教育及其他社会福利。而且，他们在政府机构中任职的可能性很小。

尽管文莱是一个以马来人为主的国家，在各个领域奉行马来人优先的政策，而且对其他群体和文化持排斥态度，但大多数文莱华人在语言文化、宗教信仰乃至生活习俗等各个方面仍保持着自身的传统。[4]

虽然文莱政府对外来人种进行严格的限制，但是华人在文莱生活的社会环境还算比较宽松，而且当地马来人一般都与华人和睦相处。尤其在穆斯林开斋节或华人春节期间，大家都相互上门祝贺，互致问候。而且在每年苏丹寿辰之际，都有华人社会名流受到苏丹的册封。[5]

四、华人政治参与

文莱特殊的马来伊斯兰君主制深刻地影响了文莱华人的政治参与。文莱国家规定：除信仰伊斯兰教的马来人外，其他人没有资格被任命为大臣和副大臣。[6]

文莱华人中只有10%的人获得文莱国籍，具有参与国家政治生活的资格。而对于绝大多数华人来说，参与国家政治生活是遥不可及的事情。但是，随着文莱华人经济地位的提高，华人的参政意识也越来越强。

在文莱的政治舞台上，现在我们也可以看到华人的身影。文莱现任第二外交部长林玉成、文莱外交部常任秘书林玉辉、文莱经济发展局代局长王德望、财政部高级官员卜源生、议员吴景进等都是华人参与文莱政治的杰出代表。

由此可见，华人在文莱的参政热潮不断高涨。在不久的将来，我们或许会看到更多的身影出现在文莱的政治舞台上。

---

① 刘新生、潘正秀编著：《列国志 · 文莱》，北京：社会科学文献出版社2005年版，第15页。
② 刘新生、潘正秀编著：《列国志 · 文莱》，北京：社会科学文献出版社2005年版，第65页。
③ 刘新生、潘正秀编著：《列国志 · 文莱》，北京：社会科学文献出版社2005年版，第247页。
④ 刘新生、潘正秀编著：《列国志 · 文莱》，北京：社会科学文献出版社2005年版，第248页。
⑤ 刘新生、潘正秀编著：《列国志 · 文莱》，北京：社会科学文献出版社2005年版，第248页。
⑥ 刘新生、潘正秀编著：《列国志 · 文莱》，北京：社会科学文献出版社2005年版，第65页。

五、华人经济

文莱华人在"二战"前主要从事商业和种植业，"二战"后，由于文莱经济发展迅速，政府对华人政策较为宽松，华人开始投入到各种行业之中，但石油、天然气等支柱产业除外。在优厚的政策下，华人经济发展较为顺利，经济活动几乎遍及各行各业，其中，主要还是以杂货业为主，大多都是经营杂货的零售、批发、进出口及代理国外烟酒或大宗货物。[①]

工业是文莱华人经济中的重要行业。除炼油厂、液化气及大型橡胶厂外，70%以上的中小型企业多由华人经营。这些中小型企业主要有锯木厂、碾米业、小型橡胶厂、食品加工业、家具制造以及工艺品制作等。[②] 自文莱政府实施以实现经济多元化为目标的第五个国家发展计划起（1986—1990 年），文莱华人开始涉足化工、电子等新行业，并取得一席之地。机械、运输也是文莱华人经济的主项，其中与运输业相伴的车、船、电器维修等行业几乎全为华人所包揽。[③]

服务业是文莱华人的传统行业，其中尤以旅馆、餐饮业最为突出。由于文莱政府十分重视社会福利，而马来族又不愿从事服务性行业，这使得文莱的旅馆、餐饮业几乎成为华人的垄断行业。[④] 而且，随着文莱旅游业的发展，华人也开始纷纷进入此行业。

由于本身土地资源有限，再加上石油开发造成耕地面积减少，文莱的农业比较落后。文莱政府鼓励国民从事农业生产，再加上政策的照顾，促使不少华人选择在此领域工作。目前从事农业的华人有 20 余家，他们大多都以种植蔬菜、瓜果及饲养禽畜为主。[⑤]

总体来说，由于文莱特殊的政治体制，为了保持马来人的核心地位，华人的经济发展受到了一定的限制。这也导致文莱华人的经济发展远不如新加坡、马来西亚、菲律宾等其他东南亚国家，文莱华人经济在文莱经济中所占比重较小，是文莱石油、天然气等支柱产业的补充。

但是，随着经济全球化的发展，文莱华人经济已逐渐向企业化、现代化和国际化方向发展。华人根据政府的经济动向，寻找机会涉足各个领域，并在各个领域占据重要位置。

六、华人社团

旅居海外的华人都有建立会馆和社团的传统，以达到"联络乡谊、互相帮助"的目的，文莱华人也是如此。1984 年文莱独立后，政府允许华人社团存在，华人社团纷纷建立。据非正式的统计显示，现有的文莱华人社团约有 50 个，当中以业缘性和地缘性的华人社团居多。

文莱华人组织中的大大小小各种形式的团体，深深融入文莱的社会生活之中，成为文莱社会组织结构中不可分割的一部分。这些团体在扶助弱小、联络感情、开拓事业、调解

① 刘新生、潘正秀编著：《列国志·文莱》，北京：社会科学文献出版社 2005 年版，第 248 页。
② 刘新生、潘正秀编著：《列国志·文莱》，北京：社会科学文献出版社 2005 年版，第 248 页。
③ 刘新生、潘正秀编著：《列国志·文莱》，北京：社会科学文献出版社 2005 年版，第 248 页。
④ 刘新生、潘正秀编著：《列国志·文莱》，北京：社会科学文献出版社 2005 年版，第 248 页。
⑤ 刘新生、潘正秀编著：《列国志·文莱》，北京：社会科学文献出版社 2005 年版，第 248 页。

纠纷等方面发挥着极大作用，并对社会进步、经济发展作出了重要贡献。

据统计，文莱华人约有9个地缘性社团，在拥有约50个社团的文莱华人中占有相当重的比例。在文莱首都地区，华人祖辈大多来自福建金门，华人也以说闽南语居多。因此，虽然文莱福建会馆成立的时间不长，但在文莱华人社团中有着相当重要的影响力。

但是，因为特殊的环境及因素，文莱华人社团中没有血缘性的团体，这种情况在世界各国的华人社团中是十分罕见的。①

文莱大学前任讲师饶尚东博士在一篇《新世纪，新华团》的论文中指出，文莱华人社团的出现，是文莱华人文化的具体表现，是华人结社行为的产物。它是华人的一种社会管道，促进华人社会发展，弘扬华人文化。他提到文莱华人社团不论是传统的宗乡会，还是非传统组织的商会等，都已经在文莱存在了近80年光景。一路走来，这些组织在照顾同乡会员的福利上，在推动社会进步和经济的繁荣上都扮演着重要的角色。

难能可贵的是，不同类型的华人社团，在赞助教育、支援华教发展上，都能以“维护华教，支援华教”为己任。②

目前，较为活跃的社团有以下19个：

（1）地缘性社团：①马来奕琼侨公会，②马来奕福州公会，③客属公会，④琼州公会（斯市），⑤广惠肇公会，⑥大埔同乡会，⑦福建会馆。

（2）业缘性社团：①斯市中华商会，②马诗中华商会，③马诗华人机器公会，④汶莱建筑商公会。

（3）学缘性社团：①汶莱留台同学会，②文中校友会，③中正校友会。

（4）宗教团体：腾云阁。

（5）文学团体：汶莱留台同学会写作组。

（6）文化与娱乐会社：①汶莱群声音乐社，②斯市广惠互助社。

（7）体育团体：汶莱篮球总会。③

七、华文学校与华文教育

19世纪末、20世纪初，华人从中国下南洋谋生，为了文化的传承以及让子女学习母语，开始兴办华校与进行华文教育。

1918年，王文邦发起倡议，邀请林万金、林维武、尹亚佛、林清宇、张三发、黄金全、林维儒、林天佛、林天恩、蔡根基、林廷波、林肇基、林顺天、林维驹、温广生、施大栋、林振取、吴巫贵诸先生及宏盛、曾受记、福隆、吴祥记、锦丰、源源、万源、洪梓、锦兴、春源、茂盛、荣盛、元成、信用、源盛等各宝号东主，筹资建校，校名为育才学校，王文邦担任董事长。④

文莱目前共有8所华校，全为私立学校，其中5所小学，3所中学，但提供的是从幼

---

① 《文莱华社》，易华网，http：//www. e－huawang. com/brunei_ CA3. htm。

② 《文莱华团特色》，易华网，http：//www. e－huawang. com/brunei_ CA4. htm。

③ 新加坡国立大学图书馆网站“海外华人研究”专栏，http：//www. lib. nus. edu. sg/chz/chineseoverseas/oc_ brunei. htm。

④ 《文莱华校》，易华网，http：//www. e－huawang. com/brunei_ CA5. htm。

儿园至中五的教育。8 所华校学生总人数为 6 000 人左右。这 5 所小学为都东中华学校、双溪岭中岭学校、九汀中华学校、那威中华学校以及淡武廊培育小学。其中，每所学校的人数在 50～300 人不等。3 所中学为文莱中华中学、诗里亚中正中学、马来奕中学。在华校规模中，以文莱中华中学最大，学生人数在 3 000 人以上。诗里亚中正中学以及马来奕中学，其学生人数超过 1 000 人。

文莱华校除经费自主外，课程、教学媒介语、教师的聘请、学费的多寡等，均受到教育部的约束。各阶段的毕业考试和政府学校一样，学生们必须参加教育部统一的会考。华校除了要遵循双语（马来语及英语）教育政策外，另需将华文列为从小一至中五的必修课。在学校的行政、课外活动以及人际沟通上，要使用这三种语言。由此也可以看出文莱华校的一大特色。

八、文莱华人未来走向

华人在文莱有着久远的历史，大多数华人都已深深融入文莱的社会生活之中。就目前而言，文莱华人在政治经济等领域都相继开始扮演着重要的角色，尤其在经济领域，文莱华人为文莱的经济发展作出了巨大贡献。

文莱特有的政治制度对华侨华人的未来发展产生着深远的影响，尤其是文莱国家马来伊斯兰君主制，严格限定了文莱国家人民的政治生活方式，而这也恰恰保障了文莱伊斯兰教和马来族的主导地位。因此，华人作为这个制度外的群体，无法享有群体内部的权利。同时，文莱通过对国籍法和公民权的修改，对华侨华人入籍进行严格限制。现在，想要入籍文莱，由原来规定的 25 年内连续在文莱居住 20 年，改为在 30 年内在文莱连续居住 25 年以上，还要无须本国救济，并且要通过马来语和一般性知识考试。这样就使得多数华人在文莱很难入籍，无法获得应有的公民权利，也使得他们的生活过得相对贫苦。但是，由于华人越来越多地进入文莱的政界，参与国家事务的管理，有望改善以后文莱华人的政治环境和社会环境。

文莱的国教为伊斯兰教，信仰伊斯兰教的人口占到总人口的 2/3，而文莱的华人，大多信仰佛教。① 这种文化差异使得华人很难完全融入文莱社会。通过文化的交流，虽不能完全融合，但华人与马来人之间可以增进了解，更好地相处。

目前，文莱华人社团有 50 多个。这些社团不仅在团结华人、相互扶持、相互帮助等方面起到很好的作用，而且也为推动文莱经济社会的发展作出不小的贡献。除此之外，这些社团在华文学校和华文教育等方面也作出了很大贡献。因此，在文莱华人的生活当中，社团也扮演着重要的角色。对于华人社团来说，应该积极发挥其领导者、组织者的作用，要为改善华人在文莱的生活，促进华人在文莱的发展，发挥应有的不可替代的作用。文莱华人社团的发展深深影响着文莱华人的境遇。

中国与文莱关系的友好发展，经济上的相互合作，也为文莱华人的发展提供一个新的机遇。文莱华人可以成为中文两国的友好桥梁，推动两国关系的进一步发展。

---

① 维基百科——文莱华人，http：//zh. wikipedia. org/wiki/% E6% 96% 87% E8% 8E% B1% E8% 8F% AF% E4% BA% BA。

印度尼西亚

2012—2013 年，印尼政治稳定、经济发展势头良好，印尼与中国的战略伙伴关系进一步深化，双方的良性互动为印尼华侨华人的生存与发展提供了良好的宏观环境。印尼是华侨华人人口最多的东南亚大国。2012 年印尼华侨华人在政治参与、经济转型、社团发展、华文教育、华人传媒等方面都取得了积极进展，尤其在政治参与方面，华人第一次成功当选印尼雅加达副省长，这在印尼华人的参政史上具有里程碑意义，将会改变印尼华人的政治生态。但是，长期排华历史所遗留的歧视难以在短期内消除，印尼华侨华人生存和发展风险仍然存在。

一、印度尼西亚基本国情

表 1　印度尼西亚概况

国家全名	印度尼西亚共和国（Republic of Indonesia）
地理位置	位于亚洲东南部，地跨赤道，北纬 6°，南纬 11°，东经 95° ~ 141°
领土面积	全国陆地面积 190.4 万平方公里，居世界第九位，相当于中国的 1/5。海洋 790 万平方公里（包括专属经济区），海岸线长 54 716 公里，领海宽度 12 海里，专属经济区 200 海里
首都	雅加达（Jakarta）
官方语言	印尼语
主要民族	爪哇族、巽他族、马都拉族、米南加保族等
政体	宪政体制下的总统内阁制
执政党	由民主党领导的执政联盟，包括从业阶层党、福利公正党、国民使命党、团结建设党和民族复兴党
现任国家元首/政府首脑	苏西洛·班邦·尤多约诺（Susilo Bambang Yudhoyono）
人口数量	2.38 亿①
华侨华人人口数量	241 万 ~ 3 000 万（详见表 2）

① 印尼国家统计局：《2012 年印尼统计年鉴》，http：//www. bps. go. id/hasil_ publikasi/si_ 2012/index3. php? pub = Statistik% 20Indonesia% 202012，2012 年 8 月。

（续上表）

华侨华人占总人口比例	1.5%～12%（详见表2）
GDP	8 585.3亿美元①
GDP增长率	6.2%②
人均GDP	3 562美元③
CPI	4.3%④
失业率	6.1%⑤

关于印尼华侨华人人口具体是多少，目前存在很大的争议。印尼政府在20世纪60年代进行族裔人口普查，当时华人人口是200万人。但是由于政治原因，20世纪60年代后印尼政府没有对华侨华人作单独的分类统计，所以印尼华侨华人人口没有一个统一的官方数据。为了客观分析，本文将目前学术界所列出的印尼华侨华人人口数量估计作一归类比较。

表2　各界对印尼华侨华人人口数量的估计

印尼华侨华人人口数量	占印尼总人口比重	数据来源
241万	1.2%	新加坡印尼问题研究专家廖健裕（Leo Suryadinata）与Aris Ananta等学者推估
283.25万	1.19%	印尼《国际日报》2012年10月4—10日发表的《2000年和2010年人口普查的华人人数》
795.05万	3.4%	“中华民国侨务委员会”《2010华侨经济年鉴》
961万	4%	马来西亚新世纪学院区域研究所所长文平强教授
938万～1 173万	4%～5%	印尼华人社会估计
1 000万以上	4.3%以上	厦门大学庄国土教授
1 100万	4.7%	印尼《国际日报》前主编李卓辉
2 000万	8.5%	暨南大学温北炎教授援引印尼总统梅加瓦蒂2003年3月访问中国时对新华社记者所说
3 000万～4 000万	12.8%～17%	印尼《千岛日报》（2003年7月19日）转引印尼文版的《罗盘报》

资料来源：笔者根据相关文献搜集整理。

① 印尼国家统计局：《印尼经济增长情况》，http：//www.bps.go.id/brs_file/pdb_05feb13.pdf，2013年2月5日。

② 印尼国家统计局：《印尼经济增长情况》，http：//www.bps.go.id/brs_file/pdb_05feb13.pdf，2013年2月5日。

③ 印尼国家统计局：《印尼经济增长情况》，http：//www.bps.go.id/brs_file/pdb_05feb13.pdf，2013年2月5日。

④ 印尼央行：《通货膨胀数据》，http：//www.bi.go.id/web/id/Moneter/Inflasi/Data+Inflasi/，2013年1月11日浏览。

⑤ 印尼国家统计局：《2012年8月劳动力情况》，http：//www.bps.go.id/brs_file/naker_05nov12.pdf，2012年11月5日。

二、2012—2013 年印度尼西亚与中国的关系

1950 年印尼与中国建立外交，至今已有 63 年，其间经历了坎坷历程，并伴有 23 年的断交（1967—1990 年）。但自 2005 年印尼与中国建立战略伙伴关系以来，印尼与中国双边关系发展良好，中国从战略上将印尼作为东南亚最大的邻国，而印尼将中国视为仅次于美国的第二重要伙伴国。2012 年，双方依然围绕深化战略伙伴关系在政治、经济、文化等方面开展合作。

（一）双方高层会晤频繁，政治互信不断加强

2012 年上半年，印尼与中国高层密集互访，涉及政府、立法、经济、侨务、外交、军事等各个领域。为了便于全面分析，有必要在此回顾一下 2012 年双方的主要互访与成果。

中国政治精英访问印尼：1 月 20 日，时任中国全国人大常委会副委员长乌云其木格率全国人大代表团访问印尼；2 月 21—24 日，时任中国海外交流协会常务副会长李海峰率团访问印尼，广泛接触华社领袖与华人企业家；4 月 9—10 日，时任中国国务院副总理回良玉访问印尼，与副总统布迪奥诺和印尼经济统筹部长哈达举行会谈，并就深化双方经贸、防灾救灾、地区协作提出建议；4 月 26—28 日，时任中共中央政治局常委李长春访问印尼，会见了印尼总统苏西洛、国会议长马祖基，强调双方将在政党交流、人文交流特别是青年交流方面加大力度，李长春还在印度尼西亚大学演讲；6 月 19 日，时任中央军委委员、第二炮兵司令员靖志远访问印尼，会见了印尼国防部长普尔诺莫·尤斯吉安托罗；8 月 10 日，时任中国外交部长杨洁篪访问印尼，与苏西洛总统探讨加强双方在国际和地区事务中的合作，并与印尼外长马尔迪共同主持召开中印尼政府间双边合作联委会第二次会议，全面回顾和梳理了 2005 年以来两国各领域务实合作，对两国关系的下一步发展作出具体规划。

与此同时，印尼高层官员也加强了对中国的访问。2 月 20 日，印尼国防部长普尔诺莫·尤斯吉安托罗就任后首次访华，分别与时任中国中央军委副主席郭伯雄、时任国务委员兼国防部长梁光烈、时任国务院副总理李克强会谈，就两国防务安全合作，两军友好交流与合作，加强政治对话，并对国际、地区问题上的沟通协调进行了商讨。2 月 27 日—3 月 1 日，印尼政治法律安全统筹部长苏扬托访华，并与时任中国国务委员戴秉国共同主持中印尼副总理级对话机制第三次会议，落实 2011 年达成的“两国战略伙伴关系行动计划”，并将对话机制会议由两年一次增加为一年一次。其间，苏扬托还与时任中国国务院总理温家宝、时任天津市委书记张高丽进行了交流。3 月 22—24 日，印尼总统苏西洛访问中国，与时任中国国家主席胡锦涛进行会谈，双方回顾了 2005 年以来双边各领域所取得的进展及成果，签署了关于海洋、禁毒、贸易、旅游等领域的多份合作文件，并就未来在政治战略沟通、经贸合作、防务安全合作、海上航天合作、媒体青年等人文交流、国际地区合作等方面达成了新的共识。苏西洛总统访问清华大学时还被授予荣誉博士的头衔。

除了直接互访外，两国高层还在国际或地区峰会上进行交流。如 9 月 18 日，时任中国国家主席胡锦涛在俄罗斯海参崴出席亚太经合组织第 20 次领导人会议期间，会见了印尼总统；11 月 19 日，时任国务院总理温家宝在柬埔寨金边出席第七届东亚峰会期间会见

了印尼总统。从每次的访问内容来看，双方都紧紧围绕着进一步深化战略伙伴关系及其具体计划而展开，体现了相互间的互信在加强，合作也更加务实。

（二）经贸合作不断扩大，经济关系更加紧密

在全球经济依然不景气的情况下，2012 年印尼与中国的经贸合作仍然继续扩大。据统计，2012 年 1—10 月，印尼与中国贸易总额达到 416.82 亿美元，比 2011 年同期（贸易总额为 398.22 亿美元）增长 4.67%，占印尼对外贸易总额的 13.6%，中国保持着印尼第二大贸易伙伴的地位。在 2012 年前 10 个月与中国的贸易中，印尼处于逆差状态。其中，印尼从中国进口 244.06 亿美元，比 2011 年同期增长 14.05%，中国是印尼第一大进口来源地；印尼对中国出口 172.78 亿美元，比 2011 年同期下降 6.22%，但中国仍然是印尼第二大出口市场。① 根据 2011 年时任国务院总理温家宝与印尼苏西洛总统共同签署的《中华人民共和国政府和印尼共和国政府关于进一步加强战略伙伴关系的联合公报》，希望在 2015 年实现双边贸易额 800 亿美元。② 在投资方面，相对于 2011 年，2012 年中国对印尼的投资有所放慢，对印尼直接投资金额为 1.06 亿美元。③ 但中国多个省市都积极开拓与印尼的经贸合作和积极对其投资，2012 年 9 月深圳市政府在雅加达举办了“深圳—印尼经贸合作座谈会”，探索在中国—东盟自由贸易区框架下深圳与印尼合作的新路子。④ 根据时任中国国家主席胡锦涛 2012 年 3 月与苏西洛总统的会谈纪要，在未来，中国与印尼之间除了要优化贸易结构、促进贸易平衡快速增长外，中国还将继续鼓励有实力、信誉好的中国企业扩大对印尼的投资，参与印尼六大经济走廊建设，支持印尼实施经济发展总体规划，并与印尼建立长期可靠的能源合作伙伴关系，继续加强在双边和中国与东盟框架下的农业合作。⑤

2012 年，印尼与中国除了在政治、经济领域合作成效显著外，在文化教育等领域的合作关系也不断拓展。2012 年 7 月，中国与印尼在印度尼西亚日惹召开首届中—印尼教育联合工作会议，决定扩大在留学生交流、校际合作、语言教学等方面的合作，并且印尼希望与中国联合为其培养博士等高层次人才，⑥ 这对两国人民增进理解大有好处。

总之，2012 年，印尼与中国的战略伙伴关系进一步深化，双方的良性互动为印尼华侨华人的生存与发展提供了良好的宏观环境。

---

① 根据印尼中央银行发布的数据计算而得，http：//www.bi.go.id/web/en/Statistik/Statistik + Ekonomi + dan + Keuangan + Indonesia/Versi + HTML/Sektor + Eksternal/#。

② 新华社：《中国、印尼关于进一步加强战略伙伴关系联合公报》，http：//202.123.110.5/jrzg/2011 – 04/30/content_ 1855491.htm。

③ 根据印尼中央银行发布的数据计算而得，http：//www.bi.go.id/web/en/Statistik/Statistik + Ekonomi + dan + Keuangan + Indonesia/Versi + HTML/Sektor + Eksternal/#。

④ 《中国深圳印尼经贸合作座谈会在雅加达举行》，http：//id.china-embassy.org/chn/zgyyn/t966127.htm，2012 年 9 月 3 日。

⑤ 《胡锦涛与印尼总统苏西洛举行会谈》，http：//id.china-embassy.org/chn/zgyyn/hfyjl/t916591.htm，2012 年 3 月 23 日。

⑥ 《首次中—印尼教育联合工作组会议在印尼日惹举行》，http：//id.china-embassy.org/chn/zgyyn/t950702.htm，2012 年 7 月 12 日。

三、2012—2013 年印度尼西亚侨情

(一) 印尼华侨华人的简短历史

15 世纪，华人就来到印尼群岛从事商贸活动。16 世纪后，欧洲人发现印尼群岛，荷兰人逐渐建立了其殖民统治。在荷兰殖民统治的早中期，形成了第一批华人移民潮，他们在印尼从事农场种植和商业活动，并参与城市的建设。在荷兰殖民当局的分化统治政策下，华人也演化为三个族群，即支持荷兰统治的侨生、倾向融入印尼原住民的峇峇娘惹和倾向于与中国大陆保持联系的新客。20 世纪初，随着荷兰殖民力量的衰弱，侨生的影响力也下降，但无论是哪个族群，都对印尼民族独立运动作出了积极贡献。1945 年，印尼独立。然而，华人并没有因为印尼的独立而改善社会地位，相反，独立后的印尼出现了多次排华运动。1959 年，印尼第一任总统苏加洛签署第 10 号总统法令，限制华人经商范围，华人被迫关闭在农村的产业，搬到城市。1965 年，印尼发生“9・30”事件，几十万华人被屠杀。在随后的 32 年苏哈托的新秩序独裁统治下，华人的政治权利被取消，华文学校、华文媒体等被禁止。长期的独裁统治使得印尼社会矛盾加剧，在亚洲金融危机的引爆下一触即发，1998 年，华人再次成为社会冲突的替罪羊，许多华人被杀、房屋被烧，雅加达大规模的排华骚乱惊动了国际社会，再次血染了印尼华人的心酸历史。1998 年，苏哈托被迫下台，结束了印尼历史上的新秩序统治，印尼开始进入后苏哈托时代的民主改革时期。

在后苏哈托时代，印尼经历了 4 位总统，在《四五宪法》框架下逐步引入民主体制。可喜的是，后苏哈托时代的每位总统都致力于逐步消除种族歧视，给予华人应有的政治、经济、文化、教育等权利。尤其是 2006 年印尼通过《国籍法》，在法律上确保了印尼各民族在国籍上的平等，这为华人在印尼发展提供了平等的环境，由荷兰殖民时代所遗留的种族分化政策与种族歧视政策在法律上得以变更和消除。可以说，后苏哈托时代的印尼华人生存环境是印尼历史上最好的。

(二) 华侨华人与印度尼西亚当地民族关系

印尼是一个多元民族国家。据统计，印尼全国有 134 个民族，其中最主要的族群是爪哇族（41.65%）、巽他族（15.41%）、马都拉族（3.37%）、米南加保族（2.72%）等，华人、印度人、阿拉伯人、日本人和欧洲人后裔都属于印尼的少数民族。[①] 在印尼被殖民之前，印尼国内没有种族歧视政策，各个民族间和平相处，华人与当地原住民友好交往，没有民族冲突。但是当印尼变为荷兰殖民地后，在三个半世纪的殖民统治中，荷兰殖民当局在印尼实施“分而治之”的政策，将印尼居民分为“欧洲人”、“外来东方人”和“印尼土著人”三等，其中欧洲人（主要是荷兰人）为一等，外来东方人（华人和印度人等）为二等，印尼土著居民为三等，[②] 处在社会最底层。这种“分而治之”的政策不仅激起印尼原住民对荷兰殖民当局的反抗，也挑起了印尼原住民对华人族群的不满，从而导致了印

① 《世界侨情报告》编委会：《世界侨情报告 2011—2012》，广州：暨南大学出版社 2012 年版。
② 郭婕妤：《印尼族际关系中的华人困境》，厦门大学硕士学位论文，2007 年。

尼历史上族际关系错综复杂。王庚武教授曾经指出："印尼经历了东南亚其他国家未曾有过的长期政治和经济的不稳定，在这种独特的政治经济环境中适应和生存的印尼华人也显得尤其独特，而这种不稳定所带来民族间的矛盾是显而易见的。"① 王庚武教授通过对东南亚华人生存环境进行比较，对印尼华人的遭遇给予了极大的同情。即使在印尼独立后，荷兰殖民时代所遗留的民族裂痕仍然存在，原住民与华人的民族矛盾也依旧十分突出。在苏哈托时期，印尼政府不承认华人是印尼民族的一部分，把华人排斥在印尼民族之外，剥夺华人的政治权利，导致华人与当地民族关系紧张，印尼成为世界上排华最激烈的国家之一。

在后苏哈托时代，虽然民族问题仍然是印尼国内最复杂的问题，1999 年甚至在加里曼丹出现了达雅人屠杀马都拉人的种族屠杀事件，但后苏哈托时代的印尼各届政府都主张多元民族、多元文化的政策和理念，尤其是 2006 年《新国籍法》的出台，在法律上实现了民族平等，华人与其他民族一样享有公正、平等的待遇。目前，华人与当地民族关系总体上也很友好和谐，不同民族间的通婚、文化交流、相互尊重是主流。

（三）印度尼西亚华侨华人的政治参与

在印尼独立运动和民族觉醒进程中，多位华人活跃于印尼的独立运动中，为印尼独立活动争相奔走。印尼独立后，一些华人政治家出任国家部长、议员，还有华裔青年积极参加学生运动，他们活跃于印尼政治领域，为印尼国家建设作出了贡献。印尼华人在印尼独立历史中一直扮演着非常重要的政治角色。在苏哈托统治时期，印尼华人的参政意识和参政热情被压抑。进入后苏哈托民主改革时代，华人政治权利被恢复后，参政热情十分高涨。2012 年更是印尼华人参政具有里程碑意义的一年。

2012 年，印尼多个地方省级领导人换届选举，如印尼首都雅加达、亚齐特区、龙目岛、南苏拉威西等完成了地方领导的选举。在这些选举中，数雅加达的省长选举最为举世瞩目，不仅因为雅加达是印尼政治、经济、文化中心，具有重要的战略地位，在印尼行政体制中，雅加达省长职位的重要性也仅次于总统和副总统，而且还因为本次选举超越了印尼种族、宗教、文化差异，结果出人意料，来自梭罗市（Surakarta）年轻的佐科威（Joko widodo）成功挑战了雅加达的政治大佬法乌兹（Fauzi Bowo）。对印尼华人社会来说，更为激动的是佐科威的搭档钟万学（Ahok Basuki Tjahaja Purnama），一位华人基督徒，成功当选雅加达副省长，这是印尼有史以来的第一次。

2012 年 7 月 11 日印尼首都雅加达举行第一轮省长选举，有 6 对候选人参选，但是结果没有任何一对得票超过 51%，所以由在第一轮竞选中得票排前两名的两对候选人即佐科威—钟万学和法乌兹—南利组合进入 9 月 20 日举行的第二轮竞选。法乌兹是现任雅加达省长，在新秩序时期曾任雅加达区域发展局负责人、专业集团党（Golkar）的财务主管、雅加达副省长，执政经验丰富，而他的搭档纳赫罗威·南利是退休两星将军，现任民主党雅加达分会主席。在第二轮选举前，法乌兹—南利组合获得 7 个主要政党的支持，其中包括执政的民主党、从业党、公正福利党、国民使命党、人民良心党、建设团结党、民族复

① Wang Gungwu, "Are Indonesia Chinese Unique?: Some Observations", J. A. C. Mackie edited, *The Chinese in Indonesia*, *The Australia Institute of International Affairs*, Melbourne: Thomas Nelson LTD, 1976, p. 205.

兴党、星月党等。这些政党都是印尼的主要政党，在印尼政坛的影响力巨大，2009 年的大选中，这些政党获得的支持率合计达到 70%。[①] 此外，苏西洛总统也参加法乌兹的助选大会，公开支持法乌兹，阿纳斯、巴格利、阿敏·赖斯等主要政要也呼吁选民支持法乌兹。

相比法乌兹—南利组合让人炫目的履历和声势浩大的政党支持阵容，佐科威—钟万学组合可谓势单力薄，佐科威是现任梭罗市长，钟万学于 2005—2010 年担任东勿里洞县长，现任国会成员，在从政资历上显然没有法乌兹—南利组合那么丰富。而且，在两轮选举中佐科威和钟万学只获得了他们各自提名政党的支持，即大印尼运动党和斗争民主党。因此，佐科威及其支持者将此轮选举称作“壁虎对鳄鱼、蚂蚁对大象”的对决。然而，在雅加达人厌倦政客、急于改变现状的情况下，佐科威—钟万学组合打出了“人民是我的盟友，也是我唯一的盟友”的口号。[②] 2012 年 9 月 29 日，印尼选举委员会正式宣布雅加达投票结果：佐科威—钟万学组合获得了 247 万张选票，得票率 53.82%；法乌兹—南利组合获得了 212 万张选票，得票率 46.18%；[③] 佐科威和钟万学分别当选为雅加达省长和副省长。

在后苏哈托时代，虽然已经有不少华人积极参与到印尼政治中，进入政府部门和国会工作，如印尼前经济统筹部长郭建义、现旅游和创新经济部长（前贸易部长）冯惠兰、西加里曼丹省副省长黄汉山、印尼国会对华合作小组协调主任兼民主党议员叶锦标，以及多个地方的县长、市长和十多名国会议员都是华人，但是，像郭建义、冯惠兰等人的成功仕途，多带有新秩序时期的任命色彩，黄汉山等人都是任职于首都之外的省份。能够真正通过选民投票方式从草根阶层崛起、进入印尼首都雅加达核心阶层的，钟万学还是印尼华人中的第一人。

当印尼选举委员会 7 月 19 日正式公布第一轮选举结果后，佐科威—钟万学组合的初步胜出，引起印尼华人社会一片欢呼。印尼《国际日报》7 月 26 日从“雅加达省长选举印尼华族参政议政的里程碑”为题，进行了庆贺式的报道。8 月 19 日，美国《华盛顿邮报》以“印尼华人有个新未来”为题，分析了印尼华人历史遭遇和争取参政的现状。[④] 第二轮胜选后，全世界的华文媒体为之振奋，给予其广泛祝贺报道。纽约时报中文网以“雅加达省长选举黑马胜出”为题进行了报道，[⑤] 新加坡《联合早报》9 月 26 日发表社论《印尼政治开展新局》，[⑥]《亚洲时报》以“印尼华人很快乐”为题报道了本次选举对印尼华人

---

① 一方翻译：《佐科维的胜利》，《时代报》，2012 年 9 月 21 日。

② 《雅加达省长选举黑马胜出》，纽约时报中文网，http://cn.nytimes.com/article/world/2012/09/21/c21jakarta/。

③ “Election Commission Declares Jokowi as Elected Jakarta Governor”, Indonesia Today, http://www.theindonesiatoday.com/news/politic-news/politic-headlines/item/839-election-commission-declares-jokowi-as-elected-jakarta-governor.html.

④ Andrew Higgins, “In Indonesia, ethnic Chinese see a new future”, http://www.washingtonpost.com/world/asia_pacific/in-indonesia-ethnic-chinese-see-a-new-future/2012/08/18/4befc374-e870-11e1-9739-eef99c5fb285_story.html.

⑤ 《雅加达省长选举黑马胜出》，纽约时报中文网，http://cn.nytimes.com/article/world/2012/09/21/c21jakarta/，2012 年 9 月 21 日。

⑥ 《联合早报》社论：《印尼政治开展新局》，http://www.zaobao.com.sg/wencui/2012/09/zaobao120926.shtml，2012 年 9 月 26 日。

的影响，[①] 中新社认为这是华裔新生代参政的一大突破[②]，印尼《国际日报》、《印尼星洲日报》、《千岛日报》等华文报纸也对选举进行了广泛的跟踪报道，并重点对钟万学的参选进行了重点的关注。印尼华人社会普遍认为，这是有史以来第一位华人成功当选印尼雅加达副省长，将会改变印尼华人的政治生态。[③]

（四）印度尼西亚华侨华人经济

华人最初到印尼主要是从事商业活动，因此在印尼历史上，华人善于经商是人们的普遍看法。华人经济的发展也为印尼经济的发展注入了活力，在亚洲金融危机之前，华人经济甚至被认为是印尼经济的主要发动机之一。1996 年，印尼最大的 30 家企业中，有 26 家是华人大企业，最大的 300 家企业财团中，有 217 家是由华人全部或部分控制，[④] 如三林集团、阿斯特拉国际集团、金光集团都是相当重要的华人大企业集团。在新秩序时期，这些大企业集团与苏哈托统治阶层有着千丝万缕的联系，因而印尼普通民众通常认为华人控制着印尼经济，并增加了对华人的仇视。1998 年，印尼排华骚乱之际，香港《远东经济评论》上的一篇文章认为“在印尼，占人口 3.5% 的华人控制着印尼绝大比重经济……前 10 大企业家有 9 家是华人，他们掌管着 300 家大企业 80% 的资产”。[⑤] 之后，一些政客纷纷引用这些数字，并重提 1967 年和 1972 年苏哈托总统演讲时提及的“3% 的华人控制着全国 70% 的资本”这一论断，[⑥] 更加加重了印尼原住民的仇华排华心态。但是，台湾学者饶美姣认为，上述苏哈托总统关于“华人控制印尼 70% 的经济”的论断只是估计，缺少合理的数据支持，因此可信度不高。[⑦] 尽管如此，这一数字还是被别有用心的人使用，并在印尼民间广泛流传。2012 年笔者在澳大利亚访学，与印尼留学生交流印尼华人经济时，他们轻而易举地就说出了“控制 70%”的数据。相反，印尼著名学者索菲安·瓦南迪的论点比较中肯，他认为，印尼华人中 56% 为下层平民，20% 为专业技术人员，20% 为中产阶级，财团老板只占 4%。[⑧]

在后苏哈托时代，随着经济全球化，华人在印尼所经营的行业很广，遍及一、二、三产业，但主要集中于香烟制造、水泥、纸浆、农产品加工、金融、房地产等。[⑨] 印尼华人领袖汪友山指出，华人经济只占印尼经济的 20% ~30%，因为世代经营的原因，华人经济

---

① Muhammad Cohen, “Happy to be Chinese in Indonesia”, http://www.atimes.com/atimes/Southeast_Asia/MJ20Ae01.html.

② 《印尼华裔钟万学当选雅加达专区副省长》，中新网，http://www.chinanews.com/hr/2012/09-22/4204447.shtml。

③ 《有史以来第一位华人当印尼雅加达副省长》，http://www.ehornbill.com/ehcms/index.php?option=com_content&view=article&id=6126:2012-09-20-14-05-05&catid=70:2010-01-19-16-20-13&Itemid=93。

④ Christian Chua, “Chinese Big Business in Indonesia”, *Routledge*, 2008.

⑤ “Shattered Confidence: Ethnic-Chinese hold the key to economic revival”, http://www.oocities.org/~budis1/may98/shattered_confidence_ethnic.htm.

⑥ 温北炎、黄滋生主编：《东南亚华人经济》，广州：广东人民出版社 1999 年版。

⑦ 饶美姣：《马来西亚、印尼、新加坡三国华人经济之比较》，“中华民国侨务委员会”网站，http://www.ocac.gov.tw/public/dep3public.asp?selno=2563&no=2563&level=C。

⑧ 《印尼华侨华人概况》，中国侨网，http://www.chinaqw.com/news/2006/0630/68/34591.shtml，2006 年 6 月 30 日。

⑨ 《2007 年华侨经济年鉴》，台北：“中华民国侨务委员会”，第 77 页。

在零售、流动体系占有一定的优势。① 2012 年，尽管世界经济不景气，但由于印尼国内消费强劲，宏观经济发展势头良好，全年经济增长 6.2%。印尼华人经济总体上保持良好势头，根据 2012 年福布斯发布的《2012 年印尼 40 富豪榜》中，华人企业家占了 22 家，只比 2011 年少了 1 家。不过，前 10 大富豪中，只有 6 家华人企业家上榜，比 2011 年少 2 家。② 这是因为印尼华人企业比印尼原住民企业的国际化程度高，部分华人企业受到欧美经济不景气的影响。这也说明在富豪阶层中，印尼本民族资本逐步拉平与华人资本的差距。

（五）华侨华人社团

据不完全统计，目前的印尼华人社团达 700 个以上，类型多元，可分为传统宗亲会、同乡会、联谊型学缘社团、宗教社团、文娱类社团、行业性社团、综合组织、妇女组织，以及青年组织等类型。其中传统宗亲会和同乡会占多数，其次为联谊型学缘社团。在印尼影响力较大的社团是关注印尼华人社会和文化问题的综合社团组织，例如印尼华裔总会（INTI）、印华百家姓协会（PSMTI）、国家建设基金会等。这些社团组织力求最大限度将华人组织起来，甚至许多新型社团成员已不局限于华人而更多地争取其他族裔有志之士的参与，举办与印尼华人社会相关的研讨会、论坛、展览，发行宣传册、刊物和书籍，开展公益慈善等活动，为华人争取平等权益，关注社会民生，增进华人与原住民的团结，共同推动印尼民族融合与国家建设。

目前，印尼华人社团趋于老龄化，社团参与者年龄集中在 50 ~ 70 岁，急需年轻血液的加入。由于成长的时代不同，印尼华裔青年的世界观和价值观与其父辈有一定的差别，对同一个问题的看法相差甚远。比如，印尼华裔总会的青年成员对消除歧视和融入印尼社会等问题的看法与其父辈不一样，他们认为这些问题已经过去，而且认为自身已经被当地社会接受并且也融入进去了。③ 随着印尼社会的发展，印尼华人社团如何改进、吸引和鼓励青年一代自愿自发加入是印尼华人社团亟需解决的问题。

（六）华文媒体

世纪交替之际，印尼全国性的华文日报如雨后春笋般涌现，有《国际日报》、《印尼商报》、《印尼星洲日报》和《千岛日报》；地方华文报有《坤甸日报》、《泗水晨报》、《棉兰早报》、《讯报》和《印广日报》等；其他定期的月刊或不定期的特刊都自由出版。同时，印尼华人也开始发行印尼语、英语或双语甚至是三语的报刊，例如《国际传媒日报》、《增益》、《呼声》、《新声》等月刊，让不谙华文的印尼华人及印尼其他族裔深入了解印尼华人社会，促进民族团结。近年，随着网络技术的普及，为方便读者阅读，印尼华文报刊逐步出版网络版，例如《国际日报》、《千岛日报》、《印尼星洲日报》和《商报》等都有网络版，这不但便于海内外华人关注印尼，也给他们提供了重要的华语平台。同

① 《印尼侨领：华人政坛时代来临　将现“奥巴马”型人物》，中新网，http://www.chinanews.com/hr/hr-yzhrxw/news/2009/06-15/1734054.shtml，2009 年 6 月 15 日。

② 《2012 福布斯：2012 印尼 40 富豪榜》，http://www.forbeschina.com/review/list/001985.shtml。

③ Amiee Davis，“Orang Tionghoa Berorganisasi，Yang Kini Lanjutan dari Lalu?”，in I. Wibowo and Thung Ju Lan，*Setelah Air Mata Kering*，Jakarta：Penerbit Buku Kompas，2010，p. 69.

时，随着印尼信息产业愈加成熟，华文报刊电子化将是未来的发展方向，而这将促使印尼华文媒体向国际化和专业化方向发展。

（七）华文教育

目前，印尼政府对华人和华文教育采取了开放政策，各种自发的华文补习班如雨后春笋般在各地涌现。补习班满足了华族学习中文、继承中华传统文化的迫切愿望，也顺应了印尼当地民族希望学习中文加强同中国交往的要求。但是由于补习班质量参差不齐，难以进行系统的华文教育，为适应华文学习的热潮，一些华文教育工作者和机构积极争取将华文教育纳入印尼国民教育体系中。现今，在印尼中小学和大学都逐步开设了中文课程，华人还创办了以中、英、印尼语三语教学的三语学校，印尼的华文教育步入复兴阶段。据印尼华文媒体网站统计，印尼华人创办的三语中小学校约有 60 所，[①] 还有 3 所华人创办的大专学府，它们分别是玛中大学、慈育大学和亚洲国际友好学院。

印尼的华文教育，得到了中印两国政府的大力支持。印尼政府为适应国际上出现的汉语热，鼓励在大学和中学开设中文课程。2012 年在印尼教育部网站搜索得出印尼大学中已设有中文本科和大专专业的院校约有 21 所，而设有中文选修课程的院校数目更多。此外，印度尼西亚教育部和中国教育部等相关部门签订师资培训协议，中国政府对印度尼西亚华文教育给予大力支持，每年派出志愿者支教，定期派出对外汉语教学专家赴印尼各地培训当地中文教师，提供中国奖学金，2010 年还在印尼成立 6 所孔子学院。可以说，印尼华文教育的恢复和发展得到多方的各种形式的支持，发展环境空前良好。

（八）华侨华人宗教信仰

正如笔者在《世界侨情报告 2012—2013 年》所指出的那样，根据印尼建国五项原则，每个国民必须有宗教信仰，所以印尼华人基本都有宗教信仰。2000 年印尼人口普查数据分析显示，印尼华人信奉佛教的人数占 53.82%，信仰基督教和天主教的占 35.09%，信奉伊斯兰教的占 5.41%，信奉其他宗教（孔教、印度教等）的占 3.91%。[②] 华人教徒各自成立自己的组织，在印尼华人社团中，影响力较大的宗教类组织当数穆斯林组织和儒教组织，分别以印尼华裔穆斯林联合会（Persatuan Islam Tionghoa Indonesia，PITI）和印尼儒教最高董事会（Majelis Tinggi Agama Konghucu Indonesia，MATAKIN）为代表。此外，还有印尼佛教领导人中央委员会（Dewan Pengurus Pusat Perwakilan Umat Buddha Indonesia，WALUBI）和印尼道教领导人协会（Paguyuban Umat Tao Indonesia，PUTI）等。

（九）新华侨华人移民

印度尼西亚独立后，中国到印度尼西亚的新移民开始增加主要是从 20 世纪 90 年代中

---

① 由于印尼教育部目前尚没有详细的三语学校统计数据，而且三语学校除了华人华社创办也有其他族裔创办，因此目前还没有关于华人创立的三语学校的官方统计数据。因此，笔者主要通过印尼《国际日报》和《千岛日报》网站，使用关键词“三语学校”来搜索相关新闻统计得出 2012 年已建成和在建的华人创办的三语学校达 60 多所。

② Ananta，Aris and Arifin，Evi Nurvidya and Bakhtiar，“Chinese Indonesians in Indonesia and the Province of Riau Archipelago：A Demographic Analysis”，in Suryadinata，Leo，*Ethnic Chinese in Contemporary Indonesia*，Singapore：Institute of Southeast Asian Studies，2008，p. 30，转引自《世界侨情报告》编委会：《世界侨情报告 2011—2012》，广州：暨南大学出版社 2012 年版。

期开始的，即中印复交之后，印尼政府对中国大陆人进入印度尼西亚的限制逐渐放松。根据福建省调查资料，1996 年到印尼的新移民及其子女约 30 900 人，2005 年达到 51 211 人。[①] 同期，台湾当局推行“南向政策”，到东南亚的台商及其眷属增加，且高度集中在印尼。根据台湾《2010 华侨经济年鉴》的统计，印尼台侨达 207 700 人，占当地总人口 0.09%，[②] 在中国新移民中占有大比重。现阶段中国到印度尼西亚的新移民主要从事投资、管理、商业、技术、劳务等，还有少数人是由于跨国婚姻入籍印尼的。

（十）华社领袖

印尼的华人社团很多，华社领袖也人才济济。受篇幅所限，本文只介绍两位华社领袖。

（1）熊德怡（Teddy Jusuf，1944— ），印尼国民军退役准将，现任印尼国家缩影公园印尼华人文化公园园长、印尼华人百家姓协会首任主席，祖籍梅州，出生于印尼西爪哇的茂物。1998 年印尼发生五月暴乱事件后，熊德怡与另外 13 位华人领袖成立了印尼华人百家姓协会并担任主席。作为一名印尼爱国军人，熊德怡深受印尼政府的信任，印尼华人百家姓协会发展至印尼的各个地方，现今在全印尼已拥有包括服务机构在内的 200 多个分支点，协会旨在维护印尼华人权益和提高华人社会地位。在担任印尼华人百家姓协会两任总主席期间，熊德怡致力于推动春节成为印尼的国家法定假日，呼吁取消歧视华人的法律，为华人争取到在印尼国家缩影公园建立印尼华人文化公园的立项，通过组织社团活动促进印尼华人的团结，通过基层社会活动，回馈社会，加强种族间的合作，成为印尼华人社团的一个模范代表。

（2）汪友山（Eddie Lembong，1936— ），印尼华人企业家、药剂师、社会活动家，祖籍福建厦门，生于印尼中苏拉威西。1999 年 4 月参与创建印尼华裔总会（INTI），担任首任总主席，后创建印尼民族建设基金会（NABIL），长期以来为争取华人权益、政治平等地位和弘扬印尼华人文化作出了卓越的贡献。在担任印尼华裔总会总主席期间，领导社团积极与印尼政府部门和机构合作开展多项有意义的活动，例如与司法人权部合作举办“保障基本人权”讲座会，致力于在印尼广泛传播基本人权意识；与内政部和其他华社合作开展系列活动，致力于推动政府国会通过新国籍法和修正不公正的居民登记条例；在教育部开展活动，推动中文课程成为从小学到高中的教学课程，推动印尼的大学开办中文系，通过学习汉语和中华文化，让印尼年轻一代加深对中国的认识，加强印中人民的友谊；此外还举办了许多社会文化活动，如讲座、研讨会等讨论多元文化和华人对印尼建国的系列贡献，支持出版有关华人文化的系列印尼文书籍。2006 年，汪友山成立民族建设基金会，期望通过教育和科学研究推进和发展民族建设的理念。基金会每年为对印尼民族建设有贡献的人士颁发纳贝尔奖（Nabil Awards），协助出版有关民族建设和人文研究的学术著作，翻译和出版外文学术书籍，举办与印尼民族建设有关的讲座、研讨会，进行相关培训。通过这些文化工作，基金会为印尼民族和国家作出了积极贡献。

---

① 福州市华侨华人调查资料，未刊，2006 年。转引自庄国土、刘文正：《东亚华人社会的形成和发展：华商网络、移民与一体化趋势》，厦门：厦门大学出版社 2009 年版，第 403 页。

② “中正大学”：《2008 华侨经济年鉴》，台北：“中华民国侨务委员会”2009 年版，第 83 页。

四、印度尼西亚政治经济形势变化对华侨华人的影响

（一）积极影响

2012 年，印尼的政治、经济形势都出现了一些积极的变化。经济上，印尼宏观经济指标发展良好，2011 年规划的六大经济走廊也在大规模建设中，投资环境得到国际认可。政治上，许多重要的、敏感的省份都完成了新一轮的领导人选举，凸显了 2014 年印尼总统大选前各政党和各派别的激烈较量。可喜的是，多数选举活动是在非常平和的氛围中进行的，没有发生任何暴力冲突，这与上届选举相比有了重大的进步，被认为是印尼民主制度得到国内民众广泛认可和趋向成熟的一个标志。① 在印尼民主体制趋向健全的环境下，华人参政的热情高涨，积极利用自己手中的选票改变生存环境。钟万学还成功地当选印尼首都雅加达副省长，这在印尼历史上还是第一次。可以说，2012 年是印尼华人参政议政史上具有重要里程碑意义的一年。

（二）侨情风险分析

虽然印尼华人在法律上取得了平等，但并不等于在现实中完全平等，由于历史问题以及华人长期极少涉足印尼政治，现今的印尼华人或多或少还未能完全被当地社会接受。2012 年 5 月，印尼调查机构 LSI（Lembaga Survei Indonesia）进行了关于印尼社会是否接纳华人的调查，调查结果显示，有 47.41% 的受访者受访者认为，现今华人受到了更好的保护，34.60% 的受访者认为华人受到的保护没有变化，6.54% 的受访者认为，华人受到的保护更差，另有 11.44% 的受访者没有回答；认为华族与其他族群关系比新秩序时期更好的有 52.19%，认为关系没变的有 32.79%，认为关系更糟的有 4.1%，另有 10.93% 没有回答。在关于是否接纳华人出任首都省长一事上，只有 21.4% 受访者表示接受，而关于是否同意华人出任总统的，接受的仅 17.03%。② 2012 年印尼的地方选举中，只有在雅加达的选举中有华人参选。虽然雅加达选举能够顺利进行，但透过雅加达选举，也能看出印尼华侨华人生存和发展的风险。

1. 来自激进伊斯兰势力的挑战，会局部影响印尼华侨华人的安定

印尼全国信仰伊斯兰教的人口占 88% 左右，他们希望全国和各个省份的领导人由穆斯林担任。在 2012 年雅加达省长选举中，伊斯兰政党福利公正党支持的候选人西达雅—迪帝组合在第一轮选举中被淘汰，因此在第二轮选举中，穆斯林组合法乌兹—南利组合得到一些极端穆斯林份子的强烈支持。而华人基督徒钟万学就成为这些极端穆斯林的攻击对

① Stephen Sherlock, "speech Surprise result in Jakarta Governor's election: what does it mean for local and national politics in Indonesia", in ANU seminar, 8 August, 2012.

② 《虽比新秩序时期更受保护 国民仍不太接纳华族》，《印尼星洲日报》，http://www.sinchew-i.com/indonesia/node/31743，2012 年 5 月 30 日。

象。[①] 在竞选期间，一些极端势力在网络上发起“反对华人基督徒担任雅加达领导的运动”[②]，公开叫嚣 SARA（Suku—Agama—Ras—Atar Golongan）概念，即采取族群·宗教·阶层分离歧视手段，排除“异教徒”。印尼国会议长马尔殊基（Marzuki）公开呼吁选民要坚守雅加达由穆斯林来执掌。此外，一个最危险的信号就是 8 月 27 日，Youtube 网上流传一个长达两分钟的恐吓华人的视频，宣称如果华人钟万学当选，1998 年的排华骚乱将重演。[③] 幸亏印尼情报部门及时采取措施，发出警告，屏蔽了在 Youtube 网上的视频。鉴于选举中出现的宗族和宗教潜在冲突形势，印尼总统苏西洛于选举前（9 月 18 日）专门召开内阁会议，听取治安与法律统筹部长佐戈·苏延多有关选举的保安措施，要求国家情报局、国警和国民军做好保安准备事项，以确保第二轮选举前后的安全。苏西洛对媒体说：“雅加达安全是全国治安形势的晴雨表，希望两组候选人能共同维护和平安宁形势。我对进入激烈竞争的第二轮选举，寄予特别的关注，希望能安全顺利举行，不致出现类似多个地方首长选举中发生的暴力冲突事件。”[④]

当佐科威—钟万学成功当选雅加达省长后，一些极端穆斯林份子（如印尼著名歌手 Rhoma Irama）公开表示这是他们“最黑暗的时刻”，认为“对雅加达人民，甚至印尼全国人民来说，这是个政治灾难（political disaster）”。[⑤] 这些言论暴露了印尼内部的种族和宗教对立依然严重，华侨华人生存风险依然存在。虽然政治上伊斯兰势力在下降，但是他们的影响力仍然存在，相对于印尼其他省市来说，雅加达居民素质相对较高，有自己的判断能力，不会被极端势力左右，钟万学才得以胜出，雅加达也没有出现暴力冲突。但这并不表明印尼其他地区的居民素质和雅加达一样高，华侨华人的局部安全危机还存在。

印尼穆斯林人口占总人口的 88%，由于实行民主制度，印尼近年来有穆斯林化的倾向，也就是说穆斯林的势力不断壮大，这对印尼的其他种族和其他宗教的发展不利。

2. 印尼政治体制和各党派的斗争，会波及印尼华侨华人

1998 年，苏哈托下台，印尼进入民主改革时代，至今已有 14 年。在这 14 年中，印尼民主改革取得了巨大的进步，2012 年雅加达省长选举的顺利进行就能说明这一点。但是，通过本次选举，一些政治分析家对印尼的民主提出了不同的看法，印尼国内著名的科学研究机构（Indonesian Institute of Sciences，LIPI）政治分析家 Siti Zuhro 认为，本次选举说明了印尼民主的成熟（Maturing），一些华文媒体也认为这是印尼民主成熟的标志；新加坡南洋理工大学拉贾拉特南国际关系学院（RSIS）的学者 Leonard C. Sebastian 和 Yoes

---

① Mathias Hariyadi，Jakarta：election victory for challenging duo，ethnic Chinese Christian deputy governor，http：//www. asianews. it/news – en/Jakarta：– election – victory – for – challenging – duo，– ethnic – Chinese – Christian – deputy – governor – 25877. html.

② Mathias Hariyadi，Campaign against Chinese Christian candidate in Jakarta gubernatorial race，http：//www. asianews. it/news – en/Campaign – against – Chinese – Christian – candidate – in – Jakarta – gubernatorial – race – 25652. html.

③《评述：雅加达市长选举·民主意识的成熟　亲民政治及正义的胜利》，http：//supardi. i. sohu. com/blog/view/239499442. htm。

④ 方玉：《第二轮首都省长选举在即，总统吁两组候选人以维护雅加达治安为重》，http：//qiandaoribao. com/news/16045。

⑤ Mathias Hariyadi，“Muslim – Christian duo to run Jakarta，Islamists lash out”，http：//www. asianews. it/news – en/Muslim – Christian – duo – to – run – Jakarta，– Islamists – lash – out – 25961. html.

C. Kenawas 则认为本次选举说明印尼民主的进展（Evolving Democracy）;[①] 而美国俄亥俄州立大学（Ohio State University）的著名学者 R. William Liddle 教授则认为，印尼民主不是成熟，而是从 1998—2004 年期间的民主转型（Transition）走向巩固（Democratic Consolidation），[②] 并且现在的印尼民主还受到来自小党派林立、政治选举程序不一致、伊斯兰社会运动频发、法律不健全、经济脆弱等多方面的困扰。相对于英美比较成熟健全的民主政治体制，笔者倾向于认为印尼民主还在巩固中。因此在政治利益面前，印尼政党联盟是非常脆弱的。尽管佐科威在选举前对雅加达市民说，当选后他不会关顾政党的利益，只会关顾人民的利益，但他是否能够抵挡住他所在政党的压力，还需要拭目以待。华人钟万学已经参与雅加达政治，在各党派的斗争中，他是激流弄潮还是成为少数的替罪羊，未来也需要更多的关注。

3. 来自印尼华人内部的分歧，会影响印尼华侨华人的团结

印尼有近 2 000 万的华人人口，如此多的人不可能有统一的意见和主张，印尼华人及华人社团内部的不团结众所周知。在本次选举中，尽管钟万学代表华人第一次参与雅加达的省长竞选，但是华人社团内部同样出现了分歧。比如，雅加达地方治安合作论坛总主席郑宗鸿就公开支持法乌兹—南利组合，[③] 还有些客家团体、华裔总会的成员也支持法乌兹，由于法乌兹—南利组合在竞选中有不少排华言论，他们对法乌兹的支持引起了其他华人的怨言。不过，支持不同政见是民主社会应该有的，不应该影响到华社的团结。选举结束后，印尼华裔总会妇女部主席马咏南受访时说，总会成员在这场选举中有不同的看法，但随着选举的结束，大家应该归队，团结在一起，共同为华社服务。[④] 印尼华社领导俞雨龄也呼吁华社，要抛开分歧，团结一致。[⑤]

① Leonard C. Sebastian and Yoes C. Kenawas, "Jakarta Governor's Election: Implications For 2014 - Analysis", http://www.eurasiareview.com/05102012-jakarta-governors-election-implications-for-2014-analysis/.

② R. William Liddle2012 年 8 月在澳大利亚国立大学的演讲（Indonesia Democracy: Transition to Consolidtion）。

③ 《雅京地方治安合作论坛总主席郑宗鸿支持 Fauzi-Nachrowi 为雅京正副省长候选人》，《印度尼西亚商报》，http://www.shangbaoindonesia.com/dynamic-cina-komunitas，2012 年 7 月 26 日。

④ 《印尼华社欣慰钟万学当选副省长改华人政治生态》，http://www.ahchfhs.gov.cn/A/? C-1-629.Html。

⑤ 《雅京省长尘埃落定·俞雨岭：华商应团结》，《印尼星洲日报》，http://indonesia.sinchew.com.my/node/34491? tid=6。

越　南

本文主要从越南华人的参政、多样化的经济、多元化的宗教，以及新时期新华侨的现状等方面，论述了越南华人的现状。在发展与挑战并存的中越关系背景下，越南华人的发展虽受南海问题这一因素的影响，但基于越南国内政治稳定、越南政府谋求发展经济、外交上极力融入国际社会这一大背景下，越南华人将会有更大更多的发展空间。

一、越南基本国情

越南概况

国家全名	越南社会主义共和国	地理位置	中南半岛	领土面积	331 210 平方公里
首都	河内	官方语言	越南语	主要民族	京族
政体	议会制	执政党	越南共产党	现任国家元首/政府总理	张晋创/阮晋勇
人口数量	88 780 000（2012 年）	华侨华人人口数量	947 000（2008 年）	华侨华人占总人口比例	1.07%①
GDP	1 498 亿美元（2011 年）	CPI	8%（2012 年）	失业率	1.99%（2012 年）

二、发展与挑战并存的中越关系

中越自 1991 年恢复正常关系以来，总体发展良好。但是，近年围绕南海问题，两国关系趋向紧张，尤其是 2011 年 5 月份越南石油勘探船电缆被割事件发生后②，两国关系降至最低点。两国高层领导人最终以大局出发，珍惜来之不易的良好关系，于同年 7—9 月双方多次互派高层官员缓和、修复关系。7 月，中国国务委员戴秉国到越南访问，之后越南外交部长胡春山也到北京会谈，协商解决南海争端，双方最后达成以和平谈判、不动武

① 在这里需要说明的是，越南政府近年来没有公布在越华人人数，因此只能以越南政府 2008 年公布的华人人数作比较。另外，根据笔者实地考察得到的信息可知，尽管越南人口逐年增加，华人人口却没有相应增加，其主要原因是，随着生活水平的提高以及生活压力的增大，华人的生育观已发生了变化，华人家庭普遍只生两个孩子。

② 《越南勘探油船被中国船只割断》，http://vietnamnet.vn/vn/chinh-tri/22902/tau-trung-quoc-cat-cap-tham-do-dau-khi-cua-viet-nam.html，2011 年 5 月 27 日。

的方式解决南海问题的协定。[1] 这一协定的达成，使中越关系保持了稳定。随后，越南共产党中央总书记阮富仲访问中国，两国签订了《中越共产党合作计划（2011—2015 年）》、《中越 2012—2016 年经贸合作五年发展规划》、《中越 2011—2015 年教育交流协议》、《关于修改中越两国政府汽车运输协定的议定书》、《关于实施中越两国政府汽车运输协定的议定书》、《关于指导解决中越南海问题基本原则协议》等协议。[2] 12 月，中国国家副主席访问越南，提出了发展中越关系五点建议，即加强战略沟通，增进政治互信；密切党际交往，相互学习借鉴；深化务实合作，实现互利共赢；扩大人文交流，促进中越友好；加强多边合作，建设和谐世界。[3] 中越双方这一系列努力，使因南海争端而一度紧张的两国关系得到了缓和。但在 2012 年中，越南国内民众出现多次反华游行示威，双方民众在媒体、互联网上相互攻击。越南国内出现这一对华不满情绪的现象，不但因为南海问题，也因为中国在越投资出现的各种问题。南海问题及中国在越投资的种种负面影响，有可能导致两国关系停滞发展，这些应当引起关注。

三、变化中的越南侨情

1. 越南华人概况

中国人很早就开始从中国南方迁移到越南，但大规模移居到越南，主要是在明末清初及法国殖民统治的早中期、20 世纪 40 年代末期至 50 年代前期等几个时期。明末清初移居到越南的，主要是一些明朝的将臣士兵。他们携带家眷一同到越南伺机反清复明，最终却留在了越南。法国殖民统治的早中期，殖民者为获得劳动力，鼓励中国东南沿海的百姓移居越南。这些华人大批移居到越南后，为开垦越南南部疆土以及南部经济的发展作出了重要贡献。今天繁华的胡志明市的雏形，就是由当时的华人开垦建设而成的。越南南部的发展与早期华人的贡献同样密不可分。

越南华侨华人主要集中在胡志明市及湄公河三角洲（即九龙江平原）地区的各个省份。[4] 胡志明市现有华人 43 万多，[5] 主要居住于该市第五、第六、第十、第十一郡，[6] 其余多分布在胡志明市邻近各省和九龙江平原一带，在较为集中的蓄臻省约有 10 万。[7] 越南华侨华人以祖籍广东、福建者居多，广东籍中又以广肇、潮州籍人居多。广东话是越南华侨华人的主要语言。

---

① 《越中签订通过谈判解决南海争端》，http：//tuoitre. vn/Chinh – tri – Xa – hoi/453579/Viet – – – Trung% C2% A0cam – ket – giai – quyet – tranh – chap – tren – bien – Dong – thong – qua – dam – phan. html，2011 年 8 月 29 日。

② 《越中签订六个合作文件》，http：//tuoitre. vn/Chinh – tri – Xa – hoi/460055/Viet—Trung – ky – ket – 6 – van – kien – hop – tac. html，2011 年 10 月 12 日。

③ 《中国副主席习近平今天到访越南》，http：//www. baomoi. com/Home/DoiNoi – DoiNgoai/vietnamnet. vn/Pho – Chu – tich – TQ – Tap – Can – Binh – hom – nay – den – VN/7572796. epi，2011 年 12 月 20 日。

④ 《越南华侨华人概况》，http：//vietkieu. blog. sohu. com/95788365. html，2008 年 7 月 28 日。

⑤ 《胡志明市：1 100 华人代表出席传统大会》，http：//www. sggp. org. vn/chinhtri/2009/2/179985/，2009 年 2 月 3 日。

⑥ 《胡志明市华人与发展状况》，http：//www. sggp. org. vn/theodongthoisu/2011/2/250397/，2011 年 2 月 11 日。

⑦ 《越南华侨华人概况》，http：//www. chinaqw. com/news/2006/0630/68/34579. shtml，2006 年 6 月 30 日。

2. 政治觉醒——华人政治参与的开始与发展

20 世纪 90 年代前，由于在政治上受歧视，越南华人不能参与政治。由于政治上受到不公平的待遇，且有着惨痛的记忆，华人普遍选择了远离政治、埋头苦干做生意的生活方式。以上两方面的作用结果，导致了相当长一段时间内华人在越南国内政治中几乎被边缘化。进入 20 世纪 90 年代以后，越南政府重新认识华人的力量和作用，开始逐渐鼓励华人融入越南社会，并鼓励华人积极参与政治，但这一进程比较缓慢。到 20 世纪末，全越南仅有1 000名华人越共党员，约占华人人口总数的 1/1 000。越南现有党员 630 万，而在越共“八大（1986 年）”1 200 名代表中，却无一名华人代表。在第十届国会（1997—2002年）中，仅有 1 名华人议员。[①] 从这些数字可以看出，华人参政人数不多。不过，从 2002 年以来，华人参政的情况有了改善。在越南第十二届国会（2007—2012 年）中，有 6 名华人当选为国会议员。在将近 100 万华人中，有 2 800 名华人越共党员，12 700 名华人越共青团员。此外，还有 1 000 多名华人参加了越南各级党委、人民政府的工作。[②] 2004—2007 年，有 832 名华人代表当选为国会及各级人民议员、各级祖国民族统一阵线[③]和各级团体执行委员[④]。由此看出，自 2002 年以来，华人参政的意识越来越高，改变了以前在商言商、对政事漠不关心的传统观念。但也应该看到的是，华人进入高层领导的人数较少，主要还停留在基层上。尽管华人参政主要停留在基层，但他们参与政治的积极性越来越高。以胡志明市为例，2009 年，胡志明市有 53 名优秀华人加入了越南共产党，比 2008 年增加了 9 名。[⑤] 2010 年，华人越共党员一共有 1 000 人，这一城市的党员数字与 20 世纪末越南全国的华人党员人数相当。这一现象反映了华人越共党员发展情况比较迅速。2010 年，胡志明市有 235 名华人被选举为各级人民会议议员，有 439 名华人被选为祖国民族统一阵线的成员，另有 9 463 名团员。[⑥] 2010 年 2 月，胡志明市市政府举办的“2006—2010 各行业竞赛运动活动”中，有 294 名华人被选为各行业的典范代表，得到该市市政府的隆重表彰。胡志明市市政府党委表示，政府十分珍重华人过去在各方面对国家与胡志明市作出的贡献，相信华人，特别是具有传统的、经营出色的华人企业将会继续努力，发挥潜能与投资优势，发展生产，改善经营，在把胡志明市建设成为文明的、现代化的城市中发挥更大作用。[⑦]

华人的参政，值得一提的是华人代表人物之一姚妙玲女士。姚妙玲女士曾历任两届越南国会代表、胡志明市市委委员，曾是华人工作处主任、市委民运处副主任。姚妙玲早在 20 世纪 70 年代，就参加越南华人最大聚集地的胡志明市堤岸特区革命，并在西贡解放时

---

① 中国国务侨务干部学校编著：《华侨华人概述》，北京：九州出版社 2005 年版，第 75 页。

② 《胡志明市：1 100 华人代表出席传统大会》，http：//www. sggp. org. vn/chinhtri/2009/2/179985/，2009 年 2 月 3 日。

③ 越南祖国阵线（Mat Tran To Quoc Viet Nam）是越南的统一战线组织，成立于 1955 年 9 月，越南南北统一后于 1977 年同越南南方民族解放阵线和越南民族、民主及和平力量联盟合并。相当于中国政协委员会的性质。

④ 《华族为祖国建设事业做出了巨大贡献》，http：//www. sggp. org. vn/chinhtri/2007/5/101794/，2007 年 5 月 25 日。

⑤ 《多名优秀华人群众被吸收为党员》，http：//www. sggp. org. vn/xaydungdang/2009/12/212461/，2009 年 12 月 20 日。

⑥ 《胡志明市华人与发展状况》，http：//www. sggp. org. vn/theodongthoisu/2011/2/250397/，2011 年 2 月 11 日。

⑦ 《胡志明市：294 名华人模范在各领域中获荣誉》，http：//www. sggp. org. vn/xahoi/2011/2/250398/，2011 年 2 月 11 日。

的胡志明战役中参加夺取第十郡政权的起义，之后开始担任团干部，并自愿在多个军区单位从事医务工作。1986 年，她凭着之前的工作经历以及担任该市第九届第十郡人民议会代表的资历加入了越南共产党，于 1992 年开始担任国会议员，并长期从事管理华人和致力于为华人服务的工作。①

随着越南政府对少数民族采取宽容态度、鼓励少数民族融入社会、参与政治的政策，华人年轻人也热衷于参政。例如，黄明舒在 2007 年曾作为一名无党派年轻人参加国会选举。另两名华人陈叶勇和张伟建，前者是越共党员，后者是越南企业家模范，都参与了选举，最终虽然落选，但是这些年轻人勇于参选，足以证明已有越来越多的华人青年有向政界进军发展的意向。

通过上述事例，可以看出越南华人在参政方面的兴趣日益加强。但从越南华人整体的情况来看，政治参与程度普遍还比较低。越南华人对政治漠不关心的传统观念依然严重。这点在 2011 年末胡志明市华人工作总结大会上的市政府领导的讲话中得到了体现。时任胡志明市市委副书记、市人民委员会副主任黎明智指出："华人工作组②应该加强宣传，教育华人发扬胡志明市革命斗争的传统，帮助华人提高爱国精神，热爱社会主义，认清作为公民的责任，自觉履行公民的义务和权利，帮助他们提高觉悟，及时阻止各种破坏分子危害全民族大团结活动。要继续规划，从城市以及各基层中培养华人干部和管理华人的干部。"③

3. 呈多样化趋向的华人经济

华人目前主要集中居住于越南南部，尤其是胡志明市以及湄公河三角洲的一些省份。胡志明市集中了一半以上的华人。华人人口尽管只占越南人口的 1% 左右，却在经济领域中发挥着重要作用。20 世纪 70 年代中期以前，华人经济在越南经济中举足轻重。除了部分华人从事贸易以外，其他华人主要从事如杂货店、餐馆、食品加工和种植经济作物的农业生产等活动。

20 世纪 70 年代中期至 80 年代中期，由于越南政府排斥、打压华人，华人经济一度跌至低谷。但之后越南政府逐渐对华人采取了较为宽松的政策，④ 即允许华人与其他民族一样，享受私营企业的优惠政策，为此华人经济又很快恢复起来。以胡志明市的华人为例，20 世纪 90 年代初期，华人开办中小企业、利用国外亲人的人脉关系引进外国资金、设备等，⑤ 迅速提升了自己的经济实力。

20 世纪 90 年代初期，越南南方华人的经济已经恢复到相当于 1975 年规模的 1/3。当时华人经济占胡志明市小手工业的 2/3，占商业经营的 1/3。到 1992 年，越南华人经济规模已经占该市商业的 30%、轻工业的 70%。⑥ 进入 2000 年以后，越南政府进一步放宽政策鼓励华人发展经营。2004 年，胡志明市政府管辖的华人工作组直属的"堤岸经济发展

---

① 《越南政府推动华人参政　华人从政路越走越顺》，《世界日报》，2007 年 7 月 7 日。

② 华人工作组是胡志明市政府设的专门管理华人各方面事务的机构。

③ 《规划、培养各级华人干部》，http://www.sggp.org.vn/xahoi/2010/12/246512/，2010 年 10 月 22 日。

④ 《第六章　越南社会主义共和国之华人政策》，http://www.doc88.com/p-317622781182.html。

⑤ 《第六章　越南社会主义共和国之华人政策》，http://www.doc88.com/p-317622781182.html。

⑥ 《第六章　越南社会主义共和国之华人政策》，http://www.doc88.com/p-317622781182.html。

暨咨询中心”邀请华人企业家与西贡商业银行座谈，以协助华人取得低息贷款。① 在这一背景下，华人经济得到进一步的发展。据统计，2007 年华人经济已经占了该市经济总量的 30%。另据越南商贸部机关刊物《商贸》杂志 2007 年第 18 期公布的资料，1995 年取得经营许可证的华人企业仅为 1 380 家，而到 2006 年，这一数字增加到 24 000 家，经营范围几乎涉及所有经济领域，其中一些华人企业还进入了金融和高科技等领域，成为当地具有雄厚实力的知名大型集团。②

2010 年，越南媒体从全国 6 000 名企业家中评选出 10 名优秀企业家，其中胡志明市有 3 名获选，其中华人占了两名。③

对于华人在经济中所起的作用，越南政府是十分肯定的。2008—2009 年，受全球经济危机拖累，越南经济整体陷入了衰退期。进入 2010 年后，越南的经济才开始缓慢恢复。在这一过程中，华人发挥了很大的作用。以胡志明市为例，在华人较为集中的五郡和十一郡里，华人企业给当地创造了几千个就业岗位，获得了市政府的充分肯定。2010 年，在由市政府召开的第一届少数民族代表大会上，市政府表彰了华人所作出的贡献。市政府还对包括华族在内的全体少数民族在建设、保卫和发展胡志明市方面继续作出更大贡献寄予希望。④

近年来，越南华人日益与国外建立广泛联系，以此吸引更多的国外资金投资越南。胡志明市的华人企业早在数年前就与新加坡中华总商会、中国广西国际贸促会、中国湖南湘潭贸促会签订了贸易投资项目协定。⑤ 由于越南华人与世界各地华人有着血缘、地缘等特别关系，不少海外华人回越南定居或投资。前越侨企业家协会主席潘成先生就是一个典型的例子。他在 20 世纪 90 年代携带资金回越南定居并投资，经过十几年的发展，2007 年他的企业已经具备相当规模，还准备在国外开设一家银行。⑥ 从 2006 年开始，外国资本就开始重视越南华人企业，对华人企业投入资金。如闻名全越南的胡志明市的京都食品股份有限公司就是一个例子。京都股份有限公司由越南食品大王陈金成、陈寺源兄弟经营。在 2007 年越南媒体首次公布的股市百名富豪榜上，其资产已经达到 4 亿美元。自 2005 年开始，京都集团股票正式在胡志明市证券交易所上市，获得了多家大集团的投资，并进入了房地产领域，陈氏也位列福布斯越南 10 大富豪榜单。⑦ 陈氏为此成为越南华人首富，成为越南华人的成功典范。如今，越南华人的经济还朝着由传统的单一经营向多元化、集团化方式发展。⑧

总体来说，华人经济在越南经济中占有相当重要的位置。但仍有不少的华人生活贫困，需要政府的特殊照顾。胡志明市华人工作组在 2010 年报告总结大会上指出：“2010 年

---

① 《第六章　越南社会主义共和国之华人政策》，http：//www. doc88. com/p－317622781182. html。
② 《越南华人经济日益发展》，http：//intl. ce. cn/zgysj/200705/28/t20070528_ 11516194. shtml，2007 年 5 月 28 日。
③ 丛河：《越南胡志明市的华人》，《新闻晚报》，2010 年 6 月 7 日。
④ 《华人与胡志明市的发展》，http：//www. sggp. org. vn/theodongthoisu/2011/2/250397/，2011 年 2 月 11 日。
⑤ 《越南华人经济日益发展》，http：//intl. ce. cn/zgysj/200705/28/t20070528_ 11516194，2007 年 5 月 28 日。
⑥ 《越南华人经济日益发展》，http：//intl. ce. cn/zgysj/200705/28/t20070528_ 11516194. shtml，2007 年 5 月 28 日。
⑦ 《华人首富陈金成》，http：//finance. huagu. com/cjrw/1209/126420. html，2012 年 9 月 29 日。
⑧ 《重新崛起的越南经济》，http：//www. gdoverseaschn. com. cn/qw2index/2006dzkwlsfbq/200610100036. htm。

里，华人的政策照顾家庭户[①]和贫困户得到了由地方政府、各级团体和各社会组织共同发起的社会安生工程的照顾。截至2010年11月，华人贫困户有6 356户，占胡志明市贫困户的4.7%、华人总数的7.3%。其中有3个郡的报告中提到，有135户华人靠政府、地方团体的资助而自制成的三轮或四轮人力车谋生……”[②] 从这些数字中可以看出越南华人中贫困阶层的现状。在经济较为繁荣的胡志明市437 860华人中，就有如此多的人生活在贫困状态中，由此可以推测分散在其他各省份、靠农耕为生的贫困华人人数必定不少。2009年笔者到越南中南部的大叻市、同奈省以及安江省考察时曾与当地的华人接触，发现不少华人生活困难，老人有病无钱医治，子女没有固定工作，三代同居于面积狭窄的小木房等。

4. 日益受重视的华文教育、多元化的华人宗教、华人社团与唯一的华文媒体报纸

在越南华人中，华文教育有以下三种形式：第一，直属普通中小学的华语学校。越南政府推行华文教育的目的是“在学好越文的基础上学好华语”,[③] 因此这一类学校半天学习越语，半天学习华语，每周上五天半的课，使用的语言是广东话或普通话，用的是繁体字或简体字教材，内容普遍是入门性的知识。第二，全日制越华学校。与第一类学校一样，越华学校也是半天学越文半天学华语，但有些课程用华语作为主要用语，如数学、历史以及电脑课等课程老师用华语授课。这一类学校主要为中学。第三，华文培训中心。这一类的华语教育机构主要面对成人，比较注重实用性。自20世纪90年代以来，中国大陆、台湾地区、香港地区和新加坡到越南投资的企业数以万计，因此迫切需要大量懂华语的人才，而现状是懂华语的人才不足，所以华文教育有很大的市场潜力。

近年来，越南政府对少数民族的教育日益重视，实施一系列政策鼓励华人学习华语。例如，对原来在私立学校后转为公立学校、华语学校学习的小学生，在升初中、高中后也承认其在私立小学学习的分数等。由此，华人越来越重视正规的华文教育。就胡志明市来看，华文教育的普及与得到重视的程度越来越高。2010—2011年，胡志明市的8个县、郡中，有27所小学开办了128个华文班，共有5 020个学生；另一方面，在9个郡中的19个华文培训中心，开班414个，共有10 054个学生，比2009年减少17个班和802个学生。[④] 这些数字表明小学阶段的正规华文班越来越多，而属于临时补习性质的华文培训中心需求越来越低，从中可以看出华人家长越来越重视从基础抓孩子的正规华文教育。

不过，尽管华文教育在越南有很大的市场潜力，华文教育也受到重视，但目前还没有得到越南教育部承认的正规华文学校，因此华文教育无法通过越南教育部与中国教育部的交流途径得到中国国内教育机构的支持。华文教育的质量参差不齐：没有统一教材；使用中国大陆或台湾地区的教材；简体字和繁体字混用；中小学的教材品种单一、陈旧；授课内容也无法跟上时代的步伐。中学的华文教育与小学的华文学习内容重复，甚至衔接不上

① 胡志明市近年来在中央政府以及地方政府的倡议下掀起了社会安生工程，其中有些曾为国家解放事业作出重大贡献的、目前生活仍处于贫困状态的家庭获补助待遇。

② 《2010年华人工作总结报告》，http://www.nguoihoa. hochiminhcity.gov.vn/web/guest/tin－cong－dong，2010年12月21日。

③ 黎玉容：《越南华人华文教育现状考察——以胡志明市为例》，华中师范大学硕士学位论文，2010年。

④ 《2010年华人工作总结报告》，http://www.nguoihoa. hochiminhcity.gov.vn/web/guest/tin－cong－dong，2010年12月21日。

的现象也不少。[1] 此外，华文培训中心的教材往往是按照需求者的要求而定，缺乏系统性的教学，缺乏华文教师，教学质量也有待提高。据统计，在胡志明市有普通中小学华文教师407人，只有极少数属于学校正式编制，绝大部分都属于临时雇用的教员。这些教员中，大专学历占30%，高中学历占36%，初中学历占29%。[2] 由此可以看出，越南华人中的华文教育虽然比较普及，但是教师的专业素质比较低。

尽管华语教育质量存在着不少问题，但华人社会中的老一辈非常热心传承华文教育。例如头顿省的一所天后宫自愿免费为华人子弟开华文补习班，同时也吸收一些自愿学习华文的越南人。这一类寺庙、会馆开的免费补习班在越南南方省份也比较普遍。[3]

越南华人的宗教信仰与东南亚其他国家的华人一样，普遍信奉道教与佛教，尤其信奉妈祖与关公，此外还崇拜祖先。在胡志明市，就有多座寺庙，最著名的有穗城会馆中的天后庙、潮汕华人建立的义安会馆中的关圣帝君庙、福建华人建的二府会馆中的妈祖庙、金花娘娘庙以及福德正神庙等。该市的寺庙大大小小有很多，供各界华人参拜。华人参拜寺庙的目的多是祈求家人平安、身体健康、生意兴隆和早生贵子。逢年过节，华人必定到寺庙来烧香跪拜，祈求自己心中的愿望能够实现。华人的宗教信仰也影响到越南人，在各大寺庙里，经常看到不少越南人与华人一样，烧香跪拜。此外，华人对祖先的崇拜十分流行，家家户户的大厅中几乎都设有祖先神牌，常常与关公、妈祖的神龛左右并排，每天早上、傍晚都要烧香供奉家中的神灵。每逢农历初一、十五更要添摆鲜花供奉这些神灵。除供奉上述的这些神灵外，华人家庭还供奉道教中的土地神、财神爷、土灶君和佛教中的观音菩萨。华人不仅在家中摆设神龛，而且在工作场所也摆放关公与财神爷的神龛来供奉，祈求平安发财。由此可见，华人信仰宗教不仅是为了得到心灵的安慰，更是为了追求自己心中的目标。华人的宗教，带有非常浓厚的功利色彩。不管如何，宗教成为华人代代相传的传统文化，是维系华人社会共同体意识不可缺少的重要部分。

越南华人的社团，除了各行业的团体、组织、协会和行会以外，值得一提的是华人的会馆。在胡志明市，有广东人建的穗城会馆、福建人建的二府会馆和崇正会馆、潮汕人建的义安会馆以及海南人建的琼府会馆等。这些会馆，是华人团体的最高组织。会馆设有理事会，理事会成员由华人自己选出，任期一般为4年，在地方政府的监督下管理由社会各界人士捐赠的资金，负责组织节假日的庆典活动以及其他社会活动。会馆组织在社会慈善和公众福利事业方面作出了很大贡献，包括建医院、学校、义祠，救济穷人，资助学生求学，发放学生奖学金等。各个会馆在响应地方政府的号召、积极参与各项社会活动、聚集乡亲、和睦乡谊、团结互助方面作出了很大的贡献。

华人媒体在越南发展比较缓慢，受到越南政府的限制，目前只有《西贡解放日报》（中文版）唯一一份华文报纸。

5. 全球化、区域化时代中形成的新华侨

自20世纪90年代初中越关系恢复以来，形成了新一轮中国人移民越南的潮流。新的

① 《2010年华人工作总结报告》，http：//www. nguoihoa. hochiminhcity. gov. vn/web/guest/tin - cong - dong，2010年12月21日。

② 黎玉容：《越南华人华文教育现状考察——以胡志明市为例》，华中师范大学硕士学位论文，2010年。

③ 根据笔者2009年7月到越南南方头顿市考察时采访华人天后宫寿庙工作人员所得资料。

移民方式与过去的移民方式有很大区别。除留学外，更多人以做生意、投资的方式移民到越南。他们当中多数没有加入越南国籍，但越南是他们工作的地方。虽然他们长期居住在越南，却把家庭留在了中国国内，他们定期回国探亲，中国才是他们真正的大后方。本文把这些移民称为新华侨。

越南新华侨大致可分为 4 类，即留学越南的学生，在越南做生意或投资的商人，与当地人通婚并留在越南的人与劳务输出人员。

20 世纪 90 年代中前期的移民，多数是以非法身份到越南做生意，特别是做边境贸易生意。当时，由于越南政府禁止外国人到越南做生意，很多中国商人，主要是中越边境省份的商人偷偷越境到越南去做生意，属于非法移民。随着中越关系的发展，这些商人的经商身份已变为合法。他们多为单打独斗，游离于中国政府指导的个体户与民企。他们成为第一批移民越南并在越南扎根经商的民营企业。此外，进入 2000 年以后，在中国政府号召企业走出去的政策背景下，中国企业首先在东南亚地区选择了越南作为进军的地方。为此，越南便成为中国企业走向东南亚地区的桥头堡国家。民企、国企同时大举进军越南市场，由此大量中国人也随企业到越南工作、生活，形成了新一轮的大规模移民潮。至今，中越两国政府都无法掌握有多少中国移民留在越南，但是从 2012 年中国到越南的人数来看，仅广西东兴口岸出入境人数就高达 374 万人次，中方出入境人员达 220 多万人次，越方 150 多万人次。[①] 可见来往于中越之间的人数之多，也由此可以推断新华侨在越南是一个庞大的数目。

随着中国在越南的投资日益扩大，到越南的中国人也日益增多。至 2010 年 7 月，中国对越南的投资总额达 37.73 亿美元，在越南的外国投资中排第十五位。[②] 随着中越经济关系的扩大，中国在越投资将会进一步扩大，随企业到越南的中国人员也会进一步增加。

到越南经商的中国人活跃在各行各业。国有企业大多数经营水电、建筑以及一些承包工程项目，民营企业则分布在各行各业。在电子通信以及电器行业中表现出色的著名企业有华为、中兴、国美、海尔、联想和 TCL 等，这些企业有大量从中国派来的年轻技术人员。类似这样的群体已经成为新华侨中的一员，他们当中有不少人与当地人通婚组成家庭，如中国著名企业中建公司的男性管理层就有 30% 的人与当地女子通婚。[③]

此外，从中国到越南的劳工人数也不少，虽然官方没有准确的统计数据，但从一些报道看，仅 2009 年中国劳工在越人数已经达到 5.9 万。[④] 这一数据还没有包括非法进入越南劳工的人数。从这一数字来推测，每年至少有 10 万劳工到越南工作。

在这里值得一提的是中国台湾、香港地区在越南的新华侨。自 20 世纪 80 年代以来，台湾、香港地区的企业大举进军越南市场，至今这两个地区的投资在越南的外国投资排名中居于前三位，由投资而促成的人员流动也相当频繁。

---

① 《越南经济平稳对广西是利好》，http：www.gxrb.com.cn/html/2013－03/05/content_394284.htm，2013 年 3 月 5 日。

② 《中国在越投资逾 31 亿美元　越南对对华贸易充满信心》，http：//finance.people.com.cn/GB/13687155.html，2011 年 1 月 10 日。

③ 根据 2009 年笔者到胡志明市考察中国企业时访问中建公司总经理余索所得资料。

④ 《中国的劳务输出：廉价劳工在越南》，http：//discovery.163.com/09/1222/09/5R4LV08A000125LI.html，2009 年 12 月 22 日。

结 语

本文对越南华人的经济、政治参与、华文教育、宗教以及社团等基本状况作了初步考察。随着中国与越南政治、经济关系的发展，中国国际形势的变化及周边国家政治经济形势的发展变化，越南华人的状况也发生了变化。越南华人与中国经济的联系比以往更频繁、紧密。随着越南对华人越来越重视，华人对越南国内政治也逐渐表现出浓厚的兴趣，越来越多的华人加入越南共产党，越来越多年轻人积极参政。与此同时，华人在经济中的作用也越来越重要。随着中越经济关系的进一步发展，双方的人员、物质、资金以及技术的相互流动也将更加频繁。而在这一过程中也形成了越南的新华侨。他们利用地缘上的优势，把越南当作工作场所，把家庭留在了中国，他们频繁来往于中国与越南之间。这些新型华侨，为促进中越经济关系起了重要作用。但我们也应该看到，近年来中越关系由于南海问题出现不和谐声音，2012 年中国政府曾向越南政府提出，希望越南政府保护中国公民在越的安全。由此可见，中越关系的变化在一定程度上影响了在越新华侨。随着移民越南的中国人越来越多，已经出现了一些值得关注的问题，如非法劳工，以及租赁土地进行农业生产而损害越南农民切身利益的事件等，这些因素都会影响在越的华侨华人。不过，总的来说，越南国内政治相对稳定，政府对外奉行努力融入国际社会的外交方针。但是，越南经济处于爬坡发展期，其国内长期受通货膨胀以及其他诸多因素的负面影响，因此致力于经济全面恢复与健康发展，是越南政府今后相当长时期内的主要任务之一。在越南内外需要政治稳定、力求国内经济发展的状况下，相信越南华侨华人将会有更大的发展空间。

埃　及

2012 年埃及国内政治形势经历了一个动荡、过渡、缓和与再动荡的过程。埃中关系表现为双边关系继续深化、经济合作逆势推进、战略合作日益稳固的特点。埃及侨情包括华人企业继续增多、华侨华人社团作用积极、华文媒体和华人教育得到发展。2013 年埃及侨情预测华侨华人新移民继续增加成为埃及华人社会主体，在埃华侨华人商业活动仍然可能受到政治动荡影响，在埃华侨华人新移民发生突发性事件的政治冲突条件仍然存在。

一、埃及基本国情

埃及概况

国家全名	阿拉伯埃及共和国（The Arab Republic of Egypt）	地理位置	大部分领土位于非洲东北部，苏伊士运河和西奈半岛位于亚洲西南部	领土面积	1 001 450 平方公里①
首都	开罗	官方语言	阿拉伯语	主要民族	阿拉伯人、柏柏尔人、科普特人
政体	半总统共和制	执政党/主要反对党	穆斯林兄弟会下属埃及自由与正义党/萨拉菲派光明党、埃及新华夫脱党	现任国家元首/政府首脑	穆罕默德·穆尔西/希沙姆·甘迪勒
人口数量	83 688 164（2012 年 7 月）②	华侨华人人口数量	2 000（2010 年）③	华侨华人占总人口比例	0.255%（2010 年）④

① http：//www. sis. gov. eg；http：//eg2. mofcom. gov. cn/aarticle/hostcountry/geographyhost/201108/20110807711870. html，2012 年 5 月 9 日。

② 黄培昭：《人口膨胀给埃及敲响警钟　严重影响其经济发展》，http：//eg. mofcom. gov. cn/article/ddgk/zwrenkou/201205/20120508115011. shtml，2012 年 5 月 9 日。

③ Overseas Compatriot Affairs Commission，R. O. C. （Taiwan），*Overseas Compatriot Economy Yearbook*，2010，p. 634.

④ Overseas Compatriot Affairs Commission，R. O. C. （Taiwan），*Overseas Compatriot Economy Yearbook*，2010，p. 634.

（续上表）

GDP/人均 GDP	2 800 亿美元（2012 年）[①] /1 976.62 美元（2011 年）[②③]	CPI	6.49%（2013 年 1 月）[④]	失业率	13%（2012 年第四季度）[⑤]

资料来源：http：//eg. mofcom. gov. cn；https：//www. cia. gov/library/publications/the－world－factbook；Overseas Compatriot Affairs Commission，R. O. C.（Taiwan），*Overseas Compatriot Economy Yearbook*，2010；国务院侨务办公室政策法规司：《未来 5—10 年侨情发展趋势与侨务对策（内部读物）》，2011；http：//www. tradingeconomics. com/egypt/report。

埃及，全称阿拉伯埃及共和国（The Arab Republic of Egypt），大部分领土位于非洲东北部，苏伊士运河和西奈半岛位于亚洲西南部，北濒地中海，东北连巴勒斯坦，东南临红海，与约旦和沙特阿拉伯相望，南邻苏丹，西接利比亚。埃及国土面积 1 001 450 平方公里，可耕地面积占 2.87%，永久性植被占 0.48%，人口区面积 78 990 平方公里，占全部面积的 7.8%，其中 99%人口主要分布在仅占国土面积 4%的人类文明发源地之一的尼罗河沿岸和河口三角洲地区。[⑥] 埃及政体是半总统共和制。2012 年 6 月 30 日，埃及现任政府成立，总统为穆罕默德·穆尔西，总理为希沙姆·甘迪勒亲王。执政党为埃及穆斯林兄弟会下属埃及自由与正义党，其他政党还有萨拉菲派光明党、埃及新华夫脱党等。埃及官方语言为阿拉伯语，英语和法语为有良好教育的阶层所广泛使用。埃及首都开罗人口 820 万（2012 年 5 月），大开罗人口超过 2 000 万（2012 年 5 月），是非洲人口最多的城市和阿拉伯文化中心，是中东和非洲最大的城市，也是亚、非、欧交通的中心枢纽。埃及人口 83 688 164人（2012 年 7 月），这个数据不包括海外人口 800 万。[⑦] 埃及人占总人口的 99.6%，其他占 0.4%，其中穆斯林（绝大多数为逊尼派）占总人口的 90%，科普特人占 9%，其他基督徒占 1%（2006 年人口统计）。[⑧] 埃及目前拥有中东地区最大的基督教群体。据埃及国家统计局数据，2012 年 8 月底，埃及人口包括海外移民在内达到 9 100 万人。[⑨] 埃及华侨华人数量统计口径不一，据 2010 华侨经济年鉴电子书数据，华人总数为 2 000人，华人所占比例为 0.255%，其中台侨 22 人。[⑩] 另有数据显示，1996 年埃及有华侨华人 110 人，2000 年有 2 000～3 000 人，2005—2010 年有 6 000～10 000 人。[⑪]

埃及具有中东地区最发达和多样化的经济。据埃及中央银行报告，从 1992 年到 2012

① 《2012 年阿拉伯国家 GDP 前六位排名》，中国国际贸易促进委员会，http：//www. ccpit. org/contents/channel_54/2013/0401/360117/content_36117. htm，2013 年 4 月 1 日。

② http：//www. tradingeconomics. com/egypt/gdp.

③ Egypt Indications，http：//www. tradingeconomics. com/egypt/indicators.

④ http：//www. tradingeconomics. com/egypt/consumer－price－index－cpi.

⑤ http：//www. tradingeconomics. com/egypt/unemployed－persons.

⑥ http：//www. sis. gov. eg；http：//eg2. mofcom. gov. cn/aarticle/hostcountry/geographyhost/201108/20110807711870. html，2012 年5月9日。

⑦ 黄培昭：《人口膨胀给埃及敲响警钟　严重影响其经济发展》，http：//eg. mofcom. gov. cn/article/ddgk/zwrenkou/201205/20120508115011. shtml，2012 年 5 月 9 日。

⑧ Geography，https：//www. cia. gov/library/publications/the－world－factbook/geos/eg. html.

⑨ 王振华：《人口问题——埃及经济难堪重负》，新华网，2013 年 1 月 3 日。

⑩ Overseas Compatriot Affairs Commission，R. O. C.（Taiwan），*Overseas Compatriot Economy Yearbook*，2010，p. 634.

⑪ 李安山、张伟杰：《非洲华侨华人发展趋势及对策研究》，国务院侨务办公室政策法规司：《未来 5—10 年侨情发展趋势与侨务对策（内部读物）》，2011 年，第 104 页。

年，埃及 GDP 平均增长率为 4.1%，2008 年 3 月最高（7.3%），2011 年 3 月最低（-4.2%）。2012 年第二季度埃及 GDP 比上个季度增长 3.3%。① 据世界银行报告，2011 年埃及国内生产总值为 2 295.3 亿美元，人均国内生产总值为 1 976.62 美元。2012 年 11 月埃及月通货膨胀率为 4.1%，2012 年 11 月消费价格指数（CPI）为 125.60，2012 年 9 月季度失业率为 12.50%。② 另有数据表明，2012 年埃及 GDP 增长率为 4.4%，达到 2 800 亿美元，年通货膨胀率为 0.66%。③ 2011 年 12 月埃及 CPI 指数为 120.10，2013 年 1 月上升到 127.90，1 月埃及 CPI 同比增长率为 6.49%。④ 埃及 2006—2010 年贸易依存度为 40%，存在明显逆差，主要出口资源性相关产品，主要进口制造业产品。埃及把海湾国家作为招商引资重点，目前沙特阿拉伯、阿拉伯联合酋长国和科威特是排在前三名的投资来源国。埃及经济支柱之一的旅游业旺季为每年 10 月到次年 4 月，但由于受到 2011 年 1 月开始的"茉莉花革命"影响而遭受损失。埃及是世界上最大的小麦进口国，而经济低迷也影响了小麦进口的国际支付能力。虽然中东石油输往欧美借由埃及两大能源运输通道——苏伊士运河和 Sumed 输油管道（从苏伊士到亚历山大），但是埃及从 2009 年起成为原油进口国，并非能源生产大国，因而也易受国际油价波动影响。

二、2012 年埃及国内形势和国际形势

2012 年埃及国内形势经历 5 个阶段：①"茉莉花革命"动荡期。从 2011 年 1 月 25 日起，埃及民众爆发街头示威，并迫使总统穆巴拉克辞职，成为"阿拉伯之春"中一个重要样本。⑤ ②临时政府过渡期。2012 年 2 月 12 日，穆巴拉克宣布辞职。③穆尔西总统缓和期。2012 年 6 月 24 日，穆斯林兄弟会（穆兄会）下属的自由与正义党主席穆罕默德·穆尔西获得 51.7% 的选票，击败获得 48.3% 选票的前总理沙菲克赢得选举，成为新任埃及总统。④新宪法颁布前第二轮动荡期。2012 年 11 月 22 日，埃及总统穆尔西突然宣布，在新宪法颁布前，总统的政令即为最高权威，即便法院也不能推翻，引发埃及局势再动荡。埃及官方通讯社中东社报道，2012 年 12 月 6 日，埃及总统穆尔西的支持者与反对者在总统府附近发生冲突。⑥ ⑤议会选举前动荡期。2012 年 12 月 25 日夜，埃及最高选举委员会如期召开新闻发布会，公布了最终的宪法公投结果。最高选举委员会主席萨米尔·马阿提在新闻发布会上说，新起草的宪法草案在公投中以 63.8% 的支持率获得通过。宪法通过后，埃及总统穆尔西在第一时间即签署正式法令，规定"宪法生效"。根据埃及的政治程序，宪法草案获得通过后两个月内，将迎来人民议会（即议会下院）的选举。埃及《晨报》26 日评论说，宪法草案通过后，埃及进一步陷入分裂之中，同时，总统与反对派的

① Egypt GDP，http：//www.tradingeconomics.com/egypt/gdp-growth.

② Egypt Indications，http：//www.tradingeconomics.com/egypt/indicators.

③《阿联尊国家统计中心：2012 年阿联酋 GDP 增长 4.4%》，中国商务部网站，http：//world.people.com.cn/n/2013/0522/c157278-21578086.html，2013 年 5 月 22 日。

④ http：//www.tradingeconomics.com/egypt/consumer-price-index-cpi.

⑤ 李斐然：《埃及动荡里的中国人》，《青年参考》，http：//qnck.cyol.com/html/2012-01/11/nw.D110000qnck_20120111_1-09.htm，2012 年 1 月 11 日。

⑥ 国际在线专稿：《埃及军方出动坦克保卫总统府，两派民众混战致 5 死 644 伤》，http：//gb.cri.cn/27824/2012/12/07/782s3950935.htm，2012 年 12 月 7 日。

政治冲突也进入新的阶段。最近，埃及货币埃及镑不断贬值，政府担心民众会争相提取存款，这折射出埃及经济不景气的现状。由于形势不稳，原本属于黄金旅游季的冬天也游客稀少，这使埃及的旅游收入蒙受严重损失。怎样恢复经济的正常发展，也是穆尔西面临的大问题。[①] 2013 年 1 月 8 日，国际货币基金组织（IMF）代表在访问埃及时承诺支持埃及应对其经济挑战，并且通过一项社会平衡项目创造一种经济增长模式。穆尔西说，在新宪法通过以后，埃及将会获得一种经济上和政治上的飞跃，“埃及经济在最后 4 个月中已经得到了改善，如果没有最近事件的发生，还能够取得更多进展”。[②]

2012 年的西亚北非地区形势：①总体特点可以概括为“变局与乱局交织，动荡国家乱局持续，转型国家重建艰难，原有热点并未降温，宗教力量明显上升，地区格局深度调整，大国博弈更加激烈”。[③] ②地区内形成不稳定的不对称平衡力量。“阿拉伯之春”的多米诺骨牌效应前四张牌均已按照西方计划顺利推倒，在第五张牌“叙利亚问题”上产生了节奏变化，其中主要原因是西方国家受到来自中俄和阿拉伯国家的制衡。2012 年 3 月 12 日，中国常驻联合国代表李保东大使在纽约联合国总部表示，应进行深入理性的思考和全面综合的治理，以应对中东北非地区形势的动荡不安和变化，确保该地区的和平与稳定，并使人民的诉求得以更好地有序实现。中方恪守《联合国宪章》的宗旨和原则，尊重叙利亚的主权及叙利亚人民的选择。任何外部势力均不应对叙进行武力干预，推动“政权更迭”。作为安理会常任理事国，中方愿忠实履行自己的职责，同其他各方进行平等、耐心、充分的磋商，推动叙利亚危机早日得到政治解决。[④] ③政治动荡呈现经济后果。“阿拉伯之春”事件急剧地增加了外国投资的政治风险，导致经济活动的中断，包括旅游业和外国直接投资（FDI）骤然下降，对经济增长具有负面影响。世界银行预测，流动到中东北非的外国直接投资在 2012 年继续下降，但是在 2013 年将会再次增长。从中长期看，地区经济和人口统计学要素将会继续吸引需求市场的外国投资，尤其在改善治理的条件之下。[⑤]

在 2011 年 1 月发生“茉莉花革命”之后，埃及出现经济收缩现象。①反复发生的政治动荡是投资和旅游业税收恶化的主要因素，导致失业率上升和工业生产下降，随之埃及镑对美元汇率创下新低，更增加了消费和商业复苏的新一轮困难。[⑥] ②在埃中资企业逆势而上。2012 年 2 月 15 日承包商会在北京举办“苏丹、伊朗等中东北非地区重点国家安全局势分析”报告会。此次报告会在承包商会设主会场，北京市商务委等 18 个省（市）商务厅（委）和中国北方工业公司等 19 家在中东北非地区业务集中的企业设立视频分会场，共有 440 家企业 1 150 人参加。根据 2011 年的统计数据，仅在埃及、叙利亚、伊朗、苏丹

---

① 黄培昭：《埃及争议声中迎来新宪法》，http：//eg. mofcom. gov. cn/article/ab/201212/20121208502560. shtml，2013 年 12 月 27 日。

② IMF Remains Committed to Supporting Egypt，http：//africa. chinadaily. com. cn/world/2013 – 01/08/content _ 16096705. htm，2013 年 1 月 8 日。

③ 《西亚北非，动荡仍在继续》，http：//eg. mofcom. gov. cn/article/ab/201301/20130108511461. shtml，2013 年 1 月 5 日。

④ 孙宇挺：《中国常驻联合国代表就中东北非局势提四点看法》，中国新闻网，http：//www. chinanews. com/gn/2012/03 – 13/3737843. shtml，2012 年 3 月 13 日。

⑤ Paul Antony Barbour et al.，“The Arab Spring：How soon will foreign investors return？” *Columbia FDI Perspectives*，No. 67，May 7，2012. From：columbia. edu，http：//eg2. mofcom. gov. cn/aarticle/statistique/201205/20120508127937. html.

⑥ Report，http：//www. tradingeconomics. com/egypt/report.

4 国，中国就有 244 家企业近 19 205 人在当地从事对外承包工程业务。这些国家以及其周边国家的安全局势，直接影响中国进行工程承包及海外投资业务的企业的人员和财产安全。此次报告会为在中亚北非地区开展业务的企业进行了有效的指导，使企业及时了解掌握该地区的安全形势、分析局势走向和制定应对策略，对保障中国走出去企业的人员和财产安全具有重要意义。[①]

三、2012 年埃及—中国关系

2012 年埃中关系在政治动荡中稳步推进，经济合作继续深化。

（1）从地区层面上看，中非经贸合作进一步发展。据新华社报道，2012 年 11 月 29 日中非合作第三次圆桌会议召开，目前中国已成为非洲的第一大贸易伙伴国，非洲是中国的第二大工程承包市场、第二大劳务承包市场和第四大海外投资目的地。2011 年中非贸易额达到 1 600 亿美元，2012 年超过 2 000 亿美元。会议主题是“为了一个更加美好的未来深化合作”，双方均表示将在各个领域促进更多合作和深化相互信任。非方表示，中非合作潜力巨大，非洲国家继续欢迎中国企业到非洲投资和做生意。[②] 目前约有 100 万中国公民在非洲从事各种经营活动。

（2）从中埃关系层面上看，中埃经济合作稳步推进。2012 年 8 月 29 日，埃及总统穆罕默德·穆尔西访问中国，时任中国国家主席胡锦涛建议双方拓展经贸合作，继续推进重大项目建设（比如苏伊士贸易合作区），并且在各个领域加强合作，包括基础设施建设、农业、交通运输、能源和金融。胡锦涛主席也倡议两国在中国—阿拉伯论坛和中非论坛两个框架下加强合作。穆尔西希望进一步拓展制造业、农业、渔业、金融、电子、交通运输、基础设施等合作领域，并且欢迎中国企业到埃及投资，承诺为这些企业提供一个安全和稳定的环境，促进民航、旅游、教育和技术交流。[③] 为落实 2012 年 8 月埃及总统访华与中国领导人达成的经贸合作共识，总结 2012 年中埃的经贸合作的最新成果，探讨中埃经贸合作面临的形势和前景，交流促进中埃投资合作的新思维、新举措和新途径，由驻埃及大使馆经商参处、国家开发银行开罗代表处和埃及中国商会联合举办的中埃投资合作研讨会于 2012 年 12 月 9 日在开罗举行。驻埃及大使馆宋爱国大使、马建春公参等出席并致辞，来自埃及电力部、工贸部、投资部、交通部、外交部、旅游发展局、投资总局、苏伊士特区总局、工业发展局等政府部门和埃中商务理事会、埃及国民银行等埃工商、金融界的代表，以及中国企业的代表共 100 人参加会议，陈霖参赞主持会议。埃及商会联合会秘书长阿拉、埃及商业发展协会副主席奥萨马、埃及亚洲商务理事会主席卡里姆围绕埃及市场现状及投资机会、埃及政治和商务前景、中埃扩大互利合作的基础和方向等主题进行了演讲。埃及旅游发展局主席塔里克以及埃及投资总局、苏伊士特区总局和工业发展局的代

---

① 《承包商会举办“中东北非地区重点国家安全局势分析”会》，http：//biz. ce. cn/news/201202/21/t20120221_23089483. shtml，2012 年 2 月 21 日。

② “Chinese firms urged to fulfill responsibility in Africa”，http：//eg2. mofcom. gov. cn/aarticle/bilateralvisits/201211/20121108459227. html.

③ “Chinese，Egyptian presidents hold talks on ties”，http：//eg2. mofcom. gov. cn/aarticle/bilateralvisits/201208/20120808311129. html.

表在演讲中，详细介绍了埃及宏观经济情况，以及各自行业利用外资的政策和项目机会，对中埃两国友好关系和经贸合作成就给予了高度评价，并强调中埃经济拥有较强的互补性，中国对埃投资前景广阔，埃政府将努力为中国投资者提供信息、政策方面的服务，相信今后随着政治局势的稳定，两国投资合作将结出更为丰硕的成果。中埃投资合作研讨会自 2011 年 8 月首次召开以来，至今已举办 3 届。①

（3）从在埃中资企业层面看，机遇和挑战并存。2012 年 12 月 24 日，为总结一年来中埃两国在投资和工程承包等方面的合作情况，认真分析当前中埃经贸合作面临的挑战和机遇，进一步规划好 2013 年中埃经贸合作，中国驻埃及大使馆经商参处召开中资企业座谈会。宋爱国大使和马建春公参出席会议并讲话，陈霖参赞等参加会议。会上，中技、国开行、泰达、中航技、华为、中兴、中港、巨石、中萨、宏华、安琪、新希望、尼罗共 13 家企业的负责人结合各自实际，畅谈了对埃及市场的感受和思考，并对下一步发展中埃经贸合作提出许多建议和意见。②

（4）从中埃民间关系层面上看，战略合作的社会基础日益稳固。据美国《赫芬顿邮报》2012 年 11 月 28 日报道（原题：美国将把埃及输给中国?），2012 年 8 月，穆尔西访问中国，这是他首次正式出访中东以外的国家。埃及决定先访问北京而不是华盛顿，象征中国对穆尔西外交议程的重要性。目前埃及是中国在非洲的第五大贸易伙伴。在联合国，两国在多个问题上联手合作。现在，两国政府都反对美国和以色列打击伊朗核设施以及外国干预叙利亚，在全球外交的许多中心问题上立场一致。埃及公众对美国的看法大都负面，同时大多数埃及人积极看待中国。根据皮尤研究中心的一项调查，79% 的埃及人反感美国的外交政策，62% 的埃及人不喜欢美国人。相比之下，从 2006 年到 2012 年，中国在埃及公众当中的好感度较高，在 52% ~65% 之间。穆巴拉克下台后，埃及的经济形势恶化，但 2011 年中埃贸易额仍达到 88 亿美元，已超过埃美贸易额。经贸联系的增强，加上埃及民众对中国的好感，促使中国愈加自信地投资埃及。另外，中国将与埃及加深关系视为扩大全球影响力和经贸关系计划的一部分。穆尔西的打算是平衡埃及与华盛顿的伙伴关系，使埃及的对外关系多元化，发展与新兴大国的关系。③

四、2012 年埃及侨情

中国人早期移民埃及，主要是因为到麦加朝圣后无钱返回而滞留该地，后来也有经商者定居下来。在埃及的华侨华人可以分为四个部分：①穆斯林群体，或者探求伊斯兰学理来到阿拉伯国家或者原赴埃及留学者定居埃及。在 20 世纪 30 年代中国旅埃同乡会为中国驻埃及第一任领事邱祖铭举行欢迎酒会时出席的 60 多人，后来大多在埃及定居。②中国西部省份从事双边贸易经商者，用中国丝绸、茶叶和瓷器等与阿拉伯国家的珠宝、香料和药材等商品进行易货贸易，因为经商原因定居埃及。③还有部分原国民党军政人员（尤其

① 《第三届中埃投资合作研讨会在开罗举行》，http：//eg. mofcom. gov. cn/article/divisoin/201212/20121208477226. shtml，2012 年 12 月 11 日。

② 《我处召开在埃中资企业座谈会》，http：//eg. mofcom. gov. cn/article/divisoin/201212/20121208498705. shtml。

③ ［美］丹尼尔·瓦格纳、［美］乔治·卡菲耶罗著，汪析译：《美媒：埃及对华好感超美　美或将埃及输给中国》，http：//www. chinadaily. com. cn/hqgj/jryw/2012 -11 -30/content_ 7639861. html，2012 年 11 月 30 日。

是马步芳部下)，在新中国建立之前来到阿拉伯地区，其中有在埃及定居者，在中埃建交以后又移民到其他阿拉伯国家。④20 世纪 80 年代以后，来到埃及定居的中国内地和香港人。1999 年埃及华侨华人有 300 人，老侨多为小贩或散工，新侨多为技术工人和小商业主。其中，定居开罗的华人有 20 余人，华人开设有两家中餐馆，为福星饭店和北京饭店。[①]

自 20 世纪 90 年代以来，被称为新移民（泛化意义上的）的中国人到埃及进行商业活动者增多，同时随着中资企业投资埃及，在埃中国管理人员、技术人员和劳工也随之增多。2012 年埃及侨情如下：

（1）在埃华人企业增多。2012 年 4 月，据世界华商投资促进会与中国社会经济决策咨询中心发布的一号公告，世界华人企业全球投资 500 强中，在埃及投资的华人企业有厦门市东林电子有限公司、飞美克电子（深圳）有限公司、中兴通讯股份有限公司、安琪酵母股份有限公司。[②] 2010 年，据中国台湾地区“侨委会”统计，台商在埃及已经投资建立义特、杰展、台美 3 家制衣公司和 1 家电子电器公司。[③] 据中国驻埃及大使馆经商参处网站 2012 年资料显示，中资企业在埃投资项目有中埃苏伊士经贸合作区、埃及泰达投资公司、中国港湾（埃及）工程有限责任公司、中萨钻井公司、安琪酵母（埃及）有限公司、巨石埃及玻璃纤维工业股份公司、华晨巴伐利亚汽车股份公司、中远多美尼船舶代理（埃及）有限公司、尼罗纺织集团、中航国际、中国技术进出口总公司（埃及）公司、国家开发银行开罗代表处、中海运埃及公司、中航技和华为等。[④]

（2）在埃华人社团具有积极作用。目前，在埃华侨华人社团有埃及中国和平统一促进会、埃及华人联谊会（埃及华侨华人联合会或者埃及华人华侨协会）、埃及中国学生学者联合会、埃及中国商会和埃及华人石材行业协会。

（3）在埃出现华文媒体。在埃华文媒体有埃及中国和平统一促进会、埃及华人联谊会主办的半月刊《旅埃华人》和 2008 年黎馨馨创办的双月刊《中埃友谊》。

（4）在埃华人教育逐步开展。在埃华文学校有旅埃华人子弟中文学校、开罗大学孔子学院。

（5）在埃华侨华人社团领袖有埃及中国和平统一促进会和埃及华人联谊会顾问马承援、埃及中国和平统一促进会和埃及华人联谊会会长陈建南、埃及中国学生学者联合会主席李鑫、埃及华人华侨协会和埃及开罗中国和平统一促进会会长付金丽、埃及中国商会名誉主席和中国驻埃及大使馆经商参处公使衔参赞马建春、开罗大学孔子学院中方院长李生俊。

---

① 李安山：《埃及华侨华人概述》，周南京主编：《华侨华人百科全书：历史卷》，北京：中国华侨出版社 2002 年版。

② 《世界华人企业全球投资 500 强》，http://gz.ifeng.com/shangyezixun/detail_2012_04/16/183714_0.shtml，2012 年 4 月 16 日。

③ Overseas Compatriot Affairs Commission，R. O. C.（Taiwan），*Overseas Compatriot Economy Yearbook*，2010，pp. 633 – 634.

④ 中华人民共和国驻阿拉伯埃及大使馆经济商务参赞处网站，http://eg.mofcom.gov.cn/article/。

五、2013 年埃及侨情预测

基于对 2012 年埃及侨情的分析，可以作出对 2013 年埃及侨情发展的预测。①2013 年在埃中国新移民群体人数将继续增长，并成为埃及华侨华人社会的主要构成部分。中国新移民构成包括在埃及从事投资、工程或者劳务承包、进出口贸易、服务业（如旅游业）的移民群体以及宗教交流人员、留学生群体等。由于埃及老华侨华人人数有限，华侨华人新移民在埃及华人社会中将成为主体，在数量上占绝大部分。②2013 年埃及议会选举引发政治动荡的不确定性因素仍然存在，华侨华人商业活动将受到影响。在埃华侨华人如对投资环境保持必要的政治风险评估，可以使投资损益得到可控管理。③2013 年关于华侨华人安全问题的突发性事件有再次发生的可能性。2013 年埃及政治形势复杂，各种利益团体博弈规则失范的条件存在，在埃华侨华人有可能成为政治斗争的工具。

非洲国家的国内形势短期内很难得到根本性改善，在这一既定条件下，中国移民群体如何保护自己的安全成为一个需要迫切面对的问题。中国社科院西亚非洲研究所非洲研究室主任贺文萍认为，这是中国企业“走出去”的代价，需要中国政府、赴非开拓业务的公司以及公司员工三方面的共同努力。①在中国政府层面上建立华侨华人安全保护机制，政府要做好服务和沟通。2006 年 5 月，外交部在领事司设立领事保护处，协调处理海外中国公民和法人合法权益的保护问题。2008 年 8 月，外交部又在领事保护处的基础上成立了领事保护中心，其职能之一便是发布领事保护和协助预警信息。除了外交部，各驻外使馆也强化了这方面的功能。中国驻非洲各国的使馆不仅要协调与所在国政府的关系，也要跟各部落、武装势力的领导人建立畅通的沟通渠道，扩大接触面，增加情报来源。必要时，中国政府可利用当地政府军实施营救。②在中国企业层面上设立安保机制，企业要做好评估和安保工作。在非洲承接工程的公司是组织、实施项目的实体，是确保员工安全的第一责任者。在了解风险后“走出去”的中国企业，应该尽量为项目配备一支自有的安保力量。预防比善后更重要，遇事后借用当地政府军需要经过一连串烦琐的外交手续，效率不高。企业对安保工作的重视程度正在加大，此前据苏丹军方官员透露，苏丹已经出现了一支来自中国的私人安保队伍。③在个人层面上，确保安全的关键在于中国移民本人。贺文萍批评部分中国赴非人员安全意识淡薄，甚至有人在到达非洲后不到使馆报到，以至于使馆无法准确掌握其信息。中国移民可以通过学习当地语言、参与当地社会和文化活动等途径，与当地人建立沟通和联系。①

① 《两名中国工人在埃及被绑架　盘点中国人海外被绑》，http：//world. huanqiu. com/roll/2012 - 03/2485812. html。

毛里求斯

毛里求斯被誉为“印度洋上的珍珠”，那里的华侨华人具有自身的明显特征，本文主要对毛里求斯的侨情进行简要分析

一、毛里求斯基本国情

毛里求斯概况

国家全名	毛里求斯共和国	人口数量	1 291 456 人（2012 年 7 月 1 日）
地理位置	东经 57°35′，南纬 20°15′	华人数量	近 4 万①
气候	亚热带海洋性气候	华人所占比例	3%
领土面积	2 040 平方公里（包括属岛），本岛面积 1 865 平方公里	主要族群	印巴裔、克里奥尔人、华人、欧洲裔
政体	实行总督制，为英联邦成员国	GDP 经济增长率/通货膨胀率 CPI	3.2%（2012 年第二季度）/3.1%（2012 年 11 月）
执政党及现任总统/总理	未来联盟，拉杰克斯瓦尔·普里亚格/纳温钱德拉·拉姆古兰	失业率	8.1%（2012 年）
官方语言	英语，但法语亦普遍使用	GDP	3 441.16 亿卢比（约合 112.27 亿美元，2012 年）
首都	路易港	人均 GDP	8 679.6 美元（2012 年）

资料来源：中国驻毛里求斯大使馆网站，http：//mu. mofcom. gov. cn；http：//www. ambchine. mu/chn/；http：//zh. wikipedia. org/wiki；http：//baike. baidu. com/view/18116. htm。

二、毛里求斯华侨华人移民简史

据史料记载，早在 17 世纪初期，荷兰殖民者就曾将反抗其殖民统治的印度尼西亚居

① 根据台湾有关方面所做的调研，2010 年底时，毛里求斯（台湾翻译为“模里西斯”）华人总数为 3.4 万人，在该国总人口中所占比例为 2.65%。参见“中正大学”编：《2010 华侨经济年鉴》，台北：“中华民国侨务委员会”2011 年版，第 661 页。

民流放到包括毛里求斯在内的一些荷兰殖民地，这些人当中就有中国人。① 而相传最早在毛里求斯传授榨蔗制糖技术的，就是那些从印度尼西亚来的中国人。② 到 18 世纪末期，仍不断有中国人被输入到毛里求斯。1821 年，侨居毛里求斯的中国人陆才新得到殖民当局的特别许可证，允许他到中国招工，“并将劳工带到此地，旅费自理”。③ 19 世纪 30 年代至 40 年代，中国劳工经常被整船送到毛里求斯。1840—1843 年，毛里求斯招募的农业工人主要是契约华工。据统计，从 1840 年 12 月 29 日至 1843 年 7 月 5 日，从新加坡、槟城和加尔各答运送到毛里求斯的契约华工，共有 2 303 人。④

到了 1860 年，有 379 名中国人移居毛里求斯。⑤ 之后，陆续有成批的华人移民毛里求斯。19 世纪 70 年代时，华侨在毛里求斯的人数为 3 000 多人，其中客家人约有 1 500 人。⑥ 据统计，1895—1900 年间，移居毛里求斯的中国人多达 7 000 人。⑦ 从 19 世纪末期以后，移入毛岛的华侨多数是广东省梅县的客家人。20 世纪以来，客家人的人数在毛里求斯华人社会中大大超过了广府人和福建人，占据当地华人人数的绝大多数。

早在 1817 年，毛里求斯路易港已经出现了“中国营”或“中国村”等居民区。随着移民的增多，逐渐在毛里求斯形成了一个华人社会。另据统计，1911 年，毛里求斯华人社会中的妇女共有 355 人，其中 134 人来自中国。⑧ 到 1972 年，毛里求斯华侨男性有 12 849 人，女性 11 235 人。⑨ 一个性别比例稳定健全的华侨社会形成了。

目前，毛里求斯共有华侨华人约 4 万人，占该国总人口的 3%，半数以上居住在首都路易港。其中，老华侨华人有 3 万多，梅县客家人约占 90%，南（海）顺（德）人约占 10%，还有少数福建人、山东人、湖北人、天津人和上海人。⑩

三、毛里求斯华人社会概况

毛里求斯华人人口虽少，但在毛国经济、社会、文化各个领域均发挥着重要作用。

1. 华侨华人与当地民族的关系

从国情出发，毛里求斯政府在文化教育方面推行多元文化政策，主张各种语言、文化与宗教并存，让每个民族都能保留和发扬各自祖籍国的文化传统。毛里求斯政府推行的政策也不带任何排外倾向，华人被当作本国人一样对待。1968 年独立后，当地政府就宣布任何华人均可以加入毛里求斯国籍。

如今，华人在毛里求斯的经济、社会、文化等各个领域均发挥着重要的作用，享有一定的社会和经济地位。他们与当地其他族群人民友好相处，共同发展、繁荣和丰富着当地

---

① 方积根编：《非洲华侨史资料选辑》，北京：新华出版社 1986 年版，第 24 页。
② 陈泽宪辑：《非洲地区英、法、比、葡、西、德各殖民地招募华工纪略》，第 259 页。
③ 陈泽宪辑：《非洲地区英、法、比、葡、西、德各殖民地招募华工纪略》，第 260 页。
④ 方积根编：《非洲华侨史资料选辑》，北京：新华出版社 1986 年版，第 299 ~ 230 页。
⑤ 方积根编：《非洲华侨史资料选辑》，北京：新华出版社 1986 年版，第 104 页。
⑥ 李安山：《非洲华侨华人史》，北京：中国华侨出版社 2000 年版，第 154 页。
⑦ 方积根编：《非洲华侨史资料选辑》，北京：新华出版社 1986 年版，第 108 页。
⑧ 方积根编：《非洲华侨史资料选辑》，北京：新华出版社 1986 年版，第 288 页。
⑨ 方积根编：《非洲华侨史资料选辑》，北京：新华出版社 1986 年版，第 187 页。
⑩ 朱慧玲：《非洲侨情及其特点》，《八桂侨刊》2002 年第 1 期。

的多元文化。

2. 华侨华人的政治参与

19 世纪末，华人开始在毛里求斯获得公民权，当时的英国殖民政府承认华侨有权利和义务参与国家的政治生活。毛里求斯独立后，其政府采取多元文化政策，欢迎华侨加入当地国籍，3 万老华侨几乎全部加入毛里求斯国籍。而且，自 1968 年独立以来，毛里求斯历届政府为了表示对华人的重视，都保留一个部长职位给华人，曾在毛政府担任部长职位的华人有朱梅麟（地方行政部长，其女朱志筠曾任驻华大使）、李国华（旅游部长）、钟律芳（司法部长，后任驻华大使）、曾繁兴（文化部长）、陈念汀（司法部长）和邓学升（青年和体育部长）等。他们在促进毛里求斯国家政治发展中都发挥着重要作用。①

华人也曾多次担任过首都路易港市长等，如上文提到的李国华于 1984 年当选为首都路易港市长，陈凯曾担任毛国驻法国大使，被誉为“毛岛出口加工区之父”的林满登教授曾是毛里求斯大学副校长。

3. 华侨华人经济

19 世纪以来，华侨垄断了毛里求斯零售业。20 世纪以后，华人经济朝多元化发展，他们从事的经济行业从零售、贸易扩散到各种小型工业。20 世纪 50—60 年代，毛里求斯华人除经商外，主要集中在服务业。1970 年以后，华人响应政府“工业爱国”的号召积极投资工业自由区，使华人经济得到了全面发展。另外，工业自由区鼓励外资的优惠政策，大大吸引了中国内地和港台地区以及东南亚的华商对毛里求斯的投资。毛里求斯的华人经济因此得到进一步发展。② 20 世纪 70 年代，华人经济在工业自由区的投资约达 50 亿卢比，创立了纺织、成衣、化妆品、食品、塑胶等工厂。20 世纪 90 年代，毛里求斯华人经济中的新兴工业，如专门生产电子、电器的工厂约有 20 家。③ 1970 年代，客籍华人胡水秀以 10 万多美元投资纺织厂创业，发展到今天，他的毛里求斯纺织公司（CMT）成为毛岛最大的纺织企业之一，资本额已达 5 亿美元，雇用员工 2 000 多人，每年出口 500 万件名牌服饰，主要销往英国、法国和美国。④

毛里求斯政府还大力提倡发展旅游业，华人趁机在所擅长的餐饮业和旅馆业大显身手，也为该国经济作出了积极贡献。

目前，华侨华人中从事商业和工业者约占 75%，自由职业者和公职人员占 25%，毛国华人多数处于中等经济状况。现在全岛有 3 000 ~ 4 000 家华人商店，其中，首都路易港有1 500多家。（罗斯希尔）荷精、（居尔皮普）鸠毕、卡特邦等城市也是华人聚集地。华人主要从事家用电器、照相器材、服装、杂货、五金等日用百货行业的零售批发，也有一些从事饮食、旅游、旅行社、娱乐场等服务性行业。近些年来，经济实力较强的华商已经转向进出口、工业、船务代理、银行、保险等工商业综合发展。较大的华商有 15 家，如林白公司及阙玉生家族、黎子达家族、谢锡环家族、朱梅麟家族、林俭祥、李柏昌、杨锡

① 巫秋玉：《客家文化在海外的传承与发展——以毛里求斯客家人为例》，《八桂侨刊》2009 年第 1 期。

② 黄小用：《二战后非洲华人经济发展探析》，《西南交通大学学报》（社会科学版）2004 年第 3 期。

③ 华侨经济年鉴编纂委员会：《华侨经济年鉴》，台北：正中书局 1994 年版，第 923 ~ 925 页。

④ 巫秋玉：《客家文化在海外的传承与发展——以毛里求斯客家人为例》，《八桂侨刊》2009 年第 1 期。

源、钟棉钊等。①

4. 华侨华人社团

南顺会馆是毛里求斯历史最悠久的华人宗亲社团，1859 年成立，主要由顺德、南海籍侨胞组成。该馆原叫南顺会公司，其宗旨是团结乡亲、促进乡谊。1894 年南顺会公司集资修建了会所，改名南顺会馆。1902 年，会馆扩大会所，设关帝神坛和祖先神坛，以作供奉和祭祀之用。目前会员人数有 3 000 多人。南顺会馆是毛里求斯华人社团中产业最多的一个组织，除市区几处产业外，还有协天宫、关帝庙和天后庙，香火鼎盛。

仁和会馆的前身是 1790 年成立的“仁和旅馆”，是毛岛华人社会历史悠久和最有影响力的一个社团，1877 年会馆落成，原为客属华侨团结互助求生存求发展的同乡组织，1904 年会馆向政府注册，宗旨是济困扶危、排难解纷。会馆创办新华学校，弘扬中华文化，而后新华学校逐步发展为具备中小学的新华中学及附小，为当地培养了不少人才。该会馆现有会员 250 人，大多是店主和企业老板。

1908 年，毛里求斯华人建立了华商总会，最初名为华商公所，后改称华商总会，会址设在路易港。它成立初期只是一个零售商同业组织，后来向当地政府注册成为全国性的华侨华人经济社团，下辖东区、西区等区分会，总会分会经费全靠华商捐款，除用于会务活动之需外，还拨款资助难侨。商会还筹资创办学校、书报社、国术和国学学习班等。

毛里求斯华侨书报社成立于 1926 年，其宗旨为开通华侨知识、增进华侨学理、促进华人新事业，其经常订购报刊、图书供社员阅览，提倡研究文化事业。

截至 1929 年，毛里求斯华侨团体共有 72 个。重要的团体有华侨商会、仁和会馆、南顺会馆等。②

客属会馆，成立于 1930 年代，现有会员六七百人。其宗旨是联络毛岛各地的客家人，不分信仰宗教，团结华人和华人团体，共同为毛国社会繁荣昌盛而努力。会馆也从事救助贫侨活动等慈善福利事业。

毛里求斯华人的宗亲社团也有很多，约 40 个。仅向政府注册立案的就有张氏会馆、黄氏江夏堂、林氏集义会（林家馆）、吴氏自治会（吴氏延陵馆）、何氏族馆、邓氏云台堂、黎致远堂、侯氏安国会馆、陈氏世昌堂、李氏陇西堂、钟氏敦睦堂、南阳堂、清河堂、彭城堂、安定堂、刘关张古城会馆以及罗氏、黎氏、何氏、霍氏家馆等等。③

1977 年，陈庆麟等人发起成立华联会，该会宗旨是争取提高华人的政治地位，弘扬中华文化，扶危济贫和促进华人文化教育事业。1990 年代初期有会员 600 人，都是中高级知识分子，以青年人多、专业人士多、妇女会员多为其特色。

1986 年 10 月，毛里求斯华人社团联合会成立于路易港，它最初由 18 个华人社团经过民主协商联合组成，宗旨是“组织全侨性活动，推动华侨华人社团团结，促进华侨华人公益事业”。“凡承认本会章程，拥护中华民族统一，愿为华人团结及华人公共利益服务的现有华侨华人社团与华人文化教育机构，均可申请登记为会员。”该会现有团体会员 24 个，即南顺会馆、广东会馆、培英武协会、飞龙体育会、华联会、华人妇联会、冰城威廉妇

① 朱慧玲：《非洲侨情及其特点》，《八桂侨刊》2002 年第 1 期。
② 梅显仁：《非洲华人社团的变迁》，《侨园》1997 年第 6 期。
③ 梅显仁：《非洲华人社团的变迁》，《侨园》1997 年第 6 期。

联、齿轮会、中文教师联合会、野草青年会、亚济拉文艺团、波罗太极会、荷精太极会、鸣必太极会、新中校友会、中青联谊会、毛中友协、中华舞狮队、新华黄事会、华侨时报、镜报、新华学校、华龙会以及中国音乐学校等。①

1988 年 7 月 1 日，毛里求斯中国文化中心在路易港成立。它以传播中华文化为宗旨。中心设有图书馆、阅览室、录像放映室和电影厅等，阅览室藏书 1 万多册，中外杂志数十种，中西报纸 10 多种，可供读者外借。

1991 年 9 月，毛华协会注册成立。它是华人企业家和著名人士的组织，宗旨是促进华人福利事业和团结工作，促进华人间以及华人与当地人民之间的友好关系、和睦相处。

华商经贸专业联合会成立于 1998 年 4 月，会务活跃，多次举办经贸、物价税收、有关法律及保护华商利益等专题讲座和研讨会。现有会员 240 多人，均系经贸、商业界人士。

21 世纪初，毛里求斯共有华侨华人社团约 100 个，其中 40% 比较活跃，主要社团包括华人社团联合会、仁和会馆、南顺会馆、华商经贸专业联合会、华联会、客属会馆、明德中心、新中校友会。②

5. 华文媒体

据粗略统计，非洲华人创办的报刊大约为 47 种，其中毛里求斯有 16 种。③

根据毛里求斯历史学家李卓凡提供的资料，非洲最早的华人报纸是在毛里求斯发行的《毛里求斯华文报》，创刊时间为 1895 年，语言为中文，目的是“为了向成员提供关于中国的事件的消息”。其他两份报纸《华民日报》和《华侨商报》也是毛里求斯的华人报纸。《华民日报》于 1926 年创刊，是由当地侨商雷璧堂出资创办的一种两天一期的小报。1932 年，在毛里求斯国民党支部负责人李伯宇主持下，该报改组更名为《中华日报》，并于 1932 年 8 月 11 日正式出版。李伯宇担任第一任社长。《华侨商报》则创刊于 1926 年 9 月 7 日。

到了 1950—1960 年代，毛里求斯的华文报纸达 8 种之多，如《中国时报》（1953 年 12 月 10 日创刊）、《华侨时报》（1955 年 9 月 16 日由《中国时报》与《华侨商报》合并而成）、《新商报》（1956 年 3 月 8 日创刊）、《光华日报》（1956 年 11 月创刊）、《自由报》（1956 年 12 月创刊）、《国民日报》（1958 年 10 月 31 日创刊）和《中央日报》（1960 年 6 月 25 日创刊）。

华人报刊在传播信息、宣传鼓动、联络感情和刊登广告等方面发挥着重要作用。

6. 华文教育

早在 1911 年，就有一些客籍华侨从梅县请来教师开办华文私塾。1912 年，毛里求斯成立了全非洲第一所全日制华文学校“新华小学”，黎达夫为第一任校长。新华学校规定“为本埠全体客属华侨组织而成”，由仁和会馆出资、出房舍而创办，学校的一切政务都由客家人管理。该校鼎盛时有学生上千人，在非洲地区首屈一指。学校的教学内容虽与国内

① 国务院侨务办公室秘书行政司资料室编：《各国华侨华人》，北京：国务院侨务办公室秘书行政司资料室 1991 年版，第 118 ~ 119 页。

② 朱慧玲：《非洲侨情及其特点》，《八桂侨刊》2002 年第 1 期。

③ 李安山：《试析非洲华人报刊的历史演变与社会功能》，《华侨华人历史研究》2001 年第 3 期。

的相同，但教学语言使用客家方言。后来由于学生受升学压力影响转学到西文学校，新华学校一度停办。1975 年后，在仁和会馆等侨团的支持下，新华学校得以复办，改为周末补习班。目前在校学生有 200 多名，为毛里求斯规模最大的周末中文学校，2012 年入选国务院侨办 100 所海外华人教育示范学校名单。

1937 年，毛里求斯华侨办的小学有六七所，用中文授课。这些学校毕业的学生，或回中国升入中学，或投考当地公立或私立中学。但当地中学用英文或法文授课，因此要升入当地的中学必须事先补习英文和法文。为了便于华侨子弟顺利升入中学，1941 年在路易港创办了新华中学和中华中学。

20 世纪 60 年代初，毛里求斯共有 10 所华文学校。①

2004 年，毛政府实行一项新的教育措施，将包括汉语在内的东方语言考试成绩纳入小学六年级考试总分。新措施给毛岛华文教育注入新的活力。目前毛岛开设汉语课的小学有 23 所，学生有 2 000 余人；中学有 10 所，学生有 200 多人。另外由中国文化中心开设的汉语班有 5 个，社团开办的汉语补习学校有 3 所，即新华学校、华夏学校（毛中文教师联合会办）、光明学校（前新华学校校长林碧芳办）。华文学校保证了中华文化在毛里求斯华人社会中的薪火相传。

毛里求斯中国文化中心是中国文化部在海外建立的第一个中国文化中心，1988 年 7 月 1 日在路易港成立。20 多年来，中国文化中心的汉语教学逐渐走上正轨，并成为当地汉语教学的一面旗帜。目前汉语教学班有 5 个，分 2 个入门班、1 个初级班、1 个中级班、1 个高级班，共有学员 130 人左右。②

7. 华侨华人宗教信仰

在非洲，首座由华侨兴建的寺庙是位于毛里求斯路易港的关帝庙。1842 年 1 月 29 日，在侨领陆才新的倡议下，移居毛里求斯的闽、粤华侨集资在路易港兴建了奉祀关羽的庙宇，陆才新和其他四位华侨知名人士主持庙务。陆才新去世后，他的继任者阿衡、邓云于 1895 年又修建了另一座关帝庙。在早期非洲华侨历史上，大大小小的关帝庙以毛里求斯路易港的关帝庙作为总庙，一直受到非洲华侨的尊崇。③ 同海外其他地区华人社会历史上的著名寺庙一样，毛里求斯的关帝庙曾经也既是华人社会的一个民事和司法机构，又是一个慈善公益中心，具有相当广泛的社会职能，在相当长的历史时期内起着领导和管理当地华人社会的作用。

进入 20 世纪以后，随着中华商会及仁和会馆等其他社团组织在华人社会中发挥日益重要的作用，关帝庙的地位才逐渐降低。

总体来看，在宗教信仰上，毛里求斯的华人尤其是客籍华人是祖先崇拜者、关帝崇拜者，可能同时是佛教徒和天主教徒。④ 华人在毛里求斯的多教信仰现象，是他们在新的环境下，融合了中国传统文化与毛国本地文化，产生的一种多元化的信仰生态。

目前，在宗教信仰上，毛里求斯华人皈依天主教者大约占 80%。不过，属于中国传统

① 许永璋：《毛里求斯的华工和华侨》，《河南大学学报》（社会科学版）1993 年第 1 期。
② 张鑫：《毛里求斯汉语教学调查》，《世界教育信息》2010 年第 9 期。
③ 梅显仁：《非洲华人社团的变迁》，《侨园》1997 年第 6 期。
④ 巫秋玉：《客家文化在海外的传承与发展——以毛里求斯客家人为例》，《八桂侨刊》2009 年第 1 期。

的宗教信仰仍然保留着。

8. 新华侨华人移民

近 20 多年来，移居毛岛的新华侨华人超过 1 万人，他们当中以来自浙江的打工族为主，此外也有不少中国香港、台湾地区的同胞和东南亚华人来毛投资办厂，成为经济移民。①

与“老侨”相比，中国新移民的来源更多样化，从事职业涉及面更广，分布的范围也更广。

新移民不断增多，他们带去的资金、先进的技术，为当地华社注入了新血液。

9. 华社领袖

陆才新是早期毛里求斯华人社会中的著名侨领，也是毛里求斯华人社会的奠基人。②在 50 多年的时间里，陆氏接待新来的华侨，帮助他们找工作；主持各种宗教仪式，并且代表华人社会同毛里求斯政府打交道。陆才新晚年回到中国，1874 年去世。

亚方·唐文（Affan Tank Wen）是早期毛里求斯华人社会中另一名著名侨领。他 1842 年出生于广东，1861 年 10 月 31 日移民到毛里求斯，先受雇于首都路易港一个富裕的华人家庭所开设的商店，后来与店主的女儿结婚，从此一直活跃于当地的华人社区。1882 年，他被毛里求斯总督轩尼斯（Pope Hennessy）任命为选举改革委员会成员。1888 年，作为华人领袖之一，他代表华人社区远赴英国觐见维多利亚女王。唐文在华人社区举办各类慈善活动，1899 年，他出资在路易港建立一家医院，专门收治患有流行病的华人，被称为华人社区的“保护者”。唐文曾担任南顺会馆的首任会长，于 1900 年 6 月 2 日逝世。

朱梅麟是毛里求斯华人中另一位杰出的政治家。朱氏本是毛里求斯的华人巨商，在华人中威望甚高。1941 年太平洋战争爆发后，在朱梅麟的倡议下，华人建立了自卫队，取名为“华人保家大队”，保卫毛里求斯，该队伍不久即正式编入国家正规部队。与此同时，在朱梅麟的推动下，华人积极开展援助中国抗战的活动。1948 年，朱梅麟作为华人社会的代表成为立法议会的议员，正式开始了从政生涯。1953 年，他第二次被任命为立法议会议员。1963 年，朱氏参加路易港海滨区的竞选活动并当选。1967 年，他再次当选，并被毛里求斯政府任命为地区管理部长，直到 1976 年卸任。③

毛里求斯的华人中还出现了一批较为有名的作家、历史学家。罗塞打·钟华的短篇小说《他将是一个站着的人》、《阿妹》和《别处的草更青》曾获 1979—1980 年毛里求斯广播电台举办的最佳短篇小说奖，而雨盖特·李卓凡的《西印度洋华侨史》则是从总体上研究西印度洋华侨史的一部力作。④

1991 年，华人林满东教授被封为爵士，林氏首先提出在毛里求斯设立出口加工区，他为毛里求斯工业发展作出了卓越贡献。

---

① 朱慧玲：《非洲侨情及其特点》，《八桂侨刊》2002 年第 1 期。

② 许永璋：《毛里求斯的华工和华侨》，《河南大学学报》（社会科学版）1993 年第 1 期。

③ 董悦华：《1910 年以来的非洲华人及其与中国的关系》，《山东师范大学学报》（人文社会科学版）1994 年第 2 期。

④ 董悦华：《1910 年以来的非洲华人及其与中国的关系》，《山东师范大学学报》（人文社会科学版）1994 年第 2 期。

目前，华侨华人文化、血缘的高度当地化和年轻华裔的大量外迁，导致了传统毛里求斯华社“质”与“量”的急速萎缩。在毛里求斯，华侨华人第三代一半在英国、法国和加拿大留学，且多数滞留不归。子女在第三国站稳脚跟后，父母随之移居第三国的现象也较为普遍。这种“父母先送子女上路，子女再带父母外迁”的再移民方式，已经“破坏”了毛里求斯传统华社的自然人口平衡，造成了传统华社的后继乏人和“量”的急速萎缩。而留下未外迁的华侨华人第二、第三代，也多就读于当地学校，不谙乡音，对中华文化十分淡漠，其生活方式、价值观乃至血统，当地化的程度都相当高。①

四、毛里求斯与中国的关系

1968 年 3 月 12 日，毛里求斯宣布独立，时任中国总理周恩来致电拉姆古兰总理表示祝贺。1972 年 4 月，拉姆古兰总理夫妇访华。4 月 15 日，中毛两国决定建交并签署了《经济技术合作协定》。1983 年 5 月，毛里求斯贾格纳特总理访华，双方签署《经贸技术合作协定》，并决定成立中毛经贸混委会。1991 年 7 月，贾格纳特总理再次访华。2000 年 11 月，中毛签署中国政府向毛提供 1.5 亿元人民币优惠贷款的框架协议。2002 年 7 月，贾格纳特总理再次对中国进行正式访问，两国还签署了《中毛经济技术合作协定》、《中毛教育合作协议》及《中国最高人民检察院和毛里求斯总检察院、司法和人权部合作谅解备忘录》。2005 年 1 月，毛里求斯总理贝朗热正式访华，劳工部长苏登、妇女部长纳娃尔等随行，其间，两国签署《中毛经济技术合作协定》和《中毛关于双边劳务合作的协定》。2009 年 2 月，时任中国国家主席胡锦涛对毛里求斯进行访问。

中毛建交以来，双边贸易发展平稳，中国对毛里求斯长期保持顺差。2003 年两国贸易额达 11 055 万美元，同比增长 16.8%，其中中国出口 10 742 万美元，进口 313 万美元。近年来，中国对毛里求斯出口稳步增长，增幅保持在 10% 以上，出口商品以纺织原料、机电产品和贱金属及制品为主。中国从毛里求斯进口不多。据中国海关统计，2006 年中毛进出口总额为 20 508 万美元，同比增长 10.5%，其中中国对毛里求斯出口 19 775 万美元，进口 733 万美元，同比增长 11.5% 和下降 11.5%。2007 年 1—3 月双边进出口总额为4 652 万美元，同比增长 20.0%。中国对毛里求斯出口增长点主要来自纺织原料、机电产品和高新技术产品等，从毛里求斯主要进口冻鱼。据毛方统计，2006 年毛里求斯向中国出口 1.67 亿卢比（约合 526.3 万美元），从中国进口 99.86 亿卢比（约合 3.15 亿美元），占毛里求斯进口总额的 8.6%。中国是毛里求斯第三大进口国，位列法国和印度之后。②

自 1972 年两国建交以来，中国在毛里求斯援建了机场航站楼、机动车修理厂、体育场、桥梁住宅、医院、老年人活动中心、客货两用船等项目。

中国在毛里求斯承包工程业务始于 1982 年。2010 年 2 月时，已经有 17 家中国公司进入毛里求斯，包括 3 家央企、4 家地方国企，从事基础设施建设或贸易进出口。

据统计，截至 2006 年底，中国在毛里求斯直接投资金额超过 5 000 万美元，其中经商务部批准和备案，中国在毛里求斯投资设立的主要企业有天利纺纱（毛里求斯）有限公

---

① 朱慧玲：《非洲侨情及其特点》，《八桂侨刊》2002 年第 1 期。

② http：//mu. mofcom. gov. cn/article/zxhz/hzjj/200705/20070504686462. html.

司、香港上海针织有限公司、毛里求斯天利经贸合作区。[①]

中毛劳务合作始于 1989 年。2003 年中国在毛里求斯劳工人数一度达到 1.2 万，其中绝大部分从事纺织劳务。根据中方统计，2007 年第一季度时中国在毛里求斯劳务人数保持 7 000 人以上水平。现在毛里求斯仍是中国向非洲国家派遣劳务人员最多的国家。据毛方统计，中国现在在毛里求斯劳务人数共 9 000 多人。[②]

近年来，中毛两国友好关系不断发展，教育领域合作日益深化，中国政府每年向毛里求斯提供大量奖学金名额，希望毛里求斯学子们在华学知识的同时，也学习中国文化，成为两国文化交流的使者。

① http：//mu. mofcom. gov. cn/article/zxhz/hzjj/200705/20070504686462. html.

② http：//mu. mofcom. gov. cn/article/zxhz/hzjj/200705/20070504686462. html.

南　非

本文从基本国情、与中国关系、华侨华人历史和现状、华人安全问题以及侨情未来发展预测等几个方面对2012年的南非侨情进行了梳理，提出南非仍将是当代中国人向外移居的一个热门国家，着重分析了南非华人社会安全问题的原因、发展和对策。

一、南非基本国情

南非共和国位于非洲大陆的最南端，面积1 219 090平方公里，北面毗邻纳米比亚、博茨瓦纳、津巴布韦、莫桑比克和斯威士兰，另有处在南非境内国中之国的莱索托。其余东南西三面均面对大西洋和印度洋，海岸线长2 798公里，地理位置十分重要。西南端的好望角在苏伊士运河开通前300多年的时间里一直是沟通欧亚的必经之地。到目前为止，每年仍有大量巨轮从这里通过，这里依然是连接东西方的一条重要海上航道，也是著名的旅游景点。南非大部分地区属热带草原气候，夏季最高气温为30多摄氏度，冬季最低气温可达零下10摄氏度。南非因为其地理位置独特、风景秀丽、人文多元、气候宜人等因素，成为很多游客与移民的首选之地，享有“彩虹之国”的美誉。

南非自然资源丰富，特别是矿产当属世界上最丰富的国家之一，其中金、铬、钻石和白金的生产量均占世界第一位。自20世纪90年代废除宗族隔离制度后，南非政治稳定、经济发展快，拥有较为完备的基础设施和法律保障，市场日趋成熟，是目前非洲大陆最为发达的经济体，被誉为整个非洲大陆的经济火车头。具体情况见下表：

南非概况

国家全名	南非共和国	地理位置	非洲大陆最南端	领土面积	1 219 090平方公里
首都	南非有三个首府 行政首都：比勒陀利亚 立法首都：开普敦 司法首都：布隆方丹	官方语言	11种官方语言：英语、阿非利卡语、祖鲁语、科萨语、斯佩迪语、茨瓦纳语、索托语、聪加语、斯威士语、文达语和恩德贝勒语	主要民族	祖鲁、科萨、斯威士、茨瓦纳等
政体	总统制共和国、多党民主制度	执政党/主要反对党	非洲人国民大会/民主联盟、人民大会党、因卡塔自由党	现任国家元首/政府首脑	现任总统：雅各布·祖马；内阁首相兼副总统：卡莱马·莫特兰蒂；终身名誉总统：纳尔逊·曼德拉

（续上表）

人口数量	48 810 427（2011 年）	华侨华人人口数量	35 万左右（2011 年）	华侨华人占总人口比例	0.7%（2011 年）
GDP/人均GDP	5 786 亿美元（购买力平价）；3 909 亿美元（官方汇率）/11 300 美元（世界排名 107）①	CPI	5.2%（世界排名 143）	失业率	24.4%（世界排名 170）

二、与中国的关系

中国与南非于 1998 年正式建立外交关系，尽管建交时间很短，但两国的关系发展迅速。在 2013 年 1 月庆祝中国与南非建交 15 周年的招待会上，中国驻南非大使田学军在讲话中使用了“三级跳”的说法：建交两年后的 2000 年确立了“伙伴关系”，2004 年进一步发展成“战略伙伴关系”，到 2010 年则提升为“全面战略伙伴关系”，短短 10 年内实现了从“伙伴”到“全面战略伙伴”的“三级跳”。田学军大使在讲话中巧妙借用建交 15 年的英文“fifteen”7 个字母，创造性地用 7 个英文单词描述了中国与南非关系的发展：Friendship、Independence、Future、Triple-Jump、Economic Tie、Exchange、New Chapter，即“友谊”、“自主”、“未来”、“三级跳”、“经济联系”、“人文交往”和“新篇章”7 个主题，十分形象地说明了两国关系的发展历程与特色成就。

在 2012 年，两国的关系进一步发展，各个领域都有着重要事件发生。在经济领域，根据中国海关总署最新统计，2012 年两国贸易总额已达 599.45 亿美元，约为建交前 1997 年（15.73 亿美元）的近 40 倍。中国已连续多年成为南非最大的贸易伙伴国，南非也是中国在非洲最大的贸易伙伴。目前，许多中国企业到南非投资设厂，截至 2012 年 8 月，中国在南非的非金融类直接投资达 41 亿美元，涉及矿业、家电、汽车、餐饮等领域。②

在政治与外交领域，2012 年两国高层互访不断，其中南非总统祖马与时任中国国家主席胡锦涛在不同场合共见面 4 次，是与中国国家领导人会晤最频繁的非洲国家领导人之一。2012 年 1 月 8 日，时任中共中央政治局委员、中央书记处书记、中组部部长李源潮出席了南非国民大会成立 100 周年的庆典并会晤了非国大主席、南非总统祖马。11 月 26 日，中国外交部副部长翟隽同南非国际关系与合作部副部长易卜拉欣在比勒陀利亚共同主持了中国南非第五次战略对话。总之，中南两国高层交往日益密切，议会、政党等各层次交往

① 美国中央情报局 2013 年 1 月 5 日的更新数据，但标明 2012 年为估计数字，下面的 CPI 以及失业率均来源于此，http：//www.cia.gov/library/publications/the－world－factbook/geos/sf.html。

② 《驻南非大使田学军在庆祝中国与南非建交十五周年招待会上的讲话》，中国外交部网站，http：//www.fmprc.gov.cn/mfa_ chn/dszlsjt_ 602260/t1010204.shtml。

不断深化，“中南关系已成为中国与发展中国家关系的典范”。①

在国际关系领域，因为两国存在着诸多相似之处，诸如均属于发展中国家、同为金砖国家、同是联合国和二十国集团等多边机制的成员，在对外交往中，均尊崇独立自主的外交理念和政策，在重大国际和地区事务中都主张发扬民主、平等、协商精神和不干涉他国内政等等，所以，两国在国际场合的很多问题上均有着相似的立场和共同话语，而且作为发展中国家都有着较大的影响。

田学军大使所强调的人文交往（Exchange）在2012年更是取得了引人瞩目的成就。2012年1月31日，南非航空正式开通了北京—约翰内斯堡的直航航线，将原来不得不从中国香港、新加坡或迪拜转机20多个小时的飞行时间减为15个小时，结束了两地之间无直飞航线的历史。据不完全统计，2012年1—9月，中国前往南非的游客达9.6万人，同比增长63.5%，预计2012年全年将历史性地超过10万人。祖马在2013年2月14日的《国情咨文》演说中谈及旅游业时还专门提到了中国。② 实际上，南非目前已成为“与中国建立友城最多、设立孔子学院最多、吸引中国游客最多和接收中国留学生最多的非洲国家”。③

三、南非侨情概况

由于地理位置比较理想、气候宜人、文化多元以及较高的经济发展水平等，南非一直是很多国际移民特别是非洲大陆移民的首选地。根据2011年人口统计，1996年以来移入南非的人口高达1 400万，绝大多数是非洲人，而同一时期移出南非的白人也有44.7万。④ 与此相比，华人在南非的人口构成中只占有很小的比例，即使按照目前最大估计的五六十万人的数据，也只占整个南非人口总数的1%左右。⑤

早期南非的华人主要由来自中国和东南亚的移民、荷属东南亚殖民地流放的华人以及没有按规定回国留在南非的契约华工三部分构成。⑥ 比较成规模的华人移民开始于19世纪后半期，主要动因是南非的淘金热，1899—1902年英国击败南非布尔人之后，更是大规模安排华人劳工开发南非。这些前来开采金矿的华工高达数万人，有记录表明1904—1910年仅约翰内斯堡附近的威特沃特斯兰德金矿就招募了63 695名华工。在很大程度上，正是由于华工数量的剧增，引发了当地的一些社会与政治问题，并导致了1904年的排华法案。与其他国家排华不一样的是，南非的排华几乎是针对所有华人阶层的全方位反华运动，之后不但没有新的华人进入南非，而且完成劳工契约后的大部分华工也都离开了南非。1930

---

① 《驻南非大使田学军在庆祝中国与南非建交十五周年招待会上的讲话》，中国外交部网站，http：//www.fmprc.gov.cn/mfa_chn/dszlsjt_602260/t1010204.shtml。

② State of the Nation Address By His Excellency Jacob G Zuma，President of the Republic of South Africa on the occasion of the Joint Sitting Of Parliament Cape Town，http：//www.info.gov.za/speech/DynamicAction? pageid = 461&sid = 34250&tid = 98676.

③ 《驻南非大使田学军在庆祝中国与南非建交十五周年招待会上的讲话》，中国外交部网站，http：//www.fmprc.gov.cn/mfa_chn/dszlsjt_602260/t1010204.shtml。

④ http：//www.statssa.gov.za/publications/P0302/P03022011.pdf.

⑤ 多数的研究都言及目前在南非的华侨华人总数大概在30万~35万之间，在笔者与中国驻南非大使馆的官员交谈中，对方也说人数在35万，但亦有说法是60万。

⑥ 李安山：《论南非早期华人与印度移民之间的比较》，《华侨华人历史研究》2006年第3期。

年的移民配额法案对英联邦国家之外的所有外来移民实施了更为严格的限制，尽管 1933 年南非当权者因考虑到吸引华人游客和留学生以及鼓励与中国的贸易等而主动废除了排华法案，但上述移民配额法以及 1937 年出台的外国人法案等对吸收华人移民南非均没有多少帮助。①

“二战”后华人移居南非的历史始于 1970 年代，主要是经济腾飞后的中国台湾人。由于中国台湾和南非均遭国际孤立，因此双方建立了“外交关系”，越来越多的台湾官方与民间人员开始进入南非投资办厂，而南非为了吸引台商也出台了大量的优惠政策，可谓“世界上种族隔离制度国家最为慷慨的措施之一”。根据相关研究，1970—1980 年代在南非的台湾人最多的时候达 3 万人，后来逐步减少。② 1990 年代后，特别是 1998 年南非与中国建立外交关系以来，越来越多的中国大陆移民开始进入南非，开启了新一轮的华人移民热潮。

目前南非华人基本上分为三个群体：第一个群体是早期移民南非的华人后代，基本上由第二、第三、第四代组成，人数在 1 万人左右，被称为当地华人或者南非华裔，也被称为南非出生的华人（South Africa - born Chinese，SABCs）；第二个群体来自中国台湾，主要是由 1970—1980 年代的台商构成，最多时达 3 万人，目前基本上在 6 000 人左右；第三个群体是从 1990 年中后期开始到目前仍在增加的来自中国大陆的新移民，这批人数目前应在 20 万 ~35 万之间。③

来自中国大陆的新移民占据南非华侨华人中的绝大多数，但他们之间的差别很大。简而言之，2000 年之前的华人多是中国大陆在南非公司的管理人员，很多是合同结束后选择继续留在南非，他们在教育程度、语言、资金等方面具有明显的优势；相反，2000 年之后大量涌入南非的多是来自全国各地，特别是来自福建的零售商和农民，他们在教育程度、社会地位、技术和资金方面没有任何优势，而且很多都属于非法移民。前者多集中在大城市，而后者则散居在南非的农村和乡镇。④

因为南非老的华人人数很少，而新移民大多忙于生计，所以南非华人整体上很少参政。但是由于中非两国良好的关系，而且南非的自然资源比较富足，所以华人能够较为容易地在当地生活下来，即便是新一代的华人移民，也都迅速成为当地商业流动的一个环节，“积极投入南非的国家建设活动中，对南非的政治、经济、文化和社会的发展发挥着

---

① Karen L. Harris，The Chinese “South Africans”：An interstitial community，in Liu Hong，ed.，*The Chinese Overseas* (*Routledge Library of Modern China*)，London and New York：Routledge，2006，pp. 396 – 422；Karen Leigh Harris，*Chinese in South Africa*，p. 735，http：//www. upf. edu/mon/assig/xialmo/mat/leigh_ 5. pdf.

② Yoon Jung Park，《华人是落地生根的还是跨国主义的？——种族隔离制度废除后南非华裔身份的多重性和易变形》，广东省华侨华人研究会编：《世界海外华人研究学会地区性非洲国际学术会议论文摘译》，香港：香港社会科学出版社有限公司 2008 年版，第 101 ~126 页，引言见第 114 页；Tu T. Huyun，Yoon Jung Park，Anna Ying Chen，Faces of China：New Chinese Migrants in South Africa，1980s to Present，*African and Asian Studies*，Vol. 9，2010，pp. 286 – 306。

③ Tu T. Huyun，Yoon Jung Park，Anna Ying Chen，Faces of China：New Chinese Migrants in South Africa，1980s to Present，*African and Asian Studies*，Vol. 9，2010，pp. 286 – 306. 广东省侨办的调研统计也是 30 万，其中粤籍华侨华人约 2 万，见国务院侨务办公室网站，http：//www. gqb. gov. cn//news/2011/0622/23330. shtml，2011 年 6 月 22 日。

④ 张振江：《莱索托的华人》，《羊城晚报》，http：//www. ycwb. com/ePaper/ycwb/html/2010 – 07/29/content_ 887429. htm，2010 年 7 月 29 日。

重要的作用”。[①] 有学者还特别指出华人在南非经济结构中的特殊角色：“如果说中国新移民在部分发达国家和地区，如美国、日本、西欧等地作为低层次的劳动力填补了当地劳动力市场的空缺，那么在南非这样的发展中国家，中国新移民则构成了当地商业流通的一个环节，并形成了一定规模的，以约翰内斯堡的中国批发商城为基础，辐射南非各地以及周边国家的少数族群经济（the ethnic economy）。这种少数族群经济的表现形式，大多以批发商、零售商、雇员及小规模的贸易商为主，同时还包括由这一群体经营的生产性企业和服务业。虽然中国新移民大多来自中国的乡村地区，经济能力一般，但凭借对中国市场和商业渠道的了解以及移民网络的支持，新移民能以此在南非的小商品批发零售市场站稳脚跟，并且把商业活动扩展到南非各个城市甚至是南非周边国家。”[②]

南非的华人社团也比较零散，但随着新移民的涌入，社团呈现出快速发展的态势。仅2012 年一年，就有几家社团挂牌成立。2012 年 2 月，“南部非洲齐鲁同乡总会西开普省齐鲁同乡会”成立，并通过无记名投票选出“西开普省齐鲁同乡会”第一届会长、副会长和理事会成员以及齐鲁同乡会救助基金会管理委员会成员等。实际上，“南部非洲齐鲁同乡总会”源于“南非齐鲁同乡会”，成立于 1999 年，是中国与南非建交后最早成立的南非华人社团之一。之后，“那他尔省齐鲁同乡会”等也相继成立，目前会员已达 2 000 余人。[③] 10 月，“南非中华工商联合会”在南非的东伦敦市正式成立，成立后的联合会展开了一系列为当地民众服务的活动，得到了东伦敦市政府的支持。[④]

四、华侨华人的安全问题

由于南非的政治治理多元化，再加之诸如黑人与白人贫富分化严重等社会与经济问题，南非整体的治安形势不容乐观，特别是华人集中的约翰内斯堡，华人的安全问题更是令人担忧。笔者在 2012 年 8 月拜访过一位在约翰内斯堡的华商，在询问治安问题时，这位女商人立即讲述了自己被劫匪入室抢劫的经历，并说在南非的绝大多数华商均有被抢劫或盗窃的经历。

除了个人治安问题，整体的华人安全也令人担忧。仅在 2012 年就有不少涉及华人安全的事件发生。在 2012 年爆发的几次较大规模的罢工事件中，华人均受到了一定程度的冲击。2012 年 2 月南非西北省爆发骚乱，华人店铺被洗劫一空。根据《非洲时报》报道，西北省勒斯腾堡（Rustenburg）地区的几个金矿区发生了 5 000 名矿工参与的罢工，并因与警察发生冲突而爆发骚乱，数家店铺和购物中心遭到洗劫。尽管此次骚乱并非针对华人，但华人损失惨重，很多商品被抢劫一空，也有华人被失去理智的矿工袭击。4 月，勒

① Li Ying，Karen Harris，《中国到南非的第三次移民高潮》，广东省华侨华人研究会编：《世界海外华人研究学会地区性非洲国际学术会议论文摘译》，香港：香港社会科学出版社有限公司 2008 年版，第 169 ~ 177 页，引言见第 169 页。

② 陈凤兰：《文化冲突与跨国迁移群体的适应策略——以南非中国新移民群体为例》，《华侨华人历史研究》2011 年第 3 期。

③ 《刘洋当选南非齐鲁同乡总会西开普齐鲁同乡会会长》，http：//www. chinanews. com/hr/2012/02 – 24/3696666. shtml；http：//www. cgcca. org/photo_ album/2013111。

④ 《南非中华工商联合会成立 陈克金俤当选首任会长》，http：//www. chinanews. com/hr/2012/10 – 24/4271998. shtml；《南非中华工商联合会向南非贫苦民众捐赠物资》，http：//www. nanfei8. com/huarenzixun/huarenzixun/2012 – 11 – 22/2205. html。

斯滕堡地区再度爆发骚乱，两家当地华人杂货店在骚乱中被哄抢。[①] 另据《非洲时报》报道，3月7日南非约堡市中心发生大规模群众罢工示威游行，约堡附近的中国商城、百家商城、非洲商贸城、中国商贸城以及香港城都已关闭暂停营业。此次罢工发起者是南非总工会，抗议豪登省高速公路电子收费。当地华商也表示不愿高速公路收费，如开始收费，驾车者会更多地选择走小路，各个路口就必然拥堵，再加上高油费等，会引起物价上涨的连锁反应，且罢工活动更多，华人生意就更难做了。[②] 另据人民网约翰内斯堡8月17日电，南非警察总监菲耶加表示，该国西北省罢工矿工16日下午与警方发生冲突，警方向罢工矿工开枪导致34名工人死亡，78人受伤，而当地华人店铺多数已搬出。[③]

针对上述情况，南非华人、南非政府以及中国驻南非大使馆都已经采取了一系列措施，如在中国驻南非大使馆、南非华人警民合作中心以及豪登省警方的共同努力下，2012年6月21日成立了约堡唐人街警务室，中国驻南非大使、豪登省警察厅厅长、豪登省警民合作论坛主席、南非华人警民合作中心主任以及南非侨界代表100多人出席揭牌仪式。这是南非成立的首个华人社区警务室，旨在为中国旅南侨胞提供全天候的中英文咨询和救助，还能够帮助南非警察及时了解华人社区安全动态，调整工作部署，快速打击违法犯罪活动，为南非华人撑起一把“保护伞”。[④]

2012年11月15日，人民网南非公司、南非华人警民合作中心、文森工作室等在约翰内斯堡唐人街举行了“南非安全365”计划签字仪式。中国驻南非大使馆官员及南非侨团负责人等出席了签字仪式。“南非安全365”计划将定期编辑最新警务动态、案件分析、安全提醒等信息，通过人民网南非公司的移动多媒体平台以手机彩信、短信方式发送给每一位订阅者。[⑤] 2012年12月，中国公安部工作组访问南非，一方面了解华侨华人以及中国在南公民所面临的治安与安全形势，与南非执法部门合作破获了几起侵害在南中国公民的犯罪案件；另一方面与南非警察总局、移民局、司法及宪法发展部以及豪登省警察厅、夸祖鲁纳塔尔省警察厅、德班市警察局等执法部门进行了充分交流和沟通，就合作打击跨国犯罪达成了广泛共识。[⑥]

由于中非两国关系良好，南非仍然是中国新移民倾向选择的一个国家，在国内众多移民咨询机构的宣传中，除了发达国家，南非属于重点推荐的国家，咨询机构还罗列出很多吸引人的“移民南非的优势”条件。[⑦] 因此，中国人涌入南非的现象将会持续存在，不少西方学者预测，南非与整个非洲大陆一样，华人人数将会急剧增加。

就中国与南非关系而言，在南非中央政府层面不太可能出现不利于华人的政策变化。

---

① 《南非西北省爆发骚乱　华人店铺被洗劫一空》，http：//southafrica. xdf. cn/201202/1097663. html；《南非西北省爆发骚乱　华人商铺被哄抢损失惨重》，http：//southafrica. xdf. cn/201205/1237479. html。

② 《约堡大规模游行　华人商场被迫关闭》，http：//www. nanfei8. com/huarenzixun/huarenzixun/2012 - 03 - 09/1158. html。

③ 《南非矿工暴动致34死78伤　矿区华人店铺多数搬出》，http：//news. qq. com/a/20120818/000021. htm。

④ 《南非成立首个华人社区警务室　将为侨胞撑起“保护伞”》，http：//chinese. usqiaobao. com/2012 - 06/22/content_ 1441650. htm。

⑤ 《“南非安全365”计划签字仪式在约翰内斯堡举行》，http：//intl. ce. cn/specials/zxgjzh/201211/16/t20121116_23853716. shtml。

⑥ 《公安部赴南非工作组工作成效显著》，http：//world. people. com. cn/n/2012/1224/c57507 - 19988224. html。

⑦ http：//www. investment - immigrants. net/view. asp？ id =92；http：//zhidao. baidu. com/question/224984589. html.

不过，尽管双方在合作打击犯罪问题方面展开了不少合作，但由于上述所分析的南非自身的政治、社会与经济问题，再加之华人本身的问题等，[①] 南非华人的安全问题不但会持续存在，甚至不排除出现阶段性恶化的可能。

① 有一则报道，2012 年 4 月 12 日，南非警方同时在约翰内斯堡和开普敦两个城市逮捕了两位华人，均是因为非法私藏鲍鱼，价值分别高达 200 万和 100 万兰特。见《俩华人藏大量鲍鱼被捕　涉案金额高达 300 万兰特》，http://www.nanfei8.com/huarenzixun/huarenzixun/2012－04－17/1315.html。

爱尔兰

华人进入爱尔兰发生在20世纪50年代，但数量一直不多。近10年来，随着中国新移民（含留学生）的大量进入，爱尔兰华侨华人的数量明显增加。爱尔兰华侨华人经过积极的努力和奋斗，在经济上取得了一定的成功，与当地社会的关系也相处得不错，但华人新移民，尤其是留学生在融入当地社会方面还做得不够。爱尔兰债务危机爆发4年以来，对爱尔兰经济造成了巨大冲击，也影响到当地华人经济的发展及华侨华人的就业。同时，北爱尔兰局势不但关乎英国与爱尔兰的关系，也是影响当地华侨华人生存与发展的一个重要因素，值得关注。

一、爱尔兰基本国情

爱尔兰是一个西欧岛国，西临大西洋，东靠爱尔兰海，与英国隔海相望。爱尔兰虽然在1926年才独立，但已有5 000多年历史，是一个历史悠久的国家。

爱尔兰概况

国家全名	爱尔兰共和国	地理位置	西欧	领土面积	70 280平方公里
首都	都柏林	官方语言	爱尔兰语和英语	主要族群	凯尔特人
政体	议会共和制	执政党/主要反对党	工党/统一党、共和党	现任总统/总理	迈克尔·希金斯/恩达·肯尼
人口数量	4 525 281（2011年人口普查）	华侨华人人口数量	65 000（估计数）	华侨华人占总人口比例	1.44%
GDP/人均GDP	2 177亿美元/40 800美元（2011年估计数）	CPI	1.7%（2012年）	失业率	14.8%（2012年）

资料来源：爱尔兰政府统计网站，http：//www.cso.ie/en/index.html；《爱尔兰国家概况》，中国外交部网站，http：//www.fmprc.gov.cn，2012年6月25日更新；The World Factbook，美国中央情报局网站，https：//www.cia.gov，2013年1月3日更新。

二、爱尔兰华侨华人的历史与现状

1. 爱尔兰华人移民史

华侨华人大量进入爱尔兰发生在20世纪50年代。第二次世界大战后，由于欧洲餐饮业的蓬勃发展，大量香港人经英国到达爱尔兰，谋求发展机会。20世纪70年代以前，香港人一直是爱尔兰华人群体中最大的少数族群。20世纪70年代后，随着越南华侨及马来西亚、新加坡和中国台湾等地留学生及一些专业人员的到来，华人数量不断增加，但是讲粤语的华人依然占多数，且集中于都柏林地区。同时，随着中国改革开放和海外留学活动的兴起，中国大陆留学生赴爱尔兰的人数明显增加，并有少部分的学生家属随往。据调查，这些留学生大部分来自东北辽宁省，少部分来自福建省，几乎90%来自中国城市地区。①

2. 当前爱尔兰华侨华人人口数量

华侨华人②是爱尔兰的一个重要移民族群，是该国非爱尔兰裔常住人口中，超过1万人的12个族群之一。爱尔兰华侨华人在1986年约有1 000人，2002年和2006年爱尔兰人口普查时分别增加到5 842人和11 161人，2011年人口普查的最新数字为17 832人，人数持续增加。③ 需要注意的是，这是爱尔兰官方的人口普查数据，真实的华侨华人人口数量可能远不止这些。以2006年人口普查为例，约有1/3受调查的华侨华人并没有填表。④由此，有人估计爱尔兰华侨华人约有60 000人，⑤ 中国大使馆2008年就估计有60 000人，奥利里和李岚（O'Leary and Li）则认为介乎30 000人到60 000人之间，理由是爱尔兰移民局（Garda National Immigration Bureau，GNIB）2004年签发给中国大陆学生的签证就达到15 933份。⑥ 2012年2月，据中国驻爱尔兰大使馆消息，爱尔兰华侨华人有60 000 ~ 80 000人。⑦ 结合爱尔兰的人口普查数据，加上来自印度尼西亚和越南的华人、中国留学生及循其他途径进入爱尔兰的中国人，我们估计爱尔兰华侨华人在65 000人左右。⑧

从来源地看，目前爱尔兰华侨华人主要来自中国内地、香港及马来西亚，分别占

---

① ［爱尔兰］麦科马克（Jerusha McCormack）主编，王展鹏、吴文安等译：《爱尔兰人与中国》，北京：人民出版社2010年版，第131 ~ 132页。

② 本部分所指华侨华人包括来自中国大陆的留学生、科研人员及务工者。

③ Central Statistics Office，*Census* 2006：*Non-Irish Nationals Living in Ireland*，Dublin：CSO.，2008；*Census* 2011：*Profile* 6 *Migration and Diversity*，Dublin：CSO.，2012. 本部分有关2006年和2011年华人数据，除注明外，均来自这两份人口普查报告。

④ O'Leary，Richard and Li Lan，*Mainland Chinese Students and Immigrants in Ireland and their Engagement with Christianity*，*the Churches and Irish Society*，Dublin：2008.

⑤ "Ireland：A nation of migrants?"，*Business Week Online*，26 July，2004.

⑥ Wang Ying Yun and Rebecca King O'Riain，*Chinese Students in Ireland*，Dublin：NCCRI，2006. 转引自 Ying Yun Wang，The Chinese Earthquake Appeal Network in Ireland，http：//www. tcd. ie/immigration/css/downloads/chineseearthquake26. 05. 09. pdf.

⑦ 《访中国驻爱尔兰大使罗林泉：中爱已成为国家友好相处的典范》，新华网，http：//news. xinhuanet. com/world/2012 -02/18/c_ 111539487. htm，2012年2月18日。

⑧ 在人口普查数据17 832人基础上增加1/3，加上越南和印度尼西亚华人10 000人，以及中国留学生20 000人和循其他途径进入爱尔兰的中国人，约为65 000人。

61.6%、7.8%和8.1%。①

3. 爱尔兰华侨华人的地理分布

爱尔兰华侨华人的地理分布非常集中。根据2006年爱尔兰人口普查数据，约95%的华人居住在城市及其郊区，这其中又有超过2/3分布在爱尔兰首都都柏林以及附近的郊区中，分布在其他城市和郊区的人口约占8%，分布在10 000人以上的城镇的人口占14%，10 000人以下的城镇占5%。有意思的是大多数的爱尔兰城镇都有华人居住。在总计165个城镇中，92个城镇有10个以下的华人居住，28个城镇没有华人居民。② 2011年人口普查数据同样印证了华人地理分布的集中，17 832名华人中，有9 856人居住在都柏林及其郊区，约占全爱尔兰华人的55.27%。③

4. 爱尔兰华侨华人居住与家庭情况

就居住情况而言，2006年人口普查数据显示，4/5的华人租房生活，其中多租住公寓。在拥有自己房子的华人中，78%的人住在公寓里，而剩下的居住于独立住房中。

从家庭情况看，2006年，爱尔兰有4 840个含有华人的家庭，其中超过一半是全华人家庭。全华人家庭中的华人总人数有7 040人，1 700个是华人与爱尔兰裔合住家庭，其中华人2 661人。在2011年，全华人家庭增加到5 193个，华人家庭的增多表明爱尔兰华侨华人群体有进一步集中的趋势，但纯华人组成家庭的规模在缩减。与此同时，与爱尔兰人合住的华人数量也在增多。

再看华人家庭的婚姻和血缘关系。2006年的数据显示，7 040个生活在纯华人组成家庭的人中，有3 770人并没有家族血缘关系，有婚姻和血缘关系的只有500多人。在2 661个与爱尔兰人组成家庭的华人中，与爱尔兰人结婚并有孩子的有756人，夫妇与他人合住的有624人，与爱尔兰人没有家族关系的有594人。可见，华人与爱尔兰人组成的家庭中有较大部分是具有法律上的婚姻或血缘关系的家庭，对比纯华人家庭，这个比例较高。华人与爱尔兰人通婚组成家庭的人数也比结成婚姻关系的华人数目多。这也说明在华人聚集的家庭，合租或者其他非血缘合住家庭比较普遍。

5. 留学生与爱尔兰华侨华人人口结构

2006年，在爱尔兰的11 161名华人中，有54%是男性，46%是女性，平均年龄26.9岁，72%单身。爱尔兰华人新移民多为二十几岁的单身年轻人，占这个年龄段的70%。

年轻人居多的主要原因是爱尔兰华侨华人中有很大一部分是学生。2006年，华侨华人中43%为学生群体，其中有4 406名15岁或15岁以上的学生已经完成了学业，31%的人完成了中学学业，14%以上的人已经完成了非学位的第三级课程，28%的人已经获得学士学位或更高学位。此外还有大约1/3的第三级课程资格来自于社会科学、商业或法律学科，电脑行业（17%）和服务业（13%）也是很受欢迎的选择。无论是正在工作还是失业的华侨华人，有29%的人宣称他们没有完成他们的全日制学习。2011年，15～44岁的

---

① Central Statistics Office, *Census* 2011: *Profile 7 Religion, Ethnicity and Irish Travellers – Ethnic and cultural background in Ireland*, Dublin: CSO., 2012, p. 25.

② Central Statistics Office, *Census* 2006: *Non-Irish Nationals Living in Ireland*. Dublin: CSO., 2008, p. 48.

③ Central Statistics Office, *Census* 2011: *Profile 7 Religion, Ethnicity and Irish Travellers – Ethnic and cultural background in Ireland*, Dublin: CSO., 2012, p. 56.

青壮年华人群体有 9 659 人，占了华人总数的 90% 以上，而年龄在 15 ~ 34 岁的就有 8 029 人。这些数字表明爱尔兰华侨华人中在工作与学习的人占多数。15 岁以上的人口中，就业的有4 893人，求学的有 3 533 人，学生的比例仍然较高。

6. 爱尔兰华侨华人社会经济地位

就社会经济地位而言，爱尔兰华侨华人大部分都从事非体力劳动行业，高等专业人才和高管级别的就业者有 1 520 人，这一比例超过了总人口的 10%，而占大部分的低等专业水平和有一定的劳动技能的劳动者在 3 500 人以上，自由职业者和没有劳动技能的不到 1 000人。据爱尔兰政府调查，90% 的中国留学生来自城市地区，这些人中的一半往往在来爱尔兰之前已在中国取得学位，另一半也有高中以上学历。这表明新一代来爱华侨华人的受教育水平普遍较高。

爱尔兰华侨华人的经济地位中等，素质技能较好，排除学生与老年人，失业者只有极少数。在亚裔移民群体中，汉语是仅次于菲律宾语的第二大语言，但是在不会讲英语的外籍人口中，华人占到了 24% 以上，这对华人更好地融入爱尔兰社会和参与到非华人生活之中形成了一定的障碍。

三、爱尔兰对华关系

1979 年中国和爱尔兰建交后，两国关系取得了长足发展。近年来，在双方共同努力下，通过高级别的外交访问、文化交流、商贸联系和人民往来，中爱关系发展迅速，并取得丰硕成果。用前中国外交部长杨洁篪的话说，中爱关系已成为“不同幅员规模、社会制度、文化传统的国家友好共处的典范”。

首先，中爱政治关系发展良好，高层互访不断。爱尔兰与中华人民共和国在 1979 年 6 月 22 日签署了建交公报，建立了正式的外交关系。近些年来，爱尔兰与中国之间的政治关系通过两国高层之间频繁的互访而得到了深化和加强。1998 年 9 月，埃亨总理访华，回国后制定了以中国为重点合作伙伴的“亚洲战略”。2001 年 9 月，时任国务院总理朱镕基访爱。2003 年的 10 月，爱尔兰总统玛丽 · 麦卡利斯进行了她的第一次访华活动。这是爱总统 15 年来首次访华。在其访华期间，总统玛丽 · 麦卡利斯会晤了时任中华人民共和国主席胡锦涛和时任国务院总理温家宝，强调了两国之间在经济与文化方面的联系的重要性。此后两国高层互访不断，进一步加强了两国政治关系。2012 年 2 月，时任国家副主席习近平访爱，与总理肯尼进行会谈，分别会见了爱总统希金斯、众议长巴雷特和参议长伯克，并出席了中爱经贸投资论坛。3 月，爱尔兰总理肯尼访华，中爱双方发表了关于建立互惠战略伙伴关系的联合声明。

其次，在经济上，两国经贸关系发展良好。中国与爱尔兰的贸易往来始于 20 世纪 50 年代。由于经济互补性不够强，在建交后的 10 余年里双边贸易增长较缓慢。在两国建交时的 1979 年，双边贸易额仅为 515 万美元。近几年，中国采取措施扩大从爱尔兰进口同时增加出口，两国贸易增长速度较快。双边贸易额从 515 万美元增加到 2008 年的 70. 7 亿美元，之后受金融危机的影响，降到 2011 年的 58. 7 亿美元。自 2007 年以来，中国已连续 5 年成为爱尔兰在亚洲的最大贸易伙伴。爱尔兰和中国相互投资也有明显的增加。目前爱尔兰已有 300 多家公司在中国开展业务，一些中国公司也在爱尔兰设立了办事处或欧洲地区总部。截至 2011 年底，爱尔兰累计在华投资项目 241 个，实际投入 6.41 亿美元；中国对爱尔兰累计投资 1.48 亿美元。

再者，中爱在文化、教育、科技等领域的合作也不断深化，双方已签署《科技合作协定》（2000 年 9 月）、《中国国家自然科学基金委员会与爱尔兰科学基金会合作协议》（2005 年 1 月）、《中爱高等教育学位学历互认协议》（2006 年 2 月）、《关于中国旅游团赴爱尔兰旅游签证及相关事宜的谅解备忘录》（2004 年 5 月）等多个领域的合作文件。2004 年，爱尔兰艺术和文化节以及中国文化节分别在中国和爱尔兰举行，使中爱文化关系比以往任何时候都更加密切。同时，两国地方之间的交流也很活跃，上海市与科克市、甘肃省和斯莱果郡、北京市和都柏林市、苏州市与基尔肯尼郡先后结为友好关系。

四、爱尔兰华侨华人与当地社会的关系

爱尔兰华侨华人经过积极的努力和奋斗，在经济上取得了一定的成功，与当地社会的关系也相处得不错。对此，国侨办前副主任许又声曾予以充分肯定："我印象比较深刻的是，在欧洲一些国家和地区，不少华人在做生意时与当地商家以及政府相处得不够融洽，出现过华商与其他商家以及政府对峙的局面，这个情况我在爱尔兰非但没有看到，还听闻我们的侨团与本地政府关系和睦，经常组织各类友好联欢活动，大家遵纪守法，合法经商，我感到十分宽慰。"①

虽然爱尔兰华侨华人与当地社会关系不错，但华人新移民在融入当地社会方面还远远不够。

华人新移民，尤其是留学生，虽然有很强的社会参与意愿，但与爱尔兰人建立紧密关系方面存在诸多困难，给人以"旅居爱尔兰的中国人在某种程度上处于封闭状态"的印象。② 这些困难包括生活压力、语言障碍及有限的交往空间等。③

在生活压力方面，许多爱尔兰华侨华人感到焦虑。爱尔兰政府在签证方面管制严格，许多人面临签证失效、失去合法居留权与工作资格的困境。这些情况更加打击了他们参与公共生活的热情，遇到困难时，更不可能向法律机关求助。还有很大一部分人对在爱尔兰的去留前景感到迷茫，许多学生到爱尔兰都是为了学业深造，也有很多人希望能够最终留下来，但是取得优异的成绩，并在毕业后谋求较好职业的梦想很难成真，很多人为了生计甚至不能专心学业，在学习期间受到的压力与打击也令他们渐渐动摇了毕业后留下的决心。而对于那些想毕业后回国谋求更好发展机会的学生来说，他们不足的学习时间又很难促使他们获得当初预期的学习成绩和就业优势，很多人已经失去了继续深造进修的动力。另外，留学生对于回国后生活前景的担忧，家人当初负债助学的负担，又感到无所适从。这些都使许多人陷于去留难择的心理困境，这对于爱尔兰华侨华人融入当地社会是不

① 《国务院侨办代表团与爱尔兰侨团负责人座谈会隆重召开》，爱尔兰在线，http：//www.0086.ie/article-142-1.html，2010 年 9 月 20 日。

② Nicola Yau，Celtic Tiger，Hidden Dragon：exploring identity among second generation Chinese in Ireland，*Transllocattiions*：*The Irish Migration*，*Race and Social Transformation Review*，Vol. 2，2007，http：//www. translocations. ie.

③ Alice Feldman，Mary Gilmartin，Steven Loyal，Bettina Migge，"Getting on：from migration to integration Chinese，Indian，Lithuanian，and Nigerian Migrants'experiences in Ireland"，http：//eprints. nuim. ie/3566/1/MG_Getting_On. pdf.

利的。

就交往空间看，如前所述，爱尔兰华侨华人中的年轻人很多都选择与华人合租公寓，或者与没有亲缘关系的华人居住在一起。究其原因，首先是华人之间交流比较容易，其次是华人居住区较为集中，相应的生活费用等相比区外也较便宜，而合租公寓也使得费用得到分担。交往空间受限，自然影响华人融入当地社会。

另外，过客心态也是影响爱尔兰华侨华人融入当地社会的重要因素之一。很多华侨华人将爱尔兰视为暂时居留的地方或者更好前景的跳板，没有为长期居住而刻意建立人际关系和社会关系的意识，很多人的朋友圈子与业余爱好仍然是中国式的，爱尔兰元素极少。①

五、爱尔兰华人的政治参与

与其他族裔相比，爱尔兰华人的政治参与程度普遍较低。

都柏林大学的研究人员受爱尔兰移民委员会委托，对立陶宛人、华人、印度人和尼日利亚人进行了大量调查，评估这4个移民群体在政治、经济、社会和文化方面融入爱尔兰社会的程度。从发表的调查报告看，华人的政治参与度很低。

首先，从投票登记率看，华人和立陶宛人、印度人差不多，介乎10%～20%之间，尼日利亚人高达50%；其次，在参与政治活动方面，华人也较冷淡。上述报告显示，华人受访者中仅有1%表示会积极投身政治活动、积极参加工会活动，而印度人、立陶宛人和尼日利亚人参加工会工作的比例分别为7%、8%和25%。②

六、爱尔兰华侨华人社团与华文学校

定居在爱尔兰的华侨华人很早就开始周末聚会，并办有华文学校。随着中国大陆移民的增加，一些华侨华人社团相继成立。经过半个多世纪的发展历程，爱尔兰华侨华人社团逐渐展现其影响力，如争取华人权益、发扬中华文化、促进华人与爱尔兰人士交流等。

爱尔兰华侨华人主要社团简介如下。

1. 爱尔兰利默里克华裔会

爱尔兰利默里克华裔会于20世纪70年代在利默里克（Limerick）市成立，宗旨是加强华裔的联系，互助互爱，共谋福利，造福桑梓。章程规定凡居住在利默里克的华裔皆为该会的自然会员。该会实行会长负责制，会长由会员大会选举产生，任期3年，可连选连任。

2. 都柏林华裔会

都柏林华裔会成立于20世纪70年代，宗旨是加强华裔之间联谊，弘扬中华文化，互助互济，共谋生存与发展。该会实行会长负责制，会长由会员推举产生，任期3年，可连

① ［爱尔兰］麦科马克（Jerusha McCormack）主编，王展鹏、吴文安等译：《爱尔兰人与中国》，北京：人民出版社2010年版，第132～137页。

② Alice Feldman，Mary Gilmartin，Steven Loyal，Bettina Migge，“Getting on：from migration to integration Chinese，Indian，Lithuanian，and Nigerian Migrants'experiences in Ireland”，http：//eprints. nuim. ie/3566/1/ma_ aetting_ On. pdf.

选连任。该会经常开展文化研究和娱乐活动。

3. 越南华侨协会

越南华侨协会简称越华会。20世纪70年代末，因中越战争，居住在中越边境的居民大批迁移至海外，共计有1 000多人移居爱尔兰。1993年爱尔兰政府重新安置难民，因此又有1 000多人进入爱尔兰生活居住。目前越南华侨协会共有约14家外卖店和餐馆，并有华文学校。

4. 爱尔兰华人联谊总会

爱尔兰华人联谊总会为爱尔兰西区华人社团，1992年11月10日成立，由万金华、何长等人发起创建。该会宗旨是团结华人，谋取社区福利，发扬中华文化，促进华人与爱尔兰人士交流。该会成立不久便租赁会所，为当地华人提供活动场所，并为他们提供交谊、福利、教育等多种服务。首届会长是万金华，副会长是何长。

5. 南爱尔兰华人联谊总会

南爱尔兰华人联谊总会为爱尔兰南区华人社团，由万金华等人发起，于1992年7月28日成立。该会宗旨是联谊及服务该区华人。服务范围包括投资移民、结婚和法律咨询等。首届会长是万金华。①

6. 爱尔兰中国和平统一促进会

爱尔兰中国和平统一促进会是由在爱尔兰的一些关心中国和平统一的社团和个人倡议、发起，于2004年成立的非营利团体，其理事会由各界知名人士组成。该会的宗旨是促进中国的和平统一和中华民族的振兴。其任务是坚持一个中国原则，反对一切把台湾分裂出去的企图和言行；坚决维护中国的主权和领土完整，反对外国势力阻挠中国的和平统一进程；采取一切适当的措施和团结一切可以团结的力量，促进中国的早日和平统一；积极促进海峡两岸的文化经济交流和人员交往，在海外加强弘扬中华文化，以促进两岸人民的相互了解，促进爱尔兰政府和人民对中国的和平统一事业的理解和支持；定期举行各种活动，团结两岸人士，促进相互交流，增进同胞情谊；联合全球华侨华人及国际友好人士共同关注和促进中国的和平统一进程。会长为鲍绍钧。

7. 爱尔兰华人专业人士协会

爱尔兰华人专业人士协会（The Association of Chinese Professionals in Ireland，英文简称ACPI，中文简称“华专会”）成立于2004年12月，是由旅居爱尔兰（含北爱尔兰）的中国专业工作者、学者与专家组成的民间非营利团体。华专会成员一般具有高等教育学历，从事各类专业工作，如信息产业、教育、科研、管理、财务、医疗等，代表了新一代的海外华人。

该协会宗旨是维护会员合法权益，加强会员之间的专业交流和联谊，丰富会员文化生活，促进与其他团体之间的交流与合作，增进中国和爱尔兰两国文化、经济及科技交流。

在成立短短数年的时间里，华专会不但创立了颇具规模的华文学校，为传承中华文明

---

① 以上社团资料来自周南京主编：《华侨华人百科全书：社会政党卷》，北京：中国华侨出版社1999年版，第4、99、355页。

作出了贡献，还成功举办了数次求职就业讲座，联合爱尔兰司法和移民部门针对不断变化的移民政策进行讲解与答疑，受到了爱尔兰华人的好评。除此之外，华专会还积极参与到与国内政府组织和商会的合作当中，为国内招商引资和海外学子归国就业作出了突出的贡献。

8. 爱尔兰福建同乡会

爱尔兰福建同乡会2006年5月成立于都柏林，为爱尔兰第一个中国同乡会，首届会长为郑齐亮。该会的宗旨是：促进在爱华人与同胞的团结互助，联络感情；提高华人在爱地位，维护同乡在爱合法权益；广泛联系世界各地同乡会，与其他各社团友好相处；促进中爱两国人民的交往。

9. 爱尔兰华夏商会

爱尔兰华夏商会成立于2006年8月，宋路强当选为商会主席。华夏商会的成立主要以新一代在爱尔兰创业的华人为骨干力量，宗旨是服务华人，为新生一代移民提供生意、信息、资源、资讯等方面的帮助，同时商会的成立也是他们在爱合法经商、生意权益的保障。

爱尔兰华文学校主要由华人社团创办。爱尔兰华协会早在1986年就成立了华文学校，开展中文教育，努力培养汉语人才，推广中文教育，并为积极推广中国文化付出了许多艰辛的努力。华协会中文学校就是成立比较早的华文学校。正如该校校长陆铨福在演讲时所说："华协会中文学校成立已有多年，而学校的成立和广大华侨华人的支持是分不开的，学校在今后将一如既往地培养更多的中文人才，不仅让生长在爱尔兰的华人子女会说中文，同时也要让更多的爱尔兰人通过中文学习来了解中国和中国文化。"到2012年，华协会中文学校的发展已经踏入第二十六个年头。该校设有10个级别，提供不同程度的中文教学内容，教材则是来自英国中文学校联会，一些在英国的华文学校同时使用此教材。学校在成立之初，均以广东话授课，在2001年开始改用普通话授课，现已全部改为以普通话授课。①

除了爱尔兰华协会中文学校，爱尔兰中文学校还有越华会中文学校、爱华中文学校、南居华人协会中文学校、卢肯中文学校、教会中文学校、卡斯诺克中文学校以及戈尔韦爱中友好协会中文学校等。

七、爱尔兰政治经济形势对华侨华人的影响分析

1. 经济衰退对华侨华人经济的影响

自从1992年爱尔兰政府决定从"知识经济"入手，爱尔兰的经济发展就取得了举世瞩目的成就。1995年至2000年间，爱尔兰取得了10%的经济增长率。2003年，爱尔兰成为世界上人均GDP排名第二的国家，因而赢得了"凯尔特之虎"的美誉。2008年金融危机爆发后，爱尔兰房地产泡沫破灭，整个国家1/5的GDP遁于无形。随着房地产泡沫的

① 《爱尔兰华协会中文学校举行春节筹款晚宴》，中新网，http://www.chinanews.com/hwjy/news/2010/02-26/2140502.shtml，2010年2月26日。

破灭，加之国际金融海啸的冲击，爱尔兰五大银行都濒临破产。[①]

债务危机严重打击了爱尔兰经济，也给以服务业为主的华人经济造成了巨大的影响。以餐饮业为例，2011 年，一家位于都柏林名为 Sans 的老牌中餐馆关张，2012 年爱尔兰最古老的中餐厅之一的“帝国”餐厅黯然关张，显现债务危机对中餐业的影响。据爱尔兰《新岛周报》报道，受全球经济形势影响，爱尔兰华侨华人的支柱产业——中餐馆及外卖店的经营面临严峻挑战。据当地业内人士介绍：“经济不好，消费信心下降，来饭店吃饭的人越来越少。”[②]

2. 经济衰退对中国留学生的影响

自从爱尔兰债务危机爆发以来，政府大规模削减开支，很多学校都减少了给学生的奖学金和生活补助。这无疑会对爱尔兰的中国留学生产生一定影响。

同时，债务危机严重影响爱尔兰人的就业形势。2009—2012 年，爱尔兰年平均失业率达到 13.8%。[③] 面对严峻的就业形势，爱尔兰政府一方面调低最低工资标准，另一方面收紧对非欧盟公民的工作签证政策，向更不利于非欧盟公民的方向调整。这自然会严重影响那些想毕业后留在当地工作的中国留学生。

3. 北爱尔兰问题的影响

2012 年 12 月，英国北爱尔兰首府贝尔法斯特市政厅作出了一项决定，一年 365 天，只在 15 个特定日子里悬挂英国国旗。这一决定在当地引发一连串暴力冲突。从媒体消息来看，北爱尔兰的冲突似乎是亲英派人士对北爱尔兰首府“敬而远之”英国的做法的抗议，实际上这是几百年来信奉新教的英国移民后裔与信奉天主教的爱尔兰后裔之间的民族问题和教派矛盾的延续。虽然暴力冲突发生在北爱尔兰，但北爱尔兰问题曾长期困扰爱尔兰经济、社会发展，如果暴力冲突频繁出现，势必影响爱尔兰政局稳定、经济复苏及社会和谐，由此也会影响当地华侨华人的生存和发展。

---

① 《爱尔兰经济》，维基百科，http：//zh. wikipedia. org/wiki/% E6% 84% 9B% E7% 88% BE% E8% 98% AD% E7% B6% 93% E6% BF% 9F，2013 年 3 月 13 日。

② 《危机笼罩华人支柱产业　爱尔兰最古老中餐厅歇业》，中新网，http：//www. chinanews. com/hr/2012/10 - 25/4275774. shtml，2012 年 10 月 25 日。

③ 据爱尔兰政府统计数据计算，Seasonally Adjusted Standardised Unemployment Rates （SUR），http：//www. cso. ie/en/statistics/labourmarket/principalstatistics/seasonallyadjustedstandardisedunemploymentratessur/，2013 年 1 月 18 日。

波　兰

波兰是首批与中华人民共和国建立外交关系的国家之一，两国和两国人民之间的传统友谊源远流长、历久弥新。目前在波兰的华侨华人有6 000余人，其中包括部分非法移民及偷渡者。波兰的华侨华人虽然为数不多，占波兰人口总数的比例甚小，但他们在加强中波友谊及两国经济文化发展方面所起到的作用却是巨大的。

一、波兰基本国情

波兰，全称波兰共和国（波兰语：Rzeczpospolita Polska；英语：The Republic of Poland），中国古称勃烈儿，属中欧国家。波兰的首都为华沙（Warsaw），官方语言为波兰语（Polish），通用货币为兹罗提（Polish Zloty）。

波兰位于中欧东北部，面积为31.268 5万平方公里。北濒波罗的海，西邻德国，南接捷克、斯洛伐克，东部和东南部分别与白俄罗斯、乌克兰接壤，东北部和立陶宛、俄罗斯毗连。波兰绝大部分土地为略有起伏的低海拔平原（平均海拔173米），整个国家的地势北低南高，中部下凹；北部多冰碛湖，南部有低丘陵。波兰边界线总长度为3 582公里，其中陆地边界线长3 054公里，海岸线长528公里；99.7%的版图属于波罗的海流域。波兰属于由海洋性气候向大陆性气候过渡的温带阔叶林气候——自西而东，自北而南，海洋性渐减，大陆性递增。全境森林覆盖率占国土面积的28%。①

波兰重要的地理位置及地形导致历史上战火纷争，所以，波兰的版图几个世纪以来也一直处于变化之中。近年来，波兰无论是在欧盟还是在国际舞台上的地位均与日俱增，是欧盟、北约、联合国经济合作与发展组织、世界贸易组织的成员。

波兰的国旗呈横长方形，长与宽之比约为8∶5。旗面由上白下红两个平行相等的横长方形构成。红、白两色是波兰人民喜爱的传统颜色，白色不仅象征古老传说中的白鹰，而且还象征着纯洁，表达了波兰人民渴望自由、和平、民主、幸福的美好愿望；红色象征热血，也象征着革命斗争能够取得胜利。波兰的国徽为盾徽。红色的盾面上绘有一只头戴金冠、舒展双翼的白鹰。白鹰象征波兰人民不屈的爱国精神。②

据波兰国家统计局（GUS）2012年3月22日公布的人口普查结果显示，波兰全国人口数量为3 850.1万，其中女性人口2 006.9万，男性人口1 843.2万，男女比例为100∶109。该数据显示，波兰人口总数比2002年全国人口普查时的数量增长了27.1万人，增长比例为0.71%。这10年中，女性人口增长了35.3万，而男性人口却减少了8.4万。波兰城市

---

① 洪茂雄：《波兰史——谱写悲壮乐章的民族》，台北：三民书局股份有限公司2010年版，第1~2页；Artur Ptak：《值得了解的波兰——第三方国家公民的一体化第一步》，Fundacja Jestesmy Aktywni，Warszawa，2009年，第7页。

② 《波兰概况》，http://news.xinhuanet.com/ziliao/2002-06/18/content_446140.htm。

人口数量为2 316.9万，占全国人口总数的60.2%，2002年的城市人口比例为61.8%；与此同时，波兰农村人口的数量为1 533.2万，占全国人口数的39.8%，而2002年时的比例为38.2%。[①] 波兰的总人口中，波兰族约占98%，此外还有德意志、白俄罗斯、乌克兰、俄罗斯、立陶宛、犹太等少数民族。其中，德意志人占1.3%，乌克兰人占0.6%，白俄罗斯人占0.6%。波兰人信仰天主教者约占95%，信仰东正教、基督新教和其他教派者约占5%。

波兰概况

国家全名	波兰共和国	地理位置	中欧	领土面积	31.268 5万平方公里
首都	华沙	官方语言	波兰语	主要民族	波兰族
政体	民主共和制	执政党/主要反对党	公民纲领党/法律与公正党	现任国家元首/政府首脑	布罗尼斯瓦夫·科莫罗夫斯基/唐纳德·图斯克
人口数量	3 850.1万	华侨华人人口数量	6 000人左右	华侨华人占总人口比例	0.016%

二、波兰与中国的关系

波兰是首批与中华人民共和国建立外交关系的国家之一，两国和两国人民之间的传统友谊源远流长、历久弥新。1949年10月5日，波兰宣布承认中华人民共和国。10月7日，两国建立大使级外交关系。建交60多年来，中波关系经受时间和国际风云变幻的考验，总体发展顺利。两国在相互尊重、平等互利、互不干涉内政的原则上稳步发展双边关系，各层次、各领域的交流与合作不断深化。

2004年6月，时任中国国家主席胡锦涛对波兰进行国事访问，与波兰元首共同签署了《中华人民共和国和波兰共和国联合声明》，将中波关系提升为友好合作伙伴关系。2011年12月，波兰总统布罗尼斯瓦夫·科莫罗夫斯基对中国进行国事访问，两国元首共同签署了《中华人民共和国和波兰共和国关于建立战略伙伴关系的联合声明》，将中波关系提升至战略伙伴关系。2012年4月25—28日，时任中国国务院总理温家宝对波兰进行正式访问，就中波、中欧关系和共同关心的国际问题与波方坦诚、深入地交换看法。这是25年来中国国务院总理首次对波兰进行正式访问，也是科莫罗夫斯基总统访华及中波建立战略伙伴关系之后首位中国领导人访波，意义重大，影响深远。这充分体现了中国领导人对波兰及中波关系、中欧关系的高度重视，表达了中波双方增进政治互信、加强互利合作的强烈愿望。

60多年来，中波两国在经济、文化、人文等领域的合作与交流取得了丰富的成果。早在1950年，中波两国就签署了第一个政府间贸易协定。1951年两国合办的中波轮船股

---

① 李增伟：《波兰国家统计局公布最新人口普查结果》，http：//world. people. com. cn/GB/1029/42356/ 17477773. html。

份公司，是新中国第一家中外合资企业，至今合作良好，一直被视为两国经贸合作的成功典范。公司现拥有从安特卫普经苏伊士运河和新加坡到上海、大连、新港及韩国釜山的定期航班。目前，波兰是中国在中东欧地区的第一大贸易伙伴。据波兰华人资讯网2013年2月23日所刊载的波兰政府副总理兼经济部长亚努仕·皮耶豪钦斯基所提供的2012年波兰进出口贸易信息，2012年波兰全年出口1 420亿欧元，进口1 517亿欧元，贸易逆差97亿欧元。其中波兰向中国出口14亿欧元（占波兰全年总出口额的1%），从中国进口136亿欧元（占波兰全年总进口额的9%）。中国仍为波兰第三大进口来源地（第一位是德国，占21.1%；第二位是俄罗斯，占14.3%）。[①] 波兰是最早与中国签订文化合作协定的国家之一。近年来，双边人文交流频繁而活跃，文化、教育、旅游等领域的交流富有成效。

三、波兰华侨华人的现状

由于波兰一向对中国人实行严格的签证控制，所以在波兰的中国移民并不是很多。据不完全统计，目前在波兰的华侨华人有6 000余人，其中包括部分非法移民及偷渡者。[②]

20世纪80—90年代，出现一股中国移民波兰的浪潮，其中许多人是因为90年代初的“东欧贸易热”去的。他们由此发家，挣到第一桶金。之后，他们不断扩大经营规模，在波兰扎下根来。总体而言，波兰的中国移民素质相对较高，许多人都有高等学历和专业技能。他们的生存状态不错，做老板的多，当雇员的少；做批发生意的多，在大市场摆摊的少。他们或拥有自己的贸易公司，或经营着自己的餐馆，或涉足旅游行业，或经营地产业务。波兰的中国移民当中不少人能说流利的波兰语，有的还能用英语、德语或俄语沟通。虽然生存状态不错，但波兰华人并没有进入波兰主流社会。[③]

因地理位置之故，波兰是从中东欧通向西欧的较佳中转站，所以，有不少中国非法移民先抵达波兰，再设法找机会进入西欧。从各方面公布的调查来看，中国的偷渡者绝大多数是来自中国南部地区的农民，特别是福建和浙江两个省。他们受教育程度低，从事着简单的体力劳动，属于社会底层。2012年1月1日至7月2日，波兰非法移民合法化程序开始启动，有数百名中国人申请，通过大赦者有50多人。

近几年，随着波兰经济发展所呈现出的难得机遇与良好前景，从邻国如捷克、匈牙利、俄罗斯等进入波兰的华人也为数不少。

目前在波兰的华侨华人大部分来自福建和浙江两省，主要居住在华沙。与其他国家的华人一样，商业贸易和餐饮业是华商重点经营的两大传统行业。商贸方面，他们初期以经营服装、针织、丝绸、茶叶、玩具等轻工产品为主，之后发展到做家电、电脑、房地产等贸易。而中餐馆，更是很多华商初到异国赖以生存和发展的基石。在波兰的各大城市，中餐馆遍地开花，中餐也正被越来越多的波兰人接受和喜爱。位于华沙的“华都”餐厅是当地小有名气的中餐馆，在中国、波兰两国客人中都有不错的口碑。

波兰的华侨华人虽然为数不多，占波兰人口总数的比例甚小，但他们在加强中波友谊

---

① 《2012年中波最新贸易统计数据》，http://www.plchinese.com/thread-62031-1-1.html。

② 亦有人认为目前在波兰的华侨华人有约1万人。

③ 汤黎：《波兰华人生存状态不错：总体素质高　生意很成功》，中新网，2007年4月25日。

及两国经济文化发展方面所起到的作用却是巨大的。一方面，在波兰的华人大多遵纪守法，波兰的新闻媒体对在波兰的中国人也甚少负面的报道。可以说，目前在所有东欧国家中，波兰人对华人的印象算是相当不错的，波兰的老百姓对普通的中国人也比较友好。另一方面，尽管这些华人长期生活在波兰，但他们大多对中国的感情非常深厚。最典型的表现是，他们都让自己的孩子学习中文，不忘自己的根在中国。虽然他们人在国外，但心系祖国。① 比如，一些经营中餐馆的老板会把饭店当作对外宣传中国的窗口，实实在在地让更多来用餐的波兰人了解中国文化。

2013 年 2 月 13 日，波兰华人资讯网刊登题为“论中国软实力在波兰的推广”的蛇年春节评论。文章认为，中国软实力在世界的传播过程中，身处欧盟的波兰无疑是一个重要的阵地。目前波兰人对中国的普遍印象是：经济快速发展，汉语热，丰富的中国历史文化，中国功夫，一些来自中国的诸如“华为”、“中兴”、“联想”、“海尔”等国际品牌，价廉物美的商品等等。价廉物美的中国商品使中国成为波兰的第三大进口来源地，巨大的中国国内市场和海外投资实力又进一步推动了波兰由经济利益驱动的服务于商务合作的务实外交。急于搭上中国发展顺风车的波兰各界人士造就了汉语热，越来越多的波兰人希望了解中国从而把自己的命运和中国连在一起。文章最后指出：“我们体内流淌着中华民族血液的在波华人，努力树立良好的文明形象，正面影响我们身边的每一位波兰人，都可以在波兰为提高中国软实力作出各自的贡献。”②

波兰华侨华人具有强烈的祖国与民族认同感，旗帜鲜明地与祖国人民一道捍卫国家的尊严和领土的完整。2012 年 9 月 29 日，波兰福建商会、波兰青田同乡会等 7 个华侨华人社团联合举行“九一八”事变 81 周年纪念活动，并在华沙举行示威游行，抗议日本政府非法“购买”中国领土钓鱼岛。当天下午，参加示威游行的华侨华人在华沙大使馆街聚集，200 余名华人抗议者高举中国国旗，手持各种谴责日本当局的标语、横幅，高呼“勿忘国耻”、“保卫钓鱼岛”等口号。示威人群游行至日本驻波兰大使馆门前，向日本使馆递交了《波兰各界华侨华人联合声明》。在这份联合声明中，波兰华侨华人表示，日本政府非法“购买”钓鱼岛的行为，是公然侵犯中国领土和主权、伤害中国人民及广大侨胞感情、损害中日关系的严重政治事件，是对历史事实和国际法理的严重践踏，波兰各界华侨华人对此提出最强烈的谴责和抗议。这份联合声明指出，在维护祖国领土主权和中华民族大义面前，广大波兰华侨华人坚决拥护中国政府为捍卫国家尊严和领土完整所采取的一切必要措施与正义行动，始终坚定地与祖国人民一道，同心同德，坚决回击任何侵犯中国领土的行径。波兰青田同乡会会员邱琼表示：“81 年前日本发动‘九一八’事变，侵犯中国领土。81 年后，日本政府罔顾历史，又在钓鱼岛问题上挑起事端，全中国人民和全世界的华侨华人绝不答应。中国已经不是 81 年前那个贫穷落后的中国，尤其是改革开放之后，中国成了当之无愧的大国。我们中华儿女热爱和平，但在领土和主权的问题上绝对寸步不让。”③

波兰重要的华人社团组织有波兰华人联合会、波兰华人青年联合会。波兰华人联合会

---

① 汤黎：《波兰华人生存状态不错：总体素质高　生意很成功》，中新网，2007 年 4 月 25 日。

② 《论中国软实力在波兰的推广》，http：//www. plchinese. com/thread－61930－1－1. html。

③ 《波兰华侨华人示威游行　抗议日本非法购买钓鱼岛》，http：//qtnews. zjol. com. cn/culture/text. asp? ＝ 374613。

是以在波华人为主体的非政治性团体（以下简称华联会），由在波多年的企业界人士联合发起，经长期酝酿筹备，于1998年10月30日向省法院申请注册，并于1999年1月被批准成立。该会宗旨系为在波华人服务，提高华人社会地位，加强中波两国人民相互了解，促进双方经贸和文化交流合作。华联会接纳普通会员、法人会员和名誉会员。凡在波兰居住、工作和学习的华人，在波兰境内登记注册的华人公司，都可以书面申请入会，前者称普通会员，后者称法人会员。入会申请者须填写申请书，由一名会员介绍，经理事会批准，方可入会。会员的权利：可以参加华联会的各种会议，并有发言权；有选举权和被选举权；参加华联会组织的活动；向华联会提出建设性意见和提案。会员的义务：遵守和执行华联会的章程和理事会的决议，按期缴纳会费，参加华联会全体会员大会，积极参加华联会的社会工作。① 2012年12月16日，波兰华人青年联合会在华沙成立，其性质、功能与华联会大致相同，只是会员均为青年。②

波兰华人彼此交流信息的一个重要平台是波兰华人资讯网（Plchinese）。该网站由波兰华人于2006年创建，乃波兰首家专门为在波华人服务的综合性中文门户网站。网站内容涉及波兰留学、波兰签证、波兰旅游、波兰商务、波兰生活、中波婚姻等一切与在波华人息息相关的信息。作为一个信息平台，该网站为那些以波兰华人为顾客的各类企业，以及打算开拓波兰华人市场的企业，提供全方位的、最直接的宣传服务；为企业、个人免费发布招工、转让承租信息；设立在线答疑解难、波兰留学工作、体育视频直播、实时商情发布、商品买卖交易等方面的栏目。同时，网站还开辟论坛，方便在波兰的华人及留学生们互相讨论、交流，是他们互相认识的一个良好的平台。③

波兰的第一份华文报纸为《环球周报》（Poland Global Weekly），于2007年7月29日正式创刊发行。该报的创办宗旨是，面向波兰华侨华人，以服务华人为己任。其重点为关注中国国内发展动向，弘扬中华民族文化，增强波兰华侨华人凝聚力，同时为华侨华人进一步融入波兰社会搭建平台。该报开设有“中国新闻”、“波兰新闻”、“法律法规”、“文化生活”、“华人来稿”等十多个栏目，以图文并茂的形式为广大华侨华人提供丰富的新闻信息。④

2010年1月31日，波兰华人慈善基金会在华沙成立。该会由志愿者共同组建，宗旨是弘扬中华民族的传统美德，开展助学、济困等社会救助活动，扶助华人困难群体，提高华人在波兰的社会地位，促进在波华人的团结和进步。基金会实施的项目包括免费教授波兰语课程及举办法律和会计知识讲座，为条件困难的波兰华人提供必要的经济和法律帮助，同时，为在当地受到不公平待遇的波兰华人提供法律支持。基金会还建立了人才资源库，为需要寻找工作的华人和提供工作岗位的企业牵线搭桥。⑤

波兰有两个闻名欧洲的商贸中心，一个是“波兰华沙中国城”，另一个是“SCC 波兰国际贸易中心”。波兰华沙中国城原名“GD 分拨中心”（GD Poland Distribution Centre），创建于1994年，2002年由波兰华人收购并易名为“波兰华沙中国城”。波兰华沙中国城

① http：//www. chinesepol. nazwa. pl/plchinese/.
② http：//news. xinhuanet. com/world/2012 -12/17/c_ 124103506. htm.
③ http：//www. plchinese. com/.
④ http：//baike. baidu. com/view/2088264. htm.
⑤ 马世骏：《促华人团结进步　波兰华人慈善基金会在华沙成立》，新华网，2010月3月23日。

占地面积25万平方米，主体建筑面积11.3万平方米，4栋商业大楼建筑面积9万平方米，是一个集批发、仓储、酒店、银行及其他商务设施于一体的综合性大型国际商贸中心，也是目前中东欧最大的商品集散地。波兰华沙中国城主要由来自中国、土耳其、印度、越南、波兰、俄罗斯、捷克、匈牙利、罗马尼亚、德国、白俄罗斯、立陶宛等国家以及中国台湾、中国香港等地区的客户经营，其中中国企业占15%；产品有服装、鞋类、床上用品、内衣、皮革及皮革制品、小商品、家电等，覆盖低中高各档次。波兰华沙中国城的客户有来自波兰的批发商；有在波兰各地经营的大型跨国超市，包括“家乐福”、“泰斯科”、“奥尚”等；还有波兰周边国家的采购商，包括乌克兰、俄罗斯、德国、捷克、匈牙利、罗马尼亚、斯洛伐克、比利时、奥地利、白俄罗斯、立陶宛、拉脱维亚等国的采购商。①

SCC波兰国际贸易中心成立于2007年10月，2010年7月正式开业。该中心位于波兰南部波西里西亚省腹地，距省会城市卡托维茨15公里，距波兰第二大城市克拉科夫不过60公里，地处波兰南部重要交通要道A4公路Jaworzno市出口位置——该公路连接波兰六省和捷克、斯洛伐克等国。SCC波兰国际贸易中心由旅欧华商组成的投资集团投资建设，由约10个投资商共同组成，是波兰南部唯一的中国商城，总占地面积28万平方米。中心采用分期滚动式开发方式，全部项目总共将建设近千家商铺及配套库房（一期商铺160间，二期商铺608间），其中仓库面积达3万平方米。同时，中心配备银行、酒店、餐馆、酒吧等各类服务网点。考虑到新到波兰投资创业的华商可能遭遇到的融入难题，中心还提供完善的一条龙服务，如代办租户公司注册、延长居留、劳动许可手续；提供法律服务，保证租户在波兰的合法经营；代办租房租赁；介绍提供税收、财务方面的财务顾问公司、会计事务所；推荐可靠清关公司等，尽可能为租户减少因为语言不通所带来的困扰。②

四、波兰政治经济形势变化对华侨华人的影响

虽然经历了2010年的“黑暗之春”——时任波兰总统莱赫·卡钦斯基一行的专机坠毁于俄罗斯，但并未影响波兰国内政治经济环境的稳定与发展。从政治层面讲，波兰现任总统布罗尼斯瓦夫·科莫罗夫斯基于该年7月10日接任总统至今，虽然与卡钦斯基来自不同的政党，但是其在国家的内政与外交策略及框架上均保持了一贯性，波兰社会各界在近年也并未出现大的动荡，各项社会工作与活动都有条不紊地进行着。在这样的平稳环境下，2012年欧洲足球锦标赛（European Football Championship）在波兰如期举行。相较于另一个主办国乌克兰，波兰的赛前组织工作与赛事期间的协调能力均显得更为出色。鉴于足球在欧洲的地位，这集中体现了波兰整体社会与政治的稳定。从经济层面讲，作为近10年来加入欧盟的最大经济体，波兰不仅是中东欧地区各国最大的转型国家，还成为地区性的经济强国。2009年，波兰是欧盟国家中唯一的GDP增长国。2010年，波兰GDP增长3.8%，人均GDP为1.88万美元，达到欧盟平均水平的61%。在过去三年，波兰的经济

---

① http：//baike.baidu.com/view/1865613.htm.

② 王新尧：《金融危机下的波兰华人：遇挫折仍不减创业热情》，《欧洲时报》，2012年12月27日。

累计增长15%，并且成为欧盟的第六大经济体。[①] 在刚刚过去的2012年，波兰的经济增长有所放缓，但依旧达到了2.5%的增幅。在经济持续增长的大环境下，波兰国内的农业、采矿业、机械制造业与汽车工业等支柱产业都有长足的发展，开始接近甚至达到欧盟发达国家的水平。

然而，政治经济状况的平稳并不意味着波兰的发展轨道与模式已进入了一个一成不变的状态，恰恰相反，波兰正利用现阶段政治的平稳与经济的发展，一步步谋求更为深刻的转型。这体现在：第一，波兰要真正成为欧盟中的大国，开始掌握欧盟更多事务的话语权。在欧洲经济普遍低迷、其他各欧洲老牌资本主义国家举步维艰的今天（除德国外），保持经济持续增长的波兰无疑更有底气，并且慢慢从受助者转为帮助者。2013年，波兰开始与斯洛伐克合作，促成乌克兰与欧盟签订战略合作协议。第二，波兰选择政治经济合作伙伴的范围，真正实现了从"欧美"到"世界"的跨越。东欧剧变后，波兰的国际合作战略可以大体分为两大阶段。第一阶段是剧变后到2007年前后。此期，波兰的外交核心任务就是获得西方主流国家的认同，其主要成就是成为欧盟正式成员国以及加入申根协定。第二阶段则是从2007年前后至今。此期，美国次债危机与欧债危机相继爆发。波兰深刻认识到，仅仅依靠西方国家作为其发展的后援，肯定是不够的。所以，他们更为积极和主动地建立与欧美以外的其他国家的合作关系，中国即是其最重要的合作对象国之一。这个阶段，波兰仍旧在摸索与前行。综合此两点可以看出，波兰现在已经渐渐转型为一个更强大且更开放的国家，一个有别于"旧欧洲国家"的"新欧洲国家"。[②]

当波兰决心"面向世界"时，中国即成为其必须认真对待的对象，所以，在波兰的华侨华人便成为波兰面对中国的首要命题。因此，波兰大环境的转变，对华侨华人起到了显著的影响，具体体现在如下几个方面：首先，波兰华侨华人的生活状况有了明显改善。2010年之前，登记在案的华侨华人在波兰的人均居住面积只有波兰普通国民的53.7%，但最新数据表明，2012年，这一数据已经上升到76.2%。[③] 而他们的薪酬水平更是已经基本与波兰普通国民持平，工作岗位也从原来的主要分布于低层向中层拓展。其次，波兰对华侨华人的素质有了新的要求。2010年之前，波兰的本国企业对华人的文化水平要求以及语言要求都还处于比较基本的阶段，2010年之后则逐年上升。此外，波兰华侨华人的角色也有了显著变化，即由原来比较单纯的员工向"中波桥梁"的方向改变。这样的改变，对波兰的华侨华人而言，显然既是机遇又是挑战。机遇是不言而喻的，挑战则体现在，现今波兰的绝大部分华侨华人必须面临巨大的转型并适应波兰全新的政治、经济、文化环境。

五、对波兰侨情发展的预测

随着中国在国际舞台上所扮演的角色越来越重要，以及因科莫罗夫斯基访中和温家宝总理访波而持续升温的中波关系，波兰的侨情必将有所发展。如前所述，其发展趋势必将是机遇与挑战并存。具体而言，主要体现在如下几个方面：

---

① 《波兰始终处于欧洲经济增长前列》，东方财富网，http：//finance.eastmoney.com/news/1351，20111219183215769.html。

② 金雁、秦晖：《十年沧桑：东欧诸国的经济社会转轨与思想变迁》，北京：东方出版社2012年版，第43页。

③ Magdalena Sylwia，"dzienny stan zamorskich Chińczyków w Polsce"，UAM w Poznaniu.

首先，在今后一段时期内，中国赴波兰的华侨华人数量将有大幅增长，但并不会构成移民波兰的热潮。波兰本身平稳发展的社会、政治、经济状况及其在欧洲大陆的天然地理优势，都是吸引更多中国人前往波兰寻找机会的要素。尤其是在"欧盟东进"的大环境下，波兰将成为西方力量的一个重要桥头堡。善于发现并把握机遇的中国人，定然能在此进程中找到自身的位置以及所应扮演的角色。不过，波兰虽然已经是申根国，但是其社会保障水平和福利水平与传统意义上的发达资本主义国家还有一定差距，而且其国家政策也对移民有着十分严格的控制，所以，中国人要想取得波兰的国籍，明显有点"吃力不讨好"。

其次，从现在起至未来 5 年，波兰华侨华人的成分构成将发生显著转变。波兰亚当·密兹凯维奇大学中国问题研究专家亚历山大·米可瓦伊萨克（Alexander Mikolajczak）指出，目前波兰华侨华人的比例构成有如下特点：社会人员远高于在校生，体力劳动者远高于脑力劳动者，低学历者远高于高学历者。这一比例构成将会在未来一段时间内因各种中波合作项目——如中方对波兰的投资以及中波教育合作的升温——而发生改变，并具体呈现下列趋势：第一，留学生比例将增大；第二，体力劳工的比例将下降，白领数量将增大；第三，拥有本科或以上学历的在波华侨华人比例将大幅上升。[①] 可以说，随着在波华侨华人素质与地位的提高，"中国"在波兰的话语权将呈现上升的态势。

再次，当波兰华侨华人的数量以及话语权上升到一定程度后，由于诸多原因，波兰国内难免会出现排华乃至反华的声音与势力。相比起现在波兰社会上那些对中国或华侨华人"无力"的零星"指责"，届时可能出现的反华声音势必更大，而且可能会出现波兰族人与波兰华人更为深层的矛盾。事实上，类似的状况在德国、法国等国家已有发生——当一个国家的传统势力版图与力量对比因为外来因素发生改变时，外来因素往往会成为众矢之的。因此，如何更深入、更全面地了解波兰文化以及整合在波华侨华人的力量，均是未来的重要课题。

① Alexander Mikolajczak, "On the Development of the Chinese in Poland", *Gniezna*, 2011 (7).

德　国

德国是欧盟最重要的国家之一，人口数量及经济总量皆居欧洲首位。由于历史等原因，德国对待移民问题比较保守，长期以来无移民管理政策。近年来，德国移民政策有所放宽，加上中德关系发展平稳，在德华侨华人机遇逐步增多。回首2012年，德国经济虽受欧债危机牵连，但依然运行稳定，华人经济影响较小；外来移民人数继续增加，技术移民受欢迎；不过右翼思潮犹存，部分媒体抹黑中国。展望2013年，德国政局将继续保持稳定，默克尔在大选中连任几率大，但经济受欧元区及外围影响，将依旧保持低速增长。

一、德国基本国情

德国概况①

国家全名	德意志联邦共和国	地理位置	欧洲中部	领土面积	357 124 平方公里
首都	柏林	官方语言	德语	主要民族	主要是德意志民族、少数丹麦人和索布族人
政体	议会民主制下的总理负责制	执政党/主要反对党	联盟党（基民盟和基社盟）、自民党/社会民主党、左翼党等	现任总统/总理	约阿希姆·高克（Joachim Gauck）/安格拉·默克尔（Angela Merkel）
人口数量	81 843 743 人	华侨华人人口数量	15 万	华侨华人占总人口比例	0.183%
GDP/人均 GDP	25 708 亿欧元/31 411 欧元	CPI	2.0%	失业率	5.5%

二、德国与中国的关系

中国与德意志联邦共和国于1972年10月11日建交，建交后各方面关系总体发展顺利。2004年5月，时任中国国务院总理温家宝正式访问德国，两国发表联合声明，宣布在

① 表格中除华侨华人人口和比例，其余数据来自欧盟官网，http://europa.eu/publications/statistics/index_en.htm。

中国与欧盟全面战略伙伴关系框架内建立具有全球责任的伙伴关系。2009 年 1 月 28—29 日，时任中国国务院总理温家宝第三次正式访问德国，发表《中德关于共同努力稳定世界经济形势的联合声明》。2010 年 7 月，默克尔总理第四次访华，中德双方发表《中德关于全面推进战略伙伴关系的联合公报》，中德关系进一步深化。2012 年 2 月和 8 月，默克尔两度访华，与中国高层会面交流，就世界形势、欧债危机、中德关系发展等议题交换了意见，凸显了中德之间的特殊关系。中德作为在各自地区和世界上具有重要影响的国家，作为第二和第四大经济体及重要贸易和出口国，有着广泛的共同利益，在应对全球性挑战方面肩负着重要责任。近年来，德国一直是我国在欧洲的最大贸易伙伴。据欧盟统计局统计，2011 年中德双边贸易额为 1 793.3 亿美元，增长 16.1%。其中，德国对中国出口 899.3 亿美元，增长 26.6%；自中国进口 894.0 亿美元，增长 7.1%；德方顺差为 5.3 亿美元，而上年同期为逆差。① 德国也是对华直接投资最多的国家之一，截至 2012 年 4 月底，中国累计批准德国企业在华投资项目 7 437 个，德方实际投入 186.7 亿美元。截至 2012 年 4 月底，经商务部核准的中国对德投资 21.3 亿美元（不含金融类投资）。② 另外，中德之间在文化、教育、军事、地方交流等方面也有健康发展。

三、德国侨情概况

（一）华人历史发展

中国人移居德国已有上百年的历史，主要是来自浙江、广东的商贩和海员，至 19 世纪末已达到 2 800 人。20 世纪初，开始有中国学生留学德国，1923 年，仅柏林的中国留学生就达千人。与中国留学生相比，受雇于德国商船的中国劳工则生活悲惨。“二战”期间，约有 600 名中国人死于集中营，几百人死于劳工营。1937 年时，还有 3 700 名中国人在德国生活，到“二战”结束时，只剩 400 人，至 1970 年在德华侨华人只有数百人。③ 20 世纪中叶，约 2 万来自港台和内地的人士以及印支国家华裔再移民并先后定居德国。改革开放以来，大批中国公民以亲友团聚、留学、旅游、劳务输出等形式进入德国，1980 年至 1990 年，中国人移居德国人数迅速增长，1990 年德国华侨华人已有 4 万人，目前增至 15 万左右，籍贯也由原来的粤、浙两省扩展到闽、苏、沪等省（市），其中广东籍和浙江籍各占总数的 40%，其他省籍（福建、江苏、上海、东北）约占 20%。他们居住分散，遍布全德 100 多个大、中、小城镇。④ 华人相对集中的城市有柏林、汉堡、法兰克福、慕尼黑、纽伦堡、不来梅、杜塞尔多夫、斯图加特等。在这些德国城市中，目前还没有形成有

---

① 《2011 年德国货物贸易及中德双边贸易概况》，http://countryreport.mofcom.gov.cn/record/view110209.asp?news_id=29478。

② 《中国同德国的关系》，http://www.fmprc.gov.cn/mfa_chn/gjhdq_603914/gj_603916/oz_606480/1206_606796/sbgx_606800/。

③ 《日益兴盛的德国中文学校》，http://www.zhgpl.com/crn-webapp/cbspub/secDetail.jsp?bookid=32601&secid=32628。

④ 《德国华侨华人概况》，http://www.chinataiwan.org/zt/gjzt/diqijie/pindaoliu/huarengaikuang/200803/t20080327_614125.htm。

规模的唐人街。①

（二）华人经济

德国华人经济主要集中在3个产业：餐饮业、中医以及旅游业。其中经营餐饮业的华人比例最大，据估计全德有家庭式中餐馆和中式快餐店六七千家。德国政府早期限制华人经营的范围，只允许他们经营餐饮业，使得中国餐饮业在德国遍地开花。许多德国人说，对中国的印象是从中国餐馆获得的。中医在德国民间十分受欢迎，影响巨大。德国有30万名医生，其中有5万名使用针灸作为辅助疗法。20世纪90年代以后，华侨华人的其他职业包括进出口贸易、杂货贸易、旅行社、食品制造业、运输业、药业等。近年来，许多中国留学人员毕业后进入德国政府或高新科技企业和研发部门任职，当地出生的华裔青年也纷纷转向教育、金融、进出口、IT等行业，华侨华人从事的行业正在朝多元化方向发展。

（三）华人参政

由于德国社会相对保守，既没有美国的移民传统，也不像英、法有殖民历史，华人要融入主流社会，尤其是参政非常艰难。德国政府强调移民融合必须遵循明确的标准，尤其以移民者“接受德国的价值”为前提，语言及社会法律知识需过关。但如果华人不积极主动融入，有关华人的一些政策、法律规定在决策过程中没有华人参与，将影响华人在德国的生存与发展。近年来，这种状况正在悄悄改变。华人参政的热情逐渐高涨，不仅体现在从政人数逐年增多，也体现在参政意识的加强、参选人数的增多、参选热情的提高等方面。同时，一些以鼓励华人积极参政议政为宗旨的专业华人选举组织、政党，也如雨后春笋般萌发。华人参政已进入历史新阶段。2009年8月30日，在德国北威州卡尔斯特市议会的选举中，张逸讷打破了旅德华人在当地政坛上零的纪录，成功当选为议员。2010年，德国有史以来第一次有华人入选黑森州议会外国人参事会，杨明、顾玉华为代表赢得席位，组建和主持一个由8人组成的中国事务小组出席议会参事会的议政、议事活动，参与以德国华侨华人为主的政策决策过程，使德国政界乃至全社会都能直接听到来自在德华人的主张和声音。②

（四）华人社团

据欧洲华侨华人社团联合会统计，截至2008年，德国华侨华人社团总数为80家。由于历史和社会原因，德国没有唐人街，华侨华人社团一般没有专门会所。华侨华人的许多聚会、活动，一般都在中餐馆里进行，有的中餐馆门口甚至挂着社团的牌子，因而中餐馆成了华侨华人社团活动的场所。中餐馆不仅具有经济功能、文化功能，更承载了许多社会功能。同时为了团结联系、沟通信息、促进发展，德国华侨华人成立了许多商会及行业性协会。目前较为重要的社团主要有全德华侨华人联合总会、德国华侨华人中国和平统一促

---

① 《欧洲华人生活比较：法国华人人数和社区规模居首》，http：//news.163.com/07/0701/14/3IASB9N5000120GU.html。

② 《德国华人首次入选州议会参事会　社会地位日渐提高》，http：//www.chinanews.com/hr/2010/12－31/2759103.shtml。

进会、欧洲青田同乡会、欧洲上海社团联合会、全德福建同乡联合总会、全德华商联合总会、德国侨联、汉堡华侨华人联合会、北莱茵州华侨联合总会、巴伐利亚州华人华侨商业联合总会、柏林中国妇女联谊会等等。

（五）华文教育与华文传媒

华文教育方面，1973 年在汉堡诞生了由汉堡中华会馆创办的德国第一所中文学校——汉堡中华学校（也叫汉堡华侨子弟学校）。1984 年 4 月，不来梅的柳志成、黄林芝夫妇联系侨界人士创办了“不来梅中文学校”；1985 年，慕尼黑的“西德华人联谊会”和越棉寮华裔联合会联合创办了“慕尼黑中文学校”；1985 年 9 月，波恩的彭炜邦等一批侨界热心人士创办了“波恩华侨中文学校”，它是波恩市教育局正式承认的 6 所外国学校之一，也是德国唯一挂牌的中文学校；1986 年，“杜塞尔多夫中文学校”创办。此外，还有若干个中文学习班，如莱茵区华侨子弟中文班等。华侨华人人数的激增，使华文教育成为德国华侨华人的迫切需求，加上中国经济持续强劲发展、中德经济关系日益加强，华文经济价值提升，促使近 10 年来德国中文学校迅速发展，并逐渐呈现出兴盛的局面。德国目前有各类中文学校 70 多所，分散于各个地区。① 德国华文媒体现在有 10 多家，大多数发展不错，其中《华商报》、《欧华导报》等比较有影响力。

四、德国政治经济形势变化对华侨华人的影响

1. 德国经济虽受欧债危机牵连，但运行相对稳定，华人经济影响较小

欧洲经济陷入衰退，各项关键经济指标始终处于下行轨道。同时，风险正在向欧元区核心国家扩散，领头羊德国难以独善其身。德国经济虽无衰退风险，但欧元区是德国最大的出口市场，诸多重要经济数据均不乐观。欧盟统计局数据显示，2012 年德国季度 GDP 环比、同比增速均处于下滑状态，GDP 增速放缓至 0.7%，低于市场预期的 0.8%。实体经济方面，Markit Economics 数据显示，2012 年德国综合 PMI、制造业 PMI 及服务业 PMI 整体上均呈不断下滑趋势。不过，尽管经济形势不乐观，德国经济运行仍有三大亮点：一是财政收入持续增长，二是就业形势良好，三是生活水平显著提高。德国联邦劳工署公布的数据显示，2012 年德国平均失业人数在 290 万以下，比上年减少近 8 万，就业市场形势为 1991 年德国重新统一以来的最好状态。② 德国经济的平稳为当地华人经济的发展提供了有利的宏观环境。笔者 2012 年 8 月在西班牙参加欧华联会大会时曾与部分德国侨领交流过，他们皆认为危机对他们影响不大，相反，有些快餐式餐馆生意还有一定提升。

2. 移民人数继续增加，技术移民受欢迎

作为欧洲最大经济体和以制造业立国的国家，德国正面临人口出生率不断下降的挑战。本国人口老龄化已成为德国技术人才短缺的重要原因。一些企业担心人才长期青黄不接将使德国经济丧失竞争力，呼吁政府采取措施吸引外来移民。德国联邦统计局 2013 年 1

---

① 《日益兴盛的德国中文学校》，http://www.zhgpl.com/crn-webapp/cbspub/secDetail.jsp?bookid=32601&secid=32628。

② 《2012 年国际金融形势评论》，http://news.hexun.com/2013-01-14/150141919.html。

月 14 日的数据显示，2012 年，德国新出生人数在 66 万至 68 万之间，死亡人数为 86 万至 88 万。不过，这一年，德国吸纳的外国移民人数比移出德国的人口数多出大约 34 万，净移民流入弥补了本国人口缺口。针对欧元区多个国家就业形势严峻的情况，就业形势较好的德国向欧洲其他国家的劳动力发出邀请：请到德国来工作。2012 年，德国境内的常住居民数量再次突破 8 200 万，比年初增加了约 20 万。这是德国常住人口接连 8 年减少后，连续第二年增加，主要原因是来自东欧和受欧债危机影响严重的南欧国家的移民增多。2012 年初，德国联邦议院批准“欧盟蓝卡计划”，以使非欧盟成员国的技术专业人才获得永久居留，吸引高素质人才到德国生活工作。① 德国的移民政策变化为中国留学生及技术人才留德工作提供了更多机会。

3. *右翼思潮犹存，部分媒体抹黑中国*

移民问题已经成为德国社会问题的核心问题。在政党政治和民主选举的层面上，大量选民对移民的拒绝态度和对外国移民大量增加的恐惧，使得以反对外国移民为特征的右翼政党迅速崛起。德国比其他西欧国家更频繁发生反移民的种族主义歧视行为。2012 年德国莱茵兰—普法尔茨州地方法院作出一项判决，警察不能将肤色作为衡量可疑人员的标准来进行身份检查。此事件源于一名肤色较深的德国大学生在火车上被两名警察要求出示身份证明，其中一位警察表示该大学生的肤色引起了他的注意，从而决定对其身份进行核实。这名大学生认为警察的做法涉嫌种族歧视，于是就将其告上了法庭。②

2012 年 9 月底，德国东部柏林、勃兰登堡、萨克森、图林根、萨克森—安哈尔特 5 个州多所学校陆续有学生出现腹泻、呕吐等急性肠胃病症状。后来调查显示感染诺瓦克病毒的大批学生食用了来自中国的冷冻草莓，此消息立刻遭到《法兰克福汇报》、《德国之声》等多家媒体炒作，称引起德国万余名学生感染诺瓦克病毒的“问题草莓”来自中国。德国《图片报》更是写道：“再也不要来自中国的带病毒草莓了。”后来经调查，这批冷冻草莓来自山东一家食品出口企业，其生产、加工、储存、运输等环节符合食品安全卫生标准。德国联邦食品、农业及消费者保护部东亚处处长霍尔茨豪泽则强调，鉴于事件的敏感性和以前类似事件处理欠妥导致的消极影响，德国有关机构对调查情况及检验结果的发布都非常严肃和谨慎。③ 尽管德国民众对华侨华人较为友好，但仍然时有德国华人权利受损的负面报道。2007 年 8 月 26 日，《明镜》周刊封面是一张一个黄色面孔的人从幕后向外窥探的照片，耸人听闻地冠名为“黄色间谍”，矛头直指中国人。④ 2008 年，德国之声因为中国报道事件，在内部对员工进行思想与政治审查，其中文网的所有编辑都受到怀疑，并于 2011 年对中文部多位编辑实行开除处分。

虽然在德华侨华人发展机遇明显增多，融入德国主流社会的步伐越来越快，但他们基本还游离于当地主流社会之外。在德华侨华人应进一步增强主人翁意识，增加同当地政府和民众的联系，更多地参与到反馈当地社会的公益活动中去。

---

① 《移民弥补德国人口缺口》，http：//news. xinhuanet. com/world/2013 – 01/15/c_ 114372354. htm。

② 《德国警察涉嫌种族歧视被起诉　极右翼言行引担忧》，http：//world. people. com. cn/n/2012/1102/c157278 – 19479445. html。

③ 《德媒恶炒中国草莓有毒》，http：//world. people. com. cn/n/2012/1012/c157278 – 19236856. html。

④ 《德国华人拿起舆论和法律武器维权　抗议明镜诬陷》，http：//news. sohu. com/20071113/n253211680. shtml。

五、对德国侨情发展的预测

1. 德国政局保持稳定，2013 年大选默克尔连任几率大

2012 年，德国现任总理默克尔以创纪录的 98% 的得票率，第七次当选德国基民党主席。德国将于 2013 年底举行全国大选，反对派推出前财政部长史坦布律克挑战现任总理默克尔，但民调显示德国反对党候选人难以撼动默克尔总理之位。据 2012 年 10 月 5 日民调显示，默克尔所属执政联盟可能胜选，她也可能继续担任总理。这份民调显示，默克尔的中间偏右基督教民主党（CDU）与巴伐利亚友党基督教社会联盟（CSU）的支持率达 39%，创下 2008 年 3 月以来的新高。主要反对党社会民主党（SPD）支持率为 31%，比上次民调增长 1 个百分点。据悉，德国人普遍认同默克尔处理欧元区债务危机的方式，她依然是德国最受欢迎的政治人物。2/3 的德国人表示，他们满意默克尔的工作表现。① 默克尔在大选之前和连任之后的政府政策都将保持稳定，中德关系将维持健康发展，有利于华侨华人在德生存与发展。

2. 受欧元区及外围经济影响，德国经济将保持低速增长

美国《外交事务》杂志发表的题为“2013 年全球经济前景”的文章认为，2013 年欧洲面临的挑战包括继续赢得社会各界对经济改革的支持、保持市场信心以及在银行和财政联盟方面取得进展。然而，应对上述挑战最重要的是实现经济增长。IMF 预计 2013 年欧洲经济将仅增长 0.2%。外需环境疲软意味着 2013 年出口对欧洲经济的拉动作用将小于 2012 年。在内需停滞的背景下，欧洲财政紧缩以及信贷收紧将进一步抑制内部需求。此外，美国财政悬崖以及亚洲经济增长的不确定性使欧洲经济下行风险增大。② 而据 2012 年 11 月 7 日欧盟委员会发布的经济预测报告称，2013 年欧盟将会经历一段羸弱的经济恢复期，失业率仍将高企。欧盟委员会估算，2012 年欧盟 27 个国家 GDP 总和下降了 0.3%，欧元区 17 个国家 GDP 下降 0.4%，预计 2013 年欧盟 GDP 仅有约 0.4% 的上涨，欧元区约有 0.1% 的上涨。

受欧元区及外围经济不景气的影响，德国经济也难有大的好转。德国联邦统计局 2013 年 1 月 14 日欧市早盘公布的数据显示，德国政府已将其对 2013 年经济增速的预期下调至 0.5%，德国官方之前预计 2013 年国内生产总值（GDP）将增长 1%。由于今年年初德国经济表现疲软，下调后的增速预期是建立在下半年经济增速将加快的假设之上的。此外，德国政府还预计 2013 年失业率将小幅上升，今年的失业率将接近去年的水平，失业人数可能仅小幅增加 60 000 人。③

---

① 《民调显示德国反对党候选人难撼默克尔总理之位》，http：//s257001862.online.de/？action－viewnews－itemid－1820。

② 《2013 年欧洲经济增长仍面临不确定性因素》，http：//news.hexun.com/2013－01－09/149972421.html。

③ 《德国政府预计 2013 年 GDP 增长 0.5%》，http：//finance.sina.com.cn/money/forex/20130115/165214293494.shtml。

东欧地区

本文中的东欧国家主要包括乌克兰、波兰、捷克、斯洛伐克、匈牙利、罗马尼亚、保加利亚等国。

一、东欧华侨华人简史

根据台湾1990—1991年《海外华人经济年鉴》、联合国1988—1989年《人口统计年鉴》、1992年《不列颠年鉴》、《欧洲国际移民评论》特刊和苏联、阿富汗、保加利亚、捷克、斯洛伐克、匈牙利、蒙古、波兰、罗马尼亚等国家的人口统计资料，经过比较研究，可大致计算出，1990年前后，全球华侨华人共有3 066万人，欧洲的华侨华人共约126万人，其中东欧68万人，西欧58万人；欧洲的华侨华人80%以上是“二战”后的新移民；欧洲的华侨华人祖籍以广东、福建、浙江等省为主，山东、安徽等省次之。

根据以上相关数据看，1935年时，奥地利有30人，波兰有139人，捷克有250人，总体上当时东欧华侨华人人口很少。到了1955年，波兰、捷克、匈牙利、瑞典、挪威、芬兰六国共有2 347人。当年奥地利华侨华人人口增至1 000人。1995年时，东欧华侨华人人口有了明显增加，其中匈牙利有20 000人，捷克有10 000人，波兰有1 500人，原苏联地区增至200 000人。

二、东欧的新华侨华人

总体上，截至1980年代中期，在东欧国家生活居住的中国移民极少。此后，“世易时移”，中国大陆开始出现涌向东欧地区的移民潮，东欧华人社会也随即发生重大变化。据匈牙利警方资料，1991年中国人的入境人数增至27 330人。[①] 到了2010年，匈牙利华人人口总数为11 173名，占该国总人口数的0.11%。[②] 另据匈牙利华人民间估算，目前当地华人总人口数约为2万。[③]

2010年，奥地利华人人口数为21 101，捷克为3 364，波兰为3 174，罗马尼亚为6 205。[④] 2012年，根据奥地利官方统计数据，该国有华人15 700名，但根据非官方估计，奥地利可能有华人30 000名，其中包括已拥有当地国籍的第二代华人，或已经获得其他国

---

① Pal Nyin, *New Chinese Migrants in Europe: the Case of Chinese Community in Hungary*, Aldershot: Ashgate, 1999, p. 32.

② 中正大学编：《2010华侨经济年鉴》，台北：“中华民国侨务委员会”2011年版，第567页。

③ 参见中国留学生之家网站，http://www.kina.cc。

④ 中正大学编：《2010华侨经济年鉴》，台北：“中华民国侨务委员会”2011年版，第500、505、578、622页。

家国籍但在奥地利居住生活的华人。①

另据“中国留学生之家”网站的数据，目前斯洛伐克华人总人口为2 000人，捷克为4 000人，罗马尼亚为9 000人。

此外，东欧各国的华人留学生也是一股不可忽视的力量，特别以乌克兰为代表。近年来乌克兰的中国留学生迅速增长，人数已达1万人，99%以上是自费生。波兰的中国留学生近600人，除每年二十几名公费生外，其余以自费生为主。② 截至2010年，中国在匈牙利的留学人员总数为400多人，其中公派留学人员33人。③

2009年5月中旬，罗马尼亚中国留学生会创办季刊《北纬45°》。《北纬45°》是罗马尼亚中国留学生创办的第一本刊物，旨在为所有华人学子提供一个展示才华、相互交流的平台。同年9月，罗马尼亚中国留学生网站（www. beiwei45. org）开通。网站设多个板块：留学生杂志、留学生活、罗语学习、罗马尼亚介绍、论坛等。该网站旨在为留罗的中国学子以及在罗华人搭建一个沟通信息、相互交流的平台。

东欧各国新移民来源较为广泛，除浙江、福建之外，来自北京、东北、温州、河南等全国各地的淘金者也在这里大展身手。例如，在捷克居住的中国移民绝大部分来自浙江、福建以及山东，少量移民来自其他一些省市。④

三、东欧华人经济

目前东欧的新移民以商人为主。例如，在匈牙利的中国大陆新移民的身份比较单一，可以称得上是全民皆商，其中80%以上的人都从事商业。在罗马尼亚，华人大多经营超市、餐饮店和中医诊所等，因此，罗马尼亚有很多著名的中国小商品批发中心。

旅居奥地利的华人大多数来自中国或中南半岛。奥地利约3万华人中，有九成从事餐饮业工作。目前，奥地利全境有中餐馆1 200家，⑤ 仅在维也纳地区就有约300家华人餐馆，这使得当地的中餐馆呈现饱和状态。除了餐饮业之外，少数赴奥厂商还投资制造业。奥地利华人中有台湾人2 100名，当地台商组织有奥地利台湾商会，会员有10余家，台商从事行业有计算机、石化、贸易、航空、旅游及食品杂货。⑥

在东欧，有越来越多的台湾人移入当地谋求发展机遇。在波兰，台商的投资大部分以组装或成立发货中心营销居多，亦有部分台商开始发展技术支持及服务中心。早在1995年开始到捷克投资时，台商就多从事通讯产业，也有经营贸易、旅游业、物流业及液晶屏幕展售业等的。而目前在罗马尼亚，也有少量台商，主要从事化纤工业、木材出口以及综合性贸易等行业。

受欧洲债务危机影响，当地经济近年来不景气，进而冲击到了东欧的华人。在匈牙

① 《奥地利华人料达3万，有九成从事餐饮业工作》，欧洲时报网站，2012年5月10日。

② 《12国学子寻访：留学东欧考验语言难关》，《人民日报》（海外版），2007年2月1日。

③ 《英爱匈三国行》，《神州学人》2011年第2期。

④ 参见Obuchová，L'ubica，*Čínskákomunita v Českérepublice*，2001（Praha：Orientálníústav AV ČR，2002），pp. 17 - 18；曲北兰：《移民政策与社会网络——九十年代以来捷克的中国新移民》，台北：政治大学2009年版，第41页。

⑤ 《奥地利华人料达3万，九成从事餐饮业工作》，欧洲时报网站，2012年5月10日。

⑥ 中正大学编：《2010华侨经济年鉴》，台北：“中华民国侨务委员会”2011年版，第500~501页。

利，当地华人零售业遭遇的冲击很明显，布达佩斯原本十分火热的四虎市场如今生意萧条，不少华人商店被迫关闭。市场的惨淡迫使很多外来移民商人离开当地。[①]

此外，国家政策措施的变化调整也影响到当地华人经济的发展。2012 年 7 月，罗马尼亚政府整治调查外国人公司。布加勒斯特红龙市场的 100 多家华商公司接到罗方最高检察院的传讯检查通知，它们为浙江商人所经营，以经销批发鞋类产品为主。近几年，罗马尼亚针对外国人公司的账目、税务及经营商品是否具有合法商标等问题进行了持续性的调查整治工作，而且检查打击的力度趋于细致深入。在数次的大检查中，部分华商公司因为比较严重的违法经营等问题遭到当地有关部门的查封惩处，这引起广大华商的关注。对此，中国驻罗使馆多次组织华商与当地经济、税务等部门的负责人举办对话会、座谈会等活动，为使华商更好地了解、掌握在罗经商须知的法律法规、尽快适应罗马尼亚经济发展与经商环境变迁等，使馆对在罗华商进行了深入的讲解、诠释与相关指导。2012 年 7 月 17 日，驻罗使馆再次就罗马尼亚经济形势的发展变化，组织旅罗侨界代表与罗国的移民、海关、经济卫队等部门主管官员进行对话，[②] 以使华商能从中受益。

东欧各国的经济情况不尽相同，欧盟各成员国之间的经济状况差异为华人提供了发展空间。捷克最近几年市场也不景气，迫使许多华商转向他方寻找发展机遇，一些人来到波兰。波兰最西南方的西里西亚省是该国著名的工业基地，越来越多的华商企业来到这里。[③]他们艰苦创业的精神令人敬佩。

四、东欧华人社团、华文媒体与华文教育

2012 年 3 月 7 日，保加利亚华侨华人妇女联合会举办庆祝活动。这是该妇女联合会成立以来的第一个妇女节。联合会会长是陈玉芬女士。

2012 年 5 月 15 日，匈牙利最大的华人社团——匈牙利华侨华人社团联合总会（简称匈华总会）在布达佩斯举行换届交接仪式，余美明担任第五届理事会主席，刘文建出任执行主席，张传联、尤灯塔等 11 人出任副主席。[④]

2012 年 9 月 29 日，罗马尼亚旅罗福建同乡会在布加勒斯特举行第七届年会暨 2012 年中秋联欢会，多家当地华人社团及华文媒体的代表参加了联欢会。旅罗福建同乡会是罗马尼亚成立较早的少数华人社团之一。

2012 年 12 月 26 日，“保—中青年联谊会”举行成立仪式。

东欧有少量中国台湾籍新移民，他们也建立了不少社团。1995 年，波兰台湾商会成立；匈牙利台湾商会于 1996 年成立；捷克台湾商会于 2003 年 1 月 12 日成立；另外，奥地利台商组建了奥地利台湾商会。

据欧华联会的统计，东欧约有 20 家华文媒体，发展最为典型的是匈牙利。匈牙利最多时竟有 10 家华文报纸和两家华文杂志。

2012 年 8 月 23—26 日，第 10 届欧洲华文传媒协会研讨会在奥地利维也纳举办，来自

① 《匈牙利华人零售业危机中受冲击大，生意惨淡难经营》，《新导报》，2012 年 2 月 10 日。

② 《罗马尼亚加大力度整治工作　百多家华商公司被查》，《旅罗华人报》，2012 年 7 月 23 日。

③ 《金融危机下的波兰华商：遇挫折不减创业热情》，中新网，2012 年 12 月 28 日。

④ 《匈牙利华总会换届，余美明任主席》，《欧洲论坛》，2012 年 5 月 16 日。

欧洲 25 国以及中国内地、中国香港的近百家华文媒体负责人、有关专家学者参加了这次会议。会议主要针对金融危机背景下欧洲华文媒体的现状、生存和发展进行研讨。其中主要的话题包括：华文传媒如何促进欧洲华人更好地融入当地主流社会；华人传媒在中欧友好关系中如何更好地发挥桥梁纽带作用；华文传媒之间如何更好地加强合作与交流；欧洲华文传媒如何发挥自身优势，以在中国文化发展战略中促进和推动中欧之间的文化关系等。欧洲华文传媒协会在 1997 年成立，经过 15 年的发展，协会会员单位超过了 60 家，广泛分布于欧洲各国。而欧洲华文传媒协会研讨会也成为欧洲华人社会中极具影响力的欧华传媒盛会。①

东欧的华文教育业取得了很好的发展，特别是孔子学院发展迅速。据欧华联会的统计，截至 2008 年，东欧国家只有 11 所华文学校。但是，孔子学院在当地有突飞猛进的发展，短短四五年就有 20 余所孔子学院诞生。

2007 年，北京语言大学和罗马尼亚卢奇安·布拉加大学在罗合办孔子学院。该孔子学院是罗马尼亚第一所孔子学院。2009 年 9 月 21 日，罗马尼亚第二家孔子学院在克鲁日·纳波卡市巴贝什·博尧伊大学正式成立，浙江科技学院为中方合作单位。2012 年 3 月 26 日，由中国沈阳建筑大学和罗马尼亚布拉索夫省特兰西瓦尼亚大学合办的孔子学院，在特兰西瓦尼亚大学中心礼堂举行揭牌仪式，它是在罗马尼亚成立的第三所孔子学院。

2012 年 9 月 26 日，在中国驻保使馆的积极推动下，保加利亚“中国语言与文化校际联盟”在索非亚宣布成立。10 月 10 日，保加利亚大特尔诺沃大学孔子学院成立，它是由中国地质大学（武汉）和大特尔诺沃大学合作共建的，是保加利亚第二所孔子学院，也是中国国家汉办在海外合作建设的第 359 所孔子学院。② 11 月 30 日，中国教育部在索非亚与保加利亚教育青年科学部举行了会谈，并共同签署了《中保 2012—2015 年教育合作协议》。

2012 年 5 月 17 日，由中国驻保加利亚使馆主办的第五届“汉语桥”世界中学生比赛的保加利亚预选赛在索非亚第 18 中礼堂成功举行。来自索非亚第 18 中学和鲁塞市瓦希尔·列夫斯基中学的 10 名学生参加了比赛。前两名获奖者代表保加利亚赴华参加 2012 年“汉语桥”世界中学生比赛复赛和决赛。

五、中国与东欧的关系

1949 年，匈牙利人民共和国承认中华人民共和国，匈中两国建立大使级外交关系。2004 年 6 月，时任中共中央总书记、中国国家主席胡锦涛访匈。2005 年 9 月，匈牙利政府首脑久尔恰尼·费伦茨（Gyurcsany Ferenc）总理访华。

中国与罗马尼亚自 1949 年 10 月 5 日建交以来，一直保持着友好的合作关系。2004 年 6 月 12—14 日，胡锦涛主席对罗马尼亚进行了国事访问。访问期间，两国签署了《中华人民共和国与罗马尼亚关于建立全面友好合作伙伴关系的联合声明》等文件。2011 年，两国贸易额为 44 亿美元，同比增长 17%。中国在罗投资总额 3.84 亿美元，在罗的中资公

---

① 《第 10 届欧洲华文传媒协会研讨会维也纳举行》，（意大利）欧联通讯社，2012 年 8 月 24 日。

② http://bg.chineseembassy.org/chn/dssghd/t978088.htm.

司有9 000多家。[1] 中罗在文化、教育、科技等领域的交流与合作十分密切。以教育为例，中罗两国教育部门一直签有教育合作协议，主要内容有互派教育代表团、互换留学人员、互聘教师、交流经验、发展高校间直接合作等。1995年7月中国国家教委和罗马尼亚教育部签订了关于互相承认高等教育学历、文凭和学历证书的协议。2008年，两国政府签署了新的教育合作协议。罗马尼亚锡比乌、克鲁日和布拉索夫三市设有孔子学院。2012年3月27日，民间友华组织——罗马尼亚中国之家在议会宫举行正式成立大会。

中国与保加利亚于1949年10月4日建交。2000年6月，时任中国国务院总理朱镕基访保。2009年10月，时任中国国家副主席习近平访保。2012年4月，时任中国国务院总理温家宝在波兰华沙出席首届中国—中东欧国家领导人会晤期间，会见保副总理迪扬科夫。

1980年代后，中保两国经贸关系发展较快。近年来，两国贸易额逐年增长。2010年为9.8亿美元，同比增长33.5%。2011年为14.66亿美元，同比增长49.0%。而据保国国家统计局最新数据显示，2012年1—11月，保中两国贸易额为12.67亿欧元，同比增长48.4%。[2] 在非欧盟国家中，中国已成为保加利亚的第三大贸易伙伴。

中保在文化、科技与教育领域也有密切交往与合作。2003年，保加利亚索非亚大学建立了汉语水平考试点并成功举行了第一次考试。2006年6月，孔子学院在索非亚挂牌成立。2008年起，中保双方互派的奖学金留学生名额由原来的25名增至35名。目前保加利亚有中国留学生约70名，其中35名为公费留学生；中国有保加利亚留学生约170名，其中35名为公费留学生。我国在保汉语志愿者有6名。[3]

经贸合作是中国与中东欧国家关系中最活跃、最具潜力的领域。2001年，双方贸易额仅43亿美元，2011年达到529亿美元，年均增长27.6%。国际金融危机以来，双方贸易逆势而上，其中中国自中东欧国家的进口额年均增长30%。双向投资日趋活跃，中国企业在中东欧地区的投资已涵盖化工、机械、家电、电信、汽车和新能源等行业，并向农业、金融、科技等领域拓展，对当地经济增长和就业的贡献与日俱增。[4]

2011年6月25日，时任中国国务院总理温家宝在布达佩斯匈牙利科学院出席了中国—中东欧国家经贸论坛并发表了题为“巩固传统友谊 促进共同发展”的致辞。温家宝总理在致辞中指出，中国与中东欧的双向投资方兴未艾。中东欧国家累计在中国设立企业近2 000家，中国企业对中东欧国家的投资也正在蓬勃发展。中国华为公司已在匈牙利设立欧洲供应中心，为当地创造了2 000多个就业岗位。

中国与中东欧双方的合作领域不断拓宽。除了贸易和投资等传统领域外，双方在金融、旅游、法律服务、绿色经济、基础设施等领域的合作也逐步增多。2012年4月26日，时任中国国务院总理温家宝在波兰首都华沙出席第二届中国—中东欧国家经贸论坛并发表题为“齐心协力 共创未来”的致辞。温家宝总理在致辞时提出，双方要拓展合作领域，

---

① 《中国同罗马尼亚的关系》，http：//www. fmprc. gov. cn/ce/cero/chn/zlgx/zlgx。

② 《2012年1—11月保加利亚与中国贸易额同比增长48.4%》，http：//bg. mofcom. gov. cn/article/zxhz/zwqihou/201301/20130108518632. shtml。

③ 《中国同保加利亚的关系》，http：//bg. chineseembassy. org/chn/zbgxs/sgbx。

④ 《温家宝在第二届中国—中东欧国家经贸论坛的致辞》，新华社，2012年4月26日。

开展包括贸易、投资、基础设施、旅游等领域的全方位合作，同时要健全合作机制。[①]

2012年5月2日，中国驻保大使郭业洲在当地的《现在报》及其网络版刊发《促进中国和中东欧国家友好合作，为传统友谊注入新活力》的署名文章，更具体指明了温家宝总理在经贸论坛上提出的就新时期加强中国和中东欧国家的务实合作的许多措施。它们分别是：①成立中国与中东欧国家合作秘书处。②设立总额100亿美元的专项贷款，其中配备一定比例的优惠性质贷款，重点用于双方在基础设施建设、高新技术、绿色经济等领域的合作项目。③发起设立“中国—中东欧投资合作基金”，首期募集基金目标为5亿美元。④中方将向中东欧地区国家派出“贸易投资促进团”并采取切实措施推进双方经贸合作。⑤根据中东欧国家的实际情况和需求，推动中国企业在未来5年同各国合建1个经济技术园区，也愿继续鼓励和支持更多中国企业参与各国已有的经济技术园区建设。⑥愿与中东欧16国积极探讨货币互换、跨境贸易本币结算以及互设银行等金融合作，加强对务实合作的保障与服务。⑦成立“中国—中东欧交通网络建设专家咨询委员会”。由中国商务部牵头，中东欧16国本着自愿原则加入，共同探讨通过合资合作、联合承包等多种形式开展区域高速公路或铁路示范网络建设。⑧倡议2013年在中国举办“中国—中东欧国家文化合作论坛”，并在此框架下定期举行文化高层和专家会晤及互办文化节、专题活动。⑨在未来5年向中东欧16国提供5 000个奖学金名额。支持16国孔子学院和孔子课堂建设，未来5年计划邀请1 000名各国学生来华研修汉语。加强高校校际交流与联合学术研究，未来5年派出1 000名学生和学者赴16国研修。中国教育部计划明年在华举办“中国—中东欧国家教育政策对话”。⑩倡议成立“中国—中东欧国家旅游促进联盟”。⑪设立“中国与中东欧国家关系研究基金”。中方愿每年提供200万元人民币，支持双方研究机构和学者开展学术交流。⑫中方计划于2013年举办首届“中国与中东欧青年政治家论坛”，邀请双方青年代表出席，增进相互了解与友谊。[②]

结　语

伴随中国与东欧国家关系的进一步密切深入，相信会有更多的华侨华人居住生活在东欧地区，谋求发展机遇。只要东欧国家的社会发展日益步入正轨，那里的华侨华人也会拥有更多更好的生存发展空间。

过去东欧国家华侨华人的发展并不是一帆风顺的，华商规模一般较小，抵御风险的能力较弱。东欧华侨华人遇到种种问题是多种原因造成的，一方面是当局设置了种种关卡；另一方面则是华侨华人自身的问题，这就需要他们对自身做出反省改善。东欧华商之间尤其要加强彼此的联系与合作，可以通过同乡会、同行之间加强信息沟通。此外，他们还应积极和使领馆联系，寻求使馆及时有力的帮助，更好地捍卫自己的合法利益。

---

① 《温家宝在第二届中国—中东欧国家经贸论坛的致辞》，新华社，2012年4月26日。

② 《郭业洲大使撰文介绍中方促进与中东欧国家友好合作新举措》，http：//bg. chineseembassy. org/chn/dssghd/t928150. htm。

法　国

法国是欧洲华侨华人主要侨居国之一。近年来，法国华侨华人发展迅速，规模较大，实力较强，在当地社会有一定影响力。回顾2012年，法国左翼政府上台，中法关系继续保持健康发展；新移民政策有所调整，对部分在法中国人有所利好，但经济起色不大。预期2013年，受欧债危机大环境影响，加上1月份出兵马里导致军费开支大增，法国经济将持续低迷，失业率较高，居民收入降低，部分华人经济或受牵连；经济危机导致右翼势力崛起，对移民政治前景可能带来一定影响，值得关注。

一、法国基本国情

法国概况①

国家全名	法兰西共和国	地理位置	位于欧洲西部	领土面积	632 834平方公里（包括4个海外省，其中本土面积543 965平方公里）
首都	巴黎	官方语言	法语	主要民族	主要是法兰西人，少数布列塔尼人、巴斯克人、科西嘉人、日耳曼人等
政体	总统制	执政党/主要反对党	社会党/人民运动联盟	现任总统/总理	弗朗索瓦·奥朗德/让—马克·埃罗
人口数量	64 612 939人	华侨华人人口数量	60万	华侨华人占总人口比例	0.918%
GDP/人均GDP	19 788.58亿欧元/30 258欧元	CPI	1.9%	失业率	10.3%

二、法国与中国关系发展

1964年1月27日，中法两国建立大使级外交关系。建交后，两国关系总体发展顺利。20世纪90年代初，中法关系因法国政府批准售台武器一度受到严重影响。1994年1月12日，两国政府发表联合公报，法方承诺不再批准法国企业参与武装台湾，双边关系恢复正

① 表格中除华侨华人人口和比例，其余数据来自欧盟官网，http：//europa.eu/publications/statistics/index_en.htm。

常。两国在政治、经济、文化、科技、教育等各个领域的合作富有成果。2008 年，中法关系因涉藏问题出现重大波折。2009 年 4 月 1 日，中法发表新闻公报，中法关系逐步恢复良好发展势头，各领域合作进展顺利。① 2010 年 11 月，时任中国国家主席胡锦涛访法，两国元首共同发表联合声明，宣布建设互信互利、成熟稳定、面向全球的中法新型全面战略伙伴关系。近年来，中法两国在经济、科技、文化、教育与军事等方面的双边交往与合作也保持着良好的发展势头。据欧盟统计局统计，2011 年中法双边贸易额为 530.0 亿美元，增长 17.0%。其中，法国对中国出口 186.8 亿美元，增长 28.8%；自中国进口 343.2 亿美元，增长 11.5%；法方逆差 156.4 亿美元，下降 3.9%。中国为法第八大出口市场和第七大进口来源地。② 法在华投资主要集中在能源、汽车、化工、轻工、食品等领域，大部分为生产性企业。截至 2011 年底，法国在华投资项目 4 309 个，实际投资金额 115.2 亿美元。我国对法各类投资累计近 18 亿美元，主要投资领域为贸易、家电、旅游、化工等。中国是法国 2011 年第十大外资来源国，也是亚洲第一大对法投资国。

2012 年 5 月，奥朗德总统上任后，两国关系继续稳定发展。6 月，时任中国国家主席胡锦涛在出席二十国集团洛斯卡沃斯峰会期间同奥朗德总统举行双边会见。7 月，法国外长法比尤斯访华，并在法国驻华大使馆举行的记者见面会上表示，中法关系进入了一个全新的阶段，法国新政府将发展中法关系作为外交上的一个优先选择。③ 奥朗德是 17 年来法国第一位左翼社会党总统，看待全球事务和国际关系有着新视野。虽然他尚未到访过中国，但世界都在密切注视他将如何度过与国际社会的“磨合期”。从长远看，奥朗德不会改变中法两国传统友好关系的基本框架，他将会以维护国家利益作为出发点，根据形势采取更加理性和务实的立场，站在战略高度和长远角度来审视两国关系，保持高层交往，共同努力把两国全面战略伙伴关系提升到一个新的高度。

三、法国侨情概况

（一）华人历史发展

中国人移居法国的历史大约可以追溯到 18 世纪初。19 世纪中叶，湖北的天门人和浙江的青田、温州人，途经西伯利亚辗转到法国、荷兰、德国等西欧国家，成为早期的旅欧华侨。第一次世界大战期间，被招募赴法的华工约有 14 万，战后部分滞留法国，成为早期的旅法华侨。1919—1921 年，中国掀起赴法勤工俭学运动，约有 2 000 名中国学生抵达法国。1964 年，中法建交后，中国大陆移民涌入法国。70—80 年代，法国接纳了大量印支难民，其中绝大部分是华人。1990 年以后，法国成为华人移居欧洲的首选目的地，移民人数一直保持较快增长。在法国华人当中，从东南亚各国移民来的华人占 40%，其中浙江

---

① 《中国同法国的关系》，http://www.fmprc.gov.cn/mfa_chn/gjhdq_603914/gj_603916/oz_606480/1206_606844/sbgx_606848/。

② 《2011 年法国货物贸易及中法双边贸易概况》，http://countryreport.mofcom.gov.cn/record/view110209.asp?news_id=28159。

③ 《法国新外长访华，中法关系吹春风》，http://www.chinadaily.com.cn/hqgj/jryw/2012-07-11/content_6413536.html。

温州、青田人占50%以上，来自中国其他地区的华人只占很少的部分。目前一般认为法国华人约有60万，但据法国国家统计局2009年的数据，法国华人数量在80万至100万之间，[①] 主要聚居于大巴黎地区，人数有30多万，已形成了几处相当有规模的唐人街：巴黎13区、美丽城和龙城唐人街，其余散居在马赛、里昂、里尔、波尔多、南特、斯特拉斯堡等大城市。[②]

（二）华人社团

法国华侨华人社团目前有100多家，相对活跃的有20多家。华人社团多以亲缘、业缘、地缘等为基础组建，近年来很多专业性社团逐步涌现。华人社团中，影响力较大的有法国华侨华人会、法国潮州会馆、法国青田同乡会、法国华商总会、法国法华工商联合会、法国亚裔社团联盟、华人融入法国促进会、法国“中国和平统一促进会”、法国华侨教育基金会等等。在侨领中特别要提及法国潮州会馆会长吴武华。吴武华先生祖籍潮州，出生于柬埔寨，20世纪60年代曾在中国求学，70年代中期到法国，经艰苦创业在商界取得成功。多年来，吴武华活跃于华裔族群社会，积极参加社团活动，主办中文学校，加强中法交流，受到法国华侨华人的普遍赞扬。2012年2月8日，在法国经济财政部7楼宴会大厅举行了吴武华的授勋仪式，法国总统府发言人兼预算部长瓦莱丽·佩克雷斯代表总统萨科齐授予吴武华先生法国国家功勋骑士勋章，以表彰他在融入法国社会、服务亚裔和华裔族群、促进多边友好、加强多边文化交流等方面作出的贡献。授勋不仅是吴武华一个人的荣誉，也是对生活在法国的几十万华侨华人融入法国社会、遵纪守法、贡献社会的认可与褒扬。[③]

（三）华人经济

法国华侨华人主要经营餐馆、皮革、家具、制衣、食品杂货、进出口等行业。餐饮、皮革、服装业是法国华人经济的三大支柱产业。餐饮是传统行业，以潮州菜最为有名，其次是温州菜和粤菜。目前各式中餐馆有8 000家以上。皮革业以批发为主，为温州人垄断，多数集中在巴黎第3区的庙街，主要从事皮革产品的进口。服装业也以批发为主，温州商人居多，主要从中国进口，在法国销售。过去华商主要集中在巴黎11区，近年来，东10区、93区等也开始有大量华商进驻，在法国巴黎大区内，从事批发生意的华人公司有2 000余家。其他行业包括百货业、进出口贸易、金融、房地产、律师、会计师、工程师、旅游、运输等，华人公司也逐步涉足，其中百货业和进出口贸易发展迅速。[④] 近年来，在法国的中国留学生数量激增，许多人学成后在法国政府或公司供职，成为有知识的新一代华侨华人。整体而言，法国华人经济总体规模及发展模式位居欧洲华人社会前列；一批法国华人企业已经在经济上融入法国，为当地社会发展作出贡献；一批华二代已经顺利接班，正在不断提升法国华商的经营水准。

---

① 《法国华人移民的喜与忧》，http：//www. cnfrance. com/info/yiming/20120808/8068. html。

② 《法国华侨华人概况》，http：//www. chinadaily. com. cn/hqpl/zggc/2012－05－29/content_ 6039962. html。

③ 《法国政府向华人吴武华授勋》，http：//news. 163. com/12/0209/09/7PQGA5Q500014JB5. html#from = relevant。

④ 《法国华人经济的特点与发展趋势》，http：//gocn. southcn. com/qw2index/2006dzkw/。

（四）华人参政

近年来，法华社会逐渐打破长期以来给外界留下的“自我封闭”、“重商轻政”等刻板印象，开始涉足政坛。同时，第二代、第三代华人作为新生力量不断涌现，为法华社会注入了新的活力。华裔族群融入主流社会、参政议政的愿望日益凸显，特别是近两年他们通过多种形式，扩大了华裔族群的社会影响力。一是成立了华裔社团，凝聚了华人力量，推动了参政活动的开展。2011 年 7 月 9 日，法国亚裔社团联盟正式成立，12 月 9 日举行法国亚裔选民政见会，邀请法国社会党和人民运动联盟代表向亚裔选民解释两党政见，倾听亚裔特别是华裔族群诉求，就双方关心的问题展开面对面交流。① 二是通过游行活动、媒体传播等方式表达华族诉求，引起了社会高度关注，增进了与当地社会的相互了解。2011 年 6 月 19 日，数千名华侨华人在巴黎举行游行活动，抗议针对华人的暴力行为，呼吁法国当局进一步改善社会环境，维护社会治安。三是加强与政府及议会的沟通交流，反映华族意愿，为争取更好的发展环境而努力。2011 年，华商治安联盟成员与欧拜赫维利耶市政府有关人员、93 省国家警察及地方警察负责人等在法国华人鞋业协会召开联席会议，共商维护华商批发区安全大计，取得良好效果。四是通过多种方式与渠道，推动华人参与选举投票。2012 年法国大选前，法国华人服装业总商会、法国上海经济文化发展会、法国华裔互助会、潮州会馆、法国华侨华人会等通过刊登公益广告、召开动员会等形式，号召会员和其他有投票权的华人投票。而左右阵营不断向亚裔特别是华裔群体示好甚至直接拉票，显示出两派政治力量均不愿忽视“华人票箱”的分量。

（五）华文媒体与华文教育

（1）纸媒：现有 7 家。收费报纸有《欧洲时报》和《星岛日报》。因为收费，所以发行量相对比免费报纸要小很多，甚至有的实际发行量在法国只有几百份。免费报纸有《法国侨报》、《华人街报》和《欧洲商报》。《法国侨报》、《华人街报》是两家民间传媒，《法国侨报》由温州籍的法国知名文化人叶星球和资深媒体人钱海芬女士于 2012 年 2 月创办；《华人街报》由温州人吴长虹于 2010 年创办；《欧洲商报》由原来的《星岛日报》持有人胡仙于 2011 年创办，目前该报在英国、荷兰和法国发行，由于延续了《星岛日报》风格，全部是繁体字，所以在法国的影响面不是很大。《法国侨报》、《华人街报》是月报，《欧洲商报》是双周刊。从印刷量和发行面及受欢迎程度上来说，《法国侨报》、《华人街报》有更多的优势，也赢得更多的市场口碑。其中《法国侨报》因为是职业传媒人创办，加上内容上以记录侨界侨志侨史为己任，有大量对法国艺术、艺术家及时尚和房地产等专版的报道，尤其是有大量服务性的内容和原创的纪实文章，因而深受读者欢迎。《法国侨报》也是目前法国所有华文媒体中唯一一份双语报纸。每期报纸都有 4 页法文，介绍中国文化中的吃、穿、住、行、旅游等，以及法国华人及巴黎中国文化中心等举办的各类文化艺术活动。《法国侨报》还有一个特点，即其发行到位。《华人街报》和《欧洲商报》都是定点投放，读者自取。而《法国侨报》在每期报纸出版的当天就会派出 5 组人马，每组 3 人，分别到法国华人集中的地方如巴黎 13 区（东南亚人为主），巴黎美丽城

① 《法国华社首办亚裔选民政见会　倾听华裔族群诉求》，http：//www. gqb. gov. cn/news/2011/1213/25028. shtml。

（温州人为主），巴黎3区、4区、10区、11区和Aubervilliers等华人最集中的地方，挨家挨户直接投送。同时该报和在法国尼斯、斯特拉斯堡、里昂等共拥有21家商店的巴黎士多公司以及在欧洲拥有很多批发网路的万兴公司合作，分别投放到周边的德国、比利时等9个国家。另外，还有《大纪元》和《看中国》，带有明显政治倾向，因为创办时间比较久，而且每周一期，广告多，价格低，影响也相对比较大。

（2）电视：目前在法国可以看到的中文电视台有通过长城平台的14家，以及直接在Free上看到的新唐人电视台。在法国拥有记者站的有中央电视台、凤凰卫视电视台、浙江电视台国际频道。但因为浙江电视台国际频道制作的《黄金时间》报道法国新闻比较多，有华侨华人朋友们喜闻乐见的节目，所以其收视率名列第一。

（3）网站：法国目前比较知名的网站有深受学生欢迎的新欧洲（原来的战法）论坛（http：//www. xineurope. com/）、反映温州人生活的华人街网站（http：//www. huarenjie. com）、新闻网站欧洲时报网站（http：//www. oushinet. com）、以反映和服务法国华侨华人生活为己任的法国侨网（http：//www. franceqw. com）。另外还有一些网站，但其相对影响都比较小。

（4）微博和微信：目前法国比较有名的微博有巴黎八卦新闻、华人街网站、法纵网、巴黎吃货、法国侨网报微博等。很多温州人因为文化程度低，不会拼音，所以基本不用微博，但是因为微信只需要发图片和讲话，所以法国乃至欧洲的华商使用微信很普遍和流行。海芬法国侨报的微信，每天至少发送3条，已经拥有相当多的朋友圈。[①]

华文教育方面，20世纪70年代中期，华文教育首先在巴黎13区开始，80年代中期出现规模性发展，目前有100多个机构设有各类中文补习班，学生数万人，多为华侨华人子女。其中有影响力的中文学校主要有三种：一是侨团办的中文学校，如潮州会馆办的中文学校、华侨华人会学校、华裔互助会学校。其中潮州会馆学校有800多名学生，被中国国务院侨办评为示范学校。二是华文媒体办的学校，如欧洲时报中文学校。三是纯粹的中文学校，如法亚中文学校。近年来，法国国民教育中汉语课颇受欢迎，学习汉语人数有大幅提升。

（六）与当地民族关系

20世纪90年代以前，欧洲基本上还是比较接纳移民的。但之后，各国开始有选择地接纳移民，对移民的排斥感增强。90年代以前进入法国的华侨华人多来自法国前殖民地印支国家，在制度上和情感上易被法国社会接受，也较易融入当地。90年代之后多为中国大陆新移民，且大多素质相对不高。总体而言，法国华人与当地民族关系一直相对较好，这一方面是受益于欧洲多元文化主义的大环境，另一方面也得益于中法关系的友好发展。法国前总统萨科齐每年农历新年都在巴黎总统府爱丽舍宫举办新春招待会，宴请华侨华人代表。2012年2月8日，法国潮州会馆吴武华的授勋仪式，就是表明华人融入法国社会的有力见证。近年来，由于法国移民问题复杂化，移民与当地社会相互存在一定的认知误差。《巴黎人报》刊登的法国统计局最新移民调查显示，90%的移民后代以法国人自居，但是只有67%的人认为自己的“法国人”身份被外部世界认可。经济合作与发展组织

① 法国华文媒体信息主要由《法国侨报》创始人钱海芬女士提供，在此表示感谢。

（OCDE）公布的有关移民融入状况的一项调查显示：法国在移民融入方面是经合组织中的劣等生。① 对此，巴黎人类科学之家基金会主席、社会学家米歇尔·韦维尔卡表示，90%的移民后代认为自己是法国人，这说明他们融入当地社会的愿望非常强烈。这些移民后代已经是法国国民，他们更多的是追求共同的历史与文化归属感。法国社会需要摒弃认为移民是“文化外来者”的想法，应为他们的融入作出更多努力。② 年仅 16 岁的华裔少年陈韶说到，他虽然在法国出生并在此生活多年，但一直未真正融入当地社会，遭受到各种歧视。一直以来，针对其他族裔发生的例如恐吓、殴打等多种暴力事件让他对这个生活多年的国家感到恐惧。③

四、法国政治经济形势变化对华侨华人的影响

1. *左翼政府调整移民政策，有利于华侨华人发展*

法国新政府上台后，移民政策有了一定调整，对家庭团聚和非法移民有较以往更宽松的规定。新法律规定了 3 种与家庭有关的获得居留证的途径：有孩子的父母必须在法国居住 5 年以上，孩子在法国就学 3 年；有合法身份的人的配偶在法国居住 5 年，18 个月以来一直生活在一起；在法国居住两年、正常就学的未成年外国人都可以获得合法居留权。④ 最新法律同时规定，法国政府当局对进入法国领土的无证件外国人，出于核实身份的需要，可以对其进行“行政扣留”最多 16 小时，而不是被警方“拘留”。其内在逻辑是：一个人如果没有犯下应当入狱的罪行嫌疑，是不可以被警方拘留的，而非法进入法国的行为，并不是一种应当坐牢的罪行。法国右翼政府期间，曾经修改法律，将帮助非法移民的行为定位为“轻罪”，一些人道团体人士因此受到司法的追究，被政府反对者批评是“人道轻罪”。新的法律还规定：如果向非法移民提供食品等帮助而没有交换条件的话，不会受到司法追究。⑤ 留学政策方面，在 2011 年法国曾经禁止外国留学生毕业之后获得领薪人的身份和在法国公司工作，使得大量在法留学生毕业后无法申请到合法居留身份而被迫改变职业规划，也在一定程度上影响了海外学生赴法留学的积极性。奥朗德就任后不久即宣布取消该政策以履行其竞选时的承诺，此举为留学生毕业后在法求职扫清障碍。中国每年赴法留学名额将由目前的 3 万增加至 5 万。法国移民政策的调整对于在法中国非法移民及留学生而言无疑是利好信息。但部分已入籍的老移民也有不同看法，他们认为政府过于关注社会基层民众，可能会影响他们的社会福利和其他机会。

2. *法国经济遇寒流，部分华人经济受牵连*

据法兰西银行（央行）2012 年 12 月 10 日发布的报告称，法国经济继第三季度下跌 0.1%后，预计第四季度仍将下跌 0.1%。这一预期表明法国经济依然十分脆弱。报道称，

---

① 《欧洲商报》，http://www.chineseineurope.net/paper/20121221/。

② 《三分之一法国移民后代感觉身份不被认同》，新华网，2012 年 10 月 11 日。

③ 《旅法华侨华人为“安全、权利”再抗争，提升安全级别》，http://www.chinanews.com/hr/2011/06-24/3134484.shtml。

④ 《法国出台新非法移民合法化政策》，http://www.cnfrance.com/info/yiming/20121129/8653.html。

⑤ 《法国修改已有非法移民政策》，http://www.cnfrance.com/info/yiming/20130103/8872.html。

如央行预测得到确认，法国经济将连续两个季度下跌，从技术上看，法国经济已再次陷入衰退。经济的下行导致法国的失业压力增大，作为法国就业状况现行指标的临时失业人口数量继续增加。据法国就业署公布的数据，截至10月末，法国临时失业人数达到了55.45万人，比9月末增加了20 200人，其中工业领域的失业状况最为严重。2011年11月至2012年10月的一年间，法国的临时失业人数增加了8.96万，同比增长了13.9%。①

法国经济的不景气导致许多行业收入降低，居民消费力下降。据统计，如今法国人的平均月收入仅为1 605欧元，其中50%的法国人收入甚至低于1 441欧元。② 这给主要以餐饮、服装、皮革、旅游等消费服务行业为主体的华人经济带来了一定冲击。同时，为刺激经济复苏，促进出口，欧盟提高了许多进口产品标准，这对于很多在法国从事外贸的华人企业也形成一定挑战。另外，法国有关部门也加大了对华人经济的清查。奥朗德2012年5月上台后，一方面要提高社会福利，另一方面，因为欧债危机的压力，还要减少政府的财政赤字。新政府对税收政策进行了调整，规定年所得逾100万欧元的部分需缴纳75%的边际所得税率，导致法国富豪相继出现移民潮，这对部分华商也将形成一定压力。

3. 少数媒体错误宣传，损害华族形象

2012年8月23日，法国著名时事周刊《观点》刊登了一篇题为“在法华人的狡猾成功”的文章，对在法华人“如何狡猾成功”进行了所谓“详细披露”。文中大量使用“妓女”、“犯罪黑帮”、“赌钱”等字眼，并将华人在法国“飞黄腾达的通用模式”描述为“以偷渡方式登陆法国—在餐馆打黑工—3年后还清债务—10年后获得合法居留—15年后摇身变成企业家”。《观点》的侮辱性文章扭曲了华人形象，也严重伤害了华裔群体的感情。为此，华人已通过法国反种族歧视团体“SOS Racisme”，以“侮辱在法华人”为由对《观点》提出正式起诉。法国青年非洲报业集团麾下的杂志《月刊》，引用了“跨大西洋趋势2012年年度调查报告”的一则报告数据。报告对美国及欧盟中的法、德、英、意、西、葡、匈、荷、波、瑞典和斯洛伐克12个国家，再加上俄罗斯和土耳其的民众进行了问卷调查。在问到“中国在经济上是一个机遇还是一个威胁”时，出乎意料的是，认为“中国是威胁”的法国民众竟高居榜首，高达65%（认为是机遇的仅24%，也是最低的），远远超过欧洲的平均值45%。③ 报告撰写人分析，错误宣传是导致这一结果的主要原因之一。不过，法国著名华人移民专家、地缘政治学博士皮埃尔·皮卡尔认为，法国人仰慕中国文明，主流社会传统上认为，华人移民是“模范移民群体”，有点神秘，但没问题。④

五、对法国今后侨情发展的预测

1. 经济预期依然低迷，华人经济面临挑战

法国总统和政府在2013年面临严峻的考验，他们必须证明改革经济模式的决心，同

① 《统计数据显示法国宏观经济遇“寒潮”》，http://www.cnfrance.com/info/caijing/20121212/8732.html。

② 《法国华人移民的喜与忧》，http://www.cnfrance.com/info/yiming/20120808/8068.html。

③ 《旅法华人撰文解析：法国人为何更害怕中国》，http://qwitaly.com/xinwenredian/。

④ 《法国华人移民的喜与忧》，http://www.cnfrance.com/info/yiming/20120808/8068.html。

时设法在经济低增长和失业率居高不下的双重压力下使公共财政实现历史性重振。法新社和路透社在分析法国经济形势时指出，社会党人自2012年5月在法国重新执政以来，大幅提高强制性征摊金，表明他们恪守预算承诺的意愿。这一做法的目的是使法国在金融市场上免遭攻击，从目前情况来看，法国政府达到了目的。但与此同时，由于增长率停滞不前及失业率急升，总统、总理的民意分已经跌到了危险的低点，在这种情况下要继续大刀阔斧地改革，其难度可想而知。奥朗德给自己确定的目标是到2013年将失业率曲线翻转过来。但据分析预测，法国正处在预算紧缩期，2013年上半年失业率会大幅上升，年底到2014年初经济复苏幅度不足以改变失业率曲线。① 新政府的调税政策也迫使法国很多富豪移民国外，导致资金外流。不过法国政府近期为稳定民心，预算部长卡于扎克于2013年1月6日宣布政府在5年任期内不再加税，将额外拨出20亿欧元用于国家扶助型就业，新版本的75%的巨富征税率可能在整个5年任期中实行。② 另外，2013年1月，法国政府出兵干预马里动乱，必然导致军费开支额外大增，这势必使得原本债务累累的国家财政雪上加霜。法国整体经济环境的不佳，必然也影响到华人经济的发展，华商要在调结构、扩市场、提升竞争力等方面多下功夫。

2. *右翼力量崛起，移民政治斗争激烈*

在当前欧洲大呼“新同化主义”政策的同时，法国也不例外。在法国，移民被要求尽快“融入”社会，在语言、穿着、文化和习俗等各方面都被要求符合法国社会的要求。即使是第二代甚至第三代移民，依然会被当作“异类”。其实，在欧美学术界长期以来有种说法：法国的城市规划被指体现“种族主义”，巴黎市郊和新城将移民与非移民分割开来。政府一边鼓励着“融入”，一边又将移民“排挤”出去。同时，从希腊、意大利到法国、荷兰等国，由于债务危机引发的经济紧缩和高失业率正助长着过去10年缓慢崛起的欧洲民粹主义（Populism），他们的影响也逐渐反映在新的权力结构之中。③ 2012年总统大选首轮投票中，43岁的极右翼候选人玛丽娜·勒庞出人意料地获得18.2%的选票，位列第三，比她的父亲、国民阵线的创始人老勒庞在2002年赢得的17%选票还要高，表现十分抢眼。国民阵线认为政府应当在就业、社会福利和公共住房等方面对法国公民给予政策倾斜，同时对雇佣非法移民的公司处以罚金。

右翼力量的崛起将掣肘政府放开移民政策。奥朗德在大选时为拉拢右翼选民就表示，如果顺利当选法国总统，将限制移民数量，不会废弃现有的禁止穆斯林妇女在公共场所佩戴头巾的法律。新近的非法移民政策也受到在野党的抨击，右派人民运动联盟的议员说政府在号召非法移民入境，而极右派的国民阵线主席更称内政部长瓦尔斯是“强迫性的移民主义者”。④ 移民政治的复杂化必然会导致移民政策的摇摆不定和社会动荡，对部分华侨华人可能会带来一定影响。

---

① 《2013年法国经济低迷，失业率急剧上升》，http：//www. cnfrance. com/info/xinwen/20121224/8823. html。

② 《法国预算部长：奥朗德任期不会再加税》，http：//www. cnfrance. com/info/xinwen/20130107/8897. html。

③ 《 欧洲政治极化隐忧》，http：//magazine. caijing. com. cn/2012 -07 -15/111949054. html。

④ 《法国出台新非法移民合法化政策》，http：//www. cnfrance. com/info/yiming/20121129/8653. html。

荷　兰

华人大量进入荷兰已逾百年，他们“自强不息，勤劳努力，忍辱负重”（荷兰首相吕特的评价语），在荷兰安家、创业，在积极为当地社会经济作出贡献的同时，也在促进中荷民间交流、回馈祖籍国方面作出了很大的贡献。随着经济实力的增强，社会地位的巩固以及与当地社会、人民的接触和融合的不断加深，荷兰华人的参政意识逐渐增强，开始不断关心政治并积极参与政治活动。欧债危机冲击下的荷兰经济虽然正逐渐恢复，但对华人经济及华人就业的影响仍在持续。同时，荷兰新政府的移民政策对华侨华人的影响也值得关注。

一、荷兰基本国情

荷兰是西方发达国家之一，位于西欧，临北海，在比利时和德国之间。荷兰曾因垄断大西洋贸易，称霸海洋，被称为“海上马车夫”。

表 1　荷兰概况

国家全名	荷兰王国	地理位置	西欧	领土面积	41 543 平方公里
首都	阿姆斯特丹	官方语言	荷兰语、弗里斯兰语	主要民族	荷兰族
政体	议会制君主立宪制	执政党/主要反对党	自由党/工党、社会党①	国家元首/政府首脑	威廉·亚历山大/马克·吕特
人口数量	16 789 574 人②	华侨华人人口数量	19 万③	华侨华人占总人口比例	1.13%④
GDP/人均 GDP	8 404 亿美元/50 355 美元⑤	CPI	2.3%（2011 年估计数）	失业率	7.2%（2012 年 12 月）

资料来源：《荷兰国家概况》，中国外交部网站，http：//www.fmprc.gov.cn/mfa_ chn/，2012 年 6 月 11 日更新；The World Factbook，美国中央情报局网站，https：//www.cia.gov，2013 年 1 月 3 日更新；《荷兰女王退位　长子亚历山大成新国王》，人民网，2013 年 5 月 1 日。

---

① 参见中国外交部网站，http：//www.fmprc.gor.cn/mfa_ chn/。

② 荷兰中央统计局，http：//www.cbs.nl/en－GB/menu/themas/bevolking/cijfers/extra/bevolkingsteller.htm，荷兰时间 2012 年 11 月 26 日。

③ 笔者依据荷兰中央统计局2012 年数据，结合第十五届欧洲华侨华人社团联合会提供的2008 年华人数据，计算得出。

④ 笔者依据荷兰人口总数和华人人数计算得出。

⑤ 参见中国外交部网站，http：//www.fmprc.gor.cn/mfa_ chn/。

二、荷兰华侨华人历史

华人大量进入荷兰是在20世纪初期，但有研究显示，远在17世纪初的中国明代，就已经有华人踏上了荷兰的领土。第一个到达荷兰的华人叫恩浦，他于1607年由荷属东印度到达荷兰。此后，又有零星的中国人不断到达荷兰，其中华人学者郭成章随荷兰学者范·希伯尔德来到荷兰，帮助希伯尔德翻译中文资料，在荷兰居留了七八年之久。[①] 到19世纪下半叶，清朝洋务运动展开，政府派官员到西方国家进行考察成为当时的洋务活动之一，有不少官员以考察的名义先后到达荷兰。从17世纪初至19世纪末的数百年里，到达荷兰的华人屈指可数，他们到达荷兰或进行访问或进行逗留，都没有定居在荷兰。及至20世纪，方有大批华人进入荷兰并定居于此。当时移民荷兰的华人主要有两支：一支为印尼华裔。由于当时荷兰海员为争取权利而进行罢工，荷属东印度公司开始大量招募华人海员，一部分华人海员为了改变在国内艰苦的经济条件，纷纷来到荷兰充当水手。另一支是浙江青田（温州）人。这部分人从陆路而来，其中大部分由苏联、东欧转移而来，小部分从西欧各国转移而来。他们大多从事商贩活动，人数并不多。[②] 早期移民荷兰的华人生活十分艰辛，除了在欧洲远洋公司做水手外，有的还借助于老一代移民和当地的关系开办一些小的烟馆、赌馆、杂货店等。随着中国移民的增多，越来越多的华人聚集在阿姆斯特丹的卡登区，故这里曾一度被称为“欧洲第一唐人街”。

除了水手和商人外，早期在荷兰的华人中还有一些留学生。留学荷兰的华人学生最早可以追溯到19世纪80年代。1884年9月25日，来自班达的20岁学生黄英利注册法律系，是迄今所知较早的印尼华人留学生。[③] 20世纪20年代后，留学荷兰的印尼华人学生逐渐增多，很多学生毕业后并没有返回印尼，而是选择留在了荷兰。20世纪20—30年代，有一些中国学生赴荷兰勤工俭学，完成学业后因当时中国国内政局动荡、战争频繁而未回国，选择在荷兰定居立业，并且与当地荷兰人结婚生子。[④]

20世纪20年代末至30年代初，受全球经济危机的冲击，荷兰经济出现了严重的下滑，华人社会的经济生活也受到严重的影响，很多华人水手纷纷失业，部分华人纷纷离去，而没有离去的华人靠做“花生糖”生意来渡过难关。华人在艰辛的生活中自强不息、自我救助的精神，令当地的荷兰人备受感动。他们纷纷伸出援助之手，给华人以力所能及的帮助。

第二次世界大战爆发后，希特勒在西欧恣意妄为，吞并了法国及西欧的众多国家，荷兰也没有避免被占领的命运。被占领后的荷兰，经济破碎，社会动荡，但是荷兰华人在这种环境下也没有放弃支持中国的民族解放事业。在沦陷区的华侨华人纷纷慷慨解囊，通过成立华侨会、捐钱捐物等各种形式支持中国的抗战，传达他们的爱国之情。在“二战”期间，由于世界社会政治的动荡和荷兰生活处境的艰难，从国内迁居荷兰的华人并不多。

从20世纪60年代开始，世界上掀起了几股移民欧洲的浪潮，其中，有几股移民浪潮

① 梅旭华：《试述早期华人移民荷兰》，《华侨华人历史研究》1994年第1期。
② 李原、陈大璋主编：《海外华人及其居住地概况》，北京：中国华侨出版公司1991年版，第283页。
③ 梅旭华：《试述早期华人移民荷兰》，《华侨华人历史研究》1994年第1期。
④ 杨万秀主编：《海外华人华侨概况》，广州：广东人民出版社1989年版，第288页。

流向了荷兰。这个时期移民荷兰的主要是印尼华人、中国香港人和苏里南华人。1965 年印尼发生了“九·卅”事件，排华浪潮迭起，有很多印尼华人被迫移民到了荷兰。苏里南曾是荷兰的殖民地，六七十年代随着南美独立运动的高涨，苏里南本国政局动荡，民族关系趋于紧张，而荷兰政府在 1974 年公布了一项政策：凡是在苏里南正式独立之前移居荷兰者，可以直接获得荷兰公民身份。这项政策促进了苏里南国民移民荷兰，而在移民荷兰的苏里南人中，华人占据了一大部分。及至 70 年代，约有 4 000 名苏里南华侨移民荷兰，约占苏里南华侨总数的一半。[①] 70 年代，印度支那地区由于动荡不安，政局混乱，出现了很多难民，出于道义上的支持，西欧国家接收了大量印度支那难民。在这些难民中有很多是华人，他们先后在西方国家的帮助下移民到了西欧国家，而后又由英国等西欧国家转移到了荷兰。20 世纪 50 年代，香港地区由于在经济上和西欧出现了差距，并且得益于和英国的便利关系，出现了移民西欧的高潮，这些移民中有很多把自己的移民目的国家定在了英国或者荷兰。

20 世纪 70 年代末以来，中国大陆实行改革开放，放宽了国民向外移民的政策，很多大陆人移民国外，其中不乏移民于荷兰者。这些移民荷兰的华人有的是为了与家人团聚，有的是由于工作之故，还有的是依靠亲属关系及其他方式移民荷兰的。[②]

三、当代华人人口分布与结构

2012 年荷兰中央统计局公布的华人人口数为 80 198 人。其统计标准是荷兰人口当中本人或父母亲其中有一人出生在中国内地及港澳台地区者。据此标准，截至 2012 年，来自中国内地、香港、澳门、台湾的华人人数分别为 59 097 人、18 197 人、119 人和 2 785 人[③]，分别占 73. 69%、22. 69%、0. 15% 和 3. 47%。但这个数据明显偏低，因为未包括辗转来自第三地华人较多之国家（如印度尼西亚、苏里南、越南及马来西亚等）的华人，也未包括循其他渠道进入荷兰的非正常移民。为此，笔者依据欧洲华侨华人社团联合会（欧华联会）2008 年的估计数 16 万人，以及荷兰中央统计局统计之华人在 2008 年至 2012 年间的增长率 18. 34%，估计现居荷兰的华侨华人约为 19 万人。[④]

从华人来源结构看，荷兰华人多为第一代移民，中国内地、香港、澳门和台湾第一代移民的比例分别达到 70. 28%、53. 62%、69. 75% 和 80. 93%。在第二代移民中，父母双方均出生在国外者的比例较高（详见表 2）。

---

① 曾伟华（Frank W. F. Tseng）：《从少数族群到少数族群：苏里南华人的族性与变化》，阿姆斯特丹大学硕士学位论文（打印稿），1983 年，第 69 页，转引自荷兰百年华人志庆基金会编：《荷兰华人百年》，澳门：中华出版社 2011 年版，第 72 页。

② 荷兰百年华人志庆基金会编：《荷兰华人百年》，澳门：中华出版社 2011 年版，第 90 页。

③ 荷兰中央统计局，http：//statline. cbs. nl/StatWeb/publication/？DM = SLEN&PA = 37325eng&D1 = a&D2 = a&D3 = 0&D4 = 0&D5 = 50，99，122，220&D6 = a&LA = EN&HDR = T，G1&STB = G5，G2，G3，G4&VW = T，2012 年 12 月 22 日。

④ 2008 年数据来自 15 届欧洲华侨华人社团联合会提供的资料，转引自荷兰百年华人志庆基金会编：《荷兰华人百年》，澳门：中华出版社 2011 年版，第 94 页。2008 年至 2012 年间华人人口增长率为笔者依据荷兰中央统计局两年华人人数计算。

表 2　2012 年荷兰华人人口结构

来源地	总数	百分比	男	女	第一代		第二代					
							总数		父母一方出生在国外		父母双方出生在国外	
			人口数	人口数	人口数	百分比	人口数	百分比	人口数	百分比	人口数	百分比
中国内地	59 097	73.69	28 468	30 629	41 533	70.28	17 564	29.72	3 237	5.48	14 327	24.24
香港	18 197	22.69	9 108	9 089	9 757	53.62	8 440	46.38	1 907	10.48	6 533	35.90
澳门	119	0.15	49	70	83	69.75	36	30.25	4	3.36	32	26.89
台湾	2785	3.47	1 103	1 682	2 254	80.93	531	19.07	330	11.85	201	7.22
总计	80 198	100.0	38 728	41 470	53 627	66.87	26 571	33.13	5 478	6.83	21 093	26.30

资料来源：荷兰中央统计局网站，http：//statline. cbs. nl/StatWeb/publication/？DM = SLEN&PA = 37325eng&D1 = a&D2 = a&D3 = 0&D4 = 0&D5 = 50，99，122，220&D6 = a&LA = EN&HDR = T，G1&STB = G5，G2，G3，G4&VW = T。表中总计和百分比为笔者计算。

另据荷兰机构 2009 年进行的调查，华人遍布荷兰主要城市，最大的华人社区分别在鹿特丹、阿姆斯特丹和海牙三个城市。调查还显示，2000 年后 10 年间从中国大陆来荷兰的人群中多为留学生和知识移民（Knowledge Migrants）①，他们多年轻、单身、高学历，且女性居多。留学生中，32% 表示无意回国，28% 表示不知道。②

四、荷兰华侨华人的政治参与

移居荷兰的第一代华人大多处于为生计而奔波的状态，对政治关注得比较少，也很少参与当地的政治活动。随着经济实力的增强，社会地位的巩固以及与当地社会和人民的接触、融合的不断加深，荷兰华人的参政意识逐渐增强，开始不断关心政治并积极参与政治活动。

荷兰华人政治参与热情不断增强体现在政治性社团的纷纷成立，并得到很大的发展。如 2001 年荷兰华人妇女联合会的成立，促进了华人妇女的参政并提高了整体华人的参政意识，有利于提高华人妇女的社会地位和促进华人更好地融入荷兰社会。③ 2004 年 9 月 15 日，经过一年半的筹备，荷兰政府正式批准"荷兰华人参政机构"成立，并使之作为荷兰华人群体代表正式成为"荷兰少数民族议会"的成员，这加强了华人群体和荷兰政府的进一步联系和交流，有利于荷兰政府更多地聆听华人社会的心声。荷兰华人参政机构自成立后，就关于华人的政治参与问题举办了一系列活动，如举办研讨会以与来自西欧的其他国

① 知识移民特指来荷从事科研的专业人士，包括从事博士后研究、在大学担任讲师以上职务、接受专科医生培训的医学博士等。

② Merove Gijsberts，The Chinese in the Netherlands：Summary and conclusions，http：//www. scp. nl/english/dsresource？objectid = 28728&type = pdf.

③ 《融入荷兰社会　提高华妇地位　荷兰华人妇女联合会正式成立》，《福建侨报》，2012 年 11 月 27 日。

家华侨华人商议参政问题[①]、与荷兰其他的华人社团探讨华人参政动态等。[②] 另外，荷兰华人青年群体也成立了联合会，鼓励华人青年积极参政。[③] 这些都表明，华人的参政意识和参政能力越来越强，这既加快了华人融入当地社会的速度，也有利于华人权利的保障和社会的稳定发展。

除此之外，荷兰华人作为个体也纷纷参与到政治活动之中，有的甚至进入到荷兰的政治圈之中。如1972年迁居荷兰的李淑琼，十分热心于华侨华人的公益事业，成为南部堤尔堡华人基金会负责人，积极维护华人的正当权益并积极参与荷兰的政治活动。1986年，李淑琼作为荷兰自由党的代表之一参加市议员竞选，成为荷兰历史上第一位参加政治选举的华人。荷兰华人何天送在20世纪90年代成为荷兰基民党的重要成员，并在2000年1月当选为荷兰范豪曾市市长。[④] 在2004年的欧洲议会大选中，何天送积极参与竞选欧洲议员，希望通过自己的努力实现华人在欧洲议会中“零”的突破。

进入21世纪，一些关系到中国利益和荷兰华人自身利益的政治活动与事件越来越受到荷兰华人的关注，华人们学会了通过集会、游行等政治性方式表达自己的心愿和想法。如2012年7月，为抗议日本对钓鱼岛的非法占有和买卖，荷兰中国和平统一促进会组织了荷兰华人游行并发表严正声明，“抗议日本进行买卖钓鱼岛的非法活动”。[⑤]

荷兰华人的政治参与历程，是荷兰华人自身不断壮大和积极追求的历程，华人在维护自身利益与权利中经历了很多挫折和苦难。起初，荷兰华人在当地的政治地位上颇受歧视。随着第二代华人移民在荷兰不断受到系统的教育，荷兰华人社会整体上已逐渐在语言、文化、社会心理等各个方面与当地的荷兰社会具有很大的相似性。荷兰社会对这些华人新生代的认同也有所提高，再加上华人自身积极主动融入主流社会，“参政议政、融入主流社会，是华人社会的一大重任”，[⑥] 华人社会政治参与的风貌焕然一新。其中，新一代华人在政治方面的积极表现为华人社会的参政奠定了坚实的基础。在21世纪，华人社团更加重视利用自己手中的选票来维护自身的政治权益。而且，华人社团在关于如何使用自己的选票、自身的未来走向等问题上不断探讨和反思，力图在参政议政方面取得更大的成就，并通过积极发挥华人的群体优势，使自身利益得到保障。

荷兰华人参政热情的提高与整个欧洲华人不断掀起参政高潮的社会环境是分不开的，其中缘由不仅有中国国际社会地位的提高令海外华人增强了自信心和自豪感，也是华人通过几十年甚至上百年努力的结果。荷兰华人政治参与程度的提高，既是华人社会地位不断提高的体现，也是华人与荷兰当地居民不断融合的体现。我们相信，随着荷兰华人政治参与的不断增强，荷兰华人一定能够在政治舞台上有更大的作为。

---

① 《强化参政意识　提高参政能力》，http：//intl. ce. cn/specials/zxgjzh/200904/27/t20090427_ 18926471. shtml。

② 《荷兰主流媒体关注华人社会　就参政议政融入问题座谈》，http：//pic. people. com. cn/BIG5/n/2012/0805/c1016 - 18670525. html。

③ 《荷兰华人青年成立联合会鼓励华人青年参政》，http：//news. sohu. com/20060201/n241654657. shtml。

④ 《荷兰华人何天送参选欧洲议员　要当华人的“扩音机”》，http：//news. chinesewings. com/cgi - bin/h. cgi？ id = cd0610185067830。

⑤ 《荷兰侨胞发表声明严正抗议日本“收购”钓鱼岛》，http：//www. chinanews. com/hr/2012/07 - 13/4031997. shtml。

⑥ 《荷兰主流媒体关注华人社会　就参政融入问题座谈》，http：//www. chinanews. com/hr/2012/08 - 05/4083764. shtml。

五、荷兰华侨华人经济

第一代移民荷兰的华人的主要就业方向是餐馆业，并且很多餐馆都是华人以自身家庭为依托而经营的。从华人移民荷兰开始至20世纪80年代，餐馆业一直是荷兰华人的主要就业领域。当然，除了餐馆业之外，也还有如小商品店、杂货店等其他经济领域和就业形式。[①] 总体来讲，荷兰华人的就业主要集中在服务业中的餐馆、商店等领域。

及至20世纪80年代，荷兰的中国餐馆数量已经达到了饱和的状态，加上华人自身的变化，荷兰华人经济逐渐向多元化方向发展。荷兰华人经济多元化的另一个重要因素就是第二代荷兰华人移民的崛起，他们当中有不少人受过较高的教育，并具有积极的创业精神。荷兰社会和文化规划局于2011年8月公布的一份名为“荷兰华人：从餐饮业到大学”的调查报告显示：2/3的华裔在校学生，上的是大学或高等职业教育的预备科，相对来说只有50%的荷兰本土学生接受同等级的中学教育；接受高等教育的第二代华裔的比例是85%，而这一比例在荷兰本土人中只是59%。该报告还指出，第二代华裔一般能找到工作，比荷兰本土人或土耳其裔、摩洛哥裔人更加具有创业精神。[②] 由于第二代移民在学习荷兰语言、接受荷兰教育、与荷兰居民进行交流等方面具有先天性优势，华人社会出现了越来越多的高学历专业人士，“个别佼佼者幸运地成了教授、医生、工程师，进入中上层社会”。[③] 荷兰华人的经济结构正不断向多元化领域拓展，华人的就业领域也得到扩展。除餐饮业外，华人经营进出口贸易、旅游业等产业的比例也明显上升。而且随着华人受教育程度的提高以及与当地社会融合程度的加深，华人为适应自身的文化需求，开办了很多文化企业，从鹿特丹、海牙到阿姆斯特丹，都有专门出租和出售中文光碟（早期是录像带）的影视公司、中文书店、为华侨华人提供中介的房地产商、中医针灸诊所等，“华人社会自身业已形成一整套服务于当地华人日常生活、娱乐乃至生老病死的商业性机构”。[④]

近年来，由于经济发展，荷兰专业人才缺口越来越大，而荷兰鉴于本国人才有限，不得不通过一些特殊的政策吸引更多的外来移民进入荷兰。荷兰用人单位通过提供优厚的待遇来吸引更多的中国留学生，荷兰政府在办理申请程序上也给予中国留学生很多的优惠，使他们不必等很久就可以移居荷兰参加工作。[⑤] 此外，华人中间的高中级知识分子也不断增多，他们从事的职业也更加广泛，有的在荷兰高校任教或从事科研工作，有的从事律师、会计等工作，有的在企业内部担任管理人员或技术人员。虽然这些从事高层领域职业的人群并不占多数，但是从长远来看，这是荷兰华人未来要拓展的一个重要经济领域。

总体而言，由于目前荷兰华人社会仍以第一代移民为主体，荷兰华人的经济整体上还是以服务业为主，但是，随着近年来中荷经济联系的日益密切以及众多荷兰华人商业社团

---

① ［荷兰］彭轲著，庄国土译：《荷兰华人的社会地位》，台北：“中央研究院”近代史研究所1992年版，第101～103页。

② 《荷兰华裔表现优于本土荷兰人》，荷兰国际广播电台中文网，http：//www.rnw.nl/chinese/article/463973，2011年8月19日。

③ 李原、陈大璋主编：《海外华人及其居住地概况》，北京：中国华侨出版公司1991年版，第284页。

④ 荷兰百年华人志庆基金会编：《荷兰华人百年》，澳门：中华出版社2011年版，第110页。

⑤ 《荷兰技术移民：程序特殊　青睐电讯等专业人士》，《上海侨报》，2012年7月6日。

对中荷民间贸易的积极“牵头搭线”，荷兰华人经济领域出现了多元化经济发展的良好势头。

六、荷兰华侨华人与当地民族的关系

目前荷兰共有7个较大的民族和一些少数民族，其中荷兰族为第一大族群，其次为印尼人、土耳其人、苏里南人，荷兰华人为荷兰第四大少数族群。华人自移民荷兰开始，就十分注重与当地居民的关系，积极融入当地社会。纵观华人在荷兰发展的百年岁月，荷兰华人社会的发展历程可谓是一部“百年辛酸史”。[①] 最初，华人受雇于欧洲远洋公司，由于华人的勤劳和坚忍，白人认为华人“砸了他们的饭碗”，斥责他们为“黄祸”，[②] 并由此盛行起一股“黄祸论”。“黄祸论”的盛行，伤害了华人的感情并加剧了当地白人对华人的歧视，使华人生活更艰难，也造成了华人和当地族群之间关系的紧张。及至20世纪30年代，经济危机严重摧残着华人社会，华人依靠“花生糖”产业进行自救，引起了很多荷兰人的关注和同情。不少荷兰人以施舍的方式购买花生糖，一名曾在中国南方传教的多尔斯神父组织教友进行捐款，帮助失业华人；一名荷兰妇女对在危机中的华人更是慷慨解囊，全力帮助，被华人称为“华人母亲”。[③] 荷兰人的雪中送炭帮助华人渡过了危机。“花生糖华人”显示了流落外域的中国人自强不息的精神，也凸显了善良友好的荷兰人民对落难华人的慷慨帮助，两者共同谱写了民族友好的篇章。

“二战”期间，在中荷共同敌人法西斯的侵略下，荷兰人民同华人一道共同抗击法西斯的侵略。七七事变的消息传到荷兰后，华人成立了旅荷华侨救国后援会、荷兰救济中国难民委员会、中华灾民救济会三大抗日救国社团，并出版了《抗战要讯》来宣传抗日救国并鼓动爱国侨胞积极抗战。广大爱国侨胞纷纷通过捐钱捐物的方式资助国内的抗日战争，荷兰人民也纷纷解囊，热情支援中国战事。1940年荷兰沦陷后，华侨的爱国社团被迫停办，但是爱国侨胞和荷兰人民一道抗击法西斯压迫的爱国之情与反抗精神并没有破灭。在荷兰人民的帮助下，华侨成立了华侨互助会以加强侨胞之间的联系，华侨互助会以各种形式在沦陷区帮助华人抗击法西斯。荷兰华侨华人在荷兰政府和人民的帮助下，得以把自身所募捐到的各种物资运回祖（籍）国，为中国抗击日本法西斯的胜利作出了贡献。最终，在全世界反法联盟的共同努力下，法西斯得到了应有的惩罚。1945年9月，为庆祝中国抗日战争的胜利，荷兰华侨华人在当地政局的帮助下，举办了盛大的庆祝活动，吸引了成千的荷兰人驻足观看并参与其中。随着战后几十年的发展，华人越来越融入荷兰社会。20世纪90年代，面对荷兰华人社会地位落后的一些说法，荷兰政府组织了一次调查，以确定能否把荷兰华人列为少数民族。经过一番详细的调查和争论之后，荷兰政府“已经把华人列入少数民族”，[④] 但是关于这项讨论，在荷兰社会和华人社会内部仍在继续。随着华人新生代的崛起，荷兰华人年青一代的积极和努力促进了华人与当地民族关系的和谐发展。越来越多华人与荷兰当地人通婚，他们把自己当作荷兰社会的一员，这大大促进了华

---

① 《华人在荷兰近百年辛酸史》，《联合早报》，2012年12月2日。

② 荷兰百年华人志庆基金会编：《荷兰华人百年》，澳门：中华出版社2011年版，第20页。

③ 荷兰百年华人志庆基金会编：《荷兰华人百年》，澳门：中华出版社2011年版，第40页。

④ 荷兰百年华人志庆基金会编：《荷兰华人百年·序》，澳门：中华出版社2011年版，第1页。

人社会和荷兰社会的共同进步。

进入 21 世纪，华人与荷兰社会的融合更多地表现在文化方面的认可和尊重。2010 年 1 月 28 日，富有浓郁中国艺术特色的中华牌楼，在荷兰海牙市唐人街隆重揭幕，荷兰外贸大臣亨斯科克、海牙市长范阿特森等荷兰政要以及中国驻荷兰大使张军等出席落成仪式并致辞。该牌楼柱子上有中国龙盘绕，融汇中国神韵和中国古建筑艺术于一身，完美地体现了中华文化，被认为是欧洲大陆上第一座真正意义上的中国牌楼，[①] 它的建立凸显了荷兰政府对中华文化的重视及其保护中华文化的努力，也显示了华人在荷兰社会中地位的改变以及华人与荷兰社会的和谐。2011 年 7 月 9 日，为庆祝华人移民荷兰 100 周年，阿姆斯特丹举行了一场“百狮巡游会荷京”活动，100 头五彩斑斓的中国狮子组成的大型舞狮队同时起舞，狮子的力量、灵活、耐力以及团队合作的精神显示了华人在荷兰的生活成长历程，也蕴涵了华人不断与荷兰社会相融合的过程。此次舞狮活动的志愿者不仅有华人，还有为数众多的荷兰人。华人和荷兰人相互合作舞狮，“展现了华人与荷兰各族裔百年来的友谊”。[②] 在阿姆斯特丹，“唐人街”与其他地方相比已经很不明显，华人已经和各族裔相互混居。[③] 荷兰政府鼓励多元化、融合的政策为华人融入当地社会提供了一个良好的大环境，华人自身也通过平和的心态，不断接触荷兰的文化和价值观，与各族裔建立起和谐的族群关系，很好地融入了当地社会。

社会文化融合是一个漫长、渐进的过程。荷兰各级政府官员和华人都积极致力于这一过程。2011 年 8 月 19 日，荷兰社会及文化规划局发布的一份调查报告显示：荷兰籍华裔在学习和工作中表现都很出色，其中第二代华裔移民受到了良好的教育，融入了当地社会，与当地人友好相处。[④] 如果说第一代华人移民主要在华人圈交往，与祖籍国保持较密切的联系的话，第二代华人则更多与当地主流社会互动，融入当地社会的程度较高。据调查，超过 3/4 的第二代华人每周都要联系本土荷兰人（Native Dutch）朋友或熟人，超过一半的第二代华人一般都有一位最要好的本土荷兰人朋友，大多数第二代华人对荷兰有很强或非常强的认同。与其他四大非西方移民族群相比，华人在荷兰被接纳的程度较高，华人也较少感受到种族歧视。调查显示，仅 25% 的华人受访者说偶尔被歧视，只有 3% 的华人说经常被歧视，这两组数字都较其他四大非西方移民族群低。[⑤]

七、华人社团

20 世纪初期，荷兰华人社会已经有了很多社团组织，这些社团中有的是相同专业群

① 《体现中国文化神韵　荷兰海牙唐人街建中国牌楼》，http：//travel. sohu. com/20091030/n267851372. shtml，2012 年 12 月 2 日。

② 《荷兰华人为什么能融入当地社会?》，《人民日报》（海外版），http：//www. cqn. com. cn/news/zggmsb/diqi/464229. html，2012 年 12 月 2 日。

③ 《荷兰华人为什么能融入当地社会?》，《人民日报》（海外版），http：//www. cqn. com. cn/news/zggmsb/diqi/464229. html，2012 年 12 月 2 日。

④ 《荷兰调查报告显示在荷华裔学习和工作表现出色》，http：//intl. ce. cn/zgysj/201108/20/t20110820_22634283. shtml，2012 年 12 月 2 日。

⑤ Merove Gijsberts，The Chinese in the Netherlands：Summary and conclusions，http，//www. scp. nl/english/dsresource？objictid = 28728 & type = pdf.

体建立的，如1911年的荷属东印度华裔学生成立的中华会；有的是依靠地缘、亲属关系成立的，如旅荷青田同乡会；有的是行业协会，如荷兰中华商会、中国饮食业公会等。早期众多社团组织的存在，使得华人社会呈现出混杂的局面。

随着社会发展，移民荷兰的华人数量不断增多。为了便于统一华人的力量，这些社团组织不断进行协商联合。1922年，部分荷兰华人社团在鹿特丹联合成立了荷兰华侨会馆，并使其成为早期荷兰华人社会中最具规模和社会影响力的一个组织。该组织成立后，在帮助荷兰华人就业，以及国内亲属移民等方面起到了很大的作用。在20世纪20年代后期，该组织还曾协助鹿特丹警察普查鹿特丹华人人口。它的存在和发展提高了华人的社会地位，在统一华人力量方面起到了一定的作用。

随着华人社会的发展，至今荷兰华人社团已有100多个，其类别包括宗教、乡团、联谊团体、青年会、体育会、学生联合会、商会、艺术团、专业协会、文化组织、经济组织、政治组织和一般的社团组织等，级别有地区的、城市的以及全国性的。其中，旅荷华侨总会、全荷华人社团联合会、荷兰华人总会、荷兰中国商会等是较有影响力的全国性社团。

（1）旅荷华侨总会：成立于1947年11月27日，由一批旅荷温州籍华侨发起成立，其前身为“瓯海同乡会”，创会之初的目的是“集体进货，团结互助”。1972年正式更名为“旅荷华侨总会”，成为旅居荷兰华侨华人的群众组织。其宗旨是团结广大侨胞，促进华人事业发展，提高华人的社会地位和文化素质；争取和维护华侨华人的正当权利与福利；鼓励会员融入荷兰社会，为当地政治、经济、文化和社会发展作出贡献；继承和发扬中华文化，爱国爱乡，为促进中荷两国的友谊和文化交往而努力。该会在促进华侨同胞团结、支援家乡经济建设、关注中国两岸统一、提高华人社会地位等方面起到了积极的作用。该会经过50多年的发展，已成为规模最大、创建时间最早、以浙籍人士为主的一个重要社团。①

（2）全荷华人社团联合会：20世纪80年代以来，为有一个全面的华人代表团体，以更好地与荷兰政府对话，全荷华人社团联合会于1987年11月16日在荷兰首都阿姆斯特丹成立，是荷兰全国性的华人社团，目前已有旅荷华人总会、旅荷华人联谊会等52个社团成员。该会的宗旨是联络与团结各华人社团，不分政治与宗教信仰，向荷兰当局反映华人社会问题，争取华人应有的权益与福利。

（3）荷兰华人总会：由一批长期活跃在荷兰社会和华侨界的精英分子在21世纪初成立，其宗旨是热爱祖国、热爱家乡。荷兰华人总会成立以后，在维护两岸统一，向荷兰社会介绍中国，帮助荷兰华侨华人等方面起到了一定的作用。②

（4）荷兰中国商会：为促进中荷双边企业的经贸合作，成立于1999年的荷兰中国商会是一家荷兰全国性经贸机构，注册于海牙市。该会以会员为基本组成单位，采用选举制，是目前欧洲最大的半官方性质的华人组织。该商会与双边大使馆一直保持着良好的关系，并得到海牙市政府及中国政府领导人的关怀。荷兰中国商会在接待来自中国的各级国家领导人以及在联系中国工商界与欧洲、荷兰的经贸往来方面起到了牵线搭桥的作用。荷

① 郭剑波：《荷兰侨社的中坚——旅荷华侨总会》，《八桂侨刊》2000年第1期。

② 参见荷兰华侨总会网站，http：//www. erva. nl/chinese - asso. htm。

兰中国商会自成立以来，在促进中荷经贸方面进行了几次大的活动。在商会会长胡志光的带领下，荷兰中国商会代表团来中国内陆与数百家企业签订合作项目，加强中国企业与荷兰市场的联系。[①]

值得指出的是，荷兰华侨华人社团的建立和发展，完全是非政府组织的，其经费来源于会员所缴纳的会费。社团自身具有很大的不稳定性，并没有一种稳定的制度，其自身的建立和发展具有很明显的"拟村落化"现象。[②] 这种"拟村落化"现象带有明显的家族气息，是一把"双刃剑"，有利于其加强社团内部的人员关系，但不利于社团与社团之间的相互配合和共同发展。荷兰华侨华人社团的发展，丰富了华人社会的生活；社团"人际关系大于制度"的运行方式和机制，[③] 联络了华人的感情，有效地促进了华侨华人与当地社会的融合。

美中不足的是，荷兰华侨华人社团虽然涉及华侨华人的社会、经济、文化、生活等各个方面，但是在政治方面所起的作用仍十分微弱。虽然在 2004 年 9 月 15 日，荷兰政府正式批准了荷兰华人参政机构的成立。但是，华人社会的政治参与度仍比较低，华人社会在荷兰政治领域内仍缺乏代表华人利益的有力声音。

八、华文媒体、华人宗教和华人文化

荷兰的华文媒体总体上并不发达，华人创办华文宣传物的历史比较短暂。20 世纪 70 年代以前，由于自身经济实力弱小和当时荷兰社会局势动荡的缘故，华人社会除了创办一些报刊外，几乎没有什么新闻媒介。这些报刊中主要的有旅荷华侨救国后援会创办的《抗战要讯》（周刊）。该刊发行于 1938 年 3 月至 1939 年底，主要刊载了华侨华人同胞及荷兰人民支持中国国内抗日战争的感人事迹。但是随着后来德国对荷兰的占领，《抗日要讯》被迫停刊。

20 世纪 70 年代以来，华文媒体仍然是以华人社团创办的一些报刊杂志为主。1977 年，旅荷华侨总会为践行"团结爱国，互助互济，谋求侨胞福利，与荷兰人民友好相处，促进两国民间经济与文化交流"的宗旨，创办了中文版的《华侨通讯》，主要向广大华侨华人提供国内外新闻和当地华侨华人的动态信息；成立于 1984 年的中华互助会，以鹿特丹为活动基地，创办了会刊《半月报》，主要刊登当地华侨华人消息，介绍当地法律、法令和政策等；越南华裔联合会创办了《越华双月刊》，以供内部会员了解各种信息，这种月刊只是在内部发行，影响力比较小。

除了报刊外，荷兰"中侨社会服务中心"还通过电视台播放中文节目，以促进荷兰社会与华侨华人之间进一步相互了解。该中心每月定期在海牙主持专题节目，主要介绍荷兰政府的某些条例和有关中国的消息。另外，荷兰电台第五电台每周向全荷华侨华人播放半个小时的中文节目，内容广泛，有新闻、侨社信息、人物专访、中国音乐等节目，深受华

---

① 参见荷兰中国商会网站，http://www.dccchina.com/chinese/kcpx/mqhd04.htm。

② 王春光：《华侨华人社团的"拟村落化"现象——荷兰华侨华人社团案例调查和研究》，见王晓萍、刘宏主编：《欧洲华侨华人与当地社会关系：社会融合·经济发展·政治参与》，广州：中山大学出版社 2011 年版，第 63 页。

③ 王春光：《华侨华人社团的"拟村落化"现象——荷兰华侨华人社团案例调查和研究》，见王晓萍、刘宏主编：《欧洲华侨华人与当地社会关系：社会融合·经济发展·政治参与》，广州：中山大学出版社 2011 年版，第 70 页。

侨华人的欢迎。但是，荷兰电视台的个别中文节目也有停播甚至关闭的时候，如2008年9月1日，荷兰电台“荷华传真”中文节目宣告关闭，让当地华人惋惜不已。①

随着互联网的发展，荷兰华人开始建立一些专业的网站。一些出生在荷兰的华裔、新移民和留学生联合创办了荷兰“城市之声”电台，该电台集广播、电视和互联网于一身，是荷兰社会颇有影响力的华人媒体。② 另外，华人社会还有很多比较专业的网站如荷兰中文网、龙网（海外华人就业网站），以及一些华人社团网站等。③ 我们通过这些网站可以随时了解华人的活动及各方面的信息。这些网站给华人提供了各方面的便利，丰富了华人的视野，使得华人的信息更加丰富，加强了华人之间以及华人与祖籍国之间的交流和联系。

随着华人和当地民众的不断融合，荷兰华人也举办了很多文化活动，这些活动丰富多彩，深受当地人的欢迎。2012年1月，由全荷华人社团联合会、荷兰华人艺术团、荷兰华人总会、荷兰青田同乡会等数十个华人社团、华文媒体单位联合主办的庆祝中荷建交40周年暨荷兰侨界龙年联欢活动，及在鹿特丹南部剧院举办的“2012荷兰华人艺术之星大奖赛”，赢得了荷兰当地居民的欢迎，他们纷纷参与进来，成为大赛的观众。2012年6月，荷兰中荷商会、荷兰文化基金会、荷兰乌特勒支中文学校主办了“水立方”青少年歌曲大赛，参赛的十几位选手来自荷兰各地，他们美妙的歌声赢得了大众的喝彩。此次比赛深受华人和荷兰居民的欢迎，同时也有助于中文的推广和中荷的交流。除此之外，每逢中国传统节假日如中国农历新年、中秋节、端午节等，华人都会举办一些别具中国风格的舞龙、舞狮、赛龙舟等一系列活动，这些活动加强了荷兰民众对中华文化的了解，进一步促进了华人和荷兰民众的融合，也有利于中荷双方文化艺术之间的交流。除了节假日外，荷兰华侨华人还举行一些文化节、画展、艺术文化赛等民俗活动。另外，华人还主动加入到当地节假日庆祝活动中去，圣诞节、万圣节、情人节等一系列节日也都是华人喜欢参与的节日。这些节日和活动加强了华人与荷兰社会之间的相互了解和融合，促进了双方感情的交流。

荷兰是一个多宗教信仰的国家，其中有30%的人信仰天主教，20%的人信仰新教（荷兰归正教11%，加尔文教6%，其他新教3%）、5.8%的人信仰伊斯兰教，2.2%的人信仰其他宗教，42%的人无宗教信仰（2006年）。④ 荷兰政府奉行信仰自由的政策。华人可以继续自己传统的宗教信仰，如佛教、道教等，也可以信仰其他宗教，如基督教。荷兰华人以信仰基督教的人数居多，还成立了荷兰华人基督教会。该会成立于1973年，简称CCGN，是被荷兰政府承认的合法基督教团体，总会会址设于鹿特丹市，会下还有堂会。⑤

---

① 《荷兰电台“荷华传真”中文节目停播　华人惋惜》，http://www.chinanews.com/hr/ozhrxw/news/2008/09-02/1367479.shtml，2012年11月26日。

② 参见“城市之声”网站，http://www.hhlink.com/海外华人/www.crtv.nl/城市之声，2012年12月3日。

③ 参见荷兰华人网站，http://www.hhlink.com/海外网站/荷兰/2，2012年12月3日。

④ 参见美国中央情报局网站，https://www.cia.gov/library/publications/the-world-factbook/geos/nl.html，2012年10月23日。

⑤ 参见荷兰华人基督会网站，http://www.hhlink.com/海外华人/www.ccgn.nl/荷兰华人基督教会，2012年10月23日。

九、荷兰与中国的关系

回顾中荷两国交往的历史，两国人民的友好交流为双方关系的稳定发展作出了重大贡献。中华人民共和国成立后，由于当时国际形势的不稳定和意识形态的相互对立，荷兰当局并没有立即承认新中国，但是中荷双方都有相互建立外交关系的意愿。1954 年 11 月，中荷两国建立代办级外交关系。20 世纪 70 年代，随着新中国国际地位的不断提升，美国等资本主义国家也开始向中国示好。中国在联合国合法席位的恢复，为中国外交提供了一个良好的国际环境，世界掀起了一波与中国建交的热潮。在中国外交形势发展大好的情况下，中荷于 1972 年 5 月 18 日正式建交。

中荷建交后，双边关系不断得到稳定发展，国家间高层互访不断，双方国家领导人就双边关系的发展及世界形势的发展进行了频繁的交流。自中国改革开放以来，中荷之间的经济合作更是不断，双方相互间的投资稳步增长，经贸往来蓬勃发展。中荷双边贸易额从 1996 年的 25.57 亿欧元增加到 2000 年的 80.08 亿欧元和 2010 年的 363.92 亿欧元，2012 年初步数据为 395.58 亿欧元。[①] 荷兰已经连续两年成为中国在欧洲的第二大贸易伙伴。荷兰著名港口鹿特丹港 2003 年实现货运增长 20%，其中一个重要原因就是中国集装箱贸易的大幅增加。此外，荷兰在中国的投资也不断增加，目前已成为欧洲在中国的第二大投资国。[②] 世界银行界排名第十七位的荷兰银行在上海和深圳均设有分行，并且在北京、天津、广州、武汉等地分别设有代表处；荷兰第一大金融机构荷兰国际集团的下属——荷兰保险公司（ING INSURANCE），即欧洲第四大保险公司，在北京、上海均设有代表处；荷兰第三大银行荷兰商业银行，分别在上海、深圳、厦门设有分行，在北京、广州、沈阳、大连均设有代表处；目前为荷兰第二大银行的荷兰农业合作银行，于 2005 年 3 月与北京商业银行签订战略合作伙伴协定，并且在北京、上海等地分别设有办事处。

荷兰中国商会为中荷之间的经济交流作出了很大的贡献。2003 年 7 月，荷兰华人经济技术发展中心考察团对江西进行了访问，一定程度上扩大了江西在欧洲招商引资的影响；[③] 2004 年 10 月，荷兰中国商会在海牙举办“中荷投资贸易交流会”，向有意与中国进行投资贸易的荷兰客商介绍中国投资贸易的最新信息和成功的经营经验，以促进中荷两国的经贸交流；[④] 2012 年 6 月，新疆维吾尔自治区人民政府侨务办代表团一行应荷兰中国商会的邀请访问了荷兰，双方就有关侨务工作和新疆大建设、大开发、大发展等问题进行了交流和商讨[⑤]；2012 年 7 月，荷兰华人青年联合会创会会长傅旭敏随中国侨联组织人员对新疆

---

① 根据荷兰中央统计局数据库资料计算，http：//statline. cbs. nl/StatWeb/default. aspx？LA = EN。

② 《综述：中国荷兰合作关系发展驶入快车道》，http：//news. 163. com/41208/9/172Q9LSK0001121Q. html，2012 年 11 月 5 日。

③ 《荷兰华人考察团访问江西》，http：//news. chinesewings. com/cgi – bin/h. cgi？ id = cb0719152355391，2012 年 12 月 3 日。

④ 《荷兰中国商会牵线搭桥忙》，http：//news. chinesewings. com/cgi – bin/h. cgi？ id = cd1018081229523，2012 年 12 月 3 日。

⑤ 《新疆维吾尔自治区侨务代表团访荷兰　促交流发展》，http：//www. chinanews. com/zgqj/2012/06 – 25/3983732. shtml，2012 年 12 月 3 日。

维吾尔自治区的吐鲁番和乌鲁木齐等地进行了考察访问，并商谈了经济合作开发问题。①

同时，荷兰华人也积极支持中国建设。在2008年汶川大地震发生后，荷兰华人通过各种形式献出自己的爱心，支持汶川灾后重建工作。2008年5月24日，荷兰青田同乡会、荷兰华人青年联合会等5个侨团在荷兰海牙市政府广场举行赈灾义演活动，为四川灾区募捐；② 7月28日，荷兰华侨华人赈灾委员会、荷兰华侨总会等荷兰侨团捐赠253万元援建西川北川中学，为当地灾后重建献爱心。除了以团体形式资助国内建设外，还有很多荷兰华人通过个人方式直接帮助国内建设，如2010年7月，旅居荷兰的华人王晨向母校山东大学捐赠3 000万元人民币支持母校建设；荷兰华侨林太松先生捐赠30万元兴建济阳县回河镇林柯侨心小学，该小学于2010年11月7日正式落成。

在面对一些不法分子企图破坏国家统一的情况下，荷兰华侨华人纷纷展开了维护祖（籍）国统一的活动，支持国家统一和稳定。2008年4月12日，荷兰香港新界旅荷华人协会展开征集抗议签名活动，对西方媒体自3月14日“藏独”分子在拉萨打砸抢烧事件以来违反客观事实、误导民众的报道手法表达强烈不满，提出抗议。进入2012年以来，在中日关于钓鱼岛事件愈演愈烈的情况下，荷兰中国和平统一促进会于7月24日发表严正声明：“钓鱼岛列岛是中国的固有领土，荷兰侨胞决不允许任何人拿来买卖。”抗议日本进行买卖钓鱼岛的非法活动，维护中国主权。

总之，荷兰华人及其团体在促进中荷民间经济交流、支持中国建设和维护祖国领土主权统一方面作出了很大的贡献。

十、华文教育

荷兰的华文教育经历了一个艰辛的发展历程。20世纪初，荷兰出现第一个“中文班”，它由一批印尼华裔创办于1919年，曾邀当时中国驻荷兰王国大使馆官员以及荷兰汉学院的中文教授来讲课。20世纪20—30年代，华人社会迫于当时社会的动荡形势和华人内部力量弱小的状况，仅在华侨聚集的地方创办几所“识字班”。“识字班”规模不大，所招学生也不多。鉴于所招的学生普遍认为中文很难，学习起来十分吃力，以及当时华人自身经济力量十分有限，“识字班”在断断续续办了一段时间后就被迫关闭了。20世纪50—60年代，荷兰华人数量虽有明显增加，社会地位也有所提高，但是整体实力尤其是经济实力还是不强，加上当时的荷兰政府并不支持华文教育，故华文教育的进一步发展处于十分艰难的境地。20世纪70年代以来，随着大批华人移民的到来，华人的教育问题便显得越来越突出。华人自身也意识到这个问题的重要性。为了加强对子女的华文教育，在广东人聚集的地区，华人自行成立了一些华文学校（以广府话为教学媒介语）。这些华文学校的建立，“为有意送儿女回国受教育的家长提供了另一个选择”。③ 同时期，荷兰国内的教育环境出现了一种比较宽松的局面，这在一定程度上促进了华文教育的发展。

20世纪80年代以来，华人建立的比较大的华文学校有旅荷华侨福音布道会中文学校、

---

① 《中国侨联海外委员、海外青年委员赴新疆考察访问》，http：//www.chinanews.com/zgqj/2012/07－13/4030580.shtml，2012年12月3日。

② 《荷兰侨团举行赈灾义演》，http：//chinese.people.com.cn/GB/7292960.html，2012年12月3日。

③ 潘翎主编：《海外华人百科全书》，香港：三联书店（香港）有限公司1990年版，第325页

旅荷华人联谊会中文学校、阿姆斯特丹市启华书院、海牙中文学校、鹿特丹中文学校等。但是，荷兰教育部门只是把华文教育当成是华人内部的事情，并没有给予太多的支持。华文学校受到华人自身经济实力的影响，经营得并不是很顺利，很多校舍设施不齐全，大部分学校并无自己的校舍和正规的教室，学生只得抽时间学习。鉴于这种情况，荷兰政府于1986 年拨款 25 万荷兰盾，随后又增加 50 万荷兰盾以资助华文学校的建设。20 世纪 90 年代，荷兰政府开始承认华文学校的正规教育地位。2007 年，荷兰教育部实施新计划，将包括中文在内的外侨母语作为荷兰正规中学学生可以正式选修的外语，这一规定有利于中文学习的推广和发展。进入 21 世纪，荷兰全国各地已经开办了 44 所华文学校，在校学生达到5 000多人，教师总数达 260 多人。①

荷兰华文学校的教育经费主要靠华侨华人自己筹备。华人通过向学生收取部分学杂费、向当地华侨华人募捐等方式筹集费用，中国政府外交部有时也筹集一些捐款帮助华文学校。华文学校的经营虽十分艰难，但学校设置的学习内容却丰富多彩。学校除了教授中国语言文字及中国历史、地理等知识外，还开办武术、中国舞蹈等多种培训课程。学校所用教材也呈现多元化趋势，方便学生学习中华文化以外的一些知识。

目前，实力比较强的荷兰华文学校有以下几所：②

（1）丹华文化教育中心：是荷兰一个颇具规模、有较高素质的教育团体，成立于2000 年 6 月 5 日，由丹华基金会、丹华中学、鹿特丹青年语言文化学校联合组成。丹华文化教育中心成立的目的：开办各种文化学习班，推动和创新华文教育；编写适合海外华裔学生的一系列教材，提高海外华文教育的质量，与中国 HSK 汉语水平考试接轨；举办各种文化教育的交流活动，适应世界范围的“中文热”，适应中国在政治、经济、科技、文化等领域的发展进步以及频繁的经济文化交流，适应世界信息事业的空前发展。

（2）荷兰华文精英教育中心—阿姆斯特丹学校：是一家崇尚国学思想，旨在通过高品质现代化教学为社会培养华语精英的教育机构。该校既重视汉语言文化的教学又兼顾中国传统人文思想的培养；该校与国内多家高等学府及国侨办华教中心联系密切。

（3）荷兰乌特勒支中文学校：成立于 1981 年，是一家非营利性的教授汉语拼音和简体字的注册华文学校，得到荷兰乌特勒支省政府和荷兰教育部门的肯定与支持，是目前荷兰中部地区规模最大、师资最雄厚的一所华文学校。

（4）海牙中文学校：1982 年开办，初用香港课本，1986 年改用北京版教材，用广东方言教学，后改为以普通话教学为主，该校聘用的老师大多毕业于中国国内大学。办学的目的是教授标准汉语，激发学生学习中文的热情；弘扬中华文化，促进中华文化在荷兰的发展。

总体看来，荷兰华文教育处于不断发展和上升的局面。随着荷兰华人不断增多，荷兰当局也对华文教育采取宽容的政策，华人后裔在学习中国文化和荷兰文化方面也格外努力，这些都有利于促进荷兰华文教育的发展。

---

① 荷兰百年华人志庆基金会编：《荷兰华人百年》，澳门：中华出版社 2011 年版，第 122 页。

② 参见荷兰华人网，http：//www. helan123. com/liveguide/29，2012 年 10 月 25 日。

十一、荷兰近期政治经济形势变化对华侨华人的影响

荷兰目前的政治与经济形势还算稳定。2008 年的金融海啸给荷兰经济的发展带来很大的影响，它“不仅让荷兰金融业和地方政府财政受到重创，而且也影响到实体经济”。[①]多家荷兰大企业遭受严重损失，甚至有部分公司声明以减产或裁员来应对严峻的经济形势。荷兰经济是对外依赖型经济，在金融风暴的影响下，荷兰的进出口明显下降。同等条件下，荷兰 2009 年的进出口增长比例均低于同期水平，当年的国际贸易总额与同期相比下降 18.4%，[②] 国民收入下降 0.64%。[③] 金融危机对荷兰经济造成了重大影响，荷兰经济在接下来的几年内出现滑坡的现象，到 2012 年仍未能完全恢复，2012 年第一至第四季度经济增长分别为 -0.8%、-0.4%、-1.5%、-0.9%。经济不景气自然影响就业形势。自 2008 年以来，荷兰失业率持续攀升，从 2008 年 10 月的 3.7% 增加到 2010 年 2 月的 5.7%，2012 年 12 月达到 7.2%。[④] 华人的就业形势随着荷兰大局势的变化而变化，荷兰经济的长期低迷对华人就业产生了不利的影响。

荷兰政局在经济危机的影响下也显得很不稳定。2010 年 10 月 14 日吕特内阁成立，该内阁系由新自由党默许支持的自由党、基民盟少数内阁（中右翼）组成。内阁共设 12 名大臣（包括首相）和 8 名国务秘书。2012 年 4 月 23 日，吕特内阁因执政联盟无法就进一步削减财政赤字达成一致而倒台，内阁总理被作为看守内阁留任至新一轮议会大选。[⑤] 2012 年 9 月 12 日，荷兰如期举行了大选，这次大选被舆论称为是有关欧债危机的一次大选，选民的政治取向表明荷兰人对欧债危机的态度。在大选中，荷兰华人也积极参与。结果自由民主人民党与工党分别成为国会第一、第二大党，两党在经历 49 天的组阁协商后于 2012 年 11 月 5 日成立联合政府，马克·吕特续任首相。荷兰人很清醒地明白自己的命运已经和欧盟与欧元紧密地联系在了一起。总体看来，如果自民党和工党联合执政，荷兰在应对欧债危机上的立场和做法将变化不大，而这对应对欧债危机的积极面要更大一些。[⑥]

在近两年的大选中，华人参政议政的意识不断增强，积极性也不断提高。2012 年 7 月 24 日，荷兰国家主流媒体荷兰广播公司在海牙与当地旅荷华人华侨各界，就即将来临的大选、华人社会发展动态、华人如何利用手中选票发挥作用、未来华人社会走向及前景等问题展开了面对全国听众的座谈。同时，华人已经成立了自己的参政机构以统一内部的声音，不少出生在荷兰的华裔也活跃在荷兰的政治舞台上，积极发出自己的声音。

另一值得重视的问题是新政府的移民政策对华侨华人的影响。面临金融危机带来的失

---

① 《荷兰大企业受到金融危机影响》，《上海证券报》，2008 年 10 月 20 日。

② 该数据由荷兰中央统计局提供的数据计算得出。详见：http：//www. cbs. nl/en - GB/menu/themas/internationale-handel/cijfers/extra/2008 - animatie. htm，2012 年 12 月 3 日。

③ 该数据由荷兰中央统计局提供的数据计算得出。详见：http：//statline. cbs. nl/StatWeb/publication/？DM = SLEN&PA = 37891NRE&D1 = 9 - 10，65&D2 = 2 - 3&D3 = 35 - 40&LA = EN&HDR = G1，T&STB = G2&VW = T，2012 年 12 月 3 日。

④ 参见荷兰中央统计局网站，http：//www. cbs. nl/en - GB/menu/home/default. htm，2013 年 3 月 20 日。

⑤ 参见中国外交部网站，http：//www. fmprc. gov. vn。

⑥ 《欧债危机左右荷兰大选 初步结果：自民党取得胜利》，http：//gb. cri. cn/27824/2012/09/13/2225s3848457. htm，2012 年 11 月 5 日。

业率攀升和社会治安恶化等问题，吕特政府曾大幅收紧移民政策，采取了多项严格限制新移民数量的措施，加强对移民融入社会的系统化管理。预计新政府仍会延续“有效选择”的移民政策，即一方面积极引进高科技人才，另一方面限制低技术劳工移民，并严打非法劳工。

西班牙

20世纪80年代以来，中国人移民西班牙的数量增长较快。至2012年，西班牙华侨华人有约25万人。西班牙华人原籍以浙南地区为主，而在定居国主要集中在以巴塞罗那为中心的加泰罗尼亚地区、马德里、巴伦西亚等地。西班牙华人社会近几十年的经济活动发生了很大变化，职业从以单一的中餐业为主，发展到今天以贸易、百货、中餐业并举，包括旅游、建筑、制造业、农业等行业在内，营业门类颇为齐全。随着经济危机以来西班牙经济环境的恶化，失业率不断增高，华商经营步履维艰，华人社会内的"一工难求"现象也越来越严重。而2012年10月的"帝王"行动则使华人经济受到重创。对此，西班牙华侨各界都行动起来，采取各种措施维护华人形象和权益。西班牙华人移民有自己十分独特的文化和生活习惯，对本文化群落的依赖性强。经济上，西班牙华人传统经营滞后，不少华人只注重眼前利益，而在改善经营环境和技术设施方面投资力度不大。在社会政治生活中，西班牙华人重商轻政，社会融合进程缓慢。

一、西班牙基本国情

西班牙位于欧洲西南部伊比利亚半岛，国土面积505 925平方公里。2011年，其人口总数为4 616万。西班牙主要民族是西班牙人，少数民族有加泰罗尼亚人、加里西亚人和巴斯克人。官方语言为西班牙语。西班牙居民大多信奉天主教。受国际金融危机和欧洲主权债务危机影响，近几年西班牙经济形势日趋严峻，工社党政府应对乏力，执政能力受到民众及反对党的怀疑和指责，被迫宣布提前大选。2011年11月20日，西班牙举行全国大选，在野的人民党取得议会绝大多数席位，工社党惨败。西班牙宪法规定西班牙是社会与民主的法制国家，实行议会君主制，王位由胡安·卡洛斯一世的直系后代世袭。国王为国家元首和武装部队最高统帅，代表国家。政府负责治理国家并向议会报告工作。宪法承认并保护各民族地区的自治权。受全球金融危机影响，西班牙金融风险加大，房地产遭受严重冲击，失业率飙升，经济急速下滑，社会发展面临严峻挑战。①

表1　西班牙概况

国家全名	西班牙王国	地理位置	位于欧洲西南部伊比利亚半岛	领土面积	505 925平方公里
首都	马德里	官方语言	西班牙语	主要民族	卡斯蒂利亚人（即西班牙人）

① 《西班牙国家概况》，http：//www. fmprc. gov. cn/mfa_ chn/gjhdq_ 603914/gj_ 603916/oz_ 606480/1206_ 607520/。

（续上表）

政体	议会君主制	执政党/主要反对党	工社党/人民党	现任国家元首/政府首脑	胡安·卡洛斯一世/马里亚诺·拉霍伊·布雷
人口数量	4 616 万（2011 年）	华侨华人人口数量	25 万	华侨华人占总人口比例	0.54%
GDP/人均 GDP	15 169 亿美元/32 409 美元	CPI	2.4%	失业率	22.85%

资料来源：中国外交部网站。

西班牙于1973年3月同中国建交。建交以来，两国在政治、经济、文化等领域的合作关系不断发展。双方签有引渡条约、刑事司法互助条约、文化协定、经济和工业合作协定、投资保护协定和打击有组织犯罪合作协定等。为推动西班牙、欧洲与中国、菲律宾、越南等亚太国家之间科技、文化及经贸交流，西班牙外交部、加泰罗尼亚自治州政府、巴塞罗那市政府于2001年11月联合设立“亚洲之家”。它每月出版一本中国经济专刊，并组织各种教育和文化艺术活动，传播中国文化，增进两国人民的友谊和相互了解。① 近年来，中西经贸合作持续发展，西班牙是中国在欧盟内第六大贸易伙伴。2011年，双边贸易额为272.78亿美元，同比增长11.7%。其中中国出口197.22亿美元，同比增长8.5%，进口75.56亿美元，同比增长21.2%。② 西班牙华侨华人作为民间使者，为中西友好关系的发展发挥了独特作用。他们一方面积极牵线搭桥，促成西班牙政府、议会、工会、商会代表访问中国，促使西班牙主流社会了解中国、理解中国、对中国友善；另一方面，他们也邀请、接待国内代表团访问西班牙，帮助两国一些地方建立友好城市关系，促进经贸文化交流。③

二、西班牙侨史概况

华人先驱早在1860年左右即已到达西班牙。“一战”期间被法国政府征募的部分中国劳工在战争结束后也移居西班牙。20世纪二三十年代，浙江的青田人首次成批移民西班牙。这些移民主要是街头流动摊贩，制作和兜售石雕、领带、小装饰品等手工艺品。④ “二战”后，他们开始进军餐馆业、纺织业和贸易业。随着20世纪80年代中国改革开放的不断深入，人口流动控制政策的相对宽松，民众渴望致富心理的不断膨胀，以及西班牙社会经济的快速发展，劳动力市场的严重分割，政府每四五年一次的大赦政策，致使华人移民西班牙增多，从事西班牙人不愿从事的农业、建筑业和家政服务业。90年代以来，西班牙华人数量增长加快。至2002年6月，西班牙合法华侨人数为42 500人，华人约为

① Gladys Nieto, “The Chinese in Spain”, *International Migration*, Vol. 41 (3), SI 1/2003.

② 《西班牙国家概况》，http://www.fmprc.gov.cn/mfa_chn/gjhdq_603914/gj_603916/oz_606480/1206_607520/。

③ 徐松华：《海外华人和祖国荣誉——中国形象25年来在西班牙的变迁》，《统一论坛》2009年第6期。

④ Gladys Nieto, “The Chinese in Spain”, *International Migration*, Vol. 41 (3), SI 1/2003.

1 800人，非正规移民为35 000 人，合计约为80 000 人。来自中国大陆的留学生和难民较少。在华人移民中，成年人占大多数，而未成年人和老人只占两成。① 至2010 年3 月31 日，西班牙华侨华人有近24 万人。其中华侨154 056 人、华人23 300 人、留学生3 800 人、被收养的中国孩童19 200 人，以上是获得合法身份的人数。② 至2012 年，西班牙华侨华人约有25 万人。③

表2　西班牙华侨华人人口统计（1935—2012 年）

年代	1935	1955	1965	1975	1985	1995	1997	2012
人数	273	132	336	2 000	5 000	21 000	30 000	250 000

资料来源：李明欢：《当代欧洲华人人口构成剖析》，郝时远主编：《海外华人研究论集》，北京：中国华侨出版社2002 年版。

21 世纪以来，西班牙华人社会迅速发展。华人移民西班牙的方式主要有：雇佣型合法劳工占35%，以浙江为主；以商务考察、旅游等名义入境而非法滞留的占40%，以东三省、福建、山东、河南为多；留学占8%；从南美、欧洲等其他地区转过来的占12%，以广东人为多。华侨原来身份多为农民，占55%，工人占20%，公务员及其他占5%，学生占20%，平均年龄为29.3 岁。④ 西班牙华人在地理分布上具有“小集中、大分散”的特点。在西班牙19 个行政大区中，华人人口相对集中的城市和地区是以巴塞罗那为中心的加泰罗尼亚地区（30.8%）、马德里（26.03%）、巴伦西亚（10.84%）和安达卢西亚（8.77%）。⑤

三、西班牙华侨华人经济

早期旅居西班牙的华侨基本上都从事小贩生意，很多人沿街兜售青田石雕。华人中餐馆在20 世纪50 年代开始出现，在80 年代开始兴盛。1979 年，马德里只有59 家中餐馆，而西班牙全国只有不到100 家中餐馆。到了1994 年，马德里中餐馆已超过500 家，巴塞罗那超过400 家。华人餐饮业主要包括中餐业和酒吧业。一直以来，中餐馆是华人传统的行业，也是华人经济的支柱产业；酒吧业则是华人的新兴产业，由于经营简单、投资小、收效快，近年发展迅速。在巴塞罗那，华人酒吧在1 000 家以上，数量已经大大超过中餐馆。⑥ 1996 年，西班牙华人中餐馆遭遇“过期食品”风波，受冲击很大，不少中餐馆被迫关门歇业。在此情形下，一些中餐馆老板开始从事服装加工和批发，一些人则进入建筑行

① Gladys Nieto，“The Chinese in Spain”，*International Migration*，Vol. 41（3），SI 1/2003.

② 王晓萍、刘宏主编：《欧洲华侨华人与当地社会关系：社会融合·经济发展·政治参与》，广州：中山大学出版社2011 年版，第239 页。

③ 此为2012 年笔者参加欧华联会第十七届年会时西班牙著名侨领徐松华提供的数据。

④ ［西班牙］徐松华：《西班牙华人社会现状及面临问题和对策》，《华侨与华人》2010 年第1 期。

⑤ 王晓萍、刘宏主编：《欧洲华侨华人与当地社会关系：社会融合·经济发展·政治参与》，广州：中山大学出版社2011 年版，第150 页。

⑥ 麻卓民：《西班牙华人社会现状》，《侨声报》，2012 年8 月3 日。

业，经济格局逐步多元化。

得益于中国的改革开放和温州模式的形成，西班牙华人商业贸易近年发展极为迅速。他们已从最初的工艺品开始，慢慢发展到服装业，再后来进入琳琅满目、无所不包的小商品世界。如今，外贸批发已在西班牙华人中流行起来，并和餐馆业、百货店等一起，成为西班牙华商经济的三大支柱，其营业额远远超过中餐业，而且公司数量和从业人数也已大大超过其他行业，成为华人经济的龙头老大。西班牙华商从义乌、广州等商品集散中心，将中国商品进口到西班牙，再经过马德里、巴塞罗那等地的批发中心，输送到西班牙乃至其他欧洲地区的百元店、服装城和食品店。目前西班牙出现了马德里中心华商批发区、马德里富恩拉布雷达（Fuenlabrada）华商批发区、巴塞罗那华商批发区、瓦伦西亚华商批发区、塞尔维亚华商区、马拉瓜华商区等。华商的百元店在西班牙遍地开花，全国共计 7 000余间百元店，加泰罗尼亚自治区华人零售店总数在 2 000 家以上。①

据统计，目前西班牙华人的主要产业有中餐馆 4 700 家、酒吧 600 家、中国百货店 7 800家、干果店 3 400 家、批发公司 1 150 家、成衣工厂 600 家、建筑公司 800 家。② 由此可见，西班牙侨社近几十年的经济活动发生了很大变化，职业从单一的以中餐业为主，发展到今天以贸易、百货、中餐业并举，包括旅游、建筑、制造业、农业、新能源、电器、文化等行业在内，营业门类颇为齐全。③ 另外值得注意的是，在西班牙所有移民中，华人移民的自雇率是较高的。据西班牙就业和移民部统计数据，华人移民是个体职业者人数最多的移民群体，共 27 000 人，占所有移民个人职业者人数的 13.6%，而华人移民人数仅占移民总数的 3%。④ 2012 年，华人企业主占移民企业主总数的 17.7%，成为移民企业主中的头号大户。⑤

自 2008 年经济危机以来，西班牙华人的经济活动出现了一些新变化。在当地企业遭到重创、居民失业率较高的情况下，一些华人服装店试图提升店铺档次，在装修和进货时不惜成本，注重店内装潢设计品味，开始雇用西班牙营业员。比如，2012 年在马德里闹市区新开的多家华人店铺，在短短两个月的时间几家店全部换成外籍员工。⑥ 以上这些做法提高了华人服装店的档次和品位。除了服装店外，华人酒吧业主也开始接纳西班牙员工。

近年来席卷西方世界的经济危机对西班牙华人来说，既是机遇，也是挑战。在日趋严重的经济危机中，很多华人企业家饱受其害，处境较为艰难。尽管西班牙华商试图以节省成本、低价揽客、降低利润等来减少危机带来的消极影响，但西班牙华人的命运是与西班

① ［西班牙］徐松华：《入乡随俗　诚信守法　树立华商良好形象》，国务院侨务办公室、中国海外交流协会：《第六届世界华侨华人社团联谊大会交流发言集》，2012 年 4 月；麻卓民：《西班牙华人社会现状》，《侨声报》，2012 年 8 月 3 日。

② ［西班牙］徐松华：《西班牙华人社会现状及面临问题和对策》，参见王晓萍、刘宏主编：《欧洲华侨华人与当地社会关系：社会融合·经济发展·政治参与》，广州：中山大学出版社 2011 年版，第 239～240 页。

③ ［西班牙］徐松华：《入乡随俗　诚信守法　树立华商良好形象》，国务院侨务办公室、中国海外交流协会：《第六届世界华侨华人社团联谊大会交流发言集》，2012 年 4 月。

④ 王晓萍、刘宏主编：《欧洲华侨华人与当地社会关系：社会融合·经济发展·政治参与》，广州：中山大学出版社 2011 年版，第 158 页。

⑤ 秦岭：《西班牙移民企业主增加趋势明显　华人占 17.7%》，http：//www.chinanews.com/hr/2012/09－02/4151582.shtml。

⑥ 湛卢：《危机下受创少　西班牙人钟情华人企业服装业应聘多》，http：//www.chinanews.com/hr/2013/01－24/4516164.shtml。

牙人民紧紧相连的，在全国经济大滑坡的情况下，他们的自救方法可谓是杯水车薪，收效甚微。从事商业贸易的华人企业家首当其冲，华人百货批发业生意也每况愈下。特别指出的是，随着经济危机的加剧，市场的持续疲软和民众收入的降低，越来越多的西班牙商家开始采取低价竞争策略，争夺日益萎缩的市场来谋求生存和发展。还有一些商家不仅公开表示要向华人学习，大打低价牌，而且还把华商作为主要竞争对象，采取了针对性的措施。① 面对西班牙人来势汹汹的“价格战”，华商们感到了前所未有的压力。以西班牙圣诞节和新年这两个传统的销售旺季为例，以往这种商机都能让西班牙华商大赚一笔，可近年来受经济危机影响，年底的这个销售旺季不像以前那样火爆了，尤其是 2012 年，各行各业的华商都表示生意特差，百元店卖不出几棵圣诞树，食品店销量差强人意，中餐馆多是华人捧场。很多华商不但没有赚钱，反而还要赔钱。②

西班牙经济危机对华人经济的影响已经凸显。无论是服装批发、鞋革批发、饰品批发、小商品批发，还是服装店、皮鞋店、百元店，如今都已经开始陷入困境。③ 近年来西班牙华人商店“关门大吉”的不少，勉强撑着、艰难度日的也有很多，“打道回府”的华人也不在少数。④ 与马德里的中小华商相比，西班牙其他地区同类华商所面临的困境要严重得多。在西班牙的许多偏僻地区以及中小城市，由于商业氛围不及大城市，当地居民失业状况较为严重，收入水平也低，中小华商关门的数量要更多，时间也更早。目前这些地区惨淡经营的华商主要是一些老店和规模较大的店家。

随着西班牙经济环境的恶化，失业率不断增高，华商经营举步维艰，华人社会内的“一工难求”现象和失业问题越来越严重。一些中国留学生因为无法更换到合法的扎根身份，不得不打消在海外发展的想法，无奈踏上回国之路；而一些年龄偏大的侨胞，也逐渐陷入找工难的境地。在西班牙维持创业的华人，虽然勤俭持家、努力拼搏，但在大环境影响下，也不得不面临失业、找工难的境地。⑤

2012 年 10 月 16 日凌晨 1 点，在一次名为“帝王”行动的大扫荡中，西班牙海关、税务、警察组成的近 500 人的行动团队，封锁了华商聚集的马德里 Cobo Calleja 批发区。警方发出 132 张搜查令，带走 1 000 余万欧元现金，83 名涉案人员（包括 58 名中国人）被捕，其中包括中国商人高平——他旗下的西班牙国贸城，是这个批发区里面积最大的一家。⑥ 除了高平的国贸城集团，在这次矛头直指当地华人的扫荡行动中，西班牙警方共搜查了 120 间仓库和住宅，其中一半都在马德里地区。这些被抓捕的华商除批发仓库遭查封外，其住所、汽车等财产也被“一锅端”。据最新数据显示，被查封的华人企业除了国贸城集团 35 000 平方米外，还包括金城皮具有限公司 6 000 平方米、豪迈贸易有限公司 20 000平方米、安达物流有限公司 25 000 平方米、好朋友宠物用品有限公司 8 000 平方米、

---

① 《西班牙商家采取低价竞争策略　价格战华商处弱势》，http：//www. chinanews. com/hr/2013/02 - 02/ 4543093. shtml。

② 铧文：《西班牙年底销售旺季难见火爆　华商生意一落千丈》，http：//www. chinanews. com/hr/2012/ 12 - 31/ 4449720. shtml。

③ 《巴塞罗那华人商贸业兴衰：华商自律事业才能发展》，http：//news. 163. com/12/0828/10/ 8A06I2H400014JB6. html。

④ ［西班牙］麻卓民：《危机下的西班牙华人经济》，《地平线》2012 年 11 期。

⑤ 《西班牙失业率攀升　华人“一工难求”多选择回国发展》，http：//www. gqb. gov. cn/news/2012/0511/ 26355. shtml。

⑥ 刘薇、罗琼：《西班牙华商：危险的财富》，《南方周末》，2012 年 11 月 22 日。

东方广场集团 65 000 平方米、友谊通信电话公司 3 000 平方米等多家企业集团，涉及资金达几十亿欧元。[①] 在此次“帝王”行动中，很多西班牙媒体趁机大肆渲染，歪曲事实，将华商云集的批发区描绘成中国黑社会基地。由于媒体的夸大其词和误导，华人的子女在学校受到歧视，华人的形象受到前所未有的损害，针对华人的犯罪案件也不断攀升。很多华商在经受经济危机煎熬的同时，还要面对媒体的负面报道，这让他们的生意雪上加霜。

针对“10·16 大搜捕事件”对华人经济造成的影响，西班牙华人各界都行动起来，采取各种措施维护华人形象和权益。10 月 20 日上午，西华联召开会议，通报近期“10·16 大搜捕事件”进展和相关情况，稳定商家情绪，并总结经验教训，告诫商家做好自检自律工作。10 月 20 日晚上，《欧华报》董事长王绍基参加了西班牙电视台 5 台的电视辩论会。在辩论会中，他始终强调这次犯罪行为只是极个别行为，不应牵涉到大部分华人的形象和声誉，并列举大量实例来说明华人对西班牙经济及外贸发展所作出的贡献。10 月 22 日早上，停工数日的国贸城 100 多名华人员工在中西百货协会的协助下从 Atocha 火车站出发走到西班牙最大的工会组织 CC. OO. 位于马德里的总部，手持着“我要工作”、“我要养活孩子”、“我要吃饭”等口号标语，向公会表达了要求复工、要求发工资、要求给予失业金等诉求。随后，工人们回到国贸城位于 Cobo Calleja 批发区的企业厂房门口静坐示威。10 月 26 日，西班牙 25 个侨团负责人齐聚一堂，用统一的声音严厉谴责这次“帝王”行动。西班牙华侨华人协会、西班牙中国和平统一促进会、西班牙青田同乡会、西班牙华人企业联合会等 18 家侨团还联名致信西班牙媒体，“希望有关媒体能够恪守职业道德，以实事求是的态度对事件进行报道，把个别涉案的公司、当事人同广大奉公守法、勤劳工作、诚实经商的中国移民区别开来，不要再误导西班牙社会对中国移民的看法”[②]。一些侨领还通过媒体谴责西班牙政府的搜捕行动，并揭露其“一方面既增加了国家的财政收入，同时也转移了民众对政府积蓄已久的不满情绪”的意图，呼吁西班牙侨胞一方面“一如既往，遵纪守法，照章纳税，为西班牙的经济和社会发展尽到自己应有的责任和义务”；另一方面“中国政府切实行动起来，保护和维护侨民的人身权利和个人财产的安全”，“在西班牙的所有华人，一起走上街头，抗议政府的不法行为，挽回中国人被玷污的尊严”。[③] 11 月 3 日，马德里数百家华商举行了罕见的罢市行动，抗议西班牙警察打击华人黑社会行动对他们的经营造成的影响，抗议警方这次名为“帝王”行动的突袭行动后媒体对整体华商的“抹黑报道”。[④]

2012 年入秋后，华人各大支柱产业均出现了大幅度下滑现象，加之受 10 月中旬“帝王”行动的影响，华人赖以生存的零售业、餐饮业受到了前所未有的威胁。依附着这些行业的华人大型批发仓库也进入了青黄不接的尴尬境地。特别是第四季度，西班牙各地华人仓库的营业状况都降至历史最低水平。购买货物的华人和西班牙人大幅度减少，让本来就存在商品积压的华人仓库雪上加霜。大量库存积压及政府对华人现金流向的严格控制，导

---

① 《西班牙政府展开“皇帝行动” 矛头直指当地华人》，（香港）《文汇报》，2012 年 10 月 21 日。

② 西班牙华侨华人协会、西班牙中国和平统一促进会、西班牙青田同乡会、西班牙华人企业联合会等：《致西班牙媒体的公开信》，http：//qwitaly. com/portal. php？ mod = view&aid = 1401。

③ 《中西百货协会主席夏永平的呼吁书》，http：//qwitaly. com/portal. php？ mod = view&aid = 1428。

④ 《马德里华商罢市抗议抹黑报道 称对群体已造成巨大伤害》，《欧洲时报》，2012 年 11 月 5 日。

致绝大部分华人仓库业主的资金被套牢。[①]

在谈到2012年西班牙华商的总体情况时，西班牙华侨华人协会主席叶玉兰女士认为："2012年对西班牙华商来说真是一个多秋之年。欧债危机对西班牙的影响这么大，给在西班牙做生意的华商带来了很大的损失。在2012年前10个月30%的华商有一点赚，30%的华商维持现状，30%的华商生意亏本。特别西班牙的'帝王'行动给整个华商和侨民的损害是很大的，当时华商的生意下降了70%，整个中国人的批发市场很萧条、很冷清。"[②]尽管目前华人失业率没有西班牙人那么高，但保守估计，2013年华人失业率将大幅度上升。失业华人增多，华人店面进入保守经营模式，那些依赖华人百货、食品、餐饮业的其他华人行业，也将逐步受到打击。

四、西班牙华侨华人社会与文化

西班牙华人有自己十分独特的文化和生活习惯，对本文化群落的依赖性强，生活和交际的人群范围相对较小。在语言方面，西班牙华人是语言弱势群体，华语与西语差别大，再加上西班牙华人总体文化素质较低，大多数华人作息时间难以保证语言学校学习的要求，不少人都是在工作过程中逐渐积累的，总体上语言掌握程度低。而华人社团组织的活动大多依旧没有脱离华人生活圈的范畴，所提供的服务目标人群都局限在华人范围，且内容单一，很少主动组织其他面向大众的文化活动，带领侨民积极走进当地社会，将中国文化纳入当地多元文化体系中。[③] 由于种种原因，尽管华侨华人在西班牙居住有较长历史，但主流社会仍视他们为一个封闭、神秘的社群。在日常交谈和公共舆论中经常出现关于他们活动和组织的大量刻板印象和偏见。

最近几年，在中国政府的大力倡导下，也出于自身在当地长期生存和发展需要的考虑，西班牙华侨华人在其侨团的组织下，积极融入当地社会，开展了一系列活动。首先，西班牙华侨华人响应当地政府号召，为当地社会募捐，以取得当地社会对他们的信任。如2013年1月18日，马德里各大侨团代表聚集在青田同乡会会所召开会议，协商如何实施马德里移民局所倡导的为贫困人群和家庭捐献食物的"一千个感谢"计划，以此公益活动来重塑华人正面形象。各大侨团代表展开了热烈讨论，在座的代表当场填写自己侨团食品捐献公斤数，不出一轮，捐献总数就已超过了3万公斤。[④] 其次，加强与当地社会主办的与中国文化相关联社团的联系，多渠道、多形式地开展文化活动。如前文提到的"亚洲之家"就是这样一个机构。西班牙华人积极参与"亚洲之家"的活动，通过"亚洲之家"加强华人社区与当地警局、移民局等政府部门的联系。特别是自"帝王"行动之后，西班牙媒体为博得卖点而夸大事实、不负责任地误导读者，致使对中国了解不深的当地民众对

---

① 湛卢：《西班牙经济危机震荡华社　华人失业率或将持续上升》，http：//www.chinanews.com/ hr/2013/01－12/ 4482177.shtml。

② 《访西班牙华侨华人协会：2012年是华商不平静的一年》，http：//news.china.com.cn/live/2013－01/08/ content_ 18074321.htm。

③ 王晓萍、刘宏主编：《欧洲华侨华人与当地社会关系：社会融合·经济发展·政治参与》，广州：中山大学出版社2011年版，第160页。

④ 乔瑟琳：《马德里侨团开展公益活动　向贫困人群捐赠食物》，http：//news.xinhuanet.com/overseas/ 2013－01/24/ c_ 124274257.htm。

华人群体更加排斥。为此，“亚洲之家”积极联合华文媒体，努力树立华人社区正面形象，争取华人应有权益，并把最直接、最真实的信息传达给华人。[①] 最后，西班牙华人社会以侨团为核心，积极开展侨务公共外交活动，增进当地社会对中国文化的了解，增强中国文化的亲和力、感知力和影响力。以西班牙华侨华人协会为例，该会经常举办中国春节联欢会，注重弘扬、传播和推广中华优秀文化，进而增强中国优秀文化价值、和谐社会形象等，争取在与居住国社会交往中拥有一定的发言权和影响力。协会每年举办的中国春节团拜会更是旅西华侨与居住国政府加强文化交流和融入的重要途径，成为旅西侨胞知名的社交品牌。西班牙华侨华人协会还通过其创办的马德里中文学校推广华文教育，加强中西文化交流，与居住国社会开展影响深远的“中国文化节”、“汉语交流日”、“中华文化夏令营”等活动，吸引西班牙民众加入到学中文的行列中。目前，西班牙社会形成了学中文的良好气氛，掀起了一股“中文热”。[②]

五、西班牙华社存在的主要问题和对策建议

近一二十年来，西班牙华社发展迅速，势头良好，但也存在不少问题。如在经济上，西班牙华人传统经营滞后，不少华人只注重眼前利益，而在改善经营环境和技术设施方面投资力度不大。一些中国商店货物摆放杂乱，光线昏暗，卫生不佳。更严重的是，一些华人法律意识淡薄，在经济利益的诱导下，常常因小失大，产品质量问题屡见不鲜，造成不良社会影响。一些华人为了节约房租，不是住在老板提供的宿舍里，就是几家人合住一套公寓，卫生状况较差。[③] 在社会政治生活中，西班牙华人重商轻政，社会融合进程缓慢。作为西班牙的少数族群，华人尚处于谋生立业的移民初级阶段，未能摆脱积累财富的意识束缚，因而他们只注重自身的经济利益，很少关心和参与地方社会的活动，也很少主动争取和捍卫自己的权益。

西班牙著名侨领徐松华近年曾撰文指出西班牙侨社存在的问题，主要有：①造假和销售假冒伪劣产品。如 2009 年缴获的假烟 1 390 万盒，其中来自中国的占 84%。②非法经营，雇用黑工。如 2008 年巴塞罗那有关部门查出华人制衣厂大部分工人无合法证件，2009 年 2 月对华人经营的 17 家发廊进行检查，共计 48 人被拘，30 人无合法证件。③偷税漏税，灰色清关。从中国进口的集装箱有相当比例是灰色清关。④违规经营，恶性竞争。如不按正常营业时间营业，不按规定出售商品，随意降低商品价格。⑤好赌豪赌。在赌场中中国人所占比例较高。⑥显富露富。华人攀比心理较强，开好车的比较多，买别墅、住好房的也不少。[④]

针对西班牙华社目前存在的问题，西班牙华社和中国政府有关部门需做好以下工作：第一，西班牙华人应以西班牙社会规范为准则，以中华传统道德为追求，全面提升道德文

---

① 《亚洲之家构建平台　促进旅西华人与当地政府双方沟通》，《侨声报》，2013 年 1 月 23 日。

② 西班牙华侨华人协会主席叶玉兰女士在欧华联会 20 周年庆典暨第十七届大会和全球华侨华人反独促统大会论坛上的发言。

③ 王晓萍、刘宏主编：《欧洲华侨华人与当地社会关系：社会融合·经济发展·政治参与》，广州：中山大学出版社 2011 年版，第 161 页。

④ 徐松华：《西班牙华人社会现状及面临问题和对策》，《华侨与华人》，2010 年第 1 期。

化修养。侨团要积极开展活动，将西班牙华人组织起来，让侨胞更多地了解当地各种法令法规，既要自觉维护华人的合法权利，又要合法经营，诚实待人。对华社中少数不注意个人修养、违法乱纪、安全意识淡薄者，侨团和华文媒体要敢于自我揭短、自我批评；要注重自我形象的构建和维护，努力改变当地人对华人过去所持有的不良印象，促进相互了解，消除因缺乏沟通而造成的隔阂，积极融入当地社会。就中国有关部门而言，随着中西贸易和经济合作的日益频繁，中国人的表现和产品的信誉也在很大程度上影响着西班牙人对整体中国人的认识，进而影响到当地人对西班牙华人的总体态度和印象。中国在对外贸易方面应加强产品质量的把关和信誉上的保证，规范商贸行为，提高中国产品在国际市场上的信誉。国内的公安、海关、质检、工商、税务等部门应严格出国手续，严防假冒伪劣产品出口，严防票货不符的货柜出口。而对于西班牙华商来说，当务之急就是遵守西班牙商业的运行规则，提高管理水平。华商企业只有遵守“游戏”规则，提高自己的管理水平，才能立于不败之地。[1] 第二，中国政府有关部门应强化各类侨团在华人社会中的组织和中心作用，发挥其凝聚力，推动华人全方位参与当地社会的发展；积极支持华人社团、华文媒体、华文学校力量的不断壮大，在坚持面向华人社会的同时，也鼓励它们拓展工作对象，将触角延伸到当地社会，加强与当地民众多形式、多领域的联系、沟通和合作。

① 《巴塞罗那华人商贸业兴衰：华商自律事业才能发展》，http：//news.163.com/12/0828/10/ 8A06I2H400014JB6.html。

意大利

20 世纪 80 年代中后期，随着中国改革开放的不断深入、市场经济的快速发展，以及意大利经济的转型发展，华人开始直接或者通过荷兰、法国等欧洲国家大量进入意大利。至 2011 年，意大利华人移民达 27.8 万人。相对英国、荷兰等西欧国家华人主要经营餐馆、零售等服务业而言，意大利华人企业经营活动比较多元。近年来华人企业在快速发展的同时，也存在不少的隐患，如企业缺乏进一步发展的战略模式、人力资源、社会网络资源和管理能力，行业高度集中导致华人企业间的同质化竞争日趋激烈、利润空间不断下滑等。自经济危机以来，华人企业用工和华人就业模式出现了一些变化。这种变化有利于不同移民之间及移民与意大利民族间的社会融合。意大利华文教育发展势头很好，且各华文学校已联合成立意大利华文教育集团，共享先进的教学模式、理念和师资力量。2012 年，意大利的中国留学生达到 1.4 万多人。由于语言上的障碍和文化、生活习惯的差异，很多中国留学生难以适应意大利的学习和生活环境。意大利华人的融合之路较为漫长，需要几代人的努力才能完成。意大利华人在体验中意两种文化模式的过程中，充满着痛苦、迷茫和疑惑，但他们积极主动的融合态度犹如黎明前的曙光。

一、意大利基本国情

意大利共和国位于欧洲南部，主要由亚平宁半岛和地中海中的西西里岛和萨丁岛组成，国土面积 301 338 平方公里。2011 年，其人口总数为 6 074 万。94% 的居民为意大利人，少数民族有法兰西人、拉丁人等。同年，意大利华人移民达 27.8 万，在亚洲移民中居首位，占意大利人口总数的 0.46%。[①] 意大利主要语言为意大利语，个别地区讲法语和德语。大部分居民信奉天主教。意大利主要城市有首都罗马、世界时尚之都米兰、工业之都都灵、水城威尼斯等。意大利是发达工业国家，服务业、旅游业及对外贸易尤为突出。意大利以私有经济为主体，占国内生产总值的 80% 以上，而服务业约占国内生产总值的 2/3，中小企业占企业总数的 98% 以上，堪称“中小企业王国”。国内各大区经济差距较大，南北差距明显。受全球金融危机影响，2009 年意大利经济陷入衰退，2011 年主要经济指标如下表。

---

① 《意大利华人移民达 27.8 万　在亚洲移民中居首位》，http：//www.chinanews.com/hr/2012/11－07/4308214.shtml。

表 1　意大利概况

国家全名	意大利共和国	地理位置	位于欧洲南部，包括亚平宁半岛及西西里、萨丁等岛屿	领土面积	301 338 平方公里
首都	罗马	官方语言	意大利语	主要民族	意大利人
政体	民主共和国	执政党	民主党、自由人民党等多党联合执政	现任国家元首/政府首脑	乔治奥・纳波利塔/西尔维奥・贝卢斯科尼
人口数量	6 074 万(2011 年)	华侨华人人口数量	27.8 万(2011 年)	华侨华人占总人口比例	0.46%
GDP/人均 GDP	16 300 亿欧元/26 017 欧元	CPI	2.8%	失业率	8.9%

数据来源：中国外交部网站。

中意两国于 1970 年 11 月 6 日正式建交。自建交以来，两国在各个领域的友好合作关系发展顺利。特别是近年来，两国高层互访增加，政治互信不断加强，双边关系得到进一步发展，双边贸易发展较快。意大利是中国在欧盟的重要贸易伙伴，而中国是意大利在亚洲的第一大贸易伙伴。2011 年，双边贸易额为 512.8 亿美元，同比增长 13.6%。中意经济技术合作也发展迅速，截至 2011 年 12 月，意在华投资项目共计 4 597 个，实际投入 53.6 亿美元；中国在意非金融类直接投资 4.32 亿美元。两国在文化、科技、教育与军事等方面的双边交往与合作也取得丰硕成果。中意在环境监测、水资源管理、可再生能源等领域合作成果丰硕，双方签署项目近百个。2010 年 10 月，“中国文化年”活动在意大利隆重开幕。2011 年，“中国文化年”活动在意大利多个城市全面铺开，130 余场活动产生了广泛的社会影响，受众上百万人，成为中意友好交流史上的佳话。2012 年 1 月，“中国文化年”活动成功闭幕。双方已在意大利合作建立 10 所孔子学院、11 个孔子课堂。中意两国已建立北京—罗马、上海—米兰、天津—伦巴第大区、南京—佛罗伦萨、苏州—威尼斯、杭州—比萨等 58 对友好省市和地区关系。①

二、意大利侨史概况

早在马可・波罗时代，中国与意大利就已有人员往来和文化交流，而中国人移民意大利则始自清朝末年。1893 年，浙江青田的一个邱姓商人来到意大利都灵兜售小商品。“一战”期间，由于欧洲劳力短缺，一些浙江人便到法国工厂工作，然后迁移到意大利米兰的郊区。慢慢地，这些最初的移民在积累一定财富后，极力帮助在其家乡的亲属和乡里移民，形成了移民链。由于意大利是第二次世界大战的战败国，当时很多意大利女人愿意和

① 《中国同意大利的关系》，http：//www.fmprc.gov.cn/mfa_chn/gjhdq_603914/gj_603916/oz_606480/1206_607592/sbgx_607596/。

华人结婚，因为中国是战胜国，华人在获得机会和资源方面占有优势。20 世纪 50 年代，全意华侨不足 400 人，以浙江青田人和温州人为主，集中于米兰、博洛尼亚等少数几个地方，主要从事皮革制造。到 50 年代后期，华侨经营的大大小小皮包公司、皮革作坊、皮包摊贩等共计 120 家。60 年代，意大利经济萧条，一些由意大利人和华人结合的夫妇却在皮制品制造业这样的劳动密集型手工业中幸存下来。到 60 年代末，全意华侨增至 700 余人，所从事职业未有变化。①

20 世纪 70 年代至 80 年代，一些中国台湾、香港人开始来到意大利经商，另有 3 000 多名印支华人难民移居意大利，但有些后来又移民他国。据统计，到 1980 年代初，意大利华侨只有 1 000 多人。② 20 世纪 80 年代中后期，随着中国改革开放的不断深入、市场经济的快速发展，以及意大利经济的加速发展，加上南部已停止向北部工厂输出必要劳力，且随着小型企业的复兴为意大利供应商加工而自我创业的机会也在不断增多，华人开始直接或者通过荷兰、法国等欧洲国家大量进入意大利。③ 他们主要来自浙南地区，以家庭为基础的移民链在此移民过程中起到了重要作用。近十多年来，来自福建和东部地区的移民也开始增加。东北移民当中大部分是年龄较大的工人，由于当地国有工厂和国有煤矿关闭，他们在国内处于失业状态。④

至 2011 年，意大利有华侨华人 27.8 万人，占意大利人口总数的 0.46%。⑤ 2007 年意大利国家统计局统计的数据反映了意大利华人这样的年龄结构：2007 年 1 月 1 日，12.2 万合法居留的华人非常年轻，女性的平均年龄是 29 岁，男性 31 岁；主要年龄段集中在 25 岁至 40 岁；1 岁的婴儿很多，这表明华人有很强的生殖力；2 岁以上小孩数量大幅减少，这证实了华人父母为了能够继续工作，把小孩送到中国大陆爷爷奶奶那里寄养，但到青春期时又返回意大利；而 60 岁以上的老年人仅占意大利华人总人口的 0.74%，即每 135 个华人中有一个是 60 岁以上的老年人。这一数据与意大利人口相比差异很大，因为每 4 个意大利人中就有一个 60 岁以上的老年人。⑥ 有资料显示，意大利年轻华人的世代结构大致是这样的：年轻人中，有出生在意大利的真正的第 2 代，有来意大利时还是学龄前儿童的第 1.75 代，有在意大利接受义务教育的第 1.5 代，有来意大利已到青春期后半段的第 1.25 代。⑦

---

① Flemming Christiansen, *Chinatown, Europe: An Exploration of Overseas Chinese Identity in the 1990s*, London: Routledge Curzon, 2003, p. 151；李明欢：《欧洲华侨华人史》，北京：中国华侨出版社 2002 年版，第 444 页。

② 林琳：《侨这三十年》，香港：中国评论学术出版社 2008 年版，第 148 页。

③ Antonella Ceccagno, "New Chinese Migrants in Italy", *International Migration*, Vol. 41 (3), SI 1/2003.

④ 《明爱会及移民基金会的第 19 次移民统计报告》，2009 年，第 57 页。

⑤ 《意大利华人移民达 27.8 万　在亚洲移民中居首位》，http://www.chinanews.com/hr/2012/11-07/4308214.shtml。

⑥ 《明爱会及移民基金会的第 19 次移民统计报告》，2009 年，第 57～58 页。

⑦ ［意］拉菲尔·欧利阿尼、李卡多·斯达亚诺著，邓京红译：《不死的中国人》，北京：社会科学文献出版社 2011 年版，第 130～131 页。

表 2 意大利华人居留人口统计及其所占非欧盟国家移民的比例（2000—2011）

年份	2000	2001	2002	2003	2004	2005
中国	60 143	61 452	64 010	104 952	106 750	114 165
比例	4. 36%	4. 24%	4. 26%	4. 71%	4. 75%	4. 99%
年份	2006	2007	2008	2009	2010	2011
中国	122 364	137 912	207 157	255 032	274 417	277 570
比例	5. 07%	6. 68%	6. 93%	7. 51%	7. 76%	7. 63%

数据来源：意大利《明爱会（Caritas）及移民基金会（Migrantes）的移民统计报告》，2012 年。

三、意大利华侨华人经济

相对英国、荷兰等西欧国家华人主要经营餐馆、零售等服务业而言，意大利华人企业经营活动比较多元。从表 2 可以看出，意大利华人数量在逐年增加。虽然其在非欧盟国家移民人口中所占比例不大，但截至 2010 年 12 月 31 日，意大利华人企业主已有 33 593 人，排在第三位，即在摩洛哥和罗马尼亚移民企业主之后。另外，在意大利所有来自非洲和亚洲国家移民经营的贸易行业中，华人企业主占 42. 3%。而在纺织、服装等制造业中，华人企业主最多，占 62. 8%。[①] 米兰商会依据 2012 年第三季度企业登记情况和 2009—2010 年国家统计局的统计数字得出这样的结论：伦巴第大区共有华人 46 000 人，其中华人女子为 22 532 人，占华人总数的 49%；华人个体企业 7 723 家，每 6 名华人中就有 1 人为老板。伦巴第大区华人企业类型主要集中在三大行业：商业共有华人个体企业 2 429 家；制造业共有华人个体企业 2 287 家；酒店、餐饮业共有华人企业 1 815 家。与其他非欧移民相比，伦巴第大区华人制造业、餐饮业更具专业化，华人制造型企业数量占移民同类企业总数的 41. 8%，华人旅馆和餐馆的数量占总数的 36. 3%，2011—2012 年，华人企业增加了 7%。在米兰省，华人各种贸易已经超过总数的 50%，华人制造业占总数的 36. 3%。[②]

意大利华人企业将中国大陆制造业优势与意大利纺织服装业传统优势紧密结合，从事皮革、制鞋、服装及相关商品的制造、批发、零售与进出口贸易。如普拉托的很多华人从事服装生产，而在罗马、米兰、佛罗伦萨等地，华人经营的进口和批发贸易业发展迅速。如在米兰，有横竖七八条街道经营中国商品的批发贸易业务，形成了中国商贸城，有华人商店 600 多家。在罗马火车站附近的维多利亚广场周边区域，华人商店达 600 多家，每月有 1 000 多个来自中国的货柜抵达这里。意大利华人发挥其地理优势和商业网络，把部分中国产品批发到周边国家，在某种意义上说，意大利是中国商品进入欧洲的中转站和集散地。[③]

近年来华人企业在快速发展的同时，也存在不少的隐患，如企业缺乏进一步发展的战

① 《明爱会及移民基金会的第 21 次移民统计报告》，2011 年，第 280 ~ 281 页。

② 林夕：《意大利伦巴第大区华人企业近八千家　专业化程度高》，http：//news. 21cn. com/caiji/roll1/ 2013/02/18/14682702. shtml。

③ 林琳：《侨这三十年》，香港：中国评论学术出版社 2008 年版，第 156 页。

略模式、人力资源、社会网络资源和管理能力，行业高度集中导致华人企业间的同质化竞争日趋激烈、利润空间不断下滑等。①

意大利华人企业使用的员工几乎都是同胞，因为他们之间拥有相同的文化，语言沟通没有障碍，用工方式又较为灵活。然而由于欧债危机，欧洲经济低迷，并且中国国内经济发展相对较好，从业、发展机会较多，百姓生活水平提高较快，致使赴欧洲劳工人数锐减。同时，不少在意大利的华人打工族在完成一定财富积累之后又独立创业并向零售、服务业扩张，从而导致华人传统的劳动密集型加工企业用工短缺，生存和发展受到严重制约。在这种情况下，华人企业用工制度悄然地发生了变化，许多企业都聘用了来自印度、巴基斯坦等地的移民作为主要生产员工，如位于意大利伦巴第大区东南部素有世界“袜都”之称的曼多瓦（Mantova）省的华人企业就是这样。② 近年来华人就业模式也发生了一些变化，一些华人在意大利公司就业，与来自其他国家的移民一起工作。华人企业用工和华人就业模式的这种变化有利于不同移民之间及移民与意大利民族间的社会融合。

近年来，意大利的金融危机也致使意大利华商的经营活动发生了一些变化。意大利服装生产重镇普拉托是欧洲华人最为集中的地区之一。过去，普拉托华人服装厂老板把服装送到中国加工，但近年来，由于中国加工成本上升，他们又逐渐把加工基地转回到意大利本土。随着债务危机的到来，银行银根收紧，当地一些企业陷入瘫痪之中。意大利华商趁此良机，通过收购、租赁、合作、合营等方式，在当地开办数百家服装厂，起用了当地失业的技术人员、销售人员，实现了华丽转身。现在华人生产的服装，堂堂正正地打上了“意大利制造”标签畅销全欧。③

意大利佛罗伦萨是欧洲乃至全球最重要的皮包加工制造中心，早在金融危机爆发之前，整个皮包加工业就已经被华人企业所垄断。“三千六”是佛罗伦萨华人工厂最集中的一个区域，入住该区域的华人企业基本上都从事皮革加工业。目前，几乎所有的世界名牌和二线品牌都由华人企业代工。2012 年 9 月 13 日晚，佛罗伦萨“三千六”华人工厂区的全体业主举行联欢会，庆祝工厂区完成整改和通过政府部门的验收，重新开业。目前，这个“华人制造”的代表行业正在成为华人经济率先从危机中突围的最大亮点。④

如同 2011 年一样，意大利华人企业和服务业在 2012 年中也时常遭遇警方的大检查、大突袭行动。从 2012 年 3 月起，意大利警方又展开新一轮的针对华人犯罪活动的调查，各地警方连续查获华人利用按摩中心和住家从事卖淫活动，意北部地区已有 85 处华人住家接受了检查。2012 年 7 月，意大利警方全面开展打击华人犯罪活动，已有 50 人遭逮捕，445 人遭指控，2 750 人接受了调查，执法人员开出罚单 300 张。50 名遭逮捕的华人主要涉嫌组织卖淫活动、资产犯罪、非法持械等。445 名遭指控的华人主要被控为协助非法移民、剥削卖淫者、资产犯罪、非法持械、伤害他人、贩毒、违反工作条例等。29 处被扣房产均属卖淫场所。据悉，华人犯罪团伙主要利用电话中心和地方小报招揽嫖客，嫖客通

① 宋丽梦：《意大利华人经济升级转型：特征与方向》，http：//news. 66wz. com/system/2011/03/25/ 102477381. shtml。

② 《突破瓶颈　意大利华商企业用工理念悄然发生转变》，http：//qwitaly. com/portal. php？ mod = view&aid = 3350。

③ 张甲林：《把欧洲变成中国加工厂的时代到了》，《中国经济周刊》2011 年第 48 期。

④ 《意大利佛罗伦萨华商危机中突围　“华人制造”成亮点》，http：//qwitaly. com/portal. php？ mod = view&aid = 608。

过电话中心和地方小报可以获得卖淫场所的详细地址和联系人电话号码。按摩女年龄多在18岁至25岁，每次服务收取20欧元至50欧元不等的费用，每天平均收入700欧元，幕后组织者包括多名意大利人和华人。①

目前，意大利正处于战后时间最长的经济衰退期，并且债务危机还在延续，失业率不断上升。与此同时，越来越多的中国人离开意大利返回中国，因为中国是近年来世界上经济发展最快的国家。但一些人属于“两头跑”，如果未来意大利经济好转，他们还会再回来。也有一些华人把目光投向美国和加拿大，那里的经济形势要比意大利好。除经济形势外，意大利国内一些机构和人士对华人不友好的态度也成为很多华人决定离开的原因。②如在普拉托，地方政府的统计数字显示，2002年至2012年，约有25 000名华人“消失”。2002年普拉托华人总人数为38 094人，2012年为12 721人，减少了25 373人。他们可能不再做工或者已离开普拉托。③

意大利华侨华人向国内汇款额在近几年一直排在所有意大利移民中的首位。2008年爆发的金融危机使他们在2010年的汇款额同2009年相比有所减少，但在2011年，汇款额又有大幅增加，增加幅度为34.3%左右。此数据可以说明很多华人对中国经济持乐观态度，愿意把资金投向国内市场，从而推动了国内经济的发展；同时也从侧面反映了意大利华人企业在面对经济危机时所作出的迅速有效的适应和调整能力。

表3　意大利华侨华人汇款额及其在移民汇款中所占比例（2008—2011）

金额单位：千欧

年份	2008	百分比（%）	2009	百分比（%）	2010	百分比（%）	2011	百分比（%）
金额	1 541 047	24.1	1 970 767	29.2	1 770 085	27.7	2 537 081	34.3

数据来源：意大利《明爱会及移民基金会的移民统计报告》，2010年、2011年、2012年。

四、意大利华侨华人社会与文化

目前，共有35 000名华人在意大利的小学至高中阶段学习，其中40%出生在意大利，10%刚来到意大利。意大利华侨华人同其他国家华侨华人一样，非常重视华文教育，相继办起了多所中文学校。在中等以上城市、华人居住集中和条件较好的地方，一般都有中文学校或中文班。④ 成立于2001年的佛罗伦萨中文学校已经成为意大利移民多元文化教育的典范，给意大利的移民社会作出了很好的榜样。该校是由学前班一年、小学三年、初中二年组成的六年制学校。该校自创办以来，根据当地实际情况，因地制宜，把暨南大学华文学院编的《中文（试用版）》12本教材加拼音教材设为3年完成。课程内容安排：以学习语文知识为主，同时安排电脑学习。师资：在瑞安挑选优秀教师，由佛罗伦萨市政府邀请

① 《意警方全国范围内打击华人犯罪活动》，http://qwitaly.com/portal.php?mod=view&aid=301。

② 青木、林冬：《意大利经济衰退及移民敌意致大量中国人离开》，《环球时报》，2013年1月9日。

③ 林夕：《意大利普拉托华人十年减少2.5万》，http://qwitaly.com/portal.php?mod=view&aid=2175。

④ 林琳：《侨这三十年》，香港：中国评论学术出版社2008年版，第162页。

出国任教，基本上采用一至两年轮流制。经费筹集：全部由学生家长集资。校舍：由意大利佛罗伦萨市政府提供。[①] 十多年来，该校始终坚持中文教育是建立在意大利教育体系上的移民多元文化教育这一原则，在狠抓中文教学质量的同时，坚持学生必须学好意大利文化这一原则，建立了严格的日常管理制度，包括奖学金和奖教金制度、学生日常 500 分守则考评制度等。2012 年 5 月 28 日，经过近半年的筹备，意大利华文教育集团正式成立，成立大会在佛罗伦萨市著名的诗特洛奇宫隆重举行，佛罗伦萨、米兰、博洛尼亚、那不勒斯、帕勒莫、曼多瓦、巴里、马泰拉 8 个城市的中文学校成为该集团的首批理事单位。集团本着开放的原则，欢迎其他城市的中文学校加盟，共享先进的教学模式、理念和师资力量。[②]

在全球经济一体化的推动下，世界各国的文化交流发展迅速。意大利公立和私立大学协会（CRUI）马可·波罗计划和图兰朵计划的设立和推广，专门帮助中国学生留意服务中心的建立，申请出国程序的简化（只需办理签证即可），意大利大学学费相对不高，这些因素致使越来越多的中国学生选择意大利作为其留学的目的地。数据表明，2005 年，中国在意留学生仅有 500 多人；2012 年，意大利的中国留学生则达到 1.4 万多人。[③] 在 2011—2012 学年，有 2 489 名中国学生注册了意大利的大学，比上一年增加了 46%。在所有的意大利大学中，中国学生的首选是博洛尼亚大学，其次是米兰理工学院、佛罗伦萨大学、米兰比可卡大学和都灵理工学院。而艺术类的学生首选的是罗马美院，其次是米兰的布雷拉美院和佛罗伦萨美院。[④]

笔者于 2012 年进行了一项针对意大利中国留学生的随机问卷调查。调查对象涉及 82 位中国留学生，其中有 47 人是在读本科生，剩下的主要是研究生和博士。这 82 位学生年龄段主要集中在 22 岁到 25 岁。调查显示 62% 的留学生意大利语言水平属于中等，23% 为初级水平，英语水平跟意大利水平比较接近。语言的不熟练严重影响了中国学生融入当地社会的程度。由于语言上的障碍和文化、生活习惯的差异，很多中国学生来意大利后偏爱和中国学生一起租本地华人的房子，且更愿意交中国朋友。在学习上，这些在国内习惯凡事找父母和老师的学生，来意大利后发现身边再也没有父母和老师的监管，因而自觉性和主动性较差，加上语言不熟练，上课听不懂，导致很多人跟不上课程，慢慢地放弃了学习。有些学生 3 年的本科课程却用 5—6 年时间完成，辍学退学的现象也时有发生。当然也有一部分学生能够积极地面对文化隔阂，迅速适应新环境，主动融入当地社会，努力学习和吸收新的文化知识。

成立于 2005 年的意大利华裔协会是由一群出生在意大利的第二代年轻华人通过网络组成的社团。该协会建有网站，原名为“东方之珠”，为会员提供了一个播种友谊、交流文化的重要空间。[⑤] 网站上，这些华裔青年公开申明自己是意大利中国移民的后代，但却

---

① 《意大利佛罗伦萨中文学校》，http://www.wzqw.gov.cn/view.jsp?id0=z0gkrwlhg5&id1=z0gkz40fs0&id2=z0gkz40fs0&id=z0gmd6nl4u。

② 《开创多元文化教育新模式　意大利华文教育集团成立》，http://qwitaly.com/portal.php?mod=view&aid=171。

③ 《意大利为中国留学生增加“专用道”》，《人民日报》，2012 年 9 月 4 日。

④ 《意大利—中国，中国学生注册人数在意大利大学有所增加》，http://www.esteri.it/MAE/IT/Sala_Stampa/ArchivioNotizie/Approfondimenti/2012/02/20120221_ItaliaCina.htm。

⑤ 参见意大利华裔协会网站，http://www.associna.com/it/mission/。

和父母却非常不同。他们接受意大利的教育，说意大利语，愿意与同龄的意大利朋友共同成长，获得同等的权利，履行同样的义务，不愿意重复父辈所走过的道路。他们希望完全地融入社会，但其融合之路却很艰难，主要是意大利的种族包容性远不如一些老牌的移民国家，且他们因袭的中国传统文化与意大利文化差异很大。[①] 不管是真正意义上的华人第2代，还是华人1.75代、1.5代或是1.25代，他们在家里与父母说家乡方言，吃中国菜，看中国电视节目，但出了家门后，如在意大利的学校或大街上，却说意大利语，吃意大利比萨和意大利面，与意大利人打交道。很多华裔因此对自己的身份认同存在疑问。对于他们来说最难回答的问题是"我是谁"、"我是意大利人还是中国人"，或许只有当他们真正吸收了中意两种文化，并将之完全融合时，他们才能真正找到自我。让人欣慰的是，很多华裔把这种文化差异看成是他们的优势和财富：出生并成长在意大利，他们能够吸收意大利的文化，同时又能从父母身上继承一些中国文化。实际上，这些意大利华人移民后代不再把自己封闭起来，而是将自己视为承前继后的新一代，积极利用他们的优势，敢于面对那些针对外国人的排斥和歧视，努力争取意大利同龄人应享有的同等权利。为了让更多的意大利人了解中国，了解中国文化，意大利华裔协会组织和参与举办了丰富多彩的文化活动，如中国象棋友谊赛、中国新年舞龙、中意乒乓外交纪念赛等。除此之外，2009年12月21日，华裔协会配合意大利内政部以及移民司在罗马举行了"华人在意大利的融合之路"项目正式启动仪式。[②] 当然，意大利华人的融合之路是一个漫长的过程，需要几代人的努力才能完成。意大利华裔在体验两种文化模式的过程中，充满着痛苦、迷茫和疑惑，但他们积极主动的融合态度犹如黎明前的曙光。

---

① Hu Gui Ping, Selezione naturale o integrazione possibile per i minori cinesi, in Asher Colombo, *Antonio Genovese e Andrea Canevaro (a cura di) Educarsi all'interculturalità, immigrazione e integrazione dentro e fuori la scuola*, Trento: Erickson, 2005, p. 131.

② 《华人在意大利的融合之路》, http://www.associna.com/cn/2011/11/02/。

英　国

2012年中英之间和英国本地陆续迎来一些大事，如中英正式建立大使级外交关系40周年、英女王登基60周年、伦敦奥运会等，但是通过在英国的实地考察以及与英国华文媒体工作者的访谈交流，笔者发现，对于英国华人社群来说，他们更关注自身的、日常的一系列烦恼“琐事”，包括华人社团的团结与改革、华人的参政议政、谋生与创业、移民政策与种族歧视等。整体来看，英国华人社群2012年的3个关键词是：彷徨、坚持、自强。

一、英国基本国情

英国概况

国家全名	大不列颠与北爱尔兰联合王国	地理位置	西欧岛国，隔北海、多佛尔海峡、英吉利海峡与欧洲大陆相望	领土面积	243 610平方公里
首都	伦敦	官方语言	英语	主要族群	白人、亚裔人、黑人、阿拉伯人等
政体	君主立宪制	执政党/主要反对党	保守党、自由民主党/工党	现任国家元首/政府首脑	伊丽莎白二世/戴维·卡梅伦
人口数量	6 320万	华侨华人人口数量	近60万	华侨华人占总人口比例	0.9%
GDP/人均GDP	2.445万亿美元（2011年）/约38 687美元（2011年）	CPI	2.7%（2012年）	失业率	7.8%（2012年第4季度）

数据来源：参看下文相关内容。

英国是西欧岛国，由大不列颠岛、爱尔兰岛东北部及一些小岛组成，领土总面积243 610平方公里，[①] 全名为大不列颠与北爱尔兰联合王国，全国分英格兰、苏格兰、威尔士、北爱尔兰4个地区，总人口6 320万（其中英格兰5 300万、苏格兰530万、威尔士

---

① CIA，https：//www. cia. gov/library/publications/the－world－factbook/geos/uk．html.

310 万、北爱尔兰 180 万；英国人口密度在全欧位于马耳他、荷兰之后，排名第三），[①] 英国国家统计局 2012 年 12 月 11 日发布，在英格兰与威尔士地区（总人口 5 610 万），白种英国人占 81%，是主体族群；少数族群（包括白种少数族裔，如爱尔兰人、吉普赛人）占 19%，其中白种少数族群占 5%，白种人与其他非白种人少数族群的混血族群占 2%，亚裔人口（包括印度人、巴基斯坦人、孟加拉人、华人）占 8%，黑人占 3%，其他族裔（如阿拉伯人等）占 1%。[②] 目前英国在外国出生的人口中，印度人、波兰人、巴基斯坦人位居前 3 名。

英国国民中宗教信众占国民总人口比例依次为：基督徒（含英国国教徒、罗马天主教徒、长老会教徒、卫理公会教徒等）占 71.6%，穆斯林占 2.7%，印度教徒占 1%，其他宗教教徒占 1.6%，未表明宗教信仰或无宗教信仰者占 23.1%（2001 年人口调查数据）。[③]

英国的官方语言为英语，苏格兰西北高地与北爱尔兰部分地区使用盖尔语，威尔士地区使用威尔士语。不过按 2011 年人口普查结果，在英格兰和威尔士，波兰语是仅次于英语的第二大语言，有 54.6 万人会说波兰语，其次是旁遮普语（27.3 万人）、乌尔都语（26.9 万人）、孟加拉语（22.1 万人）、古吉拉特语（21.3 万人）、阿拉伯语（15.9 万人）、法语（14.7 万人）、华语（含普通话和粤语，14.1 万人）。[④] 其中华语人口数据与华人人口数据有较大差距。

经济与民生方面，国内生产总值为 2.445 万亿美元（2011 年数据），人均国民收入 37 840美元（2011 年数据）。[⑤] 2012 年夏季奥运会在伦敦举行，对英国基建、旅游、零售等产业有一定的拉动作用，但整体经济仍较低迷，2012 年第 4 季度 GDP 增长率为 -0.3%。截至 2013 年 1 月的年度消费物价增长指数为 2.7%；2012 年 10 月至 12 月的失业率为 7.8%，失业劳动力为 250 万人。[⑥]

政治方面，英国实行君主立宪制与议会内阁制，由下议院多数党领袖担任首相，现任国家元首是伊丽莎白女王，2012 年是她登基 60 周年，英国为此举行了隆重庆典。2010 年 5 月国会选举后，保守党与自由民主党联合上台执政，保守党领袖戴维·卡梅伦担任首相，自由民主党领袖尼克·克雷格担任副首相。本届联合政府的主要施政特点是大力削减公共开支（特别是减少在教育、医疗、养老金方面的福利支出）以降低财政赤字，鼓励发展自由市场经济。主要反对党是工党，其领袖是爱德华·米利班德，此外的主要政党还包括北爱尔兰的民主统一党，其领袖是彼得·罗宾森（担任北爱尔兰地方自治政府首席部长）；苏格兰的苏格兰民族党，其领袖是亚历克斯·萨尔蒙德（担任苏格兰首席大臣）。2012 年 10 月，卡梅伦与萨尔蒙德分别代表中央政府与苏格兰地方政府，签署协议决定 2014 年秋季在苏格兰举行关于苏格兰是否从联合王国独立出去的全民公投。英国下次国会选举的时间是在 2015 年。

---

① Office for National Statistics, UK, http: //www. ons. gov. uk/ons/taxonomy/index. html? nscl = Population.

② Office for National Statistics, UK, http: //www. ons. gov. uk/ons/rel/census/2011 – census/key – statistics – for – local – authorities – in – england – and – wales/video – summary – ethnicity. html.

③ CIA, https: //www. cia. gov/library/publications/the – world – factbook/geos/uk. html.

④ Office for National Statistics, UK, http: //www. ons. gov. uk/ons/dcp171778_ 297002. pdf .

⑤ World Bank, http: //data. worldbank. org/country/united – kingdom.

⑥ Office for National Statistics, UK, http: //www. ons. gov. uk/ons/index. html.

2012年也是中英正式建交（由代办级升为大使级）40周年。2012年中英关系中的主要波折是因5月英国正副首相分别会见了来访的达赖喇嘛。目前英国内阁在对华政策上出现一些分歧，首相卡梅伦等人认为应维护英中关系正常发展以求从英中经济合作中获益，副首相克雷格和外相黑格等人认为在人权和藏区问题上不应当迎合北京的立场。总体来看，英中关系的发展有良好的基础和可不断拓展的合作空间，特别是在跨国金融、贸易、科教、旅游、文化等领域。

二、英国华侨华人的基本情况

按照英国人口普查的口径，在英国居住3个月或3个月以上的外籍人士必须参加人口普查，这样才被视为定居人口，在英国停留3个月以下的则算是Visitor。[①] 由于要采用英国方面的大量相关数据，本文所采取的观察口径以英国政府的相关政策为参照，所述及的英国华侨华人包括在英停留3个月或3个月以上的持各种签证以及非法入境的中国公民，并且把留学生也视为英国华侨华人的组成部分。

英国国家统计局2012年12月发布数据称，英格兰和威尔士地区2011年的族群构成是：白种人占86%，印度人占2.5%，巴基斯坦人占2.0%，孟加拉人占0.8%，中国人占0.7%（即约为39.27万人，2001年人口普查中华人占比只有0.4%，可见10年间华人人口增长极快），其他亚裔人口占1.5%。[②] 考虑到英格兰和威尔士地区集中了英国近9成人口，而华人在上述两地区占总人口的比例也高于苏格兰与北爱尔兰，因此可估计2011年英国华人的总人口为41万~43万（当然这仅仅是基于官方人口普查所得的数据，与实际情况会有出入）。

英国华人主要居住在城市地带，其中剑桥与伦敦金融城的华人占当地人口比重最高，达3.6%，在整个内伦敦地区，华人占比为2.0%，在外伦敦地区华人占比为1.2%，其他华人人口占比较高（突破1%）的城市有曼彻斯特2.7%，牛津2.3%，纽卡斯尔2.2%，诺丁汉2.0%，利物浦、埃克塞特同为1.7%，南安普顿1.5%，朴次茅斯、莱斯特、谢菲尔德同为1.3%，约克、伯明翰、考文垂、卡迪夫同为1.2%，巴斯—东北萨默塞特1.1%等。英国华人所从事的主要行业有餐饮、财会、金融、旅游服务业等中高端职业。其中仅伦敦一地的注册会计师就超过1 000人，在此行业中是仅次于白人的第二大族裔。[③]

考虑到华人参与人口调查的积极性与非法移民因素，英国华人人口应当比人口普查所得数字更多。庄国土等人认为，英国华侨华人人口为55万~60万。[④] 英国《英中时报》总编辑黄珊也认为，目前在英华人达到了60万。[⑤] 笔者倾向于认同上述数据。

此外，英国一些华人还存在双重国籍问题。英国《华闻周刊》在调查中发现，英国华

① Final Population Definitions for the 2011 Census，http：//www. ons. gov. uk/.

② Office for National Statistics，UK，http：//www. ons. gov. uk/ons/rel/census/2011 – census/key – statistics – for – local – authorities – in – england – and – wales/stb – 2011 – census – key – statistics – for – england – and – wales. html#tab – – – Ethnic – group.

③ 《英国华人十年翻倍　聚居金融区大学城》，《华闻周刊》（电子版），2012年12月28日。

④ 庄国土等：《华侨华人分布状况和发展趋势》，《侨务工作研究》2010年第4期。

⑤ 黄珊：《“常回家看看”入法凸显新移民养老困局》，《英中时报》，2012年7月7日。

人在国籍问题上存在着“骑墙”纠结，已经加入英籍的华人的入籍原因主要有：为了子女的教育、英国优厚的社会保障福利、因工作差旅需要英国护照的便利（目前持英国护照可免签证前往世界上166个国家和地区）、稳定的生活以及在国内没有太多的利益牵挂等。而有资格申请英国国籍却犹豫不决的华人主要考虑的因素有：在国内有经济或商业利益牵制、牵挂国内年长亲属的赡养问题、有可能回国发展事业、子女的基础教育、英国急速衰落以及中国一天天强大的吸引力等等。[①]

笔者曾就“英国华人在生存与发展方面的重要课题有哪些”为题向黄珊请教，得到答复如下：[②]

不同的人群有不同的关注热点：

（1）对留学人群及家长来说：①稳定、友善的留学政策；②仍然保持优质的英国教育；③在英国的旅游（英国旅游签证对中国游客放宽）；④消费支出。

（2）对大陆新贵（以留学后转投资移民为主）来说：①亲善、快速的投资移民政策；②英中之间可以开发和扩展的经贸往来；③中国领导层换届选举会不会给海外带来更多的生意机遇。

（3）对长居人群来说：①英国经济是否回暖；②就业率和失业率；③移民政策（工签、配偶签、家庭团聚等）变更；④福利（如何更少地被联合政府削减福利的政策影响到）；⑤养老。

关于英国华人参政问题，黄珊认为，“英国华人参政计划”（BC Project）是较为积极的组织之一，该组织以在英香港华人为主体，近一两年来，由于招募奥运亲善大使等项目，吸引了一些大陆留学生加入其中。2012年3月“英国华人参政计划”启动了华人治安与警队服务的调查，旨在调查英国警察对华人报告罪案的处理及解决的现状，并会将调查情况提交国会，以期改善英国警队对华人的服务。不过黄珊的总体感觉是，目前期望在政治层面参与英国社会的华人，仍多以历史更久的香港移民及BBC（在英国出生的华人）为主，留学生因其流动性，参与政治活动多只是为了兴趣及体验。

黄珊还提到，2012年英国地方议会选举，华人杜淑真代表自民党参选大伦敦地方议会议员，因自民党总体得票失利而败选。但是为了获得英国华人选民的支持，伦敦市长候选人都选择了以新浪微博为阵地开战，这是一个不同于以往的现象。关于英国华人今后有无可能成为英国国会议员，黄珊认为今后要看华人候选人所在党派的实力，以及所在党派把华人候选人投放到一个怎样的选区。

近年来英国经济不景气，华人受冲击较大。自2013年1月2日起，英国铁路、公交、地铁等所有公共交通全面涨价，这对一部分收入较低或不稳定的华人造成了较大困扰。在英华人也时有遭遇种族歧视性质的语言暴力与肢体暴力，2010年曾有送外卖的华人遭受不良少年袭击致死。而经济不景气也严重冲击华人的一些低技术门槛行业，如餐饮、零售、加工等，一些华人企业不得不宣告倒闭或缩小公司规模，也有许多华人选择回中国发展。当然，有不少留学生是独生子女，面临着如何赡养国内父母的问题，不少人因此选择了回国。

---

① 范慧勇：《华人国籍问题上“骑墙”纠结》，《华闻周刊》（电子版），2012年3月16日。

② 黄珊2013年1月7日回复笔者的电子邮件。

另外，也有一些华人法律观念淡薄或行为举止有违当地社会规范，从而损及英国华人的整体形象。例如有少数英国华人涉嫌参与跨国毒品犯罪活动，也有一些华人（包括留学生）染上赌瘾，还有一些华人留学生涉嫌抄袭、考试作弊和代考。年龄较小的华人留学生越来越多，由于他们自制能力差、社会经验不足，也产生了一些社会问题。

在文化与教育领域，借助中英正式建交 40 周年和伦敦奥运会的机遇，2012 年英国华人积极参与了多方面的中华文化推广活动。在伦敦奥运会 7 万名志愿者中，有约 1 000 名是华人。2012 年来自中国大陆和港台的演艺人士在英国的商演也非常多，4 月的伦敦书展中国元素也非常丰富。在汉语教育领域，英国存在两个体系，一是中学的正规汉语教育，一是周末中文学校。授课教师中既有华人，也有白人，另外还有中国政府派出的汉语教师。英国目前已掀起一小股“汉语热”，至 2012 年，近 600 所英国中小学开设了汉语课程，部分学校甚至将汉语列入了必修课。中英合办了 19 所孔子学院和 60 间孔子课堂，居欧洲之首。英国政府还计划在未来 5 年里，把开设普通话教学并提供普通话考试的中学从目前的 40 所增加到 200 所。①

三、英国华人社团当前面临的问题：团结与改革

据不完全统计，在驻英大使馆登记在册的华人社团总数已有 300 多个。为联合各社团力量，早在 1968 年英国华社就成立了英国华人爱国社团联合会，2005 年该组织更名为英国华人社团联合总会，2009 年再次更名为全英华人社团联合总会，现有 51 个下属社团，是全英规模最大的华人社团联合体。现任总会会长是叶剑桥。② 该会的下属社团大多具有香港背景。

数量众多、门类和源流多样的英国华人社团在服务英国华人社群方面，历来都有出色的表现，如朴次茅斯华人协会的“友谊大厦”老人服务项目和餐饮职业培训项目，英国华人心理健康协会的心理健康服务项目与“伦敦华埠口述历史”项目，以及华人资料咨询中心（CIAC）在帮助华人向主流社会争取福利方面所做的工作；在加强与中国的联系方面，成绩也越来越多。2012 年针对中日钓鱼岛争端和伦敦奥运会，英国华社都有积极的介入。在向英国议会、行政部门游说以维护华社权益方面，华人社团也越来越积极，不再低调和沉默。

但英国华人社团目前也存在一些问题。一是各种源流的隔阂、世代的隔阂仍然比较明显，各搞各的问题较突出。比较成熟的社团其成员主要是香港移民、老一代广东移民和在英国出生长大的移民后代，“官方语言”是粤语，大陆来的留学生很难融入到这个圈子里，大陆来的新移民劳工想向华人社团寻求帮助（如法律咨询、就业咨询、英语培训等），在语言上也很难沟通；而许多华人社团也以经费有限为由，将主要的服务对象设定为老移民；还有一些老移民对蜂拥而来的新移民的一些行为习性看不惯。此外英国华人来源复杂，有中国大陆、中国香港、中国台湾以及越南和马来西亚，各有各的圈子、山头。

---

① 孙晓满：《英国主流学校中文教学的现状（上）》，《新欧华报》（电子版），2012 年 11 月 23 日。

② 佚名：《全英华人社团联合总会》，转引自《新欧华报》（电子版），http://www.euchinese.co.uk/a/shequ/20121129/6419.html.

总体来看，老移民更为团结，有成熟社团，参政议政积极性也较高；大陆来的新移民内部则缺乏成熟社团，参政议政积极性很低。但这两个群体各有优势，如能相互融入与合作，将使英国华社整体力量出现“1+1大于1”的局面。

二是社团的内部文化存在问题。过去的社团大多是为了团结而建，现在不少社团成为个人牟取名利的工具，动辄发生内斗、分化的现象。有些社团领导对日常务实的服务不热心，对搞迎来送往的大场面却很积极。华人社团领导层年龄偏大也是一个普遍问题。此外多数华人社团规模较小，容易形成父子店、夫妻店，既没有正式的选举制度，也没有透明的财务制度。2012年英国华人社团改革图新的一个案例是福建同乡会（福建人也是英国华社的一个重要群体），该社团公开提出要使本社团内部事务民主化、法治化。

四、英国华人参政议政的现状与前景

政治冷漠症是华社的一个流行病，投票、参选不积极，[①] 遇到罢工、示威更不积极，认为这些公开政治活动与己无关、没有用，或者是那些已解决温饱问题的人的专属奢侈品。与同为亚裔的印度人相比，华人在英国参政议政的能力、成绩都差一大截，主要原因包括：华人传统文化中缺乏公共政治这一块，大陆新移民在国内也缺乏公开政治的历练；华人居住分散，不像印度人喜欢聚居，在英语方面也不如印度人；参政需要筹集资金，但华社在这方面筹资很困难；缺乏年轻领袖。

按人口比例，华人在英国下议院650个席位中至少应有4~6席，但目前是零，在800人的上议院中华人也只占据1席（韦鸣恩勋爵）。华人自由民主党主席杜淑真（原籍新加坡）说：“如果按人口计算（华人占英国总人口1.5%。笔者注：原话如此），我们华人应该至少有300位区议员，而目前我们只有10人。”在北爱地方议会中只有一位华人议员，而英格兰、苏格兰和威尔士的地方议会中都没有华人面孔。[②] 2012年5月，杜淑真参与大伦敦议会的议员选举，是唯一的华人候选人，可惜未能成功。当然她所在的自民党在本次整个地方议会选举中也输得很惨，工党则大胜。相比之下，在2012年11月的美国大选中，3名华裔女性当选众议员（其中1人是连任）。

英国华人积极参政议政成果较大是最近几年才有的现象。2009年英国出现了第一位华人市长——伦敦红桥市市长陈德梁；2010年有8位华人候选人（独立党候选人成世雄，保守党的吴克刚、李泽文，自民党的杜淑真、凌家辉、李沛腾和谢晓明，北爱联合党的卢曼华。其中吴克刚来自中国大陆，曾就读于广州中山大学）参与国会选举；2011年东依斯特本的成世雄一家4人成功获得地方不同层次议会的8个席位；2012年地方选举中，华人投票率明显上升，特别是在大伦敦市长选举中，华人选民的投票率超过60%。

关于2010年8位华人国会议员候选人无一人获胜，首要原因是他们（除成世雄）所在的政党把他们安排在本党势力薄弱的选区，获胜几率本来就小，加上他们的宣传网络不够强大，而且华人居住比较分散也不容易凝聚选票。不过他们也有收获，那就是通过参选

① 英国选举委员会的调查显示，英国华人是所有少数族裔中选民登记比例最低的一个群体。英国总人口中未参加选民登记的人口比例为6%，而在华人社区中则高达30%。转引自林入：《伦敦市长刷微博拉“华粉”》，《英中时报》，2012年4月20日。

② 谷阳：《为下一代谋公平——专访大伦敦议会唯一华裔候选人杜淑真女士》，《英中时报》，2012年4月13日。

扩大了自己的知名度，也向本党领导层证明了自己的实力，日后有可能被安排到本党势力较强的选区。

目前，英国各政党已开始着手 2015 年国会选举的准备工作。保守党由于目前民意支持率落后于工党，且鉴于 2012 年美国共和党因在少数族裔中得票较少而输掉总统选举，已开始培植保守党的少数族裔候选人（其中包括多位华裔候选人），甚至可能将他们中一些人投放到安全选区。英国其他政党无疑也会这么做（例如自民党在 2012 年 4 月推出了“英国华裔未来领袖育成基金”），如果老是把少数族裔候选人投放到非安全选区，必然会使少数族裔对该党的忠诚、信任感流失。因此可以乐观估计，2015 年英国可能会出现至少 1 位华人下议院议员。

英国华社内部近年来也加强了对参政人才的培养，其中最著名的便是“英国华人参政计划”，该计划于 2006 年启动，主要领导人包括创办人及主席李贞驹律师、副主席叶稳坚、行政总监胡沛成等。该计划还积极帮助华人融入主流社会，并充当华人向政府陈情、游说的代言人。

五、英国华侨华人的谋生与创业

目前在英国，有些留学生凭个人能力或家庭财力较快地跻身社会精英阶层。英国《英中时报》介绍了以下一些例子：顾杰敏，1982 年出生，英国第三大打折信息网 everydaysale 创办人，本科毕业于英国华威大学计算机专业。他创立的 everydaysale 网被《卫报》评为英国最受欢迎的三大折扣信息平台之一。大勇，1982 年出生于中国富裕家庭，在英国读完硕士后创办自己的摄影公司，目前在伦敦拥有 300 平方米的专业摄影棚和实体店。小周，1983 年出生，2002 年赴英留学，毕业后供职于环球唱片公司，主要负责英美艺人的国际市场推广。①

《新欧华报》介绍了年仅 34 岁的“城市码头”（City Quays）房产公司总裁 Peter To。Peter 出生于越南华人家庭，现在他所经营的公司开展多种组合业务（投资 + 房产、房产 + 家具等），买家多具有中国背景。② 该报在 2012 年三八妇女节专辑还以“英伦巾帼”为题介绍了多名英国女性华裔精英，包括从事粤剧工作的苏格兰华人社团妇女联合总会会长王笑莲、戴德粮行英国公司中国业务部总监张黎清、“中国假日”公司共同创办人程笑丹、英国普华永道设在伦敦的中国业务组负责人姜甦唯、朗廷酒店集团伦敦区总经理助理熊翎等。除王笑莲来自中国香港外，其他几位都来自中国大陆。

此外，2012 年有 5 名华人进入了英国《星期日泰晤士报》发布的英国千人富豪榜（榜首是来自印度的钢铁大王米塔尔家族），他们是香港房地产商人刘銮雄、香港恒丰企业李德义家族、来自香港的英国荣业行创办人叶焕荣家族、人和商业创办人戴秀丽以及英国 Capula 对冲基金创办人霍焱。③

当然，英国华人中处于社会中下层者占绝大多数。《英中时报》列举了不同行业中的

---

① 张雪：《奋斗还是啃老？——旅英 80 后华人艰难的“三十而立”》，《英中时报》，2010 年 4 月 2 日。

② 韩梦佼：《英国“华二代”的企业家精神》，《新欧华报》（电子版），2012 年 6 月 28 日。

③ 《五名华人跻身英国千人富豪榜》，《华闻周刊》（电子版），2012 年 5 月 4 日。

一些华人工薪族例子。①市场调查员，25 岁，男，来英两年，单身，年收入 10 000～20 000 镑。在伦敦租房，月租 400 镑。有 6 000 镑存款。刚毕业的留学生，对自己的经济状况很不满意。②商业分析师，22 岁，女，来英 1 年，单身，培训期年收入约 23 000 镑。在伦敦租房，月租 500 镑，有 5 000 镑存款。③超市员工，44 岁左右，女，来英 4 年，已婚，有两个女儿，先生是厨师，家庭年收入约 24 000 镑（大部分来自做厨师工作的先生）。在大伦敦附近城市买房，每月房贷 800 镑。没有存款。④华人企业员工，33 岁，女，来英 5 年，已婚，先生是自由媒体人，家庭年收入 20 000～25 000 镑。在英格兰东南部城市租一套一室一厅的公寓，房租每月 625 镑。有约 10 000 镑存款。对个人现状比较满意。⑤工程师，31 岁，男，来英 10 年，已婚，有一个孩子，家庭年收入 56 000～64 000 镑，个人年收入 32 000～40 000 镑，太太目前在休一年的产假，在曼彻斯特买房，每月房贷 370 镑。有稳定存款。自认为处于社会中等阶层。⑥领取福利者（欧盟成员国国民家属），51 岁，女，来英两年，丧偶，每周领取 71 镑的求职者津贴，住在大伦敦地区政府资助的公寓中。没有存款。[①]

在上述已经就业、创业、致富的华人之外，英国华人中还有许多人在为求职而烦恼、奔波。他们面临的求职障碍包括英国本身失业率就很高、身份和签证问题、语言水平等。

英国华人企业面临的经营困难则包括经济整体萧条、房租地税太高、中华传统行业的熟练工人短缺（因移民政策所致）。不过，2012 年夏季奥运会在东伦敦举办，带旺了东伦敦的房地产业和华人在此地区的聚居，从而为华人企业带来众多商机（如房产中介、超市、餐饮、会计与律师事务所等），这里地价较低，来自中国的房产投资很多，高学历华人也很多，有可能出现以华人为最大族群的选区，从而较易凝聚华人选票。

六、移民政策与种族歧视对英国华人的影响

2012 年 9 月，一项由英国政府委托的调查报告显示超过半数的英国民众反对移民对英国经济有利的说法。不少本地民众认为外来移民损害了英国人的文化生活，使国民医疗服务体系的质量下降。[②] 2012 年 10 月，工党负责移民事务的发言人撤回了“英国已经过度拥挤”的说法。他表示政府致力于控制移民数量的做法是“荒唐可笑”的。不过这一说法遭到了持强硬立场的智库机构“移民观察”（Migration Watch）主席安德鲁·格林的质疑，该智库认为净移民数应当在一年内从现在的 21.6 万人下降到 4 万人才能够阻止人口总数达到 7 000 万。另外还有论者提出“英国的工作应该提供给英国的工人”。[③]“移民观察”的攻击对象不仅包括来自亚非拉的非白种人，也包括蜂拥而来的东欧白种人。

英国当局为阻止外来移民增多，在 2012 年 8 月吊销了伦敦都会大学招收欧盟以外国际学生执照；而英国许多大学近年来实行上课签到或打卡制度，也是为了减少假留学真打工的移民行为。在英国政府于 2012 年 4 月正式取消留学生毕业后可留英工作两年的 PSW 签证制度后，许多国际学生只能选择回国。

---

① 田漪：《你是“穷”还是“富”？——在英华人财富状况认知实录》，《英中时报》，2012 年 9 月 21 日。

② 朱宁综合编译：《半数英国人认为移民对经济不利》，《华闻周刊》（电子版），2012 年 9 月 21 日。

③ 《工党称削减移民数量荒唐至极》，《华闻周刊》（电子版），2012 年 10 月 5 日。

英国内政大臣还坚决反对放宽对中国游客的签证控制。内政部 2012 年公布的移民入籍考试范围增加了许多英国文化、历史、价值观的内容，以希望申请入籍者有真正的爱国心。近年来，有若干在英华人因申请不到永居权无合法身份而自杀。严苛的移民政策还导致一些华人餐馆因招不到厨师而倒闭。但是在收紧移民政策的同时，英国政府对于外来投资移民实施了一系列鼓励政策。

在英国普通白人民众中，既有持多元开放移民观的人，也有持管控减少移民立场的人。总体来看，移民增多所带来的族群环境的复杂化确实给白人民众带来一些不适应感，尽管出于礼貌和政治敏感，他们不会公开说出来，但这些态度也许会在投票中表现出来。而一些右翼政治组织或社团机构一直在发布一些似是而非的移民威胁论，也让一些普通白人民众产生恐慌和愤怒。

结　语

2012 年英国华人社群的基本状况，可以用彷徨、坚持、自强来概括，其实这 3 个词也可以用来概括历年英国华人社群的现实状况与心路。作为外来移民，身份认同与文化适应始终纠结着他们。英国经济的不景气、移民政策的趋严和中国国内发展机会数量、质量的增长使新移民产生了“骑墙”、候鸟心态。但从英国华人社群的总体来看，无论是老移民、BBC 还是新移民中的留学生和劳工（2012 年英国华社中来自中国大陆者的比例继续在提高），他们大多具有中华民族坚韧、勤奋、克己的传统秉性，认真、本分地做事、学习、生活，而 2012 年英国华人社群中出现的社团改革图新苗头和积极参政议政势头，将给这个群体带来更具活力的未来。

巴　西

巴西是南美大陆国土面积最大的国家，自然资源丰富，充满了机遇和挑战，历史上吸引了无数来自不同国家和地区的外来移民，日本移民是其中人数最多的一群。到2012年，中国移民也已有200年的历史。但最近几十年来，影响最大的外来移民，应数改革开放以来来自中国大陆的新移民。据估计，到2010年，巴西已有华侨华人25万，是海外华侨华人人口排前20名的国家之一。在作为金砖国家之一的巴西经济迅速发展以及中巴双边关系深入发展的大背景下，目前居住在巴西的华侨华人数量还在不断增加，不同类型的华人社团活跃在各个社会领域，包括中国大陆和台湾在内的华文教育蓬勃发展，孔子学院发展很快，中华文化在华侨华人社会中得到理想的传承，也越来越得到当地民族的认同，华侨华人对当地的慈善事业引人注目，与主流社会的关系融洽。

一、巴西基本国情

巴西概况

国家全名	巴西联邦共和国	地理位置	位于南美洲东南部	领土面积	851.49万平方公里
首都	巴西利亚	官方语言	葡萄牙语	主要族群	白人、混血族裔、黑人
政体	总统制共和制	执政党及主要反对党	劳工党/巴西社会民主党、民主党	现任国家元首/政府首脑	迪尔玛·罗塞夫（女）
人口数量	192 376 496（2011年）	华侨华人人口数量	25万（2010年）	华侨华人占总人口比例	约0.13%（据表中数据计算得出）
GDP/人均GDP	2.246万亿美元/11 430美元（2012年）	CPI	5.40%（2012年）	失业率	5.50%（2012年）

注：资料来源于百度百科，其中GDP/人均GDP、失业率来源于《巴西2012年国内生产总值同比增涨0.9%》，新华网，2013年3月2日。CPI来源于CPI Inflation in Brazil 2012，http://www.inflation.eu/inflation-rates/brazil/historic-inflation/cpi-inflation-brazil-2012.aspx。

二、巴西与中国的关系

中国与巴西于1974年8月15日起建立外交关系，30多年来，中巴在政治、经贸、科技、文化教育等领域的友好合作关系全面发展。

（一）政治关系

自建交以来，中巴双边政治关系不断深化发展。1993 年，两国建立了战略伙伴关系，近年来，两国高层之间互访不断。2004 年，胡锦涛主席和卢拉总统成功地进行了互访。2010 年 4 月 15 日，中国—巴西高层协调与合作委员会制订了《中华人民共和国政府与巴西联邦共和国政府 2010 年至 2014 年共同行动计划》（简称《共同行动计划》），从战略高度全面指导两国战略伙伴关系及相关领域合作的发展。2011 年 4 月，巴西总统罗塞夫访华。在访华期间，双方签署了涉及国防、能源、通信、航空、农业、文化、教育等领域的合作文件。2012 年 6 月，时任中国国务院总理温家宝对巴西进行正式访问。巴西政府在中国台湾、西藏等涉及中国核心利益的重大问题上对中国给予理解和支持。[①] 中巴政治关系的顺利发展，为中巴两国人民的交流提供了良好条件，也为巴西华侨华人在当地的生存与发展添加了润滑剂。

（二）经贸关系

随着经济全球化的发展，中国和巴西的经贸关系也取得了长足发展。据巴西外贸秘书处统计，2011 年巴西与中国双边货物进出口额达到 771. 0 亿美元。其中，巴西对中国出口 443. 1 亿美元，巴西自中国进口 327. 9 亿美元。[②] 2012 年，巴西与中国双边货物进出口额为 754. 8 亿美元，其中，巴西对中国出口 412. 3 亿美元，巴西自中国进口 342. 5 亿美元。[③] 虽然进出口总额有所下降，但仍可以反映出中巴之间的频繁贸易。目前，巴西是中国在拉美的最大贸易伙伴，中国是巴西的第一大贸易伙伴、第一大出口市场和第二大进口来源国。中国主要出口机电产品、高新技术产品、服装、煤、焦炭、纺织品、自动数据处理设备及零部件、家具、玩具等；进口巴西豆类产品、蔗糖、铁矿砂、机电产品、纸浆、支线飞机、汽车零件、皮革、钢材、木材等。双方经贸关系的发展为巴西华人企业带来了巨大的发展契机。

（三）科技、文化教育合作与交流

科技方面，自 1982 年中巴两国政府签署科学技术合作协定以来，中巴科技交流与合作不断深入，取得了可喜成就。双方在农牧业、水产养殖、林业、水电、航空航天、电子信息、医药卫生、新材料、生物工程及和平利用核能领域均签署了合作协议。[④] 两国在地球资源卫星方面的合作也取得了成功，到目前为止，中国和巴西已经联合研制并成功发射了 3 颗地球资源卫星。中国和巴西的技术合作深入到多个领域。在文化教育方面，1985

---

① 《中国同巴西的关系》，中国外交部网站，http：//www. fmprc. gov. cn/mfa_ chn/gjhdq_ 603914/gj_ 603916/nmz_ 608635/1206_ 608685/sbgx_ 608689/，2012 年 12 月。

② 《2011 年巴西货物贸易及中巴双边贸易概况》，中国商务部网站，http：//www. mofcom. gov. cn/，2012 年 2 月 16 日。

③ 《2012 年巴西货物贸易及中巴双边贸易概况》，中国商务部网站，http：//www. mofcom. gov. cn/，2013 年 3 月 5 日。

④ 《中国同巴西的关系》，中国外交部网站，http：//www. fmprc. gov. cn/mfa_ chn/gjhdq_ 603914/gj_ 603916/nmz_ 608635/1206_ 608685/sbgx_ 608689/，2012 年 12 月。

年，中国与巴西签署了文化教育合作协定。近年来，中国在巴西成功举办了中国文化节、文物展览、艺术作品展等大型文化活动，巴西在中国举办了“走近中国—巴西国家展”等活动。巴西在中国设立了北京大学巴西文化中心，而中国在巴西也已经建立了5所孔子学院。

为了进一步促进中巴文化交流，两国互办文化月活动。在2012年6月温家宝总理正式访问巴西期间，两国领导人对2013年在巴西举办“中国文化月”和在中国举办“巴西文化月”表示欢迎。①

为了加强中巴两国教育交流，在《共同行动计划》有效期内，中国每年向巴西提供22人的政府奖学金名额。巴西本着对等的原则，在遵守双方各自法律和制度的前提下，确认将向中国学生提供奖学金。

中巴关系的全面快速发展对两国都产生了深远的影响。首先，中国和巴西在一定领域内可以实现互补，达到共赢。中国由于人口众多、资源相对较少，加上经济快速发展，日益面临能源供应紧张和资源供需矛盾等问题。巴西则有丰富的资源与能源，例如，铁矿石储量为110亿吨，占全球铁矿石总储量的6.49%，铝土矿储量占全球铝土矿总储量的15.6%，锡矿石储量占全球锡矿石总储量的23%，另外还有丰富的石油资源。巴西的农业资源也非常丰富，被誉为“21世纪的粮仓”。中国与巴西的资源合作，有助于巴西的资源开发与利用，同时也有助于缓解中国当前乃至将来在资源、能源等方面的问题。其次，中国和巴西的合作会对中国与整个拉美国家的关系产生重大影响。巴西是拉美地区面积最大的国家，也是政治影响力、经济和军事实力最强的国家，巴西与中国的关系势必会影响中国与拉美地区其他国家的关系。近年来，中国与拉美国家之间的经贸关系发展迅速，截至2011年底，中国在拉美地区的非金融类投资已达540亿美元。仅2011年，中国在拉美的总投资就达101亿美元，占中国海外投资的16.8%。拉美已成为中国第二大海外投资目的地。② 巴西作为拉美地区举足轻重的国家，其一举一动都会对拉美地区的政治、经济产生影响。中国可将巴西视为发展与拉美地区关系的窗口，也可以巴西为媒介向拉美地区传达中国的诚意，展现中国的国家形象。

三、巴西华侨华人概况

（一）巴西华侨华人移民简史

中国人移入巴西的历史可以追溯到清代嘉庆之前。时值18世纪，澳门与巴西（其时中国人称之为“巴悉国”）同为葡萄牙殖民者所统治，因此中国人以澳门为中介与巴西发生往来。其中部分人与西班牙人或葡萄牙人一道，从澳门乘船来到巴西并居住于此。他们应是最早进入巴西的华侨。1881年中国与巴西签订《通商和好条约》之后，移入巴西的华侨继续增加。

---

① 《中华人民共和国政府和巴西联邦共和国政府联合声明》，中国政府网，http：//www.gov.cn/jrzg/2012－06/22/content_2167498.htm，2012年6月21日。

② 《拉美成中国第二大对外投资目的地》，新华网，http：//news.xinhuanet.com/2012－06/15/c_112227784.htm，2012年6月15日。

纵观华侨华人移民巴西的历程，大抵经历了三次相对集中的时期。[①] 第一次从 1808 年葡萄牙国王约翰六世宣布开放巴西并准许外国人移居开始。这一时期进入巴西的中国移民不是很多。他们中多数人是以华工身份进入巴西的，主要从事开矿、修筑铁路、种茶种棉等艰苦的工作。1810 年，有数百名华工到里约热内卢植物园试种茶树。1812—1814 年，有 1 410 名“契约华工”到达巴西。[②] 今天，巴西官方一般认定 1812 年为华人移民巴西之始。2012 年为华人移民巴西 200 周年，巴西相关方面举行了隆重的纪念活动。

由于生活条件艰苦，劳动过度，最初移居巴西的华工大量死去，最后只剩下寥寥数人。不过，华侨移民还是陆续前来。到 1881 年中巴签订《通商和好条约》时，巴西已有华侨 2 000 多人。后来，由于巴西境内发生变乱，以及当地雇主苛待华工，清政府一直拒绝巴西的招工要求，到巴西去的华工就不多了。据中国驻巴西公使馆调查报告，1931 年旅巴华侨人数为 820 人，1940 年为 592 人，直到 1949 年，旅居巴西的华侨也没超过 1 000人。[③]

第二次高潮从 20 世纪中叶（尤其是“二战”后）开始。先是一些中国资本家和国民党军政官员携资移民巴西，其后又有港澳和台湾的一些企业家和知识分子到巴西谋生。据统计，到 1959 年，巴西华侨人数增至 6 748 人，1967 年增至 17 490 人。[④] 与之前的华工相比，这些人在文化与经济层次上要高一些，故其生存与发展的条件更优越一些。他们的到来，是巴西华侨华人社会的一个转折点。

第三次高潮始自 20 世纪 70 年代末。这一时期移入巴西的华侨华人来源地广泛，包括中国大陆各省、港澳台地区以及东南亚各国。1979 年中国开始改革开放之后，一批又一批中国人走出国门寻求发展。巴西这个资源丰富、充满发展机遇的国度自然也吸引了不少大陆移民前来。到 1999 年，巴西约有华侨华人 13 万。据统计，2010 年，巴西华侨华人的数量已达到 25 万，一说如今在巴西生活和工作的华侨华人达 30 余万。[⑤] 他们主要分布在圣保罗、里约热内卢、巴西利亚等大城市中。

（二）华侨华人与当地民族的关系

巴西的外来移民很多，不同民族之间通婚很普遍，故混血人种占有很大比例。巴西政府在对待外来移民上是比较公正公平的，并无明显的歧视政策和行动。巴西的华侨华人也未受到明显的歧视与凌辱，且与当地其他民族相处融洽。

华侨华人生活在一个多民族共居的大熔炉里，处理好民族关系，特别是处理好与当地主流民族的关系至关重要。虽然目前巴西民众对华侨华人总体上很友善，但不能说民族间的关系已可高枕无忧。例如，2007 年 4 月 3 日，巴西司法部门在军警的配合下查抄了巴西

---

① 高伟浓：《拉丁美洲华侨华人移民史、社团及文化活动远眺》，广州：暨南大学出版社 2012 年版，第 3 页。

② 白俊杰：《巴西华侨华人概述》，周南京主编：《华侨华人百科全书·历史卷》，北京：中国华侨出版社 2002 年版，第 34 页。

③ 白俊杰：《巴西华侨华人概述》，周南京主编：《华侨华人百科全书·历史卷》，北京：中国华侨出版社 2002 年版，第 34 页。

④ 白俊杰：《巴西华侨华人概述》，周南京主编：《华侨华人百科全书·历史卷》，北京：中国华侨出版社 2002 年版，第 34 页。

⑤ 黄和逊、王帆：《安居乐业自我完善——巴西华侨华人走过 2011》，新华网，http：//news. xinhuanet. com/overseas/2011 - 12/28/c_ 111325298. htm，2011 年 12 月 28 日。

最大的华人商业大厦——圣保罗25街购物中心，共查抄华人商店近50家，行动中有6人被拘捕。[①] 虽然这是一起商业事件，但引起了华侨华人对其与当地民族关系的关注。除了因商业利益累积的矛盾可能引起直接的纠纷外，有时候其他民族与当地民族的摩擦也可能让华侨华人遭遇“飞来横祸”。比如说，如果当地人哄抢日本人的商店，很可能因华人与日本人面相不好区分而把华人的商店也连带给哄抢了。[②] 对于这样一类问题，华侨华人应有所防范，未雨绸缪。

总的来说，巴西华侨华人懂得积极融入当地，注重以回馈当地社会等方式改善与当地民族的关系。比如，2011年，巴西里约热内卢山区遭遇泥石流，巴西华人文化交流协会发起了向灾区献爱心活动。许多当地华侨华人青年以志愿者的方式积极参与，很快就把两辆赈灾大货车开进了重灾区，车上是满载着大米、豆油、咖啡等物品的1 000多个“基本食品篮”和2 400瓶矿泉水。灾区工作人员说，这是他们收到的第一批来自外国侨民社团的捐助。[③] 这些年来，类似的例子还有很多。值得注意的是，不少华侨华人社团都尽其所能，以开展慈善捐献等方式增进与当地民族的感情。这是一个良好的发展趋势。

巴西政府对华侨华人为巴西社会所作的贡献也给予充分肯定。早在1992年，巴西圣保罗议会就通过了一项法令，将每年的10月7日定为“中国移民日”，以纪念180多年来中国移民为巴西的现代文明与社会、经济发展所作出的贡献。

（三）华侨华人经济状况

同其他国家一样，到巴西的中国移民主要也是依靠血缘或地缘关系，以一带二、二带四或带更多的连环方式移居巴西的。因此，华侨华人来到巴西后，多是聚集而居。早期巴西华侨华人的经济结构也因而保留了浓淡不一的血缘特别是地缘色彩。例如，原籍上海、江苏、浙江（俗称“三江帮”）等地的实业界人士于1911年至1950年的40年间陆续移民巴西，并逐步形成了以“三江帮”为主体的工业经济。巴西最具规模的纺织厂、炼油厂、化工厂、塑胶厂和面粉厂，均由他们经营。又如，20世纪50年代初以来移居巴西的台港澳同胞（俗称“台港帮”）中，大多数人经营百货零售业、进出口业和其他商品批发业务。再如，来自广东的同胞（俗称“广东帮”）以饮食业为重点，一些特殊的烹饪技艺在巴西世代相传。[④] 如今，随着经济全球化，特别是中巴关系的全面推进，旅巴华商与祖（籍）国的经贸交流越来越频繁，华人经济也打破了原来的结构性限制，向多元化方向发展。

大陆籍华侨华人约占巴西华社总人口的60%，多是20世纪80年代末以后抵达巴西的。其中，60%~70%从事批发业，10%~15%从事进出口贸易。[⑤] 华人商家主要集中在巴西圣保罗市。圣保罗的25街购物中心是南美洲最大的小商品贸易集散中心。最近十几

---

① 《巴西50家华人商店被封　华商与军警对峙》，中国网，http://www.china.com.cn/overseas/txt/2007-04/05/content_8070197.htm，2007年4月4日。

② 高伟浓：《拉丁美洲华侨华人移民史、社团及文化活动远眺》，广州：暨南大学出版社2012年版，第7页。

③ 高伟浓：《拉丁美洲华侨华人移民史、社团及文化活动远眺》，广州：暨南大学出版社2012年版，第7页。

④ 白俊杰：《巴西华侨华人概述》，周南京主编：《华侨华人百科全书·历史卷》，北京：中国华侨出版社2002年版，第36页。

⑤ 庄国土、黄新华、王艳：《华侨华人经济资源研究》，国务院侨务办公室政策法规司编，2011年。

年来，这里的华商越来越多，已成为巴西华侨华人心目中的“唐人街”，堪称巴西华侨华人社会的缩影。如今这条街上的数个商业城开有700余家华人商店，主要经销中国商品。[①]在这里，可以说葡萄牙语、广东话、闽南话、青田话、温州话等。巴西圣保罗的自由区（葡文地名作 LIDERDADE），当地人习惯称为“东方街”，原是日本移民最集中的区（号称是日本本土外最大的日裔居住区），但自20世纪中期以来，中国移民也越来越多地将之作为主要居住区。今天，由于华人商家增多，这里已变成了名副其实的“中国区”。[②]

虽然巴西的华人企业仍处于初步发展阶段，但它们在巴西已取得了一定成就，奠定了一定的经济地位。仅据1997年的数据，每年经营额逾1亿美元的华人企业就有 Braswey Petropar、Olvebrra、Avipal、Minas 集团等。华人经营的商业约有3 600家，包括小型超市、杂货、餐馆、贸易业、娱乐业、旅游、医药等。[③] 华人企业家林训明，是巴西植物油集团及巴西石化集团的创始人。林训明的无纺布产量居全巴西第一，1992年其石化集团的资产达1亿多美元。[④] 华人何德光的 H – BUSTER 公司是巴西知名的华人家族企业，1997年注册成立，总部坐落在圣保罗市往南30公里的圣若泽工业区。它是巴西主要的汽车音响生产企业之一。现任董事长为何行，旗下有分厂3家，员工上千人，其扬声器的市场份额占50%以上，CD 机占30%，车载 DVD 机也正在逐渐占领市场，2007年的销售额达到1.5亿美元。[⑤] H – BUSTER 通过委托中国厂商生产，再进口到巴西销售。因为产品价廉物美，销售策略灵活，在短短几年间，H – BUSTER 品牌就声名鹊起，现在已成为巴西知名品牌，也是南美洲最大的华人独资企业，所生产的电子电器产品年销售额近10亿美元，目前从中国的年进口额超过6亿美元，[⑥] 为中巴经贸合作作出了积极贡献。该企业是华商在巴西成功经营的榜样。

虽然部分华商成功经营，具备一定的实力，但客观地说，巴西华人经济总体上规模尚小，富而不强，还没有形成有力的华商网络，在经营与管理方面仍存在许多问题。近年来，巴西针对华商的突击检查，以及查抄查封华人商城的事件屡有发生。如2006年12月22日凌晨2时左右，巴西稽查部门数十人撬开圣保罗25街的中国商城，对其中20多家华人商店进行突击查抄。稽查部门在行动中搬走了部分“非法商品”，其中包括账簿和钱柜。[⑦] 2012年10月9日上午（巴西儿童节前3天），巴西警方以产品安全问题为由，查抄了圣保罗25街购物中心中的四五家经营玩具的店家，搬走了大量商品。[⑧] 这些事件的发生有比较复杂的经济利益与文化冲突等因素，当然，也与华商的经营方式、管理方式、生活习惯等有关。更重要的是，华侨华人要善于吸取教训，合法经营，完善管理模式，塑造自

---

① 庄国土、李瑞晴：《华侨华人分布状况和发展趋势》，国务院侨务办公室政策法规司编，2011年，第169页。

② 高伟浓：《拉丁美洲华侨华人移民史、社团及文化活动远眺》，广州：暨南大学出版社2012年版，第7页。

③ 牛震：《第三中华——海外华人的历史、现在、未来》，台北：字磨坊文化事业有限公司2002年版，第368页。

④ 《从政，改善华人形象（上）》，国际在线，http：//gb. cri. cn/ 1321/2007/08/02/542@1701286. htm，2007年8月1日。

⑤ 《在南美打拼的华侨华人——走马观花巴阿秘系列之十八》，人民网，http：//book. people. com. cn/GB/69399/107426/181587/11008925. html，2010年2月23日。

⑥ 《H-BUSTER 南美洲最大华侨企业的发展历程》，《侨务工作研究》2012年第2期。

⑦ 《巴西稽查部门深夜撬门查抄华人商店　中领馆关注》，中国网，http：//www. china. com. cn/overseas/txt/2006-12/26/content0 – 7557382. htm，2006年12月26日。

⑧ 《儿童节前警方查抄廿五街购物中心玩具》，巴西侨网，http：//www. bxqw. com/userlist/hbpd/newshow – 21005. html，2012年10月11日。

主品牌，将华人企业做大做强，同时要遵守当地政策法规，加强与相关部门的沟通，才能逐渐树立良好的华侨华人形象，减少乃至杜绝类似事件的发生。总之，今天巴西华侨华人的经济地位虽然不断提高，但华人企业的做大做强还有赖于进一步立足当地，也需要时间。

巴西华人所从事行业与华人经济发展趋势可概括如下：首先，相当数量的人从事服务业，包括餐饮、旅游、洗衣等行业；其次，商业的发展趋势仍在继续，主要包括进口、出口、批发、零售等方面；再次，越来越多的人涉足技术行业，如医生、律师、教师、画家等，有些华裔甚至涉足高新科技产业，成为高级工程师；最后，华人也开始涉足制造业与房地产业。如上述何德光的 H – BUSTER 公司，所生产的汽车扬声器装备了巴西 50% 的车辆。[①] 随着巴西华人经济的不断提升，华人经济对巴西经济的影响还会不断扩大。还应指出的是，目前巴西的华人企业大多是依托中国来发展的，因此新移民与祖（籍）国的联系更加紧密。中巴关系的全面推进，为旅巴华侨华人提供了良好机遇。

（四）华人的政治参与

随着华人移民数量的增多、素质的提升，以及经济地位的增长，巴西华人的参政意识开始觉醒，越来越意识到参与国家政治的重要性。于是，他们开始组织自己的力量参与政治活动。1987 年成立的巴西华人选民联谊会，是巴西华人第一个争取参政的民间组织。[②]

近年来，在巴西的政治舞台上，不断出现华人的身影。2000 年，华人威廉巫成功当选为圣保罗市议员。在 2006 年 10 月 1 日举行的巴西大选中，赢得圣保罗市民信赖的威廉巫以 11 万多的票数当选联邦众议员。[③] 2008 年，华人律师汤巍、李少玉代表巴西社会党竞选圣保罗市议员。2010 年 1 月 1 日，李少玉成为巴西圣保罗市首位华裔女议员。[④] 在 2010 年的巴西大选中，威廉巫参加连选巴西国会议员，徐万星竞选巴西国会众议员，简金辉竞选圣保罗州议员。虽然 3 位华人均落选，但这并没有使华人参政的意志受挫。2012 年 10 月 7 日，徐万星、黄勇志参选圣保罗市议员，不幸再次落选。上述事实说明，华人参与政治的积极性已经明显提高，相信在不久的将来，巴西政治舞台上会有更多华人的身影。

参政是指参与居住国的政治事务，包括推荐、支持本族群的代表担任各级政府、国（议）会的职务，也包括支持有利于本民族生存发展的他族候选人担任各级政府、国（议）会的职务。参政是融入当地社会的最有效方式之一。只有加强参政意识，争取在政治舞台上有越来越多的席位，巴西华人的社会地位才可能真正提高。令人欣慰的是，华裔新生代也开始关注并积极参与巴西政治。如在 2012 年竞选巴西圣保罗市市长的候选人中，巴西华裔青年呼吁支持反对市政府联合市民卫队越权查抄商家的候选人卢苏曼努（Celso Russomano），认为市政府的职责不应是一味地查封、打压和驱赶，而是协助商家走向正规

---

① 《H – BUSTER 南美洲最大华侨企业的发展历程》，《侨务工作研究》2012 年第 2 期。

② 白俊杰：《巴西华侨华人概述》，周南京主编：《华侨华人百科全书 · 历史卷》，北京：中国华侨出版社 2002 年版，第 36 页。

③ 《巴西首位华裔议员威廉巫　为华人树榜样》，中国评论新闻网，http：//www. zhgpl. com/crn – webapp/doc/docDetailCreate. jsp？ coluid = 0&kindid = 0&docid = 100314166，2007 年 2 月 25 日。

④ 《巴西圣保罗市首位华裔女议员李少玉就职》，国务院侨务办公室网站，http：//www. gqb. gov. cn/news/2010/0107/18026. shtml，2010 年 1 月 7 日。

化、合法化。华裔青年认为，这一诉求符合所有圣保罗商家的利益，因此他们呼吁所有华人发动一切可以发动的力量，为心目中的市长候选人投上或拉上一票。①

（五）华侨华人社团与杰出侨社领袖

社团是华侨华人社会的三大支柱之一，是中国和华侨华人联系的重要桥梁和纽带。巴西的华侨华人社团在巴西华社中也具有举足轻重的地位。

巴西华侨华人社团的历史不像东南亚等地区的华人社团那样悠久。它们具有自身的特点，多是基于经济利益、文化教育、兴趣爱好和休闲娱乐等不同需求而组建的，以地缘性、业缘性社团为主，血缘性社团较少。

早些年，巴西全国性或地方性的各类别华侨华人社团就已达到 100 多个，② 目前经常活动的仍有 60 多个。在巴西侨网上，可以看到其中 38 个较活跃、影响较大的社团的资料。按照这些社团的活动范围，可以粗略地分为综合性社团、商业社团、同乡会、联谊会、青年组织、妇女社团、慈善社团、文化社团、中医药学社团和政治社团（主要是和平统一促进会）等类型。另外，台湾侨民中也存在着不少社团，基本上包括在上述主要类型中。

巴西华人协会是巴西最活跃、影响最广泛的华侨华人社团之一。巴西华人协会成立于 1980 年 10 月 10 日，是巴西最大的华人社团，总会位于圣保罗市，在巴拉那等地设有分会。协会的宗旨是团结华侨、华人，联络广大侨胞的感情和乡谊，为华人社会谋利益。首任（第一、二届）会长为老侨领杨绍文，现任会长为李少玉。该会每两年举行一次换届选举，会长只能连任两届。协会之下设有 5 个组，分理协会各项工作。协会还出版会刊，反映会务活动情况。为了进一步开展会务，服务侨胞，2008 年初，巴西华人协会筹备创建了自己的网站。网站设有巴西国情、协会重要活动、医疗法律咨询、回顾协会历史、协会活动预告等栏目。自成立以来，巴西华人协会积极组织活动，在团结华社、服务侨胞、回馈当地社会等方面做出了可喜成绩。该协会在促进华人社团的革新、华人社会风尚的改善等方面，发挥了积极作用。

概括起来，巴西华侨华人社团的主要作用集中体现在以下几个方面：

其一，联谊乡情，增进华侨华人团结，维护华侨华人合法权益。如巴西华人总商会的宗旨和目标是为侨胞提供商贸信息、法律咨询及各种便利，维护侨胞合法权益；提供中巴外贸政策介绍和宣传，协助开拓中巴经贸合作；促进中巴贸易，协助展销活动及中巴商团互访，做好商贸中介服务；协调处理侨胞之间的商务纠纷，增进侨胞之间的团结互助和共同发展。自成立以来，巴西华人总商会秉持自己的宗旨，为华社作出了巨大贡献。

其二，为当地的经济发展、社会进步贡献力量。巴西华侨华人社团越来越关注当地社会事务，通过各种方式回馈当地社会。华侨华人社团所做的努力也获得了当地政府与民众的认可。例如巴西里约华人联谊会成立 20 多年来，除了团结服务华社、支援祖（籍）国家乡的经济建设之外，还非常重视回馈当地社会，树立华侨华人良好形象，每年举行一到

---

① 《巴西华裔青年呼吁支持圣保罗市长候选人》，巴西华人网，http：//www. brasilcn. com/portal. php？mod = view&aid = 22779，2012 年 8 月 30 日。

② 国务院侨办干部学校编著：《华侨华人概述》，北京：九州出版社 2005 年版，第 145 页。

两次的捐钱捐物慈善救济工作，受到当地人民的欢迎。2009 年 1 月 8 日，巴西里约华人联谊会募捐巴币及物品价值约 15 000 元，捐助给 INCATE 老人孤儿院。①

其三，加强与祖（籍）国的联系，促进中国与巴西在多个领域的交流与合作。如巴西华人文化交流协会成立以来，为中华文化在海外传播作出了积极贡献，为促进中巴两国人民友好往来，推动两国文化、科技、经贸交流，积极奉献海外赤子的一份力量。

其四，开展华文教育。为了提高华侨华人汉语水平，传播中华文化，促进中巴文化交流，华侨华人社团纷纷开办中文学习班。如巴西华人协会每周开设中华文化学习班，圣保罗青田同乡会开办中文班，巴西华人协会与圣保罗亚洲文化中心联合开办“亚华中文班”等等。

在巴西，华社中的杰出人物起着重要的作用，他们是华社的支柱，致力于华社的团结与合作。经常活跃在各种场合的巴西侨领有李少玉、吴耀宙、尹楚平、季友松、虞向鸿等等。

李少玉，出生于香港，祖籍广东台山，20 世纪 70 年代末来到巴西，2010 年当选巴西华人协会会长，2012 年连任。李少玉在侨界十分活跃，在各类大型侨社活动以及募捐慈善等活动中，经常可以看到她的身影。她还常常帮助刚来巴西的中国人。她认为，华人只有参政才更有力量，于是萌生了竞选议员的想法。在各界华侨华人组织和当地人的帮助下，她成功当选为圣保罗市议员候选人。2010 年 1 月 1 日，巴西圣保罗市议会为李少玉举行了就职典礼。李少玉遂成为巴西首位华人女议员，也是第一个当选圣保罗市议员的东方女性。

吴耀宙，浙江青田人，生于 1956 年，1972 年定居圣保罗，系青田侨界“十大杰出侨领”、巴西圣保罗州议会“社会贡献奖”获得者。曾经营宇宙电话公司，现从事进出口生意。吴耀宙热心侨社工作，曾连任两届巴西青田同乡会会长，任期内发动乡亲购买青田同乡会会馆。2006 年 9 月当选为巴西华人协会第十四届理监事会会长，2008 年连任巴西华人协会会长。在任期间，他积极响应祖国“北京奥运”等重大活动，深入了解和解决侨胞各种需求，获得高度赞誉。

尹楚平，出生于浙江青田，1985 年只身闯荡巴西，起初从事小商品零售业务，经过近 10 年的艰苦创业，于 1994 年创立“巴西福星进出口公司”，从此开始经营国际贸易。在有了一定的经济基础后，本着为侨胞服务和为祖国尽力的目的，他于 2004 年开始担任巴西中国和平统一促进会理事，从此步入侨社。曾先后当选巴西里约华人联谊会副会长、中巴商贸仲裁总会执行会长、中国侨联青年委员会委员、浙江省海外交流协会副会长、浙江省侨联顾问，获青田侨界“十大杰出创业精英”荣誉称号等。他在尽力为侨胞和侨社贡献力量的同时，还积极参与祖国建设，尤其在扶贫济困、慈善义举方面，更是成绩卓著。他先后在云南和四川等地分别捐建卫生院及捐款等，受到一致赞扬。

季友松，1953 年 8 月 7 日出生于浙江省青田县方山乡裘山村。1986 年移民巴西，从事进出口生意，1988 年参加里约华人联谊会，2000 年被选为华人联谊会第九届理事，2004 年当选第十一届理事会第一副会长。2002 年，他发起成立巴西中国和平统一促进会，

---

① 《巴西里约华人回馈当地社会　捐助孤儿老人院》，国务院侨务办公室网站，http：//www. gqb. gov. cn/news/2009/0109/1/11972. shtml，2009 年 1 月 9 日。

为该会创始人之一，并任副会长。2008 年，当选里约华人联谊会会长。在任期间，曾多次率团访问中国。曾为国内扶贫、抗击 SARS、建设希望小学、家乡修路、东南亚海啸、北京奥运会场馆建设、国内雪灾、汶川地震等捐资 40 余万元人民币。季友松还曾荣获“2009 中华杰出商业领袖”的称号。

虞向鸿，浙江青田人，1962 年生，1989 年赴巴西创业，2002 年独资创办的“巴西通达旅行社”，现为集中巴商贸考察、组团旅游、代办签证、代售机票为一体的国际旅游公司，稳健经营，企业勃兴。虞向鸿现任巴西华人协会秘书长。

在巴西华侨华人社会中，经常热心为侨胞服务的侨领还有很多，此不一一赘列。还应指出的是，有更多的侨领不计名利，默默奉献，低调为人，他们同样赢得广大侨胞和当地民众的尊敬。

（六）华文教育与华文媒体

2001 年中国获批加入世界贸易组织之后，巴西逐渐兴起“汉语热”。与很多国家和地区相比，巴西华文教育起步较晚，基础较为薄弱，但发展势头强劲。

巴西的华文教育大体上走过了这样的足迹：“草创”于 20 世纪 50 年代，“中衰”于 20 世纪 60 年代末，“重起”于 20 世纪 70 年代，“旺盛”于今时，“辉煌”与“收获”于未来。①

巴西华文教育于 20 世纪 50 年代的“草创”，可以以 1957 年台湾一位神父抵巴为标志。当时他在宣扬福音之余，开办中文补习班。以此为基础，到 1958 年 2 月，“圣保罗市第一中文学校”正式成立。该校内设董事会、基金会，分幼稚园、小学部，有教师 6 名、学生 60 余名。1960 年，在校学生增至 200 名，在圣保罗市设立 3 个分校。②

“中衰”开始于 20 世纪 60 年代末、70 年代初，起因于巴西政府大力发展公立教育，导致私立学校的生存空间被挤压，私立中文学校也难以幸免，学生陆续流失至主流学校。此外，这时候新移民逐渐减少，也导致华文教育出现负增长趋势，“中衰”之象遂现。③

“重起”得益于台湾新移民潮带来的华人人口上升。20 世纪 70 年代，大量台湾移民进入巴西，为了适应台湾籍华人的需要，台湾移民主办的华文学校或学习班纷纷出现，台湾移民亦逐渐发展成为巴西华文教育的一大独立分支。

“旺盛”无疑起因于 20 世纪 70 年代末，中国实行改革开放政策后大陆新移民的纷至沓来，加上先期来到巴西的台湾侨民亦已站稳脚跟，华文教育乃逐渐发展起来。中国大陆与台湾两者的华文教育加在一起，使此时巴西的华文教育呈现旺盛之势。这一时期华文教育旺盛的标志，是圣保罗“华侨天主堂中文学校”、“中华会馆中文学校”等学校在稳步发展。④

随着中国经济的快速发展、国际地位的不断提高、中巴关系的日益密切，中巴文化交流越来越频繁，中巴教育合作也得到进一步发展。因而在巴西，学习中文的需求越来越大。进入 21 世纪后，巴西的华文教育进入“旺盛”的高峰期，不仅大陆新移民举办了各

① 高伟浓：《拉丁美洲华侨华人移民史、社团与文化活动远眺》，广州：暨南大学出版社 2012 年版，第 63 页。
② 高伟浓：《拉丁美洲华侨华人移民史、社团与文化活动远眺》，广州：暨南大学出版社 2012 年版，第 63 页。
③ 高伟浓：《拉丁美洲华侨华人移民史、社团与文化活动远眺》，广州：暨南大学出版社 2012 年版，第 63 页。
④ 高伟浓：《拉丁美洲华侨华人移民史、社团与文化活动远眺》，广州：暨南大学出版社 2012 年版，第 63 页。

种华文学校或学习班，一些侨团也积极兴办华文学校或学习班，如2002年圣保罗青田同乡会开办的中文班，2004年中国大陆留学生开办的“华光语言文化中心”，2004年9月巴西华人协会与圣保罗亚洲文化中心联合开办的“亚华中文班”等。“亚华中文班”聘请专业教师，采用大陆教材，教授汉语拼音、简体汉字，吸引了120余名学生。[①] 不过华侨华人社团以及教会兴办的华文学校或学习班多是业余性的和临时的，大多数中途放弃，未能长期经营下来。

巴西的华文教育不仅包括华侨华人自主创办的华文学校或学习班，也包括我国国内大学、教育机构与巴西的大学合作创办的孔子学院。2008年9月26日，由中国河北精英教育集团和巴西利亚大学合办的孔子学院在巴西利亚大学揭牌，该学院旨在传播汉语文化，为巴西的汉语学习者提供规范、权威的现代汉语教学渠道；2008年11月26日晚，由中国湖北大学与圣保罗州立大学合作创办的孔子学院在圣保罗州立大学正式成立；2011年8月31日，由河北大学与巴西里约热内卢天主教大学合作建立的孔子学院正式揭牌，这是中国国家汉办在巴西境内继圣保罗和巴西利亚之后开设的第三家孔子学院；2012年4月25日，由中国传媒大学与巴西南大河州联邦大学合作创建的孔子学院举行开幕仪式，是巴西第四所孔子学院；2012年7月19日，巴西国内第五所孔子学院——圣保罗FAAP商务孔子学院正式揭牌成立。在短短4年内，巴西就诞生了5所孔子学院，这个速度在世界各地的孔子学院发展史上是首屈一指的。

巴西华文教育的一个突出特点是，不仅面向华侨华人，也面向当地巴西人。目前，海外华文教育师范学校共有104所，巴西有两所华文教育示范学校。其一是圣本笃中学，2009年12月9日，该校正式挂上“华文教育示范学校”的牌匾，成为圣保罗第一所华文教育示范学校。学校设有小学部、中学部，上午进行葡文教学，下午进行中文教学。由于学校的中文教学质量高，不仅吸引了大批华侨华人子女前来就读，同时也有许多巴西学生选读中文课程。[②] 其二是“袁爱平中巴文化中心”，成立于2004年5月，到现在为止已有2 500名以上的巴西人到该中心学习汉语。该中心有一套科学严谨、适合外国人学习的中文教学方法，袁爱平老师还亲自编著和出版了一系列的汉语教材。[③]

随着中巴教育合作的发展，华文教育逐渐深耕巴西。圣保罗华侨天主堂与巴西侨社合力创办的圣本笃中学附设“学琳幼稚园”于2011年12月13日举行揭牌仪式。学琳幼稚园是中文班学校获得初步成功后，华文教育深耕巴西的必要步骤。圣本笃修道院院长暨中学校长马赛亚斯相信，圣本笃中文学校将成为中巴教育合作的成功典范，它不只担负起为华裔子弟在巴西传承中华文化的责任，同时也为当地推动华语文化作出贡献。[④]

巴西的华文教育可分为“大陆”与“台湾”两大分支，这是历史形成的。不消说，台湾的华文教育也有不少亮点。长远来看，巴西华文教育如要持续发展和再造辉煌，很大

---

① 高伟浓：《拉丁美洲华侨华人移民史、社团与文化活动远眺》，广州：暨南大学出版社2012年版，第63页。

② 《巴西第一所“华文教育示范学校”揭牌》，新华网，http://news.xinhuanet.com/overseas/2009-12/11/content_12631985.htm，2009年12月11日。

③ 《巴西华文教育示范学校》，中国华文教育网，http://www.hwjyw.com/zt/worldChinese/campusschool/200910/t20091013_32588.shtml，2009年10月13日。

④ 《建教合作 华文教育深耕巴西》，Taiwan News，http://www.taiwannews.com.tw/etn/news_content.php?id=1786666，2011年12月14日。

程度上有赖于两大分支的携手合作，同时也需借助孔子学院的影响力，不断适应华侨华人和当地民众日益增长的和变化中的需求，采用更好的中文教材，按照现代教育理念办学，才能打造巴西华文教育品牌，创造中华文化的美好明天。

巴西的华文媒体起步比较晚，种类尚较单一，以办报方式为主。在巴西华侨华人社会传媒短缺的情况下，华文报刊发挥着不可替代的作用。

巴西的华文报刊在 20 世纪 60 年代已经出现。最早的是创刊于 1960 年的《巴西华侨日报》，其前身是不定期出版的《巴西侨报》，创办人为王之一。[①] 之后，华侨华人在巴西陆续创办了多种华文报刊，主要有创办于 1968 年的天主教刊物《侨光》、创办于 1969 年的《南美新闻》（今已停刊）、创刊于 1983 年的《美洲华报》、创办于 1988 年的《南美侨友》、创办于 1989 年的《圣保罗时报》、创办于 1992 年的《巴西侨报》、[②] 创办于 1996 年的《世界报道》和创刊于 2000 年的《台湾侨报》等。可惜由于受经济、文化等因素的影响，大多数报刊不是被迫停刊，就是转变为其他刊物以谋求新的发展。目前，巴西的华文报纸主要有《南美侨报》（日报）、《美洲华报》（日报）、《台湾周报》（周报）三家。其中，以《南美侨报》和《美洲华报》的影响最大。总的来说，巴西华文报刊在传播中华文化、服务经济建设、促进华文教育、繁荣华文文学等方面，对巴西华侨华人社会曾经产生过并将继续发挥重要影响。[③]

目前，巴西的华文媒体仍以传统的平面媒体为主，华文电视台和华文网站刚刚兴起，还未形成规模，具影响力的华文电视台还未出现。从巴西华侨华人社会的发展趋势来看，若华文媒体能不断改良创新，优化升级，相信在不远的将来，一定会成为拉美地区的一朵奇葩。

（七）华侨华人宗教信仰

巴西的宗教政策比较宽松，允许各种宗教自由发展，所有信徒皆受到法律的保护。因此，巴西华人宗教具有多样化的特点，既有信仰基督教的，也有信仰佛教、道教及民间信仰的。其中信仰天主教与佛教的占多数。

由于巴西民众主要信仰天主教，华侨华人入乡随俗，信仰天主教的也不在少数。至 2010 年，巴西已有 38 间华人教会、4 个华人基督教机构。[④] 其中有大约 10 间为闽南语教会，大多数都“三语事俸”，即使用闽南语、华语（普通话）、葡语。其中华语教会最多，粤语教会有 4 间。[⑤]

华侨天主堂是巴西最早的华人教会，凝结着老一辈华人的心血。1957 年，何彦昭神父自比利时赴巴西传教，他与萧金铭、张春玉等神父经过艰苦努力，于 1959 年设立华侨教务中心，为华侨传教服务。1964 年（一说 1965 年），何神父等人发动教友购地，3 年后建

---

① 白俊杰：《巴西华侨华人概述》，周南京主编：《华侨华人百科全书·历史卷》，北京：中国华侨出版社 2002 年版，第 36 页。

② 白俊杰：《巴西华侨华人概述》，周南京主编：《华侨华人百科全书·历史卷》，北京：中国华侨出版社 2002 年版，第 36 页。

③ 别林业：《浅谈巴西华文报刊与华人社会的关系》，《海外纵横》2008 年第 2 期。

④ 《海外华人人口与华人教会统计》，《今日华人教会》，2011 年 2 月，第 10 页。

⑤ 李楚帆：《金砖国之一——巴西华人福音的呼声》，《华传》2011 年第 12 期。

起颇有规模的华侨天主堂。[①] 华侨天主堂建立至今已近半个世纪，取得的成绩是侨界有目共睹的。如今它已成为华人重要的宗教及文化活动场所，它创办的华侨天主堂中文学校已成为巴西最大的中文学校。天主堂兴建的中文图书馆，珍藏线装古书、绝版书以及其他各类书籍5万余册（包括中华大藏经等佛典），为南美最大的华人图书馆。[②] 此外，华侨天主堂开办了华人参加人数最多的医疗保险服务。它还经常主持祈福大礼弥撒及慈善活动，为弘扬中华文化作出了引人注目的贡献。

巴西华人佛教寺院在传播中国传统文化、促进中外文化交流方面也作出了重要贡献。据悉，巴西有20万佛教徒，其中华人佛教徒约有数万人，巴西的主要城市如圣保罗、里约、累西非、福斯等，都有华人佛教寺庙，而在圣保罗，就有如来寺、弥陀寺、观音寺、中观寺、雷臧寺、宏道院等多处华人寺庙。[③] 其中，影响最大的是巴西如来寺。该寺坐落于距离圣保罗市30公里的哥基亚市，是南美洲最大的华人佛教圣地，信徒中也有不少巴西当地人。巴西如来寺暨国际佛光会巴西协会每年都要举办“六月节”（FESTA JUNINA，又名“玉米丰收节”），秉持以文化弘扬佛法、以慈善福利社会的宗旨，以佛教的方式庆祝巴西的传统节日。[④]

巴西佛教与中国佛教通过华人信徒进行交流。2011年7月17日，以蒋强永局长为团长的中国国家宗教事务局代表团到巴西进行交流，巴西华人文化交流协会在里约BARRA高尔夫俱乐部进行了热情款待。双方都希望能够加强联络和友谊，为促进中华佛学在海外的传播作出贡献。

四、巴西政治经济形势变化对当地华侨华人的影响

巴西的政策变化会直接影响生活在巴西的中国移民。近几年对中国移民影响较大的是2009年7月2日的第6983号法令，该法令对2009年2月以前在巴西境内非法滞后旅居的外国人实行大赦，通过这一法令获得合法居留权的中国移民有5 492人。[⑤]

受巴西发展机遇的吸引，很多中国人选择来巴西发展，其中也不乏大量的非法居留者，这些人因为没有合法居留身份，往往成为被敲诈勒索的对象。2009年的“大赦法令”，使一部分中国移民获得了合法身份，有利于他们维护合法权益、开展正常业务，促进华人经济的发展。

2011年的金融危机，使全球经济产生动荡，身为新兴经济体的巴西也未能幸免。巴西国内开始出现通货膨胀，2011年的国内生产总值仅增长2.7%，与2010年的7.5%相比差距较大。[⑥] 作为巴西国民经济一部分的华人经济也受到影响。因为巴西华人多从事进出口

① 高伟浓：《拉丁美洲华侨华人移民史、社团与文化活动远眺》，广州：暨南大学出版社2012年版，第60页。

② 高伟浓：《拉丁美洲华侨华人移民史、社团与文化活动远眺》，广州：暨南大学出版社2012年版，第60页。

③ 《巴西总统签署华人提案　将佛祖诞辰日纳入官方日历》，佛教在线网，http：//www. fjnet. com/hwjj/haiwainr/201205/t20120523_ 193669. htm，2012年5月23日。

④ 《如来寺欢庆巴西传统文化节日——玉米丰收节》，佛光山全球资讯网，http：//www. fgs. org. tw/news/news_ content. aspx? news_ no = 20120614000001，2012年6月14日。

⑤ 《五千多名中国人获得巴西合法居留权》，人民网，http：//world. people. com. cn/GB/1029/10726732. html，2010年1月7日。

⑥ 《法媒：2011年巴西经济增长骤减》，中国商务部网站，http：//www. mofcom. gov. cn/，2012年3月8日。

贸易、餐饮业、服务业等行业，而受金融危机最为严重的当属金融、地产及进出口贸易行业，所以华人经济受到冲击是不可避免的。在巴西，商品结算、支付运费和关税所使用的都是美元。但自 2011 年以来，美元对巴西货币雷亚尔的汇率累计上涨了近 15%，这在很大程度上挤压了华商的利润空间。对此，华侨华人正积极寻找对策进行调整，以减少损失。①

在巴西发展虽然充满着机遇，但也存在着挑战。巴西治安环境较差，法律不健全，政府执法力度不够，这些都会给华侨华人经商带来困难，甚至威胁到他们的生命财产安全。近年来，针对华侨华人的拦路和入室抢劫案件频繁发生。2008 年，圣保罗 25 街附近的公寓楼天天发生入室抢劫华侨华人的事件，被抢侨胞由于害怕歹徒报复，或由于身份问题而不敢报警，致使歹徒肆无忌惮地针对华侨华人作案。这些事件严重影响到巴西华侨华人的正常生活与工作，为了更好地生存与发展，面对犯罪暴力事件，华侨华人应该勇于报警，拿起法律武器来维护自己的权益，这样才会营造一个安全的生活环境。

五、巴西侨情预测

如今，居住在巴西的华侨华人约有 25 万人（据巴西华人协会会长李少玉估计有 30 余万）。虽然近两年经济增长速度有所下滑，但作为金砖国家之一的巴西仍具有巨大的发展潜力。随着中巴双边关系深入发展，巴西华侨华人数量会不断增加，不同类型的华人社团也将层出不穷，继续活跃在各个社会领域。

新移民的不断到来，为华人社会注入新的活力，华人社会也将出现新的景象。这些新移民大多来自中国大陆，他们中的不少人受过高等教育，有文化、有资金、有专长、有现代商业意识，所从事的职业较广，除中餐馆、百货店等传统行业外，还涉足进出口贸易、农场种植、养殖加工、超市、石油化工、陶瓷制造等行业，故来自中国大陆的新移民在华社中的影响会越来越大。随着华侨华人整体素质的提高，开始有人从事文化、教育、艺术、科研事业，出现了许多华人医生、华人律师等。巴西华侨华人正逐步融入当地社会，社会地位日渐提升。

基于目前的发展形势，巴西华人社会趋向全面发展。在经济方面，华人商家自己塑造的品牌不断出现；在参政方面，多位华人的踊跃参选大大鼓舞了在巴华人，华人将以积极的心态、坚强的意志投身于巴西政治，相信在不久的将来巴西政坛上会出现更多华人的身影；在社团发展方面，新社团组织不断涌现，社团类型向多样化方向发展，华裔新生代也积极参与、组织社团活动；在华文教育方面，华文学校逐渐走向正规化，有专业的华文教师及教材，有全日制的学生。目前巴西已有 5 家孔子学院，相信随着中国国际地位的提高，孔子学院会越来越受到巴西民众的欢迎，中国大陆开展的华文教育逐渐起到主导作用，华文教育继续向专业化、现代化发展；在华文媒体方面，华文报刊的影响力逐渐扩大，华文电台、华文电视台等在不久的将来也会成为现实。

---

① 高伟浓：《拉丁美洲华侨华人移民史、社团及文化活动远眺》，广州：暨南大学出版社 2012 年版，第 10 页。

古　巴

2012 年，古巴遵循共产党“六大”通过的《经济社会政策方针草案》，稳步推行新一轮的“调整”（改革）。这无疑会给古巴华侨华人尤其是土生华裔的生存发展带来某些变化和希望。随着国家领导人年轻化的方向得到确认，新税法、投资法和移民法的公布，以及经济上的多项调整举措，私营经济得到了较大发展，民生也有所改善。古巴的改革虽然十分谨慎，进程比较缓慢，但华侨华人和广大华裔的生活将有所改善，生意门路将会逐步打开。

一、古巴基本国情

古巴概况

国家全名	古巴共和国	地理位置	美洲加勒比海北部	领土面积	110 860 平方公里
首都	哈瓦那	官方语言	西班牙语	主要民族	古巴族
政体	社会主义国家	执政党/主要反对党	古巴共产党；无反对党	国家元首/政府首脑	劳尔·卡斯特罗
人口数量	1 116.99 万（古巴国家统计局公布的 2012 年 9 月人口普查数据）	华侨华人人口数量	华侨华人 100 多人，连土生华裔 50 多万	华侨华人占总人口比例	4.5%
GDP/人均 GDP	723 亿美元（2012 年估计）	CPI	5.5%（2012 年估计）	失业率	3.6%

资料来源：中国外交部网站，《古巴国家概况》，2013 年 3 月更新；CIA，The World Factbook，Cuba.

二、古巴侨情

（一）华侨华人简史

1847 年 6 月 3 日，首批中国移民共 206 人作为“契约华工”从厦门乘船抵达哈瓦那港，然后被卖到古巴各地的甘蔗园、糖厂做苦力。其后的几十年里，来古巴的华工不断增多。1870 年，古巴政府宣布废除华工的“契约”，在古巴的“苦力”成了“自由人”。勤劳的中国人在古巴的境况随之日益改善，有的成了餐馆、旅店、咖啡馆等行业的老板。19 世纪中叶，由于美国歧视移民政策，大批华人从加利福尼亚移民古巴。1848—1874 年间到达古巴的华人约有 15 万人。20 世纪初在古巴的华侨华人有二三十万人。① 哈瓦那华人区成了美洲最大、最繁荣的华人区。当时的哈瓦那“中国城”除了各种中餐馆和中国商店，还有好几家电影院、戏院和麻将馆。华人区建立了中文学校、医院和养老院，并在哈瓦那国家公墓买下了墓地——中华总义山。广大华侨为维护自身的合法权益，于 1893 年 5 月建立了自己的组织——中华总会馆，它是拉美国家中历史最悠久、规模最大的侨团之一。其后各类华侨组织纷纷出现。在 20 世纪上半期，古巴华侨华人达 20 多万。1959 年，卡斯特罗领导的古巴革命胜利后推行“国有化”，以私营业主为主的华侨华人只好大批离开古巴，前往美国和其他拉美国家，只有少数人留下。随着时间的流逝，老侨逐渐去世，又极少有新的中国移民到来，古巴华人的数量越来越少，老华人社会日趋衰落，华人区现在的居民大多数是混血华裔。

（二）华侨华人与当地民族关系

古巴华侨华人与当地民族的关系总体情况良好。哈瓦那中国城天坛饭店老板陶琦在新移民中具有代表性。她 16 年前来自上海，嫁给当地华人后裔、武术学校校长李荣富后得以定居于此，并经营饭店。她擅长公关，在当地政要中人脉深厚，与菲德尔·卡斯特罗、劳尔·卡斯特罗等均有交往。一家人（包括父亲、哥哥）与当地人的关系融洽。

老一代华侨有些人没有加入古巴国籍，终生保持外侨身份。但到 20 世纪 60 年代，由于生存的需要，更多的老侨加入了古巴籍。无论入不入籍，古巴华侨华人融入当地民族的程度都是很深的。这表现在两方面：一是都有一个西班牙文的名字，并且用这个名字登记身份；二是大多数人（男人）均与古巴人（女人）结婚或同居，育有混血子女。有的华裔经过几代混血，从姓名到外貌已经看不出中国人的特征。

（三）华侨华人的政治参与

在古巴，华侨华人对政治参与相当积极。其特点，一是参与时间早。早在 130 多年前，第一代移民，即契约华工就开始参与了。二是主要通过民族独立战争和解放战争参与政治。华侨华人英勇善战，在战斗中屡立奇功。参加过两次独立战争的胡德中校和赖华上尉被拥戴为古巴共和国总统候选人，但他们与许多华人英雄一样不求名利，最后“解甲归田”。卡斯特罗领导的解放战争，也有很多华侨华人参加，涌现了邵黄、蔡、崔三位华人将军。这三位将军在革命胜利后一直担任部级高官至退休。据说在现时古巴最高领导层中，也有几位混血华裔，可惜未有具体资料。

（四）华侨华人经济

近年来古巴的改革（古巴领导人称之为模式“革新”或“调整”），给自从 1968 年被“国有化”消灭了的华侨华人私有经济带来了生机和希望。敏捷地搭上古巴私营经济发展班车的华人新移民，已经赚到了第一桶金。天坛饭店店主陶琦，移民之初在国营的天坛饭店当经理，继而获准承包生意，最后将饭店买下，变成私人企业。据报道，如今“陶琦在哈瓦那过着令人艳羡的生活，不但买下了 300 多平方米的海滨高档公寓，而且雇用 6 个保

① 古巴驻华使馆旅游代办处、中国旅游出版社编：《古巴旅游指南》，北京：中国旅游出版社 2000 年版，第 148 页。

姆，穿金戴银更不在话下。她年年回中国探亲兼采购，随时可飞往美国迈阿密度假”。[1]还有中国城双龙饭店的老板，以及一些涉足租车业、采矿业、旅游业的华裔商人，他们敢作敢为，开风气之先，也在古巴经济转型的进程中获益。

古巴已经允许房屋、汽车买卖，允许承包田地种植作物，允许经营餐馆、商店等行业，农贸市场也更加活跃。以善于灵活经营、周到服务著称的华侨华人及其后裔，开始了各种小商小贩和服务业的尝试。

（五）华侨华人社团

20 世纪 40—50 年代，在古巴各地华人社区鼎盛时期，古巴华侨华人社团达 90 多个。后来，随着大量华侨华人离开古巴，以及老侨的相继去世，华侨华人社团逐步减少。据笔者的了解，到目前为止，还在继续活动的社团大概只有 10 多个。其中主要的有三个，即中华会馆、洪门民治党和华侨社会主义同盟。其余仍在活动的社团有黄江夏堂、李陇西堂、中山自治所、陈颖川堂、余风采堂等。

1. 古巴中华会馆

古巴中华会馆是古巴华侨全国性最高组织，1893 年创立。其宗旨是维护侨胞利益，为侨胞服务。总会馆设在哈瓦那中国城，当年集资 4.6 万余美元购置馆址并修建两幢楼房，作为总会馆产业和会员活动场所。在古巴各省设有分会馆。古巴中华会馆致力于华侨慈善、福利、文化和教育事业。每逢古中两国重大节日，会馆均举行庆祝活动；平时负责处理侨务，领导中华药店、中华书店、《光华报》，管理中华义山，举办汉语班，办理华侨回国及各种福利事务等。历任主席先后有吕戈子、苏子伦、李巨元、段克诚、关绍坚、周一飞和李生等。现任主席为伍迎创，总书记为周卓明。

2. 古巴洪门民治党

古巴洪门民治党（又称古巴致公堂），是中国洪门民治党驻古巴总支部，也是古巴第二大侨团。古巴洪门民治党总部设在哈瓦那，另在圣地亚哥、关塔那摩和谢戈德阿维拉市设有分部。古巴洪门民治党重视兴办公益福利事业，并致力于团结古巴华侨、华人，维护他们的合法权益，以及促进古巴与中国的友好关系。“民治党”开设有老人食堂，每天为困难者免费提供早午两餐，已坚持数年。

3. 古巴华侨社会主义同盟

古巴华侨社会主义同盟是古巴第三大侨团。社盟注重文化事业，办有一小型中文图书室，大部分为我驻古使馆赠书，也自行收集各类中文书刊报纸。

其余仍在活动的社团有黄江夏堂、李陇西堂、九江公会、龙岗公所、余风采堂、安定堂、溯源堂、至德堂、陈颖川堂和中山自治所等，各有自己的楼宇为办公地址。其中龙岗公所也办有老人食堂，免费为困难老人提供午餐，已有十几年。除总会馆和九江公会外，其余侨团都经营中餐馆作为社团发展的经济来源。

华社领袖（主要人物）：

伍迎创（中华总会馆主席）

---

① 《赶上古巴改革开放好时机　华裔商人抢下第一桶金》，《世界日报》，2012 年 4 月 29 日。

周卓明（中华总会馆总书记、洪门民治党副主席）
阿曼多·蔡（中华总会馆副主席、土生华裔将军）
李荣富（中华总会馆副主席、哈瓦那武术学校校长、土生华裔）
崔广昌（中华总会馆组织委员会会长、土生华裔将军）

（六）华文媒体

1. 报纸

《光华报》是古巴至今尚存的唯一一份中文报纸。该报于1928年创刊，是当时哈瓦那几份中文报纸中最主要的一份，有过辉煌历史。进入21世纪后，由于老侨读者减少、编辑后继乏人、排版印刷技术落后、纸张缺乏等原因，每况愈下，现已很少出报。

2. 电子传媒

目前电子媒体有“中国在古巴留学生联合通讯社”，又称“胜利社”，是在中国驻古巴使馆教育组指导下，面向全体留古学生的非营利性学生组织，总部位于古巴哈瓦那塔拉拉。胜利社下设中国在古巴留学生联合电视台、《中国在古巴留学生联合报》、中国在古巴留学生信息网，以中文和西班牙文进行报道。

（七）华文教育

古巴首都的哈瓦那大学孔子学院开设多个本科汉语班和成人业余班；华区文化中心常年开设针对不同年龄段和汉语水平的中文班。

（八）华侨华人宗教信仰

土生华裔以信仰天主教为主。在老华侨组织和家庭中，多设有关公神位，传统的烧香拜神习俗不改。

（九）新华侨华人移民

目前在古巴的新华侨华人移民很少，估计只有20人左右。但在古巴的中国留学生和历年在古巴学成回到中国的“海归”，估计有3 000多人。据中国外交部网站报道，光是在 Julio Trigo 医学院校区和哈瓦那大学塔拉拉校区，现时在学的就有1 000多人，[①] 而在圣地亚哥、圣克拉拉等地也有中国留学生。他们都可能是新移民后备军。还有到古巴去的中国旅游者、商人，有的人喜欢古巴或因谋生而留在那儿。而古巴青年也喜欢与中国人结婚，如果古巴进一步开放改革，一些中国留学生、旅游者和商人，通过与古巴人恋爱成亲等途径留在古巴发展，也是很自然的事。

三、古巴与中国的关系

“当前中古关系处于历史最好时期。在双方共同努力下，中古高层交往频繁，各领域

① 《驻古巴大使张拓春节看望在古中国留学生》，外交部网站，2013年3月11日。

务实合作成效显著，在国际事务中配合密切，两国人民间的友谊与日俱增。”古巴驻中国大使白诗德的表述，可以视为中古双方的共识。

（一）两国领导人频频互访

继 2011 年 6 月时任中国国家副主席习近平访问了哈瓦那之后，2012 年 2 月，古巴部长会议副主席穆里略访华；7 月，国务委员会主席兼部长会议主席劳尔·卡斯特罗又来中国访问。时任中国国家主席胡锦涛与其举行会谈。时任全国人大常委会委员长吴邦国、国务院总理温家宝、国家副主席习近平、国务院副总理李克强分别会见了他。

（二）中古两国经贸往来正常开展

两国经贸往来发展势头良好，贸易额逐步增加。近七年来，古巴是中国在加勒比地区的第一大贸易伙伴，中国是古巴全球第二大贸易伙伴。据商务部提供的数据，2011 年中古双边贸易额为 19.5 亿美元，同比增长 7.9%。受到国际经济环境影响，2012 年 1—7 月双边贸易额为 10 亿美元，同比下降 16.6%。双方债务重组以来，古方偿债情况良好。企业开展经贸合作的信心不断恢复，双边经贸合作进一步深化。双方在生物科技领域继续深化，经贸合作项目进展顺利，双边互访交流有助于推动两国经贸关系的深化和扩展。[①] 我国主要出口电冰箱、电视机、客车、皮卡、发动机等机电产品，主要进口镍、食糖、农副产品等。2012 年 7 月，双方签订了《中华人民共和国政府和古巴共和国政府关于海关合作与行政互助的协定》。9 月，时任商务部部长陈德铭与古巴里卡多·卡布里萨斯副主席在哈瓦那共同主持召开第二十五届中古政府经贸混委会。双方签署一系列新的协议，包括《经济技术合作协定》、《关于中国政府同意向古巴政府提供一批供水施工设备的换文》、《关于中国政府同意为古巴举办血库设备技术培训班的换文》、《一批援外项目交接证书》、《中国企业采购古巴海产品意向书》及《中古政府经贸混委会第二十五次会议纪要》。由于互相尊重，平等互利，双方合作领域越来越广泛，在生物技术、卫生教育等领域的合作不断增加。

（三）投资

2012 年中古两国政府相互协作在经贸合作领域取得新进展。2 月 23 日，中国石油天然气集团公司与古巴国家石油公司、古委（委内瑞拉）联合石油公司共同签署了《古巴西恩富戈斯炼厂项目总承包合同》、《古巴西恩富戈斯 LNG 项目总承包合同》等。同期中国石油开发技术公司与古巴石油工程设计公司签署了《哈瓦那东油田地面油气集输处理设备项目设计服务合同》。2 月 29 日，中国中信集团公司与古巴部长会议副主席里卡多·卡布里萨斯就中信集团下属新天集团公司与古方合作建设超五星级酒店，及双方未来在建筑、能源、旅游等领域进一步开展合作，进行了深入交谈。据商务部统计，截至 2011 年 6 月，中国对古巴非金融类直接投资存量为 8 632 万美元，涉及的主要领域有农业、旅游、电信、轻工等。但由于投资保护问题尚未解决，投资者还不敢放开手脚。[②]

---

① 《第二十五届中古政府经贸混委会在古巴召开》，中国商务部网，2012 年 9 月 28 日。

② 笔者根据中国商务部网站相关数据综合。

古巴在中国也有极少量的投资。

（四）文化交流

2012 年，古巴国家芭蕾舞团参加相约北京盛大演出，古巴爱国主义画家安东尼奥·格雷罗的画展在北京、上海、中山举行等。

四、古巴政治经济形势变化对华侨华人的影响

（一）古巴的政治经济改革形势

古巴正在进行的政治经济改革虽然是谨慎的、缓慢的，但自 2011 年 4 月古共“六大”制定的各项方针政策和措施得到不断的落实，显示出当局对此轮“调整”具有相当大的决心和一定的力度。“在哈瓦那街上随便走走，就能发现某些地方与一年之前不同。农贸市场上的产品更加丰富了，尽管价格几乎翻了一番；全城的民营餐馆如雨后春笋般冒出来，自负盈亏的咖啡店则依靠菜单和装潢互相竞争。很多房屋外面挂起‘出售’的牌子；不少家庭打包着行李，期待着新移民法的生效。一些人的钱包鼓了起来，一些人则觉得短缺更严重了。这种反差在古巴越来越明显。”这是西班牙《国家报》记者 2013 年 1 月 2 日文章《古巴改革：进两步，退一步》的描述。[①]

1. 政治层面

2011 年 4 月古巴共产党“六大”关于党国家领导人不得连任两届（十年）的决定没有改变，领导干部年轻化有望得到逐步贯彻。在新一届全国人民政权代表大会上，选举前教育部长、52 岁的米格尔·迪亚斯—卡内尔·贝穆德斯为第一副主席。这位年轻的政治家将最有可能成为劳尔·卡斯特罗的继任者。新一届人大代表中，67% 为新人，平均年龄 48 岁，女性代表占 49%，有高等教育背景的代表占 83%。劳尔许诺这是他的最后一个任期，以后将让更年轻的人出任关键职务。

为了解决现实矛盾，古巴修订了多项法律、法规、法令。2012 年内公布、执行的法律法令有新税法、移民法、投资法等。

（1）新税法：从 2013 年 1 月 1 日起实行新税法。该法比以前的税法更具全面性和灵活性，在保持普遍性的原则上，根据经济形势或某个具体行业或地区的具体情况，规定了不同的可征税基础、税种、缴纳方式和期限。特别是根据经济政策导向，为农牧业设立了特别的制度和适当的财政优惠。依照新税法，小企业所得税缴纳额将平均减少 3% ~7%，创业者可享受优惠，如员工规模在 5 人及以下的企业可以部分免税。农民同样将获得好处。

（2）移民法：从 1 月 14 日起，古巴新的移民法案正式生效。新法案简化了古巴公民的出境手续，规定只需出示有效护照及目的地国签证即可自由离境，公民境外逗留期限从 11 个月延长至 24 个月。这是自 1959 年古巴革命胜利以来，古巴政府首次废除俗称“白卡”的出境许可制度，从而真正使古巴的移民政策和程序合乎国际惯例。新移民法意味

① 引自新华网，2013 年 1 月 4 日。

着，古巴华人可以依法出国了，以前引颈长盼而没有机会回中国的老华侨和他们的后裔也可以回中国了。

当局对一些被认定为国家“关键性职业”的特殊专业人才仍将实施出境限制，包括政府官员、运动员、工程师、艺术家、军人等。新法案还第一次取消海外古巴人回国需要申请签证的限制，将居留期限从30天延长至90或180天，并允许侨民重新申请古巴居住权，废除没收移民所有财产等严厉条款。

古巴政府解释说，之所以要进行彻底的移民改革，是因为海外侨民已经发生“质变”，绝大多数人出国是基于经济考虑。当局同时注意到，海外侨民已经成为古巴经济建设中一股不可或缺的中坚力量，其中源自侨民的外汇和邮寄包裹的“大输血”极大提振了本国个体私营经济，为古巴经济模式“更新”释放出巨大潜能。据统计，2011年全年古巴从美国获取的侨汇收入高达23亿美元，而古巴当年的出口收入仅27亿美元。

（3）投资法：17年前生效的《外国投资法》也将修改，以吸引外资和技术，拓宽出口市场。政府允诺年底前修订，估计即将公布。

2. 经济方面

（1）国有部门大裁员。按照政府的计划，应在2011年至2015年裁减150万国有部门富余人员，近期目标是裁减50万人。这项计划虽然遇到困难和阻力，但还在继续执行。[①]

（2）国营企业部分“松绑”。根据2012年7月通过的一项法令，那些原本隶属政府部委的企业今后将自主决定日常经营事宜，不需要等待政府批准；这些企业将自主处理员工劳动关系，有产品定价权，可以在市场公开出售政府合同规定数量以外的剩余产品。古巴国营企业现行经营方式为上缴全部利润，由国家财政拨发经费和补贴。改制后，这些企业将借助银行信贷等平台自主融资，自负盈亏。政府将引导一些中小型国营企业转化为合作社，允许经营者以10年为期租用国有资产，经营时遵循市场规律，与其他企业一样纳税，员工可以适当“分红”。适用这一政策的企业涉及餐馆、农贸市场、虾类养殖和运输等222项经济活动。以咖啡馆为例，政府将把全国1 000多家国营小咖啡馆承包给私人。[②]

（3）私营经济迅速发展。为了安置裁减下来的劳动力，必须发展私营经济。截至2012年11月底，古巴共有398 447人从事私营个体劳动。其中68%此前未就业，17%曾在国有部门工作，15%为退休者。共有275 719名个体劳动者加入了特殊社保体系。[③]

（4）扩大土地承包范围。由于古巴所需粮食的80%依靠进口。古巴政府以承包形式向农牧民提供闲置土地，以增加粮食产量、减少粮食对外依赖。当局将采取一系列新举措，扩大土地承包范围。根据年底生效的规定，允许农民承包土地的最高限度从40.26公顷增至67.1公顷。关于承包的期限，自然人为10年；法人机构，如现存合作社为25年。个体承包者申请延长土地承包期限也将获得批准。法令还规定，新的土地承包者也可以通过签约形式与国有农场或合作社联营。农民可在承包的土地上建造住房和基础设施，以便

---

① 《古巴拟半年裁减50万国营企业工人　鼓励私企发展》，凤凰网，2010年9月15日，http：//news. ifeng. com/world/detail－2010－09/15/2515604－0. shtml.

② 《古巴将给国企“松绑”》，广州日报，2012年7月28日，http：//gzdaily. dayoo. com/html/2012－07/28/content－1801599. htm。

③ 《40万古巴人从事私营个体劳动》，中华人民共和国商务部官网，2012年12月5日，http：//www. mofcom. gov. cn/aarticle/i/jyjl/1/201212/20121208496949. html。

"就近照看"生产区域。①

（5）住房和汽车交易量增加。自 2011 年 10 月允许私人买卖住房和汽车以来，古巴全国住房和汽车交易量不断增加。2012 年首季，全国共进行私人房屋买卖交易 2 730 宗，汽车买卖交易 8 390 宗。在此期间，古巴人将自己的住房和汽车赠予亲属的事例也很多，其中向亲属赠予的住房达 10 660 套，汽车达 6 780 辆。②

（6）建立合作社。为了加快模式更新，古巴政府继批准在城市地区实验性地建立国家和政府调控下的生产性和服务性合作社之后，年底又出台了非农合作社的相关规定，这预示着古巴在社会经济模式的更新道路上又前进了一步。③

非农合作社不隶属于任何古巴国有部门。在试点的初级阶段，计划成立 230 家非农合作社，涉及交通、建筑材料、服务等 47 种经营活动，价格在古巴政府允许的范围内根据供求关系由合作社自行决定。

新的合作社已吸收了大量社员。

（二）新形势对华侨华人的影响

古巴开放改革的新形势对七八十岁的老华侨华人影响不大，因为他们只有 100 多人，还在国有机构或企业工作的极少，被裁员的机会几乎为零。随着古巴经济的复苏，他们原来拮据的生活有可能会慢慢得到改善。

而最大的得益者是新一代的移民，他们赶上了这个国家着手改革开放的好时机，纷纷开餐馆、办贸易，走上了致富之路。如上文所说的天坛饭店女店主陶琦和双龙饭店的老板，还有来自北京的做旅游、雪茄生意的商人王正等，都赚了钱。

同样搭上古巴改革班车的还有中国城的华裔，以及一些准备涉足租车业、采矿业、旅游业的华裔商人。据笔者了解，已有新移民买下了房子。他们敢作敢为，开风气之先，在古巴经济转型的进程中勇于进取。

---

① 《古巴将扩大土地承包范围　为增加粮食产量减少进口》，国际在线，2012 年 10 月 26 日，http：//gb. cri. cn/27824/2012/10/26/6651s3902021. htm。

② 《古巴住房和汽车交易量增加》，新华网，2012 年 4 月 27 日，http：//news. xinhuanet. com/world/2012 –04/27/c –1118852797. htm。

③ 《古巴新建非农合作社有望加快经济模式更新》，中华人民共和国商务部官网，2012 年 12 月 20 日，http：//www. mofcom. gov. cn/article/i/jyjl/1/201212/20121208491093. shtml。

加拿大

2012 年，加拿大与中国在政治、经济与社会文化等各方面互动热络，总体表现呈平稳向前的态势。加拿大华侨华人社会也日渐壮大，得到当地人民的高度认同。他们在对当地政治的参与、对自身权益的维护与对祖（籍）国的支持方面，十分活跃。加拿大华侨华人在超市经济方面有了一些新进展。在华文教育方面，新添了两所孔子学院。社团组织十分活跃，且有两个新华侨华人侨团成立。展望未来，加拿大在中加文化交流政策和关于永久居民身份政策的变化，将极大地影响加拿大的华文教育与加拿大华侨华人社会。

一、加拿大基本国情

加拿大概况

国家全名	加拿大	地理位置	北美洲北部	领土面积	9 984 670 平方公里
首都	渥太华	官方语言	英语和法语	主要族群	英裔、法裔
政体	联邦议会民主制与君主立宪制	执政党/主要反对党	保守党/新民主党	现任国家元首/政府首脑	戴维·约翰斯顿/史蒂芬·哈珀
人口数量	35 007 000 人①	华侨华人人口数量	1 487 580 人②	华侨华人占总人口比例	4.2%
GDP/人均 GDP	1.396 万亿美元/40 541 美元(2011 年按购买力平价计算)③	CPI	1.2% （2012 年 10 月）④	失业率	7.2% （2012 年 11 月）⑤

① Canadian Population, 2012 estimate, http://en.wikipedia.org/wiki/Canada.

② 据加拿大统计局 2013 年 5 月 9 日发布的 2011 年全国住户调查报告。但加拿大平权会认为应达 170 万。参见中新网，2013 年 5 月 10 日。

③ http://en.wikipedia.org/wiki/Canada.

④ http://www76.statcan.gc.ca/stcsr/query.html? style = emp&qt = CPI + 2012&charset = iso – 8859 – 1&qm = 1&oq = &rq = 1&la = en.

⑤ http://www76.statcan.gc.ca/stcsrd/query.html? qt = unemployment + rate&GO% 21 = Go&la = en&qm = 1&charset = iso – 8859 – 1&style = eclfdaily.

二、2012年加拿大与中国的关系

2012年，中国与加拿大两国在政治、经济与社会文化等各方面互动频繁，总体表现呈平稳向前的态势。

在政治上，中加保持高层交往。中加高层的接触首先是2月加拿大总理哈珀对中国的访问，胡锦涛总书记、吴邦国委员长和温家宝总理都与之会面。此外，中共中央政治局常委李长春4月对加拿大进行了访问，并在4月19日分别与加拿大总督约翰斯顿和总理哈珀会面；中共中央政治局委员、国务院副总理王岐山访问加拿大，并在2月17日会见不列颠哥伦比亚省（华人一般称作“卑诗省”）省长简惠芝（Christy Clark）；全国政协副主席孙家正访问加拿大并在3月30日会见加拿大参议院议长金塞拉。加拿大高层访问中国的还包括由加拿大联邦理事会轮值主席、新斯科舍省省长达雷尔·德克斯特等7省区省长组成的联合访华团，国务院副总理王岐山9月14日在中南海会见了该访问团等等。

在这些高层交往中，两国领导人都表达了加强两国合作的强烈政治意愿，致力于建设两国战略伙伴关系。

在经济上，2012年中加两国关系比以往更为密切，一年多来两国为落实双方领导人达成的共识而努力合作，在投资保护、能源合作、矿产资源交易、金融合作等方面已取得许多重要的经贸成果。2012年2月，加拿大哈珀总理成功访华，双方宣布完成中加投资保护协定谈判等一系列重要成果。7月9日，中加能源合作联合工作组第四次会议在加拿大首都渥太华召开。双方一致认为，中加在能源生产、利用以及能源技术等方面具有高度互补性，两国开展互利合作前景广阔。[①] 8月15日，中国商务部部长陈德铭与加拿大国贸部长法斯特共同宣布双方完成中加经济互补性研究，为两国下一步经贸合作的发展奠定了基础。9月9日，中加两国签署了《中加投资保护协定》。据中国商务部副部长王超估计，中加两国在2012年的双边贸易将达到500亿美元，[②] 如果能实现，将比2011年的474亿美元增加26亿美元，增幅达到5.5%。

在银行业方面，加拿大汇丰银行6月27日宣布推出人民币商业储蓄账户，以应对加中两地经贸不断发展。9月24日，加拿大央行行长卡尼在一个主题为中国市场的论坛上表示，加拿大企业推动进军中国市场策略，永远都不会嫌太迟。他一再呼吁加拿大企业将在这几年累积的高达逾5 000亿加元的庞大获利拿出来投资中国市场。[③]

在矿产资源交易方面，2月9日，加拿大与中国达成有关铀销售协议，为加拿大卡梅克等铀生产商向中国销售核燃料提供了有利条件；3月26日，加拿大钾肥营销联盟有限公司与中化化肥控股有限公司签订钾肥供应合同，于2012年第二季度按2011年的价格水

---

① 《中加能源合作联合工作组第四次会议在加召开》，中华人民共和国驻加拿大大使馆网站，http://ca.china-embassy.org/chn/zjwl/t950117.htm，2012年7月11日。

② 《2012年中加贸易额全年望达500亿美元》，中国行业研究网，http://www.chinairn.com/news/20120919/893352.html，2012年9月19日。

③ 《加拿大央行行长卡尼鼓励加企业进军中国》，http://ca.mofcom.gov.cn/aarticle/jmxw/201209/20120908363016.html，2012年9月24日。

平，向中化化肥提供50万吨钾肥。该合同还包括于同期增加20万吨供货的选择权。①

在制造业方面，2012年3月26日，加拿大庞巴迪公司和中国商飞签署协议，在C919和C系列飞机上合作。交易将促进庞巴迪在中国的研发、制造及市场准入。庞巴迪公司是目前世界第三大飞机制造商，此举有利于庞巴迪进一步占领飞速增长的中国市场。②

中国企业在加拿大的投资收购活动也很活跃。2月2日，中国最大油气生产商——中国石油称，已经完成收购荷兰皇家壳牌石油集团在加拿大格朗德贝齐页岩气项目中20%的权益。中石油在此次交易中向壳牌支付超过10亿美元；③ 2月9日，中国焦煤进口商——永晖焦煤股份有限公司称，加拿大工业部已经批准其收购格兰德煤田的安排；④ 4月2日，中国铝业股份有限公司（简称中铝）已经同意从加拿大艾芬豪矿业有限公司（IVN）手中收购蒙古煤炭生产企业南戈壁资源有限公司的控股权，交易金额高达72亿港元（合计9.23亿美元）；⑤ 7月13日，四川波鸿集团宣布，投资2.4亿美元全资并购加拿大威斯卡特工业集团，包括其全部股权和债务，这是中加历史上规模最大的工业企业并购事件。借助此次并购，威斯卡特工业集团将在绵阳投资23.5亿元用于继续发展汽车零配件产业；⑥ 7月23日，中海油宣布有意出价151亿美元，收购加拿大油企尼克森。虽然这次收购遭到美方的反对，但加拿大已认识到加拿大经济起飞有赖于新兴国对资源的需求，⑦ 加拿大自然资源部长也欢迎中国加强对加石油领域投资。⑧ 在长考4个月后，哈珀总理12月7日终于宣布，批准中海油并购加拿大尼克森石油公司。但为了回应批评，哈珀同时指出，此次准许外国国营公司并购加拿大的大型企业是特例，下不为例；⑨ 7月24日，加拿大塔里斯曼能源公司宣布，中国石化已同意斥资15亿美元收购其英国分公司49%的权益。合资企业塔里斯曼能源（英国）有限公司将负责运营英国北海的业务。⑩

在文化科技等方面，2012年两国交往也很频繁。其中，4月19日，为方便当地民众学习汉语、为加拿大人民敞开通往中国的大门的卡尔顿大学孔子学院揭牌。时任中共中央

① 《加拿大钾肥营销联盟与中化化肥签订钾肥供应合同》，中华人民共和国驻加拿大大使馆经济商务参赞处网站，http：//ca. mofcom. gov. cn/aarticle/jmxw/201203/20120308037081. html，2012年3月26日。

② 《加拿大庞巴迪公司和中国商飞签署协议，在C919和C系列飞机上合作》，http：//ca. mofcom. gov. cn/aarticle/jmxw/201203/20120308037093. html，2012年3月26日。

③ 《中石油称已收购壳牌在加拿大页岩气项目中20%权益》，http：//ca. mofcom. gov. cn/aarticle/jmxw/201202/20120207949128. html，2012年2月3日。

④ 《永晖焦煤称加拿大工业部批准其收购Grande Cache煤矿公司》，http：//ca. mofcom. gov. cn/aarticle/jmxw/201202/20120207967284. html，2012年2月15日。

⑤ 《中国铝业斥资72亿港元从加拿大Ivanhoe Mines Ltd.（IVN）手中收购南戈壁不超过60%的股权》，http：//ca. mofcom. gov. cn/aarticle/jmxw/201204/20120408056620. html，2012年4月7日。

⑥ 《四川波鸿集团2.4亿美元收购加拿大威斯卡特》，中华人民共和国驻加拿大大使馆经济商务参赞处网站，http：//ca. mofcom. gov. cn/aarticle/jmxw/201207/2012 0708236715. html，2012年7月17日。

⑦ 《加拿大经济起飞有赖于新兴国对资源的需求》，http：//ca. mofcom. gov. cn/aarticle/jmxw/201205/20120508103363. html，2012年5月3日。

⑧ 《加拿大自然资源部长欢迎中国加强对加石油领域投资》，http：//ca. mofcom. gov. cn/aarticle/jmxw/201202/20120207981496. html，2012年2月24日。

⑨ 《哈珀批准中海油收购案　称此为特例，下不为例》，加拿大华人网，http：//www. sinonet. org/news/ca/2012－12－09/240968. html，2012年12月9日。

⑩ 《中石化将收购加拿大塔里斯曼能源子公司49%股份》，http：//ca. mofcom. gov. cn/aarticle/jmxw/201207/20120708259818. html。

政治局常委李长春亲自出席揭牌仪式。[①] 4 月 20 日，中加两国文化合作协定签署，李长春在渥太华与加拿大外交部长贝尔德共同出席签字仪式；5 月，中国藏学家代表团访问加拿大，并在 29 日与加拿大联邦议会议员举行座谈，就涉藏问题进行沟通。6 月 5—6 日，国家发改委副主任、国家公共医疗卫生体制改革领导小组办公室主任孙志刚率团一行 6 人访问渥太华，与加拿大卫生部就中加两国共同关注的医疗保障体系、医药管理体系、药品认证和流通体系、药品价格监督体系、联邦政府与省政府在医改中的职责和作用等诸多议题进行了广泛、深入、富有成效的交流。6 月 6 日北京市科委朱世龙副主任一行访问渥太华大学和渥太华投资创新署。中方介绍了国际技术转移协作网络（ITTN）的建立和运行情况，并邀请加方参加 2013 年北京跨国技术转移大会。双方就如何建立国际技术转移合作机制，共建国际技术转移平台等进行了深入探讨，并表示将进一步加强联系，开展深入合作。10 月 10—11 日，科技部生物中心主任黄晶率团访问渥太华，出席国药集团下属的中国生物技术股份有限公司与加拿大国家研究理事会合作谅解备忘录的签字仪式，共同开展糖蛋白结合疫苗、新型疫苗佐剂与黏膜免疫、生物开发及疫苗生产工艺等疫苗的研发合作，并和多家加拿大生物、制药企业的主管进行座谈。11 月 8—9 日，中国教育国际交流协会章新胜会长应邀率工作团访问了世界生物多样性公约秘书处、加拿大公园署、世界自然保护联盟（IUCN）加拿大委员会和渥太华大学 IUCN 学院。作为世界自然保护联盟理事会新当选主席，章新胜会长分别会见了世界生物多样性公约秘书处执行秘书布洛尼·戴阿斯、加拿大公园署主席阿伦·拉托里勒、世界自然保护联盟前理事、现渥太华大学可持续发展研究中心主任大卫·若拉尔、渥太华大学世界自然保护联盟学院负责人杰米·贝尼尼克森及加东地区世界自然保护联盟理事会主要成员，深入了解加拿大生态环境保护、文化遗产保护、组织管理机制体制、人力资源配置、环境法人才培养、可持续发展等方面的情况和未来发展战略。

三、加拿大基本侨情

（一）华侨华人简史

据加拿大统计局 2013 年 5 月 9 日公布的最新数据，至 2011 年，加拿大华侨华人约 150 万。[②] 华侨华人所讲的主要语言依次为广东话、普通话、加拿大英语和魁北克法语。华侨华人中 56% 的人不信宗教或只信仰中国民间宗教，14% 信仰佛教，14% 信仰天主教，9% 信仰新教、道教和儒教。[③]

中国人最早来加拿大是在 1788 年。他们是澳门的木工，跟随一个名叫詹姆士·米尔斯的英国海军队长，来到不列颠哥伦比亚的温哥华。弗雷泽河谷出现淘金潮后，原先被加利福尼亚淘金热吸引到美国的广东人便北上，于 1858 年 6 月 28 日来到不列颠哥伦比亚。

---

① 《枫叶之国汉语声——李长春同志为加拿大卡尔顿大学孔子学院揭牌侧记》，中华人民共和国驻加拿大大使馆网站，http：//ca. china - embassy. org/chn/zjwl/t925109. htm，2012 年 4 月 19 日。

② 据加拿大统计局 2013 年 5 月 9 日发布的 2011 年全国住户调查报告。但加拿大平权会认为应达 170 万。参见中新网，2013 年 5 月 10 日。

③ http：//en. wikipedia. org/wiki/Chinese_ Canadian#cite_ note - 1#cite_ note - 1.

在1858—1859年间，总共有2 000人从美国来到不列颠哥伦比亚。至1860年，又有来自中国港澳地区和夏威夷的华侨加入不列颠哥伦比亚的淘金行列。①

之后，华人大规模地来到加拿大与加拿大兴建太平洋铁路有关。在1880年，铁路公司在广东省招募了5 000名工人，亦在加州招募了7 000名华人。因工作和生活条件艰苦恶劣，铁路华工因工伤和疾病的死亡率极高。到1881年底，最初的5 000名华工当中，仅有约1 500人生还。②

虽然华人为加拿大太平洋铁路的建设付出了极大的牺牲，但是，随着铁路在1885年的完成，加拿大陆续推出限制华人移民加拿大的措施，包括向进入加拿大的华人收取人头税（1885年每人50加元，1900年为100加元，1904年为500加元——相当于2003年的8 000加元）和《排华法》。《1923年华人移民法案》规定：除了商人、外交官员、留学生和特别个案以外，禁止华人进入加拿大境内。此外，在《排华法》生效前进入加拿大的华人要向其所在的地区当局报到，并且他们每次离开加拿大的时候，最多可以在境外逗留两年。

不仅如此，由于当时大多数华人都不能够说流利的英语，只能偏安在唐人街。而且当时加拿大有很多条例禁止华人从事多个行业，华人只可以做白人不愿意从事的工作，例如洗衣和三文鱼加工。华人的选举权也被剥夺。

第二次世界大战爆发后，加拿大在1939年9月10日参战。在加华人对加拿大的战事作出了很大的贡献。中华会馆要求全体会员购买加拿大的战时债券。有些华人还加入加拿大军队。加拿大政府在1944年派了一批华裔到马来亚，目的是训练当地的抗日游击队和作为间谍为盟国打听情报。

因为加拿大华人在“二战”的贡献，而且有些反华条例违反联合国宪章，加拿大政府在1947年废除了《排华法》并恢复在加华人的公民权利。可是，当时有资格移民到加拿大的华人只限于具有加拿大国籍华人的配偶和子女。新中国成立后，加拿大国内掀起反共浪潮，当地华人都被主流视为“中共”的间谍（虽然当时大多数的加拿大华人都是亲国民党的）。在1967年，加拿大政府改变它们的移民政策，将“出生地”一栏删除。因为这个新政策，1967年后有很多中国人用“独立移民”身份来到加拿大。在1949年到1970年代中，移民到加拿大的华人大多数来自中国港台地区和东南亚地区。来自中国大陆、有资格赴加拿大团聚的申请要通过加拿大驻香港高级专员批准，因为加拿大在1970年10月前与中华人民共和国无邦交。

加拿大政府在1971年实行了多元文化政策以后，包括华人在内的制度化种族歧视被废除。2006年4月4日，加拿大总理史蒂芬·哈珀领导的保守党政府公布施政报告，申明政府将就“人头税”和《排华法》问题向华人社区正式道歉的立场。6月22日，哈珀总理在加拿大国会举行正式道歉仪式，并宣布加拿大政府的象征性赔偿方案，同时也为“人头税”停征后实施的《排华法》表示最深切的悔过。补偿方案为健在的“人头税”受害者和其他受害者遗孀共约400人每人补偿2万加元，同时拨款2 400万加元，资助各少数族裔社区就历史问题开展教育活动，其中250万加元用在华人社区进行“人头税”问题的

---

① 黄昆章、吴金平：《加拿大华侨华人史》，广州：广东高等教育出版社2001年版，第27页。

② 《加拿大华人历史》，http://zh.wikipedia.org/wiki/。

宣传。此外，加政府还将拨款 1 000 万加元，在全国范围内进行反种族歧视宣传。①

（二）华侨华人与当地民族的关系

至 2012 年，加拿大华侨华人与当地民族的关系总体来说非常融洽，得到当地人民的高度认可。加拿大一项最新民意调查显示，在多族裔中加人对来自包括中国大陆及香港在内的亚洲移民包容程度十分高，仅次于欧洲移民。② 加拿大总督约翰斯顿对加拿大华人为加拿大多元文化社会发展作出的贡献予以高度评价。③

加拿大华侨华人得到当地人民的高度认可，也可以从在各行各业的华裔因表现突出得到当地各级政府的表彰中窥见一斑。2 月 7 日，为庆祝英国女王登基 60 周年，有 3 位华人，分别是多伦多的钟新生、阮保罗，以及满地可的黄宝琳获颁首批钻禧勋章，本次获此奖励的加拿大人共有 60 人。④ 9 月 26 日，又有 3 位华人，即陶佳才、韦邱佩芳及袁海耀获颁英女王登基钻禧勋章，全加拿大本次获此勋章者共 30 人。⑤ 3 月 19 日，华裔国会议员邹至蕙代丈夫林顿获颁社会司法恩泽奖章，表彰已故新民主党领袖林顿对加拿大民主制度的贡献。此外，包括国会议员邹至蕙、多伦多华埠促进区主席雷普信及温哥华著名建筑师谭秉荣在内的 3 名华裔人士，在 6 月 2 日荣获由《加拿大移民杂志》主办，并由 RBC 赞助的第四届“最杰出 25 位加拿大移民”奖项。⑥ 华裔对加拿大的国防贡献也得到肯定。7 月 24 日，加拿大国防部国会秘书克里斯・亚历山大，代表加拿大国防部、新宁医院和多伦多大学，向加拿大部队创伤外科手术医生田泌南上校，颁发由上述 3 间机构联合创办的军事创伤研究中心主席的荣誉。⑦ 10 月 5 日，加拿大国防部长彼得・麦凯在渥太华对第一个加入皇家海军的华裔罗景鎏的逝世表示慰问。罗景鎏于 2012 年 9 月 22 日在香港仙逝，享年 103 岁。他是在加拿大出生的华人中加入加拿大皇家海军的第一人，同时也是第一个在英联邦国家海军中任职的华裔。麦凯在慰问电中表示，罗先生致力于服务国家，获得了整个加拿大社会的认可。麦凯说，罗先生作为一名水手，作为加拿大海军队长，令加拿大感到自豪。⑧

在地方一级，华人的贡献也得到肯定。11 月 1 日，2012 年加拿大万锦市市民成就奖

---

① 《加拿大总理就“人头税”问题向华人正式道歉》，新华网，http：//news. xinhuanet. com/newscenter/2006 – 06/23/content_ 4738738. htm，2006 年 6 月 23 日。

② 《中国移民获社会普遍认可　认可度仅次于欧洲移民》，加拿大华人网，http：//www. sinonet. org/news/ca/2012 – 02 – 01/184951. html，2012 年 2 月 1 日。

③ 《加拿大总督约翰斯顿在加中贸易理事会 2012 年年会晚宴上就中加关系发表主旨演讲》，中国驻加拿大大使馆网站，http：//ca. china – embassy. org/chn/zjwl/t993922. htm，2012 年 11 月 28 日。

④ 《庆祝英国女王登基 60 年　3 华人获颁首批钻禧奖章》，加拿大华人网，http：//www. sinonet. org/news/ca/2012 – 02 – 07/185935. html，2012 年 2 月 7 日。

⑤ 《加拿大三华人获国会议员颁发英女王登基钻禧勋章》，中新网，http：//www. chinanews. com/hr/2012/09 – 26/4212536. shtml，2012 年 9 月 26 日。

⑥ 《邹至蕙雷普信谭秉荣被评最杰出 25 位加拿大移民》，加拿大华人网，http：//www. sinonet. org/news/ca/2012 – 06 – 02/206648. html，2012 年 6 月 2 日。

⑦ 《加拿大华裔军医获国防部表扬》，中华侨讯网，http：//www. qiaoxun. org/bencandy. php？ fid = 52&id = 15690，2012 年 7 月 24 日。

⑧ 《加拿大防长对第一个加入皇家海军华裔逝世表慰问》，中新网，http：//www. chinanews. com/hr/2012/10 – 06/4227613. shtml，2012 年 10 月 6 日。

候选人出炉，在5个类别的8位入围者当中，包括视障女高音歌手维多利亚·陈、国家武术运动员威廉·严和安省年度少年公民得主瑞威·王3位华裔。①

加拿大华侨华人能得到当地人民的高度认同，同他们努力与当地人民和睦相处、积极融合是分不开的。他们在努力为当地社会作出贡献的同时，也不忘在适当时机，尤其是在中国的传统节日，邀请当地人民联谊，以加深相互了解。每年的春节就是最适当的时机之一，2012年春节也不例外。1月21日，中国农历龙年将至，加拿大华侨华人邀请移民部长康尼与华人社区同乐。这位移民部长一天都在出席华人举办的农历新年庆祝活动，中午到佛光山，下午在中区华埠，晚上又出席华人新移民主办的新春联欢晚宴。佛光山寺举行“2012龙天护佑迎春祈福法会”，康尼身穿镶有金色吉祥符号的蓝色唐装，在祈福法会上不时用“般若波罗蜜心经”的附带拼音跟随法师祈福。康尼使用普通话和粤语向到场的民众问候“新年快乐，恭喜发财”。② 1月30日，康尼到温哥华华埠拜年，穿唐装，说汉语，挥毫大书“春节”二字。③ 同日，渥太华侨界和加中议会协会联合举办了2012年龙年春节晚宴。中国驻加拿大大使章均赛、加拿大耆老事务国务部长黄陈小萍、加中议会协会两主席裴宁德、卡兰普等近30名加参众议员及200余名渥太华侨界代表出席。④

加拿大华侨华人不仅邀请当地人民参加自己的传统文化活动，也积极主动参加当地人民的传统文化活动，不仅与其他族裔共叙情谊，而且展现了中华文化古今南北的多样风采。比如，在5月27日，多个华人社团组成300多人的庞大队伍参加28日举行的新西敏市海耶克嘉年华，这是华裔社群阔别一年之后，第三次组队参加海耶克嘉年华。由华埠6大侨团，即温哥华中华会馆、中华文化中心、温哥华华埠商会、中侨互助会、云埠洪门机构、加拿大铁城崇义总会牵头，并有不少其他机构参加。300多人一大早在华埠集合，乘坐五辆大巴、一辆货车，浩浩荡荡地到达新西敏市指定的集合地点，鱼贯列队。⑤

（三）华人的政治参与

加拿大华人在2012年的政治参与表现在以下几个方面：①对当地选举政治的参与；②对自身权益的维护；③对祖籍国的政治声援与支持。

1. 对当地选举政治的参与

为了更好地参与当地选举政治，华人在这一年非常注重参政组织建设与参政水平和能力的提升。1月20日，全加华人保守党联会举办规模盛大的成立晚会。该联会创会主席蔡承志表示，希望借助这一以华裔加拿大人为主体的民间团体，来宣传联邦保守党的理念和

---

① 《加拿大万锦市市民成就奖候选人出炉　三华裔入围》，人民网，http：//chinese. people. com. cn/n/2012/1107/c42309－19521078. html，2012年11月7日。

② 《中国农历龙年将至　移民部长康尼与华人社区同乐》，加拿大华人网，http：//www. sinonet. ory/news/ca/2012－01－22/183252. html，2012年1月22日。

③ 《加拿大移民部长华埠拜年　着唐装说汉语挥毫写汉字》，中新网，http：//www. chinanews. com/hr/2012/01－30/3628760. shtml，2012年1月30日。

④ 《驻加拿大大使章均赛出席渥太华侨界和加中议会协会2012年龙年春节晚宴》，中国驻加拿大大使馆网站，http：//ca. china－embassy. org/chn/xw/t901250. htm，2012年2月1日。

⑤ 《多个华社三百名华裔组队热情参与新西敏大游行》，加拿大华人网，http：//www. sinonet. org/news/ca/2012－05－27/205524. html，2012年5月27日。

价值观，争取更多华裔选民的支持。[①] 3 月 27 日，加拿大华裔参政同盟选举，方启刚出任新一届主席。加拿大华裔参政同盟也于当月举行了会员大会，大会一致推举方启刚为新一届主席。参政同盟希望有更多人加入组织，共同为华人参政议政之事出一份力。[②] 10 月初，加拿大全国华人保守党联合总会（CFCO）主席蔡承志率 15 名该会成员参访渥太华国会山庄。据该会介绍，一行人抵达后受到多伦多惠柳第选区国会议员梁中心及列治文山选区国会议员科斯塔斯·门尼加基斯的热情接待。两名议员介绍了国会的运作情况，还安排团员列席旁听国会议员的质询时段。团员们在观摩执政党以及反对党相互较劲及辩论的过程中，亲身体验了加拿大民主的运作过程。[③] 10 月 27 日，加拿大华人自由党协会在万锦市举行会员代表大会，选举 2012—2013 年理事会，阮汉彰再度当选为会长。加拿大安省议员兼旅游、文化及体育厅长陈国治、国会议员麦家廉、万锦市议员何胡景、旺市市议员杨仕渟出席了大会并向会员代表致辞。协会自创立至今，先后协助了两位会员成功当选省议员兼内阁厅长，一位会员当选多伦多市议员。2011 年 10 月省选，协助了首位华裔女候选人成功当选安省省议员。会长阮汉彰表示希望吸收更多年轻会员，培植新一代领袖人才，并希望在下届联邦大选中提名至少一名华裔候选人，角逐大多伦多选区国会议席。[④]

华人对加拿大选举政治的参与，还表现在积极站出来代表华人直接参选公职或辅助选举。7 月 16 日，虽然距离 2013 年加拿大不列颠哥伦比亚省选还有 10 个月，但多位华裔知名人士包括前温哥华市议员周炯华，以及在联邦选举中落败的王璐等人已经表态，有意争取成为新民主党候选人以进身省议会。[⑤] 8 月 7 日，为迎接 2013 年 5 月举行的省选，加拿大不列颠哥伦比亚保守党党领卡明斯宣布竞选团队的几个重要位置人选，包括委任香港移民，即现任该党财政及官方代表梁翼然为署理竞选经理。[⑥] 10 月 16 日，加拿大不列颠哥伦比亚省自由党宣布，原住民关系及和解厅长华裔张杏芳将继续代表该党在橡树湾—戈登赫德选区出战 2013 年的省选。[⑦] 11 月 30 日，多伦多市长福特因利益冲突案而被褫夺市长资格后，多伦多是否要举行市长补选尚是未知之数，不过被视作头号大热的新民主党华裔国会议员邹至蕙，一直三缄其口，未肯透露是否出选，而福特胞兄市议员德加福特和多伦多公交车局（TTC）主席丝汀兹，则已放出风声，有意竞逐市长职位。[⑧]

---

① 《全加华人保守党联会 20 日举办规模盛大成立晚会》，加拿大华人网，http：//www. sinonet. org/news/ca/2012 - 01 - 16/182208. html。

② 《加拿大华裔参政同盟选举，方启刚出任新一届主席》，加拿大华人网，http：//www. sinonet. org/news/ca/2012 - 03 - 27/194320. html，2012 年 3 月 27 日。

③ 《加拿大华人社团访国会山庄，旁听辩论体验政府运作》，中新网，http：//www. chinanews. com/hr/2012/10 - 07/4228286. shtml，2012 年 10 月 7 日。

④ 《加拿大华人自由党协会会长蝉联，鼓励华人议政参选》，中新网，http：//www. chinanews. com/hr/2012/10 - 31/4291383. shtml，2012 年 10 月 31 日。

⑤ 《加拿大多名华裔表态：愿代表卑诗新民主党出战省选》，中新网，http：//www. chinanews. com/hr/2012/07 - 16/4034716. shtml，2012 年 7 月 16 日。

⑥ 《加卑诗省保守党党领备战省选，华人任署理竞选经理》，http：//www. huarenno1. com/a/huaren/huarenzixun/baodao/2012/0809/52649. html，2012 年 8 月 9 日。

⑦ 《加拿大卑诗省华裔女厅长寻连任，将出战明年省选》，中新网，http：//www. chinanews. com/hr/2012/10 - 18/4257432. shtml，2012 年 10 月 18 日。

⑧ 《民调支持率高，华裔议员首度就竞选多伦多市长表态》，中新网，http：//www. chinanews. com/hr/2012/11 - 30/4371857. shtml，2012 年 11 月 30 日。

华人由于积极参政，已成为当地政坛不可忽视的力量，主流政党纷纷向华人抛出橄榄枝。8月30日，加拿大联邦自由党成立“走进自由党”小组，邀请多位本地华裔小区领袖及专业人士与党的临时领袖李博座谈，讨论如何使用已经成为主流的社交媒体和社交网络接触华裔社群，特别是向年轻一辈的华裔人士介绍自由党，争取他们的支持。[①] 10月10日，加拿大安省进步保守党党魁胡达克与士嘉堡约克区华商会的代表举行圆桌会议，听取华人小区的诉求及关注事务。会上谈及税务、营商环境、公共运输、兴建赌场及公务员冻薪等多方面的问题。胡达克认为，要推动安省经济繁荣，必须加强创造就业机会，减低营商成本及改善公共运输，让省民能够安居乐业。[②]

由于积极参政，华人在2012年的加拿大政坛取得了一些新的突破。9月5日，加拿大不列颠哥伦比亚省省长简蕙芝宣布新内阁名单，填补近日多位厅长相继请辞的空缺，其中包括两位华裔成员。原本由冯宜干出任的省财政厅长一职，将由麦德庄接替。简惠芝同时表示，省府正研究在2013年省选前，推出一些税务优惠措施。至于两位华裔成员——张杏芳和叶志明，则分别担任原住民关系及和解厅长，以及专上教育、创新及科技厅长兼专责多元文化厅长。[③] 9月6日，温哥华警察局长朱小荪获选为加拿大警察局长联会主席，为首位出任联会主席的华裔，亦首位出任“全国一哥”的华裔。加拿大警察局长联会在1905年成立，至今已逾百年历史。该会约有1 000名警队领袖作为成员，包括局长及高层行政人员，9成会员来自加国不同小区。该会的职能是支持及提出有效的执法工作，以保障加国民众的安全。[④] 10月22日，加拿大联邦移民部长康尼宣布，任命华裔律师黄昭宇为温哥华地区全职公民入籍法官，任命将自10月29日起生效，任期为3年。黄昭宇在纽约大学取得文学学士学位后，在蒙特利尔大学就读法律，并取得不列颠哥伦比亚大学普通法的资格证书。他任职律师多年，曾是不列颠哥伦比亚律师学会及魁北克律师学会的会员。[⑤]

2. 对自身权益的维护

加拿大华人对当地政治的积极参与，还表现在积极主动利用当地政治机制，维护自身权益等方面。

3月20日，温哥华500人游行反对种族歧视，华裔参与争取权益。[⑥] 6月18日，加拿大列治文西区一项位于豪宅区的城市屋开发案，在市议会举行公听会，逾150名小区居民涌入举牌表示反对，其中大部分为华裔，陈情市民强调城市屋苑会影响小区的交通以及楼

① 《加拿大自由党党领会华社，争取年轻华裔支持》，中新网，http://www.chinanews.com/hr/2012/09-02/4151316.shtml，2012年9月2日。

② 《加拿大安省进步保守党党魁办圆桌会，听取华人诉求》，中新网，http://www.chinanews.com/hr/2012/10-12/4242974.shtml，2012年10月12日。

③ 《加拿大卑诗省长宣布新内阁名单，两华裔榜上有名》，中新网，http://www.chinanews.com/hr/2012/09-07/4167037.shtml，2012年9月7日。

④ 《加拿大首位华裔当选警察局长联会主席》，中新网，http://www.chinanews.com/hr/2012/09-08/4168738.shtml，2012年9月8日。

⑤ 《华裔律师获加拿大移民部长委任入籍法官，任期三年》，中新网，http://www.chinanews.com/hr/2012/10-24/4273043.shtml，2012年10月24日。

⑥ 《温哥华500人游行反种族歧视，华裔参与争取权益》，中新网，http://www.chinanews.com/hr/2012/03-20/3757300.shtml，2012年3月20日。

价，希望市长马保定及市议员投下反对票。①

在美国众议院于 6 月 18 日通过《排华法道歉决议案》后，加拿大不列颠哥伦比亚省政界和华社人士在 6 月 21 日表示，正促请省府效法美国，对早年歧视华人的历史作出道歉，并把该段史实纳入不列颠哥伦比亚省教材。② 7 月 1 日，在大温哥华多处举行国庆庆典的同时，约 20 名加拿大“人头税”家属会（HTFSC）抗议人士，在华埠华工纪念碑前，要求新当选联邦新政府依照“一份人头税纸，一份偿还”的原则，让所有“人头税”苦主及家属获得平反。③ 9 月 25 日，全加华人协进会（平权会）与“安省华裔人头税家属联盟”宣布，其联合出版的《平反人头税历程特刊》正式面世。这本特刊记录了自 1984 年“人头税”平反运动开始后的各种平权行动，以及大量媒体报道和图片，不久将被送至国会保守党政府手中。④

3. 对祖籍国的政治声援与支持

加拿大华侨华人对政治的参与，还体现在对祖籍国的外交声援上。4 月 26—29 日，第六届世界国会议员西藏大会在加拿大首都渥太华召开，达赖喇嘛出席会议。在会议期间的 28 日，渥太华各界华侨华人在国会山庄举行维护和平、反对分裂中国的和平抗议活动。⑤针对中国和菲律宾两国围绕黄岩岛的主权争议及菲侨游行活动，大多伦多地区多个华人社团的代表于 11 日集会，呼吁菲律宾政府尊重历史，疏导民间的反华情绪，以外交的方式解决纷争，并希望居住在加拿大的两国侨民保持友好和谐、和睦共处。⑥ 9 月 18 日，多个华人团体集会严厉声讨日本所谓“购买”中国钓鱼岛行径，并联合发表了“保卫中国领土钓鱼岛　勿忘国耻 9·18”的声明。该项声明是由全加华人联会、多伦多华人团体联合会、加拿大华人促进中国统一委员会（大多伦多区）、多伦多洪门民治党、加拿大福建社团联合总会、加拿大同乡会联合总会等共同发出的。⑦ 9 月 21 日，加拿大首都渥太华华人地区的华侨华人高呼抗议口号，高唱抗日歌曲，前往日本驻加拿大使馆示威。这是渥太华华人团体第二次在日本使馆门前举行抗议活动，并再次向日本驻加拿大大使馆发出抗议信。抗议活动是由渥太华中华会馆、华人社团联合会、加华文化基金会、渥太华洪门民治党、台山同乡会、潮州同乡会、渥太华华人陵园基金会、渥太华华联总会、龙岗亲义公所、渥太华中国校友会、渥太华北京校友会、清华大学校友会和复旦大学校友会 13 个华侨华人团体联合发起的。这些来自中国大陆、台湾和香港两岸三地，以及东南亚各国的华

---

① 《加列市 150 市民公听会陈情，华裔反豪宅区建城市屋》，中新网，http://www.chinanews.com/hr/2012/06-20/3976839.shtml，2012 年 6 月 20 日。

② 《加拿大政要华社促卑诗省效法美国为昔日排华道歉》，中新网，http://www.chinanews.com/hr/2012/06-21/3979484.shtml，2012 年 6 月 21 日。

③ 《指不足 1% 获赔偿，加拿大华社抗议促彻底平反人头税》，中新网，http://www.chinanews.com/hr/2012/07-03/4003425.shtml，2012 年 7 月 3 日。

④ 《加拿大华社推平反人头税历程特刊，面世将送国会》，中新网，http://www.chinanews.com/hr/2012/09-27/4215643.shtml，2012 年 9 月 27 日。

⑤ 《渥京开西藏大会谈藏独　多伦多华人明日去示威》，加拿大华人网，http://www.sinonet.org/news/ca/2012-04-27/200181.html，2012 年 4 月 27 日。

⑥ 《30 菲侨就黄岩岛事件游行　大多区华社吁尊重历史》，加拿大华人网，http://www.sinonet.org/news/ca/2012-05-13/202986.html，2012 年 5 月 13 日。

⑦ 《多伦多各界华人团体发表声明声讨日本侵略钓鱼岛》，中新网，http://www.chinanews.com/hr/2012/09-19/4194000.shtml，2012 年 9 月 19 日。

侨华人高擎着五星红旗和加拿大国旗，以及中英文抗议标语牌，振臂高呼抗议口号：“反击日本的挑衅行为！”“钓鱼岛是中国的固有领土！”“钓鱼岛不容日本非法霸占！”“日本立即从钓鱼岛滚出去！”①

（四）华侨华人经济

加拿大华人经济在2012年也有一些新气象，最突出的是华人超市业的发展。比如，4月17日，针对加拿大万锦市两个华人商场及超市希望破例于公共假日营业的请求，该市发展服务委员会展开讨论并投票，以微弱多数通过了支持该请求的两个动议。提出该请求的分别为位于肯尼迪路与丹尼森街交界处的丹尼森中心，以及麦考恩路与7号公路交界处的丰泰超市。万锦市区域议员李国贤提出动议支持丹尼森中心得到豁免权，副市长许正杰（Jack Heath）则提出动议支持丰泰超市得到豁免权。两个动议依次由许正杰和另一名市议员赵善江附议，最后分别以8票比5票和7票比6票的比数通过。华裔市议员何胡景认为万锦市不少新移民对于工作机会有迫切的需求，若能多些商户在节假日营业，会为这些新移民提供更多的工作机会。② 5月2日约克区域议会批准了这两个动议。由于这两个超市地处旅游区，夜间经营将极大地提高其经济收入。

多伦多超市业的领军集团——华盛超市集团旗下新店全保食品超市于2012年12月8日正式揭幕，为士嘉堡中部的住户和商企、通勤人士提供多元化的商品、高质量的服务，方便快捷地满足人们的日常所需。多伦多的居民有一半以上都是海外出生的移民。位于多伦多士嘉堡中部的新店致力于服务各多元化族裔，在管理层、员工、商品、分区等各层面都反映出多元化的特点，超市贩卖的货品和食物也可以同时满足华裔、印度、巴基斯坦、斯里兰卡、孟加拉、阿富汗、菲律宾、加勒比、南美、东南亚、韩国、日本、中东以及欧洲、北美本地各族裔顾客所需，好似一个超市中的“联合国”。新店还对一些失业人员进行对口的工作经验训练，让他们有机会重新加入劳动大军，有能力自食其力。华盛集团总裁李贵先于12年前辞去安省核电公司工程师的职务，与两名合作伙伴在唐人街开设了第一间超市，如今已有7间大型的华盛超市公司遍布万锦、密西沙加、士嘉堡、北约克，从华人超市到服务各族裔社区的全保食品超市，从几十个雇员到现在为社会解决就业问题，华盛集团的发展路程稳健、踏实，又勇于创新，具有企业责任感。③

在2012年，华人餐馆业也有好消息。11月23日晚，在多伦多打入主流市场经营餐饮业有成的文华餐厅副总裁张昆筑，荣获英女王登基60周年钻禧奖章，在其位于万锦市的连锁店接受国会议员尺素颁奖及移民部长康尼代表总理哈珀的贺函。台湾移民且目前身兼台湾“侨务咨询委员”的张昆筑，1979年与3位合伙人共同创立文华餐厅，从一家小店，成为目前拥有22家店的知名成功企业。32年一路走来，文华餐厅可说是苦尽甘来。④

---

① 《加拿大渥太华侨界再次向日本驻加使馆发出抗议信》，中新网，http：//www.chinanews.com/hr/2012/09-21/4201467.shtml，2012年9月21日。

② 《加万锦市两华人商场超市可望假日营业　市府过首关》，中新网，http：//www.chinanews.com/hr/2012/04-19/3830860.shtml，2012年4月19日。

③ 《华盛超市集团新概念巨型超市Al Premium即将开业》，多伦多在线，http：//www.torcn.com/bbs/deal/16844.html，2012年11月22日。

④ 《多伦多文华餐厅副总裁张昆筑　获女王钻禧奖章》，加拿大华人网，http：//www.sinonet.org/news/ca/2012-11-25/238384.html，2012年11月25日。

在2012年，知名华裔服装设计师吴季刚的平价服饰风靡多伦多，成为华人经济一道亮丽的风景。2月23日，知名华裔服装设计师吴季刚与美国塔吉特百货时尚品牌连锁店共同策划的一日服饰店，在多伦多市中心开幕。由于吴季刚在时装界有高知名度，且又是塔吉特百货第一次在多伦多推出一日服饰店，因此吸引了大批多伦多地区追求时尚的人士前往“朝圣”与热烈抢购。大多伦多地区追求时尚的人士对于吴季刚服饰的喜爱程度几近于疯狂。定于中午12时开幕的店门口，一大早就有人在外排队等候，虽然全店卖的都是女性的服装和少量的围巾、手提袋，但排队的人群中不乏给女友或妻子选购礼物的男士。①

（五）华侨华人社团

加拿大华侨华人社团众多，活动频繁。在2012年，这些社团活动集中在中国传统节日、中国与加拿大国庆、社团纪念大会。一些新的社团也有组建。

对中国人的传统春节，加拿大华侨华人社团多予以高度重视，举办各种大型活动，一方面加强华侨华人内部、华人社区与当地社会的联谊，另一方面也向加拿大社会展现华人的风采与文化。比如，2月5日，加京中华会馆举行2012年春节庙会。这是渥市侨界迎接中国农历新年的又一大型活动，现场气氛热闹，充满浓郁的中国特色。渥太华市长沃森等官员也兴致勃勃地参加庙会活动。②

庆祝中、加国庆节，纪念加拿大国殇日也是华侨华人社团的重要活动之一。7月1日，全加华人联会在多伦多市中心举办第十二届加拿大国庆节庆祝活动，同时，东区华商会等也举办第十九届河谷公园国庆同乐日。从2000年开始，由全加华人联会发起、联合多伦多华人社团举办的“我爱加拿大，加拿大是我家”加拿大国庆活动，每年均吸引了数千人参加。2012年的活动主题不变，分游行、向铁路华工纪念碑献花、晚宴三个部分。③ 9月16日，渥太华侨界庆祝中华人民共和国成立63周年招待会暨渥太华华人社团联合会（华联会）新一届成员就职仪式举行，中国驻加拿大大使章均赛出席并发表讲话。华联会新任主席吴膺莉代表渥市侨界致辞，表示华联会将继续服务和团结渥太华侨胞，为家乡建设和中加关系发展出力。渥市侨界代表约300人参加活动。④ 11月11日，在加拿大国殇日，温哥华华埠举行纪念活动，缅怀先侨华人开通太平洋铁路与华裔军人对加拿大的贡献，三级政要不分党派均出席这场庄严隆重的纪念仪式。纪念活动由温哥华中华会馆、加拿大华裔军事博物馆、大温哥华中华文化中心及中侨互助会联合侨界举办。⑤

侨团成立纪念活动是2012年加拿大华侨华人社团活动的重头戏。5月6日，渥太华潮州会馆庆祝成立14周年。5月26日，福建社团联合总会晚宴在多伦多举行，千余人参加。

---

① 《知名华裔服装设计师吴季刚平价服饰风靡多伦多》，加拿大华人网，http：//www. sinonet. org/news/ca/2012 - 02 - 25/188876. html，2012年2月25日。

② 《加京中华会馆2012年春节庙会举行》，中华人民共和国驻加拿大大使馆网站，http：//ca. china - embassy. org/chn/xw/t902260. htm，2012年2月5日。

③ 《加拿大将迎来国庆，华社筹办第12届庆祝活动同乐》，中新网，http：//www. chinanews. com/hr/2012/06 - 28/3993931. shtml，2012年6月28日。

④ 《驻加拿大大使章均赛出席渥太华侨界举行庆祝国庆63周年招待会》，中华人民共和国驻加拿大大使馆网站，http：//ca. china - embassy. org/chn/xw/t970323. htm，2012年9月17日。

⑤ 《加拿大国殇日温哥华举行纪念活动肯定华裔贡献》，中新网，http：//www. chinanews. com/hr/2012/11 - 13/4324092. shtml，2012年11月13日。

福建社团联合总会主席欧阳元森在晚宴中总结了福建社团近两年来为华人社区以及对在加华裔群体所作出的贡献。[①] 9月8日，全加华人联会成立20周年庆典开幕式举行，中国驻多伦多总领事房利，加拿大联邦国会议员詹嘉礼、安省议员黄素梅、万锦市长薛家平等加拿大三级政府代表，全加华人联会荣誉执行主席陈丙丁、执行主席蔡宏安和其他五大区共同主席，以及全加各地华社代表等各界嘉宾、侨胞近100人出席。全加华人联会正式成立于1992年，系全加性质华人社团组织，吸收了全加300多个重要华人社团作为会员单位。该会的成立起于当时加拿大华社争取平反华人“人头税”运动。经多年努力，2006年华人“人头税”终于得以平反，加联邦政府就19世纪末至20世纪初执行的“人头税”政策及排华法案给华人移民带来的不公正待遇正式道歉。[②] 9月8日，卡尔加里越棉寮华裔联谊会举行新一届理事会就职典礼及联谊会成立29周年联欢晚会，阿尔伯塔省国际关系厅副厅长、省议员鲍胡婴仪、省议员韦恩·曹（Wayne Cao）和各侨社代表共400余人参加，驻卡尔加里副总领事王宪民应邀出席并致辞。[③] 9月9日，卡尔加里举行洪门民治党成立101周年纪念活动，刘永凤总领事应邀出席并致辞。加拿大国会议员米歇尔·伦佩尔、阿尔伯塔省议员韦恩·曹，以及来自埃德蒙顿等多个城市的洪门代表和卡城当地侨胞等600多人参加了此次活动。[④] 9月9日，温哥华台山会馆成立115周年庆典活动举行，中国驻温哥华总领事刘菲，加拿大联邦政府国会议员、耆老事务国务部长黄陈小萍，不列颠哥伦比亚省议员李灿明及温哥华市议员邓剑波等出席。据了解，1880—1885年，共有1.7万多名华工参与修建加太平洋铁路，其中约1万人来自台山地区。他们当中很多死于疾病、工伤或被野兽吞噬。该铁路的建成是不列颠哥伦比亚省最终加入联邦的决定性因素。台山老侨对加另一贡献是踊跃从军。他们或在加国服役，或远征欧亚非战场，捍卫了世界的和平，为加拿大赢得了荣誉。为表彰温哥华台山会馆为当地所作的突出贡献，温哥华市政府把2012年9月9日确定为“温哥华台山会馆日”。[⑤] 9月18日，东安大略省台山同乡会成立19周年晚会举行，贺毅群公参应邀出席并致辞。9月22日，卡尔加里五邑同乡会成立21周年纪念活动举行，王宪民副总领事应邀出席并致辞。10月20日，加拿大温哥华禺山总公所成立73周年庆典活动举行，中国驻温哥华总领事刘菲、加拿大国会议员杨萧慧仪、不列颠哥伦比亚省议员李灿明及温哥华市长罗品信、议员邓剑波等出席。加拿大温哥华禺山总公所是大温哥华地区会员人数最多、有重要影响力的侨团。[⑥] 10月23日，温哥华潮州同乡会成立25年，驻温哥华总领事刘菲表示祝贺。潮州同乡会是不列颠哥伦比亚省有较大影响力的华人社团之一，自成立以来秉承潮州人文化传统，发扬潮州人精神，

---

① 《福建社团联合总会晚宴在多伦多举行，千余人参加》，加拿大华人网，http：//www. sinonet. org/news/ca/2012 - 05 - 26/205370. html，2012年5月26日。

② 《中国驻多伦多总领事房利出席全加华人联会成立20周年庆典开幕式》，中华人民共和国驻多伦多总领事馆网站，http：//toronto. china - consulate. org/chn/xw/t967472. htm，2012年9月9日。

③ 《王宪民副总领事出席卡城越棉寮华裔联谊会成立29周年晚会》，中华人民共和国驻卡尔加里总领事馆网站，http：//calgary. china - consulate. org/chn/xwdt/t968104. htm，2012年9月11日。

④ 《刘永凤总领事出席卡城洪门101周年纪念活动》，中华人民共和国驻卡尔加里总领事馆网站，http：//calgary. china - consulate. org/chn/xwdt/t969767. htm，2012年9月14日。

⑤ 《刘菲总领事出席温哥华台山会馆成立115周年庆典活动》，中华人民共和国驻温哥华总领事馆网站，http：//vancouver. china - consulate. org/chn/news/t969746. htm，2012年9月13日。

⑥ 《刘菲总领事出席加拿大温哥华禺山总公所成立73周年庆典活动》，中华人民共和国驻温哥华总领事馆网站，http：//vancouver. china - consulate. org/chn/news/t981854. htm，2012年10月22日。

团结互助、和谐发展。潮州人为加国政治、经济、文化发展，弘扬中华优秀传统文化，促进中加友好往来作出贡献。如今，在不列颠哥伦比亚省各领域都能看到潮州籍乡亲的身影，当中不乏佼佼者，例如加国国会议员、耆老事务国务部长黄陈小萍的祖籍就在潮州。[①]

在2012年，还有一个社团活动值得一提。8月28日，加拿大华人社团联席会会所乔迁典礼举行。中国驻温哥华总领事刘菲应邀出席，加拿大不列颠哥伦比亚省议员、亚太事务秘书李灿明出席。华人社团联席会在促进当地经济发展、团结侨社、弘扬中华文化等方面都作出了较大贡献，其规模也在不断壮大，目前已有近70家会员社团。加拿大华人社团联席会是一个由69家社团组成的联合型侨团，会员以新移民为主。加诚俱乐部是联席会成员社团之一，把公司部分办公场所无偿提供给华联会使用。[②]

在2012年，加拿大华侨华人还成立了2个新的社团。3月14日，渥太华华人中老联谊社成立。9月25日，加拿大中国商会在多伦多成立。加拿大中国商会是由在加投资的中国企业组成的非营利性商会，总部设在多伦多市。商会宗旨是服务会员，维护中资企业的正当权益，促进中加经贸关系发展和两国企业间的交流与合作。[③]

（六）华文教育

在华文教育方面，2012年的进展为两座孔子学院的成立。1月24日，加拿大卡尔顿大学孔子学院开课仪式正式举行。该孔子学院全名为“加拿大首都文化、语言及商务孔子学院”，由加拿大卡尔顿大学与孔子学院总部于2010年12月签署合作协议并与华中师范大学合作共同建设。该院具有综合特性，不仅开展汉语教学、带动大学加强关于中国问题研究和教学，同时发挥地处首都的优势，为加拿大联邦政府机构和主要企业商会提供咨询与培训，以逐渐成为一个中国问题研究平台为发展目标。[④] 6月18日下午，由北京理工大学与萨斯喀彻温大学合作建设的萨大孔子学院揭牌仪式在萨斯喀彻温大学隆重举行。中国驻加拿大大使章均赛、驻卡尔加里总领事刘永凤、萨斯卡通市市长唐纳德·艾奇逊、萨斯喀彻温大学校长皮特·麦金农、北京理工大学副校长赵长禄等约200人出席了该仪式。

至此，加拿大一共有孔子学院14所。孔子学院的设立，不仅将在加拿大的大、中、小学汉语教学中发挥积极作用，也将在鼓励和支持更多加拿大学生赴华留学，培养更多了解中国、致力于中加友好的“青年民间大使”方面发挥积极作用。[⑤]

---

① 《温哥华潮州同乡会成立25年，驻温哥华总领事刘菲表祝贺》，中新网，http：//www. chinanews. com/hr/2012/10－23/4268943. shtml，2012年10月23日。

② 《加拿大华人社团联席会会所乔迁典礼举行》，中华人民共和国驻温哥华总领事馆网站，http：//vancouver. china－consulate. org/chn/news/t965438. htm，2012年8月31日。

③ 《加拿大中国商会在多伦多成立》，中华人民共和国驻加拿大大使馆网站，http：//ca. china－embassy. org/chn/xw/t976371. htm，2012年9月26日。

④ 《驻加拿大使馆教育公参张兰春出席卡尔顿大学孔子学院开课仪式》，中华人民共和国驻加拿大大使馆网站，http：//ca. china－embassy. org/chn/xw/t899559. htm，2012年1月29日。

⑤ 《驻加拿大大使章均赛出席萨斯喀彻温大学孔子学院揭牌仪式》，中华人民共和国驻加拿大大使馆网站，http：//ca. china－embassy. org/chn/xw/t943689. htm，2012年6月21日。

四、加国政治经济形势变化对华侨华人的影响

在2012年，加拿大有两大政治经济变化对加拿大华侨华人社会造成了较大的影响。一是在2月哈珀总理访华期间，中加两国确立了在从2012年开始的未来5年内双方互派10万留学生的目标，这将为当地华文教育的兴盛提供良机。

二是关于永久居民身份的政策。永久居民身份政策涉及两个方面，第一是有关永久居民身份的取消。据加拿大入境服务局的数字显示，2012年头5个月加拿大全国总共有695人因为在加拿大居住时间不满足要求而失去移民身份，光是太平洋沿岸华人聚居的不列颠哥伦比亚省就有175名来自中国大陆、台湾和香港两岸三地的中国移民丧失身份，这相当于每天有1名华人加拿大移民丧失身份，其中包括18名香港人和64名台湾人。作为加拿大永久居民的一个重要条件是5年内必须在加拿大住满2年，但现在有许多加拿大华人移民却长期在中国大陆、香港或台湾工作、生活，如果他们5年内在加拿大居住时间不到两年，那么在进入加拿大边境后有可能会被叫到边境服务局办公室询问并接到移境令，必须在30天内离开加拿大，并被取消永久居民身份。[①] 这一政策将对1997年香港回归前后移民加拿大的香港“双飞人”影响巨大，这些人本来生意和工作主要还是在香港，这一规定将迫使其要么放弃加拿大永久居民身份，要么花更多时间待在加拿大。

关于永久居民身份政策的第二方面内容则涉及永久居民身份的取得条件。2012年8月，加拿大政府提出一项关于技术移民的政策，有意将对移民的语言要求提升至“最重要的甄选移民因素”。[②] 新政策的结果将会带来更多欧洲语系移民，而中国移民势必减少。不过，这一减少可能会被另一项政策所抵消。12月16日，加拿大联邦移民部长康尼在新闻发布会上称，政府计划2013年批准24万～26.5万名移民，将会减少技术移民名额，增加有工作经验类移民的名额，以鼓励已经在加拿大留学或工作的学生或工作者申请移民。加拿大联邦移民部长康尼宣布，临时海外熟练技工在加拿大满12个月工作经验，即可申请加拿大有工作经验类移民项目，以成为加拿大永久居民，较原定要求提早一年。另外，海外留学生毕业后可留加36个月，以争取工作经验，较现时的24个月期限为多，方便他们达到申请有工作经验类别移民项目的最低资格。有工作经验类别移民项目于2008年推出以来，已接纳20 000个海外留学生及熟练技工的永久居民申请。加拿大移民部期望，2013年透过计划接纳多达10 000个永久居民申请，届时较2009年的2 545个申请个案将大幅上升。加拿大联邦移民部长康尼称之所以这么做，是因为历史数据表明已经在加拿大学习工作的移民有更好的机会获得经济和社会地位的成功。康尼指出，有工作经验类移民项目修订，可更灵活迎合永久居民申请人需要，吸引更多有利于加拿大经济的人才，大大满足就业市场需求。“有工作经验类别移民项目已成为加拿大最快速成长的经济移民计划，

① 《2012年前5月加拿大175名华人移民被迫放弃移民身份》，出国在线，http：//www.chuguo.cn/news/206656.xhtml，2012年6月10日。

② 《加拿大提高移民语言要求　或将减少来自中国移民》，中新网，http：//www.chinanews.com/hr/2012/08－19/4117004.shtml，2012年8月19日。

是我们吸引世界各地最杰出优秀人才计划的一部分。”①

这种对所谓经验移民的照顾在地方上实行得更早一些。实际上，从 2 月开始，不列颠哥伦比亚省和安大略省就相继放宽了 PNP 移民②中对硕士以上学位留学生移民的限制，凡在不列颠哥伦比亚省取得自然科学、医疗及应用科学博士、硕士学位的国际学生，无须取得加国雇主聘用证明，即可直接申请 PNP 移民，而且其批准过程比一般技术移民要快，通常只要 6 — 8 个月，比普通移民要 3 — 4 年的时间快很多。PNP 的名额也比联邦给出的配额高出很多。2011 年 PNP 配额 4 万人，2012 年估计会超过 4. 5 万人。③

这一关于永久居民身份取得条件放宽的政策，主要对中国留学加拿大的人产生巨大影响。2011 年中国留学生进入加国的总人数为 98 378 人，中国已成为留学加拿大第一大生源国。④ 2012 年，加拿大共为中国学生签发了 25 245 个留学签证，比 2011 年的 21 812 人增加了 3 433 人，增长率为 15. 7% 。⑤ 这意味着这些人将会更容易成为加拿大永久居民，为加拿大华侨华人增添新生力量，并且改变其知识和人才结构比例。这一政策当然也会刺激更多中国留学生将加拿大当作留学首选国，从而也为加拿大华侨华人社会日益壮大提供更厚实的基础。

---

① 《加拿大技术移民放宽：毕业留学生居加时间延长一年》，出国在线，http：//www. chuguo. cn/news/214191. xhtml，2012 年 12 月 16 日。

② 所谓 PNP 计划，即 Province Nominee Program，是由每个省自行制定政策，申请人可以直接向省内提交申请。由于 PNP 计划不需要接受加拿大移民局（CIC）评估，其申请标准和申请周期都要比 CIC 的申请难度小。

③ 《加拿大开始实行移民新规　硕士以上大开绿灯》，出国在线，http：//www. chuguo. cn/news/214240. xhtml，2012 年 12 月 17 日。

④ 《中国赴加拿大留学生人数再居首》，http：//chinese. usqiaobao. com/2012 – 05/14/content_ 1372828. htm，2012 年 5 月 14 日。

⑤ News Release — Canada Welcomes Record Number of Immigrants，Visitors and Students from China in 2012，http：//www. cic. gc. ca/english/department/media/releases/2013/2013 – 03 – 04c. asp.

美　国

近一年来，中美关系总体上保持稳定发展态势，不过由于两国在经济和地缘政治上的竞争，美国民众和政商界精英对于中国崛起的担忧有上升趋向。中国移民的命运深受中美关系的影响。近代中国积贫积弱，所以华人受到《排华法》等一系列种族歧视法令的压制。现今，华侨华人已基本与美国白人及其他各少数族群享有平等的地位，彼此之间相处大体上较友好，当然残存的种族歧视依然存在。华人注重族群内与跨族群的动员，争取和维护平等权益，同时积极参政，不断有华人政界精英跻身美国联邦和地方政治舞台。华人更以其教育水平高、专业技术人士多、收入水平高而引人注目。不过，华侨华人两极分化的现象也很明显，有不少人从事低端行业。华侨华人有组织起来团结互助的传统，今天依然延续。在当今美国华社中，有少数社团已有百余年的历史，更多的社团是在近三四十年间因新移民迅速增长而新成立的各类团体——同乡会、专业协会、商会、校友会、政治团体、文化团体等。华文教育和华文传媒也因新移民的增加而蓬勃发展。由于新移民持续涌入，当今美国华社依然以第一代移民为主体。华侨华人的命运会受到美国经济发展态势和中美关系波动的影响，反过来华侨华人在中美间的桥梁作用也越来越受到中美两国领导人的重视。

一、美国基本国情

美国概况

国家全名	美利坚合众国	地理位置	本土位于北美洲中部，另有阿拉斯加州位于北美大陆西北方，夏威夷州则为太平洋中部的群岛	领土面积	962.9万平方公里
首都	华盛顿	官方语言	英语	主要族群	欧洲各族后裔、拉美裔、非洲裔、亚裔、印第安裔
政体	联邦共和立宪制国家	执政党/主要反对党	民主党/共和党	现任国家元首/政府首脑	巴拉克·奥巴马

（续上表）

人口数量	3.15 亿①	华侨华人人口数量	约418 万②	华侨华人占总人口比例	1.3%
GDP/人均 GDP	15.8 万亿美元/5 万美元③	CPI	-0.3%④	失业率	7.8%⑤

二、美中关系

近年中美领导人对两国关系的定位是“相互尊重、互利共赢的中美合作伙伴关系”，其中经贸关系是两国关系的“压舱石”。2012 年，美中关系总体上保持稳定发展态势，但两国的竞争和互疑度上升。据中国统计，2012 年前 10 个月中美双边贸易额同比前一年增长 9.1%。美中贸易全国委员会近期公布的一项调查报告显示：对美国企业而言，中国意味着 2 500 亿美元的大市场，2/3 的公司认为过去一年它们在中国的营业收入增幅超过 10%，75% 的公司表示它们在中国业务的利润率高于全球市场的平均利润率，94% 的受访企业把中国作为全球业务的重中之重。⑥ 不过，由于近几年美国经济复苏乏力，而中国经济总体发展态势良好，一些美国精英和民众对中国的疑虑加重。有中国学者表示，以前提中美关系“合作与竞争并重”，合作是主流，可当下定义中美关系，是“竞争与合作交织，竞争一面在上升”。⑦

2012 年是中美两国政治领袖交接的关键年，美国华人精英组织百人会（Committee of 100）和皮尤研究中心（Pew Research Center）均开展了美中两国人民对中美关系关键问题看法的民意调查，并发布了相关研究报告。百人会在 4 月举行年会期间发布了《中国人和美国人对彼此的态度：2012 年民意调查报告》（U. S. China Public Perceptions：Opinion Survey 2012）⑧。该调查显示：总体上一半以上的美国人（普通民众占 55%，民意领袖占

---

① U. S. Census Bureau，January 1，2013.

② 据2010 年美国人口普查，美国华人人口是4 014 114 人，占亚裔族群的23.2%，参见 Elizabeth M. Hoeffel et. al，“The Asian American Population：2010”，U. S. Census Bureau，March 2012。而据2012 年美国人口普查局新发布的《2011年美国社区调查》（“American Community Survey 2011”）估算，“华人”（除“台湾人”外）为4 007 372 人，“台湾人”为 178 499 人，两相合计，在美华人总数约达到4 185 871 人（含纯血统和混血者），其中纯血统华人约有3 520 150人；参见 U. S. Census Bureau，2011 American Community Survey 1 - Year Estimates：Asian Alone or in any Combination by Selected Groups & Asian Alone by Selecteds Groups。

③ 数据截至2012 年第三季度，参见 U. S. Department of Commerce，“Gross Domestic Product：Third Quarter 2012”，Released：Dec 20，2012。

④ 数据截至2012 年 12 月，参见 U. S. Bureau of Labor Statistics，Key Economic Indicators。

⑤ 数据截至2012 年 12 月，参见 U. S. Bureau of Labor Statistics，Key Economic Indicators。

⑥ 《分析称中美经贸合作稳步推进》，《星岛日报》，2012 年 12 月 19 日。

⑦ 《美媒称中美互疑度空前　建议适应中国崛起》，《星岛日报》（美东版），2012 年 11 月 19 日。

⑧ 在美国的调查是，2011 年 12 月 14 日至2012 年 1 月 31 日期间完成的，共有 1 400 名受访者，其中 1 000 名是从 18 岁以上普通民众中抽选的，另 400 名则是商界精英、民意领袖、政策制定者等。在中国的调查是 2011 年 12 月中旬至 2012 年 1 月中旬完成，共有 4 135 位受访者，其中 3 775 位为普通公众，378 位是商业精英、民意领袖等。因篇幅所限，本文主要引用美国一方的调查结果，关于中国一方的调查结果，可见报告原文。

62%，商业精英占72%，政策制定者占47%）对中国有好感。但与此同时，六成左右的美国人（普通民众占56%，商业精英占67%，民意领袖占63%）认为中国的经济增长会对美国构成严重或潜在威胁。对于中国的军事力量，一半以上的美国公众和精英认为对美国构成潜在威胁，另有超10%的人认为构成严重威胁。论及两国的共同利益和利害关系，绝大多数美国民众（63%）、民意领袖（83%）和商业精英（81%）认为美国最重要的伙伴是中国，超过了英国和日本。经贸关系一直在中美关系中占首要地位，绝大多数美国人（普通民众占76%，商业精英占90%左右）认为美中贸易有利于本国经济；可是美中贸易逆差又是美国人最顾虑的两大问题之一，仅次于所谓工作机会向中国流失的问题。从对中国的信任度看，在受访者中选择很信任中国的比例，美国民众仅占8%，民意领袖、商业精英和政策制定者仅占3%～4%；有一半以上的美国大众和商业精英认为只能信任中国少许或根本不能信任。①

皮尤研究中心2012年11月1日发布的《美中两国人民的彼此看法》（How Americans and Chinese View Each Other）的研究报告则揭示：过去一年在美国和中国的民调显示，两国在一些问题上关系有紧张的趋向，表现在对彼此的负面看法上升，以及对经济和政策的担忧。中美在经济和地缘政治上的竞争，使得美国民众对中国的看法趋向强硬。尽管65%的美国人认为中美关系良好，66%的美国人将中国视为竞争对手而不是敌人，但同一民调也显示，68%的美国人认为中国不太值得或根本不能信任。59%的美国人担心中国的经济实力。主张对中国更强硬一点的美国人比主张与中国建立更巩固关系的美国人多（49%：42%），相比2011年3月增长了9%。这样一种情绪主要源于美国人对美中贸易不平衡的普遍担忧。61%的美国人认为美中贸易逆差是很严重的问题；71%的美国人认为工作机会向中国流失是很严重的问题；78%的美国人认为因贸易逆差导致中国持有美国大量债权是很严重的问题。② 可见，美中关系虽然总体表现良好，但隐忧也不小。

三、美国华侨华人概况

（一）移民史略

中国人成批移民美国的历史已逾160年。1848年美国西部加利福尼亚发现金矿的消息传到中国后不久，广东沿海三邑和四邑的青壮年男子开始成批涌向美国“淘金”。“淘金热”过去后，华工继而被招募修筑中央太平洋铁路，一些人流往城镇从事轻工业、杂货零售业、餐饮和洗衣业等，还有一些人靠农业和渔业为生。1870年代末，加州掀起了排华浪潮，并迅速席卷西岸，促使美国国会于1882年通过《排华法》，禁止华工入境，亦不准华侨入籍。居美华人在就业、居住、教育、婚姻等各方面均受到各种歧视法令的限制。这一排华法之后又经数次修正延长，直到1943年才被废除，华人获得105名的象征性入境限额及归化入籍权。1965年美国颁布新的《移民与国籍法修正案》，彻底废除了种族歧视性

---

① Committee of 100，“U. S. China Public Perceptions：Opinion Survey 2012”，Released April 19，2012，pp. 20，31，33，36，37，39，42，48，56－57，60，66－67，72－74，79.

② Pew Research Center，“How Americans and Chinese View Each Other”，Released November 1，2012；Bruce Stroke，Pew Research Center，“U. S-China Economic relations in the wake of U. S. Election” Released December 10，2012.

条款，给予各国申请人平等待遇。最初分配给中国的2万名移民配额主要由台湾享用，至1979年中美建交后，美国给予中国大陆和台湾各2万名配额，也另给香港一些移民配额。此后，华人新移民数量激增，而且来源地趋向多元化。中国大陆各省市新移民在1990年代之后超过台湾地区的移民。此外，还有数量不少的东南亚印支华人难民及世界其他国家的华人再移民。不同来源地的华人移民，加上本土出生的华裔，使得美国华人社群多彩多姿。

（二）华侨华人与当地民族关系

现今美国华侨华人与早期中国移民被排斥、歧视和孤立的生存状态迥然不同，他们与美国白人及其他各少数族群享有平等的社会政治地位，彼此之间相处大体上较友好，但与不同种族（族裔）的关系稍有差异。皮尤研究中心2012年6月发布的《亚裔美国人的崛起》（The Rise of Asian Americans）调查报告①揭示：华人与白人和其他亚裔族群的关系要比与非洲裔和拉丁美洲裔的关系好。大约2/3的受访华人认为本族群与白人相处较好，17%的人认为两者关系非常好，只有8%的人说不太好或一点都不好。同样，66%的华人认为与其他亚裔群体相处较好，18%认为非常好，仅约10%说不太好或一点都不好。而华人对与拉丁美洲裔关系的看法就不是很乐观，选择不太好或一点都不好的比例达到20%，仅有9%的人说非常好，60%的人说比较好。华人对与非洲裔关系的看法显得更糟，33%的人说不太好或一点都不好，47%的人说比较好，仅7%的人说非常好。②

衡量华人与其他种族（族裔）关系的另一种方式是看华人的跨族通婚率及对它的态度。从跨族通婚率看，2008—2010年新婚的华人中，与非亚裔的通婚率达到26%，与其他亚裔的通婚率为6%。③ 从华人对跨族通婚的态度看，大约一半左右的华人认可子女与他族（亚裔或非亚裔）结婚，对与白人结婚的接受程度最高，对与非洲裔结婚的接受程度最低。④

还有一种审视种族（族裔）关系的角度，是看华人对于歧视的感知。皮尤研究中心的问卷调查揭示：华人对于种族歧视的感受在各亚裔群体中是比较强的（与韩裔不相上下），有16%的华人认为对本族群的歧视是个大问题，56%的华人认为它是个小问题，24%的华人认为不是什么问题，有21%的华人反映过去一年内自己曾遭受歧视，10%的华人说自己曾遭辱骂。⑤ 从上述调查数据看，针对华人的种族歧视虽然不再是很严重的问题，但依然存在。关于华人的一些成见依然不时出现，一些种族主义分子不时制造反华言论和针对华人的暴力事件。特别是当前美国经济形势不好，而中国经济发展迅速，军事力量壮大，美国有人心生嫉妒，煽动反华情绪，华人很容易成为替罪羊。美国洛杉矶数家月子中心在网页上宣传生个“美国宝宝”好处多，比如可以合法拥有美国国籍和享受美国免费的公立教育等，以招揽中国孕妇赴美生产。有学者指出，此举容易造成本地居民的排华情绪。比如

① 这份调查报告是基于美国人口普查局的社区调查数据和对全美抽选出的3 511位18岁以上成年亚裔美国人（其中728位为华人）的问卷调查写成的。

② Pew Research Center, “The Rise of Asian Americans”, Released June 19, Revised July 12, 2012, p. 94.

③ Pew Research Center , “The Rise of Asian Americans”, Released June 19, Revised July 12, 2012, pp. 13, 32, 96.

④ Pew Research Center, “The Rise of Asian Americans”, Released June 19, Revised July 12, 2012, pp. 97, 99.

⑤ Pew Research Center, “The Rise of Asian Americans”,Released June 19, Revised July 12, 2012, pp. 40, 100, 104.

2012 年 12 月初在奇洛岗市就发生过当地居民抗议华人月子中心的事件。[①]

为了与残存的种族歧视作斗争，以争取和维护平等权益，华人与其他亚裔族群乃至非洲裔和拉美裔建立联盟，在一些民权议题上联合行动。这种泛亚（太）裔联盟和跨种族的彩虹联盟可以追溯到 20 世纪 60 年代末，现今更趋普遍和发达。但华人与非洲裔和拉丁美洲裔的关系既有合作，也有冲突。在移民权利、社会福利、肯定性行动计划、反种族歧视和暴力等问题上，华人与非洲裔、拉美裔等有共同的诉求。不过，由于华人比非洲裔和拉美裔较为富有，常常会招致嫉恨，引来上述两个族群少数人的偷盗、抢劫甚至谋杀。在华人聚居的旧金山湾区（特别是治安较差的奥克兰）和纽约等地，这类事件不断发生。

（三）华侨华人的政治参与

在 2012 年美国大选中，华人政界精英创造出新的辉煌。从联邦国会到地方城市，都能看到华裔参选人身影。尤为引人注目的是，美国众议院历史性地诞生了三位华裔女众议员，她们分别是美东地区第一位亚裔及华裔国会众议员孟昭文；从政长达 27 年、加州历史上首位获连任的华裔国会众议员赵美心；有一半华裔血统的谭美·达克沃斯。赵美心在 2012 年 6 月推动国会众议院通过了《排华法》道歉案，可以说是华人争取平等权利的重大胜利。她还在此次大选中担任奥巴马竞选委员会全美共同主席，是主席团中唯一的亚裔。孟昭文在纽约州的国会第六选区众议员竞选中，以绝对优势战胜共和党竞争对手何乐阮，顺利进军国会，成为美东地区的亚裔参政代表。[②]

在州和市级选举中，华人也取得不俗的成绩，尤其体现在华人聚居的加州。在加州级议员选举中，原旧金山市政府估值官丁右立赢得加州第 19 选区众议员选举，成功进军州议会。这样，加州参众两会华裔议席仍然保持 7 席，分别是北加州的参议员余胤良，众议员方文忠、潘君达和丁右立，南加州的参议员刘璇卿、刘云平和众议员周本立。在旧金山市，李孟贤当选为该市首位华裔市长，激励了旧金山湾区更多华裔候选人参政的热忱和民众参与选举的信心。在 2012 年旧金山市议会换届选举中，两位现任议员邱信福、马兆光不负众望成功连任，旧金山教育委员会主席余鼎昂夺得第七区市议员的席位，还有一位华裔市议员朱嘉文 2012 年未换届，这样旧金山市议会中，华裔占据 4 席，超过全部市议员 11 个议席的 1/3。此外，2012 年新年伊始，华裔市议员李瑞麟成功当选华盛顿州贝尔维尤（Bellevue）市长，成为美西北大城市第一位华裔市长。

在政治委任方面，奥巴马在任内很重视亚太战略，任命了多位华裔精英出任联邦内阁高职，卢沛宁任白宫内阁秘书，骆家辉和朱棣文分任商务部长和能源部长，后来骆家辉转任驻华大使，成为美国政坛的一道风景。

在 2012 年选举中，两党候选人都积极争取包括华裔在内的亚裔少数族裔选民，印发和寄送中文、韩文、越南文等各种竞选广告的宣传材料，深入华人社区拉票，与华裔精英一起上台演说等，这极大提高了华裔投票的积极性。美国华人全国委员会等 11 家华人社团联名发信呼吁华人响应赵美心的号召，在 11 月 6 日或早期投票中踊跃投票。不过，相较于其他族裔，华人的投票率和公众事务参与率仍然偏低，他们的政治影响力处于劣势。

---

① 《学者：月子中心广告恐引排华》，《星岛日报》（美西版），2012 年 12 月 8 日。

② 《华人热议孟昭文进军国会成功　融入主流仍任重道远》，中新网，2012 年 11 月 8 日。

皮尤研究中心的问卷调查显示，华裔美国人对公共事务的参与（Civil Involvement）居于各亚裔群体末位；选举登记和投票率列亚裔六大主要族群[1]倒数第二位，仅略高于越南裔。[2]华人在美国社会的政治“话语权”依然相对薄弱，远不及经济地位相对低下的非洲裔及拉美裔。

（四）华侨华人经济状况

美国华侨华人的社会经济地位整体上在美国处于中上等水平。皮尤研究中心发布的《亚裔美国人的崛起》研究报告，对亚裔六大主要族群的社会经济状况进行了比较分析。报告揭示：华人的受教育水平、职业和收入状况虽然总体上远高于美国平均水平，但在亚裔各族群中仅处于中等偏上水平，远远不及居第一的印度裔，而且两极分化的现象比其他亚裔族群更为突出。从受教育水平看，在25岁以上成年人口中，华人有51%拥有学士学位，略高于亚裔整体49%的水平，更是全美平均28%的近两倍；不过相比印度裔70%拥有学士学位要逊色得多。与此同时，仅有高中以下学历的华人比印度裔、菲律宾裔和韩裔高。从职业分布看，华人中有一半以上从事管理和专门类职业，远高于美国及亚裔整体水平，但比印度裔有2/3从事同类职业的比例要低很多。在科学和工程类行业工作的华人比例达到18%，在亚裔各群体中仅次于印度裔（28%）。华人在职业分布上两极分化现象非常突出：一方面从事高端科技、管理、金融、会计、保险、法律、医护、教育等“白领”职业的比例很高；而另一方面厨师、服务员、超市收银员、制衣工人等低收入“蓝领”者所占的比例也不小。受教育程度和职业构成直接影响到华人的收入水平和经济状况。从家庭收入看，2010年华裔家庭的年收入中位数是65 050美元，比美国家庭收入中位数49 800美元高，但略低于亚裔家庭整体收入中位数66 000美元；与印度裔、菲律宾裔和日裔家庭相比要低，仅比越南裔和韩裔稍强。而从个人收入看，全职工作的成年华人年收入中位数是5万美元，高于亚裔（4.8万）和美国整体水平（4万）。与此同时，由于教育程度和职业构成上的两极分化现象，华人中的低收入群体也不少，成年华人的贫困率接近13.7%，略高于亚裔的11.9%和全美的12.8%。[3]

美国华侨华人的经济结构呈现高端行业和低端行业并存的特点。在高端，美国华商企业呈现出科技化和资本密集型等发展趋势，尤以电子高科技行业富有特色和潜力。据美国考夫曼基金会（Kauffman Foundation）2012年10月2日公布的“美国新移民企业家”的研究报告显示：由移民创办的高科技公司总体占比稍有减少，从2005年占全国的25.3%，降至目前的24.3%；而中国移民创办的高科技企业的比例反而有所增加，从2005年的6.9%上升为2012年的8.1%，仅次于印度移民（33.2%）。[4] 一些优秀的华人企业家已经跻身美国大富豪之列。在2012年美国400富豪榜中，华裔占据7个席位，其中陈颂雄以净资产73亿美元位列第47位，跻身前50强；另外王恒位列第108位；冯国经及其家族位

---

① 亚裔六大主要族群按人数多少排列依次是华裔、菲律宾裔、印度裔、越南裔、韩裔和日裔，他们总计约占亚裔总人口的83%。

② Pew Research Center, “The Rise of Asian Americans”, Released June 19, Revised July 12, 2012, pp. 150, 153.

③ Pew Research Center, “The Rise of Asian Americans”, Released June 19, Revised July 12, 2012, pp. 27, 28, 37, 39, 65.

④ 《美移民创办高新企业在减少 华人列第二仅次于印度》，中新网，2012年10月5日。

列第 142 位；孙戴维和杜纪川并列第 170 位。而在另一端，有很多受教育水平不高的老侨或新移民靠经营餐馆、小超市、饼屋、理发店、礼品店等谋生。餐饮业至今仍然是华人在美国生存的支柱产业之一。全美国有超过 4.5 万多家中餐馆，超过麦当劳连锁店。[①] 在纽约唐人街，由福建新移民经营的长巴公司很红火。不过近年来因为“安全违规”问题屡遭媒体曝光，也被当地政府调查，影响了华社的形象。2012 年 5 月底，纽约有 26 家涉嫌“安全违规”的巴士公司遭关闭，令华人长巴业深受重创。[②]

（五）华侨华人社团

美国华侨华人社团数量繁多，类型多样。从社团成立时间的长短看，约 10% 的社团有近百年的历史；50% 的社团有 20 年的历史；40% 是近年新成立的社团，特别是近二三十年间由中国大陆籍侨胞成立的新社团增长迅速。在中华会馆、地方会馆、宗亲公所、致公堂等传统侨团存续的同时，在美国华社出现了更多以中青年华侨华人、新移民为主的同乡会、专业协会、校友会、商会、政治团体、文化团体、社会服务团体等。

以粤籍老侨为主的传统侨团历史悠久，有一定的经济基础，购有馆所场地。但随着时代的变迁，这类社团的会员人数趋向减少，成员逐渐老年化。它们也在努力革新，实行民主选举制，积极采取新举措，以吸纳和培育新生力量加入。它们的主要宗旨已从早期的相互扶持、团结御侮转向联络乡谊亲情，共谋工商业发展，以及关注文化、教育、医疗、福利等华人福祉。除了粤籍地缘团体外，近三十年来大规模涌向美国的各省市中国新移民陆续建立新的同乡会。单福建籍新移民在近三十年建立的新社团就有 100 多个，既有以省籍为基础的，也有以县籍、乡籍甚至村籍为组建单位的。其他各省移民既建立有多省联合的同乡会，如苏浙同乡会，也有以省籍或市籍为组织基础的同乡会等。

随着美国华侨华人中专业技术类人才的增多，各类专业协会大量涌现。据统计，目前美国华侨华人专业协会达 1 000 多个，成员多为留美华侨华人知识分子或专业人士。美国华人中从事计算机行业的专业人士众多，故而在美国不同地区，华人电脑工作者的专业协会相当多见。其他科学、教育、会计、律师、金融、保险、医疗等各行业中形成的华人专业团体也不少。与专业协会在成员知识层次构成上有很多相似之处的是校友会或同学会，重在联谊，同时交流学术、创业、经营信息，有利于校友彼此事业的发展。经科商贸社团在华侨华人社团中占据比较突出的地位，甚至一些同乡会、宗亲会等传统侨团也将重心向经科商贸倾斜。粗略估计，美国华侨华人社团中有 1/3 以上属于经科商贸性质的。

以争取华人平等权益和参与主流政治为主要宗旨的政治性社团影响力日渐增强，在推动华人积极参政和提升华人政治地位上发挥了重要作用。由早期土生华裔创建的同源会至今仍存续；而 1960 年代末亚裔美国人运动兴起后也推动一批华人政治性社团创立，比较知名的有华人权益促进会、美华协会、华人前进会等，其中美华协会自成立 40 年来在全美已经发展到 80 多个分会。近一二十年在美国政治舞台上较活跃的华人政治性社团还有百人会、80/20 促进会、美国华人全国委员会以及众多的地方性华人助选或选民团体。此外，以弘扬中华文化为主要宗旨的文化团体也很活跃，不仅有综合性的中华文化中心、中

① 《美华裔学者讲述中餐馆百年变迁：酸甜苦辣谁人知》，中新网，2012 年 5 月 12 日。

② 《纽约关闭 26 家华人公司　媒体称影响华社形象》，中新网，2012 年 6 月 4 日。

美文化交流协会等团体或机构，也有侧重于某一方面文化活动的单一性文化团体，如音乐、舞蹈、美术、影视、摄影、诗歌、学术、体育团体等。它们是传承和传播中华文化的重要平台，对于提升中华文化软实力发挥着重要作用。

在努力扎根于美国社会之余，许多美国华侨华人社团对祖（籍）国密切关注，特别是以第一代移民为主体的社团。新老社团既自发组织反“独”促统活动，也在海外声援中国维护主权的相关外交行动。2012 年 9 月中旬，美国华侨华人社团发起了声势浩大的“保钓运动”，声援中国政府和民众维护钓鱼岛主权。由全美和统会联合会发起，从旧金山到华盛顿、纽约、芝加哥、休斯敦、费城、洛杉矶、西雅图、波特兰的众多侨团、侨领和侨胞，同步举行“纪念九一八、保卫钓鱼岛”的波澜壮阔游行、示威和集会等等活动。全美各地“保钓运动”集会从筹备到参与，中国大陆、台湾、港澳以及其他地区的华侨华人团结在一起。除统促会和抗战史料维护会外，中华会馆、洪门致公堂、台胞团体均积极参与。尤其可喜的是，有很多华人青年团体也加入保钓洪流。洛杉矶的全美中华青年联合会、美华国际青年商会、全美华裔优秀青年联谊会、美洲中华青年促统会等青年侨团，联合向联合国、美国国务院及参众两院、日本驻美大使馆、日本驻联合国使团等发出联名公开信，强烈抗议并谴责日本政府对钓鱼岛实施所谓“国有化”。[①]

（六）华文媒体

目前美国拥有全球数量最多的华文媒体，华文报刊、网络、电视、广播都相当活跃。就发行量、受众、影响力来说，华文报纸仍然居首位；[②] 同时，华文网络发展也很迅速，主要受众是教育水平较高的年轻一代新移民，其潜力也不容低估。现今美国中文报刊超过 100 家，一半以上的州都有中文报刊杂志。销量居前三位的华文报刊是《星岛日报》、《世界日报》和《侨报》，在全美华人社区发行。其他还有大量地方性的华文报纸或中英双语报纸，主要服务于当地华人社区的需求，如休斯敦的《美南新闻》、波士顿的双语报纸《舢板》（Sampan）等。从华文网络来说，全球华文网站前百名中近 30 家在美国，数量上仅次于加拿大。《世界日报》、《星岛日报》、《侨报》等在网站建设方面也很成功，均进入全球华文网站前百名。[③] 华语广播的主要受众是驾车一族和从事传统制造业的职工，它受到 iPad、iPhone 等新科技产品的冲击很大。不过，大陆业者投资和间接收购华语广播电台赋予其新的生机。华语电视的发展状况比广播要强。现今美国华人自办中文电视台 40 多家，分布在 20 多个城市，大部分是卫星电视，覆盖人口达 1 亿人之多。新闻节目多由本地制作，而连续剧和娱乐类的节目则由中国大陆、香港或台湾提供居多。由“法轮功”分子创办的新唐人电视台，用普通话、粤语、英语等播报节目，其有关中国的报道多以负面新闻和批评居多。

作为影响华裔选民的主要媒介之一，华文媒体日益受到美国政客的关注和重视，有很多政客在竞选期间通过华文媒体刊登广告和拉选票。奥巴马担任总统后的首次亚洲之行，美国华文媒体《侨报》特派记者作为白宫记者团的一员，全程随访报道，这在海外华文媒

① 钟滢：《“抗日”同心 “护土”同步：美国华人华侨新历史时期波澜壮阔保钓运动》，《金山促统论坛十周年纪念特刊》2012 年 10 月，第 15 ~ 17 页。

② 据笔者对驻旧金山侨务领事吴刚的访谈，他说华文报纸目前影响力仍然是最大的。

③ 《海外华媒高层“把脉”媒体发展新路径》，中新网，2012 年 8 月 23 日。

体中尚属首次。李孟贤能够当选旧金山市第一位华裔市长，华文媒体贡献的力量也不容忽视。[①] 华文媒体能以与主流媒体不同的角度来报道新闻，让华人社群感到自己也是选举的一部分，起到了动员更多的华人参与投票的作用。

（七）华文教育

随着中国经济实力和国际地位的迅速提升，中文日益受到美国民众和政府的重视。据统计，截至2011年4月，美国48个州已设立80余所孔子学院和299个孔子课堂，成为全世界设立孔子学院和孔子课堂最多的国家。美国孔子学院共开设汉语课程6 127班次，注册学生近16万人，已经举办了2 800多场次文化活动，共有147万人参加。同时，开办汉语课程的学校和学习汉语的学生数量均呈现“井喷式”增长。2011年美国开设汉语课的公立大中小学超过5 000所，学习汉语的学生人数突破20万人，相当于5年前的10倍；有1 000多所大学设置了汉语专业，招生规模达5.2万人。[②] 汉语教育不仅在美国大中小学得到推广，而且在幼儿园开设中文课程的情况也已不新鲜。肯尼索州立大学孔子学院院长金克华极力推动幼儿华文教育。在他的努力下，佐治亚州的幼儿汉语教育项目从2009年7个幼儿班140名学生，迅速增长到2011年的110个班2 303名学生。[③] 美国政府和教育机构虽然采取一些措施促进中文教育的推广，但也不时发难。从2010年开始，美方就从各方面调查孔子学院，对教材、教师、信件都进行了层层审查，重点查是否宣传共产主义，有没有价值观输入。2012年5月，美国政府在孔子学院中文教师签证问题上发难，要求持有J－1签证的孔子学院中国教师于6月30日离境。[④]

由华侨华人社团或私人创办的华文学校亦发展很快，其招生对象主要是华裔子弟，但也逐步扩展至非华裔。据统计，美国现有华文学校约700所。这些华文学校大致可以分为五类：一是历史悠久的传统侨校，如旧金山的中华学校、南侨学校，分布在老唐人街，先用粤语教学，后用普通话教学；二是由台湾移民和留学生创办的学校，以普通话、繁体字和注音符号教学，采用台湾“侨务委员会”的美洲版中文课本；三是由中国大陆新移民创办的学校，多采用中国国内编写的教材，坚持以普通话、汉语拼音和简体字开展教学；四是由印支华人建立的学校，采用方言或普通话教学；五是由香港移民建立的学校，用粤方言教学。近10多年来实行中英文双语教学的学校，如华美国际学校、树人学校等更是大受追捧。不过，华文学校的发展也面临一些问题，诸如教学质量、师资力量良莠不齐、资金短缺、教材难以统一，还有如何创新教学方法，使汉语教学本土化，增强针对性和时效性等。

（八）华侨华人宗教信仰

皮尤研究中心于2012年7月19日发布的《亚裔美国人——宗教信仰马赛克》的研究报告[⑤]显示：52%的华人声称不信教（55%的土生华裔和51%的第一代移民），22%声称

① 《美国迎来大选“终极对决” 挖空心思拉华人选票》，《人民日报》（海外版），2012年4月13日。

② 《美国“汉语热”为年轻一代未来加分》，新华网，2012年4月16日。

③ 《提前学“二外” 美国幼儿园开设中文课程成风潮》，中新网，2012年8月16日。

④ 《美国签证新规为难孔子学院教师》，人民网，2012年5月24日。

⑤ 这一报告是与前述《亚裔美国人的崛起》基于同样的抽选人群的问卷调查。

信奉新教，15%信奉佛教，8%信奉天主教。[①] 与其他亚裔群体相比，自称无宗教信仰的华人比例是最高的。不过，受美国主流社会新教信仰氛围的影响，以及华人传道牧师的感召等，在美华人加入新教的人数和比例逐步增加。旧金山湾区是华裔移民聚居之地，华人主办的基督教教会近十年如雨后春笋般冒出来，1996 年时约 150 家，现已增至约 200 家。[②]

据笔者的调查研究，美国华人基督徒群体的发展有几点颇为值得关注：①近年来中国大陆新移民的信徒比例迅速增加，有超过台湾和香港移民之势，在一些教会里，大陆移民基督徒占一半左右，个别的教会甚至以大陆移民基督徒为主。②科教精英和专业人士的入教比例非常引人注目。③各华人基督教会都积极组织人力在其附近的大学向中国留学生、访问学者传播福音、组织校园团契、办查经班或举办福音夏令营等。④教会举办的活动不全是宗教性质的，也举办英语课程、文化讲座、组织旅游、文娱活动等。⑤华人基督教会聚集了不同来源地、不同阶层、不同年龄的华侨华人，特别是台湾移民为主创建的华人基督教会，由于使用普通话布道，吸引了很多的中国大陆新移民加入，成为这两个群体接触、沟通、交流、达成某种共识的一个地方。

来自中国台湾和东南亚地区的华人移民信佛教的不少。大多数佛寺集中在纽约、旧金山、休斯敦、洛杉矶等大城市，而中小城市则多为小型同修组织。目前在美国最有影响的华人佛教团体是慈济会。

（九）新移民

迁往美国的中国大陆新移民相比前两年有上升趋势。据美国移民统计局发布的数据：2011 年获取绿卡（合法永久居民身份）的中国大陆移民有 87 016 人，占该年获得绿卡总人数的 8.2%，仅次于墨西哥移民，比 2010 年增长了 1.6 万多人，比 2009 年增长了近 2.3 万人。[③] 在 2011 年获得绿卡的中国移民中，约 1/5 的华人基于雇主担保，也就是属于职业优先权移民。[④] 另据美国国务院领事署的统计，2011 年以 H－1B 签证（高级技术人才）进入美国的中国大陆移民有 10 849 人，占此类移民的 8%，仅次于印度移民。[⑤] 大量的中国留学生是潜在的专业技术移民，中国连续多年是向美国输出留学生最多的国家。美国 2012 年 12 月初公布的新数据显示，2011 年美国大学的国际学生人数增加近 6%，总数达 76.5 万；其中中国学生增长 23%，达 15.8 万之多，居首位。[⑥] 有很多中国留学生学成后选择留在美国继续深造、谋职定居。不过近年来由于美国经济不景气，为保证本地人的就业，有不少非紧俏专业的留学生（其中不乏博士）很难获得工作签证，他们在美寻找工作一段时间无果后只得回国谋职。

---

① Pew Research Center，"Asian Americans：A Mosaic of Faiths"，*The Pew Forum on Religion and Public Life*，Released July 19，2012.

② Timothy Tseng&James Chuck，*Bay Area Chinese Churches Research Project Phase II*（2008 *Report*），The Institute for the Study of Asian American Christianity，2009，p. 5.

③ Homeland Security，Office of Immigration Statistics，*U. S. Legal Permanent Residents*：2011，p. 4，table 3.

④ Pew Research Center，"The Rise of Asian Americans"，Released June 19，Revised July 12，2012，p. 8.

⑤ 2011 年度以 H－1B 签证方式进入美国的印度移民最多，达到 72 438 人，占此类移民的 56%；参见 H－1B Visas Issued by，By Top Nationalities，FY，2011，Bureau of Consular Affairs，U. S. Department of State；Pew Research Center，"The Rise of Asian Americans"，Released June 19，Revised July 12，2012，p. 27.

⑥ 《去年赴美留学生达 76.5 万，中国学生 15.8 万，增长 23%》，中新网，2012 年 11 月 13 日。

近年来，来自中国的投资移民备受关注。美国的 EB－5 投资移民条例规定，只要投资 50 万美元（相当于 320 万人民币），创造 10 个全职就业机会，首期申请和获得有条件绿卡，之后两年申请取消临时绿卡，成为持有永久绿卡，就可以等待成为美国公民。美国相对其他国家较低的资金要求①，使它成了投资移民的首选。据美国公民和移民服务局发布的报告，2011 年共有 2 969 名中国公民申请了投资移民 EB－5 签证，共 2 505 人获得批准。② 2012 年初至 9 月，美国共批出了 3 002 张投资移民临时签证，比 2008 年的 640 张多出几倍，申请人绝大多数是中国公民。③

新移民的持续涌入，使美国华人在人口构成上仍然以第一代移民占据主体。据美国最新的社区调查数据显示：土生华裔仅占美国华人总人口的 35.6%；其余均为移民，其中生于中国大陆、台湾和香港的分别占 38.9%、9.6% 和 5.4%，此外还有 8.7% 和 1.9% 生于其他亚洲国家和其他大洲。④ 华人新移民的入籍率很高，外国出生的成年华人中近六成（59%）已入籍为美国公民。⑤ 华人新移民的分布依然呈现比较集中的特点，其中往加州和纽约州的人最多。按 2011 年社区调查数据，华人新移民聚集最多的五大州是加州（76.1 万）、纽约州（41 万）、德克萨斯州（10.8 万）、新泽西州（9.2 万）和马萨诸塞州（8.2 万）。⑥

中国新移民的受教育水平在亚洲各群体中处中上等水平。皮尤研究中心的调查揭示：2007—2010 年间 18 岁以上新近移民美国的华人中，66.5% 拥有大学以上学历，虽不及印度、韩国和日本新近移民，但比菲律宾、越南和其他亚洲国家移民强一些；若论及拥有研究生学历者的比例，中国移民则仅次于印度移民（31.2%：42.4%）。⑦

四、侨情预测

近年来美国经济衰退、失业率增加，这促使部分在美中国留学生学成后回国大展拳脚，也有一些在美国已有数年乃至数十年工作经验的高级专业人才回国谋职、拓展业务或创办高新技术公司等。美国政府仍然需要吸引外来移民人才振兴美国经济，特别是接纳能为美国创造工作机会的投资移民。2012 年 9 月底，奥巴马总统签署了 S. 3245 法案，将 EB－5投资移民区域中心项目从2012 年9 月30 日延期3 年至2015 年9 月30 日。这让原来一直在观望的投资移民人士感到放心。可以预见未来几年内前往美国的中国投资移民行情估计依旧看涨。

在中美关系方面，双方的合作会继续，但竞争的一面有上升的趋势。皮尤研究中心研究员预测，奥巴马在第二任期内可能会采取几项经济政策制衡中国：一是向世贸组织提出更多反中国出口补贴及贸易惯例的诉讼，二是建立把中国排除在外的跨太平洋伙伴关系协

① 关于投资移民的资金最低要求，英国需要 100 万英镑；加拿大需要 80 万加元；澳洲是 500 万澳元；新加坡的“金融投资者计划”适用于超级富豪，其个人净资产必须至少有 2 000 万新元（相当于 1 亿人民币）。

② 《中国移民潮逾半留美国》，《世界日报》，2012 年 12 月 18 日。

③ 《美国今年已批 3 002 张投资移民签证　中国人占多数》，中新网，2012 年 9 月 10 日。

④ U. S. Census Bureau, 2011 American Community Survey 1-Year Estimates Data Set.

⑤ Pew Research Center, “The Rise of Asian Americans”, Released June 19, Revised July 12, 2012, pp. 8, 24.

⑥ U. S. Census Bureau, 2011 American Community Survey 1 – Year Estimates Data Set.

⑦ Pew Research Center, “The Rise of Asian Americans”, Released June 19, Revised July 12, 2012, p. 61.

定（TPP），三是启动与欧盟的自由贸易协商等。[①] 在区域安全方面，美国在亚太区域依然会拉拢其他国家以制衡中国。最突出的表现是，在中日双方于钓鱼岛问题上争端未决时，美国参议院全体会议于 2012 年 11 月 30 日表决，在 2013 年《国防授权法案》中增加一个附加条款，明确规定《日美安保条约》适用于钓鱼岛，明显偏袒日本。

现今美国华侨华人在中美经贸、政治、文化等领域合作中的桥梁作用日益受到重视，这从奥巴马任命骆家辉担任驻华大使可见一斑。与此同时，在现今中美竞争加剧、互疑度上升的情况下，美国华侨华人地位又易受到中美关系波动的影响。英文媒体和华文媒体都会有意无意地将华人在政治、经济等领域的成就与中国的崛起联系在一起。所以，美国社会潜在的反华情绪是一个隐忧。

① Pew Research Center, Bruce Stroke, "U. S. -China Economic Relations in the Wake of the U. S. Election", Released December 10, 2012.

墨西哥

华人移民墨西哥历史悠久，但总人数较少；相对于其他国家，尤其是相对于其邻国美国而言，关于墨西哥华侨华人的研究更是相当有限，对目前墨西哥华侨华人的数量，至今也没有一个统一的官方数据。笔者在参考一些学者前期研究成果并对所能接触到的墨西哥华侨华人情况进行粗线条梳理的基础上，撰写了这篇墨西哥侨情报告，内容包括墨西哥概况、墨西哥与中国关系、墨西哥华侨华人移民史以及墨西哥华侨华人及其社团的现状、特点等。

一、墨西哥基本国情

墨西哥概况

国家全名	墨西哥合众国	地理位置	北美洲	领土面积	197.26 万平方公里
首都	墨西哥城	官方语言	西班牙语	主要族群	印欧混血人、印第安人
政体	总统制联邦共和国制度	执政党/主要反对党	革命制度党/国家行动党和民主革命党	现任国家元首/政府首脑	恩里克·培尼亚·涅托
人口数量	112 336 538 人①	华侨华人人口数量	约 8 万②	华侨华人占总人口比例	0.07%
GDP/人均 GDP	11 772.71 亿美元/10 249 美元（2012 年）③	CPI	3.6%（2012 年）④	失业率	5.6%（2009 年）⑤

墨西哥合众国（西班牙语为“Estados Unidos Mexicanos”；英文为“The United States of Mexico”），简称墨西哥（México），位于北美洲西南部，北部与美国接壤，东南与危地马拉和伯利兹相邻，东濒墨西哥湾和加勒比海，西南临太平洋。国土面积为 197.26 万平方公里，海岸线长 1.01 万公里。墨西哥 1521 年沦为西班牙殖民地，1821 年独立，官方语言

① 转引自维基百科，Censo de Poblacióny Vivienda 2010. Inegi. org. mx，May 20，2011。

② 黎静：《墨西哥、厄瓜多尔华人社团的现状》，见吕伟雄主编：《海外华人社会新透视》，广州：岭南美术出版社 2005 年版，第 87 页。

③ 国际观察天涯社区网，http：//www. tianya. cn。

④ CIA，*The World Factbook*，Mexico，2012，est.

⑤ http：//mx. china – embassy. org/chn/zmgx/t55577. htm.

为西班牙语，首都为墨西哥城。

墨西哥人口约 1.12 亿（2012 年估计），在拉美仅次于巴西，居第 2 位，位居世界第 11 位。印欧混血人种约占 60%，印第安人后裔占 30%，欧洲人后裔占 9%。居民中 89% 信奉天主教，6% 信奉基督教新教，其余 5% 信奉其他宗教或没有宗教信仰。①

墨西哥于 1917 年 2 月 5 日颁布了强化国家与政府权力的《墨西哥合众国宪法》。该宪法于同年 5 月 1 日起生效并执行至今。根据宪法规定，国家为总统制的联邦共和体制，立法、行政和司法三权分立；总统是国家元首和政府首脑，执掌国家最高行政权；总统由直接普选产生，任期 6 年，终身不得再任。现任总统为恩里克·培尼亚·涅托，执政党为革命制度党。

墨西哥虽在地理位置上属于北美洲，但从种族、文化、历史上看则属于拉丁美洲。墨西哥是拉丁美洲的大国及文明古国，有着悠久的历史和文化，曾孕育了玛雅、阿兹台克、托尔特克、奥尔梅加和特奥蒂华坎等古印第安文化。

墨西哥长期奉行独立自主的外交政策，主张维护国家主权与独立，尊重民族自决权，推行对外关系多元化，主张和平解决国际争端。

墨西哥是 20 国集团、北美自由贸易区、亚太经合组织、经济合作与发展组织、美洲国家组织、里约集团等组织成员国和不结盟运动观察员。

近年来，墨西哥经济发展较快，2011 年，墨西哥经济增速已超过巴西。高盛首席经济学家吉姆·奥尼尔曾预测，墨西哥将在 2020 年超过俄罗斯和印度，成为世界第七大经济体，其对世界 GDP 的贡献也将达到 7.8%。虽然墨西哥并不属于“金砖四国”之列，但是却属于奥尼尔 2010 年所提出的“增长型经济体”中的一员。据奥尼尔对这一概念的解释，属于该经济体成员国家的经济发展增速将在未来 10 年内处于世界领先地位。②

根据墨西哥国家银行（Banamex）预计，2012 年下半年，墨西哥国内生产总值将增长 3.3%，低于上半年 4.6% 的增长速度，从而使 2012 年全年增长速度达 3.9%，居全球第三位，位于中国（7.9%）和印度（5.4%）之后。③

2012 年墨西哥对外出口加工贸易将创历史新高，出口额将超过 2 000 亿美元。2011 年墨西哥出口加工贸易额为 1 780 亿美元，预计 2012 年增长幅度将达 18%。同时，就业岗位数量也将创新高，2012 年增加的新工作岗位将超过 26 万，总人数也将超过 225 万人。目前，墨西哥对外出口加工贸易占墨西哥制造业产品出口的 65%，就业人口占工业人口总数的 80%。④

墨西哥是个多民族国家。古代墨西哥居民全部为印第安人。16 世纪西班牙征服墨西哥以后，殖民者大批屠杀及奴役印第安人，使土著居民人口锐减。1591 年，全国约有印第安居民 912 万人，到 16 世纪 60 年代减至 440 万人，17 世纪中叶时只剩下 190 万人左右。由于劳动力严重缺乏，殖民地政府从 16 世纪中叶起，将黑人奴隶输入墨西哥。在长达 300 年的殖民统治期间，西班牙人（移民及其后裔“克列奥人”）、印第安人和黑人不断融合，逐渐形成一个新兴的民族——墨西哥族。目前，这个民族的各种混血人种有 16 个，其中

---

① http://baike.baidu.com/view/10169.htm? re = 1.

② 《高盛首席经济学家：墨西哥 2020 年成世界第七大经济体》，人民网，2012 年 3 月 13 日。

③ （墨西哥）《金融家报》，2012 年 9 月 12 日。

④ （墨西哥）《金融家报》，2012 年 12 月 27 日。

印第安人和西班牙人混血的后代，称“梅斯蒂索”（印欧混血种人）；黑人与西班牙人混血的后代，称“穆拉托”（黑白混血种人）；黑人与印第安人混血的后代，称“桑博”（印黑混血种人），黑人的混血成分在居民中不占优势。现代墨西哥的绝大多数居民属于以“梅斯蒂索”为基本核心的墨西哥族，印第安土著居民变成了少数民族。印第安人主要分布在该国中部地区、南部地区和尤卡坦半岛，全国有50多个印第安族，约800万人，占全国人口的12%左右。[①] 除墨西哥人和印第安人外，还有一些外国移民，主要是美国人、西班牙人、危地马拉人等，中国人和日本人所占比例较小。

二、墨西哥与中国关系

1. *友好关系源远流长，建交后两国关系发展良好*

中墨友好关系源远流长。据《梁书》记载，早在公元5世纪，中国的佛教徒就曾到达墨西哥等拉美国家。明朝之后，中国人通过西方传教士及南洋商人的口述和“西人之书”开始了解美洲。由于历史的原因，1949年中华人民共和国成立后至20世纪60年代末，墨西哥没有同新中国建交，但民间友好往来不断。1972年，中墨两国正式建立外交关系，开启了两国关系的新篇章。中墨建交后，两国高层领导人之间互访频繁，为中国与拉美建交国家所仅有。继埃切维利亚总统之后，墨西哥历届总统均到中国进行国事访问。中国三位国家主席、一位国家副主席、三位总理和多位副总理、全国人大常委会副委员长、部长、省长也对墨西哥进行了访问。高层次的友好往来对推动双边关系的发展起了很好的作用。在国际事务中，中墨有着广泛的共同立场，双方在联合国、世界贸易组织、亚太经合组织、美洲国家组织及东亚—拉美论坛等国际和地区机构中一直保持着密切磋商与合作，共同致力于维护和促进世界的和平、稳定、繁荣。

特别是进入新世纪以来，两国关系得到了全方位、迅速的发展。在双方共同努力下，中墨友好合作的广度、深度和发展速度超过了以往任何一个时期。2001年福克斯总统两度访问中国。2003年12月，温家宝总理对墨西哥进行正式访问，两国宣布建立战略伙伴关系。2004年8月，中墨政府间常设委员会成立。2005年5月时任全国政协主席贾庆林对墨西哥进行友好访问。2005年9月，时任国家主席胡锦涛对墨西哥进行国事访问。2008年7月，卡尔德隆总统对中国进行国事访问，两国发表联合新闻公报。2009年2月，时任国家副主席习近平对墨西哥进行正式访问。2012年6月，时任国家主席胡锦涛在墨西哥会见墨西哥总统卡尔德隆，双方就中墨关系和20国集团洛斯卡沃斯峰会深入交换看法，达成重要共识。

2. *经贸关系发展迅速，既是合作伙伴，也是竞争对手*

近年来，中墨两国经贸关系发展迅速。中国已成为墨西哥第二大贸易伙伴，而墨西哥是中国在拉美地区的第三大贸易伙伴、第二大出口市场和第三大进口来源国。墨西哥在广州和上海建立了领事馆，并设有贸易投资办事处。

2010年，拉美对亚太地区出口较2000年增长了两倍以上，比重占到了出口总额的

---

① 吕龙根、陈芝芸：《各国手册丛书·墨西哥》，上海：上海辞书出版社1986年版，第8～9页。

17%。其中墨西哥的增长尤为迅速。据中国海关总署统计，2011年中墨贸易总额达333.6亿美元，其中我国出口239.8亿美元，进口93.8亿美元，同比分别增长34.7%、34.2%和36.2%。[①] 据墨西哥经济秘书处统计，2012年1—9月墨西哥与中国的双边贸易额为452.7亿美元，增长7.6%。[②]

2012年3月21—23日，墨西哥中国投资与贸易展览会（简称"2012年墨西哥中国展"）在墨西哥城举办。据不完全统计，展会期间，中墨企业间共签署160多份购销合同、采购意向和备忘录等，总金额逾亿美元。

作为全球两个地位相当的制造业基地，墨西哥和中国很可能不仅要在各个行业内竞争，还要在同一条全球价值链里竞争。尽管墨中双边贸易面临巨大挑战，但也蕴藏着重大机遇。墨西哥寻求以建设性的方式应对双边贸易摩擦。此外，墨中双方还采取措施，为双边贸易往来和投资提供便利。墨西哥政府最近几年在制定财政货币政策时，都前所未有地将"中国经济增长和发展模式转型的潜在影响"列为一大考虑要素。

3. 文化交流日益活跃，中华文化备受欢迎

中墨都是文明古国。墨西哥是拉丁美洲国家中同中国进行文化交流最早和最多的国家。新中国成立后，两国间文化交流逐渐增多，增进了中墨两国人民之间的相互了解和友谊。建交后两国之间的文化交流更加频繁。1978年10月，两国政府签订了文化合作协定，此后每年都签署年度文化交流执行计划。两国政府还成立了文化教育混合委员会。双方多种形式的文化团组不断互访，举行各种文化交流活动。2006年5月，墨作为主宾国参加"相约北京"艺术节，并在华举办系列文化活动。2007年中国作为主宾国参加墨"塞万提斯"艺术节，并在墨举办"感知中国"系列文化活动。2008年，"中国古代观音菩萨佛教造像展"在墨举行，河南省"武林风"艺术团赴墨巡演。墨民间歌舞团来华参加"相约北京——2008奥运文化活动之'拉美之夜'大型歌舞晚会"。2008年5月，墨西哥航空公司开通墨西哥城—蒂华纳—上海直航航线。

2012年适逢中墨建交40周年，墨西哥中国节于2012年11月16日在墨西哥瓜纳华托州莱昂福克斯中心拉开帷幕。时任全国政协副主席阿不来提·阿不都热西提、中国驻墨西哥大使曾钢、墨西哥前总统福克斯以及来自中墨两国政府、金融、企业、文化界代表出席开幕式。此外，2012年，北京当代芭蕾舞团、上海民族乐团和上海京剧院《王子复仇记》剧组也相继赴墨演出。

目前，中国已在墨开办5所孔子学院，设立3个汉语教学岗位点。自2005年开始的5年内，中方每年向墨方提供32个奖学金名额，墨方每年向中方提供30个奖学金名额，是有史以来最多的时期。文化交流已成为中墨两国人民友好交往的桥梁和纽带。[③]

三、墨西哥华侨华人移民史

华侨在墨西哥的历史是美洲各国华侨中最长的。关于最早抵达美洲的中国移民，说法

① 《中墨关系简况》，中华人民共和国驻墨西哥大使馆网站，http://www.embajadachina.org.mx/chn。

② http://countryreport.mofcom.gov.cn/record/view110209.asp?news_ id=32265.

③ 《中墨关系简况》，中华人民共和国驻墨西哥大使馆网站，http://www.embajadachina.org.mx/chn。

甚多，但普遍认为中墨两国之间的人员往来始于中—菲—墨大三角贸易开通的年代。在16世纪兴起、长达两个多世纪跨越太平洋的“马尼拉大帆船贸易”实际上是以马尼拉为中转站的中墨贸易。大帆船贸易的货物，绝大部分是中国商品，有丝绸、瓷器、铁器、茶叶等，每年从闽、粤运去菲律宾，然后再转运至同是西班牙殖民地的墨西哥，这些货物不仅在墨西哥各地销售，还转运至墨西哥沿岸及欧洲地区。[①] 当时，中国在南洋的商人很多，仅在菲律宾的西班牙人周围就有两万中国人为之服务，中国人随同货物和商船抵达墨西哥的事情应是正常的。[②]

16世纪末西班牙王室下令美洲菲律宾殖民当局允许华人工匠从马尼拉移入墨西哥，数以千计的中国纺织工、裁缝、木匠、泥瓦匠、铁匠、金银首饰匠以及理发师等陆续移入墨西哥，并在墨西哥城建立了美洲第一个华人聚居区——“唐人街”。[③] 此后，陆续有中国人通过不同渠道、采取各种身份移居到墨西哥。后由于一些当地人抱怨中国人太多影响了他们的生意，西班牙王室曾采取相关措施控制中国移民，如于1620年下令限制由马尼拉载运华人仆役到墨西哥拍卖，规定马尼拉开出的西班牙帆船无论船员或乘客每人最多只能带一名仆役进入墨西哥。

中国人成批地进入墨西哥应当是在19世纪中期。当时大批华工赴美修筑铁路，任务完成后，正值墨西哥大发展之际，美国商人承办墨西哥中央铁路，部分在美的华工应招南下。后来，一些外国公司得到墨西哥政府的特许，专门从事招募亚洲移民来墨的事宜。由此，不断有华工沿太平洋一侧来到墨西哥的土地上，拉开了华人向墨西哥移民的序幕。[④]

中国移民大规模地到达墨西哥是在迪亚斯时代（1876—1910年）。当时，墨西哥社会渐趋安定，并开始了大规模的经济建设。由于墨西哥地广人稀，劳力的缺乏成了发展的最大障碍。为解决劳力不足问题，墨西哥政府吸取了以前效仿其他拉美国家从欧洲招募移民没有成功的教训，将目光转向东方。时任墨西哥财政部长罗梅罗曾撰文说：“无可置疑，我们最迫切需要移民的地区是沿海地区……在我看来，唯一能够在我们沿海地区定居和工作的人是亚洲人，主要是中国人。”于是，在美国和英国公司的策划下，墨西哥政府大量征召中国劳工。而此时美国开始的排华运动，更加速了华人的到来。[⑤]

1899年12月清政府驻美公使伍廷芳在华盛顿与墨西哥驻美公使签订《中墨通商条约》20款，其中规定两国人民据本人自愿，可以自由互相旅居和经营事业，并享受最优惠国待遇。中国赴墨西哥的劳务输出由此正式纳入政府交流的范畴。1900年清政府派代办李经叙驻墨西哥首都，这是我国第一个驻墨的外交官。此后，中国移民源源不断地穿越太平洋，来到这个遥远而陌生的国度。除来自中国本土及美国外，还有一些华人从其他国家进入墨西哥。1902年华侨伍学晃、黄兴国等在香港开设茂利和中华轮船公司，正式载客至墨西哥，开辟了中墨之间直达航线。1904年墨西哥华侨华人增至8 000多人。1902年至1921年间曾先后有四五万粤籍贫苦华侨到墨西哥谋生。许多华工在美墨边境地区的铁路、铜矿、石油公司或种植园当劳工。由于华人聚集，逐渐开发了一些边境城市。如1919年，

---

① 刘汉标、张兴汉：《世界华侨华人概况》（欧洲、美洲卷），广州：暨南大学出版社1994年版，第245页。

② 冯秀文：《中墨关系》，北京：社会科学文献出版社2007年版，第119页。

③ 刘汉标、张兴汉：《世界华侨华人概况》（欧洲、美洲卷），广州：暨南大学出版社1994年版，第256页。

④ 冯秀文：《中墨关系》，北京：社会科学文献出版社2007年版，第120页。

⑤ 冯秀文：《中墨关系》，北京：社会科学文献出版社2007年版，第121页。

在华人开发的美墨边境的墨西卡利市的人口近 1 万人，而华人占 9 000 多人。[①]

1921 年中墨两国签订《暂行修改中墨 1899 年条约之协定》，规定中国人没有中墨两国政府批准不得旅居墨西哥，此后华人到墨人数锐减。20 世纪 20 年代至“二战”结束，墨西哥推行排华政策。1929 年资本主义世界经济危机，使墨西哥经济受到沉重打击，生产下降，财政困难，失业人数剧增，当局某些人乘机煽起排华浪潮，妄图以此摆脱困境。1930 年墨西哥国会通过一项排华法案，规定凡华侨商店雇用店员，墨籍工人必须占 90%。同时还出现由退伍军人组成的民族沙文主义组织——黄衫团。他们成群结队到华侨商店制止交易，并强迫侨商低价拍卖货物和店铺。旅墨华侨处境日益险恶，纷纷离境。1931 年旅墨华侨锐减至 2.5 万人。1957 年路易斯·科蒂内总统执政时期，曾一度放宽华侨家属迁移墨境与家人团聚的条件，散居各地的华裔，不少返回了墨西哥。1969 年据台湾统计，在墨华侨华人共有 1.68 万人，其中华裔占 2/3 以上。[②]

1972 年，中墨两国正式建立外交关系后，墨西哥政府开始允许中国人有条件地到该国定居。20 世纪 90 年代中期，按照墨西哥政府的政策，可以申请入境的中国人有以下几类：一是在墨西哥定居的华侨华人在中国的父母、配偶等亲属，可以在墨西哥定居；二是在墨西哥的中国留学生，可以在当地工作和居住；三是中国人可以到墨西哥探亲访友、观光旅游、经商贸易。此外，近 20 年来，墨西哥政府又采取鼓励引进外来资金、技术和人才的政策，中国香港、台湾工商企业界人士陆续到墨西哥投资设厂，兴办企业，从而形成了中国人移民墨西哥的新高潮。与此同时，20 世纪 70 年代以来，有相当数量的中国公民以旅游探亲名义到墨西哥，不少人逾期不归，成为“非正常移民”。[③]

四、墨西哥华侨华人及其社团现状、特点与存在的主要问题

1. 华侨华人总数较少，居住地比较集中

关于墨西哥华侨华人的数量，至今没有一个统一的官方数据。笔者曾查阅相关资料，并咨询墨西哥的一些侨领及相关政府官员，发现对这一数字的说法从 4 万至 9 万不等。笔者分析，主要原因有以下几点：一是由于墨西哥华侨华人较少，中墨双方并没有对此群体予以充分的重视和研究；二是由于中墨近年来经贸交往频繁，不少华侨华人是在两国之间穿梭，或者两边均有生意、住房甚至家人；三是墨西哥有 1/10 的人居住在美国，这其中不乏华侨华人，白天到墨西哥上班，晚上回到美国的家，尤其在墨美交界城市，这种情况已成常态。上述种种原因，造成墨西哥华侨华人人口的统计难度。然而，无论是相对于该国人口比例而言，还是和其邻居美国华侨华人数量相比，墨西哥华侨华人总数要少得多，是官方和学界的共识。

据墨西哥《金融家报》报道，近十年来，在墨西哥居住的华人增长了 14.8%。据不完全统计，墨西哥现有华侨华人 8 万，其中多数是近 20 年通过旅游、探亲等途径进入墨

---

① 刘汉标、张兴汉：《世界华侨华人概况》（欧洲、美洲卷），广州：暨南大学出版社 1994 年版，第 258 ~ 259 页。

② 刘汉标、张兴汉：《世界华侨华人概况》（欧洲、美洲卷），广州：暨南大学出版社 1994 年版，第 260 页。

③ 高伟浓：《拉丁美洲华侨华人移民史、社团与文化活动远眺》（下册），广州：暨南大学出版社 2012 年版，第 78 页。

西哥且定居下来的，而墨西哥现有中国血统的华裔则超过40万，主要原因是早年的华工及其后代多数娶当地人为妻，繁衍至今，在该国形成了庞大的华裔群体。①

墨西哥华侨华人居住地比较集中。在墨国长达百年的华侨史中，老一代华侨为开发建设墨国西北边陲作出了重要贡献，因此，墨西哥西北地区的4个州（墨西哥下加州、南下加州、索诺拉州和奇瓦瓦州）在历史上就是华侨华人的重要聚居地之一，所居住的华侨华人占墨西哥华人总数的70%以上。他们基本上来自广东省。若以单个城市论，墨美边界西端下加利福尼亚州的蒂华纳市，是华侨华人最为集中的地方。又据墨西哥中华会馆的不完全统计，目前居住在首都墨西哥城的华侨华人约有2万人，其中70%来自广东省。总体来看，旅居墨西哥的华侨华人中，90%以上祖籍为广东省台山、恩平、开平、中山、新会以及广州等地。②

2. 华人社团历史悠久，但数量不多

墨西哥的华人社团创立于20世纪初期。最早的社团是蒙雷特城的致公堂，创建于1900年。它后来曾创办启明书社、启明学校、启明月刊，洪门民治党、华侨团体会、中华商会，相继成立于1914年，至1920年组合为墨西哥华侨总机关，1922年又改组为墨京中华商会，为当时最大的华侨社团。此后，在华侨较多的地方还成立了一些地缘与血缘社团，如1918年在蒂华纳成立的华人团体会，墨西卡利的中华会馆、海晏公所、中山会馆、南平公所、冈州会馆等。1931年，墨西哥掀起大排华浪潮，华侨减少，许多社团自动消亡，只有墨西卡利的中华会馆等少数几个社团存留下来。与此同时，为了对付排华浪潮，华侨成立了华侨团体会，该会1972年曾一度停止活动，1976年经重建开展活动至今。此后，一系列地缘性、血缘性与业缘性的社团相继成立（可分为全国性与地方性两大类）。③

目前墨西哥有华人社团约40个，数量不算多。主要有传统社团，如创办于1918年的墨西卡利中华会馆、1936年成立的蒂华纳华侨协会等。④ 以新移民为主体的社团包括墨西哥华侨协会、墨西哥中华企业家协会和墨西哥浙江企业家商会、墨西哥中国华人商会等。

值得一提的是成立于2009年10月的墨西哥华人华侨社团联合总会。这是一个由11个社团组成、成员包括新老华侨华人及其后裔的组织，简称墨华联，现任会长为初海燕女士。墨华联的成立扩大了墨西哥华侨华人社团的影响力，而且使其文化交流平台作用凸显。他们举办的传统节日庆祝活动不仅吸引了当地华侨华人和墨西哥人参加，中国墨西哥春节花车大游行甚至引起了墨西哥城市政府的重视，并将中国文化方面的庆祝活动作为市政府多国文化推广的重要部分。

3. 华裔群体庞大，华裔社团活跃

墨西哥侨情的另一显著特点就是华裔群体远比华侨华人群体庞大，而且他们还自立门户，成立了属于华裔自己的社团，如墨西哥有墨华协会、中墨联谊会等。这些已经是华人

① 黎静：《墨西哥、厄瓜多尔华人社团的现状》，见吕伟雄主编：《海外华人社会新透视》，广州：岭南美术出版社2005年版，第87页。

② 许宏治：《凝聚三千华人力量——记墨西哥蒂华纳市华侨协会》，《人民日报》，2004年2月3日；转引自高伟浓：《拉丁美洲华侨华人移民史、社团与文化活动远眺》（下册），广州：暨南大学出版社2012年版，第83页。

③ 国务院侨办侨务干部学校编著：《华侨华人概述》，北京：九州出版社2005年版，第134页。

④ 黎静：《墨西哥、厄瓜多尔华人社团的现状》，见吕伟雄主编：《海外华人社会新透视》，广州：岭南美术出版社2005年版，第88页。

第二、三代甚至四、五代以上，是身上只有 1/2、1/8 乃至 1/16 中国血统的华裔，从外貌、语言、文化各方面已经与华侨华人有很大区别，但内心，仍有着强烈的中华民族的认同感，他们对自己身上的中国血统深感自豪。他们普遍受过良好教育，在当地的政府机构、商业、科技、教育、医疗卫生、法律等部门工作，已基本融入主流社会。如 2001 年，具有 1/2 中国血统的李子文被任命为墨西哥驻中国大使，成为墨西哥第一位华裔外交官。由于上述优势，这些华裔社团既开展各类与主流社会交流沟通的活动如联欢、商务交流等，又积极加强与中国的联系，拓展推广中华文化的渠道，促进在经济、文化方面的交流，开展到祖籍地寻根访问的活动等。然而由于与国内联系的渠道不多，与当地华社关系不密切，社团的建设发展也不可避免地受到影响。①

4. 存在主要问题

应该说，墨西哥华侨华人在推动中墨友好往来，尤其在经贸交往及文化交流等方面发挥着重要作用，但存在的问题也显而易见。

在全球华人参政版图不断刷新，美、加、英、法等国家华人参政屡创“佳绩”，甚至中南美洲的其他国家如秘鲁、苏里南、巴拿马的华人已经能够参政议政的情况下，墨西哥华人参政意识仍相当薄弱。

另外，由于历史的原因，墨西哥华人社会形成三大群体，各自为政，互相较少联系。如早期墨西哥的华侨华人主要以广东人为主，目前的华裔也多数是广东籍侨民后裔，近年进入墨西哥的华侨华人则以讲普通话为主，数量不多，但增长迅速。由此，墨西哥华社形成了操粤语方言的广东籍华侨华人群体、操普通话的中国北方新移民群体和操西班牙语的华裔群体三大群体。由于文化各异、成长背景不同或语言障碍，这三大群体之间隔阂较深。由这三大群体组成的社团，相互之间甚少往来、沟通。和其他拉美国家相比，这种情况在墨西哥表现得尤为突出。

概而言之，中墨两国友好往来源远流长，华人移民墨西哥历史悠久。中墨建交以来，两国关系稳定，特别是近年来呈现蓬勃向上的良好发展势头，两国经贸合作更加紧密，文化交流日趋活跃，这有利于华侨华人提升自信心和自豪感，从而更加主动地融入当地社会，更加积极地为当地的经济社会发展贡献力量；而且华侨华人及华裔可在更加宽松的环境下，为拓展两国更广泛深入的交流合作发挥更大的作用。

---

① 黎静：《墨西哥、厄瓜多尔华人社团的现状》，见吕伟雄主编：《海外华人社会新透视》，广州：岭南美术出版社 2005 年版，第 89 页。

澳大利亚

2012 年 6 月之后，澳大利亚统计局相继公布 2011 年全国人口普查中的各类数据。普查数据显示，华人血统是 5 个最常被提到的血统之一，中国大陆位居海外出生人口出生地排名的第三位，将近一半出生在中国的澳大利亚华裔生活在悉尼。随着中国经济的快速发展以及中国国际影响力的提升，中澳经贸关系不断升温。澳大利亚华裔参政成为时代的需要。2012 年，澳大利亚华裔踏足政界的表现突出，他们的身影主要出现在地方政府。另外，年青一代的一些华人开始积极投身于校园政治、政党和社区事务。澳大利亚华裔正成为现代澳大利亚多元文化社会中备受尊敬的社团之一，但是他们（特别是新移民）也面临着挑战：一是如何更好地融入主流社会。二是如何在与当地社会相融和保持自己的文化传统中找到平衡。三是如何在政治界拥有更大的话语权。

一、澳大利亚基本国情

表 1　澳大利亚概况

国家全名	澳大利亚联邦	地理位置	位于南半球，由澳大利亚大陆和塔斯马尼亚等岛屿组成，东濒太平洋的珊瑚海和塔斯曼海，北、西、南三面临印度洋及其边缘海。与印度尼西亚、巴布亚新几内亚、所罗门群岛、新喀里多尼亚、新西兰隔海相望	领土面积	7 617 930 平方公里
首都	堪培拉	官方语言	英语	主要族群	白人（占 92%），主要是英国人和爱尔兰人的后裔
政体	君主立宪制、联邦制	执政党	工党	现任国家元首/政府首脑	昆廷·布赖斯/朱莉娅·吉拉德
人口数量	常住人口 22 683 600 人（2012 年 6 月 30 日）	华侨华人人口	866 200 人（2011 年人口普查数据）	华侨华人占总人口比例	4.3%（2011 年人口普查数据）

（续上表）

CDP/人均 GDP	1.542 万亿美元/42 400 美元（2012 年）	CPI	2.1%（2012 年）	失业率	5.2%（2012 年）

资料来源：主要来自澳大利亚统计局（Australian Bureau of Statistics，http：//www.abs.gov.au/websitedbs/censushome.nsf/home/communityprofiles）和美国中情局（Central Intelligence Agency，https：//www.cia.gov/library/publications/the－world－factbook/geos/as.html）。

2012 年，中澳关系亮点纷呈。3 月，澳大利亚与中国签署一项约 2 000 亿元人民币的货币互换协议，额度仅次于中国香港及韩国。11 月，澳大利亚使用人民币作为支付货币的排名已达到全球第四位，反映出中澳双边贸易关系紧密之际，人民币作为支付货币的需求日益提高。[①] 这一年，澳大利亚和中国举行各种活动隆重庆祝建交 40 周年。双边贸易额创 1 223 亿美元历史记录，两国文化年圆满落幕，双方互访人数超过 137 万。[②] 2012 年 10 月，吉拉德政府发表了《亚洲世纪中的澳大利亚》白皮书，强调澳大利亚要充分利用天时地利的条件——“地处亚洲之域，时逢亚洲之纪”，推动国家发展。关于与中国的关系，白皮书中提到，中国在许多对澳大利亚至关重要的全球和地区事务中深具影响力，澳大利亚将通过现有的多边和区域论坛包括世界贸易组织、联合国、20 国集团、东亚峰会、亚太经合组织以及东盟等继续加强与中国的紧密联系，支持中国参与本地区战略、政治和经济发展。[③]

然而，澳大利亚的对华外交一直受两大力量牵引：一种是亚洲，特别是中国的崛起，不断增强澳大利亚对华外交中的现实利益力量；另一种是澳美同盟以及“西方价值观”凝聚成的澳大利亚对华交往中“意识形态为先”的力量。因此，澳大利亚和中国的关系不时面临一些考验。2012 年 3 月，澳大利亚政府以“担心来自中国的网络攻击”为由禁止中国企业华为竞标 360 亿澳元的澳大利亚全国宽带网工程。同时，澳大利亚政府考虑进一步扩大美澳军事关系，允许美军进驻印度洋上的澳大利亚领地科科斯群岛，并为美国海军进出澳大利亚港口提供方便，“美军大举进入澳大利亚达到了‘二战’以来登峰造极的地步”。这些“危险的战略”是不是正将澳大利亚拖入“一场由美国设立的专门针对澳大利亚最大贸易伙伴中国的逐步扩大的敌对状态”[④] 还没有定论，但澳大利亚政府的这些举措不利于澳中关系的发展则是毋庸置疑的。伴随中国的复兴，澳大利亚的核心战略和经济利益将面临越来越艰难的抉择。

---

① 《离岸人民币：澳大利亚以人民币支付排名大幅提升—SWIFT》，路透社网站，http：//cn.reuters.com/article/cnMoneyNews/idCNL4S0AJ1VS20130114，2013 年 1 月 14 日。

② 《中国驻澳大利亚大使馆举办第三届“中国日”活动》，http：//www.chinadaily.com.cn/hqgj/zwgx/2013－02－08/content_ 8243296.html，2013 年 2 月 7 日。

③ “Australia in the Asian Century”，http：//dfat.gov.au/publications/asian－century/china.html.

④ 《澳电信大项目禁止华为竞标，疑心中国设备留有后门》，《环球时报》，http：//world.huanqiu.com/roll/2012－03/2558490.html，2012 年 3 月 27 日；《澳媒批政府允许美军入驻，称吉拉德辩词“虚伪至极”》，《环球时报》，http：//world.huanqiu.com/roll/2012－03/2569828.html，2012 年 3 月 30 日。

二、2011 年澳大利亚人口普查中的华裔群体①

中国人移居澳大利亚大致经历了 8 个时期：①1788—1848 年，有些中国人（主要是广东人）搭乘英国船舰到达悉尼港。②1848—1853 年，3 000 多名中国男人（主要是福建人）作为契约劳工（“猪仔”）来到悉尼港，主要是做牧羊人和灌溉农民。③1853—1877 年，新南威尔士州开采金矿后，大量中国人涌入澳大利亚，在金矿里讨生活。1861 年的殖民地居民普查数据显示，澳大利亚的华工是继大不列颠移民之后的第二大移民群体。④1877—1901 年，因为淘金的冒险性，一些中国人开始尝试其他的谋生方式，例如开商店、沿街贩卖、捕鱼、伐木、翻译、做厨师、种植烟草等，悉尼以及新南威尔士地区的中国人在不断增多。⑤1901—1936 年，澳大利亚联邦成立时，大约有 29 000 名中国人生活在澳大利亚。② “白澳政策（White Australia Policy）”成为澳大利亚的基本国策后，澳大利亚华人人口逐渐减少。因为一些华人菜农依据《1901 年移民管制法案（Immigration Restriction Act of 1901）》获得“永久居住”的资格，在澳大利亚出生的新一代华裔不断增多，加上少量合法、非法的华人新移民的到来，才使得澳大利亚的华人不至于彻底消失。⑥1936—1949 年，战争期间，随着大批华人难民和船员的到来，澳大利亚的华人数量再次迅速增多。⑦1949—1973 年，战后，根据科伦坡计划，亚洲各地的华裔学生纷纷来到澳大利亚，结束了移居澳大利亚的华人以广东、福建人为主的历史。⑧1973 年至今，澳大利亚工党政府取消“白澳政策”后，澳大利亚开始接纳大批华裔移民。澳大利亚 2006 年人口普查数据显示，澳大利亚华裔常住居民达到 676 600 人，占总人口的 3.41%，其中约有 206 588 名华人获得了澳大利亚永久居留权。与 2001 年人口普查数据比较，5 年间华裔人口年均增长率约为 4.07%，是澳大利亚总人口年增长率的 3.52 倍。③

2012 年 6 月以后相继公布的 2011 年澳大利亚人口普查数据显示，318 969 名澳大利亚人宣称他们出生在中国（不包括香港、澳门和台湾）。74 995 人宣称他们出生在香港，2 013人出生在澳门，24 368 人出生在台湾。宣称有华裔血统的澳大利亚人共有 866 205 人，有的只有单一的华人血统，有的是混血。④ 华裔是 2011 年澳大利亚人口普查时第 7 个最常见的自陈的血统。⑤ 而 2001 年澳大利亚人口普查时，只有不到 40% 的华人宣称是出生在中国大陆或港台地区的华裔，26% 出生在澳大利亚，10% 出生在马来西亚，8% 出生在越南（见图 1）。⑥

---

① 2011 年澳大利亚人口普查不再以出生地作为划分族群的标准，改为以自陈的血统为划分标准。澳大利亚统计局宣布，血统不一定与出生地有关，但是是与认同最相关的文化族群的象征。

② Charles Price，“Asian and Pacific Island Peoples of Australia”，in James T. Fawcett，Benjamin V. Carino，*Pacific Bridges：The New Immigration from Asia and the Pacific Islands*，New York：Centre for Migration Studies，1987，p. 176.

③ Australian Bureau of Statistics，“2006 Census of Population and Housing”，http：//www.abs.gov.au/websitedbs/censushome.nsf/home/Data.

④ 2011 年澳大利亚的人口普查允许居民最多选择两个最认同的血统。

⑤ “2011 Census-Australian Community Profile Data”，http：//www.abs.gov.au/websitedbs/censushome.nsf/home/communityprofiles.

⑥ “4102.0 – Australian Social Trends，2003：Population Characteristics：Ancestry of Australia's Population”，http：//www.abs.gov.au/AUSSTATS/abs@.nsf/7d12b0f6763c78caca257061001cc588/af5129cb50e07099ca2570eb0082e462！OpenDocument.

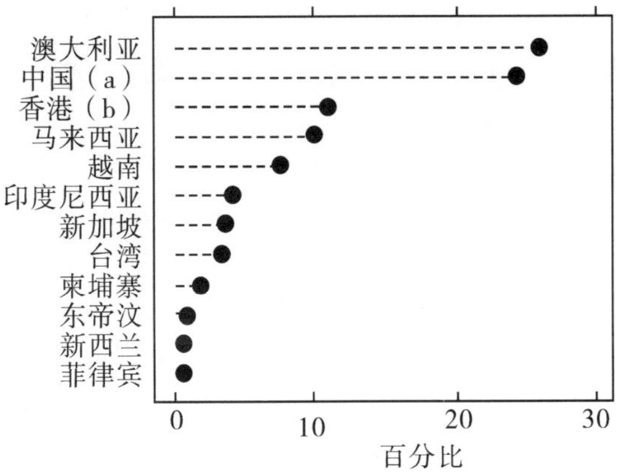

图1 华裔人口的出生地（2001）

注：“中国（a）”不包括香港、澳门和台湾；“香港（b）”为中国特别行政区。

历史上澳大利亚的华裔主要来自广东省和香港。由于近年来的移民来自中国大陆的其他地区和台湾，讲普通话的人已经超过讲粤语的人。澳大利亚统计局的数据显示，336 410人讲普通话，紧随其后的是263 675 人讲粤语（见表2）。第二、三代澳大利亚华裔既有只讲英语的单语种人，也有双语者，既会讲普通话或粤语，也会讲英语（见表3）。①

表2 澳大利亚华裔人口使用汉语情况

汉语	男性	女性	人口
普通话	154 260	182 150	336 410
粤语	123 791	139 884	263 675
其他	24 320	26 923	51 243
总数	302 371	348 957	651 328

表3 澳大利亚排名前五的华裔家庭语言

华裔家庭语言	人数	占总人口的比例（%）	英语流利的人口比例（%）	出生在澳大利亚的人口比例（%）
只讲英语	15 394.7	80.7	—	83.8
普通话	319.5	1.7	37.5	9.0
意大利语	295.0	1.5	62.1	43.2
阿拉伯语	264.4	1.4	61.9	38.5
粤语	254.7	1.3	46.4	19.9

注：1. 表中的数据不包括5岁以下的儿童。
2. 最后一项是出生在澳大利亚的人讲这种语言的比例。

① “2071.0 – Reflecting a Nation：Stories from the 2011 Census，2012 – 2013”，http：//www.abs.gov.au/ausstats/abs@.nsf/Lookup/2071.0main + features902012 – 2013.

2011 年澳大利亚人口普查的数据表明，将近一半（46.6%）出生在中国的澳大利亚华裔生活在悉尼，超过 1/4（28.5%）在中国出生的华裔居住在墨尔本，还有大约 1/4 在中国出生的华裔生活在澳大利亚的其他地区。① 在澳大利亚的各州中，只有在新南威尔士州，华人血统是 5 个最常被提到的血统之一。② 在悉尼，有 358 063 人——大约是总人口的 8.2% 确认他们自己有中国血统（包括单一血统和混血）。其他有较多华裔人口的城市包括墨尔本（244 649 人，6.1%）、珀斯（72 273 人，4.2%）和布里斯班（69 343 人，3.4%）。53% 在中国大陆出生的华裔和 51% 在中国香港出生的华裔居住在悉尼，而在中国台湾出生的华裔主要生活在布里斯班（34%）。③

在 2011 年澳大利亚人口普查时，中国大陆位居海外出生人口出生地排名的第三位，约 6% 的海外出生人口出生在中国大陆（见图 2）。近期到达澳大利亚的移民④构成了 2011 年澳大利亚人口的大部分。其中，亚洲出生的人口数量在不断增长。近期到达的人口中有 47% 是在印度出生的，有 35% 是在中国出生的。2001—2011 年间，增长最快的族群是印度裔（200 000 多人）、华裔（176 200 人）和新西兰裔（127 700 人）。因此，大部分的澳大利亚华裔是第一代移民（74.3%）（见表 4）。⑤

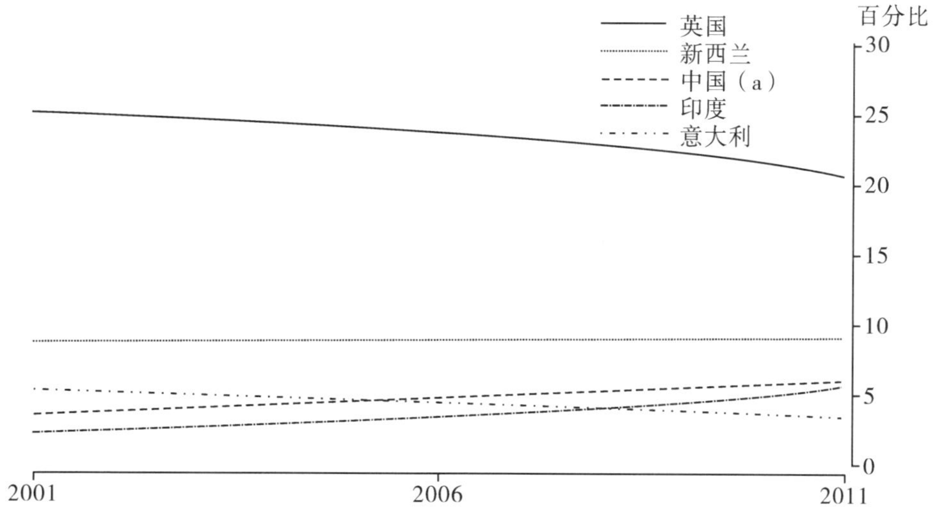

图 2　2011 年海外出生总人口中的前 5 个出生国家（2001—2011）

注："中国（a）"不包括中国香港、澳门和台湾。

① "2011 Census：Sydney Community Profile，Melbourne Community Profile"，http：//www. abs. gov. au/websitedbs/censushome. nsf/home/communityprofiles.

② http：//www. censusdata. abs. gov. au/census_ services/getproduct/census/2011/quickstat/1？opendocument&navp os = 220.

③ http：//www. abs. gov. au/ausstats/abs @ . nsf/Lookup/2901. 0Main% 20Features802011/ $ FILE/2011% 20Census% 20Dictionary% 2027102011. pdf.

④ 近期到达的移民是指 2007 年至 2011 年人口普查（8 月 9 日）期间到达澳大利亚的人，长期居住的移民是指 2007 年之前到达澳大利亚的移民。

⑤ "2071. 0 – Reflecting a Nation：Stories from the 2011 Census，2012 – 2013"，http：//www. abs. gov. au/ausstats/abs @ . nsf/Lookup/2071. 0main + features902012 – 2013.

表4　2011年澳大利亚人口普查中华裔的一些特征

血统	人数（千人）	占总人口的比例（%）	第一代（%）	第二代（%）	第三代以上（%）	宣称有其他血统（%）
华裔	866.2	4.3	74.3	21.3	4.4	16.2

三、澳大利亚华裔群体的政治参与

在澳大利亚流传着一种说法，即华人有一种“热衷学习的文化性格”，意思是他们天生就有着比白人和其他族裔的人更强的数学和科学能力。2006年澳大利亚人口普查时，31.9%的中国大陆裔澳大利亚居民拥有学士学位，而澳大利亚总人口中只有24%的人拥有学士学位。36.1%的香港裔澳大利亚居民拥有学士或更高的学位。平均下来，34%的澳大利亚华裔拥有学士或更高的学位。① 出生在海外的澳大利亚华裔超过50%至少拥有学士学位。② 这些比例综合起来，大约42%（第一、二代）的澳大利亚华裔拥有学士学位，大约是澳大利亚国家平均值14%的三倍。③ 基于良好的教育背景，澳大利亚华裔成为专业技术领域的佼佼者，生活水平良好，可是他们在澳大利亚却没有地位——这个澳大利亚历史悠久的族群在政界隐形了，他们很少在电视上出现，不是公共知识分子或人权、社会正义活动家，司法界更没有华人。造成华裔在澳大利亚政界失声的原因比较复杂：第一，澳大利亚华人来自不同的国家和地区，如中国大陆、中国香港、中国台湾、马来西亚、越南等，要围绕政治参与构建一个单一的角色非常困难。第二，历史因素制约华人参与政治。很多来自东南亚的华人曾被歧视，这使得他们不愿意从政。此外，澳大利亚曾实行“白澳政策”，种族歧视时有发生，导致华人对政治参与却步。

随着中国经济的快速发展以及中国国际影响力的提升，中澳经贸关系不断升温。澳大利亚华裔参政成为时代的需要，澳大利亚的政治、经济、社会发展以及澳中双边关系都需要看到他们的身影，听到他们的声音。2012年，澳大利亚华裔踏足政界的表现突出在以下几方面。

（1）2月，澳大利亚知名华文媒体《大洋日报》和《大洋时报》开始在澳大利亚最大的食品零售连锁店之一的伍尔沃斯（Woolworths）上架零售。《大洋日报》和《大洋时报》是被澳大利亚大型零售商首次接纳的华文媒体。

（2）3月，华裔女性林芳（Katrina Fong Lim，音译）在澳大利亚北领地达尔文市的市长选举中，以56.6%的总得票数击败现任市长及其他候选人而告当选。林芳出生在达尔文，其家族已在澳大利亚生活100多年。

（3）8月，澳大利亚华人社区委员会第二次全国会议讨论要求联邦政府设立一项基

① “The People of Australia 2006 Census”, http://www.immi.gov.au/media/publications/research/_pdf/poa-2008.pdf.

② Laurence J. C. Ma, Carolyn L. Cartier eds., *The Chinese Diaspora: Space, Place, Mobility and Identity*, Maryland: Rowman & Littlefield Publishers Inc., 2002, p. 369.

③ Kwok Leung, Sing Lau, Wai-Lim Lam, “Parenting Styles and Academic Achievement: A cross-Cultural Study”, *Merrill-Palmer Quarterly*, Vol. 44, Issue 2, 1998, p. 157.

金，承认澳大利亚曾有过歧视中国移民的历史。这项基金是对澳大利亚过往反华政策的一种道歉形式。

（4）9月11日，悉尼华人常住人口最多的好市围（Hurstville）选区选举结果揭晓。在12名新一届市议员中华人独占3个席位，分别是团结党候选人刘娜心、工党候选人单伟广及自由党候选人吴金营。其中，现为注册会计师的吴金营是2004年以留学生身份来到澳大利亚的80后华人新移民，一直热心社会公益和社区活动。2012年新南威尔士州地方市议会的选举有数十名华裔背景的人士参选，人数众多打破纪录。仅好市围市的好市围分选区就有14名华裔人士角逐议员席位。[①]

（5）10月，现任澳大利亚基隆市华人协会会长的湘籍华人沈风参与基隆市的议员竞选，打破了华人参与基隆市议员竞选零的记录，对提高华人在当地的影响力具有重要意义。同月，墨尔本市前华裔市长苏镇西的儿子 John So 参加墨尔本市长竞选。

从目前情况来看，澳大利亚华裔的身影主要出现在地方政府。对华裔参政议政来说，从地方做起是一个非常好的起点，这样可以直接体察和反映民众日常生活、工作情况和需求，积累参政议政的经验。另外，年青一代的华人开始积极投身于校园政治、政党和社区事务，他们中的一些人相信在公民生活中占有一席之地比拥有名车更重要。例如澳中青年联合会（Aust-China Young Elite Association）的创始人之一、会长季雪峰认为，每一个人，每一个组织，都有其社会责任。在发现澳大利亚现有的华人社团以同乡会居多，参与者多为中老年人，华裔青年人并没有团结起来，也没有积极地贡献于社会公益这些情况后，季雪峰在澳大利亚一些华侨前辈以及领馆的支持下，开始整合当地华人青年，创建了澳中青年联合会，希望提升海外华人的形象，提高澳大利亚华人的地位，帮助本地的年轻人。[②]华裔是澳大利亚这个多元文化社会中的主要成员，参政议政是他们义不容辞的责任，一方面代表华人社区为社会尽职尽责，另一方面反映华人的诉求。当然，通过各种形式的参政议政还可以改变那种总是认为自己被排挤在主流社会之外，与政治和国家大事无关的不正确认识，可以提高华人的自豪感和主人翁意识，提升华人融入主流社会的整体形象。

四、展　望

澳大利亚华裔正在成为现代澳大利亚多元文化社会中备受尊敬的社团之一，但是他们（特别是新移民）也面临着以下挑战：

（1）如何更好地融入主流社会。很多海外华侨华人认为自己是到了别人的国家，不能发出太多的声音，要保持低调，所以他们喜欢常年生活在唐人街，做些小生意，特别是与中国有关的生意。这不利于华人形象和华人地位的提升。

（2）如何在与当地社会相融和保持自己的文化传统中找到平衡。尽管奉行多元文化政策的澳大利亚号称是世界上最不种族歧视的国家之一，但因为宗教、文化、意识形态等原因引起的族群矛盾还是时有发生，澳大利亚的华侨华人不得不积极思考：如何一方面规范

---

① 《三华人当选澳大利亚好市围议员　80后移民闯入政坛》，http：//www. chinanews. com/hr/2012/09 - 13/4180178. shtml。

② 《行驶于责任与梦想之路——澳洲华裔青年企业家、澳中青年联合会会长　季雪峰》，华人英才杂志社，http：//hryczz. com/show. asp？id = 455，2013年2月11日。

言行，主动融入主流社会；另一方面维护、宣扬自己的文化传统，成为多元社会中自尊、自信、受人尊重的族群。

（3）如何在政界拥有更大的话语权。如何超越传统文化中“低调，远离当局者，不制造麻烦”的生存原则，突破移民前不同背景的限制，统一族群立场，积极参与公共生活，在澳大利亚政界拥有自己的一片天空，是澳大利亚华侨华人努力奋斗的目标。

无论如何，从澳中两国关系的特点和“利益结构”来看，双方更广泛关系的改善有广阔的作为空间，加之澳大利亚国内政治经济稳定发展、自然条件良好，澳大利亚会继续成为中国移民、留学生以及游客的优先选择之一。澳大利亚统计局的出入境数据显示，居高不下的澳元汇率并没有打消中国人到澳大利亚游玩的兴趣，仅在2012年8月就有创纪录的56 600名中国游客来到澳大利亚，与2011年8月相比增长了15.7%；从2011年8月至2012年8月赴澳大利亚的中国游客数量共计607 900人。① 这些游客中有多少是为了将来移民或留学做前期考察工作的不得而知。但澳大利亚的人口统计数据显示，越来越多的中国留学生会在完成学业后提交移民申请，或通过换取旅游签证、探亲或配偶签证留在澳大利亚，成为澳大利亚华侨华人庞大的后备力量。希望这些出生在中国并受到良好教育、对中国感情非常深厚的新华人可以发挥桥梁作用，把澳中关系一步步推向更高阶段。

① 《中国游客和移民搞火澳洲房地产　二季度房价上涨》，http：//www.chinanews.com/hr/2012/10－16/4152399.shtml。

新西兰

中国和新西兰已建交40多年，双方保持良好的政治、经贸和文化合作与互动。新西兰是一个移民国家，早在约一个半世纪以前就有中国人迁居新西兰。中国移民曾长期遭受苛刻的排华法压制，直到“二战”后特别是1972年中新建交后，华人的命运才逐渐转变。1987年新西兰颁布新移民条款，完全废除了带有种族歧视色彩的移民条款，华人才真正获得平等入境权，既有不少家属移民，也有大量通过计分制入境的专业技术移民和商业移民，不仅使得华人人口迅速增长，更使得其整体素质大幅上升。专业技术类移民从事的职业层次相对较高，弥补了新西兰的人才流失，而商业投资类移民则为新西兰创造了就业机会。在人口持续增长、经济地位提高的同时，华人的社会政治地位和参政热情也逐渐提升，十多年来，有数位华人当选国会议员或荣任部长。由于新移民的持续涌入，华侨华人社团、华文媒体、华文教育均呈现勃勃生机。新西兰的移民政策和华侨华人的生存态势受到新国经济发展状况的影响。近几年，新西兰经济不太景气，商业移民依然大受欢迎，但技术移民需求有所减少，这对华人移民产生了一些消极影响。

一、新西兰基本国情

新西兰概况

国家全名	新西兰	地理位置	太平洋西南部，由南北两大岛及数小岛组成	领土面积	268 680 平方公里
首都	惠灵顿	官方语言	英语	主要族群	英格兰后裔、毛利人、亚裔、太平洋岛裔
政体	议会君主立宪制	执政党/主要反对党	国家党/工党	现任国家元首/政府首脑	杰里·迈特帕里/约翰·基
人口数量	4 405 200（截至2011年底）①	华侨华人人口数量	近20万人②	华侨华人占总人口比例	4.5%

① Statistics New Zealand，New Zealand in Profile 2012 &International Travel and Migration：November，2012，http：//www. stats. govt. nz/.

② 数据来源：《新西兰惠灵顿华社举办庆祝新中国成立63周年餐会》，新西兰中文网，2012年9月28日。新西兰本来在2011年3月初进行五年一次的人口普查，但因为基督城发生地震中断，延期到2013年3月进行。这里的20万属估计数字，据2006年新西兰人口普查华人人口为147 570人，在此基础上加上近几年迁居新西兰的中国移民每年约6 000人，再加上人口自然增长，这一估计数与实际统计数据应相差不远。另，台湾“侨委会”《2011年华侨经济年鉴》（第262页）提供的数字是149 000人。

（续上表）

GDP/人均GDP	1 359.04亿新元/约3万新元①	CPI	0.3%（2012年第三季度）	失业率	7.3%（2012年第三季度）

二、中新关系

中国与新西兰自1972年建交以来，两国政治、经贸、文化交流与合作不断增进，两国领导人保持频繁互访与接触。中新关系最基本的、最好的地方是稳固的政治互信。新西兰两大政党都主张对华友好，积极发展与中国的经贸合作关系。2008年，新西兰作为首个西方发达国家与中国签署了双边自由贸易协定。2012年是中新建交40周年，中新关系处于历史最好时期。目前中国已成为新西兰第二大贸易伙伴、第一大留学生来源地、第二大移民来源国和第二大国际游客来源地。② 新西兰政府于2012年2月首次发表了旨在进一步加强对华关系的《中国战略报告》，提出了未来5年的五大具体目标：保持和发展两国强有力的政治关系；到2015年将双边贸易额增加一倍，达到200亿新元；加强双方服务业的合作，到2015年新西兰对华教育出口增加20%；旅游业至少增加60%，提高双边投资水平；加强高科技领域的合作，同时将合作产品商业化。③ 新西兰总理约翰·基9月5日特地出席为庆祝中新建交40周年而举办的研讨会，并发表主题演讲，指出发展对华关系是新西兰最为重要的对外关系之一。④

三、新西兰华侨华人概况

（一）移民史略

中国人移民新西兰大约有一个半世纪的历史。最早的一批中国移民是1866年从澳大利亚转到新西兰的淘金工人，从中国直接赴新西兰的华工移民潮发生于1870年代后。当时广东沿海的一些青壮年男子为避战祸和谋生计，以“猪仔”华工身份远赴新西兰挖金。金矿资源逐渐枯竭之后，华工便大量流入乡村或市镇，从事瓜果蔬菜种植、洗衣业、杂货零售等。华工到来不久，当地很快掀起排华浪潮，促使执政当局于1881年通过《中国移民法案》，向华人征收人头税（每人10磅），且限定每100吨船位只能载华人1名。该法案此后又数次修订，而且更加苛刻。直到1947年新西兰政府才稍微放宽政策，接纳华人

① http：//www. stats. govt. nz/browse_ for_ stats/snapshots – of – nz/nz – in – profile – 2012/economy. aspx.

② Statistics New Zealand，New Zealand in Profile 2012：An Overview of New Zealand's People，Economy，and Enviroment，http：//www. stats. govt. nz.

③ 《新西兰政府发布〈中国战略报告〉》，中华人民共和国驻新西兰大使馆网站，http：//www. chinaembassy. org. nz/chn/zxgx/t902532. htm，2012年2月7日。

④ 《中国—新西兰建交40周年研讨会在惠灵顿举行》（驻新西兰使馆供稿），中华人民共和国外交部网站，http：//www. fmprc. gov. cn/mfa_ chn/gjhdq_ 603914/gj_ 603916/dyz_ 608952/1206_ 609652/1206x2_ 609672/t966781. shtml，2012年9月6日。

亲属移民。1987 年新西兰颁布新移民法，废除了带有种族歧视色彩的移民条款，既优先考虑家庭团聚移民，同时也用计分制甄选高素质移民。中国移民数量开始迅速增加，且来源地发生变化，除广东外，其他省份及港澳台地区的移民日趋增多。由于新移民的不断涌入，华人成为新西兰人口增长最快的少数群体之一。1986 年华人人口还不足两万，而到 2006 年很快增至 14.7 万。[①]

（二）华侨华人与当地民族关系

自新西兰废除“白新”政策、通过人权法（1993 Human Rights Act）、实行多元文化政策以来，新西兰的种族关系相对和谐。华人在当地的社会地位与早期移民相比已是天壤之别，他们的文化传统亦受到新西兰政府和民众的尊重。据杨健议员介绍，每年有来自各个族裔的 20 万人次参观庆祝中国农历新年的奥克兰元宵灯会。[②] 为了拉近与华人的距离，新西兰政要经常参加华人重大节日（农历新年、中秋节等）的庆祝活动，关心和支持华人社区文化发展。2012 年 9 月奥克兰地方政府就出资支持华社庆祝中秋。[③] 新西兰政要也积极参与华商团体的活动。2012 年 10 月 3 日新西兰总理约翰·基特地出席了新西兰中华妇女商会成立大会，对商会正式成立和与当地其他团体的横向活动表示祝贺。[④]

不过，新西兰社会对华人的种族歧视并非完全消除。新西兰统计局 2012 年公布了一项对 17 271 名新西兰居民的种族歧视遭遇的调查报告，其中显示：亚裔遭受歧视的比例是最高的，约有 20%；其次是毛利人，约 10%。至于受歧视的原因，肤色、种族或民族因素约占 53%，打扮和外表因素占 19%。[⑤] 有报道说，在求职时，外文尤其是中文名字是相当不利的。种族关系协会的 Joris de Bres 称，人权协会调查发现，在过去几年里，亚裔遭遇很多严重的袭击事件。[⑥] 极右翼反移民政党会不时挑起反亚裔（华人）风波，新西兰每隔 3 年举行一次大选，反亚裔民粹主义浪潮便借此周期性地发作。[⑦]

（三）华侨华人的政治参与

新西兰华人投身当地政治的时间很晚，这与其人口数量少、政治地位较为低下有关。1990 年代之前，只有零星的华人担任地方政府公职，而且所属部门并不是政府核心部门。近十多年来，随着华人人口基数持续增长和经济地位的不断提高，法律和政治上的平等地位也得到保障，参与政治的热情逐渐提升。迄今为止总共有 4 位华人担任新西兰国会议员。1996 年黄徐毓芳成为新西兰的首位亚裔国会议员，2008 年她被任命为民族事务部长和妇女事务部长，成为新西兰首位华人内阁部长，但 2010 年底因为涉嫌不当使用部长身

---

① Statistics New Zealand，2006 Census Data，http：//www. stats. govt. nz/Census/2006CensusHomePage/QuickStats/quickstats - about - a - subject/culture - and - identity/asian. aspx.

② 《新西兰新晋升国会议员杨健首次在国会发表演说》，人民网，2012 年 2 月 20 日。

③ 《新西兰奥克兰地方政府出资支持华社庆祝中秋》，中新网，2012 年 9 月 29 日。

④ 《新西兰总理出席中华妇女商会成立大会　赞女性贡献》，中新网，2012 年 10 月 6 日。

⑤ Statistics New Zealand（2012），Working Together：Racial Discrimination in New Zealand，http：//www. stats. govt. nz.

⑥ 《亚裔已成为新西兰四大族群之一　仍为最受歧视群体》，中新网，2012 年 2 月 13 日（据新西兰中华新闻网援引新西兰英文媒体 TVNZ 报道）。

⑦ 叶宋曼瑛著，程东金译：《定位华裔新西兰人：当代“高质量移民”与早年“不受欢迎的外国人”之比较》，《华侨华人历史研究》2009 年第 3 期。

份及旅行补助而辞去妇女事务部长和民族事务部长职务。2004 年王小选成为行动党国会议员，是新西兰首位男性华裔国会议员。霍建强 2008 年当选为新西兰国会议员，是第三位华人国会议员，也是新西兰工党首位华裔国会议员。近期比较受关注的华人政界精英是杨建，他是第一位当选国家党议员的中国大陆新移民。他注意到新西兰华人移民的特殊政治需求，扎根于华人社区，同时走进主流社会，传递华人的声音。他积极促进新西兰华社发展，并致力于推动中新关系的巩固发展。另外，还有一些华人担任地方政府要职，如市长、市议员等。

（四）华侨华人经济

新西兰政府不断改革移民政策，加大吸引技术类移民和商业投资移民的力度，使得新西兰的华人整体素质提升，拥有资金额度大幅度增加。专业技术类移民（含留学转定居者）弥补了新西兰本土向澳大利亚的人才流失缺口，而商业投资类移民则为新西兰创造了就业机会。

由留学生转成技术移民的一类人，英语很娴熟，很多被当地大公司聘用，从事营销、金融、律师、技术类工作。据 2006 年新西兰人口普查数据显示，在填明职业的 6.1 万多华人（其中海外出生 51 936 人，新西兰本土出生 9 435 人）中，服务和销售人员近 1.3 万人，居首位；其次是专业人士，1 万余人；再次是律师，8 800 多人；技术员和辅助专业人士近 7 300 人；办公室职员约 7 100 人；普通劳工及服务业工人近 3 900 人；此外，工厂操作工和装配工、各类工匠等不足 3 000 人。[①] 由上可以看出，华人从事的职业层次相对较高。

很多富有的商业移民仍然在中国保留房产和生意，或者继续在中国内地和香港从事股票和外汇交易，经常在中国和新西兰之间周转大笔的资金。华人所经营的生意遍及诸多行业，从小规模的餐馆、零售店、旅馆、网吧、旅游公司，到有规模的房地产开发；另外还有人投资制造业的食品及肉类加工厂、PC 小型转配厂、木材工厂；还有少数投资顾问公司等。华侨华人在新西兰投资前 5 名的产业依次是房地产业、服务业、进出口业、农牧业、金融业。[②] 一些粤籍华侨华人多以经营农场、种植和销售水果为主，据统计目前新西兰 80% 以上的蔬果由华农供应。

一年一度的新西兰华人经济人物评选一般在年底开始，次年 3—4 月间正式揭晓。在 2012 年 4 月 2 日，2011 年度新西兰华人经济人物颁奖晚会举行，获奖的经济人物共 12 位，他们分别是奥克兰商学院 AIS 董事长谢寅生、NOODLE CANTEEN LTD 总经理王全春、新西兰华文书店经理及玛克威出版社出版人方华、Starplus Homes Ltd 星空建业董事长 Rechard Lee、BNZ 银行亚洲业务部经理崔硕、AIA Financial Services Network 友邦保险理财规划有限公司总经理洪宇、Harcourts 房地产集团资深经纪 Matty Ma、WESTPAC 银行分行行长曾文、罗托鲁瓦旅游局亚洲市场部经理黄剑、AFFILIATED BUSINESE CONSULTANTS LIMITED－ REINZ ABC 生意公司注册经纪人伍勇 、Matchi Motchi 公司设计师兼董事长李

---

① Statistics New Zealand，Asian Ethnic Groups，2006－Table 30：Occupation by Birthplace for Employed Aged 15 Years and over in the Largest Asian Ethnic Groups，http：//www. stats. govt. nz.

② 《新西兰：华人移民的新聚集点》，《人民日报》（海外版），2011 年 10 月 24 日；李海蓉：《新西兰中国大陆新移民初探》，《华侨华人历史研究》2011 年第 1 期；台湾“侨委会”：《2011 年华侨经济年鉴》，第 264 页。

明蔚、VERTEXENERGY LTD 公司首席科学家高峰。①

（五）华侨华人社团

据粗略统计，目前新西兰华侨华人社团有 200 多个。除了在 1950 年代之前成立的少量传统侨团外，20 世纪八九十年代之后随着华人移民的增多及来源地的多元化，兴起了许多新的同乡会、商会、专业人士团体、文化体育团体、留学生社团等。比如，在奥克兰逾百家华人社团中，80% 以上是近十多年成立的。近年来，依然有新华人社团陆续产生。新西兰华人青年商会是 2010 年 5 月注册成立的，是新西兰第一个专为青年华商服务的非营利性社团组织。2012 年 8 月 22 日，由一些华侨华人自发联合签名发起组织的新西兰华人保钓协会，通过新西兰政府正式注册成立，其宗旨是“联合全世界华人保钓组织，登岛宣誓主权，坚决捍卫中国领土完整”。2012 年 10 月 3 日，新西兰中华妇女商会成立。

新西兰华侨华人社团在发展过程中有走向融合的趋向，一些联合体性质的华人社团在保持成员社团独立性的基础上，以团体会员制的形式，把不同类型的华人社团凝聚在一起。目前新西兰华人社团联合体主要有历史较悠久的新西兰华侨联合会（1931 年成立），及成立时间不长的新西兰中国团体联合会（1999 年成立，有约 20 家团体会员）、新西兰华人基金会（2003 年成立）等。②

（六）华文媒体

新西兰华人新移民的增加和社会经济的繁荣，直接带动了新西兰华文媒体（报纸、杂志、电台、电视和网络）的发展。主要华文报刊有《新西兰中文先驱报》（以下简称《先驱报》）、《星岛日报》、《镜报》、《华页》、《乡音》、《中文一族》（周刊）、《东方时报》③、《亚洲之声》④（周报）、《新报》、《新西兰信报》⑤（周报）、《太阳报》、《新西兰联合报》（2010 年创刊）、《新华商报》、《留学生报》（双周刊）等；杂志有《华侨论坛》、《生活周刊》、《中视月刊》等。上述多数华文报刊每周只发行一次，只有《先驱报》每周发行四期，它是新西兰历史悠久的第一大报。《新西兰先驱报》（New Zealand Herald）于 1994 年创办，1997 年起独立运作并更名为《新西兰中文先驱报》，简称《先驱报》，现已成为新西兰最具影响力的华文媒体。2011 年 9 月，中文《先驱报》与英文《先驱报》正式联盟，两报互享资源，每天的头版文章同步；共同策划、携手报道新闻，将最直接、最清晰的信息在主流社会和华人社区之间传递。另外，值得一提的是，《人民日报》海外版《新西兰周刊》2010 年 4 月在新西兰南岛基督城创刊。

奥克兰地区因为华人聚集最多，华文报业也相对发达，不仅数量多，而且发行量大。

---

① 《2011 年新西兰华人经济人物评选圆满落幕》，《新西兰联合报》，2012 年 4 月 5 日。

② 陈金流：《裂变　重组　新生　融合——新西兰华人社团的新变化》，见吕伟雄主编：《海外华人社会新观察》，广州：岭南美术出版社 2004 年版，第 18 页。

③ 《东方时报》，于 2002 年 10 月创刊，是一份集新闻性、知识性与趣味性为一体的综合性中文报纸，每周二发行，每期 48 版。总部在奥克兰，在北岛以奥克兰为发行中心，南岛以基督城为发行中心，覆盖全新西兰。主要读者群为中国移民、留学生和商家。

④ 《亚洲之声》创刊于 2002 年 9 月 3 日，逢周一出版，是一份中英文双语报纸。

⑤ 《新西兰信报》创刊于 2003 年，是一份综合性华文周报，坐落于新西兰南岛大城市基督城，在新西兰全国免费发行。

其他城市随着华人社区的壮大，比如基督城等地区，华文报刊业也渐有起色。由于进入新西兰传媒行业的门槛较低，广告市场规模又迅速增大，因而刺激了众多投资者进入华文报业，2006—2009 年间，华文报刊最多时达到近 30 家。但与此同时，也有不少华文报刊因为自身经营问题及激烈的竞争，难以为继，不得不停刊或削减期数和版面，比如《华商报》、《新西兰周报》、《华侨时报》、《自力快报》等。

就华语广播来说，1998 年成立的新西兰华语广播电台是当地第一家 24 小时不停广播的华语电台，至今仍是很多新西兰华人的重要精神食粮。中华电视网旗下的 AM936 是新西兰唯一以普通话全天候广播的中文电台，现今成为新西兰全国收听率最高、影响力最大的中文广播电台；此外还有专门的粤语广播 FM95. 8。新西兰中华电视网通过提供多样化的高质量节目，广受新西兰华人朋友欢迎，成为新西兰最有影响力的华语电视。就中文网络来说，新西兰中华新闻网、新西兰中文网、天维网是当地华文网站的三巨头。

（七）华文教育

自中新建交 40 年来，两国在各领域的交流合作日益深化，中新关系处于历史最好时期。这给新西兰中文教育带来良好的机遇和广阔的前景。自 20 世纪 90 年代开始，中文教育逐渐与新西兰当地教育接轨，汉语教学在中小学乃至大学推广。2000 年新西兰教育部又将华文作为外语考试科目正式列入新西兰中学会考，标志着中文取得了同其他外语一样的地位。据统计，2011 年，总计有 13 000 名学生参加中文课程学习。2012 年伊始，新西兰更多学校考虑为学生开设中文课程。① 新西兰目前已建立了 3 所孔子学院，数十个孔子学堂。

新西兰华侨华人社团或个人也积极开设华文学校（课程班）。奥克兰是华人比较集中的地方，目前设有中文学校 40 余所，2011 年仅从中领事领取中文教材就达 2 万余册。在 2012 年 5 月举办的第二届奥克兰中文教育优秀学校、优秀教师和优秀学生表彰大会上，共有 6 所优秀中文学校、42 名优秀教师和 79 名优秀学生获得殊荣。② 比较著名的华文学校有奥克兰现代中文学校（1995 年成立）、奥克兰希望中文学校（2002 年初成立）、路易·艾黎中文学校／艾黎教育文化中心（1998 年成立）等。2012 年 9 月 22 日，由新西兰华侨华人自筹资金创办的中华文化学院奥克兰中国城正式宣告成立。该学院是由老华侨金晓泉教授牵头，自筹资金创办的非营利机构。该学院在 2012 年 3 月开始筹建，80 多岁的金晓泉教授在筹集建院资金、落实校舍、物色教材、组建师资队伍和学院领导班子的过程中得到了新西兰天津同乡会、天津开发区技术学院的大力协助，以及华人社会和各界人士的有力支持。学院的教学分儿童班和成人班，面向社会招生，招收华侨华人在学学生和非华裔（在职和在学人士）学生，以课堂教学方式，学习汉字、汉语和国学知识。为配合教学，学院特别出版了学术性刊物《新西兰中华文化学院院刊》。③

---

① 《新西兰学中文人数增加　更多学校将开设中文课程》，（新西兰）中华新闻网，2012 年 2 月 10 日。

② 《新西兰举办第二届中文教育优秀学校、优秀教师和优秀学生表彰大会》，（新西兰）中华新闻网（援引 NZ 华新社报道），2012 年 5 月 15 日。

③ 《新西兰华侨华人自筹资金创办中华文化学院》，人民网，2012 年 9 月 24 日。

（八）华侨华人宗教信仰

据2006年新西兰人口普查数据显示，一半以上（约56%）华人是无宗教信仰的，约22%信奉基督教，约12%信奉佛教，还有极少数人信奉伊斯兰教、印度教及其他宗教。海外出生的华人中无神论者所占比例稍高于新西兰土生华裔（57%：54%）。[①] 从有宗教信仰者群体看，基督徒居多。早在19世纪末华人就建立了基督教会，至今依然有影响。比如新西兰华人圣公会已逾百年，是新西兰历史最悠久、最大的华人教会。它拥有自己独立的大厦，内设礼堂及文体活动场所。除进行宗教活动外，它还经常举办慈善活动，并且拥有自己发行的报纸《华圣报》。惠灵顿华人浸信会有约60年历史，为了适应不同华人社群的需要，礼拜会分别采用英语、普通话、粤语等几种语言。此外，还有基督教华语协会、奥克兰华人基督教会等。华人基督教会往往容纳了不同代际、不同来源地、不同阶层的华侨华人。华人参与教会活动，对于舒缓他们在新环境中的学习、生活和工作压力，适应和融入当地社会起到一定的作用。

（九）新移民

近十年间，中国是新西兰的五大移民来源国之一。据新西兰移民局统计，2000年之后中国大陆迁居新西兰人数一度急剧增长，2002—2003年度达到最高峰，跃居新西兰外来移民群体首位，达到1万多人，但此后人数有所下降，2003—2004年度跌至第二位，位居英国移民之后，有8 000多人，此后几年间人数保持在6 000～8 000人之间。[②] 2009年，中国成为新西兰20岁以上新移民的最大来源国，其人数有6 361人，超过了英国的6 302人。[③] 2012年，赴新西兰的中国净移民数为5 200人，仅次于英国的5 600人。[④] 由于新移民的持续涌入，新西兰华人人口依然以第一代移民为主体。据2006年新西兰人口普查的数据，在14.7万华人中，出生于新西兰的仅3.2万人，其余皆为海外移民。[⑤]

迁往新西兰的中国新移民中，技术移民和商业移民占据相当大的比重。据新西兰移民局的统计，1997—2009年间，来自中国大陆的技术移民和商业移民共计有50 956人，占中国大陆所有合法移民总数的60%。[⑥] 在技术移民当中留学转定居者占相当大的比例。自1999年中国放宽国际留学市场的管制之后，来自中国的留学生人数位居新西兰国际留学生人数的首位。自2003年开始，新西兰政府开始鼓励国际留学生学成之后申请移民，中国留学生成了该项政策的最大受惠人群。与此同时，商业移民的数量在21世纪以来也很引人注目。1999年新西兰开始设置商业投资移民类别，此后又推出比澳大利亚和加拿大更为

① Statistics New Zealand, Asian Ethnic Groups, 2006 – Table 5: Religious Affiliation (Total Response) by Birthplace for the Largest Asian Groups, http://www.stats.govt.nz.

② New Zealand Immigration Service, 参见 Phoene H. Li, "New Chinese Immigrants to New Zealand: A PRC Dimension", Chart 1, sep. 15, 2010, http://international.metropolis.net/pdf/fow – newzealand – immi.pdf. p. 4.

③ 《新西兰先驱报：中国成新西兰最大新移民来源国》，中国网，2010年1月19日。

④ Statistics New Zealand, International Travel and Migration: November, 2012, http://www.stats.govt.nz/.

⑤ Statistics New Zealand, Asian Ethnic Groups, 2006 – Table 4: Birthplace by Number of Ethnic Groups Specified for the Largest Asian Ethnic Groups, http://www.stats.govt.nz.

⑥ Phoene H. Li, "New Chinese Immigrants to New Zealand: A PRC Dimension", Sep. 15, 2010, http://international.metropolis.net/pdf/fow_ newzealand_ immi.pdf, p. 10.

宽松的投资移民政策。自 2000 年以来，迁居新西兰的中国商业移民人数位居各国商业移民人数之首，其中以投资移民居多。2000—2008 年，共有 6.3 万中国大陆移民获得新西兰合法居留身份，其中 9 672 人为商业移民，这当中投资移民有 7 286 人。①

新西兰经济近几年不太景气，为了提振经济，新西兰于 2009 年出台新的商业移民条例，放宽对商业移民的要求和限制，使原先在旧政策高标准下望而却步的华人商业人士得以进入新西兰。他们给新西兰经济输入新鲜血液，不仅创造了就业机会，也带来商业经验及技能。与此同时，经济的不景气使新西兰的技术移民需求减少，劳工部最新移民趋势报告显示，在 2011 年 7 月至 2012 年 3 月期间，被批准的技术移民为 13 265 人，较去年同期减少接近 1 800 人。② 中国技术移民占新西兰技术移民来源的 1 成左右，需求的下降对华人移民产生一定的消极影响。

华人新移民在新西兰的分布比较集中，不过与老侨比较有分散化趋势。过去华人分布可以用“集中在北岛、集中在奥克兰、集中在个别区域（中区、南区）”的“三集中”特性来概括。现今新移民虽然仍较多聚集于奥克兰，但范围已不再局限在个别区域，华人开始在东区、北岸这些新城区汇聚。大约 70% 的中国大陆移民居住在奥克兰，此外惠灵顿、基督城和汉密尔顿等大城市也形成了华人聚居点，还有少数华人散居于新西兰的城镇、乡村、河滩、湿地以及滩涂。

---

① Phoene H. Li, “New Chinese Immigrants to New Zealand: A PRC Dimension”, Sep. 15, 2010, http://international.metropolis.net/pdf/fow_ newzealand_ immi.pdf, p. 7.

② 《经济不景气需求减少 新西兰技术移民人数下跌》，中新网，2012 年 5 月 30 日。

2012年世界侨情大事记

亚洲

1月3日，在新年来临暨龙城开业7周年之际，迪拜龙城华人商会在亚特兰蒂斯酒店隆重举行新年联谊会暨会员大会，共度新年和庆祝华商入驻龙城7周年。中华人民共和国驻迪拜总领事詹京保、经商室参赞张艺、迪拜世界集团原主席苏尔坦（Sultan Ahmed Bin Ahmed）、迪拜世界集团安全首席执行官阿民（Mahmood Mohd. Amin）、Trakhees主席阿拉夫（Arif Obaid AL Dehail）、Trakhees执照经理达华德（Dawood Ahmed）、中国贸促会驻海湾地区首席代表张宝俊、阿联酋中国商会会长万军，以及在阿各兄弟侨团、驻阿中资机构、华人媒体等各界人士及代表共200多位嘉宾到会同贺新年，龙城商会400多位会员出席大会。

2月8日，文莱华社新春联欢团拜在斯市峇拉克斯的文莱国际会议中心举行，文莱苏丹陛下在皇室成员陪同之下亲临国际会议中心，与各界华裔子民同欢共庆华人农历壬辰年。

3月10日，日本最大的周末中文补习学校——同源中文学校在东京丰岛公会堂内成功举办了第一届中文朗诵比赛。此次比赛受到了在日华侨华人及各界人士的大力支持和协助。中国驻日本大使馆官员关妍、日本华侨华人联合总会副会长陈学全等嘉宾出席了赛事。参赛作品选材广泛，其中包括古诗词等中国传统文化的精髓。通过此次比赛，在日华人儿童充分展现了他们的语言学习天赋，感受到祖（籍）国文化的博大精深和无穷魅力，也彰显了普及华文教育的成果。

3月15日，中国驻文莱大使郑祥林在官邸为荣获中国海外交流协会“热心海外华文教育人士”和“优秀海外华文教师”荣誉称号的9位获奖者颁发获奖证书，并与获奖者进行座谈。文莱中华中学董事长陈仙隆、丕显拿督刘锦国私人秘书朱运利等参加颁奖仪式和座谈。

3月31日，老挝首都万象首家华文书店——华文书局开张，书店位于万象昆布伦大街，这不仅是老挝最大的华文书店，同时也是老挝最大的书店。

3月31日，中国云南省代表团访问老挝万象寮都公学，并向寮都公学捐赠了图书和教学器材

4 月 11 日，文莱—中国友好协会协办的“文化中国 · 魅力新疆”文艺演出在杰鲁东半圆形剧场举行。新疆木卡姆艺术团是应文莱文化、青年与体育部的邀请于 4 月 10—12 日来文演出的。艺术团 10 日晚与文莱中华中学师生进行联欢，11 日上午到水村一所公立学校进行了表演和交流。

4 月 19 日，时任全国政协主席贾庆林在文莱首都斯里巴加湾市出席文莱—中国友好协会举办的午宴并致辞，来自中文各界近 200 名友好人士出席午宴。

4 月 28 日，马来西亚干净与公平选举联盟和绿色盛会委员会发起“黄绿大集会”，要求政府落实干净选举和终止莱纳斯稀土厂计划。当天在马来西亚的吉隆坡、槟城等 11 个城镇，以及全球 30 多个国家数十个地点同步举办“黄绿大集会”，全马各地出席集会者有 25 万人，其中吉隆坡出席集会者有 10 多万，华人是主要参加者之一。各地集会和平进行，但在吉隆坡独立广场外围举行的集会结束后，发生了警民对峙与冲突，警方逮捕了三四百人。集会后朝野双方纷纷上传公布集会现场的照片录像，互相指责。“4 · 28 黄绿大集会”以其声势浩大和警民冲突，引起了马来西亚国内外的高度关注。

5 月 3 日，马来西亚新闻工作者举行了“黑衣抗议行动”，主要中文报纸如《星洲日报》、《南洋商报》、《中国报》、《光明日报》和《东方日报》当天皆以黑白封面，抗议警方暴力对待及逮捕采访“4 · 28 黄绿大集会”的记者。全马各地的新闻从业人员也响应马国华裔摄影记者协会的号召，在 3 日身穿黑衣及系黄丝带上班，表达对警方暴力对待记者及侵犯新闻自由的不满。

5 月 4 日，中国驻塔吉克斯坦大使馆举办中资机构、华侨华人代表和塔政府移民局等部门座谈会。塔移民局、外交部、国家安全委员会、内务部、总检察院、税务总局、海关总署等部门主管领导和代表与会。中国驻塔大使范先荣出席会议并讲话。

6 月 1 日，缅甸对 27 个国家及地区的人员开放仰光机场落地签证，后期还将在曼德勒机场和内比都机场实行。目前开放的落地签证种类为商务（含工作）签证、入境许可及过境签证 3 种，暂不包括旅游。27 国及地区为东盟 9 国及澳大利亚、中国、丹麦、法国、德国、印度、意大利、日本、韩国、朝鲜、新西兰、挪威、西班牙、瑞典、瑞士、英国和美国等。规定商务签证停留期为 70 天，签证费 50 美元；入境签证停留期 28 天，签证费 40 美元；过境签证市内停留 24 小时，签证费 20 美元。入境许可签证如系出席会议、会谈及仪式的，需同时出具相关部委的邀请函。家长护照签注的儿童 7 岁以下免费入境，如随行的 7 岁以下儿童单独持有护照，应出示与家长的关系证明。入境外国人不得前往限制地区。拒签人员原机返回。落地签证申请表格可向相关航空公司索要，也可在缅甸移民部网站下载。此外，搭乘缅甸国际航空（MAI）航班从柬埔寨金边、暹粒及从中国广州入境的人员，不论国别均可办理落地签。

6 月 2 日，吉尔吉斯斯坦“爱侨中文教育中心”开学典礼在比什凯克顺利举行。

6 月 10 日，塔吉克斯坦华人华侨联合会和 14 家驻塔中资机构代表一行 30 人，在中国驻塔大使馆领事部主任丁建伟的带领下，来到位于胡占德市附近的“乔鲁赫—代龙”靶场，慰问中方参加上海合作组织“和平使命—2012”联合反恐军事演习的官兵。

6 月 10 日，印尼前首富、曾经的世界十大富豪之一林绍良于新加坡逝世，享年 96 岁。林绍良出生在福建省福清县海口镇牛宅村一个农民家庭，1938 年移居印尼中爪哇。他早年靠丁香生意起家，后经营面粉厂、水泥厂等生意，并涉足地产、航运和金融等 70 多个行业，印尼著名企业印多福（Indofood）、中亚银行（BCA）和业务多元化的三林集团（Salim Group）都是由他创立的。在印尼抗击荷兰殖民者的独立战争时期，林绍良大力支援印尼的抗荷独立战争，为军队提供军用物资，因此与前总统苏加诺等印尼军官结下了深厚的私人友谊，为他日后事业上的成功打下了坚实的基础。20 世纪 80 年代后他积极前往中国投资，对同乡十分照顾，也为家乡的发展作出了许多贡献。

6 月 21 日，中国驻文莱大使郑祥林会见并宴请文莱福建会馆林汉璋主席和会馆理事会成员，并同他们进行亲切交流。福建会馆是文莱最大的华人社团组织。郑大使希望会馆继续关心和支持中文关系的发展，为增进两国人民间相互了解和友谊，推动双方务实合作不断向前发展作出积极贡献。

7 月 6 日，由柬埔寨华人创办的第一家柬文日报——《高棉日报》正式出版发行。柬埔寨新闻部长乔卡那里出席新闻发布会。《高棉日报》社长曹云德表示，办报的宗旨是及时传递信息，促进经济、文化、体育等领域交流，促进中柬各行业交流。该报中文版于 2013 年 3 月 1 日正式出版发行。

7 月 9 日，日本的外国人入境管理制度发生巨大转变。至今已经实施了 60 年的“外国人登录证”，将陆陆续续变成外国人“在留卡”。新的管理制度具有管理一元化、在留长期化、出入方便化、守法严格化等特点。新制度将居留期限的上限由 3 年延长至 5 年，且出国未满 1 年再入境者无需再入境申请等内容，使合法居留者可获得更多便利。

8 月 18 日，将近 10 万之众的在日上海人成立了“日本上海同乡会”。会上确立了“上海同乡会以宣传和弘扬海派文化，加强在日上海人、在日华侨华人间的团结以及促进交流、服务贡献于广大在日同胞”为宗旨，发挥“加强在日上海人和日本企业、日本社会与个人的交流，加强上海和日本文化交流，促进上海地区和日本企业的经济来往”的作用。“日本上海经友会”同时宣布成立，其主旨是促进中日两国的经济发展和友好交流。

8 月 19 日，中国驻文莱大使郑祥林出席在文莱帝国酒店举行的文莱中华中学校友会成立 20 周年庆典并发表讲话。在庆典活动上，文中学生和历届文中校友表演了精彩的歌舞等节目并举行了抽奖活动。来自文莱和马来西亚的近千名文中校友出席庆典。

8 月 23 日，菲律宾国调局、国警和总统府反组织犯罪委员会与海峡两岸的对口单位合作，破获该国史上最大的电信诈骗案，逮捕中国大陆嫌疑犯87人、台湾嫌疑犯291人。菲律宾国调局指出，该诈骗集团以大陆民众为主要对象，通过网络电话联系在中国的受害者，骗称受害人的银行账户涉及洗钱等非法活动，诱使其转账，从而达到行骗目的。该案受害人数达数千，不法所得达数亿元人民币。

9月7—9日，在东京王子花园塔饭店举行了东京“中国文化节”活动。本次活动由在日华侨华人和中国企业共同主办，中国驻日本大使馆协办。活动内容丰富，形式多样，堪称是一次最贴近基层、贴近普通民众的中国文化和艺术的荟萃。此次活动展现了中华文化的巨大魅力和现代中国的文明进步形象，也为普通日本民众架起一座走近中国、了解中国和认识中国的桥梁。

9月12日，中国驻文莱大使郑祥林出席文莱培英学苑主办的“中国—华夏杯书画大赛”颁奖典礼。培英学苑执行董事长、中国少年儿童书画协会常务理事许嫣璎博士致欢迎词。郑祥林大使为获奖学生和教师代表颁发奖状，并观看了学生们的精彩歌舞表演。活动现场气氛热烈，文莱教育部官员和来自苏丹基金会小学、培英学校的教师、学生和家长出席了颁奖典礼。

9月20日，东帝汶中华商会在帝力华人公墓隆重举行“东帝汶争取民族独立运动中遇难华人同胞纪念碑”揭幕仪式。东帝汶总统鲁瓦克、前总统奥尔塔、副总理拉萨马等政要，在东华人代表、旅居澳大利亚的东帝汶华人代表以及东各界友人共约150人出席此次活动。纪念碑铭刻了自第二次世界大战以来包括印尼入侵时期殒殁的有名可查的121位华人及众多无名氏碑铭。

9月28日，柬埔寨最大的华文学校——金边端华学校举行复课20周年庆祝活动，端华学校师生、校友、柬埔寨社会贤达及华人社团代表近千人出席庆祝活动。端华学校校长李辉明、柬华理事会会长兼柬埔寨潮州会馆馆长杨启秋、柬埔寨金边市教育局官员陈章贵，以及柬埔寨社会知名人士、端华校友刘明勤、方侨生等先后致辞。

10月15日，印尼华裔地质学家、商人钟万学出任2012年至2017年任期的印尼首都雅加达副省长。钟万学出生于印尼苏南省邦加，现年47岁，曾任印尼东勿里洞县县长，是印尼历史上首位担任印尼首都副省长一职的华人，其当选被认为是印尼华裔新生代参政的一大突破。

10月23日，中国在泰国孔敬府设立总领事馆，这是继北部清迈、南部宋卡之后，中国在泰国开设的第三个总领事馆。

10月27日，由中国驻迪拜总领馆和阿联酋中国西北五省总商会筹委会共同主办的阿联酋华侨华人穆斯林2012年宰牲节茶话会在迪拜举行，中国驻迪拜总领馆詹京保总领事、迪拜警察总局副总局长穆罕默德·纳赛尔大校、阿联酋华侨华人穆斯林同胞，以及在阿各商协会、企业、华侨华人代表、新闻媒体记者等 200 多人出席茶话会。

10 月 31 日，中国驻老挝大使馆向老挝万象中华理事会捐赠医疗设备。

11 月 6 日，菲律宾取消了 28 名中国国家电网公司技术人员的赴菲签证和工作许可。目前中国国家电网公司拥有菲律宾国家电网公司 40% 的股份，在 2007 年赢得菲律宾电网未来 25 年的经营权。菲能源部门官员表示，菲政府希望加强对菲国家电网公司运作的监管，以确保电力输送的主导权掌握在菲律宾人手中。

11 月 10 日，马来西亚南方学院正式升格为南方大学学院，可以和大学一样，开设学士与硕博士课程。南方学院由宽柔中学董事会发起创办，1990 年创立，1991 年招生开学，是马来西亚华人社会创立的第一所华文高等学府。学校设有中文系、商学系、英文系、电脑系、电子工程系、马来文学系等科系，另设华人族群与文化研究所、马华文学馆及建教合作暨推广教育中心。“南大”将是继泰南勿洞中文大学后，东南亚地区另一所以华语为主要教学媒介语的大专学府。“南大”的正式成立，是马来西亚华文教育发展的重要里程碑。

11 月 19 日，在缅甸第二大城市曼德勒以北约 180 公里的蒙育瓦镇莱比塘铜矿外发生了群众抗议事件，约 200 名僧人和 500 名民众堵住营地大门。他们要求停止开采铜矿，增加对搬迁民众的补偿，甚至有人喊出了要参与铜矿开采的中国企业撤出缅甸等一些反华口号。

11 月 21 日，时任中国国务院总理温家宝和泰国总理英拉共同为曼谷中国文化中心开幕式剪彩。

11 月 23 日，首届“华人好声音——迪拜我唱响”活动在阿联酋迪拜举行了第四轮海选，来自中东地区的 31 名选手在迪拜缪斯酒吧演艺厅进行了最后角逐。经过专业评委、导师的盲听、点评和遴选，14 位参赛选手成功晋级。

11 月 24 日，中国驻文莱大使郑祥林出席文莱中华中学与中国北京燕京文化专科学校缔结姐妹学校的签约仪式，并会见来访的中国华文教育基金会代表团。根据两校签订的协议，双方今后将在师资培训、远程教育、中文教材研发等方面开展合作。

11 月 29 日，福布斯杂志公布印尼 40 大富豪，印尼第二大丁香烟生产企业针记集团（Djarum）华裔企业家黄惠祥与黄惠忠两兄弟（R. Budi & Michael Hartono）名列榜首。黄氏兄弟祖籍福建，其产业包括入选福布斯上市公司 50 强之一的印尼中亚银行（Bank Central Asia）、大印度尼西亚购物中心（Grand Indonesia）及多家棕榈油公司。由于物价上涨和棕榈油需求上升，其净资产由 2011 年的 70 亿美元上涨至 2012 年的 110 亿美元，连续两年位列印尼富豪榜榜首。

11 月 29 日，中国驻文莱大使郑祥林出席文莱都东中华学校建校 75 周年庆典。都东中华学校成立于 1937 年，现有师生 300 余人。庆典活动上，来自都东中华学校和文莱其他华校的师生表演了精彩的歌舞等节目并举行了抽奖活动。来自文莱各华人社团和华校的 600 多人出席了庆典活动。

12 月，第二届塔吉克斯坦华人华侨联合会举行新一届会长竞选，经选举，商登美当选为第二届会长。

12 月 6 日，东帝汶华商联合会成立，这是东帝汶第二个华人社团，也是主要由“新侨”组成的社团。其宗旨是维护侨界团结和侨胞合法权益，引导侨胞遵纪守法，诚信经营，积极融入当地社会，为促进中东经贸往来和双边友好作出更大贡献。

12 月 18 日，吉尔吉斯斯坦国家图书馆“中国文化教育中心”揭牌仪式在该馆举行。中国驻吉大使王开文、吉文化部副部长巴扎尔巴耶夫、外交部副部长阿达姆库洛娃以及吉文化教育界代表、孔子学院师生等 200 余人出席。

非洲

2012 年，毛里求斯规模最大的周末中文学校——新华学校入选国务院侨办 100 所海外华人教育示范学校名单。

1 月，在中国农历新年到来之际，非洲华侨华人举行各类活动迎接新年。1 月 10 日，非洲南部国家马拉维首都利隆圭国际会议中心大厅举行了“中马 2012 欢乐春节”大联欢，共吸引了 1 500 多名观众前来观看。马拉维总统宾古·穆塔里卡及 50 多位部长级官员应邀参加联欢活动，穆塔里卡在演出前向中国人民致以了节日的问候。15 日，第三届“聚焦在非洲·坦桑过大年”大型春节庆祝活动在坦桑尼亚首都达累斯萨拉姆市拉开帷幕。此次以“共享节日快乐、实现文化互鉴”为主题的庆祝活动吸引了近 3 000 名在坦华侨华人与当地民众参加，他们齐聚首都市中心的椰树广场，一同感受中国春节的魅力。20 日，由毛里求斯华人社团联合会主办的庆祝 2012 年春节晚宴在草庐国际会议中心隆重举行，毛总理拉姆古兰、副总统贝尔波、副总理比比琼、高等法院院长杨钦俊、文化部长丘尼、旅游部长杨尊绍等以及中国驻毛里求斯使馆临时代办张进珠、华侨华人、中资机构代表共 800 多人出席。同日，津巴布韦的华侨华人在首都哈拉雷举行盛大的新春巡游活动，庆祝春节的到来，并祝愿祖国繁荣昌盛。这样的活动在津巴布韦尚属首次。来自驻津中资公司和机构、华人社团、旅津华侨代表约 500 多人参加了当天的巡游活动。21 日晚，博茨瓦纳中国和平统一促进会在首都哈博罗内举行新春团拜会，中国驻博茨瓦纳共和国特命全权大使刘焕兴、博统促会会长南庚戌及多名理事、各界侨胞、台湾同胞共 60 余人共聚一堂，欢庆新春。博茨瓦纳共和国前总统、博茨瓦纳中国友好协会荣誉主席费斯图斯·莫哈埃向《非洲华侨周报》致信，祝贺在博华侨华人新年快乐。

1 月 31 日，25 名中国人在埃及西奈半岛阿里什地区被当地贝都因人扣留。获悉此事后，中国驻埃及大使馆立即启动应急机制，与埃及政府进行紧急交涉，并派工作组赴阿里什与当地政府协调释放中国工人。当地时间 2 月 1 日凌晨 3 时左右，中国工人获释。

3 月，在驻埃及大使馆经商参处的指导下，埃及华人石材行业协会在开罗成立，为在埃从事石材采购、加工、施工、销售的 101 家中国企业、330 余名从业人员提供了一个自我管理、自我服务、交流信息、深化合作的平台，为下一步提升合作水平创造了条件。石材合作是中埃双边经贸合作的重要组成部分。中国自埃及石材进口额连续多年稳定在 3 亿美元以上，目前中国在埃及投资设立石材加工厂 10 多家，双边石材合作累计为当地创造了 5 000 ~ 10 000个就业机会。

3 月，西非国家马里 21 日突发政变以来，首都巴马科及其他一些地区局势混乱，发生多起打砸抢事件，当地中资机构和华侨华人生活受到严重影响。中国驻马里大使馆、当地华侨华人团体和中资机构第一时间采取措施，团结互助，沉着应对，力保大家的人身和财产安全。

3 月 1 日，中国驻埃及大使馆证实，当地时间 1 日 6 时左右在开罗被绑架的两名来自广东一家石材公司的中国工人，于当天中午在开罗西部吉萨地区获释。

4 月 12 日，几内亚比绍共和国发生军事政变，首都比绍形势紧张。外交部领事司和中国驻几比使馆提醒中国公民近期暂勿赴几比，在几比中国公民和机构应密切关注形势发展，采取预防措施，加强自身安全防范，避免财产损失。

4 月 28 日，毛里求斯华商总会在首都路易港唐人街举办“第八届唐人街美食文化节”。

5 月 22 日，尼日利亚移民部门开始在全国范围内对在尼非法居留和务工的外国人进行集中整治，在拉各斯、卡诺等地先后有近百名中国公民被扣押。扣押事件发生后，中国驻尼日利亚大使馆高度重视，连夜召开紧急会议并启动应急预案，约见尼外交部、移民局高层和各地方当局，提出严正交涉。同时，使馆派专人赶赴事发地点，看望、慰问被关押的中国公民，及时提供领事保护。

6 月 17 日，科特迪瓦华人联合总会 2012 年端午节联欢会在科经济首都阿比让举行，100 余名在科华侨华人代表参加了联欢活动。中国驻科特迪瓦大使张国庆应邀出席了联欢会。张大使指出，华侨华人要加强学习当地的风俗习惯和历史文化，提高自身文化水准，融入当地发展；积极上进，带动华侨华人事业蒸蒸日上，避免有损国家和民族形象的行为。科华联会名誉会长欧阳日坪提醒所有在科华人合法经营，实现与当地商户和谐发展，维护华人形象。科华联会会长林新宽承诺尽最大努力为华侨华人做好保障和服务，促使大家合法经营和居住。

7月3日，由《非洲华侨周报》主办、中国驻博茨瓦纳大使馆及华人社团支持的首届博茨瓦纳华人“情系中华”歌唱大奖赛在博茨瓦纳国家电视台演播大厅成功举行。中国驻博茨瓦纳大使刘焕兴出席并讲话，博国家电视台进行了现场报道。博茨瓦纳中国和平统一促进会暨非洲华文传媒集团董事长南庚戌致欢迎词。包括中国驻博茨瓦纳大使馆政务参赞梁碧真、领事部主任牛继保、侨领等在内共有300多人观看了比赛。此类华人歌唱比赛在非洲尚属首次，比赛今后将扩展至其他非洲国家。

7月28日，中国驻拉各斯总领馆举办尼日利亚警方与华侨华人、中资企业见面交流会，邀请尼日利亚警察总局助理局长兼第二大区局长切菲、警察总局特殊诈骗调查局局长通德等领区主要警察官员，介绍尼日利亚警察部门职能、各类诈骗手段及预防方法等，并现场答疑。驻拉各斯总领事刘显法主持见面交流会，领区中资企业、华侨华人代表及总领馆全体工作人员等120余人参加。本次交流会是继移民官员交流会后“总领馆大讲堂”的第二次大型活动。活动使广大华侨华人深入了解了尼警察部门的职能，强化了安全防范意识，提高了防止诈骗的技能，增强了在尼投资经营的信心。

8月30日—9月2日，为纪念首批华人抵达塞舌尔150周年，拓展两国文化交流，应塞舌尔总统米歇尔邀请，广东省艺术代表团一行42人访问塞舌尔并进行文艺演出。其间，驻塞舌尔大使史忠俊陪同广东省政府副秘书长刘晓捷拜会塞副总统福尔，双方就推广旅游文化领域的交流与合作进行了交流。塞最高法院大法官、国土利用与住房建设部长、外交部首秘夫妇、文化部首秘等官员，中资公司负责人、华侨华人及当地民众近2 000人一同观看了演出。演出不仅丰富了当地人民的文化生活，加深了塞舌尔人民及华侨华人对中国的感情，同时也是中国地方政府走出国门进行文化交流的一个成功典范。

9月6日，第三届世界华人研讨会在毛里求斯首都路易港举行。毛里求斯代总理比比琼、中国驻毛里求斯大使边燕花出席开幕式并致辞。毛里求斯外交部、文化部、旅游和休闲部长，中国广东梅州市政府代表团，毛里求斯华人联合会会长邓旭升，非洲中华总商会会长王龙水，世界华商总会执行主席詹姆斯·昆西·廖和来自世界各地的华人代表，围绕增进了解和友谊、促进合作与发展这一主题，就全球华侨华人的发展历史、现状和未来，华侨华人在新的国际环境下如何为发展、深化所在国与中国之间的关系作出贡献等问题进行了深入探讨。

9月15—26日，针对不断升温的中日钓鱼岛争端，非洲各地华侨华人通过各种方式表明立场。9月15日，尼日利亚华侨华人组织包括西非暨尼日利亚中国和平统一促进会、西非暨尼日利亚华侨华人联合总会、拉各斯工商联合会、尼日利亚中国商贸企业协会等发表联合声明，强烈谴责日本将中国领土钓鱼岛“国有化”，坚决支持中国政府为捍卫国家尊严和领土完整所采取的一切措施。9月18日，博茨瓦纳中国和平统一促进会联合在博华侨华人社团在首都哈博罗内举行“强烈谴责日本侵犯中国钓鱼岛主权暨纪念‘九一八事变’81周年”座谈会。与会代表强烈谴责日本侵犯中国钓鱼岛主权的险恶行径，坚决支持并将和全球华侨华人一道为维护中国主权而不懈努力。同日，尼日利亚中国总商会代表全体会员发表了一份严正声明，强烈抗议日本侵犯中国钓鱼岛主权，誓死捍卫钓鱼岛。尼日利亚中国总商会郑重呼吁在尼华侨华人立刻行动起来，共同以理性方式声讨日本政府窃取中国领土的罪恶行径，携手为维护中国的领土主权和中华民族尊严而竭诚奉献自己的一份力量。9月19日，中国驻莫桑比克大使黄松甫出席莫桑比克华侨华人“保钓”座谈会。座谈会由莫桑比克和统会、华人协会和福建同乡会联合举办。与会华侨华人代表坚决反对日本实施所谓钓鱼岛“国有化”，坚定支持中国政府捍卫国家主权和领土完整的严正立场。会议通过了《莫桑比克华侨华人关于捍卫钓鱼岛主权的声明》。9月18日，埃及中国和平统一促进会、埃及华人联谊会和埃及中国学生学者联合会联合举行座谈会，严正抗议日本“购岛”行径，表达海外华侨华人的爱国心声。9月21日，博茨瓦纳中国和平统一促进会联合侨界在博当地媒体发表英文文章，通过引述历史向当地政府及人民传达钓鱼岛自古以来就属于中国的事实真相，并强烈谴责日本政府对中国领土主权的公然侵犯。9月26日，埃及华人华侨协会、埃及开罗中国和平统一促进会发表声明，坚决拥护中国政府发表《钓鱼岛是中国的固有领土》白皮书，誓与祖国人民一道捍卫钓鱼岛主权。

9月22日，中国驻纳米比亚大使忻顺康主持召开纳侨领工作会议，纳华商会领导出席，驻纳使馆政务参赞李意刚和负责侨务工作的夏力力主任也出席了会议。会上，忻顺康大使通报了近期双边关系开展情况，就一些大家共同关心的问题作了通报，勉励各位侨领在纳继续发扬爱国爱纳的优良传统，团结广大侨民，为纳的经济及社会发展作出新的贡献。

9月23日，尼日利亚华侨华人在尼最大城市、经济首都拉各斯举行庆祝中秋和国庆双节的联欢晚会，华侨华人代表和尼日利亚对华友好人士约500人出席了晚会。中国驻尼日利亚拉各斯总领事刘显法表示，多年来，在尼华侨华人筚路蓝缕、披荆斩棘在异乡开辟了自己的一番事业，也很好地融入了尼日利亚社会，为促进中尼友谊与合作作出了贡献，同时，他们也不忘祖国，对祖国的发展给予了很大的推动力，发挥了海外华侨华人的积极作用。晚会主办方、西非暨尼日利亚华侨华人联合总会会长董瑞萼表示，在尼华侨华人第一次以500人的大规模聚在一起，庆祝中秋和国庆双节，充分显示了海外华侨华人的凝聚力和爱国心。

10月，加纳军警和移民等执法部门行动组对阿散蒂省多个地区的外国人矿区进行集中清查，先后拘捕了100多名涉嫌非法采金的中国公民。在曼索（Manso）地区，加军警在10月11日的执法行动中开枪射击，打死一陈姓中国公民。中国驻加纳大使龚建忠12日紧急约见加国家安全协调员拉里·拉蒂和副外长波多，就加军警开枪射杀中国公民表示抗议和严重关切。同时，中国驻加纳使馆提醒广大在加中国公民，务必遵守住在国法律法规，提高风险防范意识，珍惜自身生命财产安全。

10月14日，中国驻刚果（布）使馆召开华侨华人座谈会，布拉柴维尔市华侨华人协会主要负责人及当地华侨华人代表参加了座谈，中国驻刚果（布）大使关键出席会议并讲话。会上，华侨华人代表们畅所欲言，表达了爱国情怀，交流了各自的生活和工作情况及经验教训，提出了一些希望解决的问题并对侨团的组织工作提出了建议。关大使充分肯定了华侨华人关心祖国、热爱祖国的赤子之心，勉励大家努力工作，积极融入当地社会，为中刚友好关系的不断发展作出自己的贡献。

10 月底，博茨瓦纳—中国友好协会执行主席南庚戌及部分成员，应邀出席博总统卡玛对哈巴尼社区家庭型看护中心的访问。其间，博中友协向博总统办公室捐助 50 辆轮椅，受到博总统的赞扬。博中友协是由旅居博茨瓦纳并热衷于推动博中友谊的华人及博茨瓦纳人共同发起并于 2009 年成立的非政府非营利机构，目的是推动两国人民友好交往，推动两国在文化、经济、科技和体育等方面的交流合作。该协会得到了当地华人企业和其他中国组织的大力支持。

11 月 6 日，赞比亚中国经济贸易合作区招商说明会在南非约堡唐城大酒店举行。南非警民中心主任吴少康、全非洲和平统一促进会会长李新铸等华人社团代表参加了招商说明会。赞比亚中国经济贸易区在赞比亚铜带省卡鲁鲁西市，占地面积 41 平方公里。目前合作区已经有 14 家企业入区，协议投资额 10 亿美金。合作区致力于打造中南部非洲最佳投资平台，旨在吸引南非华人到合作区投资。

11 月 10 日，中国驻埃及大使宋爱国夫妇视察旅埃华人子弟中文学校，并向学校赠送中文儿童读物和教材。中国驻埃及大使馆参赞刘天明、领事部主任张宝齐，埃及华侨华人联合会会长陈建南，中文学校校方以及家长代表等共同出席。

12 月 3 日，中国驻尼日利亚拉各斯总领馆紧急召开总领馆、侨社、尼警方安全联席会议，共商圣诞、新年前夕保障中方人员、机构安全工作。徐春满领事、当地侨社代表及尼联邦警察拉各斯局 A 区司令官埃德加和辖区内 7 位派出所所长出席会议。

12 月 4 日，中国驻尼日利亚大使馆、驻拉各斯总领馆以及西非暨尼日利亚中国和平统一促进会、西非暨尼日利亚华侨华人联合总会、尼日利亚中国总商会、拉各斯中国工商联合会、尼日利亚中国商贸企业协会等多个尼日利亚华人团体共同向尼日利亚华侨华人、中资机构发出“传中华文明，树国人形象”的文明倡议书，呼吁当地华侨华人和中资企业在当地树立良好的形象，创造有利的生存发展环境。

12 月 10 日以来，中非北部、东北部、中部等地区爆发较大规模军事冲突，安全形势急剧恶化。在中非共和国的近 300 名中国侨民在中国驻中非大使馆的帮助下，绝大多数安全有序地离开该国首都班吉，前往周边国家或回国。

12 月 14 日，驻喀麦隆大使沃瑞棣与雅温得市侨领座谈，就领事侨务工作听取意见。雅温得 10 余名华侨华人代表参加，使馆政务参赞李昌林等出席。沃大使详细了解了当地华侨华人的工作和生活状况，赞扬广大侨胞爱国爱乡，关心国内建设和发展，对使馆工作给予支持和帮助，为中喀关系和祖国和平统一大业作出了积极贡献。

欧洲

2012 年，为庆祝中德建交 40 周年，中国在德国举办了一系列“中国文化年”活动。一年里，在德国 40 多个城市共举行了 500 多场活动，内容包括音乐、戏剧、舞蹈、电影、建筑、现代艺术、文学和哲学思想研讨等。文化年活动促进了德国人与中国人之间的接触和交流。

1 月 4 日，一个华人家庭在意大利首都罗马遭遇持枪抢劫，父亲周拯和他只有 9 个月的女儿周诗雅遭枪杀，母亲重伤。1 月 10 日，意大利数千名华人关闭各自的商店，在首都罗马举行了规模空前的游行活动，他们打着用中文和意大利文写的标语“反暴力，要安全”，悼念 1 月 4 日在抢劫凶杀案中遇害的中国侨民。

1 月 18 日，为庆祝中荷建交 40 周年暨荷兰侨界龙年联欢活动，“2012 荷兰华人艺术之星大奖赛”在鹿特丹南部剧院举行。此次活动由全荷华人社团联合会、荷兰华人艺术团、荷兰华人总会、荷兰青田同乡会等数十个华人社团、华文媒体单位联合主办。中国驻荷兰使馆派出代表参加，当地华侨华人与留学生代表 600 多人参加。

2 月 1 日，“文化中国 · 四海同春”在都柏林成功举办，1 900 余名观众把爱尔兰最佳剧院——位列世界十大奇景剧院的爱尔兰会展中心剧院挤得满满当当，其中一半是华侨华人。包括爱尔兰总理恩达 · 肯尼、爱尔兰众议院议长谢默森 · 帕蒂逊、爱尔兰政府 6 个部的部长以及世界 60 多个国家的驻爱尔兰大使及使团在内的各国观众分享了来自中国的舞台艺术盛宴。

2 月 7 日，荷兰华人经济技术发展中心举行了第五届理事会就职典礼。就职典礼上，荷兰华人第四届经济技术发展中心常务副会长任林就荷兰华人经济技术发展中心第四届理事会所做的工作进行全面总结报告，来自荷兰、比利时各界华侨华人社团代表 100 多人参加就职典礼，中国驻荷兰使馆郑皓秘书、全荷华人社团联合会主席王剑光出席就职典礼。荷兰华人经济技术发展中心自 2002 年 6 月 28 日成立以来，对不断推进中荷在经济、文化、科技等方面的合作与交流作出了重大贡献。

2 月 8 日，在法国经济财政部 7 楼宴会大厅举行了法国潮州会馆会长吴武华的授勋仪式，法国总统府发言人兼预算部长瓦莱丽 · 佩克雷斯代表时任总统萨科齐授予吴武华先生法国国家功勋骑士勋章，以表彰他在融入法国社会、服务亚裔和华裔族群、促进多边友好、加强多边文化交流等方面作出的贡献。中国驻法国大使馆参赞许建工在授勋仪式后说，授勋不仅是吴武华一个人的荣誉，也是对生活在法国的几十万华侨华人融入法国社会、遵纪守法、贡献社会的认可与褒扬。同时他也希望在法的华侨华人都能够更积极地融入法国社会，为中法交流多作贡献。吴武华先生祖籍潮州，出生于柬埔寨，20 世纪 60 年代曾在中国求学，70 年代中期到法国，经艰苦创业在商界取得成功。多年来，吴武华活跃于华裔族群社会，积极参加社团活动，并主办中文学校，加强中法交流，受到法国华侨华人的普遍赞扬。

2 月 20 日，时任中国国家副主席习近平访问爱尔兰，在旅爱华侨华人当中引起了强烈反响。爱尔兰华侨华人普遍认为，此次访问必将对两国关系产生深远影响。他们对中国的未来充满了新的期待，对双方的合作成功抱有更大的信念。

3 月 30 日，爱尔兰科克大学孔子学院成功举办中小学生汉语考试（YCT），共 125 人报名参加了一至四级的考试，与 2011 年第一次考试的 28 人报考相比，考生人数出现了飞跃式增长。考试当天，许多学生父母及学校校长亲自将考生送到考场，体现了他们对本次考试的重视程度。据报道，自 2007 年以来，科克大学孔子学院在周边地区累计 40 余所中小学开设了汉语教学点，并组织了两次中学校长及中学生访华团、三次中学生汉语桥比赛，极大地推动了当地中小学生学习汉语的热情。

3—5 月，英国华人参政积极性有所提高。3 月，“英国华人参政计划”启动了与华人相关的治安与警队服务调查，并将调查情况提交国会，以期改善英国警队对华人的服务。5 月，在大伦敦市长选举中，华人选民的投票率明显上升，超过 60%，保守党和工党的大伦敦市长候选人都开设了新浪微博来吸引华人选票。英国政坛亦开始重视华人选民力量，自民党 4 月推出了“英国华裔未来领袖育成基金”，保守党、工党亦有培养华人议员候选人的举动。

4 月 6 日，英国政府正式取消留学生毕业后可留英工作两年的 PSW 签证制度，对中国留学生在英居留就业造成不利影响。

4 月 26 日，经意大利中意沿海区域协会会长陈仁爱先生等牵线搭桥，以中国贸促会贸易推广交流中心主任杨晓东为团长的中国贸促会代表团一行，在意大利热那亚就中国葡萄酒交易所与意大利利古里亚大区政府、葡萄酒行业企业合作召开研讨会。利古里亚大区农业厅厅长乔瓦尼·巴巴乔里奥（Giovanni Barbagallo）、商务厅厅长伦佐·古奇纳里（Renzo Guccinelli）、交通厅厅长乔瓦尼·恩里克·韦斯科（Giovanni Enrico Vesco）及自托斯卡纳、皮埃蒙特、威尼斯和南部等主要葡萄酒产区的近 30 家酒庄负责人出席了研讨会。

4 月 26 日，由荷兰华人生命科学协会主办的第一期主题为“制药学”的“青年学者论坛”在乌特勒支大学制药学院成功召开。近 40 名从事该领域相关研究的在荷中国青年学者相聚一堂，交流彼此的研究成果和最新进展。荷兰国家药监局科学部门负责人吉斯本—德韦德博士和乌特勒支大学《药物创新》的负责人莫莱博士作为本期论坛的特邀嘉宾作了精彩报告。

4 月 28 日，在法国总统选举第二轮投票临近之际，社会党候选人奥朗德和时任总统萨科齐阵营在全力竞选争取传统的主流民意支持之余，均不忘向亚裔选民“招手”。法国亚裔尤其是华人群体不断提高的参政意愿愈发受到主要政党的重视。在法国总统选举的第一轮投票中，法籍华人选民的参与程度提高，与上次选举相比华裔投票更加踊跃。在选举前，华社成立了相应组织帮助华人参加选民登记，各大社团还通过散发传单、召开动员会等形式积极呼吁华裔选民投票。旅法华人希望用选票来争取更大权益，进一步改善生活环境，提高社会地位。左右阵营不断向亚裔特别是华裔群体示好甚至直接拉票，显示出两派政治力量均不愿忽视华人票箱的分量。

4 月 30 日，5 名华人进入了英国《星期日泰晤士报》发布的英国千人富豪榜。他们是香港房地产商人刘銮雄、香港恒丰企业李德义家族、来自香港的英国荣业行创办人叶焕荣家族、人和商业创办人戴秀丽以及英国 Capula 对冲基金创办人霍焱。

4 月 30 日—5 月 1 日，中西文化文学国际交流研讨会在荷兰著名瓷都代尔夫特召开，来自 17 个国家 58 位华文作家共同聚首荷兰，就如何在海外发展华文文学创作以及中西文化文学交流发展进行了广泛的研讨。本次会议的召开对加强荷中两国文化交流和合作，促进中西文化的沟通和发展，提升中国文化和世界华文的国际地位，特别是为中荷两国建交 40 周年奉献了一份厚礼。

5 月 15 日，匈牙利最大的华人社团——匈牙利华侨华人社团联合总会（简称匈华总会）在布达佩斯举行换届交接仪式，余美明担任第五届理事会主席。

5 月 28 日，经过近半年的筹备，意大利华文教育集团正式成立。当天上午，成立大会在佛罗伦萨著名的诗特洛奇宫隆重举行，意大利教育部负责移民多元文化教育的官员维尼奇（Vinicio Ongini）和意大利协助发展中国家协会（COSPE）主席法比奥（Fabio Laurenzi）共同宣布，随着意大利华文教育集团的成立，意大利的移民多元文化教育将进入一个全新的时代。佛罗伦萨、米兰、博洛尼亚、那不勒斯、帕勒莫、曼多瓦、巴里、马泰拉 8 个城市的中文学校将成为该集团的首批理事单位。集团本着开放的原则，欢迎其他城市的中文学校加盟，共享先进的教学模式、理念和师资力量。意大利协助发展中国家协会亚洲部官员玛丽娅、托斯卡纳大区政府移民教育最高行政长官乔万尼（Giovanni Lattrulo）、佛罗伦萨保罗茨洛中学校长卡里诺（Carlo Testi）、佛罗伦萨中文学校校长潘世立和意大利华文教育集团各理事单位的代表、意大利教育界的同行等出席了成立大会。

5 月 29 日，意大利北部发生地震，灾区有几千华人无家可归。中国驻米兰总领馆高度关注灾情。地震发生后，米兰总领馆启动了领事保护紧急机制，中国驻米兰总领馆严华龙副总领事、孙纵横领事当天下午赶往地震重灾区摩德纳，在摩德纳华商会侨领们的陪同下，看望受灾华人，了解灾情。据悉，摩德纳是华人集聚的城市，主要从事服装加工业，有近 300 家华人服装加工工厂，有 4 000 ~ 5 000 位华人。地震造成该市 60% 房屋开裂及倒塌，使当地绝大多数市民无家可归。

5 月 31 日，中国海军“郑和”舰到访意大利南部塔兰托港，受到意大利华侨华人的热烈欢迎。“郑和”舰上午10点30分徐徐停靠塔兰托海军基地，它作为中国海军的友好使者，曾多次出访海外，展示中国海军风采，传递中国海军爱好和平、传递和平、维护和平的信念和决心。此次“郑和”舰继访问越南、马来西亚、印度后到访意大利，也是中国海军舰艇第三次访意。出访指挥员、海军副参谋长廖世宁少将在谈及此次活动的目的和意义时表示，此次“和谐使命——郑和舰环球行”是海军贯彻落实时任国家主席胡锦涛提出的“和谐世界”、“和谐海洋”战略思想的又一实际行动，也是海军加速推进院校建设和人才培养工作的一项重要举措，对于巩固和发展中国同到访各国的关系，推动中外海军交流，增进彼此互信，拓宽海军官兵国际视野，锻造新型海军人才，展示中国改革开放和军队现代化建设成就，弘扬郑和精神，树立中国海军良好形象等都具有重要意义。来自意大利罗马、那波里、卡拉布里亚等及当地侨团组织的华侨华人在出席欢迎活动后登上“郑和”舰参观，并与舰上官兵作了交流，大家为展示中国海军实力，促进和谐海洋使命的“郑和”舰到访意大利感到欢欣鼓舞。

6月6日，时任中国国家主席胡锦涛与俄罗斯总统普京在北京举行了会谈，并签署了《中华人民共和国和俄罗斯联邦关于进一步深化平等信任的中俄全面战略协作伙伴关系的联合声明》。其中，中俄双方确定在移民问题全面协作框架内完善条约法律基础，以便利两国公民合法往来，防范和打击非法移民活动。

6月9日，荷兰华人学者工程师协会（VCWI）第二届人才论坛暨招聘会在荷兰埃因霍温市成功举行。荷兰华人学者工程师协会成立于1997年，是目前荷兰唯一的综合专业人士的团体，它聚集了航天、能源、半导体等各领域的在荷华人专业技术人才。他们活跃在荷兰的研究机构、大学、工业界和政府组织等各行各业，堪称在荷华人科技界的精英团体。目前协会拥有500多名正式注册会员。本次论坛是荷兰侨界庆祝中荷建交40周年的重要庆典活动之一，也是埃因霍温市首届“亚洲文化周”艺术节活动的重要内容之一。

6月24日，法国华侨华人爱心会所在巴黎宣告成立，开启了法国华侨华人爱心慈善事业新的里程碑，受到法国华侨华人的广泛欢迎。这也是法国乃至欧洲华人成立的第一个此类民间公益慈善团体。会所负责人徐乐平在成立大会上表示，成立爱心会所是要进一步发扬法国侨界守望相助的人道主义精神，弘扬中华民族扶弱济困的传统美德，帮助旅法侨界的个人和团体解决困难。目前生活在法国的华侨华人近50万人，每年还有近100万的中国游客进入法国，不断有人需要帮助，法国华侨华人爱心会所是法国以及欧洲侨界的新生事物，在排难解纷、扶弱济困方面将会发挥重要作用。

7月11日，荷兰中国和平统一促进会为抗议日本进行的所谓钓鱼岛“国有化”行为，发表严正声明：钓鱼岛列岛是中国的固有领土，荷兰侨胞决不允许任何人拿来买卖。该声明表明了荷兰华人在钓鱼岛事件上的立场，代表了全球华人对钓鱼岛的态度。

7月27日至8月12日，伦敦举办第三十届夏季奥运会，英国华人积极投入志愿者活动与相关文化交流活动。伦敦奥运会拉动了东伦敦的经济发展，吸引了许多华人前往投资、居住和工作。

8月9日，俄罗斯总理梅德韦杰夫表示，必须保护俄罗斯远东免受外国公民过度扩张的影响。他在政府会议上说："保护我国远东地区免受邻国公民过度扩张影响的任务依然存在……远东的确很远，很遗憾，那里的居民不多。"很明显，这里的"邻国公民"主要是指在俄罗斯远东地区的中国公民。

8月23—26日，第十届欧洲华文传媒协会研讨会在奥地利维也纳举办。

9月，由意大利普拉托省政府主办、普拉托华人华侨联谊会中文学校协办的"中国文化节"在普拉托省政府后花园举行。这是继2010年以来的第二次中意文化交流活动，由华人华侨联谊会秘书长陈洪生主持。活动中，所有节目都由中文学校师生出演，有武术班的中国功夫，也有中文老师的太极拳展示；有舞蹈班的民族舞蹈，也有舞蹈老师的古典独舞；有中文歌曲小合唱"让世界充满爱"，也有英文歌曲独唱"Big Big World"；最令观众欣喜的是中国古典乐器古筝伴奏、中意双语的诗歌朗诵。这些文艺活动，让中意人民互相了解，增进友谊，为中意友谊的发展创造了有利的条件，具有极其深远的意义。

9月11日，日本政府宣布"购岛成功"，激起了在德华侨华人的强烈抗议。中国留德学者学生团体联合会于当晚召开紧急理事会议，讨论抗议活动的相关问题。9月12日中午，联合会征集到了除团联会成员协会以外的4个汉堡的华侨华人社团联名签署，以此为开端，广泛向社会征集华人社团的联名，其中包括两个台湾社团。9月15日下午在柏林游行中，崔鹏程进入日本使馆向日方代表提交了抗议信。9月15日，在德国首都柏林，中国留学生们在柏林中国学生学者联合总会的组织下举行游行示威，响应全球海外华人保钓的呼吁，和平、有序、理性地举行示威抗议游行，抗议日本"购买"钓鱼岛。在纪念"九一八事变"81周年之际，德国慕尼黑地区的留学生、华侨华人在慕尼黑中国学生学者联合会的组织下在日本驻慕尼黑总领事馆前举行集会抗议，抗议日本政府近来一系列的言论及其将钓鱼岛"国有化"的行为。

9月17日，由中国国务院侨务办公室主办、杭州市侨务办公室和杭州市贸易局承办的"文化中国·中华美食"厨艺培训展示活动在爱尔兰都柏林成功举行。该活动旨在弘扬中华饮食文化，扶持侨胞中餐业发展，宣传推介中国菜肴和菜系流派的悠久文化和独特魅力。

9月18日，来自西班牙各地及马德里地区的旅西侨胞1 000余人汇集在日本驻西班牙领事馆门前，群情激奋，举行保卫钓鱼岛及纪念"九一八事变"81周年示威抗议活动。抗议活动持续了近两个小时，抗议集会场面震撼。侨胞在社团的组织下高唱国歌与抗日歌曲，高喊口号，焚烧日本国旗，将海外侨胞热爱祖国的情绪宣泄得淋漓尽致。

9月19日，荷兰华侨华人及留学生在海牙举行游行示威，抗议日本政府9月10日宣布的“购买”中国领土钓鱼岛及其附属岛屿、实现所谓“国有化”的决定，并前往日本驻荷兰大使馆，递交了荷兰华侨华人的抗议信。

9月26日，在中国驻保加利亚大使馆的积极推动下，保加利亚“中国语言与文化校际联盟”在索菲亚宣布成立。

9月29日，波兰福建商会、波兰青田同乡会等7个华侨华人社团联合举行“九一八事变”81周年纪念活动，并在波兰首都华沙举行示威游行，抗议日本政府非法“购买”中国领土钓鱼岛。

10月16日，西班牙开展了以马德里和巴塞罗那为主的打击华商洗黑钱的“帝王”行动，西班牙海关、税务、国家警察组成近500人的行动团队，封锁了华商聚集的马德里Cobo Calleja批发区。警方发出132张搜查令，带走1 000余万欧元现金（约合人民币1亿元），逮捕了83名涉案人员（包括58名中国人），其中包括浙江省政协委员、中国商人高平——他旗下的西班牙国贸城，是这个批发区里面积最大的一家。除了高平的国贸城集团，在这次扫荡行动中，西班牙警方共搜查了120间仓库和住宅，其中一半都在马德里地区。这些被抓捕的侨商除批发仓库遭查封外，其住所、汽车等财产也被“一锅端”。据最新数据显示，被查封的华人企业除了国贸城集团（35 000平方米）外，还包括金城皮具有限公司（6 000平方米）、豪迈贸易有限公司（20 000平方米）、安达物流有限公司（25 000平方米）、好朋友宠物用品有限公司（8 000平方米）、东方广场集团（65 000平方米）、友谊通信电话公司（3 000平方米）等多家企业集团，涉及资金达几十亿欧元。

10月18日，由俄罗斯中国总商会举办的“走进当代俄罗斯社会——适应与融合”研讨会在位于莫斯科郊区的格林伍德国际贸易中心举行。中国驻俄大使李辉、俄罗斯联邦移民署署长罗蒙达诺夫斯基以及来自国际红十字会与红新月会、联合国教科文组织等国际组织和外国在俄团体如摩尔多瓦外来务工人员适应中心等组织代表出席研讨会并发言。李辉大使在研讨会上的致辞中说：“长期以来，中俄两国在便利人员往来和打击非法移民领域保持了良好合作。”

10月25日，爱尔兰最古老的中餐厅之一——“帝国”餐厅黯然关张，显现金融危机对中餐业的影响。据《爱尔兰时报》报道，这家已有半个世纪历史的老牌中餐厅位于都柏林维克洛街（都柏林市中心最繁华的街道之一），经不断扩建后，成为一家可容纳200人就餐的高档餐厅，曾吸引着众多华人和中国游客前往就餐。据爱尔兰《新岛周报》报道，受全球经济形势影响，爱尔兰华侨华人的支柱产业——中餐馆及外卖店的经营面临严峻困境。据当地业内人士也介绍：“经济不好，消费信心下降，来饭店吃饭的人越来越少。”

10月26日，由荷兰华人青年企业家协会、欧盟投资委员会主办的绿色经济合作论坛在南荷兰省政府议会大厅举行。荷兰华人青年企业家协会成立于1999年8月，协会会员以旅居生活在荷兰及来自世界各国的华人二代为主，目前，会员已经发展到100多人，他们绝大多数来自荷兰政府机关和世界 500 强企业。论坛就绿色经贸、能源可持续发展再利用、环保、水能、中荷双方投资等问题举行了广泛研讨。

11 月 2 日，英国福建同乡会采取无记名一人一票方式选举领导人，带动英国华人社团的改革风气。

12 月 5 日，中国驻荷兰使馆临时代办张晋雄就华侨华人社群的发展和演变、使馆领事服务等问题接受了荷兰国际广播公司独家专访。张晋雄指出了进入 21 世纪以来荷兰华人社会的一系列变化的特点：总体规模壮大、经济实力增强、社会地位提高。张晋雄还介绍了使馆领事服务的各个方面工作。

12 月 10 日，法国反种族歧视团体“SOS Racisme”发表声明称，将以“侮辱在法华人”为由正式起诉法国著名时事周刊《观点》。《观点》于 2012 年 8 月 23 日刊登了一篇题为“在法华人的狡猾成功”的文章。这篇署名皮埃拉的文章用 3 页篇幅对在法华人“如何狡猾成功”进行了所谓“详细披露”。文中大量使用“妓女”、“犯罪黑帮”、“赌钱”等字眼，并将华人在法国“飞黄腾达的通用模式”描述为“以偷渡方式登陆法国→在餐馆打黑工→3 年后还清债务→10 年后获得合法居留权→15 年后摇身变成企业家”。《观点》被华人起诉在法国社会引起极大关注，法国《世界报》、《费加罗报》、《地铁报》等媒体都报道了这一消息。《世界报》称，这是反种族歧视团体“SOS Racisme”首次接受亚裔社团的诉讼，《观点》的侮辱性文章严重伤害了华裔群体的感情。

12 月 16 日，波兰华人青年联合会在华沙成立。中国驻波兰大使徐坚、波兰前副总理帕夫拉克以及来自社会各界的华侨华人和波方代表近 300 人参加了成立大会。

12 月 18 日，俄罗斯驻华大使谢尔盖·拉佐夫在北京表示，俄中两国或于近期签署一系列调节移民问题的协议。拉佐夫以俄新社为平台举行年度新闻发布会时表示，2012 年俄中双方在移民问题上进行了卓有成效的合作。他说：“我们基本完成了两份非常重要文件的拟定工作，分别是有关合作解决非法移民问题的政府间协议和有关两国公民合法往来便利化的政府间协议。”双方已就文件达成共识。拉佐夫推测，协议将于 2013 年春的“合适时机”签署。

美洲

2012 年，阿根廷几乎每月都发生多起针对华人超市的抢劫枪杀案件以及火灾事故，给华人的生命财产安全带来极大的威胁。

1 月，春节前夕，阿根廷华侨华人在首都布宜诺斯艾利斯的中国城举办龙年新春庙会，传统的舞龙舞狮、高挂的大红灯笼和喜庆的锣鼓声把中国浓浓的节日气氛传递到这个美丽的南美国度。许多阿根廷人被吸引而驻足观赏，一同感受中国传统佳节的文化气息。

中国驻阿根廷大使殷恒民出席庙会开幕式，并向所有旅阿华侨华人及阿根廷民众拜年。2012 年是布宜诺斯艾利斯市中国城第六次举办春节庙会，它已不再是传统意义上中国人自己的节日，随着中国文化的传播及与当地文化的融合，越来越多的阿根廷人已经将春节视为自己的节日。当地华侨华人以庙会的形式向阿根廷人展示灿烂的中国文化，为中国文化融入阿根廷社会贡献着自己的力量。

1 月上旬，为庆祝本党成立 125 周年，古巴洪门民治党总部在哈瓦那举行庆祝大会和学术讨论会。与会者除古巴本地党员和有关人士外，还有来自中国、美国、法国、墨西哥和秘鲁等国的嘉宾，共 100 多人，其中包括 10 多位国内外学者、教授。古巴华人将军阿曼多·蔡、著名华裔画家邝秋云（弗洛拉·冯）和粤剧花旦名宿何秋兰等参加了本次活动。学术讨论的发言内容丰富，除《古巴洪门 125 年历史回顾》、《华人在古巴》、《华人在关塔那摩（19 世纪上半期）》、《谢戈德阿维拉的华人社团》、《一个古巴华人的回忆》等主题研究外，还有关于美国、墨西哥、秘鲁的华人研究和中国侨乡台山的研究。与会代表参观了哈瓦那古巴华人记功碑、《光华报》排版房、中华总会馆等，并应邀到画家邝秋云女士家做客。

为筹备这次庆祝活动，古巴洪门民治党总部主席李识然率代表团于 2011 年底来华访问，到广州、北京等地，向有关团体和人士发出邀请。

1—2 月，巴西圣保罗先后发生华商被枪杀、抢劫案件，中领馆敦促警方迅速破案。据巴西侨网报道，巴西圣保罗市巴利区 2 月 9 日发生一起华人被枪杀事件，在巴利区华人商城开店的福建莆田华商黄先生被一名巴西凶手枪杀。案发后，中国驻圣保罗总领馆王峰副总领事、李斯宁领事前往当地医院确认罹难华人尸体，并前往警察局了解案情，敦促警方捉拿凶手，保证该地区华商的安全。

1 月 17 日，巴西圣保罗布拉斯区发生一起持枪抢劫案，华商金先生在上班停车时遭到 3 名匪徒持枪抢劫，匪徒抢了钱包扬长而去，所幸金先生人身没有受到伤害。据统计，从 2010 年 12 月 24 日起，在不到 14 个月的时间里，仅圣保罗就有 6 名华人死于巴西匪徒的枪下，而被偷被抢的案件亦频发。

2012 年初，“林书豪风”席卷华社，全美刮起“林氏旋风”。从“板凳”球员到场上“救星”，哈佛大学毕业的华裔篮球运动员林书豪（Jeremy Lin）以奇迹般的优异表现，在美国 NBA 赛场完成了华丽蜕变，在全美刮起了“林氏旋风”，也让“林来疯”席卷全球。

2 月，中国移民获加拿大社会普遍认可，认可度仅次于欧洲移民。加拿大各级政府一直强调移民对本国的贡献，但一般国民并不一定有相同的想法。2 月 1 日的最新民意调查显示，承认或否定移民对本国有正面影响的加人各 39%。在多族裔中，加拿大人对来自包括中国内地及香港在内的亚洲移民包容程度十分高，仅次于欧洲移民，包容程度最低的是穆斯林移民。

2 月 23 日，服饰作品深受女性追捧的知名华裔服装设计师吴季刚，与连锁服饰品牌——美国塔吉特百货共同策划的一日服饰店在多伦多市中心开幕，吸引了大批多伦多地区追求时尚的人士前往“朝圣”与抢购。

3 月 5 日，阿根廷拉普拉塔市发生于两年前的杀害华裔商人凶手案落下帷幕。2009 年 12 月 6 日凌晨，在阿根廷拉普拉塔市一家中餐厅发生一起华人店主遇害的凶杀案。两名当地年轻人被指控谋杀罪，法官根据犯罪事实有可能判处两人终身监禁。

3 月 8—9 日，由墨西哥学院主办的第一届墨西哥汉语教学国际会议在墨西哥城召开，墨西哥全国 5 所孔子学院的教师代表、墨国内汉语教学从业者以及来自美国等周边国家的汉语教学推动者等上百人参加了会议。该会议是纪念中墨建交 40 周年活动的一部分。中国驻墨西哥大使曾钢到场致辞。与会者就汉语教学中遇到的问题进行了交流，针对墨西哥学生学习中遇到的普遍问题，在发音、教学手段、普及中国文化等多个方面交换了经验，以期通过本届会议推动墨西哥乃至整个拉丁美洲的汉语教学。

3 月 12 日，委内瑞拉全国华联总会、全委华商总会、委中贸易商会及华恋社中华会馆等华人社团主要负责人李瑞华、冯永贤、陈坚辉等就华人社区日益严重恶化的治安问题在华恋社中华会馆会晤了加拉沃沃省（Carabobo）警察局局长 Pedro Grandillo 和督察 Jesu Jimenez，双方就当前旅委华人的安全问题进行了座谈与磋商。双方就当前严峻的治安形势达成了共识，表示加强合作，互相配合，共同打击犯罪，改善治安。座谈在友好的气氛中进行，最后双方合影留念。

3 月 22—25 日，应河南省委、省政府邀请，以巴西河南同乡总会会长董洪宣为团长、巴西中国退伍军人联谊会秘书长林周恩为副团长及于明杰、赵跃等一行共 9 人的巴西华商访问团前往郑州市参加壬辰年黄帝故里拜祖大典和中国河南国际投资贸易洽谈会。

4 月，美国华人精英组织百人会（Committee of 100）举行年会期间发布了《中国人和美国人对彼此的态度：2012 年民意调查报告》（U. S. China Public Perceptions：Opinion Survey 2012）。该会于 2011 年底至 2012 年初雇用专业调查人员，分别在中国和美国的普通民众、政商界精英、民意领袖中展开对中美关系关键问题看法的民意调查。

4 月 6 日，广东省恩平市委副书记、市长薛卫东，市委常委、常务副市长李健忠等在恩平京湖大酒店举行宴会，热情欢迎回到家乡恩平的新一届委内瑞拉华人华侨联合总会主席李瑞华、第一副主席何德活等联合总会的主要成员。薛市长希望新一届委国华联总会发扬优良传统，在继续为旅委侨胞谋福祉的同时，一如既往地关心、支持家乡的发展，做家乡建设的参与者，做家乡与海外合作交流的引路人，为建设幸福侨乡作出新的贡献。

5 月，阿根廷餐饮业面临的挑战十分严峻，在顾客及消费减少的情况下，经营成本却不断增加。此前一两个月，阿根廷餐饮业营业额下降了至少 10% 左右，华人快餐店却凭借灵活的经营方式实现了快速发展。

5 月，美国国务院在孔子学院中文教师签证问题上发难，发布行政指令要求持有 J－1 签证的孔子学院中国教师于 6 月 30 日前离境。

5 月 7 日，圣保罗州议会举办纪念华人移民巴西 200 周年庆典。圣保罗州议会副议长 Jooji Hato，巴西国会众议员 Junji Abe 、Gabriel Chalita，中国驻圣保罗总领事孙荣茂，巴西华人协会会长李少玉以及华侨华人代表 200 多人出席纪念庆祝会。Jooji Hato 赞扬华人 200 年来与巴西人民和睦相处，勤奋创业，及与其他移民族群共同建设巴西所作出的卓越贡献。中国驻圣保罗总领事孙荣茂在致辞中表示，感谢圣保罗州议会举行纪念华人移民巴西 200 周年活动，它将进一步推动两国人民的友谊。致辞结束后，圣保罗州议会分别向孙总领事以及为巴西在经贸、文化、教育、体育、医学、传媒等方面作出贡献的 40 多个社团及个人颁发了杰出贡献奖。由李红军率领的北京侨联代表团被特邀出席了当晚在圣保罗州议会庆祝表彰活动。

5 月 20 日，布宜诺斯艾利斯贵族公园举办年度移民节活动，华人社团积极参与，展现中华文化魅力和华人移民社团风采。阿根廷汉阿文化协会组织的演唱团演唱了《茉莉花》、《龙的传人》等中文歌曲，博得听众热烈掌声。阿根廷是一个传统的移民国家，目前居住在阿根廷的华侨华人约 10 万人，华人社团已成为阿根廷主要的移民社团之一。移民节活动有利于更多的阿根廷人了解中国文化。

5 月 24 日至 6 月 3 日，古巴武术学校、哈瓦那大学、中国驻古巴大使馆等联合举办庆祝华人抵达古巴 165 周年活动，内容包括文献展览、音乐会、武术表演、图片展览等。开幕式在中国传统艺术馆举行，介绍中国辛亥革命的“1911 年革命”大型图片展也向公众展出，其间还举行有关中国与古巴文化渊源、华人抵达古巴细节、华人保持自身传统和根源的讲座和研讨会。

5 月 30 日，纪念华人移民巴西 200 周年活动工作会议在中国驻圣保罗总领馆会议厅举行，孙荣茂总领事、巴西华人协会会长李少玉以及各侨团负责人出席。会议由华协秘书长虞向鸿主持，李少玉会长简要总结了前段时间举行纪念华人移民巴西 200 周年活动的情况，说明了下一步将要开展的各项工作。工作会议上各侨团还为移民巴西 200 周年活动踊跃捐款。

5 月 31 日，美国联邦参议员舒默会同联邦运输部若干官员来到纽约华埠，在坚尼路交包厘街的繁华路口处召开新闻发布会，宣布关闭 26 家涉嫌“安全违规”的巴士公司，令华人长巴业深受重创。纽约各大主流媒体几乎倾巢而出报道这一新闻，这是对华社形象的“重大打击”。

6 月 2 日，古巴第十二届中国文化节在哈瓦那会展中心举行。本届文化节由古巴文化部主办，中国驻古巴大使馆协办，为期两天。活动包括中国图片展、华侨华人工艺品展、盆景展、绘画展、麻将比赛、中国茶艺表演等。此外，华侨华人和旅古留学生社团进行了文艺表演，古巴武术学校学员还展示了中国功夫。文化节使古巴纪念首批华人抵达古巴165周年活动达到高潮。中国驻古巴大使张拓出席开幕式并致辞：“中国文化节已连续举办12年，这是古巴人民和中国人民共同付出巨大努力的结果，有力地促进了两国间文化的交流。”

6月3日，著名古巴华裔艺术家弗洛拉·冯（邝秋云）及其孩子的画展在哈瓦那举行。画展回顾了华侨华人在165年的历史长河中在古巴留下的足迹，体现了华侨华人在古巴工作和生活的情况，以及他们为古巴社会和经济发展作出的贡献。弗洛拉·冯和她的孩子、古巴艺术家李·多明戈斯·冯（邝靓）女士出席了画展开幕式并接受了新华社记者的采访。

6月8—10日，驻哥伦比亚使馆临时代办傅新荣访问圣马尔塔。傅代办、驻巴兰基亚领馆馆长领事魏延保同当地侨领郑杰让先生等近20位华侨代表就华侨华人利益等问题进行了一系列交谈，最后，傅代办、魏馆长领事向侨胞们赠送了书籍和音像制品。

6月18日，美国众议院全票表决通过由赵美心起草的《排华法案》道歉案，而2011年10月参议院业已全票通过类似道歉案。至此，美国正式以立法形式就1882年通过的《排华法案》向全体美国华人“表示深刻的歉意”。

6月24日，巴西首届海外华裔青少年中华文化大赛落幕。为了进一步激发海外华裔青少年学习汉语和中华文化的兴趣，由国侨办举办的首届“海外华裔青少年中华文化大赛”，在圣保罗亚洲文化中心正式举行，来自各中文学校的近50名学生参加了当天的比赛。该大赛以13~18岁的全球海外华裔青少年为参赛对象，分笔试和才艺比赛两个环节。6月24日进行的是巴西赛区的笔试选拔赛，试题以中国地理常识、历史常识和文化常识等为基础，重点反映当代中国的发展和变化。

7月12日，特立尼达和多巴哥查瓜纳斯一家中餐馆发生一起持枪抢劫案，有两名中国公民遭枪击，造成1人死亡，1人重伤。中国驻特多使馆立即启动领事保护应急机制，向案发地警察局和受害者家属了解情况，并向特方提出交涉，就该案表示严重关切，强烈要求特方尽快破案，严惩凶手，并采取切实措施确保在特中国公民和机构的人身和财产安全。使馆主管参赞和领事官员专程前往医院探望受伤中国公民。

7月16日，圣保罗市长候选人塞尔索会见华人代表。巴西共和党（PRB）圣保罗市长候选人塞尔索在其竞选后援会办公室会见了华人代表叶碎永、叶王永等，听取了华人对未来市政府工作的愿望与要求，说明了他竞选圣保罗市长的施政纲领。在谈到当前问题时，叶碎永指出，近两三年来，市政府市民卫队以各种借口动辄查封商厦，查抄店家，没收货物，使得包括巴西人在内的商家人心慌恐，顾客却步，严重干扰了商家的正常营业，同时

7 月中旬，澳大利亚卫生执业者管理局宣布，澳大利亚本地的中医师均由全国统一注册管理。这意味着中医师在澳大利亚终于获得合法的行医“身份证”，彻底告别“黑户”时代。这也是中医首次在西方国家获得正式承认及注册。在海外，中医长期受到主流医学的排斥，再加上本身就对中医持有“成见”的海外舆论，中医在澳大利亚获得法律认可与保护，其中的艰辛可想而知。

8 月 16 日，澳大利亚联邦众议院通过动议，表彰华人移民为澳大利亚建设作出的积极贡献。这一动议由自由党众议员亚历山大提出，获得一致通过。亚历山大说，澳大利亚是一个多元文化的社会，华人也是其中一部分。华人和其他澳大利亚人一样，珍视家庭，努力工作，渴望成功，这些相同的价值观将各个族群联系在一起。

8 月 22 日，新西兰华人保钓协会通过政府注册宣布成立。近来新西兰华侨华人特别关注日本妄图侵占中国钓鱼岛领土主权的事态发展。在 8 月 15 日香港“启丰二号”14 名保钓人员登岛宣誓主权的当天，新西兰多名华侨华人自发地联合签名发起成立新西兰华人保钓协会，并共同制定了以保钓为主题的协会宗旨——“联合全世界华人保钓组织，登岛宣誓主权，坚决捍卫中国领土完整”。

10—11 月，澳大利亚各地的华侨华人社团纷纷举行丰富多彩的活动，庆祝中国和澳大利亚建交 40 周年。10 月 28 日，澳大利亚新南威尔士州 40 多个华人团体及 1 000 多名华侨华人在悉尼美丽的达令港齐聚一堂，共同庆祝中澳建交 40 周年。中澳艺术家们共同献上别开生面的歌舞、戏剧演出，节目精彩纷呈，极具民族风情。场地上搭设的中国传统美食、书画和工艺品的摊点也为活动增添了浓浓的中国味。达令港游人如织，悉尼华侨华人与悉尼市民在轻歌曼舞和欢声笑语中，共同欣赏中华文化，共叙中澳友情。11 月 20 日晚，澳大利亚首都地区华侨华人、中国留学生和澳中友协的朋友在堪培拉欢聚一堂，共同欣赏了精彩的文艺节目。同时举办的中澳建交 40 周年图片展，以翔实的图片资料，向大家展示了 40 年来双边关系所取得的巨大成就。11 月 23 日，由澳洲中国和平统一促进会以及新南威尔士州议会亚太友好委员会共同主办的澳中建交 40 周年高峰论坛在悉尼落下帷幕。此次论坛活动涉及政治、外交、军事、经济、文化、教育、科技等两国交流的多个领域，总结过去，展望未来，开创澳中友好合作新局面，谱写两国人民友谊新篇章。